土地工程基础

韩霁昌 著

科学出版社

北京

内 容 简 介

土地工程的核心是土体有机重构,土地工程的核心研究将为人类文明的传播和进步提供坚实的基础。为将土地工程的基本理论应用到工程设计与施工中,对土地工程中各项单体工程提出针对性解决方案,本书以满足生物立地条件和人居生存环境安全为主要原则,融合基础理论与原理,建立土地工程项目的立项、设计与施工、后期评估与管理措施设计的科学基础。全书共三篇,分别为工程基础、土体有机重构和配套工程。

本书可为土地管理和工程实施机构提供技术参考和指导,也可为高等院校土地工程及相关专业提供教学参考。

图书在版编目(CIP)数据

土地工程基础/韩霁昌著. —北京:科学出版社,2017.3
ISBN 978-7-03-050111-0

Ⅰ. ①土… Ⅱ. ①韩… Ⅲ. ①土地整理 Ⅳ. ①F301.2

中国版本图书馆 CIP 数据核字(2016)第 235685 号

责任编辑:宋无汗 李 萍 赵 慧/责任校对:何艳萍
责任印制:徐晓晨/封面设计:迷底书装

科 学 出 版 社 出版
北京东黄城根北街16号
邮政编码:100717
http://www.sciencep.com
北京厚诚则铭印刷科技有限公司 印刷
科学出版社发行 各地新华书店经销
*

2017年3月第 一 版 开本:720×1000 1/16
2021年1月第二次印刷 印张:27 1/2
字数:554 000
定价:150.00 元
(如有印装质量问题,我社负责调换)

序

"有地斯有粮，有粮斯有安。"中国人多地少，又正处于经济快速发展的关键时期，土地问题是当前中国经济社会发展面临的一个重大问题，对土地学科不断提出新的要求。然而长期以来，中国的土地学科发展滞后于经济和社会发展，并且对于土地工程及其支撑技术的探索尚没有形成完整的研究体系，或者说没有形成一门专门的学科开展研究。这在一定程度上反映了中国土地工程基础理论相对滞后、重大土地问题难以实质性突破的深层原因。为此，陕西省土地工程建设集团自成立以来，竭尽全力推进土地工程的学科建设。该书就是他们致力于土地工程学科建设的一项重要成果。

该书作者不仅明确提出"土体有机重构"的概念，还一直坚持围绕不适宜生物生长的土层改造来做工程，即土体有机重构。例如，在沙地改造中，针对砒砂岩和沙的互补特性，将两者复配，使土体黏、粉、砂达到适宜比例。又例如，对盐碱地治理，通过离子的弥散作用来降低耕作层的盐分。这里的重点不在于浇水、修路或种树，而在于土体的变化。土体有机重构的实施，为人类提供了能够安全居住的建设用地和健康生产的农用地，让人类能更好地在地球上生活。

人类的理想是走出地球，向宇宙空间生存和发展。在这一方面，世界上很多国家的科学家都在探讨当人类走出地球后，怎样利用不同于地球上的物质进行生产。这就需要构建一个能够满足人类生产、生活的土质结构，这就是土体有机重构研究的内容。可见，对这方面的科学研究是无止境的，发展前景也将是世界先进的和前沿的。

目前在世界范围内关于土地整治的书籍，不论是土地开发、土地整理、土地复垦、土地整治，还是城市土地一级市场开发、棕地修复以及高标准农田建设等，其侧重点都与该书不同，该书作者首次对土地工程基础进行了全面而系统的阐释。作书开创性地指明了土地工程的核心是土体有机重构，提出土体有机重构的服务对象是土体所承载的生命体，包括植物、动物、微生物和人类。土体有机重构是生态文明的基础，生态文明是土地工程的终极目标。该书系统梳理总结了土体有机重构的基础理论及其技术方法，形成了一套相对完整的基础理论体系，将为解决土地工程中遇到的难题提供理论指导和技术支撑，有助于推进中国乃至世界范围内土地工程的兴起与发展。

总之，该书资料翔实，层次清晰，观点鲜明，分析透彻，具有很强的创新性、参考性和可操作性，能为土地工程的发展奠定坚实的理论基础。尽管由于土地工程处于学科发展的初级阶段,理论尚不够系统完善,但瑕不掩瑜,可以说该书所提出的理论是开创性的,也是前沿性的。该书的出版将对完善土地利用规划、土地工程设计起到较好的推动作用。该书可作为大专院校土地工程及相关专业学科的教学参考资料,也可为土地工程建设与实施机构提供技术参考和指导。我非常高兴看到该书的出版,也期待着土地工程学科能借此机遇得到更好的发展。

中国工程院院士

2016 年 12 月 28 日

前　言

　　土地工程是运用工程手段解决土地问题，把未利用土地变为可利用土地或把已利用土地进行高效利用，能动协调人地关系和谐发展的过程，其目的是解决土地利用的问题，这里涉及的土地不仅服务于农业种植，还可用于人居建设。作为人类在发展进程中利用自然、改造自然的重要手段，在最初阶段即农耕文明以来的几千年间，主要任务就是增加粮食生产能力和减少自然灾害。随着城镇化、工业化进程的加快，人类对土地不合理的开发和掠夺式的利用，导致了土地资源匮乏，人地关系越加紧张，同时产生了一系列严重的生态环境问题，如环境污染、土地生态系统功能退化和生物多样性下降等，地球万物的生存受到严重威胁。从根本上解决这些问题，需要对土地工程的深入科学研究和工程实践。

　　长期以来，中国很多学者认为，土地学科只是单纯集成了水利、交通、建筑等多个学科的技术，是一门集成学科，缺乏自身独有的技术。目前，土地整治工程的相关规范或标准也将土地工程主要分为五大工程，即土地平整工程、水利工程、交通道路工程、林业工程和配电系统工程。从这样的划分来看，只有土地平整工程与土地工程最为接近，甚至被认为是土地工程的主体。试想，仅仅平整土地，如何保证整治出来的耕地能够长庄稼？如何保证整治出来的建设用地能更好地服务人类？这正是土地工程质量普遍不高的根本原因。土地工程应该转变过去的模式，对土地工程的关键部分——土体结构进行工程改造，去污存净，增减生命体所需元素，以满足其承载需求。只有对土体结构进行工程改造，以土体有机重构为土地工程的基础核心，以夯实土地这一承载万物生命的举措为基础前提，才能保证其配套工程发挥作用。

　　一方面，土地工程可以直接为人类提供更多的可利用土地，促进生态文明的发展。例如，在废弃的矿山地区，通过化学、生物等措施降低或消除受污损土地的重金属等污染，重构了受污损土地的质量，恢复了林地、耕地，构建了新的生态系统，彻底改善了该区的生态环境现状，再现了美丽家园。另一方面，土地工程间接解决人类生存发展中面临的其他生态问题，为人类生存环境的持续改善贡献力量。雾霾四处蔓延，环境污染引发的公害病、职业病事件时有发生。土地具有强大的吸附作用，是污染物的重要集散地，通过土地工程，首先改变点尺度环境质量，继而改善区域生态环境质量，长时间效应下必会改善整个地球生态环境质量。最终，人类面临的全球性生态环境必将得到全面解决，人类生态文明建设的基础必将逐渐得到巩固。

土地工程核心的研究将为人类文明的进步和传播提供坚实基础。人类的理想是走出地球，不断拓展人类生存和发展的空间。美国国家航空航天局试图在太空中其他星球找到土壤，找到适合生命体存在的基础。而土体有机重构的研究和在地球上的实践，为人类文明走出地球，在其他星球构建满足人类生存的土体奠定了基础。从这个意义上来说，土体有机重构研究是人类改造和拓展生存空间的必然需要，在人类文明的传播上将发挥重要的作用。

本书以将土地工程基本理论应用到工程设计与施工中为主要目的，以期建立起土地工程项目从勘测立项、设计施工到评估管理各个环节实施的科学基础。全书共十一章：第一～三章属于第一篇工程基础，分别为土地工程基础总论、数学基础、基础勘查，概述土地工程基础，并为土地工程设计提供基础理论；第四～八章属于第二篇土体有机重构，分别为土体有机重构的力学需求、颗粒需求、剖面层级重构、生化需求和生物营养保障，为土体有机重构设计提供针对不同要素的解决方案；第九～十一章属于第三篇配套工程，分别为土地工程中的水利用、生态环境目标和美学设计，为土地工程的配套工程设计提供指导。本书不仅可作为土地工程一线工作者的设计、施工参考书，而且可作为高等院校相关专业教学的重要参考书。

本书由国土资源部退化及未利用土地整治工程重点实验室主任、陕西省土地整治工程技术研究中心主任韩霁昌研究员撰写。在本书的撰写过程中吸收和借鉴了前人大量的既有成果，所引用资料已注明来源出处，如有疏漏，敬请各位读者海涵和谅解。撰写过程中得到了西安理工大学解建仓教授、中国科学院地理科学与资源研究所刘彦随研究员、陕西师范大学任志远教授、西北农林科技大学王益权教授、国土资源部科技与国际合作司单卫东研究员的指导和建议，在此表示感谢。特别感谢傅伯杰院士、孙九林院士的支持和鼓励，感谢国土资源部土地整治中心党委书记张晓燕研究员、国土资源部科技与国际合作司司长姜建军研究员的亲切指导。史高琦、李玲、毛忠安、高建军、何璐、张宏凯等多位高级工程师丰富的工程实践经验也为本书的撰写提供了很大的支持和帮助。以下人员在本书成稿期间在搜集素材、设计版式和章节撰写方面做出了大量工作：张扬博士、王欢元博士、马增辉博士、孙婴婴博士、蔡苗博士、雷光宇博士、宁松瑞博士以及把余玲、曹婷婷、魏静、孙路、李劲彬、王晶、魏雨露、张瑞庆、花东文、张露、卢楠、赵宣、魏样、闫波、程杰、陈超、马琳、师晨迪、张海欧、李娟、李刚、陈科皓等多位硕士、工程师。本书的出版是在科学出版社的大力支持下完成的，在此一并致谢！

本书有些理论、方法尚处于发展过程，对于一些问题的认识还有片面性，难免存在疏漏和不当之处，恳请同行专家和广大读者批评指正。

作　者

2016 年 11 月

目 录

序
前言

第一篇　工程基础

第一章　土地工程基础总论 ··············3
第一节　土地工程基础概述 ··············3
一、土地工程学科建设 ··············3
二、土地工程的核心基础 ··············4
三、土地工程的战略意义 ··············8
第二节　土地工程规划设计基础 ··············10
一、土地工程的主体对象 ··············10
二、土地工程规划基础 ··············11
三、土地工程设计方法 ··············13
四、土地工程技术体系 ··············18

第二章　土地工程设计的数学基础 ··············23
第一节　工程数学 ··············23
一、几何学 ··············23
二、统计学 ··············26
三、其他工程数学 ··············34
第二节　土地工程设计中的工程数学 ··············37
一、基础勘查中的地统计学应用 ··············37
二、土地工程制图 ··············39
三、土地工程数学建模 ··············40

第三章　土地工程基础勘查 ··············56
第一节　土地工程基础勘查内容 ··············56
一、自然环境 ··············56
二、土质现状调查 ··············64
三、土地资源的社会经济属性调查 ··············66
四、基础现状勘查 ··············67
五、社会环境调查 ··············69

第二节 土地工程基础勘查方法 ……………………………………… 70
    一、资料搜集法 ……………………………………………………… 71
    二、野外测绘填图和遥感调查法 …………………………………… 71
    三、现场踏勘法 ……………………………………………………… 71
    四、采样分析法 ……………………………………………………… 81
    四、勘查成果报告的内容及形式 …………………………………… 86

第二篇 土体有机重构

第四章 土体有机重构的力学需求 ……………………………………… 91
第一节 土地工程中的力学基础 …………………………………… 91
    一、土的工程特性 …………………………………………………… 91
    二、力学基础工程 …………………………………………………… 98
第二节 不同土地类型的力学需求 ………………………………… 111
    一、非农用地的力学需求 ………………………………………… 111
    二、农用地的力学需求 …………………………………………… 127
第三节 各层级的力学需求 ………………………………………… 133
    一、各层级紧实度(沉降量)的计算 ……………………………… 133
    二、各层级渗透性的计算 ………………………………………… 140

第五章 土体有机重构的颗粒需求 …………………………………… 142
第一节 土体颗粒重构基础 ………………………………………… 142
    一、土体颗粒的粒径级配 ………………………………………… 142
    二、基于粒径级配的土体分类 …………………………………… 145
    三、土体物理状态 ………………………………………………… 152
    四、土体的结构性 ………………………………………………… 156
第二节 不同土地类型的颗粒需求 ………………………………… 161
    一、农用地土体有机重构的颗粒需求 …………………………… 161
    二、非农用地土体有机重构的颗粒需求 ………………………… 164
第三节 土体颗粒和结构重构方法 ………………………………… 168
    一、物理方法 ……………………………………………………… 168
    二、化学方法 ……………………………………………………… 171
    三、生物方法 ……………………………………………………… 174

第六章 土体有机重构——剖面层级重构 …………………………… 179
第一节 土地工程中的土层厚度及其意义 ………………………… 179
    一、土体厚度与有效土层厚度 …………………………………… 179
    二、有效土层的作用及影响因子 ………………………………… 181

第二节	不同类型土体剖面构型及其特征	182
	一、土体剖面构型的基本概念	182
	二、自然土体剖面	183
	三、农用地土体剖面	187
	四、非农用地土体剖面	194
第三节	不同土体类型的剖面层级重构技术	196
	一、农用地土体剖面层级重构技术	196
	二、非农用地土体剖面层级重构技术	209

第七章 土体有机重构的生化需求 … 219

第一节	土体有机重构的生化基础	219
	一、胶体	219
	二、酸碱性	223
	三、土体污染	227
	四、土体微生物的生化作用	231
第二节	盐渍化土体的化学重构设计	235
	一、盐渍化土体化学重构目标	235
	二、农用地盐渍化土体化学重构方法	236
	三、非农用地盐渍化土体化学重构方法	237
第三节	酸性土体的化学重构设计	239
	一、酸性土体化学重构目标	239
	二、农用地化学重构方法	239
	三、非农用地化学重构方法	241
第四节	污染土体的化学重构设计	242
	一、污染土体化学重构目标及标准限值	242
	二、化学重构方法	244
第五节	土体微生物重构设计	253
	一、土体微生物重构的目标	253
	二、农用地土体的微生物重构方法	253
	三、非农用地土体的微生物重构方法	254
第六节	土体生化重构的污染风险防控	256
	一、土体生化重构技术的筛选	256
	二、土体生化重构对周边生态环境的污染风险评价	258
	三、土体生化重构对周边生态环境的污染风险评价模型	259
	四、土体生化重构过程中次生污染预防原则	262

第八章　土体有机重构的生物营养保障 … 264
第一节　土体有机重构的植物营养保障 … 264
一、植物营养的基本理论 … 264
二、农用地土体有机重构的植物营养保障 … 271
三、非农用地土体有机重构的植物营养保障 … 293
第二节　土体有机重构的动物营养保障 … 296
一、土质对动物的影响 … 296
二、动物营养保障与可持续提升 … 297
第三节　土体有机重构的微生物营养保障 … 299
一、土质对微生物的影响 … 299
二、微生物营养保障与可持续提升 … 301

第三篇　配套工程

第九章　土地工程中的水利用 … 305
第一节　土地工程水资源供需平衡 … 305
一、土壤水与植物需水 … 305
二、土地工程中水资源供需平衡分析 … 311
第二节　土地工程水质评价与改良 … 316
一、土地工程水质对土体的影响 … 317
二、水质评价常用方法 … 317
三、水质改良措施 … 324
第三节　土地工程中的水利工程设计 … 327
一、水源工程 … 327
二、输水工程 … 329
三、灌溉工程 … 338
四、排水工程 … 346

第十章　土地工程生态环境目标 … 358
第一节　生态文明是土地工程的终极目标 … 358
一、生态环境美好是土地工程的核心理念 … 358
二、土地工程是生态文明的基础工程 … 362
第二节　土地工程对生态环境的影响 … 364
一、土地工程对土体的影响 … 364
二、土地工程对水文的影响 … 365
三、土地工程对气候的影响 … 366
四、土地工程对生物的影响 … 366

五、土地工程对人类生活的影响……………………………………367
　第三节　土地工程生态环境设计………………………………………368
　　一、土地工程生态安全格局构建………………………………………368
　　二、土地工程设计的生态重建与生物多样性保护……………………371
　　三、土地工程的人居环境建设…………………………………………376
　　四、土地工程设计的可持续发展理念…………………………………380
　　五、土地工程的生态景观功能延伸……………………………………381

第十一章　土地工程的美学设计……………………………………382
　第一节　土地工程美学文化……………………………………………382
　　一、土地工程与设计美学的关系………………………………………382
　　二、美学文化对土地工程的介入………………………………………383
　　三、土地工程美学设计研究……………………………………………385
　　四、土地工程设计美学的创新思维……………………………………393
　第二节　土地工程的美学原则…………………………………………395
　　一、结构美要素…………………………………………………………395
　　二、形式美要素…………………………………………………………407
　　三、功能美要素…………………………………………………………411
　　四、意境美要素…………………………………………………………413
　第三节　土地工程美学评价体系………………………………………414

参考文献………………………………………………………………417

第一篇　工程基础

第一章 土地工程基础总论

土地是地球生态系统的重要组成部分,也是人类赖以生存和发展的物质基础。在整个人类的发展史中土地资源的重要性众所周知。土地资源的利用反映了人与资源的共处模式以及在这种模式下人类与自然的相互影响。人类在利用土地生活、生产的同时对生态系统产生了巨大的影响。随着世界范围内经济的持续发展,人地矛盾不断升级,不管是在发展中国家,还是在发达国家,这一现象都在持续恶化。因此,土地资源开发、利用与保护是全球经济建设和人类社会发展中的一项长期而艰巨的任务。

在这种背景下,土地工程学科应运而生。土地工程,即运用工程手段解决土地问题,把未利用土地变为可利用土地或把已利用土地进行高效利用,能动协调人地关系和谐发展的过程,其核心任务是以土体有机重构为主体,增加土地利用范围,提高土地生产力,满足有机生命体承载需求(韩霁昌,2013)。实施土地工程的目的是解决土地的问题,所涉及的土地不仅服务于农业种植,还可用于人居建设。本书以满足生命体立地条件和人居生存环境安全为主要原则,融合基础理论与原理,是建立土地工程项目的立项、设计与施工、后期评估与管理措施设计的理论基础。

第一节 土地工程基础概述

土地作为人类生存和发展的重要物质基础,土地问题始终是现代化进程中一个带有全局性、战略性、根本性的问题,加强和改进土地工程项目的实施和集成服务,对确保经济社会全面协调可持续发展具有十分重要的意义。合理有效地整合土地资源进行土地工程的开发建设,是缓解当前社会土地资源供需矛盾的重要途径。

一、土地工程学科建设

人类在几千年的生活、生产中已经无形地在研究和实践土地问题。土地整理最早出现在欧洲国家,德国在16世纪就开始进行合并农地、改造河流和迁移农庄等工作。中国的土地整理起步较晚,但是经济发展迅速所造成的土地资源匮乏问题,造就了巨大的市场潜力。经过近年的飞速发展,其建设规模之大、投入资源之多,更是前所未有。

然而长期以来，国内外对土地工程的研究多集中在土地工程的实践中，包括进行有组织、有规划的归并地块，调整权属，适当改善农用地的生产条件，合理根据土地资源情况进行功能区划分等，其围绕的主线为增加耕地数量，属于"实体形态"土地整理（吴次芳和徐根宝，2013），而未能解决土地的根本问题。此外，由于人类一直对土地资源进行选择性的利用，经过不断地发展，导致容易被利用的土地已经所剩无几，可供选择的多为沙漠、盐碱地、污染土地等难利用的土地。这也意味着，没有一门专门性的学科作指导就无法达到人类对新增土地的需求，土地学科的发展严重滞后。

2008年，中国政府首次正式提出了"土地整治"，开启了土地整治新纪元。发展至今，土地整治目标的多元化、内涵和效益的综合性特点越加明显。土地整治开始从单纯的农业整治向农地整治与建设用地整治相结合的综合整治转变。近年来土地工程学科经过快速发展，已经初步形成了其理论体系。不同类型土地的研究和改造，依据建设任务与目标的不同分为五大研究方向：非农用地转化为农用地工程、建设用地整备工程、污损土地改造改良工程、低标准土地提升工程和土地工程信息化。

随着中国首个土地工程学院于2015年在长安大学成立，土地工程学科得到社会各界的认可，土地工程的发展源源不断地被注入新力量，进入了高速发展时期。在工业化进程加速、城镇化建设加快的大背景下，土地工程学科将立足于对土地工程现状的分析，以科研为着力点，根据各区域的土地资源现状和特点，综合土地工程的原理与方法，因地制宜进行土地工程设计与施工，进而实现从微观到宏观，从整体到局部的土地优化配置，不断推进土地工程建设向科学化、系统化、有序化、集约化和永续化发展。

二、土地工程的核心基础

在多年的实践过程中，无论是一线工程项目技术人员，还是土地工程科研人员，均发现土地学科原有的知识体系已经不能够满足工程实践的需要，仅依靠学科集成，不能再满足越来越多难利用土地的改造的需求。明确土地工程学科的核心，成为夯实土地工程发展的基础。

（一）土地工程核心基础的提出

近年来，中国每年投入200亿~400亿元资金用于土地整治，各省也投入大量财力，而土地一级市场开发更是投入了大量资源。与此同时，中国政府颁布了一系列规范和标准，以规范工程设计和施工。以上均是为了更好地开展土地整治工程项目，将土地整治工程项目完成由"量"向"质"的转化。但是传统的土地整治工程主要包括土地平整工程、水利工程、交通道路工程、林业工程和配电系统工程在内的五大工程。从五大工程的划分来看，社会上产生了一种错误的认知，即土地工程学科仅是各学科的集成，需要解决的就是田、水、路、林、村的问题。在这种背景之下，土地学科仅是单纯把各学科的原理和技术综合采用，用于解决土地问题的一部分，而并未触及土地问题的本质。然而深入来看，如何用水是水利部门的核心工作，道路建设是交通部门的核心工作，植树造林是林业部门的核心工作，配电供电则是电力部门的核心工作，只有土地平整工程与土地工程最为接近，甚至被认为是土地工程的主体。但仅对土地进行平整，如何保证整治出来的耕地能够长庄稼？如何保证整治出来的建设用地能更好地服务人类？土地工程在发展初期所出现的整治力度较小，整治后稳定性较差，整治局限性较大，科技含量不高等显著问题，其根源也正是因为没有认清土地工程的本质，没有形成理论核心。集成所能解决的仅是土地工程"量"的问题，而无法满足其"质"的需要。

纵观人类改造世界的各大工程体系，都有其核心和主体。例如，土木工程的主体研究是基础设施建设中的各类结构物的安全与适用，而水、电还有消防等都属于配套工程，目的是提升建筑物的居住功能。又例如，水利工程的主体是通过实施工程措施，实现水资源的充分保护和合理利用，而诸如灌渠绿化、抽水用电、打井用泵、修防洪路等，均是利用其他领域的成果为水利工程提供更便利的条件，属于配套工程。各行业的配套工程都属于集成范畴，只有主体工程才是其核心部分，是其技术水平的集中体现，是其他任何领域所不能替代的精髓，土地工程行业所缺乏的正是对其核心的确立。

长期以来，土地工程在进行土地平整、水利、交通道路、林业和配电等工程之外，也一直在坚持针对不适宜农作物生长的土层进行改造，并针对性开展了诸多工程项目，取得了瞩目的成绩。其典型工程类型包括把沙化土地、盐碱化土地等未利用地、退化土地变成可利用农用地和建设用地，把污染土地整治为可供生产、生活的土地，把低效利用土地改造为高效利用土地等。总结这些工程的核心，其实都是对土地耕作质量的改良、对土层的重新构建和对土体环境质量的治理，目的在于使土体满足有机生命体的需求，即为土体有机重构。

唯有土体有机重构，才是针对土体的根本问题进行研究。它围绕土地质量的提高和高效利用进行探讨，并满足生命体的承载需求。因此，土体有机重构是土地工程的核心基础，目的是从根本上解决土地问题。水、林、路、电等是为提高土地工程的服务功能所做的配套工程，而非主体工程。换言之，土体层级如何构建、土体颗粒如何控制、土体元素如何增减、土体有毒有害物质如何防控、土体承载力如何维系才是土地工程的主体工程。土体有机重构是土地工程核心基础这一思想的提出，为土地工程学科的发展指明了方向，找到了发展的根基。在土体有机重构这一核心基础上，土地工程的研究越来越显示出其强大的生命力。

（二）土地工程基础的核心要义

土地工程的研究对象是土地，其核心基础是土体有机重构。土体是指由一种以上土层构成的组合体，其广泛分布于地球表层，并作为一个整体发挥作用，是一个十分复杂的自然体（施斌等，2007）。土地自然利用的过程比较缓慢，土壤形成可能需要几千年、几万年，而土体有机重构就是要在尊重自然规律的基础上，通过工程的手段加快这一进程，以无机过程带动有机过程、以有机过程促进无机过程，构建良好的土体结构。土体有机重构作为土地工程研究的核心基础，是一个独立的、不在其他工程领域和系统出现的门类。土体有机重构的服务对象是有机生命体，通过对一定深度土体进行研究，以置换、复配和增减等技术手段，为承载生命体提供必要的条件。其研究范围主要界定于地表到第一层潜水层以上，纵向跨度从几厘米到数百米，根据目标值的不同，取其一定深度范围进行研究和改造重构，从而达到目标生命体所需承载的基础条件。土体有机重构与其他构筑物的基础研究有着本质区别，它是具有一定的生命特征，并能维护生命体繁衍发育的过程。

传统的土体重构属于无机重构，针对的多为非生命体的承载需求，如土地平整度和土地承重性等。而土体有机重构与土体无机重构最根本的区别在于，土体有机重构以满足目标生命体的承载需求为主要目的，如整治对象的勘查、材料的选择、土体结构的建设、土体化学成分的调节和生物营养元素的调配等，生命体才是其中的决定因素。非生命体对土地的需求，如力学的计算、土体渗漏和土体沉降性等也属于土体有机重构的内容，但其目的仍是满足生命体的承载需要。

在土体有机重构中，土体是一个完整的生命系统，依赖土体而生存的微生物、植物、动物和人类等生命体都是其服务对象，它不仅关注土体层级结构、颗粒级配的构建，也关注土体养分元素、土体有害元素的调控，并对于重构土体结构的长期稳定性和环境影响力、美学效应作持续性设计。土体通过合理有效的重构，剔除障碍因素（盐害、重金属危害、放射性危害等化学障碍；砂砾层、硬盘层、姜石层等物理性障碍；地下水渍涝、地表水冲毁等水害），建立符合作物生长、工程建设要求的土壤质量与构造特征及土地环境保障措施等，为人类提供能够健康生产的农用地和安全居住的建设用地，改善人类生活和生产的环境。

（三）土地工程研究中存在的问题

目前，在土地工程领域中，关于水利、交通、林网等配套工程的研究和设计已经较为成熟，但由于对有机生命体和土体结构性的认识不够深入，缺乏有效的勘查手段，对土体结构研究的理论基础和方法论不完善，导致土体有机重构设计与规范严重滞后。土体有机重构技术与措施缺乏有效的评价方法，需要投入大量的人力、物力和财力进行研究和实践。

1. 对有机生命体在土体重构中的重要性认识不足

长期以来，土地开发过程中都存在一个误区，即认为土地开发就是要增加耕地的总面积，就是要为城市经济建设提供更大的发展空间。而实际上尽管补充了因各项建设占用耕地的数量，稳定了粮食生产，也增加了建设用地的面积，为建设用地提供了增量，但由于对生命体在其中的重要性认识不足，往往造成土体物理、化学、结构质量较差，土体存在不同程度污染或者污染潜在风险，影响土体生物群落结构，威胁生命体的承载安全。土体是一个生命共同体，土体的重新构建不仅要关注人类、动物、植物、微生物等单个生命体的承载需求，也要将土体作为完整的有机生命系统进行统一设计和管护。

2. 对土体结构性的认识和研究不够深入

土体结构性的研究虽然取得了一定成绩，但距理论的完善和实际应用尚有较大差距。土体结构作为土体有机重构研究的基础和核心，是一个复杂的土体细观结构，由许多个大小不一的土颗粒团组成(申林方等，2015)。土体某层级的结构是由其所有低级层级作为结构单元以一定的方式有机联合而成，层级间相互联系、相互作用，较高层级的结构功能并不等于较低层级结构功能的简单叠加，土体不同层级迥异的化学特性也增加了土体的复杂性。因此，要全面、深入、准确地掌握土体结构系统的工程性质，一方面要掌握土体结构系统中各层级的性质和规律；另一方面必须要理清各层级间的相互关系和作用，而后者是当前土体结构系统研究中最薄弱的环节，也是最关键的科学问题。

目前对于土体有机重构的研究已在一定程度上满足较易整治土地的工程需要，但在重度盐碱地、石油污染土地、重金属污染土地等难利用土地的工程实践上，尚缺乏完善的理论体系和可大范围推广的技术方法。总体而言，土体结构研究的基本理论方法仍显单调和欠缺，应寻找新的途径。目前，虽然已经可以获得土体结构参数的几何学特征，但结构要素之间及其与宏观力学性质之间的关系如何却仍然处于未知状态；虽然已经可以解决土体养分匮乏的问题，但对土体重金属、放射性物质等危害仍缺乏行之有效的手段。而结构与宏观力学的结合、土体危害性的控制才是结构研究的关键所在。土体的重构应该是破除其混沌的自组织，以最快的速度实现其有序构建的过程。

3. 对土体有机重构基础条件缺乏全面勘查

土地工程设计多出于经验主义，盲目地在不同目标区域内实施相同的工程，而缺少对于设计目标基础条件的全面勘查。各个工科类学科或者其他行业工程项目都离不开勘查，要做好土体有机重构设计首先也应该针对设计对象的背景信息进行勘查。勘查工作是所有工程设计和实施的基础，它是土地工程项目实践过程中，理论结合实际的纽带，用以摸清整治对象的平面和立体的结构、成分。

4. 土体有机重构设计严重滞后

在土体有机重构方面的研究已经做了很多工作，但是缺乏完整的设计。以工程区域为例，什么地方作为旱地，什么地方作为水田，如何进行功能分区，选择怎样的品种，所有的环节都需要设计。土地工程的设计要突出核心，包括土体质地改良、土体剖面构建、土质培肥等各个方面。工程实践中涉及的所有实际问题都应该进行设计，而这些设计应该遵循怎样的流程和目标都亟须解决。

5. 土体有机重构技术缺乏标准规范和评价方法

土体有机重构实践中遇到的实际问题是纷繁复杂的。例如，很多农用地土地工程中存在的突出问题是：①土地功能分区依靠经验而缺乏科学论证；②基础土体的处理和土体有机重构的设计缺乏可靠的依据；③工程施工步骤没有可遵循的规范；④工程完成后对土体未来改变的预测急需给出可行的方法。虽然以上问题的核心仍是土体的结构性问题，但直接原因在于技术上没有现行的规范可依，工程上没有有效的评价体系可据。

三、土地工程的战略意义

土地工程的实施，旨在通过土体有机重构，为人类提供安全居住的建设用地和健康生产的农用地，保证生命体承载需求，让人类更好地生活和生产。土地工程这一学科体系的产生以及它能解决的问题便是土地工程研究的意义。尽管土地工程仍处于发展的初级阶段，但土地工程研究不仅是满足全世界的人口增长、经济建设的需求的重要途径，也是建设生态文明和为人类文明拓展更大的生存空间的先行者。

（一）土地工程的现实意义

从当下需求的合宜性来看，开展土地工程的研究对增加土地面积，提高土地利用率，保障国家粮食安全，促进经济发展、生态和谐和社会稳定有着重要的意义。通过开展土地工程研究，可以有效地发掘未利用土地的潜力，增加土地利用多样性，促进城乡统筹发展，有效破解城乡建设用地的保障难题。土地工程针对未利用土地和低效利用土地进行研究，应作为土地资源合理利用长远战略目标和促进人地关系和谐发展的重要手段。土地工程是解决耕地占补平衡、保障国家粮食安全的必然选择，并能有效改善农业生产条件，加快推进社会主义新农村建设。土地工程对于新增洁净建设用地的贡献也是经济和谐发展的基础。从长远看，土地工程着眼于规模化经营、机械化耕作和现代化建设，能有效减少新一轮新农村建设中的"过程性浪费"，并引导和动员农民直接向城镇集中，促进工业化、城镇化、信息化和农业现代化社会的建设速度，转变经济发展方式，着力提升土地资源的承载能力。

(二) 土地工程的终极目标

土地工程的终极目标是实现生态文明。土地工程可以直接为人类提供更多的清洁土地，促进生态文明的发展。人类生存发展面临的土地荒漠化、淡水资源危机、有毒化学品污染、森林资源锐减、垃圾成灾等问题都可以通过土地工程进行解决。土地工程通过化学、生物等措施降低或消除受污损土地的重金属等污染，重构废弃矿区受污损土地的质量，通过无害化填埋处理废弃物和分类回收处理垃圾，重构污染区域土体，从而恢复林地、耕地，构建新的生态系统，彻底改善生态环境现状，再现美丽家园。土地工程可直接解决人类社会发展中面临的一些生态环境问题，而这些生态环境问题的解决是人类生态文明建设的基础。

此外，土地工程通过土体有机重构可间接性解决人类社会的多种生态问题。土地工程在解决土体污染的隐蔽性、累积性和长期性等问题的同时，会首先改变点尺度环境质量，长时间效应下必将促进由城市扩张、开荒毁林、过度放牧、农药化肥过度施用等人为因素造成的土体质量下降问题的解决，改善水土流失、养分耗竭、盐碱化、干旱化等生态问题，继而改善区域生态环境质量，改观整个地球生态环境质量。最终，土地工程对于生态环境问题的参与，将促使全球性生态环境威胁的全面解决，人类生态文明建设的基础必将逐渐得到巩固。

(三) 土地工程的未来

土地工程是扩展人类活动空间、改善人类生存环境的重要手段。土地工程的研究可使得土地资源更好地被充分利用，但这仅在有限的地球范围内选择过去不适宜或者不能种植的土地进行整治。随着科学技术的发展，人类的活动范围不仅限于地球，通过对宇宙和其他星球的探索，人类的最终目标是想走出地球向宇宙空间生存、发展。国内外诸多学者也在此方面进行了诸多的探索和研究，但目前仅停留在如何满足人类生存外在环境的适应度上，如氧气、重力和水等。对于人类是否能在外星球长期生存的可能性并未过多地关注。人类的生存离不开土地，甚至可以说各生命体的存在均离不开土地，人类要试图在外太空拓展生存空间，适合人类及各生命体所需的土地必不可少。而这就需要以土地工程学科为理论基础，以土体有机重构为核心，在外星球进行土体有机重构，生产太空作物，扩展人类的活动空间。这将是土地工程科研人员后续的战略目标和动力。

第二节 土地工程规划设计基础

土地工程规划的设计是土地工程从原理向工程施工转化的对接点。土地工程规划的设计中对于农用地以作物生长、动物和微生物生存以及人类生产的最佳土体条件、环境条件的分析论证为基础，对于建设用地以人居生存环境及其安全分析为基础。本节将对土地工程的设计方法与技术体系进行系统论证，并对土地工程规划基础进行简要介绍，为土地工程规划设计提出明确的思路和科学依据。

一、土地工程的主体对象

土地工程的核心基础是土体有机重构，因此土地工程的主体对象即为土体。土体有机重构并不等同于土壤重构。土壤重构是通过采取适当的土层置换、耕翻等重构技术和相关措施，重新构造一个适宜的土壤剖面、肥力条件及稳定的地貌景观，短期内恢复和提高重构土壤的生产力，其最为重要的任务是重构、改良与培肥土壤，实质是通过人为构造和培育土壤，提高土壤生产力使其更好地服务于农业，理论基础主要来源于土壤学科，研究也主要围绕农业生产展开（胡振琪等，2005;辛亮亮，2015）。而土体有机重构则是围绕构造来进行，目的是满足人类、动物、植物、微生物等各类有机生命体的承载需求。土体的结构设计是工程的核心，这里的重构指的是力的配比、材料的选择、对力的需求和不同材料形成的混合体，也就是土体的配比，尽管需要对土体的理化性质进行调节，但其理论基础中工科的内容占主体。土地工程与农学彻底不同之处在于，农学中的土壤、腐殖质、元素等都仅是土体有机重构中的结构性材料，只是土体的一个部分。土壤之于土体有机重构就如同混凝土之于建筑构造。土地工程紧紧围绕结构进行土体的重构，其所指的土体既服务于农业种植，也可用于人居建设。土地工程目前学科体系中所有方向的主体研究对象和设计对象都是土体，目标都是万物生命体承载需求，其核心任务则是针对不同类型土地的土体有机重构。

土地工程中，土体质量是指土体提供生命承载所需颗粒、结构、层级等的结构质量，生命生长繁衍所需养分构成的肥力质量，容纳、吸收、净化污染物以保障生命安全的土体环境质量，以及维护保障人类、动植物和微生物良性繁衍的土体健康质量的总和。土体有机重构的过程，就是对土体质量进行良性调控的过程。

针对土地工程的核心任务，结合土地的利用状况，土体有机重构研究可分为三种：一是土体结构利用规律与发展理论，从整体上勘查和研究土体结构，将土体作为完整的生命综合体，在土地工程领域发展及合理利用的规律；二是土体有机重构技术及相关的设计与规范，运用工程技术手段实现农用地和非农用地的高效利用，协调人地关系，为生命体提供能够健康生产的农用地和安全居住的建设用地；三是土体有机重构的相关评价方法，包括土体的结构性研究及其模型等的建立，提供符合生命体正常需求和承载力的土体质量与层级构造特征等。

二、土地工程规划基础

土地工程规划是指对规划区内未利用、暂时不能利用和已利用但利用不充分的土地，确定实施开发、利用、改造的方向、规模、空间布局和时间顺序，区域内土地工程规划或单个工程规划应在土地利用总体规划的指导和控制下进行。土地工程规划内容主要包括：制订规划期内土地整治战略，评价农用地整治、建设用地整治、未利用地开发和土地复垦潜力，明确土地工程的指导原则和目标任务，划定土地工程重点区域，安排土地工程或项目，提出规划实施的保障措施和重大政策等。

（一）土地工程规划原则

1. 严格保护耕地

按照稳定提高农业基础地位的要求，立足解决农村民生问题，严格保护耕地特别是基本农田，加大土地整理复垦开发补充耕地力度，提高农业综合生产能力，保障国家粮食安全。

2. 节约集约用地

按照建设资源节约型社会的要求，立足保障和促进科学发展，合理控制建设规模，积极拓展建设用地新空间，努力转变用地方式，加快由外延扩张向内涵挖潜、由粗放低效向集约高效转变，防止用地浪费，推动产业结构优化升级，促进经济发展方式转变。

3. 统筹各业各类用地

按照落实国家区域发展总体战略的要求，立足形成国土开发新格局，优化配置各业各类用地，引导人口、产业和生产要素合理流动，促进城乡统筹和区域协调发展。

4. 加强土地生态建设

按照建设环境友好型社会的要求，立足构建良好的人居环境，统筹安排生活、生态和生产用地，优先保护自然生态空间，促进生态文明发展。

5. 强化土地宏观调控

按照促进国民经济又好又快发展的要求，立足构建保障和促进科学发展新机制，加强和改进规划实施保障措施，增强土地管理参与宏观调控的针对性和有效性。

（二）区域土地利用规划与核查

土地工程规划不仅是要实现项目区点范围内的土地整治，更是要规划项目所在区域内的功能。区域规划对于区域内土地工程的方式选择具有单因素否决权，这就要求不同地域的土地工程项目差别化建设。区域内土地工程规划既包含国家层面上的宏观整体规划，也包括省、市、县甚至乡镇等不同级别行政区划层面的规划。不同区域内土地利用的规划，必须依据土地利用综合平衡的成果，将生存用地和发展用地同步考虑、同步解决，其实质就是一个土地利用结构优化过程。而对土地利用进行核查，能及时发现土地利用中的违法违规行为，是对经批准的土地利用规划成果的有力保障。

在国家层面上的土地利用规划，必须明确土地利用的战略方向及功能区划，了解全国范围内宏观区域划分，确定每个区域国土资源开发利用的重点和方向，进而制定和分解有关耕地保护、建设用地和生态建设等土地利用控制性指标，制定一些区域国土开发的引导性原则，进行土地利用的战略分区，体现了土地工程宏观调控功能。例如，《全国主体功能区规划》按开发方式将中国全境划分为优先开发区域、重点开发区域、限制开发区域和禁止开发区域四个主体功能区；按开发内容分为城市化地区、农产品主产区、重点生态功能区，为国家区域重大发展战略的实施提供了土地保障。

省、市、区、县级别的土地利用规划，在落实上一级政府总体规划下达的指标任务的同时，应提出区域内土地利用战略和目标，制定相应的土地利用政策，调控和指导下一级政府的土地利用；要对相应行政区域土地利用结构、布局与主要用地规模进行安排，划定土地利用功能区，进行农用地和建设用地空间管制，安排土地利用重大工程和重点项目，并制定保障规划实施的政策措施。

（三）工程规划

对于单项土地工程项目而言，规划设计需在充分了解并分析项目区基本情况的前提下进行，具有较强的针对性。项目区规划应遵循国家相关法律法规、国家和地方相关规划以及相关规范、标准等进行，并按照制订计划、成立领导和工作组、搜集资料、开展土地利用现状分析及评价、确定土地开发整理项目的目标和任务、确定项目总体布局、规划编制、方案评价与选定、上报审批与实施等流程进行。

土地工程规划应以区域内土地利用总体规划和土地综合整治规划为依据，保证项目与区域环境融合，促进区域内整体规划和谐，与相关规划相协调，水土资源平衡，资源合理统筹，强化节约集约用地。单个工程的规划应坚持土地利用与配套工程的统一规划，综合治理。结合项目区实际情况，配套工程应当为土体有机重构服务，并按照生产和生活的现代化技术要求，系统完善配套水利水电、田间道路、防护林等农业生产和生态环境保护基础措施。

三、土地工程设计方法

土地是自然产物，其产生和存在并不以人类的意志为转移。尽管人类无法凭空创造出新的土地，但是人类的活动却可以影响土地。而土地工程学科的确立，将人类对于土地的影响上升到新的高度——在生命层次上重新构建土体。在土地工程学科之前，传统的土地工程偏重于土地平整工程和水、路、林、村等配套工程，而忽略了土地工程的核心——土体有机重构。这就相当于水利工程仅关注电网和水泵，而忽视了渠道和坝体；相当于交通工程仅关注绿化和信号灯，而忽视了路基和路面；相当于建筑工程仅关注水电和消防，而忽视了地基和结构；相当于林业工程仅关注树种和林产品，而忽略了防风护田和水土保持。

土地工程长期以来对土体有机重构的忽视，造成了土地工程体系的不完善，也直接导致目前多数的土地工程项目整体质量不高，施工设计盲目盲从，以经验主义作指导，而缺少科学技术性。现在，土地工程学科的确立，土体有机重构思想的提出，不仅明确了土地工程的理论核心，也为土地工程的设计与施工指出了明确的方向。

（一）土地工程设计目标

1. 土地工程设计的目标要素

土地工程设计的基本目标为生命体承载需求，而其终极目标则为生态文明建设。土地工程设计应该依据国家和地域层次上的功能规划和战略目标，在进行全方位的资料收集和整理基础上，通过对土体和工程实施条件的全面科学定性、定量分析，结合区域资金、技术条件，考虑生态环境需求和地方特色，而构建多要素、多方位的综合目标。

土地工程设计"量"的目标，即增加农用地或非农用地的面积，补充土地占用需求，提高土地利用率。具体体现在基本农田的整治规模、工矿土地的复垦规模、宜耕地未利用土地开发规模、城镇建设用地整治规模、农村建设用地整治规模、农田整治补充耕地、村庄整治补充耕地、土地复垦补充耕地等。

土地工程设计"质"的目标，即实现不同空间和时间尺度上的土体结构最优，土体质量最佳，保障生命体生存发展需求。具体体现在土体颗粒级配、土体层级剖面、土体结构剖面、土质酸碱性、土质养分提升、土体有害物质控制度等土体质量目标，以及水利、交通、电网、林网等配套设施的覆盖程度等。

土地工程设计"长期效益"的目标，即工程产投比最优、政府和社会接受度最广、与区域环境融入性最强、生态环境影响最良、长远时间尺度上效益最高。

具体体现在工程实施后农用地等别、标准农田占耕地的比率、单位地区生产总值、城镇工矿地减少率、聚集农户数量、生态环境改善程度、生活条件改善程度、生产条件改善程度、农居环境改善程度、土地利用类型、工程建成后不同时间尺度上功能完整性和可更新性等。

土地工程的有效性和客观性取决于所在地域的实际情况，即土地工程的效益是情境化和地方化的。因此，土地工程设计目标应根据特定工程的实际情况确立，在满足土地工程设计的通用目标前提下，结合不同区域和工程的特点，架设其工程设计的综合目标。土体有机重构的设计目标因地制宜，不应限于某一特定数值或类型。对于土体这一特殊设计对象，由于构建初期土体物理和化学结构都可能处于非稳定状态，应循序渐进，分别设立短期、中期和长期目标，以科学的技术措施，阶段性构建和培育良好的土体，最终实现土地永续使用(表1-1)。

表1-1 土地工程设计通用目标

工程类别	工程要素明细	短期目标(1年)	中期目标(3~5年)	长期目标(5年以上)
土体有机重构工程	土体层级结构	符合目标生命体生长和建筑承载基本需求	农用地土体达到高标准农田(或同等园林、草地等)标准/非农用地土体符合建筑承载需求	土体层级稳定，理化性质良性循环，土体环境安全健康，土体生产力良好，土体环境质量反退化，支持生物多样性需求，实现生态安全和谐，土地永续利用
	土体颗粒级配			
	土体养分质量			
	土体环境质量	符合环境质量标准要求，保证生命体尤其是人类承载安全		
	生命体生长	基础生物正常生长，农用地作物达到一般产量	农用地达到高产水平/非农用地稳定支持生物正常生长	
配套工程	灌溉与排水	灌排有通道、蓄沉有设施，水质符合生产生活标准	达到集约化、精细化、信息化生产，动态跟进目标生命体承载需求	条田化、规范化、大地园林化，构建生态安全格局，具备土地工程美学特性，实现工程综合效应的持续性，建设生态文明工程
	交通	方便出行、耕作，利于规模化、集约化生产		
	电网、林网等	完善项目区功能，增加项目区美观度		
	防护与生态	完善水土保持，实现生态景观功能延伸		

2. 农用地土地工程设计通用目标

农用地即农业用地，指直接或间接为农业生产所利用的土地。包括耕地、园地、林地、牧草地、养捕水面、农田水利设施用地(如水库、闸坝、堤埝、排灌沟渠等)，以及田间道路和其他一切农业生产性建筑物占用的土地等。

针对农用地的土地工程设计通用目标为：通过土体有机重构和配套工程的实施，从微观、细观、中观至宏观的不同空间尺度和短期、中期、长期等不同时间尺度上，构建适宜于农业发展的良好土体结构，调控土体有毒有害物质在最低水平，提高耕地质量，增加有效耕地面积，改善农业生产条件和生态环境，实现目标区域内耕地总量动态平衡，为社会经济发展提供土地保障，达到环境、社会、经济、生态等方面效益的统一，以实现土地的良性循环、永续利用。

3. 非农用地土地工程设计通用目标

非农业用地通常包括农村聚落，大、中、小城镇，工矿区及交通运输、名胜古迹、旅游、疗养区、自然保护区等占用的土地。中国非农业用地约占国土总面积的 22.9%。土地工程上非农用地以建设用地为主，即建造建筑物、构筑物的土地，是城乡住宅和公共设施用地，工矿用地，能源、交通、水利、通信等基础设施用地，旅游用地及军事用地等。非农用地不仅是由耕地开发而来，还有部分是由其他土地开发形成，如垃圾填埋区域、干涸或未干涸的水域等，其中尤其以污染土地改造为建设用地对土地工程技术的要求最高，如何保证该类型土地的土体中重金属、放射性物质、有机污染物等含量降到最低，对生命体的影响最小，是土地工程研究和拟解决的重点问题，也是建设用地设计目标的首要任务。

针对建设用地的土地工程设计目标为：通过合理的土地规划和有效的土体有机重构技术方法，保证土体内有害物质控制在最低水平，土体结构稳定，满足建设用地的人居功能建设和安全性要求，从而增加建设用地的开发程度，便于土地节约化和高效利用，减少占用耕地面积，支持经济建设，实现人地和谐。

（二）土地工程设计原则

为全面贯彻"十分珍惜、合理利用土地和切实保护耕地"的基本国策，真正践行"在保护中开发、在开发中保护"，规范进行生态环境综合整治与土地利用相结合，结合土地工程设计对象的特点，确定土地工程设计原则如下。

1. 坚持以有机生命体承载需求为本的原则

以有机生命体承载需求为本，既是在现实角度最终实现以人为本的先决条件，也是在生态角度保证生物多样性、维持生态系统平衡的决定因素。无论是农用地还是非农用地的土地工程建设，都应该将适宜生命体生长繁衍的良好生境作为首要目标，利用土体有机重构技术，保证土体理化特性最优，保证土体重金属、放射性物质等有害物质含量最低，为生物生长提供健康的农业用地，保证国家粮食安全，为人类生活提供干净的农用地和非农用地，保证人居环境舒适健康。

2. 坚持"质"在"量"前的原则

传统土地整理多偏重于对新增土地"量"的过度看重，而忽略了土体"质"

的追求。土地工程正在进入土地利用的集约率、土地生产关系和土体可持续性协调发展的新阶段。土地工程设计正确处理新增农用地和非农用地的数量与质量的关系，始终将土体质量的提高放在数量增加之前，将重构最优土体作为设计核心，坚持构建环境质量安全、层级稳定、理化性质良好的土体，实现土体状态、肥力、产能的可持续性，才能真正改变粗放经营的旧有局面，实现土地工程的持续、健康发展。

3. 坚持科学规范、论证充分的原则

土地工程的实际实施中情况多变、条件复杂，而土体的质量建设又是一项"隐性工程"，其工程建设和评价都极为复杂。因此，仅依靠经验主义，一味地对土地进行"格式化"改造，而没有充分的依据和规范，并不能解决土体的实际问题。目前土地工程的设计普遍缺乏有效的基础勘查和统一的规范依据，唯有充分的科学论证才是土地工程技术成功的保证。因此，每一步的设计都应基于充足的科学论证，确保所有设计环节都有全面合理的依据，发挥土地工程核心的中心作用，提高土地工程设计的科技含量，促进集约化生产。

4. 坚持因地制宜、循序渐进的原则

尽管土体有机重构是将自然过程加速的工程手段，但其基本前提是尊重自然规律，尊重生命基础。土地工程设计的对象，无论植物、动物、微生物，都有其本身的生长规律，都受自然条件制约而有地域性的特征。而不同地区又分别有不同的气候、地形、土体等自然条件，因此土地工程必须在前期进行全方位的综合勘查，针对不同立地条件确定不同的重点，因地制宜、循序渐进，合理布局项目区内土地利用类型，保证土体质量稳步提升，以适当步骤逐步实现土体结构良性发展。如果违背规律，如在山区陡坡开垦，则会造成水土流失；如果在干旱地区过度发展种植业，则会造成土壤荒漠化和次生盐渍化。

5. 坚持生态健康、环境安全的原则

土地工程中切忌急功近利，追求短期效益，否则不仅会对土地原貌造成巨大破坏，还可能会对环境产生巨大的负面影响，甚至导致一些土体的危害性被忽略。生命体的承载需求既包含短期内的生存需求，也包含长期阶段的良性发展需求。生态和谐是土地工程的终极目标，土地工程应始终坚持生态健康和环境安全的原则，不以破坏生态环境来换取土地整理效益，做到开发中保护，保护中开发，尊重项目区土地的整体性和生态性。最终保证在不同空间和时间的尺度上，土体剖面层级稳定，土体养分良性发展，生产高质高效高产，且生态影响安全健康，促进景观优化和生态良好，发挥土地工程后续效益。

(三) 土地工程设计流程

1. 基础勘查

为避免盲目主义和经验主义，针对性开展土地工程设计，对建设、整治区域的基础条件进行全面科学的勘查。勘查内容应包含气候、地形、水资源等自然条件，道路、灌溉、电网、林网等基础现状，项目区土质条件、土地社会经济属性等。勘查方法除资料搜集和现场踏勘外，还包括室内检测、野外测绘、影像分析、模型模拟等。通过勘查，获取基础资料并进行分析，诊断土地工程施工区存在的主要问题与障碍，调查工程实施的条件，一方面分析土地工程实施的可行性，为确定土地工程设计方案的主要方向提供资料；另一方面为确定土地工程方案中的相关技术参数提供科学依据。勘查结果的准确性决定了土体有机重构设计的正确与否，直接关系到工程改造后项目区能否成为合格的农用地或者建设用地。

2. 目标确立

目标确立是土地工程进入设计的第一步，是对勘查结果的体现，也是对施工工作量的决定性的一步。土地工程设计的目标确立，应该包含主体工程(土体有机重构)和配套工程的全部要素或主要要素。其中，土体有机重构的设计目标应建立在土地工程设计特点基础上，为土地工程寻找最有利的开发方向，既应该保证重构后土体质量在良好区间内，又应该控制项目整体产投比，还应该为土地工程后续更新发展奠定基础。设计者应基于对项目区各类资源的调研，顺应科学规律，运用逻辑分析和创新思维，建立土地工程的设计目标。

3. 要素整合

土体是一个完整的整体，土地工程的设计应把土体的各个要素作为一个整体进行设计，并使各要素之间的关系协调。土地工程设计的要素整合，不是简单的空间组合，而是不同土体问题解决方案的有机组合和优化选择，是主体工程与配套工程的和谐构建，是土地工程设计的基本方法。土地工程要素应涵盖两方面，分别是实体要素和功能要素。实体要素包括土体以及路、林、村、水等配套要素，所有要素应能满足生命体需求最佳、美学设计最优的要求；功能要素包括构建良好土体所需要的技术手段，就是在之前制定的设计目标下，所有具体设计目标所需要的各类技术手段进行整合，以最有效、最完整、产投比最合适的手段实现土体有机重构。土地工程设计的要素整合，要将所有实体要素和功能要素进行有效整合。

4. 工程量化与施工组织设计

综合以上设计步骤，土地工程设计已经做到有科学依据，而要让土地工程设计落实到工程施工上，则应该将要素整合后分解工程环节，每一步设计都做到有量的具象化指导，有实现步骤的指向性，并将所有工程量和技术流程以图集形式出具，使工程量一目了然，保证土地工程的设计切实可行。在施工组织设计中，应坚持实事求是，力求技术先进、科学合理、经济适用，在确保工程质量标准的前提下，积极采用新技术、新工艺、新机具、新材料、新测试方法；并尽量利用原有设施或就近已有的设施，减少各种临时工程，建立健全质量保证体系和安全保证体系，制订安全保证措施和防护措施，坚持标准化作业，确保安全生产。

5. 环境行为分析

土地工程应将生态影响作为设计中的重要工作，环境行为分析不仅应包含土地工程实施可能会对周围气候、水土资源、生物多样性等造成的影响，也应该包括工程对于周边人居环境可能造成的影响以及工程从建设到建成后各时间段内可能发生的改变，并在土地工程设计中对这些要素进行充分的考虑。研究土地工程对于环境的需要，也要综合分析环境对于土地工程的响应，才能创造宜人、宜物、宜境的项目整体，从而达成良性循环，增加综合效益。例如，在大面积新增耕地的土地工程设计中，对项目区生物生存环境需求进行分析，将部分田间路设计为土路，而非完全水泥硬化路面，保证田间小动物的穿行，维持生境连接。

四、土地工程技术体系

土地工程应是从物质形态、领域意义和文化认同等多维度同时推进的，因此土体工程的技术体系也是相应拓宽的，而非仅建立在纯粹对土体或是纯粹对配套工程的基础上。土地工程的技术体系，依据施工设计流程分为三个层次，即基础层、技术层和工程层；依据执行关系则可分为三个领域，即层级、要素序列和技术门类。

（一）三个层次

根据从抽象到具体、从认识规律到运用规律、从观念形态到物质形态的顺序，把土地工程技术体系分为基础层、技术层和工程层三个层次，它们分属于基础科学、技术科学、工程技术，分别对应土地工程设计中的可研阶段、设计阶段和施工阶段。三者环环相扣，相辅相成（图1-1）。

1. 基础层

土地工程的基础层，以项目区的整体作为研究对象，以揭示项目区在不同尺度上的本质和规律，调查所有与土地工程实施相关的要素，为土地工程设计提供基础数据，解答土地工程设计表面现象"为什么"发生的问题，同时也为技术层次上解决实际问题提供理论依据。基础层主要内容即为项目区基础勘查，其成果客观反映实地情况。基础层次技术在实施中，应遵循相对应的基础标准、行业标

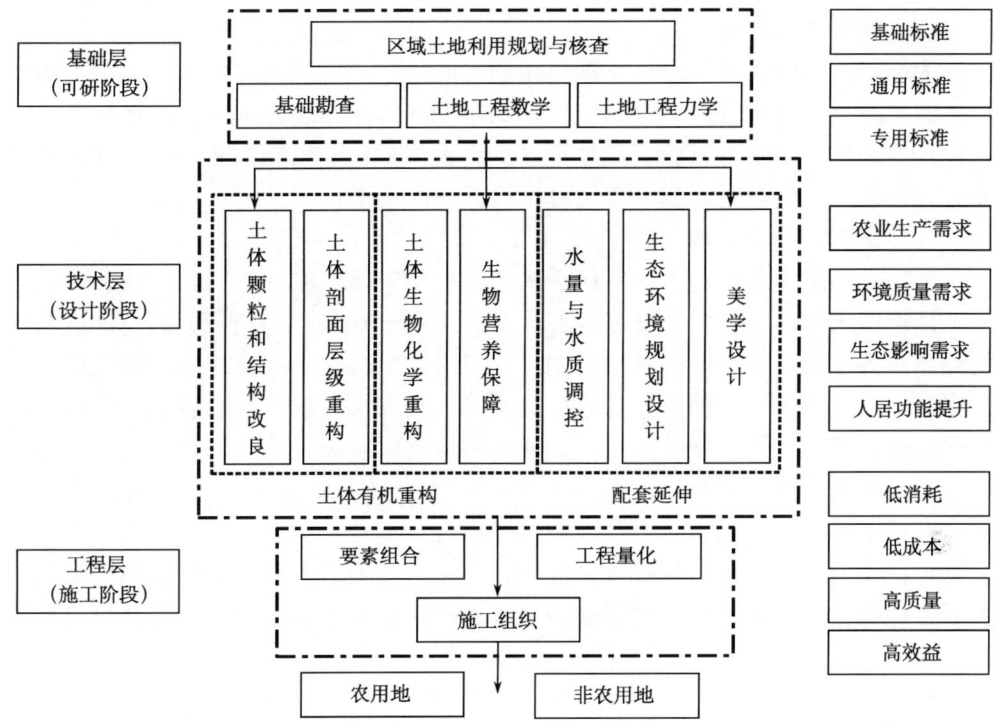

图 1-1 土地工程技术体系路线

准、国家标准或其他科学规范,以保证所得结果的有效性和科学性。土地工程的基础勘查应依据勘查设计书进行,勘查结束后,应经整理、检查、分析,形成因地制宜、突出重点、有明确工程针对性的勘查报告。

此外,土地工程设计的基础层还包括数学基础和力学需求。其中数学基础以土地工程勘查、设计、施工流程中所需涉及的一切数学原理为指导,为土地工程设计提供基本数学方法,其中涵盖样本调查与统计、工程制图与数学建模等。

2. 技术层

土地工程技术体系的技术层,其任务是研究如何将基础层所得结果、结论用于解决土地工程的实际问题,即"怎样"把对项目区的分析结论转化为对实现目标的技术行动。技术层在基础层和工程层之间构架起一座桥梁,将基础层的客观数据和理论进行升华,发挥其潜在应用价值为显见应用价值。技术层的技术手段,不仅要掌握自然规律、尊重自然规律,也应该合理利用自然规律,才能用工程手段缩短土体变化的时间尺度。技术层以生命生长需求、环境质量需求、生态影响需求、人居环境功能提升等为目标要素,对象既包含农用地,也包含非农用地。技术层内容分门别类包括以下几方面。

1)土体颗粒和结构改良

为满足土体结构性和土地长期持续利用的需求,综合土体力学和土质物理特性要求,通过客土、土层混合、引洪淤积等物理方法,改良剂施用等化学方法,以及精耕细作、增施有机肥、微生物改良、植物修复等生物方法,对土体颗粒级配进行构建,达到农用地或非农用地中对土质的要求。

2)土体剖面层级重构

针对土体层级结构对土体有机重构效应的决定性作用,依据农用地和非农用地土体剖面构型类型差异,通过客土改良、引洪漫淤、有机物料回填、机械改土、剖面重构等方法,从短期和长期时间尺度上,造出具有土质疏松多孔表土层,中间水分、养分丰富"营养层"和底层紧实"保水保肥"黏垫层的理想农用地土体剖面构型,或者达到良好开工条件的非农用地土体层级。

3)土体生物化学重构

针对土体有机重构对于土体酸碱性最适合有毒有害物质含量最低的需求,从生物和化学的角度,对过酸或过碱性土体、化学污染的土体采用化学和微生物的手段进行重构,将其构建至农用地和非农用地适宜的范围,为目标生命体提供洁净土体。

4)生物营养保障

为使土体质量控制在植物、微生物、动物等各类目标生命体营养需求范围内,促进土体产能可持续提升,生态系统调节功能不断完善,人居环境持续改善,通过植物需肥诊断、土体养分诊断和土体养分调控技术,对土体养分和生物营养保障进行提升改良,满足生命体的生长需求,保证土体养分良性循环。

5)水量与水质调控

综合土地工程水量的供需要求和用水质量,根据土地工程项目的因地制宜性,通过水源调节、输水、灌溉、排水工程的综合设计,利用一切可利用之水,满足农田耗水、人居耗水需求,实现土地工程水资源的供需平衡,最大限度地利用水资源。

6)生态环境规划设计

在遵循自然规律,把生态化建设作为土地工程的考量目标之一的基础上,综合土地工程可能对土体、水文、气候、生物、人类生活等生态环境造成影响的预评价,在土地工程中实施生态安全格局构建、植被重建与生物多样性保护、人居环境建设、可持续发展设计和耕地生态景观功能延伸,实现生态文明终极目标。

7)美学设计

以拓展土地工程美学功能为目标,整体分析土地工程与美学的关系和土地存在的问题,完整展现土地美学价值,对土地工程的结构美、形式美、功能美、意境美进行整体设计,提出土地工程美学设计的目标、方法、美学模型、创新思维和美学原则，制定土地工程所涉及的美学指标及评价分级，从而减少人类对土地资源的破坏，实现土地资源的可持续利用。

土地工程技术层次的出发点是针对土体的某一问题提出解决方法，并探寻以基础理论为指导解决这些问题的途径。其中土体颗粒和结构改良、剖面层级重构、生物化学重构和生物营养保障均属于主体工程范畴，主要手段既有物理措施、化学措施，也包含微生物、植物等生物措施；而水量与水质调控、生态环境规划设计和美学设计则属于配套工程，主要技术手段以工程措施为主，配套工程不仅要完善土地工程的综合功能，更要服务于主体工程，为土体有机重构提供辅助。

3. 工程层

工程层直接面向具体的土地工程实施实际，其任务是运用技术层实现低消耗、低成本、高质量、高效益的土地工程施工。工程层依照各类标准或科学依据，将所有技术层针对各单项问题指出的解决措施进行有机组合，综合实际施工难度和成本，对方案择优选择，并将技术从理论量化为实际工作量，明确实现设计目标所需的各项工艺，同时以专利、配方、设计图纸、论证报告、试制产品等形式推出新材料、新工艺、新产品。工程层在施工技术的选择中不能仅着眼于当下，而要秉承土地工程从应急方案向系统方案的过渡需求，以可持续发展的眼光确立工程方案。工程层依托于前两个层次，是将土地工程理论实现为工程实际的直接手段。

(二) 三个领域

土地工程技术的研究对象多元，已基本涵盖农、理、工乃至文化、艺术学科的多个方向，而且各方向相互交叉。如果以学科群为依据进行分类，则上述技术体系路线中，诸多学科都可能研究的是同一个对象，只不过内部有所分工。因此，根据路径关系，以三维结构的表达方式，将土地工程技术体系分为三个领域：平面维分别为要素序列和技术门类，而竖向维则为依据层级(图1-2)。

从要素序列看，土地工程的要素序列包括土体层级剖面、土体颗粒与结构、土体化学特性、区域生物多样性、土体环境质量、配套工程、土地工程可持续性和其他要素。其中，土体层级剖面和土体颗粒与结构可通过技术门类中的物理重构实现；而土体化学特性、土体环境质量可通过技术门类中的物理重构、化学重构或生物改良等技术实现；土地工程可持续性需要在长期时间尺度上，依靠物理重构、化学重构、生物改良等技术门类的实施实现。依靠配套工程在实现配套功能延伸的同时，也是土体层级剖面、土体颗粒与结构、土体化学特性等要素实现的重要手段。

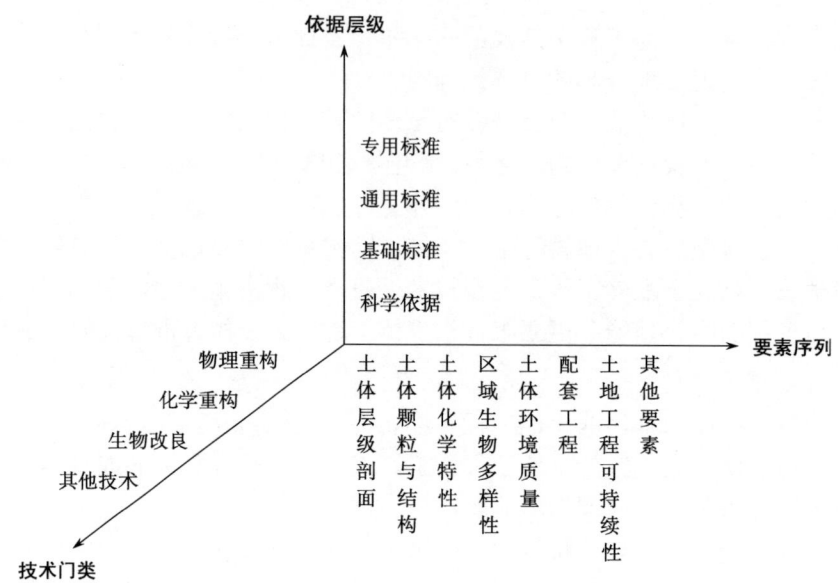

图 1-2　土地工程技术体系三维结构

要素序列的构建需要技术门类，技术门类的实施需要依据层级。土地工程技术体系中，应该遵循各类基础标准、通用标准、专用标准，更多的技术实施尚缺乏这样的标准进行指导，必须依靠严谨的科学依据进行指导。

第二章　土地工程设计的数学基础

数学作为研究数量、结构、变化、空间及信息等概念的一门学科，在土地工程中是从勘查、设计到施工都必不可少的基础理论与方法。本章主要针对土地工程中前期勘查和初步设计中涉及的数学问题进行介绍，重点阐述如何应用几何学、统计学、线性规划和非线性规划等数学基础指导土地工程设计中基础勘查、工程制图、重构评价和土方调配等。

第一节　工　程　数　学

工程数学是多门数学的总称。本节依据土地工程项目中前期普探报告和初步设计报告所涉及的数学基础，主要介绍几何学、统计学以及线性规划和非线性规划等其他工程数学。

一、几何学

几何学简称几何，是研究空间区域关系的数学分支。"几何学"这个词，原来的意义是指土地的测量，即测量土地技术。例如，地面坡降等数据需要应用几何学知识进行测算。

(一) 画法几何学

画法几何学是几何学的一个分支，它借助平面上的图像(图)来研究客观世界中物体的空间形状以及相应的几何规律。因此，画法几何学的内容可归纳为下面两个基本问题：①研究在平面上作空间形体的图像(图)的方法；②研究利用图像(图)解决和探讨空间问题的方法。土地整治项目普探报告、设计报告中的工事都要求预先画出它们的图像或图。

灯光或太阳光照射物体时，在地面或墙上就会产生与原物体相同或相似的影子，人们根据这个自然现象，总结出将空间物体表达为平面图形的方法，即投影法。投影法依投影线性质的不同而分为下面两类。

1. 中心投影法

投影线由投影中心的一点射出，通过物体与投影面相交所得的图形称为中心投影。投影线的出发点称为投影中心。这种投影方法称为中心投影法，所得的单面投影图称为中心投影图，如图 2-1 所示。由于投影线互不平行，所得图形不能反映其真实大小，因此中心投影法不能作为绘制工程图样的基本方法。

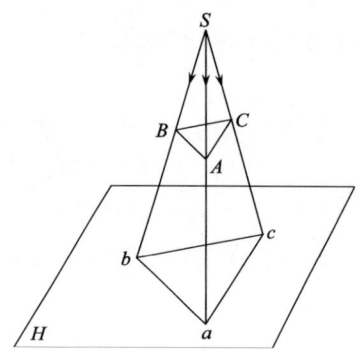

图 2-1　中心投影法

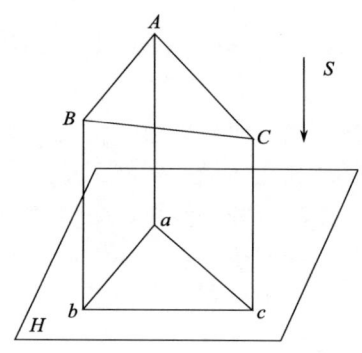

图 2-2　平行投影法（一）

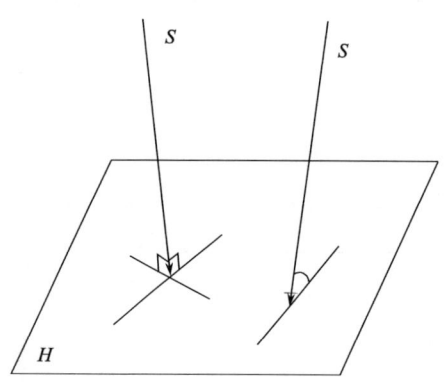

图 2-3　平行投影法（二）

2. 平行投影法

如果将投影中心移至无穷远处，则投影可看成互相平行的通过物体与投影面相交，所得的图形称为平行投影。用平行投影线进行投影的方法称为平行投影法，如图 2-2 和图 2-3 所示。在平行投影法中，根据投射方向是否垂直投影面，平行投影法又可分为两种：①斜投影法，投影方向（投影线）倾斜于投影面，称为斜角投影法；②直角投影法，投影方向（投影线）垂直于投影面，称为直角投影法，简称正投影法。正投影法是工程制图中广泛应用的方法。

土地工程为最直观反映工程实际情况，最常用平行投影，尤其是平行投影中的正投影。

（二）几何拓扑学

拓扑学是研究几何图形或空间在连续改变形状后还能保持不变的一些性质的学科，是几何学的一个分支，但是这种几何学又和通常的平面几何、立体几何不同。通常的平面几何或立体几何研究的对象是点、线、面之间的位置关系以及它们的度量性质。拓扑学对于研究对象的长短、大小、面积、体积等度量性质和数量关系都无关。

1. 基本公理

设 X 是一个非空集合，X 的一个幂集族 T 称为 X 的一个拓扑。如果它满足：①X 和空集 $\varnothing$ 都属于 T；②T 中任意多个成员的并集仍在 T 中；③T 中有限多个成员的交集仍在 T 中。

称集合 X 连同它的拓扑 T 为一个拓扑空间，记作 (X, T)。称 T 中的成员为这个拓扑空间的开集。定义中的三个条件称为拓扑公理。

2. ArcGIS 中的拓扑概述

土地工程设计报告中经常会用到 ArcGIS 软件统计项目区的面积等，这就涉及 ArcGIS 中的拓扑理论。如果有重叠且共享相同坐标位置、边界或节点的要素，则地理数据库拓扑可帮助更好地管理地理数据。地理数据库拓扑辅助确保数据完整性。拓扑的使用提供了一种对数据执行完整性检查的机制，从而利于在地理数据库中验证和保持更好的要素表示。此外，还可以使用拓扑为要素之间的多种空间关系建模。这为多种分析操作（如查找相邻要素、处理要素之间的重叠边界以及沿连接要素进行导航）提供了支持。

1) 拓扑关系

拓扑是点、线和多边形要素共享几何的方式的排列布置。拓扑用于以下操作：

(1) 限制要素共享几何的方式。例如，相邻多边形（如宗地）具有共享边、街道中心线和人口普查区块共享几何以及相邻的土壤多边形共享边。

(2) 定义并执行数据完整性规则：多边形之间不应存在任何间距、不应有任何叠置要素。

(3) 支持拓扑关系查询和导航，如确定要素邻接性和连通性。

(4) 支持可强制执行数据模型拓扑约束的复杂编辑工具。

(5) 根据非结构化的几何构造要素，如根据线创建多边形。

2) 拓扑构建步骤

(1) 设计拓扑。

(2) 在地理数据库中的公用要素数据集内创建一组要素类。

(3) 如果已经有要素数据，将这些数据加载到要素类中。

(4) 使用 ArcCatalog 或地理处理工具创建拓扑。

(5) 构建和验证拓扑。

(6) 将拓扑添加到 ArcMap，并设置其显示属性。

(7) 使用编辑环境来识别和修复错误。

(8) 管理要素类和更新脏区。

(9) 管理版本化地理数据库内的拓扑。

(10) 执行多个其他一般编辑任务。

二、统计学

统计学是处理数据的一门科学,其含义可以概括如下:统计学是关于数据的科学,它提供了一套有关数据收集、数据处理、数据分析、数据解释并从数据中得出结论的方法。统计研究的是来自各个领域的数据。土地工程中,统计学的应用集中在抽样和地统计学上。

描述统计是研究数据收集、处理和描述的统计学方法。描述统计的内容包括取得研究所需的数据、用图表形式对数据进行处理和显示,进而通过综合、概括与分析,得出反映所研究现象的一般特性。

推断统计是研究如何利用样本数据来推断总体特征的统计学方法,内容包括参数估计和假设检验两大类。参数估计是利用样本信息推断所关心的总体特征,假设检验则是利用样本信息判断对总体的某个假设是否成立。例如,从大面积的新增耕地中随机抽取几个地块作为样本,测定其土质,然后根据新增耕地质量的要求判定样本地块的土质质量,进而估计整个项目区新增耕地的整体质量,这就是推断统计要解决的问题(贾俊平,2010)。

(一)抽样推断理论基础

进行抽样调查的目的主要在于抽样推断。抽样推断就是依据样本统计数量特征,对调查目的值进行科学推论的一种统计方法。抽样推断是在抽样调查的基础上,利用样本的实际资料计算样本指标,并据以推算总体相应数量特征的一种统计分析方法。

1. 抽样推断方法

抽样推断实际上是一种估计方法,即抽样估计,包括点估计和区间估计两种方法。

1) 点估计

点估计又称定值估计,它是不考虑抽样误差,用实际样本指标数值代替总体指标数值,即总体平均数的点估计值就是样本平均数,总体成数的点估计值就是样本成数。

2) 区间估计

这种方法要完成两个方面的估计:根据样本指标和抽样平均误差估计总体指标的可能范围;估计推断总体指标真实值在这个范围的可靠程度。

区间估计是抽样估计的主要方法。

a. 总体平均数的区间估计

(1) 样本抽取以后，用简单算术平均或加权算术平均的方法计算样本平均 $\bar{x}$。
(2) 搜集总体数量标准方差的经验数据或计算样本数量标准方差 s^2。
(3) 计算抽样平均数的平均误差。

$$\mu_{\bar{x}} = \sqrt{\frac{\sigma^2}{n}} \quad (\text{重复抽样}) \qquad (2\text{-}1)$$

$$\mu_{\bar{x}} = \sqrt{\frac{\sigma^2}{n}\left(1-\frac{n}{N}\right)} \quad (\text{不重复抽样}) \qquad (2\text{-}2)$$

式中，σ 表示总体标准方差；n 表示样本容量；N 表示全及总体的单位数；$\mu_{\bar{x}}$ 表示抽样平均误差。

(4) 根据概率 $F(t)$ 确定 t，计算平均数的极限误差 $\Delta_{\bar{x}} = t \cdot \mu_{\bar{x}}$。
(5) 确定总体平均数 $\bar{x}$ 的置信区间 $\bar{x} - \Delta_{\bar{x}} \leqslant \bar{x} \leqslant \bar{x} + \Delta_{\bar{x}}$。

b. 总体成数的区间估计

(1) 样本抽取以后，计算样本数 $p\left(p = \dfrac{n_1}{n}\right)$。

(2) 用样本是非标志方差 $p(1-p)$ 或经验数据代替总体是非标志方差 $P(1-P)$。
(3) 计算抽样成数平均误差。

$$\mu_p = \sqrt{\frac{p(1-p)}{n}} \quad (\text{重复抽样}) \qquad (2\text{-}3)$$

$$\mu_p = \sqrt{\frac{p(1-p)}{n}\left(1-\frac{n}{N}\right)} \quad (\text{不重复抽样}) \qquad (2\text{-}4)$$

(4) 根据概率 $F(t)$ 确定 t，计算成数的极限误差 $\Delta_p = t \cdot \mu_p$。
(5) 确定总体成数 P 的置信区间 $p - \Delta_p \leqslant P \leqslant p + \Delta_p$。

2. 抽样调查的组织方式

抽样调查的组织方式是指抽样时对总体的加工整理形式。根据对总体的加工整理形式不同，抽样组织方式很多，主要有简单随机抽样、类型抽样、等距抽样、整群抽样和多阶段抽样。

1) 简单随机抽样

简单随机抽样也称纯随机抽样，是指对总体单位不作任何分类或排队，直接从总体中按随机原则抽取样本单位的调查方式。简单随机抽样是所有抽样方式中最基本的方式，可以使总体中所有相互独立的单位都有同等可能的机会被抽中。为了便于抽取样本单位，一般在明确抽样框的条件下，对总体的每个单位都要编号，然后用抽签式或利用随机数字表进行抽取。当总体单位数不多且分布较均匀，或总体范围之间数量特征差异比较小，或总体单位有现成的编号时，采用这种方式进行抽样还是比较适宜的。

2）类型抽样

类型抽样又称分层抽样或分类抽样，它是指先将总体的全部单位按照某个标志分成若干组，然后在各组中采用简单随机抽样方式或其他方式抽取样本单位的抽样组织方式。类型抽样是应用于总体内各单位在被研究标志上有明显差别的抽样。例如，研究农作物产量时，耕地有平原、丘陵和山地等；研究整治后土体质量时，不同土地整治原貌之间有明显的差别。类型抽样实质上是把统计分组和抽样原理有机结合的抽样组织方式。通过分组，可以使组中具有同质性，组间具有差异性，然后从各组中简单随机抽样，这样可以保证样本对总体具有更高的代表性，所以计算出的抽样误差就比较小。类型抽样应掌握的主要原则是：分组时应使组内差异尽可能小，使组间差异尽可能大。

3）等距抽样

等距抽样又称机械抽样或系统抽样，它是指先将总体各单位按某一标志顺序排列，然后按照固定的顺序和相同的间隔来抽取样本单位的抽样组织方式。

设全及总体有 N 个单位，现在需要抽取一个容量为 n 的样本，可以将总体单位 N 按一行标志排队，然后将 N 划分为 n 个单位相等的部分，每部分都包含 K 个单位，即 $N/n=K$，并在第一部分 K 个单位中随机抽取第 i 个单位，以后每隔 K 个单位抽取 1 个，依次为 $i+K$，$i+2K$，…，$i+(n-1)K$，共抽取 n 个单位组成一个样本，而且每个样本间隔均为 K，这种抽样方法称为等距抽样。等距抽样的随机性表现在抽取第一个样本单位上，当第一个单位确定后，其余各单位的位置也就确定了。

按等距抽样组织方式抽取样本单位，能够使抽出的样本单位更均匀地分布在总体中。等距抽样的误差一般较简单随机抽样的误差小，特别是当被研究的现象标志变异程度较大时，第一个样本单位的位置确定后，其余单位也随之确定，因此要避免抽样间隔和现象本身的周期性节奏重合，引起系统性的影响。

4）整群抽样

整群抽样又称为分群抽样或集团抽样，它是指先将总体划分为若干群，然后以群为单位从中按简单随机抽样方式或等距抽样方式抽取部分群，对中选的群中的所有单位一一进行调查的抽样组织方式。整群抽样和类型抽样对比，虽然两者都需要将总体划分为许多组，但划组的作用却不同。类型抽样划分的组称为"类"，它的作用是缩小总体，使总体的变异减少，而抽取的基本单位仍是总体单位；整群抽样划分的组称为"群"，它的作用却是要扩大单位，抽取的基本单位不再是总体单位而是群，这样抽样的工作简单多了。在大规模的抽样调查中，如果总体单位多且分布区域广，缺少进行抽样的抽样框，或者在按经济效益原则不宜编制这种抽样框的情况下，宜采用整群抽样方式。例如，对沙漠边缘地区进行土地荒漠化监测，采用整群抽样，就可以按地理位置划分为数个地块或等距划分地块，然后随机抽取一些地块进行全面监测，其结果相对于以上三种抽样组织方式可能更加全面可靠。

整群抽样中的群主要是自然形成的，如按行政区域、地理区域划分群。由于整群抽样的样本单位的分布集中于群内，显著地影响了在全及总体中各单位分配的均匀性，因此整群抽样和其他抽样组织方式相比较，在相同的条件下，抽样误差较大，代表性较低。在统计工作实践中采样整群抽样时，一般都要比其他抽样方式抽取更多的单位，借以降低抽样误差，提高抽样结果的准确度。整群抽样的特点如下。

（1）整群抽样直接抽取的不是总体而是"群"，因此总体和样本是"群"组成的。全及总体群数用 R 表示，样本的群数用 r 表示。

（2）影响抽样误差的方差是群间方差，群内方差不影响抽样误差。因为对抽中的群来说，对群中所有单位都进行调查，所以群内不产生抽样误差。

（3）整群抽样是不重复抽样，应该用不重复抽样公式计算平均误差。

5）多阶段抽样

多阶段抽样又称为多级抽样，它是指先将抽取样本单位的过程划分为几个阶段，然后逐阶段抽取样本单位的抽样组织方式。抽样调查中如果抽出的样本单位直接就是总体单位，就称为单阶段抽样，如简单随机抽样和等距抽样。如果先将总体进行分组，从中随机抽出一些组，然后再从中选的组中随机抽取总体单位，称为二阶段抽样，如整群抽样就是二阶段抽样。如果将总体进行多层次分组，然后依次在各层中随机抽取，直到最终抽到样本单位为止，就称为多阶段抽样。例如，我国农产量调查就是采用多阶段抽样调查，即从省中抽县，然后从县中抽乡，乡中抽村，再由中选村中抽地块，最后从中选的地块中抽取小面积的样本单位。

实际上，当总体单位很多且分布广泛，几乎不可能从总体中直接抽取总体单位时，常采用多阶段抽样。其优点在于：首先，便于组织抽样。它可以按现有的行政区域或地理区域划分各阶段的抽样单元，从而简化抽样框的编制。其次，可以获得各阶段单元的调查资料，即根据最初级资料可进行逐级抽样推断，得到各级的调查资料。例如，区域内农产量调查，可根据样本推断地块资料，根据地块资料可推断村的资料，然后依次推断乡、县等。最后，多阶段抽样时多用等距抽样和简单随机抽样，同时还可以根据各阶段的不同特点，采用不同的抽样比。例如，方差大的阶段，抽样工作的同时，抽样单位的分布较广，具有较强的代表性。

3. 样本容量的确定

样本容量就是必要的样本单位数目。确定样本容量是制定抽样调查方案中的一个非常重要的环节。因为样本容量的大小直接影响抽样估计效果，所以如果样本容量太小，就降低了样本对总体的代表性，从而降低抽样估计效果。而且样本容量的大小又关系到抽样的经济效益，如果样本容量过大、调查单位增多，必然要增加人、财、物的耗费，造成一些不必要的浪费，而且还会影响抽样调查的时效性。因此，在确定样本容量时，应在保证满足抽样调查对数据的估计精确度和概率把握程度下，尽量缩小数目，即确保必要抽样数目（周惠芳和李文新，2006）。

1) 重复抽样条件下样本容量的确定

（1）平均数的样本容量：

$$\Delta_{\bar{x}} = t \cdot \mu_{\bar{x}} = t\sqrt{\frac{\sigma^2}{n}} \tag{2-5}$$

得

$$n = \frac{t^2 \sigma^2}{\Delta_{\bar{x}}^2} \tag{2-6}$$

（2）成数的样本容量：

$$\Delta_p = t \cdot \mu_p = t\sqrt{\frac{p(1-p)}{n}} \tag{2-7}$$

得

$$n = \frac{t^2 p(1-p)}{\Delta_p^2} \tag{2-8}$$

2) 不重复抽样条件下样本容量的确定

（1）平均数的样本容量：

$$\Delta_{\bar{x}} = t \cdot \mu_{\bar{x}} = t\sqrt{\frac{\sigma^2}{n}\left(1-\frac{n}{N}\right)} \tag{2-9}$$

得

$$n = \frac{Nt^2\sigma^2}{N\Delta_{\bar{x}}^2 + t^2\sigma^2} \tag{2-10}$$

（2）成数的样本容量：

$$\Delta_p = t \cdot \mu_p = t\sqrt{\frac{p(1-p)}{n}\left(1-\frac{n}{N}\right)} \tag{2-11}$$

得

$$n = \frac{Nt^2 p(1-p)}{N\Delta_p^2 + t^2 p(1-p)} \tag{2-12}$$

(二)地统计分析理论基础

地统计学是以区域化变量为基础，借助变异函数，研究既具有随机性又具有结构性，或空间相关性和依赖性的自然现象的一门科学。凡是与空间数据的结构性和随机性，或空间相关性和依赖性，或空间格局与变异有关的研究，并对这些数据进行最优无偏内插估计，或模拟这些数据的离散性、波动性时，皆可应用地统计学的理论与方法。地统计学区别于经典统计学的最大特点是：地统计学既考虑样本值的大小，又重视样本空间位置及样本间的距离，弥补了经典统计学忽略空间方位的缺陷。地统计分析理论基础包括前提假设、区域化变量、变异分析和空间估值。

1. 前提假设

1）随机过程

与经典统计学相同的是，地统计学也是在大量样本的基础上，通过分析样本间的规律，探索其分布规律，并进行预测。地统计学认为研究区域中的所有样本值都是随机过程的结果，即所有样本值都不是相互独立的，它们是遵循一定的内在规律的。因此，地统计学就是要揭示这种内在规律，并进行预测。

2）正态分布

在统计学分析中，假设大量样本是服从正态分布的，地统计学也不例外。在获得数据后首先应对数据进行分析，若不符合正态分布的假设，应对数据进行变换，转为符合正态分布的形式，并尽量选取可逆的变换形式。

3）平稳性

对于大部分的空间数据而言，平稳性的假设是合理的。这其中包括两种平稳性：一种是均值平稳，即假设均值是不变的且与位置无关；另一种是与协方差函数有关的二阶平稳和与半变异函数有关的内蕴平稳。二阶平稳是假设具有相同的距离和方向的任意两点的协方差是相同的，协方差只与这两点的值相关而与它们的位置无关。内蕴平稳假设是指具有相同距离和方向的任意两点的方差（变异函数）是相同的。两者都是为了获得基本重复规律而作的基本假设，通过协方差函数和变异函数可以进行预测和估计预测结果的不确定性。

2. 区域化变量

当一个变量呈现一定的空间分布时，称为区域化变量，它反映了区域内的某种特征或现象。区域化变量与一般的随机变量不同之处在于，一般的随机变量取值符合一定的概率分布，而区域化变量根据区域内位置的不同而取不同的值。而当区域化变量在区域内确定位置取值时，表现为一般的随机变量，也就是说，它是与位置有关的随机变量。在实际分析中，常采用抽样的方式获得区域化变量在某个区域内的值，即此时区域化变量表现为空间点函数：

$$Z(x) = Z(x_u, x_v, x_w) \tag{2-13}$$

根据其定义，区域化变量具有两个显著特征：随机性和结构性。首先，区域化变量是一个随机变量，它具有局部的、随机的、异常的特征。其次，区域化变量具有一定的结构特点，即变量在点 x 与偏离空间距离为 h 的点 $x+h$ 处的值 $Z(x)$ 和 $Z(x+h)$ 具有某种程度的相似性，即自相关性，这种自相关性的程度依赖于两点间的距离 h 及变量特征。除此之外，区域化变量还具有空间局限性(这种结构性表现为一定范围内)、不同程度的连续性和不同程度的各向异性(各个方向表现出的自相关性有所区别)等特征。

3. 函数及分析

1) 协方差函数

协方差又称半方差，表示两随机变量之间的差异。在概率论中，随机变量 X 与 Y 的协方差定义为

$$\text{cov}(X,Y) = E\{[X-E(X)][Y-E(Y)]\} \tag{2-14}$$

借鉴式(2-14)，地统计学中的协方差函数可表示为

$$C(h) = \frac{1}{N(h)} \sum_{i=1}^{N(h)} [Z(x_i) - \bar{Z}(x_i)][Z(x_i+h) - \bar{Z}(x_i+h)] \tag{2-15}$$

式中，$Z(x)$ 为区域化随机变量，并满足二阶平稳假设，即随机变量 $Z(x)$ 的空间分布规律不因位移而改变；h 为两样本点空间分隔距离；$Z(x_i)$ 为 $Z(x)$ 在空间点 x_i 处的样本值；$Z(x_i+h)$ 为 $Z(x)$ 在 x_i 处距离偏离 h 的样本值[$i=1,2,\cdots,N(h)$]；$N(h)$ 为分隔距离为 h 时的样本点对总数；$\bar{Z}(x_i)$ 和 $\bar{Z}(x_i+h)$ 分别为 $Z(x_i)$ 和 $Z(x_i+h)$ 的样本平均数。

2) 半变异函数

半变异函数又称半变差函数、半变异矩，是地统计分析的特有函数。区域化变量 $Z(x)$ 在点 x 和 $x+h$ 处的值 $Z(x)$ 与 $Z(x+h)$ 差的方差的一半称为区域化变量 $Z(x)$ 的半变异函数，记为 $r(h)$，$2r(h)$ 称为变异函数。根据定义有

$$r(x,h) = \frac{1}{2} \text{var}[Z(x) - Z(x+h)] \tag{2-16}$$

即

$$r(x,h) = \frac{1}{2} E[Z(x) - Z(x+h)]^2 - \frac{1}{2}\{E[Z(x)] - E[Z(x+h)]\}^2 \tag{2-17}$$

区域化变量 $Z(x)$ 满足二阶平稳假设，因此对于任意的 h 有

$$E[Z(x+h)] = E[Z(x)] \tag{2-18}$$

因此，半变异函数可改写为

$$r(x,h) = \frac{1}{2} E\left[Z(x) - Z(x+h)\right]^2 \quad (2\text{-}19)$$

由式(2-19)可知，半变异函数依赖于自变量 x 和 h，当半变异函数 $r(x,h)$ 仅依赖于距离 h 而与位置 x 无关时，$r(x,h)$ 可改写为 $r(x)$，即

$$r(h) = \frac{1}{2} E\left[Z(x) - Z(x+h)\right]^2 \quad (2\text{-}20)$$

具体表示为

$$r(h) = \frac{1}{2N(h)} \sum_{i=1}^{N(h)} \left[Z(x_i) - Z(x_i + h)\right]^2 \quad (2\text{-}21)$$

各变量的意义同前。也有将 $r(h)$ 称为变异函数，两者使用上没有本质上的差别。

3) 变异分析

半变异函数和协方差函数把统计相关系数的大小作为一个距离的函数，是地理学相近相似定理的定量量化。图 2-4 和图 2-5 为一典型的半变异函数图和其对应的协方差函数图。

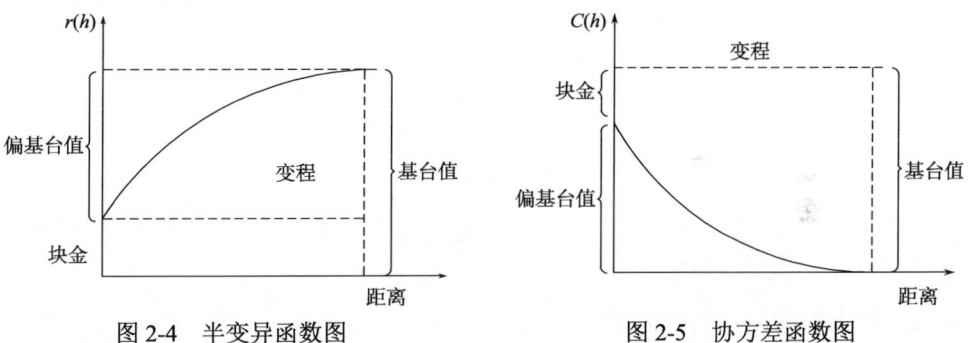

图 2-4 半变异函数图　　　　图 2-5 协方差函数图

图 2-4 和图 2-5 显示，半变异值的变化随着距离的增大而增加，协方差随着距离的增大而减小。这主要是由于半变异函数和协方差函数都是事物空间相关系数的表现，当两事物彼此距离较小时，它们是相似的，因此协方差值较大，而半变异值较小；反之，协方差值较小，而半变异值较大。

此外，协方差函数和半变异函数随着距离的增大基本呈反向变化特征，它们之间的近似关系表达式为

$$r(h) = \text{sill} - C(h) \quad (2\text{-}22)$$

半变异函数曲线和协方差函数曲线反映了一个采样点与其相邻采样点的空间关系。此外，它们对异常采样点具有很好的探测作用，在 ArcGIS 地统计分析模块中可以使用两者中的任意一个，但一般采用半变异函数。

三、其他工程数学

其他工程数学主要介绍线性规划和非线性规划。线性规划是运筹学中研究较早、发展较快、应用广泛、方法较成熟的一个重要分支,它是辅助人们进行科学管理的一种数学方法,广泛应用于军事作战、经济分析、经营管理和工程技术等方面,为合理地利用有限的人力、物力和财力等资源作出最优的决策,提供科学的依据。而非线性规划在工程、管理、经济、科研、军事等方面也都有广泛的应用,为最优设计提供了有力的工具。

(一) 线性规划

求线性目标函数在线性约束条件下的最大值或最小值问题,统称为线性规划问题。在解决实际问题时,把问题归结成一个线性规划数学模型是很重要的一步,但往往也是困难的一步,模型建立得是否恰当,直接影响求解。

1. 线性规划的 Matlab 标准形式

线性规划的目标函数可以是求最大值,也可以是求最小值,约束条件的不等号可以是小于号也可以是大于号。Matlab 中规定线性规划的标准形式为

$$\min_{x} c^{T} x \\ \text{s.t.} \begin{cases} Ax \leqslant B \\ \text{Aeq} \cdot x = \text{Beq} \\ \text{lb} \leqslant x \leqslant \text{ub} \end{cases} \tag{2-23}$$

式中,c 和 x 为 n 维列向量;A 和 Aeq 为适当维数的矩阵;B 和 Beq 为适当维数的列向量;lb 为变量 x 的下界;ub 为变量 x 的上界。

2. 线性规划问题的解的概念

一般线性规划问题的(数学)标准型为

$$\max z = \sum_{j=1}^{m} c_j x_j \tag{2-24}$$

$$\text{s.t.} \begin{cases} \sum_{j=1}^{m} a_{ij} x_j = b_j \left(i = 1, 2, \cdots, m \right) \\ x_j \geqslant 0 \left(j = 1, 2, \cdots, n \right) \end{cases} \tag{2-25}$$

满足约束条件式(2-24)的解 $x = (x_1, x_2, \cdots, x_n)$,称为线性规划问题的可行解,而使目标函数式(2-25)达到最大值的可行解称为最优解。

所有可行解构成的集合称为线性规划问题的可行域,记为 R。

3. 线性规划问题的图解法

图解法简单直观,有助于了解线性规划问题求解的基本原理(图 2-6)。其论断可以推广到一般的线性规划问题,区别只在于空间的维数。在一般的 n 维空间中,满足线性等式 $\sum_{i=1}^{m} a_i x_i = b$ 的点集被称为一个超平面,满足线性不等式 $\sum_{i=1}^{m} a_i x_i \leqslant b$(或 $\sum_{i=1}^{m} a_i x_i \geqslant b$)的点集被称为一个半空间[其中 $(a_1, a_2, \cdots, a_n)$ 为 n 维行向量,b 为实数]。若干个半空间的交集被称为多胞形,有界的多胞形又被称为多面体。可见,线性规划的可行域必为多胞形(为统一起见,空集也被视为多胞形)。

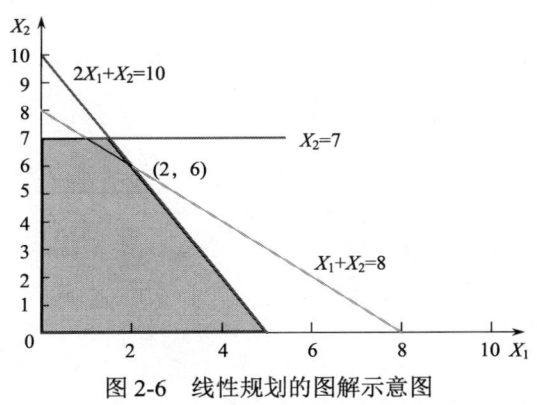

图 2-6 线性规划的图解示意图

在一般 n 维空间中,要直接得出多胞形"顶点"概念还有一些困难。二维空间中的顶点可以看作边界直线的交点,但这一集合概念的推广在一般 n 维空间的几何意义并不十分直观。为此,可采用另一途径来定义。

定义 1 称 n 维空间中的区域 R 为凸集,若 $\forall x_1, x_2 \in R$ 及 $\forall \lambda \in 0,1$,有 $\lambda x_1 + (1-\lambda) x_2 \in R$。

定义 2 设 n 维空间中的区域 R 为凸集,R 中的点 x 被称为 R 的一个极点,若不存在 $x_1, x_2 \in R$ 及 $\lambda \in 0,1$,使得 $x = \lambda x_1 + (1-\lambda) x_2$。

定义 1 说明凸集中任意两点的连线必在此凸集中;定义 2 说明,若 x 是凸集 R 的一个极点,则 λ 不能位于 R 中任意两点的连线上。不难证明,多胞形必为凸集。同样也不难证明,二维空间中可行域 R 的顶点均为 R 的极点(R 也没有其他的极点)。

4. 求解线性规划的 Matlab 解法

单纯形法是求解线性规划问题最常用、最有效的算法之一。线性规划的 Matlab 解法如下:Matlab 中线性规划的标准型为

$$\min_{x} c^{\mathrm{T}} x$$

$$\mathrm{s.t.} \begin{cases} Ax \leqslant B \\ \mathrm{Aeq} \cdot x = \mathrm{Beq} \\ \mathrm{lb} \leqslant x \leqslant \mathrm{ub} \end{cases} \quad (2\text{-}26)$$

基本函数形式为 linprog(c,A,B)，它的返回值是向量 x 的值，还有其他一些函数调用形式(在 Matlab 指令窗运行 help linprog 可以看到所有的函数调用形式)，如[x,fval]= linprog($c,A,B,\mathrm{Aeq},\mathrm{Beq},\mathrm{lb},\mathrm{ub},X_0$,OPTIONS)，这里 fval 为返回目标函数的值，lb 和 ub 分别为变量 λ 的下界和上界，X_0 为 x 的初始值，OPTIONS 为控制参数。

(二) 非线性规划

如果目标函数或约束条件中包含非线性函数，就称这种规划问题为非线性规划问题。一般来说，解非线性规划要比解线性规划问题困难得多。而且，也不像线性规划有单纯形法这一通用方法，非线性规划目前还没有适于各种问题的一般算法，各个方法都有自己特定的适用范围。对于一个实际问题，在把它归结成非线性规划问题时，一般要注意以下几点：

(1) 确定供选方案：首先要收集同问题有关的资料和数据，在全面熟悉问题的基础上，确认什么是问题的可供选择的方案，并用一组变量来表示它们。

(2) 提出追求目标：经过资料分析，根据实际需要和可能，提出要追求极小化或极大化的目标。并且，运用各种科学和技术原理，把它表示成数学关系式。

(3) 给出价值标准：在提出要追求的目标之后，就要确立所考虑目标的"好"或"坏"的价值标准，并用某种数量形式描述它。

(4) 寻求限制条件：由于所追求的目标一般都要在一定的条件下取得极小化或极大化效果，因此还需要寻找问题的所有限制条件，这些条件通常用变量之间的一些不等式或等式表示。

1) 线性规划与非线性规划的区别

如果线性规划的最优解存在，则其最优解只能在其可行域的边界上达到(特别是可行域的顶点上达到)；而非线性规划的最优解(如果最优解存在)则可能在其可行域的任意一点达到。

2) 非线性规划的 Matlab 解法

Matlab 中非线性规划的数学模型写为

$$\min f(x)$$
$$\text{s.t.} \begin{cases} Ax \leqslant B \\ \text{Aeq} \cdot x = \text{Beq} \\ C(x) \leqslant 0 \\ \text{Ceq}(x) = 0 \end{cases} \tag{2-27}$$

式中，$f(x)$ 为标量函数；A、B、Aeq、Beq 为相应位数的矩阵和向量；$C(x)$、$\text{Ceq}(x)$ 为非线性向量函数。

Matlab 中的命令是 X=FMINCON(FUN,X0,A,B,Aep,Beq,lb,ub,NONLCON,OPTIONS)它的返回值是向量 x，其中 FUN 是用 M 文件定义的函数 $f(x)$；X0 是 x 的初始值；A、B、Aeq、Beq 定义了线性约束 $A \cdot X \leqslant B$，Aeq $\cdot X$=Beq，如果没有线性约束，则 A=[ ], B=[ ], Aeq =[ ], Beq=[ ]; lb=[ ], ub=[ ]，如果 x 无下界，则 lb 的各分量都为–inf，如果 x 无上界，则 ub 的各分量都为 inf；NONLCON 是用 M 文件定义的非线性向量函数 $C(x)$、$\text{Ceq}(x)$；OPTIONS 定义了优化参数，可以使用 Matlab 缺省的参数设置。

第二节　土地工程设计中的工程数学

土地工程设计中采样点布设、勘测定界、设计图和施工图绘制、土方调配最优等问题都要应用工程数学理论基础，本节主要引入地统计学概念对土地工程基础勘查进行采样指导，并通过工程制图和数学建模来解决土地工程设计中的图集绘制和模型模拟等问题。

一、基础勘查中的地统计学应用

土地工程基础勘查中，采样分析和现场踏勘都需要应用统计学进行选点（具体见第三章），布点方法主要包括简单随机布点、分块随机布点和系统随机布点，如图 2-7 所示。

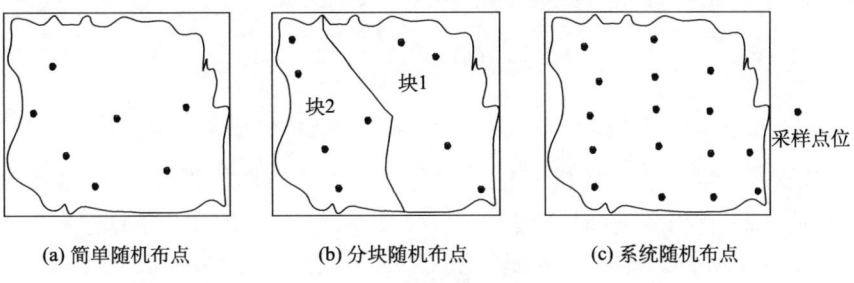

(a) 简单随机布点　　(b) 分块随机布点　　(c) 系统随机布点

图 2-7　布点方法示意图

简单随机布点是指将监测单元分成网格，每个网格编上号码，决定采样点样品数后，随机抽取规定的样品数的样品，其样本号码对应的网格即为采样点。随机数的获得可以利用掷骰子、抽签和查随机数表的方法。简单随机布点是一种完全不带主观限制条件的布点方法。

分块随机布点是指根据收集的资料，如果监测区域内的土壤有明显的几种类型，则可将区域分成几块，每块内污染物质均匀，块间差异较明显。将每块作为一个监测单元，在每个监测单元内再随机布点。在正确分块的前提下，分块布点的代表性比简单随机布点好，如果分块不正确，分块布点的效果可能会适得其反。

系统随机布点是指将监测区域分成面积相等的几部分（网格划分），每网格内布设一采样点，这种布点成为系统随机布点。如果区域内土壤污染物含量变化较大，则系统随机布点比简单随机布点所采样品的代表性要好。

1. 协方差函数

设 $Z(x)$ 是二维区域化随机变量，并满足二阶平稳条件，h 为两样本点空间分隔距离，$Z(x_i)$ 和 $Z(x_i+h)$ 分别是 $Z(x)$ 在空间位置 x_i 和 x_i+h 上的观测值 $[i=1, 2, \cdots, N(h)]$，根据协方差函数的定义，计算协方差函数的公式为

$$C(h) = \frac{1}{N(h)} \sum_{i=1}^{N(h)} \left[Z(x_i) - \overline{Z(x_i)} \right] \left[Z(x_i+h) - \overline{Z(x_i+h)} \right] \qquad (2\text{-}28)$$

式中，$N(h)$ 为分隔距离为 h 时的样本对总数；$\overline{Z(x_i)}$ 和 $\overline{Z(x_i+h)}$ 分别为 $Z(x_i)$ 和 $Z(x_i+h)$ 的样本平均数，即 $\overline{Z(x_i)} = \frac{1}{N} \sum_{i=1}^{N} Z(x_i)$，$\overline{Z(x_i+h)} = \frac{1}{N} \sum_{i=1}^{N} Z(x_i+h)$；$N$ 为样本单元数。

一般情况下，$\overline{Z(x_i)} \neq \overline{Z(x_i+h)}$（特别情况下可以认为是近似相等）。如果 $\overline{Z(x_i)} = \overline{Z(x_i+h)} = m$（常数），则式(2-28)可改写为

$$C(h) = \frac{1}{N(h)} \sum_{i=1}^{N(h)} \left[Z(x_i) Z(x_i+h) \right]^2 - m^2 \qquad (2\text{-}29)$$

由于协方差函数与相关函数有密切的关系，因此

$$\rho(h) = \frac{C(h)}{C(0)} \qquad (2\text{-}30)$$

2. 变异函数

设 $Z(x)$ 是二维区域化随机变量，满足二阶平稳和本征假设，h 为两样本点空间分隔距离，$Z(x_i)$ 和 $Z(x_i+h)$ 分别为区域化变量 $Z(x)$ 在空间位置 x_i 和 x_i+h 上的观测值 $[i=1, 2, \cdots, N(h)]$，根据变异函数的定义，计算变异函数的公式为

$$r(h) = \frac{1}{2N(h)} \sum_{i=1}^{N(h)} \left[Z(x_i) - Z(x_i + h) \right]^2 \quad (2\text{-}31)$$

这样对不同的空间分隔距离 h，根据公式可以计算相应的和值。再分别以 h 为横坐标，或画出协方差函数曲线图和变异函数曲线图。这样的曲线图可以直接地展示区域化变量 $Z(x)$ 的空间变异特点，是空间变异分析和结构分析的有效工具。

二、土地工程制图

在土地工程设计中，无论是主体工程即土体有机重构或是配套工程，都应在初步设计中制作完整的图集，并将土体有机重构和配套工程的设计目标、施工方法、施工步骤、施工量等均予以体现（表 2-1）。土地工程初步设计图集应根据工程需要设计各类工程的结构，完善单体图设计，绘制施工图，并将工程量化，为预算编制提供基础数据。

表 2-1　土地工程初步设计报告图集

类别	序号	图名	技术要点
总图	01	项目区现状图	**目的：**形象、直观地表明项目区所在的地理位置，地形地貌现状等 **工程要点：**①项目区的地理坐标；②特殊颜色表示项目区的地理位置
总图	02	项目区规划总图	**目的：**明确土地工程项目工程总量 **工程要点：**①各单项工程的布置情况；②标示土地工程项目中土体有机重构和配套工程所涉及的工程量
总图	03	项目区土地所有权属调整方案图	**目的：**对项目区土体所有权属调整情况进行标示 **工程要点：**土地权属调整前后情况以不同颜色标示
土体有机重构工程	04	土体有机重构工程总量图	**目的：**明确土地工程项目中主体工程总量 **工程要点：**将土地工程项目中土体有机重构所涉及的工程进行量化，集中体现
土体有机重构工程	05	典型田块设计图	**目的：**说明项目区典型田块的形式 **工程要点：**①土地利用功能分区和田块的划分示意；②确定各种形式的典型田块所代表的区域；③田块施工标准和注意事项
土体有机重构工程	06	土体有机重构设计图	**目的：**土体有机重构设计目标体现 **工程要点：**①土体有机重构平面、立面、剖面设计，其中平面上不同作物种植田用不同的颜色表示，格田划分，立面和剖面将不同土层结构区分；②土体有机重构的工程量；③土体有机重构后应达到的设计目标、标准
土体有机重构工程	07	土体物理重构施工图	**目的：**土体物理重构设计目标、施工量、施工方法体现 **工程要点：**①操平、覆土、碾压、松土、土方置换等土体物理重构工程施工步骤工程量与施工方法；②土体物理重构施工断面体现；③土体物理重构的目标和施工注意事项

续表

类别	序号	图名	技术要点
土体有机重构工程	08	土体化学重构施工图	**目的**：土体化学重构设计目标、施工量、施工方法体现 **工程要点**：①施加抑制剂、增施有机肥料、调节生物营养保障等土体化学重构工程施工步骤工程量与施工方法；②土体化学重构的目标；③施工注意事项
土体有机重构工程	09	土体结构多年培育设计图	**目的**：多年培育后，项目区土体层级、物理、化学等各层次上的结构设计 **工程要点**：①不同的目标土层用不同的填充物表示；②不同目标土层的厚度值；③注明各土层目标具体的数值(容重、质地、多个养分目标值、饱和导水率)
配套工程	10	配套工程总量图	**目的**：明确土地工程项目中配套工程总量 **工程要点**：将土地工程项目中配套工程所涉及的工程进行量化，集中体现
配套工程	11	灌溉与排水工程	**目的**：标明灌溉与排水工程施工方法和工程量 **工程要点**：①绘制渠道纵横断面图，标明尺寸和相应土方量；②对构筑物绘制结构及基础部位图，标尺寸、建筑材料、详细做法和施工质量要求；③对管道工程中管道型号、规格、安装要求等的绘制
配套工程	12	田间道路工程	**目的**：标明田间道路工程施工方法和工程量 **工程要点**：①道路平面布置图和道路纵断面图、横断面图，计算土方，并说明土方来源、走向；②标明道路尺寸、做法、施工质量要求
配套工程	13	其他工程	**目的**：标明清表工程、水土保持工程、林网工程、设备安装工程、市政配套工程等其他工程的施工方法和工程量

注：表中所述图名并非指单一图，而是指该种类型要素应予以体现，图集具体数量以工程设计需求为准。

三、土地工程数学建模

（一）土体有机重构评价计算

在土地工程中，由于土体有机重构过程中需要综合考虑的影响因素比较多，同一目标可通过多种途径实现。如何对这些途径进行优化组合，筛选最适宜的工程方法，是土体有机重构评价的主要目的。

1. 土体有机重构选择模型与分析

土体有机重构中许多因素难以用定量的方法加以描述，一般的评价方法是将其与其他定性定量指标按照一定标准汇总分析比较，而优度评价法利用元素的可拓性可以解决这个问题。基于土地适宜性评价理论，通过构建土体有机重构选择的物元模型，确立和计算关联函数，以对土体有机重构适宜程度进行判定，为有针对性地提出改造方案和方案优化奠定基础。

1) 可拓优度评价方法

可拓学以物元理论、可拓集理论和可拓逻辑为基础，以形式化的模型研究事物拓展的可能性以及开拓创新的规律与方法，并用于解决矛盾问题。优度评价方法是综合多种衡量条件对某一对象、方案、策略等的优劣程度进行综合评价的实用方法，它以物元、事元来描述问题及对象，利用关联函数计算各衡量条件符合要求的程度，由于关联函数的值可正可负，因此这一建立的优度可以反映一个对象的利弊程度，使得评价更符合实际。

优度评价方法和可拓物元模型是普遍适用的评价方法，目前广泛应用于环境质量评价、水质综合评价、土壤质量评价、土地整理效益评价、土地整理规划方案优选等方面。优度评价方法首先确定研究对象的衡量指标，按照衡量指标的可变性与变化程度，可以将定性与定量指标，以及不同计量方式的指标以关联函数的形式进行统一计算，汇总得出各评价对象的优度，再一一进行比较，最后根据目标选择原则选择优度较高(或较低)的对象为最终目标，如图 2-8 所示。

在评价过程中，为了清晰地表示评价结果的优劣，需要对土体有机重构选择的不同适宜程度进行等级划分。参考联合国粮食及农业组织(FAO)于 1976 年提出的《土地评价纲要》，考虑土体有机重构与土地特性相匹配的气候、

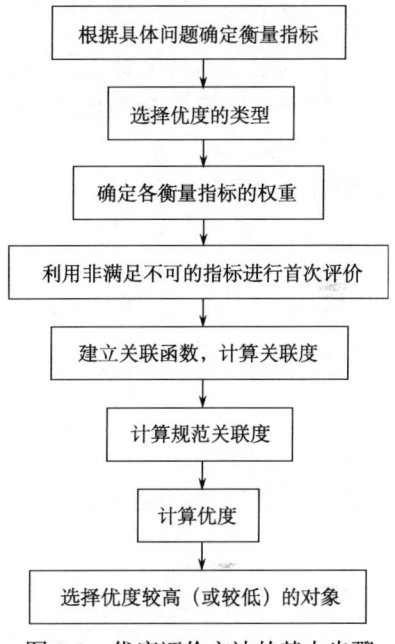

图 2-8 优度评价方法的基本步骤

土壤等条件，可将土体有机重构的适宜性程度分为高度适宜(S_1)、中度适宜(S_2)、勉强适宜(S_3)和不适宜(S_4)四个等级。

2) 土体有机重构适宜性评价的物元模型

物元是可拓学中描述事物的基本元，表示为有序三元组 $M=(O,c,v)$。O、c、v 是物元 M 的三要素，可拓学通过该三要素把事物的质和量有机结合起来。其中，O 表示对象，c 表示特征，v 表示 O 关于 c 的量值，c 和 v 构成的二元(c,v)，称为对象 O 的特征元。一个事物往往有多个特征 $c_1, c_2, \cdots, c_n$，相应的也有多个量值 $v_1, v_2, \cdots, v_n$，可以用多维物元表示，则土体有机重构适宜性选择的物元模型如式(2-32)所示。

$$M = (O, \ c, \ v) = \begin{bmatrix} O & c_1 & v_1 \\ & c_2 & v_2 \\ & \vdots & \vdots \\ & c_n & v_n \end{bmatrix} \tag{2-32}$$

式中，O 表示土体有机重构适宜程度；$c_i(i=1,2,\cdots,n)$ 表示影响土体有机重构的衡量指标集；$v_i(i=1,2,\cdots,n)$ 可以是一个区间，也可以是离散数据的集合或是关于衡量指标的定性描述。

3) 确定各衡量指标的量值域

对不同适宜程度等级 $S_j(j=1,2,\cdots,m)$，若各衡量指标的量值可以用区间 $\langle a_{ij},b_{ij}\rangle$ ($i=1,2,\cdots,n$, $j=1,2,\cdots,m$) 表示，记为 V_{ij}，则其量值域和量值允许的取值范围的确定如式(2-33)和式(2-34)所示。

$$R = \begin{bmatrix} S & S_1 & S_2 & \cdots & S_m \\ c_1 & \langle a_{11},b_{11}\rangle & \langle a_{12},b_{12}\rangle & \cdots & \langle a_{1m},b_{1m}\rangle \\ c_2 & \langle a_{21},b_{21}\rangle & \langle a_{22},b_{22}\rangle & \cdots & \langle a_{2m},b_{2m}\rangle \\ \vdots & \vdots & \vdots & & \vdots \\ c_n & \langle a_{n1},b_{n1}\rangle & \langle a_{n2},b_{n2}\rangle & \cdots & \langle a_{nm},b_{nm}\rangle \end{bmatrix} \tag{2-33}$$

式中，S_j 表示土体有机重构适宜程度等级；$\langle a_{ij},b_{ij}\rangle$ 为各衡量指标 c_i 关于等级 S_j 所规定的量值域，即衡量指标关于对应特征所取的数据范围。

$$R_p = (P, \ C, \ V_{ip}) = \begin{bmatrix} P & c_1 & \langle a_{1p},b_{1p}\rangle \\ & c_2 & \langle a_{2p},b_{2p}\rangle \\ & \vdots & \vdots \\ & c_n & \langle a_{np},b_{np}\rangle \end{bmatrix} \tag{2-34}$$

式中，P 表示土体有机重构适应性选择指标的全体；$\langle a_{ip},b_{ip}\rangle$ 为 P 关于指标特征 c_i 所取的量值范围，作为各衡量指标量值允许的取值范围。

如果各衡量指标的取值是离散数据或是定性描述，则可根据专家意见或历史数据直接确定关联度。

4) 建立关联函数，计算关联度

首先利用必须满足的条件对选择对象进行检验，当某一指标存在明显的限制时，肯定会影响土体有机重构对作物种植的适宜性，此时不论其他指标值有多高，都评定为不适宜种作物。因此，要对其他初步符合要求的土体建立关联函数。

a. 建立土体有机重构适宜性选择的关联函数

对于用 V_{ij} 和 V_{ip} 构成的区间套描述的衡量指标的量值，为了计算方便，假设各指标的最优点在 V_{ij} 的中点，则关联函数为

$$K_j(v_i) = \begin{cases} \dfrac{\rho(v_i, V_{ij})}{D(v_i, V_{ij}, V_{ip})} - 1, & \rho(v_i, V_{ij}) = \rho(v_i, V_{ip}), \ v_i \notin V_{ij} \\ \dfrac{\rho(v_i, V_{ij})}{D(v_i, V_{ij}, V_{ip})} & \end{cases} \quad (2\text{-}35)$$

式中，$\rho(v_i, V_{ij})$ 为 v_i 与 V_{ij} 区间之间的距离；$D(v_i, V_{ij}, V_{ip})$ 为点 v_i 关于区间 V_{ij} 和 V_{ip} 组成的区间套的位置。

b. 计算规范关联度

由于各衡量指标的计量方式不同，通过规范化将不同指标纳入同一个优化函数或优化过程中，各衡量指标 c_i 的规范关联度为

$$K'_j(v_i) = \dfrac{K_j(v_i)}{\max_j |K_j(v_i)|} \quad (2\text{-}36)$$

c. 计算综合关联度

由各衡量指标的权重和规范关联度可计算土体有机重构关于适宜等级 S_j 的综合关联度为

$$K_j(p) = \sum_{i=1}^{n} w_i K'_j v_i \quad (2\text{-}37)$$

d. 确定评定等级

令 $K_{j0}(p) = \max_{j \in (1,2,\cdots,m)} K_j(p)$，得到土体 p 属于 j_0 的等级范围。

令 $\overline{K}_j(p) = \dfrac{K_j(p) - \max_j K_j(p)}{\max_j K_j(p) - \min_j K_j(p)}$，由式(2-38)确定等级变量特征值为

$$j^* = \dfrac{\sum_{j=1}^{m} j \times \overline{K}_j(p)}{\sum_{j=1}^{m} \overline{K}_j(p)} \quad (2\text{-}38)$$

可拓优度评价法的结果是待评土体有机重构符合某个等级要求程度，计算出的 j^* 为等级变量特征值，它反映了待评土体有机重构所处的等级位置。例如，当对某一土体有机重构进行适宜性计算时，得出 $j_0=1$，$j^*=1.4$，说明此土体有机重构处在高度适宜偏向中等适宜大约40%的位置；$j_0=2$，$j^*=2.7$，说明此土体有机重构处在中等适宜偏向勉强适宜大约70%的位置，即离勉强适宜还有30%的差距。

5) 可改造程度分析

通过可拓优度评价方法计算的综合关联度和等级变量特征值反映了待评土体有机重构所属的适宜等级及所处的等级位置。这说明将可拓学中的优度评价方法

应用于土体有机重构适宜性选择中，根据衡量指标的可变性与变化程度，建立了土体有机重构适宜性选择的物元模型，并利用关联函数将定性与定量指标，以及不同计量方式的指标进行统一计算，使得评价更符合实际。可以计算出的j_0和j^*的值对待评土体有机重构进行适宜性等级的判定和比较，并按照等级高低进行排序。

接下来还要对处于每个等级上的土体有机重构单项指标进行分析，考虑其从超出临界值到符合标准值再到达最优值的可改造性和改造程度。

(1)对土体有机重构气候条件进行分析，考察降水时差、降水亏缺和风力条件是否满足要求，如果超出临界值，还要判断是否能够通过饮水灌溉和营造防护林进行改善。根据作物各生育期需水量和水分亏缺率，以及降水量与水分亏缺率的变化趋势，分析依靠降水的水量满足作物需水要求的程度以及当地弥补降水亏缺的水源状况，对作物需水关键期进行高效补偿供水，以保证在作物关键生育期当降水不足时可以及时、足量地进行灌溉，满足作物生长所需。对于风害对粮食种植造成的不利条件，通过营造农田防护林来改善农田小气候，创造有利于农作物生长发育的环境，达到防风或减弱风速的生态效应，以保障粮食生产安全。

(2)考虑土体有机重构的土体条件和地面条件，从实地出发判断各项指标是否符合标准值。根据田面平整精度现值，分析可以采取的土地平整和改善田面坡度；对土体有机重构耕作层厚度、土壤质地、结构、有机质含量和pH逐项进行比较，判断是否能够进行改造，并考虑适合的改良措施，粗略估计改良技术对实现某一程度和改造方案措施的投入。

(3)在适宜性等级范围内对土体有机重构程度进行分析，从而选择作物种植适宜等级高的而且通过采取各种改造措施可实现改造程度高的土地，达到投入少、改造成效明显的效果。

2. 土体有机重构设计方案优化

土体有机重构改良设计方案优化是在投入有限的情况下，通过采用各种不同的方法进行土体改良，以期达到最优改良效果的目的。根据土体改良设计要求和指标，运用运筹学中线性整数规划方法，通过建立0-1规划模型可以解决土体有机重构设计方案优化问题。

1)线性整数规划

线性规划中的决策变量通常是连续的，但是在许多实际问题中，决策变量往往只能整取，如人数、次数、个数的变量，把限制部分决策变量或全部决策变量只能取整数的线性规划称为线性整数规划，简称整数规划，或称IP问题。线性整数规划的一般形式为

$$\max z = \sum_{j=1}^{n} c_j x_j$$

$$\begin{cases} \sum_{j=1}^{n} a_{ij} x_j = b_j (i=1,2,\cdots,m) \\ x_j \geqslant 0 (j=1,2,\cdots,n) \\ x_j \text{为整数（部分或全部）} \end{cases} \quad (2\text{-}39)$$

整数规划一般可分为以下三类。

(1) 纯整数规划：全部决策变量都限定取整数。

(2) 混合整数规划：部分决策变量限定取整数，即规划中决策变量一部分是整数变量，另一部分是连续变量。

(3) 0-1 模型整数规划：不仅限制决策变量为整数，而且只允许取 0 和 1 两个值。

0-1 规划是决策变量取值 0 或 1 的一类特殊形式的整数规划。0-1 变量可以数量化地描述诸如开与关、取与弃、有与无等现象所反映的离散变量间的逻辑关系、顺序关系以及互斥的约束条件，因此 0-1 规划具有深刻的背景和广泛的应用，在处理经济管理中某些规划问题时，一直受到人们的重视。求解 0-1 规划的方法主要是隐枚举法(如分支定界法)。对一些特殊问题还有一些更加有效的方法，如对指派问题用柯尼希发明的匈牙利算法求解更显方便有效。

2) 土体有机重构设计方案的 0-1 规划模型

对土体有机重构改良设计，假设有 n 种改良措施，采用第 j(j=1,2,$\cdots$,n) 种措施可以带来的改良效应(价值)为 c_j，而所需投入的费用为 a_j，总的土壤改良投入为 b。为了使总的改良效果 z 最大，土体改良方案优化转为线性整数规划中的"背包问题"，用下列数学模型表示。

引入 0-1 变量 x_j，设

$$x_j = \begin{cases} 1, & \text{采取第}j\text{种改良措施} \\ 0, & \text{不采取第}j\text{种改良措施} \end{cases}$$

则

$$\max z = \sum_{j=1}^{n} \beta_j c_j x_j$$

$$\begin{cases} \sum_{j=1}^{n} a_j x_j \leqslant b \\ x_j = 0 \text{或} 1 \end{cases} \quad (2\text{-}40)$$

式中，β_j 为采用第 j 种措施带来的土壤改良效应的系数；c_j 为针对土体有机重构土壤的各种不良性状采取第 j 种措施能带来的土壤改良效应,一般用单独实施第 j 种措施进行改良前后土壤质量的提高来表示。因为总效应并不是由各种改良措施带来的效应简单相加形成的,所以设置 β_j 作为第 j 种措施对影响土体有机重构总效应的重要程度。β_j 的确定通过分析各种措施对总的改良效果的影响,并调查数据资料和咨询有关专家来获得。

在确定了系数 β_j 之后,该数学模型仅限于单个线性约束条件,变量要求取 0 和 1,称为"0-1"背包问题。背包问题去掉整数约束条件变成一普通的线性规划问题是极易求解的,只要将变量按照它们在目标函数中的系数与约束条件中系数之比的大小进行排列。即按"单位质量的价值"的大小进行排列,如

$$\frac{c_1'}{a_1'} \geqslant \frac{c_2'}{a_2'} \geqslant \frac{c_3'}{a_3'} \tag{2-41}$$

式中,1,2,…是按比值大小排列后的新编号。在不破坏约束条件的情况下,取 x_1' 的值尽可能大,再根据已取定的 x_1' 值,取 x_2' 的值尽可能大,依此类推。这种算法也称为"贪婪算法"。对变量取整数的背包问题,贪婪算法只是一种近似算法。

通过计算得出的 x_j 取值为 0 或 1,则可以判定采取何种措施使得种粮田块土壤改良效果最佳以及最佳效应值。

(二)土方调配最优问题

土地工程中基本都会涉及土方调配,如何选择最优化的土方调配方案,在保证土地工程质量的前提下,节约施工成本、缩短施工时间,是土地工程中的基本问题。

1. 场地平整高度计算

场地平整高度计算常用的方法为"挖填土方量平衡法",因其概念直观,计算简便,精度能满足工程需要,所以应用最为广泛,其计算步骤和方法如下。

将地形图划分为方格网,每个角点的标高一般可根据地形图上相邻两等高线的标高用插入法求得。当无地形图时,也可在现场设木桩定好方格网,然后用仪器直接测量(图 2-9),一般要求是使场内的土方在平整前和平整后相等,从而达到挖填平衡。如图 2-9(b)所示,设达到挖填平衡的场地平整标高为 H,则挖填平衡条件 H_0 值可由下式出:

$$H_0 N_a^2 = \sum_1^n \left(a^2 \frac{H_{11} + H_{12} + H_{21} + H_{22}}{4} \right) \tag{2-42}$$

$$H_0 = \sum_1^n \left(\frac{H_{11} + H_{12} + H_{21} + H_{22}}{4N} \right) \tag{2-43}$$

$$H_0 = \frac{\sum H_1 + 2\sum H_2 + 3\sum H_3 + 4\sum H_4}{4N} \tag{2-44}$$

式中，a 为方格网边长，m；N 为方格网法，个；H_{11}，…，H_{22} 为任一方格的四个角点的标高；H_1 为一个方格共有的角点标高；H_2 为两个方格共有的角点标高；H_3 为三个方格共有的角点标高；H_4 为四个方格共有的角点标高。

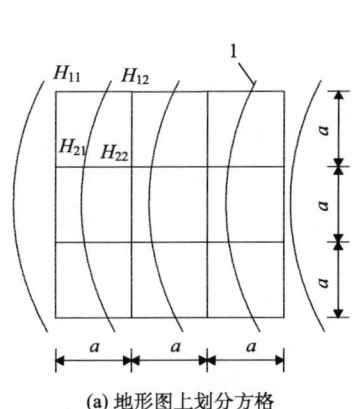
(a) 地形图上划分方格

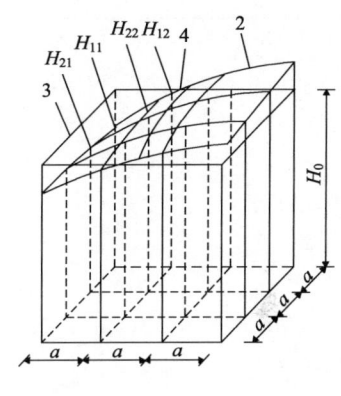
(b) 设计标高示意图

图 2-9　场地设计标高计算简图

1-等高线；2-自然地坪；3-设计标高平面；4-自然地面与设计标高平面的交线 (零线)

2. 土的变形模量计算

土的变形模量是通过野外荷载试验得出，荷载底板面的应力 p 与其下沉量 S 的关系曲线如图 2-10 所示。选用一直线段，采用弹性力学公式反算地基土的变形模量 E_0，其计算公式为

$$E_0 = 0.88(1-\upsilon^2)\sqrt{A}\frac{p}{S} \tag{2-45}$$

或

$$E_0 = W(1-\upsilon^2)\frac{p_{cr}b}{S_1} \times 10^{-3} \tag{2-46}$$

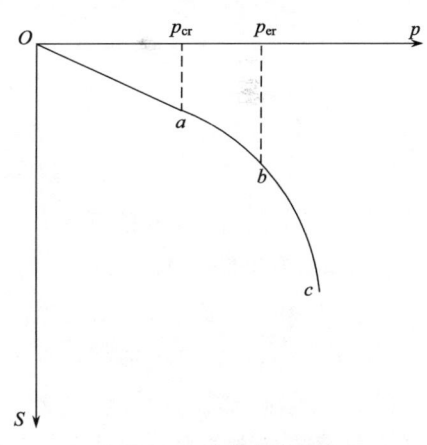

图 2-10　荷载板应力 p 与沉降量 S 的关系曲线

式中，υ 为土的泊松比；A 为荷载板的底面积，mm²，通常有 500mm×500mm、707mm×707mm 和 1000mm×1000mm 3 种；p 为荷载板底的应力，MPa，同时 $p \leqslant p_t$，p_t 为荷载与下沉保持直线比例的界限应力，MPa；S 为当应力为 p 时，荷载板所发生的下沉量，mm；W 为沉降量系数，刚性正方形荷载板 $W=0.88$，刚性圆形

荷载板 $W=0.79$；p_{cr} 为 p-S 曲线直线段终点对应的应力，kPa；S_1 为与直线段终点所对应的沉降量，mm；b 为承压板宽度或直径，mm。

地基土的变形模量 E_0 的参数值见表 2-2。

表 2-2　土的变形模量

土的种类	E_0		土的种类	E_0	
砾石、卵石	65～54			密实的	中密的
碎石	65～29		干的粉土	16.0	12.5
砂石	42～14		湿的粉土	12.5	9.0
	密实的	中密的	饱和的粉砂	9.0	5.0
粗砂、砾砂	28.0	36.0		坚硬	塑性状态
中砂	42.0	31.0	粉土	59～16	16～4
干的细砂	36.0	25.0	粉质黏土	36～16	16～4
湿的及饱和的细砂	31.0	19.0	淤泥	3	
干的粉砂	21.0	17.5	泥炭	2～4	
湿的粉砂	17.5	14.2	处于流动状态的黏性土、粉土	3	
饱和的粉砂	14.0	9.0			

3. 排水坡度对设计标高的影响

单向排水时：

$$H_n = H_0 + H_i \tag{2-47}$$

双向排水时：

$$H_n = H_0 \pm L_x i_x + L_y i_y \tag{2-48}$$

式中，L_x、L_y 分别为该点在 x、y 方向距场地中心线的距离，m；i_x、i_y 分别为 x 方向和 y 方向的排水坡度；±为该点比 H_0 高取"+"号，反之取"－"号。

4. 土方量计算方法

土方量的计算是土地工程中土地平整、灌渠修建等多项工程施工的一个重要步骤。工程施工前的设计阶段必须对土方量进行预算，它直接关系到工程的费用概算及方案选优，土方量计算的精确性可能会造成各方纠纷。如何利用现场测出的地形数据或原有的数字地形数据快速准确地计算土方量至关重要。常用的几种计算土方量的方法有方格网法、等高线法、断面法、DTM 法、区域土方量平衡法和平均高程法等。

1）断面法

对地形复杂起伏变化较大，或地狭长、挖填深度较大且不规则的地段，宜选择横断面法进行土方量计算。

图 2-11 为一渠道的测量图形,利用横断面法进行计算土方量时,可根据渠 LL,按一定的长度 L 设横断面 A_1,A_2,A_3,…,A_i 等。

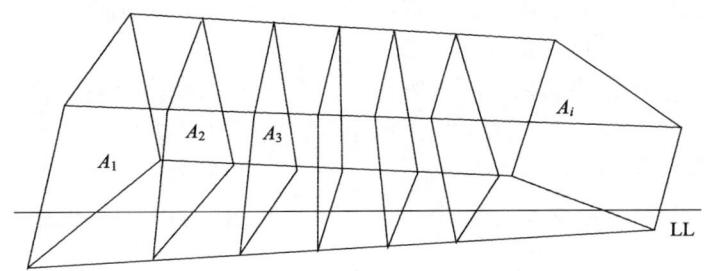

图 2-11 断面法计算土方量

断面法的表达式为

$$V = \sum_{i=2}^{n} V_i = \sum_{i=2}^{n} (A_{i-1} + A_i) L_i / 2 \tag{2-49}$$

式中,A_{i-1}、A_i 分别为第 i 单元渠段起终断面的填(或挖)方面积;L_i 为渠段长;V_i 为填(或挖)方体积。

土方量精度与间距 L 的长度有关,L 越小,精度就越高。但是这种方法计算量大,尤其是在范围较大、精度要求高的情况下更为明显。若为了减少计算量而加大断面间隔,就会降低计算结果的精度,所以断面法存在着计算精度和计算速度的矛盾。

2) 方格网法

对于大面积的土石方估算以及一些地形起伏较小、坡度变化平缓的场地适宜用格网法。这种方法是首先将场地划分成若干个正方形格网,然后计算每个四棱柱的体积,从而将所有四棱柱的体积汇总得到总的土方量。在传统的方格网计算中,土方量的计算精度不高。现在引入一种新的高程内插的方法,即杨赤中滤波推估法。

a. 杨赤中滤波推估法

杨赤中滤波推估法就是在复合变量理论的基础上,对已知离散点数据进行二项式加权游动平均,然后在滤波的基础上,建立随机特征函数和估值协方差函数,对待估点的属性值(如高程等)进行推估。

b. 待估点高程值的计算

首先绘方格网,然后根据一定范围内的各高程观测值推估方格中心 O 的高程值 H_0。绘制方格时要根据场地范围绘制。由离散高程点计算待估点高程为

$$\overline{H_0} = \sum_{i=1}^{n} P_i H_i \qquad (2\text{-}50)$$

式中，H_1，H_2，…，H_n 为参加估值计算的各离散点高程观测值；P_i 为各点估值系数。而后进一步求得最优估值系数，进而得到最优的高程估值。

c. 挖(填)土方量区域面积的计算

如果土方量计算的面积为不规则边界的多边形，则在面积进行计算时，先要判断方格网中心点是否在多边形内。如果在，就要计算该格网的面积；否则可以将该格网面积略去。

如图 2-12 所示，首先对格网中心点 P 进行判断，可以采用垂线法，即过 $P(x_0, y_0)$ 点作平行于 y 轴向下的射线

$$\begin{cases} x = x_0 \\ y < y_0 \end{cases} \qquad (2\text{-}51)$$

设多边形任意一边的端点为 $i(x_i, y_i), i+1(x_{i+1}, y_{i+1})$，令

$$\begin{cases} \delta = (x - x_i)(x - x_{i+1}) \\ y_s = y_i + \lambda(y_{i+1} - y_i) \\ \lambda = (x - x_i)/(x_{i+1} - x_i) \end{cases} \qquad (2\text{-}52)$$

(1) 当 $\delta < 0$ 时，若 $y > y_s$，则射线与该边有交点，否则无交点；若 $y = y_s$，则知 P 在多边形上。

(2) 当 $\delta = 0$ 时，若 $x = x_i$，则当 $y > y_i$ 时，两者有交点 (x_i, y_i)，当 $y < y_i$ 时，不予考虑；当 $y = y_i$ 时，说明 P 在多边形上。若 $x = x_{i+1}$，则方法同上。

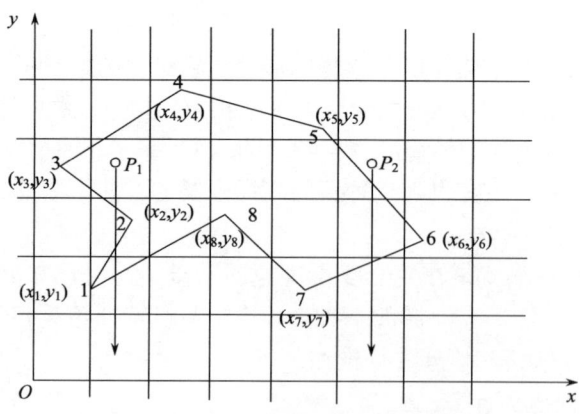

图 2-12 点与多边形位置的判断

(3) 当 $\delta>0$ 时，不予考虑。

对多边形各边进行上述判断，并统计其交点个数 m，当 m 为奇数时，则 P 在多边形内部；否则 P 不在多边形内部。

通过对图 2-12 中 P_1、P_2 点的判断可以知道，P_1 位于多边形内，P_2 位于多边形外。那么，P_1 所在的格网的面积要进行计算，而 P_2 所在的格网的面积则可以略去。

然后利用杨赤中滤波推估法求得的每个方格网的中心点的高程值与格网面积进行计算，即

$$V_{ij} = H_{ij} \cdot a \cdot b \tag{2-53}$$

式中，ij 表示第 i 行 j 列的小方格网；a、b 为格网的边长。最后汇总土方量。

3) DTM 法(不规则三角网法)

不规则三角网(TIN)是数字地面模型 DTM 的表现形式之一，该法利用实测地形碎部点、特征点进行三角构网，对计算区域按三棱柱法计算土方。

基于不规则三角形建模是直接利用野外实测的地形特征点（离散点）构造出邻接的三角形，组成不规则三角网结构。相对于规则格网，不规则三角网具有以下优点：三角网中的点和线的分布密度和结构完全可以与地表的特征相协调，直接利用原始资料作为网格结点；不改变原始数据和精度；能够插入地性线以保存原有关键的地形特征，以及能很好地适应复杂、不规则地形，从而将地表的特征表现得淋漓尽致等。因此，在利用 TIN 计算土方量时就大大提高了计算的精度。

a. 三角网的构建

对于不规则三角网的构建在这里采用两级建网方式。

进行包括地形特征点在内的散点的初级构网，一般来说，传统的 TIN 生成算法主要有边扩展法、点插入法和递归分割法等，以及它们的改进算法。在此仅简单介绍边扩展法。

边扩展法就是指先从点集中选择一点作为起始三角形的一个端点，然后找离它距离最近的点连成一个边，以该边为基础，遵循角度最大原则或距离最小原则找到第三个点，形成初始三角形。由起始三角形的三边依次往外扩展，并进行是否重复的检测，最后将点集内所有的离散点构成三角网，直到所有建立的三角形的边都扩展过为止。在生成三角网后调用局部优化算法，使之最优。

b. 三角网的调整

根据地形特征信息对初级三角网进行网形调整，这样可使得建模流程思路清晰，易于实现。

(1)地性线的特点及处理方法。

地性线就是指能充分表达地形形状的特征线。地性线不应该通过 TIN 中的任何一个三角形的内部,否则三角形就会"进入"或"悬空"于地面,与实际地形不符,产生的数字地面模型(DTM)有错。

当地性线与一般地形点一道参加完初级构网后,再用地形特征信息检查地性线是否成为了初级三角网的边,若是,则不再作调整;否则,按图 2-13 作出调整。总之要务必保证 TIN 所表达的数字地面模型与实际地形相符。

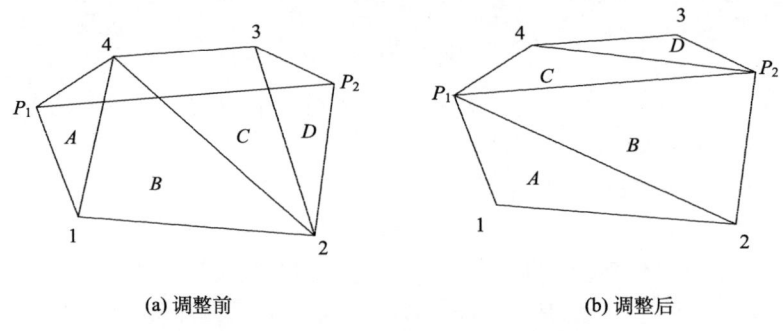

(a) 调整前　　　　　　　　　　(b) 调整后

图 2-13　在 TIN 建模过程中对地性线的处理

如图 2-13(a)所示,地性线直接插入了三角形内部,使得建立的 TIN 偏离了实际地形,因此需要对地性线进行处理,重新调整三角网。图 2-13(b)是处理后的图形,即以地性线为三角边,向两侧进行扩展,使其符合实际地形。

(2)地物对构网的影响及处理方法。

等高线在遭遇房屋、道路等地物时需要断开,这样在地形图生成 TIN 时,除要考虑地性线的影响外,更应该顾及地物的影响。一般方法是:首先按处理地形结构线的类似方法调整网形。然后,用"垂线法"判别闭合特征线影响区域内的三角形重心是否落在多边形内,若是,则消去该三角形(在程序中标记该三角形记录);否则保留该三角形。经测试后,去掉了所有位于地物内部的三角形,从而在特征线内形成"空白地"。

(3)陡坎的地形特点及处理方法。

遭遇陡坎时,地形会发生剧烈的突变。陡坎处的地形特征表现为:在水平面上同一位置的点有两个高程且高差比较大;坎上坎下两个相邻三角形共享由两相邻陡坎点连接而成的边。当构造 TIN 时,只有顾及陡坎地形的影响,才能较准确地反映实际地形。

对陡坎的处理如图 2-14 所示。

如图 2-14(a)所示,点 1~4 为实际测量的陡坎上的点,每个点其实有两个高程值,不符合实际的地形特征。在调整时将各点沿坎下方向平移了 1mm,得到了

5~8各点，其高程值根据地形图量取的坎下比高计算得到。将所有的坎上、坎下点合并连接成一闭合折线，并分别扩充连接三角形，即得到调整后的图2-14(b)。

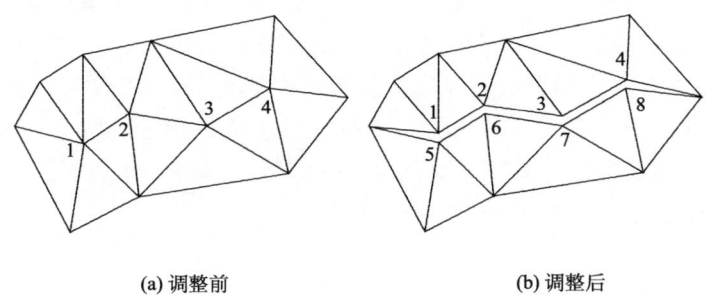

(a) 调整前 (b) 调整后

图2-14　对陡坎的处理

c. 三角网法计算土方量

三角网构建好之后，用生成的三角网计算每个三棱柱的填挖方量，最后累积得到指定范围内填方和挖方分界线。三棱柱体上表面用斜平面拟合，下表面均为水平面或参考面，计算公式为

$$V_3 = Z_1 + Z_2 + Z_3 / (3 \cdot S_3) \qquad (2\text{-}54)$$

如图2-15所示，Z_1、Z_2、Z_3为三角形角点填挖高差；S_3为三棱柱底面积。

图2-15　土方量计算

4) 平均高程法

平均高程法测量时隔20 m测1个碎步点，把所有的碎步点高程相加取平均，作为该测区平均高程。该方法通常被施工单位采用，但该方法误差较大。

5) 几种方法的实例比较(表2-3)

表2-3　平原地区几种方法的填挖方量　　　　　　(单位：m³)

DTM法	275372.0	75903.8	0	0
方格网法	276215.1	76219.2	0.3	0.4
平均高程法	268431.7	77986.3	2.5	2.7

总结以上几种土方量计算方法，可以得到以下几点结论。

(1)在较为平坦的平原区和地形起伏不大的场地，宜采用方格网法。这种方法计算的数据量少，计算速度快，省去了DTM法庞大的数据存储量。

(2)在狭长地带，如公路、水渠等，则适宜使用断面法进行土方量的计算。

(3)在地形起伏较大、精度要求高的一些山区则需要用到 TIN 的计算方法。但是也要考虑，当地图本身数据量大时数据储存量的问题。

此外，土地工程在土方移动中涉及虚方土(未经填压自然堆成的土)、实方土(按规范要求经过分层碾压、夯实的土)、天然密实土(未经扰动的自然土)、松填土(挖出的自然土，自然堆放未经夯填在坑槽中的土)等，在实际工程量计算中，应按照相应规范(如《建设工程工程量清单计价规范》GB 50500—2008)进行折算。总之，在对土方量进行计算时，要考虑地形特征、精度要求以及施工成本等方面的情况，选择合适的计算方法，达到最优目的。

5. 土方工程计算

1)平均运距计算

平均运距即挖方区土方重心至填方区土方重心的距离。计算方法是取场地或方格网中的纵横两边为坐标轴，以一个角作为坐标原点，分别求出各区土方的重心位置，即

$$x_0 = \frac{\sum V_i \times x_i}{\sum V_i} \qquad y_0 = \frac{\sum V_i y_i}{\sum V_i} \tag{2-55}$$

则填挖方区间的平均运距 L_0 为

$$L_0 = \sqrt{(x_{at} - x_{aw})^2 + (y_{at} - y_{aw})^2} \tag{2-56}$$

式中，x_0、y_0 分别为挖方调配区或填方调配区的重心坐标；x_i、y_i 分别为 i 块方格的重心坐标；V_i 为 i 块方格的土方量；x_{at}、y_{at} 分别为填方区的重心坐标；x_{aw}、y_{aw} 分别为挖方区的重心坐标。

土方调配后，应按下式进行复核检查：

$$\text{横向调运+纵向调运+借方=填方} \tag{2-57}$$

$$\text{横向调运+纵向调运+弃方=挖方} \tag{2-58}$$

$$\text{挖方+借方=填方+弃方} \tag{2-59}$$

2)经济运距的计算

经济运距 $L_经$ 的计算公式为

$$L_经 = \frac{B}{T} + L_免 \tag{2-60}$$

式中，B 为借土单价，元/m³；T 为远运费单价，元/(m³·km)；$L_免$ 为免费运距，km。

3)运量计算

运量计算公式为

$$\text{总运量=调配方数} \times n$$

$$n = \frac{L - L_{免}}{10} \tag{2-61}$$

式中，n 为平均运距单位；L 为平均运距；$L_{免}$ 为免费运距(王森和徐庆河，2008)。

4) 计价土方计算

$$\text{计价土方数量} = \text{挖方数量} + \text{借方数量} \tag{2-62}$$

第三章 土地工程基础勘查

在进行土地工程实施前,要通过资料查阅、室内试验、现场勘查等方法,对工程实施区域的自然环境、水文地质条件、土质现状、基础现状以及社会环境等方面进行调查、勘查,目的是查明工程实施场地及其周围的自然和社会环境以及土质条件,为土地工程设计提供基础依据。基础勘查的精确性直接影响土地工程设计的合理性、工程安全度、工程产投比和施工进度。

第一节 土地工程基础勘查内容

土地工程不仅通过其建设任务对项目区地形、土体、水文产生直接影响,改变所在地区的经济和社会条件,而且对生态环境、自然景观,甚至对区域气候都将产生不同程度的影响。与此同时,不同地区地质条件、自然环境迥异,土地类型多样。土地利用的复杂性导致土地工程的工作条件复杂多变。这就要求在土地工程前期项目踏勘中,对可能产生的各种影响进行充分估计,同时在规划设计和施工过程中趋利避害,尽力消除消极影响。

一、自然环境

自然环境条件是土地工程立项、选址、方案设计的基础。在土地工程基础勘查过程中,通过对场地的自然环境调查和勘查,探明区域气候条件、地形地貌特征及生物多样性。

(一)气候条件

气候条件是土地工程基础勘查中的重要信息之一,主要指地球表面至 $10\sim12\ km$ 的对流层,即与地球表面产生直接水热交换的大气层。无论任何土地,气候都是决定土地利用的前提条件,没有适宜的光、温、水、风,人类无法居住,植被不能生长。

1. 光照条件

光照资源主要包括太阳辐射及光照指标等。太阳辐射是由太阳发射的电磁短波辐射,部分穿透大气层到达地球表面,其中一部分被地球表面吸收变为长波辐射,它是地球表面一切过程的能量基础。影响土地工程设计的光照指标主要有光照强度和光照长度。

光照长度(日长)是反映一个地区从日出至日落之间可能的日照时数。日长随季节和纬度不同而变化。依日长对农作物的影响，将农作物划分为长日照作物和短日照作物。长日照作物是当日长增加时完成营养生长进入生殖生长的植物；反之，短日照作物是日长变短时由营养生长进入生殖生长的植物。

在土地工程中，不同地区之间引种时应特别注意植物与地区光照时间的供求对应关系。一般来说，短日照植物南种北引，开花期推后，生育期会延长；北种南引，生育期会缩短，开花期提前。长日照植物刚好相反，北种南引，开花期推后，生育期会延长；南种北引，生育期会缩短，开花期提前(Manickavasagan et al., 2008)。因此，短日照植物南种北引应引早熟品种，北种南引应引晚熟品种为宜；长日照植物南种北引应引晚熟品种，北种南引应引早熟品种为宜。常见的长日照植物、短日照植物和日中性植物可参照表 3-1。

表 3-1　常见的长日照植物、短日照植物和日中性植物

常见的长日照植物	小麦、大麦、黑麦、燕麦、油菜、甜菜、菠菜、洋葱、甘蓝、芹菜、胡萝卜、白菜、杜鹃等
常见的短日照植物	水稻、棉花、大豆、菊花、高粱、美洲烟草、苍耳、晚稻、腊梅等
常见的日中性植物	甘蔗、番茄、茄子、黄瓜、辣椒、四季豆、蒲公英、月季等

光照资源对农作物影响的同时，对工业、第三产业、城市用地也有重要的影响。良好的光照是保证人们正常工作、生活和学习的必要条件，直接影响劳动生产率、能源利用率和区域环境等。因此，科学合理地应用光照资源，对土地工程规划、设计和建设具有重大指导意义。

2. 热量条件

依据热量条件的地带分布将地球划分为寒带、温带和热带。因为这种热量地带与土地资源的生产潜力关系密切，所以在土地工程设计中，应考虑热量的地带规律。不同温度带有着相应不同的自然景观、土地类型及土地利用特征。各气候带的具体热量指标和植物、农业利用特征可参照表 3-2。

表 3-2　中国温度带的划分

气候区域	气候带和亚带	温度指标			土壤	主要植被	农业利用特征
		≥10℃积温/(℃·d)	最冷月气温/℃	年平均极端最低气温/℃			
东部季风区域	温带	<4500	<0	<-10	—	—	有"死"冬
	寒温带	<1700	<-30	<-45	漂灰土	针叶林	一季极早熟作物

续表

气候区域	气候带和亚带	温度指标			土壤	主要植被	农业利用特征
		≥10℃积温/(℃·d)	最冷月气温/℃	年平均极端最低气温/℃			
东部季风区域	中温带	1700~3500	-30~-10	-45~-25	暗棕壤	针阔混交林	一年一熟,以春麦、玉米为主
	暖温带	3500~4500	-10~0	-25~-10	棕壤	落叶阔叶林	两年三熟或一年两熟,以冬麦、玉米为主,苹果、梨
	亚热带	4500~8000	0~15	-10~5	—	—	冷季种喜凉植物,热季种喜温植物
	北亚热带	4500~5300	0~5	-10~-5	黄棕壤	常绿落叶阔叶林	稻麦两熟,茶、竹
	中亚热带	5300~6500	5~10	-5~0	黄壤、红壤	常绿阔叶林	双季稻两年五熟,柑橘
	南亚热带	6500~8000	10~15	0~5	赤红壤	季风常绿阔叶林	双季稻一年三熟,龙眼、荔枝
	热带	>8000	>15	>5			喜温植物全年都能成长
	边缘热带	8000~8500	15~18	5~8	砖红壤	半常绿季雨林	喜温植物一年三熟,咖啡
	中热带	>8500	>18	>8	砖红壤	季雨林	以木本作物为主,橡胶
	赤道热带	>9000	>25	>20	磷质石灰土	珊瑚岛常绿林	可种热带植物
西北干旱区域	干旱中温带	<4000	<-10	<-20	棕钙土	草原与荒漠	一年一熟,可种冬麦和棉花
	干旱暖温带	>4000	>-10	>-20	棕漠土	灌丛与荒漠	两年三熟或一年两熟
		≥0℃积温	最暖月气温				
青藏高寒区域	高原寒带	<500	<6	—	高山荒漠土	高寒荒漠	"无人区"
	高原亚寒带	500~1500	6~10	—	高山草原土	高寒草原	只有牧业
	高原温带	1500~3000	10~18	—	山地森林土	山地针叶林	有农、林业

在土地利用方面,气候热量的指标主要有:
(1)≥0℃和≥10℃的温度及其积温(表3-3)。
(2)温差(日温差、年温差)。

(3) 无霜期、生长期与作物越冬温度等（表 3-4）。

表 3-3　不同积温数与作物种植制度的适宜性

≥0℃的积温/(℃·d)	≥10℃的积温/(℃·d)	种植制度及适宜的作物
2500～3000	2800	一年一熟，如春麦、莜麦、马铃薯等
4500	4000	三年两熟，冬麦-玉米
4700～4800	4200	两年三熟或一年两熟，花生、甘薯
4500～5500	5000	一年两熟，小麦-水稻
5700～6100	5500	一年三熟，小麦-水稻-水稻
8000	>7000	一年三熟，甘蔗-水稻-水稻

表 3-4　主要作物越冬温度

作物	最低越冬平均温度/℃	中国分布大致北界位置
冬小麦、苹果、梨	−22～−24	辽宁南部，华北长城附近
葡萄	−20	河北宣化
油桐	−8～−10	秦岭南坡
茶、油菜	−8	秦岭南坡、淮南
柑橘	−5	秦岭南麓、太湖、浙西
香蕉、菠萝、荔枝	0	秦岭南麓（福州-梧州-蒙自）
橡胶、椰子、咖啡、剑麻	2	闽南沿海、台湾中部、广东和广西南部、西双版纳、滇西南
油棕、可可、胡椒	>2	海南岛、西双版纳

　　在土地工程设计中，应选择适当的坡地进行植被栽种，大体上北半球的南坡为阳坡，土体较干燥；北坡是阴坡，土温较平地低。土体质地、有机质含量、含水量与土色等对土温的变化也有显著影响。土体色深的，吸收的辐射热量较多，红色、黄色的次之，浅色的土体吸收的热量小而反射率较高。在水作农地土体中，合理灌溉运用适宜，可发挥水层的稳温和保温以及排水增温的作用。

　　土地工程设计时，农地中起垄可以增大土体表面积，增加对辐射热量的吸收量，减少反射。垄面与地面成30°～40°的交角，可使阳光垂直照射垄面的时间增加，光照强度加大。加之垄作的排水好，土壤蒸发面大，水分散失快，降低了土壤热容量，增温快。温度对土的压缩特性的影响随土体的成分与应力历史而异。温度对有机质含量高的土体影响要比对低有机质土体的大，而对超固结土的效应尤为显著。温度对土的压缩性的效应，主要来源于温度变化引起饱和土空隙中水体积变化及相应的有效应力的改变。土体冻胀会导致轻型建筑物倾斜、开裂，使桩发生冻拔，使公路路面开裂、铁路路轨变形。人们常采用各种工程措施防止冻害，其中建筑物基础的最小埋置深度的规定就是针对冻害而采取的措施。

3. 降水

降水是指大气落到地面的液态或固态水，包括雨、雪、冰雹等，是土地工程基础勘查的重要信息之一。降水不仅决定土地资源的水文条件，还直接影响地下水的成分、数量和分布。我国年平均降水量约629mm，全年降水总量超过6万亿 m^3，属季风气候。降水量在空间和时间上分布极不平衡，空间上东、南多，西、北少；时间上夏秋多，冬春少，4~9月降水量可占全年降水量的80%以上。

对农业来说，降水是土壤水分与作物需水量的来源，是发展农业的基础条件，根据不同地区降水量的高低，确定适宜的植物种类；对工业来说，降水对露天生产企业作用明显，同时对干湿度要求敏感的有影响；在建设用地方面，降水在居住环境、排水措施与设施、洪涝灾害防治工程、建筑风格、建筑雨雪负荷、雨水渗漏等方面不可忽视。降水强度过大时，对土地工程施工造成很大影响，一方面容易造成道路泥泞；另一方面因山体开挖过程中又容易造成山石松动，造成塌方及泥石流等现象，给工程施工安全带来极大隐患。根据年均降水量与蒸发量的对比，将各地区划分为湿润地区、半湿润地区、半干旱地区和干旱地区。

4. 无霜期

无霜期指一年中终霜后至初霜前的一整段时间，在这一期间内，没有霜的出现。霜出现时，往往会给一些耐寒性较差的植物带来一定影响，如农业上棉花结桃时遇到秋霜害，会影响它继续生长。因此，常把一个地区无霜期的长短称为作物生长期的气候条件。

中国各地无霜期长短不同。据统计，南岭以南、台湾、云南南部、四川盆地无霜期均在300天以上，长江中下游地区为250~275天，华北地区为175~225天，东北北部、内蒙古、新疆北部为100~150天。总的分布特点是南部无霜期长，北部无霜期短(青藏高原除外)。

5. 风

风是土地形成、演化的重要营力，是继光、温、水之后的气候信息之一，对农业生产和城市建设均有不可忽视的作用。对农业来说，除风灾外，正常条件下，风力资源对作物呼吸、土壤呼吸、光合作用、田间散热、作物散热、花粉传播等有很大的作用；对城市规划与建筑来说，主要是在防风、通风工程的抗风设计；从控制空气污染角度来说，对城市用地的功能分区、防护带的配置等也有影响。因此，勘查和监测风向、风速和风向频率可全面指导土地工程区域规划、用风、防风、通风设计等。实践证明，当林带的方向垂直主害风方向时，林带的防护距离最长。

(二)地形地貌

在土地工程中,中小范围内土地利用往往受到地形地貌条件的约束,不同的地形地貌类型,直接决定了土地资源的质量与土地工程的设计。

1. 海拔高度

对农业来说,随着海拔高度的升高,积温减少,生长期缩短,土地利用强度下降。对其他用地的影响,主要表现为随海拔高度的升高,自然环境恶化可能性大,人类活动减少。据人类聚居学研究,海拔 3000 m 以上地区不宜人类居住,海拔 1000～3000 m 的地区可以居住,绝大多数人居住在海拔 500 m 以下地区。

2. 地面坡度

地面坡度对土地特性及利用的影响主要表现在水土流失、农田水利化和机械化以及城镇建设与交通布局。对建设高标准农田来说,地形起伏较大,农田平整工程土石方量明显增大,1～2 m 范围内可以平整,大于则要考虑修筑台田或梯田;农田自流灌区减少,提灌、喷灌增加,水利成本增加;机耕程度减小,人力成本增加。坡度对农用地利用的影响见表 3-5。

表 3-5 坡度对农用地利用的影响

坡度/(°)	坡度类型	农业利用及对应措施
≤3	极缓坡	条件较好,同一般农用地
3～7	缓坡	适宜农用,一般可机械化耕作
8～15	中坡	适宜农用,但必须采用工程水保措施
16～25	微陡坡	可以用于农业或林业,但必须具有工程与林业水保措施
26～35	陡坡	易产生滑坡等重力侵蚀,不宜农业
>35	极陡坡	极易产生崩塌、滑坡等

对于非农用地建设来说,地势平坦,排水好,工程量少,节约投资;坡度过小,排水不畅,就需增加提排水工程措施。但坡度超过一定限度,就需采取适当的工程措施,如挖土填方、场地平整、修建护坡工程等,投资必然增加(表 3-6)。

表 3-6 坡度对非农用地利用的影响

土地类型	坡度/(°)	对土地利用的影响及对应措施
极平地	≤0.3	地势相对低平,排水不良,需采取机械提升措施排水
平坡	0.4～2	是城市建设的理想坡度,各项建筑、道路可自由布置
平坡地	2.1～5	铁路需要有坡降,工厂及大型公共建筑布置不受地形限制,但需要适当平整土地
缓坡地	5.1～10	建筑群及主要道路宜平行等高线布置,次要道路不受坡度限制,勿需设人行梯道

续表

土地类型	坡度/(°)	对土地利用的影响及对应措施
中坡地	10.1~25	建筑群布置受一定限制,宜采取阶梯式布置,车道不宜垂直等高线,一般设人行梯道
陡坡地	25.1~50	坡度过陡,除供园林绿化外,不宜作建筑用地,道路需要与等高线锐角斜交布置,应设人行梯道

(三)生物多样性调查

生物多样性是指一定范围内多种多样活的有机体(动物、植物、微生物)有规律地结合所构成稳定的生态综合体。它包括动物、植物、微生物的物种多样性,物种的遗传与变异的多样性以及生态系统的多样性。土地工程中,应尊重自然规律,防止工程建设带来外来物种入侵的风险。

1. 植被调查

植被是指一定地区内植物群落的总体,它包括森林、草原或草地及农田栽培作物,是土地生态系统中最活跃的因素之一,对生态平衡有着重大的影响,既是土地资源质量的代表,又是其综合特征的反映,并可指示土地演替的方向。

各种植被类型是特定生态环境的产物,是土地生态系统的重要组成,对土地性质起着重大的作用。同时,通过植被对气候、水分、矿藏、污染、酸碱与盐化等指示作用,有助于了解土地资源的气候变迁或气候带,寻找矿藏、浅层地下淡水、适于开垦的湿润地段,判断空气中的污染物,了解土壤特性及盐化程度,对工农业生产、营林工作具有重要的意义。

2. 动物和微生物调查

相对于植物调查而言,水体、土体表层及以上动物多样性的调查多面临变化较快、不易掌握的现状。动物和微生物多样性调查,应对项目区范围内动物(野生)、微生物的种类、数量等基本情况进行统计,分析适宜生境,以在土地工程设计和施工中充分考虑。

(四)水资源条件

水资源条件勘查包括地表水和地下水两个方面,是土地工程基础勘查的重要组成部分。水作为自然环境重要的外营力,制约着土地资源的利用。

1. 地表水

地表水是指存在于河流、湖泊、冰川和沼泽等水体的水分,也称陆地水。除气候极端寒冷或极端干旱的地区外,几乎到处可见到地表水,地表流水是促使地壳变化、发展的一个强有力的地质动力。地表水调查内容主要包括:

(1)河流所在地区的标高、河流发源地、流往何处、有哪些支流。
(2)旱季与雨季河水的宽度、深度,涨水时水位的上升幅度。
(3)测量水的流速、流量。
(4)河床、河岸的性质,陡岸还是平缓岸,河床是砂质的、石质的还是黏土质的,河床生长的植物、河岸的淹没情况。
(5)河水的污染情况。
(6)河水的利用情况。
(7)河水与地下水的补、排关系(位置、地点、补排量)。
(8)水温状态。

2. 地下水

地下水是水资源的重要组成部分,地下水包括上层滞水、潜水和承压水。地下水对农用地质量的影响主要从水量、水质和埋深几个方面进行评价,它们直接决定着地下水供给的保证率、使用范围与开发成本。

地表水和地下水均对土地工程有较大影响。对农用地来说,水资源的影响主要有:
(1)水分是土壤肥力的重要因素之一。
(2)充足的水源是农业现代化生产的保障。
(3)水分状况直接决定土地的开发利用程度。
(4)水土流失、水灾对土地的破坏。
(5)灌溉水温影响作物生长。

对非农用土地来说,水资源的影响主要有:
(1)城市的选址,近江、沿江、沿海是城市建设的首选位置。
(2)用地布置,工业企业布置在河流的下游,居住、水源地布置在上游。
(3)市政防洪工程建设标准。
(4)地下水埋深对建筑物地基稳定性影响等。

在河谷川道区,地面开阔、平坦,地下水位较高,可以因地制宜、综合治理,借助河道特有的水利条件,增加耕地面积和提高耕地质量,建设成为高标准湿地农业区、高标准良田。

3. 水质分析

土地工程项目区水质条件直接决定了是否可用于农用地灌溉或者非农用地生产及生活用水。对地表水和地下水的水质分析主要包括常规水质参数和特征水质参数。其中,常规水质参数主要反映水域水质的一般状况,如《地表水环境质量标准》(GB 3838—2002)中提出的 pH、水温、溶解氧、高锰酸盐指数、BOD5、氰化物、氨氮、总磷、总有机碳、砷、汞、铬(六价)等。特征水质参数:能代表建设项目将来排放的水质,根据建设项目特点、水域类别及评价等级选定。对水域环境质量要求较高,且评价等级为一、二级,可考虑调查水生生物和底质。

二、土质现状调查

土质现状对土地资源的使用有较大的影响。土壤质地对土壤的耕性、孔隙性、保蓄性、供给性、通透性均有影响,对土壤的保肥、供肥性和土壤的耕性影响极大。土层厚度尤其是耕作层的厚度,对向农作物提供水、肥、气、热有很大的影响,关系到植物的扎根条件,保水、保肥的能力。土体剖面构型可清楚地反映土地的综合特征。

(一)成土母质

地表岩石经风化作用使岩石破碎形成的松散碎屑,物理性质改变,形成疏松的风化物,是形成土壤的基本的原始物质,是土壤形成的物质基础和植物矿物养分元素(除氮外)的最初来源。

首先,成土母质的类型与土壤质地关系密切。发育在基性岩母质上的土壤质地一般较细,含粉砂和黏粒较多,含砂粒较少;发育在石英含量较高的酸性岩母质上的土壤质地一般较粗,即含砂粒较多而含粉砂和黏粒较少。此外,发育在残积物和坡积物上的土壤含石块较多,而在洪积物和冲积物上发育的土壤具有明显的质地分层特征。

其次,土壤的矿物组成和化学组成深受成土母质的影响。发育在基性岩母质上的土壤,含角闪石、辉石、黑云母等深色矿物较多;发育在酸性岩母质上的土壤,含石英、正长石和白云母等浅色矿物较多;其他如冰碛物和黄土母质上发育的土壤,含水云母和绿泥石等黏土矿物较多,河流冲积物上发育的土壤也富含水云母,湖积物上发育的土壤中多含蒙脱石和水云母等黏土矿物。从化学组成方面看,基性岩母质上的土壤一般铁、锰、镁、钙含量高于酸性岩母质上的土壤,而硅、钠、钾含量则低于酸性岩母质上的土壤,石灰岩母质上的土壤,钙的含量最高。

(二)土层剖面

土层剖面指从地面垂直向下的纵剖面,土层剖面可以表示土壤的外部特征,包括土壤的若干发生层次、颜色、质地、结构、新生体等。在土壤形成过程中,由于物质的迁移和转化,土壤分化成一系列组成、性质和形态各不相同的层次,称为发生层。发生层的顺序及变化情况,反映了土壤的形成过程及土壤性质。

土层剖面的调查应该包含有效土层厚度、土体剖面分层和各层级厚度、性状。

一般而言，由于农用地土层剖面分层较多，因此农用地土地工程中对土层剖面的调查较为复杂。而对于自然土体和建设用地土体剖面勘查来说，土体的分层相对简单，调查较易。

(三) 土质分析

土质分析既包含土体的质地等物理指标，也包含土体养分等化学指标，还应该根据项目区土地利用类型等因素选择性检测土体的有毒有害物质含量，保证土体安全性。

1. 质地

土壤质地是土壤的物理性质之一。土壤质地是根据土壤的颗粒组成划分的土壤类型。土壤质地一般分为砂土、壤土和黏土三类，其类别和特点主要是继承了成土母质的类型和特点，又受到耕作、施肥、排灌、平整土地等人为因素的影响，是土壤的一种十分稳定的自然属性，对土壤肥力有很大影响。一般土壤质地的分析可依据 GB/T 19077.1—2008 等检测标准进行。

2. 土体酸碱度和盐分分析

土体酸碱度是土体溶液的酸碱反应，主要取决于土体溶液中氢离子的浓度，用 pH 表示。pH 等于 7 的溶液为中性溶液；pH 小于 7，为酸性溶液；pH 大于 7 为碱性溶液。在盐碱土中，盐分的变化比土壤养分含量的变化还要大。土体酸碱度和盐分对土体肥力和生物生长有非常大的影响，因此对土地工程中农用地作物的选择起到关键作用。此外，土体酸碱度和盐分还会影响土体的沉降和建筑材料的腐蚀，因此对于建设用地工程中也应予以充分考虑。

3. 矿物组成分析

土壤中具有一定化学成分和物理性质的各种原生矿物和次生矿物的总称。包括土壤固相物质中除有机质和生物体外的所有无机质部分，如石英、长石、云母、角闪石、辉石等原生矿物以及高岭石、蒙脱石、水云母、含水氧化铁、含水氧化铝等次生矿物。土壤矿物占土壤固相物质的绝大多数，一般约占干土重的 95% 以上，是土壤最基本的物质成分。它影响土壤的质地、孔隙、通气性、透水保水性、供肥保肥性等一系列肥力性状。

土壤矿物按其成因，可分为下面两类。

(1) 原生矿物。该矿物主要分布于粗骨颗粒和粗砂粒中，是岩浆岩和变质岩的机械破坏和风化过程的产物。

(2) 次生矿物。该矿物主要分布于黏粒中，粗大一些的也可进入粉粒中，是岩石或母质在地表经风化或生物作用由原生矿物转变而来或重新合成的。

4. 养分组成分析

土体中有机质主要为纤维素和腐殖质,其存在不仅影响植物和微生物等生命体的生长,还会使土体的压缩性与收缩性增大,对强度也有影响。随着有机质的成因、龄期和分解程度的不同,其物理性质与化学性质变化很大。土壤提供的植物生长所必需的营养元素。土壤中能直接或经转化后被植物根系吸收的矿质营养成分,包括氮(N)、磷(P)、钾(K)、钙(Ca)、镁(Mg)、硫(S)、铁(Fe)、硼(B)、钼(Mo)、锌(Zn)、锰(Mn)、铜(Cu)和氯(Cl) 13 种元素。养分的分类为大量元素、中量元素和微量元素。土体养分组成分析中的所有指标目前都有相应的标准或权威科学依据可依,如总氮可依据 HJ 717-2014 测定,铜等重金属可依据 GB/T 14506-2010 进行检测。

在自然土壤中,养分主要来源于土壤矿物质和土壤有机质,其次是大气降水、坡渗水和地下水。在耕作土壤中,养分来源于施肥和灌溉。根据植物对营养元素吸收利用的难易程度,分为速效养分和迟效养分。一般来说,速效养分仅占很少部分,不足全量的 1%,应该注意的是速效养分和迟效养分的划分是相对的,二者总处于动态平衡之中。

5. 土体有毒有害物质分析

土体中有毒有害物质主要来自于污染。当土体中含有害物质过多,超过土体的自净能力,就会引起土体的组成、结构和功能发生变化,微生物活动受到抑制,有害物质或其分解产物在土体中逐渐积累通过"土→植物→人体",或通过"土→水→人体"对生命体产生危害。由于土地工程涉及区域为一个整体,土体中有毒有害物质进入哪一部分都会影响整个环境,因此土体中的有毒有害物质分析必须与大气、水体和生物监测相结合才能全面客观地反映实际。

根据国际科学联合会环境问题科学委员会(SCOPE)提出的"世界环境监测系统"草案,可将土体中优先监测物确定为以下三类。

第一类:汞、铅、镉、DDT 及其代谢产物与分解产物,多氯联苯。

第二类:石油产品,DDT 以外的长效性有机氯、四氯化碳、乙酸衍生物、氯化脂肪族,有机磷化合物及其他活性物质(抗生素、激素、致畸性物质、催畸性物质和诱变物质)等。

第三类:重金属化合物,包括镉、铬、铜、汞、铅、锌等。

三、土地资源的社会经济属性调查

土地的社会经济属性主要指土地的地籍、土地等级和价格。

（一）土地的地籍

地籍是指国家为了一定的目的，记载土地的权属、界址、数量、质量和用途（类型）等基本情况的图簿册。依据法律规范，对每宗地（由界址线包围的土地）的土地权属、位置、界址、数量、质量以及利用状况进行调查（包括测绘），并将所获状况记载在案（成图、成卡、簿册、文件或法律证书）的信息集及其载体，其核心意义在于反映土地权利之归属。基础地籍资料主要指土地利用分类和土地权属，包括地籍图、地籍册和地籍登记档案。

土地利用分类是为完成土地资源调查或进行统一的科学土地管理，从土地利用现状出发，根据土地用途、土地利用方式、土地利用的地域分类规律等，按一定的层次等级体系将一个国家或地区的土地利用情况划分成为若干个不同的土地利用类别，是土地资源评价、土地资产评估和土地利用规划研究的基础和前期性工作。中国国内现行土地利用分类标准为2007年发布的《土地利用现状分类（GB/T 21010—2007）》，该标准采用二级分类体系，一级类有12个，二级类有57个。采用土地综合分类方法，根据土地的利用现状和覆盖特征，对城乡用地进行统一分类。

土地权属是指土地产权的归属，是存在于土地之中的排他性完全权利。权属类型包括土地所有权、土地使用权、土地租赁权、土地抵押权、土地继承权、地役权、土地承包权、土地经营权和他项权利。权利的主体是集体土地所有者、国有土地使用者、集体土地使用者和土地他项权利者；权利的客体则包括土地权属的界址、土地权属面积、土地用途、土地使用条件、土地等级和价格等。

在中国国内，土地权属单位主要有以下几种：乡、村集体经济组织；依法直接从国家取得国有土地使用权的单位和个人；使用集体土地进行非农建设的单位和个人；跨地区国有工程设施一般以业务主管机关为土地登记单位。

（二）土地等级和地价

地块所处的土地等级和地块价格对土地利用、流动有引导作用，由于土地在空间和位置上存在差异，那么所产生的价值也是不同的。也就是说，适合的土地位置安排适合的土地利用，能够实现土地经济价值的最大化。例如，在实际中，出于城市的发展需要，工业用地调整为商业、住宅用地，农用地调整为工业或住宅用地。目前相关规程包括：《城镇土地分等定级规程》《城镇土地估价规程》《房地产估价规范》和《农地分等定级规程》。

四、基础现状勘查

基础现状勘察，也可称为土地的设施信息勘察，是指通过人类建设，可以再在土地利用、开发、保护和建设中为土地使用者提供公共服务的设施的总称。

(一)道路

道路交通情况——建设项目周边地区现有的高速公路、各级公路、国道、省道、县道、乡(镇)道及专用公路、附属设施(收费站、限速、限高)的分布情况,道路路面状况和车流量等会对项目施工产生影响的相关信息。

道路工程建设的开始,应对工程实施区域的所有自然条件及工程条件全面掌握,遵循道路修建要达到占用较少土地、布局经济合理的效果。工程建设前期应做好"三通一平",即做好路通、水通、电通和场地平整工作,做好临时设施、建设材料和机械的准备。

(二)灌溉条件

对于项目所在区灌溉条件调查应该包括不同灌区灌溉条件及受益区域相关情况。

1. 大、中型灌区

调查以灌区为单位说明灌区受益县市、乡镇、行政村、自然村数量、受益人口,以村为单位统计的有效灌溉面积与年报数相比的变化情况及原因、灌区内机井数量、机井灌溉有效灌溉面积。

2. 小型自流灌区

调查说明全市范围所有小型自流灌区涉及的受益乡镇、行政村、自然村数量、受益人口、工程总处数、有效灌溉面积,按照水源形式分类的工程处数、有效灌溉面积,以村为单位统计的处数、有效灌溉面积。

3. 小型泵站灌区

调查说明全市范围所有小型泵站灌区涉及的受益乡镇、行政村、自然村数量、受益人口、工程处数、有效灌溉面积,灌溉设施状况包括装机总台数、装机总容量,以村为单位统计的处数、有效灌溉面积。

4. 井灌区

调查灌溉机井分布情况,包括受益乡镇、行政村、自然村数量、受益人口、机井数量和有效灌溉面积。

5. 集雨灌溉工程

调查项目区所有集雨灌溉工程涉及的受益乡镇、行政村、自然村数量、受益人口、工程处数、蓄水能力和补充灌溉面积。

(三) 电网

电力基础条件调查是要探明项目所在地区范围内的供电条件及相关信息对工程项目顺利开展可能产生的有利或不利影响。电力基础调查的主要内容包括项目范围内是否有发电站或变电站及距项目所在地的距离。另外，电力基础调查还应该包括项目范围的各个等级的输电线路、变电器、总路漏保及电杆(塔)位置走向等。

(四) 其他设施工程

土地工程中还应对项目区现有的防护林、水土保持设施等对土地工程设计、施工有直接或间接影响的设施工程进行勘查，以对项目区配套工程的完整性进行系统分析。其中，在建设用地土地工程中，还应包括的基础设施条件有幼儿园、学校、公园、医院等设施的等级、结构、保证率、齐备程度及距离等，以及在土地上建造的一切建筑物（如平房、样房及附属房屋等）。

五、社会环境调查

土地工程中社会环境现状调查一般包括社会经济(人口、工业与能源、农业与土地利用、交通运输)、文物与"珍贵"景观、人群健康状况以及其他根据当地环境情况及项目特点而定的内容(如电磁波、振动、地面下沉等)，这些因素不仅关系到土地工程设计的可行性，也会影响土地工程的持续性。

(一) 区域社会经济

区域社会经济因素包括土地经营管理水平、耕地利用程度、土地经营规模、土地区位条件、劳力、资金投入等。土地工程的实施最大的受益者是人民群众，在项目实施的初期，一般通过问卷调查或者社区(村组)会议的形式征求意见，使工程的开展取得人民群众的支持。

1. 人口

人口信息包括人口密度、人口素质和家庭人口构成等。由于人口的迅速增加，对土地与生态环境产生极大的压力，使土地资源结构不断发生变化。由于城镇用地、与生活相关的设施建设和工矿企业的发展，大量农业用地转为非农业用地，使优质耕地比例持续下降，对未来粮食安全和生态安全产生严重的威胁。

2. 工业与能源

建设项目周围地区现有厂矿企业的分布状况，工业结构，工业总产值及能源的供给与消耗方式等。

3. 农业与土地利用

包括可耕地面积，粮食作物与经济作物构成及产量，农业总产值及土地利用现状，建设项目环境影响评价应附土地利用图。

4. 交通运输

建设项目所在地区公路、铁路或水路方面的交通运输概况以及与建设项目之间的关系。

(二) 文物与景观

1. 文物

文物是指遗存在社会上或埋藏在地下的历史文化遗物，一般包括具有纪念意义和历史价值的建筑物、遗址、纪念物，或具有历史、艺术、科学价值的古文化遗址、古墓葬、古建筑、石窟、寺庙、石刻等。

2. 景观

一般指具有一定价值必须保护的特定的地理区域或现象，如自然保护区、风景游览区、疗养区、温泉以及重要的政治文化设施等。

如果不进行这方面的影响评价，则只需根据现有资料，概要说明下述部分或全部内容：建设项目周围具有哪些重要文物与景观；文物或景观相对建设项目的位置和距离等基本情况以及国家或当地政府的保护政策和规定。

(三) 人群健康状况

当土地工程建设项目传输某种污染物，且拟排污染物毒性较大时，应进行一定的人群健康调查。调查时，应根据环境中现有污染物及建设项目将排放的污染物的特性选定指标。

第二节　土地工程基础勘查方法

土地工程勘查是研究和查明工程建设场地的地质地理环境特征，以及其与工程建设相关的综合性应用科学。它是土地工程基本建设的首要环节。搞好土地工程勘查，特别是前期勘查，可以对工程实施场地作出详细论证，保证土地工程的合理进行，促使工程项目取得最佳的经济、社会与环境效益。土地工程基础勘查常用的方法有资料搜集法、野外测绘填图和遥感调查法、现场踏勘法及采样分析法等，分述如下。

一、资料搜集法

资料搜集是土地工程勘查的基础,通常分为文献法和观察法,主要针对勘查方案设计以及普探报告编制内容的需求进行相关资料的搜集。文献法通过"文献"中介进行调查,因而它属于一种间接调查方法。相对于其他搜集资料方法,文献法具有如下比较突出的特点:第一,时空性。时间可纵观上下几千年,但获得的结论总落后于现实,空间可横跨各国。第二,间接性。不会产生反应倾向问题,显得较为可靠,但与客观真实情况存在差距,故有效性差。第三,效率高,花费少。可用较少的人力、经费、时间,获取比其他方法更多的信息,如咨询访问、实地考察。资料搜集既包含已经出版的图书、期刊文章、可靠的网络文字和图片资源、来源可信的图集,也包含政府和企事业单位的年鉴、数据资料等。

二、野外测绘填图和遥感调查法

对于土地资源的土地利用方式的调查,目前包含以地形图、航片为底图的常规野外测绘填图和遥感调查法两种,根据调查内容、所要求的精度、比例尺及技术要求等的不同,采用不同的方法。其中野外测绘填图重阔地类界线的调绘、线状地物调绘、权属界线和境界线调绘、新增地物的补测等。而遥感方法近年来发展迅速,目前已经从定性和定量研究,发展到对土地资源开发利用和环境变化的动态监测、预测和预报。当前,GIS、GPS 的迅速发展,使得 RS 在土地资源调查中的应用有更广阔的前景。目前在土地工程中的应用主要包含对土地利用方式的目视解译和对土地资源的动态遥感监测。

三、现场踏勘法

(一)生物调查

对于项目区生物多样性的调查,可通过资料搜集了解当地植物、动物物种现状,或是综合资料搜集法与现场调查方法,对各类植物和动物的分布情况、数量、习性进行调研。土地工程中的植物和动物的多样性,可现场踏勘进行直接计数或抽样调查,微生物的多样性则需要取样带回室内进行检测分析,此外,土体中动物的调查需要挖取一定深度和体积的土体进行实地观测记录。具体操作可参见《自然保护区生物多样性调查规范》(LY/T 1814—2009)等标准方法。

(二)土体调查

为了解土体结构、土体类型及相关物理参数,就需要根据调查目的对土地工程项目区进行现场踏勘,以获得第一手资料。现场踏勘有以下几方面的内容。

1. 钻探法

用各种钻探工具钻入地基中分层取土进行鉴别、描述和测试的方法称为钻探法，这是世界各国广泛使用的传统方法，以下分别对机钻、手钻和原状取土器进行简要叙述。

1）机钻

钻进方法分回转、冲击、振动与冲洗 4 种。根据不同地层类别、土质条件和勘查要求，选用相应的钻进方式，北京地区土质较好，多用冲击式；上海、天津等软土地区多用回转式或静压式；沙土地区可用振动式，详见表 3-7。

表 3-7　钻探方法的适用范围

钻探方法		钻进地层					勘查要求	
		黏性土	粉土	砂土	碎石土	岩石	直观鉴别，采取不扰动试样	直观鉴别，采取扰动试样
回转	螺旋钻探	++	+	+	-	-	++	++
	无岩心钻探	++	++	++	++	-	-	-
	岩心钻探	++	++	++	+	++	++	++
冲击	冲击钻探	-	+	++	++	-	-	-
	锤击钻探	++	++	++	+	-	++	++
振动钻探		++	++	++	+	-	-	++
冲洗钻探		+	++	++	-	-	-	-

注：++表示适用，+表示部分适用，-表示不适用。

优点：省时、省力、效率高；缺点：运输较为不便、需要通电。

2）手钻

手钻常用于勘查浅部土层，通常为 6 m 左右，适用于小型工程或中型工程的探查孔。常用的手钻类型有麻花钻、勺形钻、洛阳铲和北京铲等。麻花钻钻进时将土的结构破坏，可用于分层定名或作旁压试验成孔用。勺形钻适用于软土，钻进后提钻时不会将软土滑落。洛阳铲最初由河南省洛阳制作，用来探测黄河大坝被动物打洞的隐患，后用于当地探测墓穴。北京铲铲头可以打碎砖头，穿透杂填土层，铝合金钻杆轻质高强，且可用钢螺纹接头接长，性能好、效率高。

优点：携带方便、价格实惠；缺点：相比机钻效率低、费时、费力。

3）原状取土器

为研究地基土的工程性质，需要从钻孔中取原状土样，送到实验室进行土的各项物理力学试验。试验数据的可靠性，关键一环是试验的土样保持原状结构、密度与含水率。

a. 取土器类型系列

(1) 软土取土器，适用于软土、饱和砂土、粉土和饱和黄土。

(2) 一般黏性土取土器，适用于软土、可塑、硬塑黏性土和老黄土。

(3) 黄土取土器，适用于湿陷性黄土和渐进堆积黄土。

b. 取土器尺寸系列

取样器内径不小于 100 mm，用于固结试验环刀内径为 79.8 mm（面积 50 cm^2）；取样器内径不小于 80 mm，用于环刀内径为 61.8 mm（面积 30 cm^2）。黄土取样器内径定为 120 mm。土样有效长度按试验项目选定，固结试验用土样长 150 mm；直剪试验用土样长 200 mm；软土为主的三轴压缩试验土样长 300 mm，黄土土样长定为 150 mm。

c. 取土器的结构特征

取土筒可采用对开筒式和圆筒推出式。重大工程尽量使用活塞薄壁取土器（软土）和三重管取土器（坚硬土）。

d. 取土技术

为取到高质量的不扰动土，要采用一套正确的取土技术：①钻进方法，软土最好采用泥浆循环回转法；可塑、坚硬的黏性土，如采用冲击法时，取土前的钻进进尺不得超过 0.3 m；黄土取土前必须清孔。②取土方法，压入法优于击入法，击入法应用重锤少击法取样，黄土用快速压入法或重锤一击法。③包装和保存，使用镀锌铁皮衬筒装样时，两端加盖不允许压迫土柱，蜡封要全面保证质量，避免日晒，注意防冻，包装用专用土样箱要卡紧、防震。对一些软土、饱和粉性土，如果会产生水土分离现象时，则宜进行工地试验，土样应在一周内运抵实验室，三周内开土试验。

取土器主要技术参数见表 3-8。

表 3-8 取土器主要技术参数

取土器参数	厚壁取土器	薄壁取土器		
		敞口自由活塞	水压固定活塞	固定活塞
面积比 $\dfrac{D_w^2 - D_e^2}{n^2} \times 100\,/\%$	13~20	≤10	10~13	
内间隙比 $\dfrac{D_s - D_e}{D_e} \times 100\,/\%$	0.5~1.5	0	0.5~1.0	
外间隙比 $\dfrac{D_w - D_t}{D_t} \times 100\,/\%$	0~0.2	0		
刃口角度 $\alpha/(°)$	<10	5~10		

续表

取土器参数	厚壁取土器	薄壁取土器		
		敞口自由活塞	水压固定活塞	固定活塞
长度 L/mm	400,550	砂土：$(5\sim10)D$ 黏性土：$(10\sim15)D$		
外径 D_t/mm	75～89,108	75,100		
衬管	整圆或半合管，塑料、酚醛层压纸或镀锌铁皮制成	无衬管，束节式取土器衬管为整圆或半合管，塑料、酚醛层压纸或镀锌铁皮制成		

注：①取土器取样管及衬管内壁必须光滑圆整。
②在特殊情况下取土器直径可增大至 150～250 mm。
③表中符号：D_e 为取土器刃口内径；D_s 为取样管内径，加衬管时为衬管内径；D_t 为取样管外径；D_w 为取土器管壁外径，对薄壁管 $D_w = D_t$。

e. 土试样质量等级

根据土样试验的内容与要求，将土试样的质量分为四个等级，详见表3-9。

表 3-9 土试样质量等级划分

级别	扰动程度	试验内容
Ⅰ	不扰动	土类定名、含水率、密度、强度试验、固结试验
Ⅱ	轻微扰动	土类定名、含水率、密度
Ⅲ	显著扰动	土类定名、含水率
Ⅳ	完全扰动	土类定名

注：①不扰动是指原位应力状态虽已改变，但土的结构、密度、含水率变化很小，能满足室内试验各项要求。
②除地基基础设计为甲级的工程外，在工程技术要求允许的情况下可用Ⅱ级土试样进行强度和固结试验，但宜先对土试样受扰动程度做抽样鉴定，判定用于试验的适宜性，并结合地区经验使用试验成果。

f. 取样工具或方法选择

根据不同等级土试样的质量要求，结合场地土的名称和状态选择相应的取样工具或方法。

美国、日本对取土器质量要求十分严格，它们的薄壁取土器的壁厚仅为 1.25～2.00 mm，按外径 Φ75 计算，面积比仅为 7%～11%。国外取土器很长，一般为取样直径的 12 倍，外径 Φ75 的取土器长达 90 cm，用静压法取样。英国标准对土样质量分 5 个等级，并且规定各种室内试验所需要的土样质量。

2. 触探法

触探法是间接的勘查方法，不取土样，不描述，只将一个特别探头装在钻杆底端，打入或压入地基土中，由探头所受阻力的大小探测土层的工程性质，称为触探法。

因为触探法不需取原状土做试验，所以对难以取原状土的水下砂土、软土等，更显示其优越性。触探法无法单独使用，无法对地基土定名或绘制地质剖面图，但若与钻探法配合，则可提高勘查的质量和效率。

根据探头的结构和入土方法的不同，可分为圆锥动力触探、标准贯入试验和静力触探三大类。

1) 圆锥动力触探

(1) 原理：用标准质量的铁锤提升至标准高度自由下落，将特制的圆锥探头贯入地基土层标准深度，所需的击数 N 值的大小来判定土的工程性质的好坏。N 值越大，说明贯入阻力越大，即土质越密实。

(2) 类型：分轻型、中型、重型和超重型四种，其中轻型和重型动力触探在生产中广泛应用，中型动力触探使用不多，已被淘汰。

① 轻型圆锥动力触探：这种轻型动力触探与手钻北京铲配套使用。当地层土质变化后，将北京铲的铲头卸下，换上轻型圆锥头，钻杆上端装导杆锤垫与 10 kg 穿心锤，即可进行贯入试验，这种方法适用于黏性土、粉土、素填土和砂土。

② 重型圆锥动力触探：重型动力触探与机钻配套使用。锤重 63.5 kg，用钻机的卷扬机来提升，用球卡和变径导杆装置，保证 76 cm 落距的准确性，这种方法适用于砂土与稍密碎石土。

③ 超重型圆锥动力触探：超重型动力触探也与机钻配套使用。锤重 120 kg，落距 100 cm，这种方法适用于密实碎石土和漂石。

2) 标准贯入试验

(1) 原理：与圆锥动力触探相同，标准贯入试验来源于美国，质量为 63.5 kg 的穿心锤，用钻机的卷扬机提升，至 75 cm 高度，穿心锤自由下落，将特制的圆管状贯入器贯入土中，先打入土中 15 cm 不计数，接着每打入 10 cm 记录击数，累计打入 30 cm 的锤击数，即为标准贯入击数 N。当锤击数已达 50 击，而贯入深度未达 30 cm 时，可记录实际贯入深度并终止试验。

(2) 设备：标准贯入设备详细规格见表 3-10。

(3) 工程应用：N 值应根据实际工程需要参考相关规范进行修正。N 值可以判定砂土的密实度；N 值判别地下水水位以下砂土与粉土是否产生震动液化。

3) 静力触探

1917 年瑞典首先使用静力触探，它具有连续、快速、灵敏、精确、方便等优点，因此在中国各地区各部门应用很广。

表 3-10　标准贯入试验设备规格

落锤		锤的质量/kg	63.5
		落距/cm	76
贯入器	双开管	长度/mm	>500
		外径/mm	51
		内径/mm	35
	管靴	长度/mm	50～76
		刃口角度/(°)	18～20
		刃口单刀厚度/mm	2.5
钻杆		直径/mm	42
		相对弯曲	<0.001

(1) 原理：利用液压或者机械传动装置，将圆锥形金属探头压入地基土中，探头中贴有电阻应变片，当探头受阻力时，电阻应变片相应伸长改变电阻，可用电阻应变仪量测微应变的数值，计算贯入阻力的大小，判定地基土的工程性质。

(2) 类型。

①按主机功能分为 3 种：轻型，加力 20～30 kN，测深 20 m 左右；中型，加力 50～100 kN，测深 30～40 m；重型，加力 150 kN，测深>50 m。

②按量测探头结构分为 3 种：单桥探头，测定的参数为比贯入阻力；双桥探头，同时测定锥尖阻力和侧壁摩擦力；孔压静探探头，测定孔隙水压力。

③按动力方式分为 3 种：人力式，压入式或链条手摇式；液压式，有单缸、双缸、四缸三种结构，常用双缸液压式；机械式，滑动丝杠或滚珠丝杠。

(3) 应用。

①测定比贯入阻力 p_s。

$$p_s = \frac{P}{A} = k\mu\varepsilon \tag{3-1}$$

式中，P 为总贯入阻力，包括探头与侧壁总摩阻力，N；A 为探头锥底面积，cm²；k 为探头系数；$\mu\varepsilon$ 为阻力应变仪量测微应变度数值。

②测定锥尖阻力 q_c 和侧壁摩阻力 f_s。

$$q_c = \frac{Q_c}{A} \tag{3-2}$$

$$f_s = \frac{P_f}{F_s} \tag{3-3}$$

式中，Q_c 为锥尖总阻力，N；P_f 为侧壁总摩擦力，N；F_s 为摩擦筒表面积，cm²。

③根据实测比贯入阻力 p_s，可判别砂土密度，见表 3-11；也可判别黏性土状态，见表 3-12。

表 3-11 p_s 值与砂土密度

砂土分类	p_s 值/MPa		
	密实	中密	稍密
中粗砂	$p_s \geq 8.0$	$8.0 > p_s \geq 3.0$	$3.0 \geq p_s$
粉细砂	$p_s \geq 12.0$	$12.0 > p_s \geq 2.0$	$6.00 \geq p_s$

表 3-12 p_s 值与黏性土状态关系

p_s/MPa	<0.4	0.4~1.0	1.0~3.0	3.0~5.0	>5.0
液性指数 I_L	>1	1.0~0.75	0.75~0.25	0.25~0.0	<0
状态	流塑	软塑	可塑	硬塑	坚硬

④根据 p_s、q_c 和 f_s，利用地区经验关系，估算地基承载力、单桩承载力、沉桩可能性和判定液化势等。

⑤根据孔压静探探头在停止贯入时，孔隙水压力的消散曲线，估算土的渗透系数和固结系数。

3. 掘探法

掘探法是现场踏勘法的一种基本形式，能够直观了解土层相关情况及其性质，下面将从原理、成果、使用条件及其评价四个方面展开介绍。

1) 原理

在建筑场地上用人工开挖探井、探槽或平洞，直接观察、了解槽壁土层情况与性质，称为掘探法。

2) 成果

(1) 文字描述记录：包括探井、探槽的位置、高程、长度、宽度、深度；地层土质分布、密度、含水量、稠度；颗粒成分与级配、含有物及土层特征、异常情况、地下水位等。

(2) 剖面图和展示图：用适当比例尺绘制有代表性剖面图或整个探井、探槽的展示图，把全部岩性、地层分界、构造特征、取样与原位试验位置一一表示在图上，一目了然，以供分析应用。

(3) 彩色照片：取代表性部位拍摄彩色照片，更具真实感。对需要表示尺度的部位，可用钢尺或钢笔等作比例尺。

3) 使用条件

(1) 钻探法难以进行勘查的土层，如地基中含有大块漂石、块石，钻探法难以进行勘查，可采用掘探法。

(2) 钻探法难以准确查明的土层，若遇土层很不均匀，颗粒大小相差悬殊、分布不规则时，少数小孔径钻探很难代表全面情况，可采用探槽。

(3) 黄土地基勘查需用探槽。

4) 掘探法评价

(1) 优点：掘探法大面积开挖，人员可以进入探槽直接观察并用手或简单工具实地检验各土层的密实度，必要时可取大块优质不扰动原状土，进行物理力学性试验，还可在探槽内做现场载荷试验。

(2) 缺点：探槽开挖深度有限，通常为 5~6 m，土质疏松或深探井必须支撑，以保证人身安全，勘查完成后，应当认真回填，分层压实，因而工程量较大。

4. 浅层地震勘探技术

地震勘探简称为"震探"，进行浅部地质调查的浅层地震勘探简称为"浅震"（熊章强和方根显，2002），也有人称之为地震勘查或地震勘查。浅层地震勘探常被用于"水、工、环"（水文、工程与环境的简称）地质调查，而主要用于解决诸如工程地质填图、建筑、水利、电力、矿山、铁路、公路、桥梁、港口、机场等各种工程地质问题，因此被称为工程地震勘探。在地震勘探中，根据地震波的类型不同可分为纵波、横波和面波勘查，根据地震波传播特点的不同又可分为反射波法、折射波法和透射波法等几种不同的勘探方法。

1) 反射波法

反射波法研究的是地震波在不同弹性介质分界面上按一定规律产生反射的原理。反射波法地震勘探的原理与这种声波反射的情况非常相似，但其反射过程要复杂得多，因为弹性波在地下介质的传播速度受其成分的影响而在很大范围内变化，且往往为未知。但是测量从一个震源到达若干观测点的反射波旅行时间，仍然能够求得波在介质中的传播速度，并确定发生反射的界面的位置和起伏形态。

2) 折射波法

折射波法是研究地震波在速度界面（波在这个界面以下地层中的传播速度 V_2 大于波在其上面地层中的传播速度 V_1）产生滑行波引起的震动。当地震波射线以临界角 i 入射时，射线在速度分界面上会发生全反射，即透射角为 90°，射线以速度 V_2 沿界面滑行，由于上下介质的弹性联系，进而引起 V_1 介质中的质点发生振动，并以某一角度（临界角 i）返回地面，这种波称为折射波（也称首波）。通过研究在地表接收到的折射波的时距关系，可以求得地下界面埋深等参数。

3）透射波法

透射波法和上述的反射波法、折射波法不同，它是观测和研究通过某种岩层的直达穿透波。这种波与光学中的折射波相同。工作时，振动的激发点和接收点分别位于地下弹性分界面或地质体的两侧。此法多数情况下在钻孔或坑道中进行，根据地震波的传播时间以及激发点与接收点之间的距离，可以求得波在该层中的传播速度进而确定地质异常体的形态，并可计算岩层或地质体的弹性模量等力学参数。

以上三种地震勘探方法各具特点，在解决实际地质问题时要具体选择不同方法或相互配合。与其他物探方法相比，地震勘探方法的重要优点是精度高、分辨率高，能直观表现地下地质结构形态。此外，在地震勘探中，还可根据探测对象和应用目的的不同，分为浅层地震勘探和中、深层地震勘探。研究大地构造、深部地质问题的称为地震测深，寻找石油、天然气的称为石油地震，探测煤层和煤田构造的称为煤田地震，这些地震勘探一般探测深度都比较大，从数百米至数十千米以下，我们称为中、深层地震勘探。浅层地震勘探主要研究地表数百米范围内的地层或地质构造，主要用于解决各种工程、水文、环境等地质问题。

浅层地震勘探具有工作面积小、勘探深度浅、探测规模小及浅部各种干扰因素复杂等特点。因此，就仪器装备、工作方法及资料处理解释等方面都提出了相应的要求。例如，对工作的精度、分辨率和抗干扰能力及仪器装备轻便化等要求更高了，而浅层地震勘探也正是根据这些要求克服了各种困难发展起来的。例如，设计出带有微机的各种类型的信号增强型的地震仪，使用方向性明显的小能量非炸药震源，纵、横波和面波的综合利用，选择最佳窗口和最佳偏移距测量，以及多次覆盖等工作方法的使用和土体力学参数的测定等，都是根据浅层地震勘探的特点和工程地质勘查中的一些特殊应用提出来的。以上种种构成了浅层地震勘探有着不同于中、深层地震勘探的特点。

浅层地震勘探的应用范围很广，主要应用于水、工、环地质调查，此外还可用于土(岩)体力学参数原位测试、工程检测、人文调查及工业找矿等。有关应用范围可用图3-1简要说明。

5. 地质雷达勘探技术

地质雷达(薛桂玉等，2008；曾昭发等，2010)（又称探地雷达，ground penetrating radar，GPR）检测技术是一种高精度、连续无损、经济快速、图像直观的高科技检测技术。它是通过地质雷达向物体内部发射高频电磁波并接收相应的反射波来判断物体内部的异常情况。作为目前精度较高的一种物理探测技术，地质雷达检测技术因为探测精度高、样点密、工作效率高，已经广泛应用于工程地质、岩土工程、地基工程、道路桥梁、文物考古、混凝土结构探伤等领域。而在土地工程领域，由于其快速、无损、连续检测的特点，能以实时成像方式显示地下结构剖面，探测结果一目了然，分析、判读直观方便，已经开始被应用到基础勘查探测中。

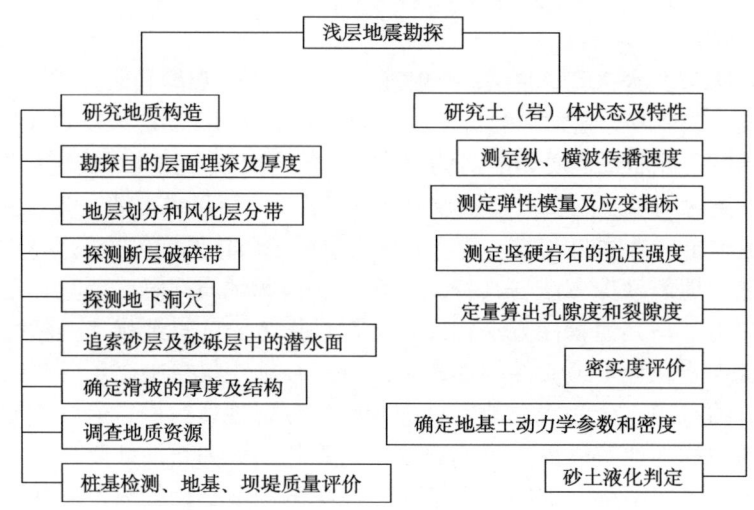

图 3-1　浅层地震勘探应用范围

土地工程基础勘查中，可应用地质雷达对土体分层、土层厚度进行检测，并发现土层中大块石砾、废弃管道等，简单、快速获得项目区土体基础结构数据；也能应用于普查地下岩溶、确定基岩风化层厚度、研究地下水水位分布以及查找隐伏地质构造等。地质雷达有高分辨率的三维探测系统，可以精确地确定各类地下管道或者异物的水平位置和深度，得到土层结构的三维分布图。尽管这种方法所能探测的深度有限，对地质条件要求较高，暂时多用于土壤质地均一、土层较薄的地区。但是该方法对土地整治项目中的土地平整工程和施工质量监测具有重要的现实意义。

6. 高密度电阻率法

在工程与环境地质勘查中，常由于现场问题的复杂性，造成常规的电法勘探很难满足现场实际工作的需要。高密度电阻率法(李富等，2006)是根据实际需要而研制的一种电探系统，该系统包括数据的采集和资料处理两部分。现场测量时，只需将全部电极布设在一定间隔的测点上，然后用多芯电缆将其连接到程控式多路电极转换开关上，电极转换开关是一种由微片机控制的电极自动转换装置，它可以根据需要自动进行电极装置形式、电极距及测点的转换。测量信号通过电极转换开关送入微机工程电测仪，并将测量结果依次存入随机存储器后，将数据回放到微机上便可按给定程序对原始资料进行处理。高密度电阻率法与常规电阻率法相比，具有成本低、效率高，反映信息丰富、直观，资料解释方便等特点，也因而使得电法勘探能力显著提高。

高密度电阻率法相对传统电法的特点：高密度电阻率法采用直流激发源，抗人为噪声干扰，对勘探现场无破坏作用。相对其他物探技术，在城市人口居住区或工业区周围的探测具有明显优势。

目前,高密度电阻率法主要应用有基岩面调查、隧道渗漏探测、断层探测、管线探测、城市地下埋藏物探测、路面塌陷调查、岩溶探测、注浆效果探测等。

7. 其他勘探技术

土地工程中常用的勘查方法还有放射性同位素法、地面瞬变电磁法(张保祥和刘春华,2004)等。应用放射性同位素法可以测定土体密度;地面瞬变电磁法可以确定水文地质构造类型,估算冲积层地区地下水水位和基岩埋深,确定沉积岩中的承压淡水含水层,查明滨海及海岛含水层中咸淡水界面及绘制人为和自然发生的海水入侵分布图,圈定和监测地下水污染通道及范围。

四、采样分析法

在土地工程现场踏勘过程中,可依据《土壤环境监测技术规范》(HJ/T 166—2004)和《土壤检测 第1部分:土壤样品的采集、处理和贮存》(NY/T 1121.1—2006)等相关规范和标准进行采样。通过采集土样、水样及植物样,结合室内分析测定,分析了解土样、水样及植物样中各种元素及组分的含量,方便研究各组分间的相互消长关系及其动态变化过程,利用数学原理和方法对数据结果进行分析(参见第二章),为合理高效指导工程实践奠定科学理论依据。下面就样品采集方法进行介绍。

(一)土样采集

土样采集是指采集土壤样品的方法,包括采样点的布设和取样技术。土体样品的采集是土样测试的一个重要环节,采集有代表性的样品,是如实反映客观情况的先决条件。

1. 采样点的布设

由于土体的不均一性,一般都采集混合土样,采集样品必须按照一定采样路线和"随机"多点混合的原则。混合样品的采样点数常是人为确定,一般是 5~10 点或 10~20 点,视土体差异和面积大小而定,但不宜少于 5 点。常用的采样点布设有以下几种方式(鲍士旦,2011)。

对角线[图 3-2(a)]:适于污水灌溉地块,在对角线各等分中央点采样。

梅花形[图 3-2(b)]:适于面积不大、地形平坦、土壤均匀的地块。

棋盘形[图 3-2(c)]:适于中等面积、地势平坦、地形基本完整、土体不太均匀的地块。

蛇形[图 3-2(d)]:适于面积较小、地形不太平坦、土体不够均匀需取采样点较多的地块。

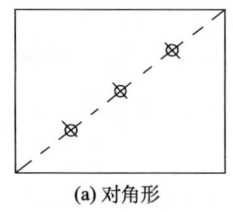 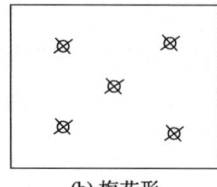 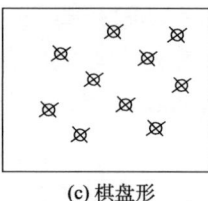 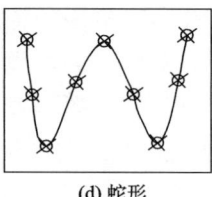

(a) 对角形　　　(b) 梅花形　　　(c) 棋盘形　　　(d) 蛇形

图 3-2　土样采集点示意图

2. 取样方法

土样采集根据采样分析目的不同，分为不同的取样方法。为指导农业生产服务的，一般分层采集土样，其中用于研究土地肥力的，多采集耕作层，用于研究不同深度土样理化性质的，需进行剖面采样；而为道路建设等工程服务的，需要进行土工试样的制备。

采集耕层土样，一般采集 0~15 cm 或 0~20 cm，也可适当地采集底土 15~30 cm 或 20~40 cm 的混合样品。取混合样 1~2 kg，如数量太多，可用四分法将多余土壤弃去，见图 3-3。将所采土样装入布袋或聚乙烯塑料袋，内外均应附标签，标明采样编号、名称、采样深度、采样地点、日期、采集人。剖面土样的采集方法，一般可在主要剖面观察和记载后进行。必须指出，土壤剖面按层次采样时，必须自下而上(这与剖面化观察和记载恰巧相反)分层采取，以免采取上层样品对下层的土壤的污染，为了使样品更明显地反映各层次的特点，通常是在各层次最典型的中部采取(较薄土层可全层采集)，这样可克服层次间的过渡现象，从而增加样品的典型性或代表性。对于土工试样的制备，参照土工试验方法标准 (GB/T 50123—1999)。

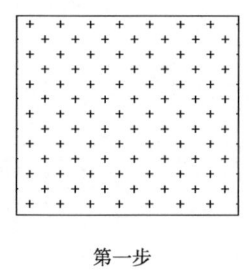 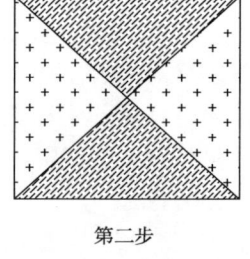 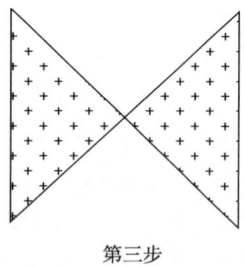

第一步　　　　　　　第二步　　　　　　　第三步

图 3-3　四分法取样步骤图

3. 特殊土样采集

1) 土体盐分动态样品的采集

盐分的差异性是有关盐碱土的重要资料，土体盐分分析不仅要了解土壤中盐分的多少,而且要了解盐分的变化情况。在这样的情况下,就不能采用混合样品。

盐碱土中盐分由于淋洗作用和蒸发作用,垂直方向变化明显,土壤剖面中的盐分季节性变化大,而且不同类型的盐土,盐分在剖面中的分布存在差异。例如,南方滨海盐土,底土含盐分较重;而内陆次生盐渍土,盐分一般都积聚在表层。

根据盐分在土壤剖面中的变化规律,应分层采取土样。分层采集土样,不必按发生层次采样,而自地表起每隔 10 cm 或 20 cm 采集一个样品,即在该取样层内,自上到下,整层、均匀地取土。研究盐分在土体剖面中分布的特点时,则多用"点取",即在该取样层的中部位置取土。根据盐碱土采样的特点,应特别重视采样的时间和深度,因为盐分上下移动受不同时间的淋溶与蒸发作用的影响很大。虽然土体养分分析的采样也要考虑采样季节和时间,但其影响远不如对盐碱土的影响大。

2) 养分动态土样的采集

为研究土体养分的动态而进行土壤采样时,可根据研究的要求进行布点采样。例如,为研究过磷酸钙在土壤中的移动性,不适用常规的样点布设和采样方法。如果过磷酸钙是以条状集中施肥的,为研究其水平移动距离,则应以施肥沟为中心,在沟的一侧或左右两侧按水平方向每隔一定距离,将同一深度所取的相应同位置土样进行多点混合。同样,在研究其垂直方向的移动时,应以施肥层为起点,向下每隔一定距离作为样点,以相同深度土样组成混合土样。

(二) 水样采集

水样采集(蓝俊康和郭纯青,2008;周瑞华等,2009)是指采集水样品的方法,下面将分别介绍地表水和地下水的采样方法以及采样要求。水样的采集是水质检测的重要环节,所采集样品的代表性直接关系采样的成败以及能否反映客观实际,因此在水样的采集过程中,一定要选择具有代表性的样品。

1. 地表水的采样方法

根据采样器原理可分为自动采样、半自动采样与手工采样。

根据水样采集形式可分为瞬时采样和混合采样,其中混合采样又可分为时间积分、深度积分和面积积分三种。时间积分采样适用于采集一定时间内某一特定深度的混合水样;深度积分采样适用于采集某特定断面垂线表层和底层之间,或沿垂线不同深度的混合水样;面积积分采样适用于采集横断面上各采样点的混合水样。

2. 地下水的采样方法

地下水采样较常用的采样方法有井(泉)口采样、钻井采样、抽取采样和深度采样四种。

采样时直接用采样瓶，从井口水龙头或生产井排液管中采集水样，也可以从距配水系统最近的水龙头或井口储水箱中取样。钻井采样适用于了解劣质地下水所处的水平位置和研究含水层内地下水水质沿垂向变化情况。通常在钻挖测井过程中用抓斗式采样器或气提泵采集样品。抽取采样适用于地下水质在竖直方向是均匀的地方，或所要求的是近似平均成分的垂直混合样品。采样时直接通过一根安放于测井内的管子抽吸水样或经采样瓶虹吸抽取，也可以通过气动法压缩气体（一般用氮气）将水柱从测井内推至地面。深度采样适用于样品的来源是已知的情况和不稳定性分析参数的采样。采样时将深水采样器放至井中，让它在指定深度灌满水，然后将采样器提至地面，并将水样转入采样瓶中（详细采样方法参照 DZ/T 0064.1～0064.80—1993）。

3. 采样要求

地表水采样时，采样应在自然水流状态下进行，尽量不扰动水流与底部沉积物，以保证样品代表性。污水流入河流后，应在充分混合的地点以及流入前的地点采样。采样时，采样器或采样瓶应用采样的水冲洗三四次，再正式采集样品。采样时间应选择采样前连续3天无降水，水质较稳定的日子（特殊需要除外）。应采集足够体积的水样用于复制水样和质量控制检验，每个水样均应按样品保存方法保存。

地下水采样时，采样方法应使采集水样的组成能正确反映地下水的时空变化，保证在含水层采集样品的代表性。采样前应彻底清洗井口或井管，清除因井口沾污或井管腐蚀而被污染的滞水。采样时，应该用采样的水将采样器或采样瓶冲洗三四次，再正式采集样品；采样过程中应尽量避免或减轻样品与大气发生接触，以防止样品发生变化。从抽水井中取样时，应先开动水泵，将停滞在抽水管内的水抽出，并使新鲜水达到停滞水的3倍以上体积之后再取样。用于示踪试验或挥发性有机物质的分析时，一般不宜利用提水桶或取样器进行取样。取样时要注意井中滤水管的位置与取水段层位一致。为取样专门开凿钻井时，应尽量不要用水冲洗钻孔，并待停钻且井内水位稳定后再进行取样。如果钻孔用水冲洗过，必须先抽水，然后再取样。深井、定深和分层取样，应采用专门器具。取平行水样时，必须在相同条件下同时采集，容器材料也应相同。采集的每个样品，均应在现场立即用石蜡封好瓶口，并贴上标签。标签上应注明样品编号、采样日期、水源种类、岩性、浊度、水温、气温及加入的保护剂量和测定要求等。样品采集后应根据分析参数的特性，严格按分析方法要求进行保存（详细情况可参考 DZ/T 0064.1～0064.80—1993）；为避免样品间的交叉污染，应将样品进行隔离放置。

(三)生物样本采集

土地作为植物的生长载体，生物（主要指植物、微生物、土体中的动物）的生长情况与土地密切相关，为研究土地的理化性状，常通过生物样本分析进行间接反映。生物的采样结果是否有价值，首先取决于生物样本采集技术。

1. 植物样本采集

一般种子样品可用混合取样法，把代表一定面积的收获物先经脱粒，然后在木板或牛皮纸上铺成均匀的一层，利用四分法选取样本。如果直接从田里采集植株样品，在生长均一的情况下，可按对角线或沿平行的直线等距离采样。如果植株长势不均匀，则应根据生长的强弱，按比例采取大约5个点的样品后混合。每个样点取的植株数随植物的种类和采样的时间有所不同。例如，小麦等密植型作物或其他作物幼苗，可按面积采集或采集样品束。选取甘薯、马铃薯、甜菜、萝卜等块根、块茎的平均样品时，必须注意大、中、小三类样品的比例。一般蔬菜样品也按对角线法采集。番茄样品应选择簇位相同、成熟程度一致的果实，取果实的1/4组成平均样品。采集苹果、梨、桃、柑橘等水果的平均样品时，一般选1～3株果树为代表，从植株的全部收获物中选取大、中、小果实以及向阳、背阳部分的果实混合成平均样品。葡萄等浆果，采样时可在不同地点的5～10株植物上的各个部位包括向阳、背阳以及上、下各部位采样。

植物样品采集的另一种方法是按植物生育期取样。在幼苗期取样，因植株较小，采取的株数就比较多，尽管各种作物有所不同，总的原则是所取样品的干重应当是分析用的2倍。植株逐渐长大，每次采取的株数也相应减少，但绝不能采单株作样品。在各个生育期取样时，都应作观察记录。取样地点一般在边行区，取样点的四周不应有缺株现象。取样后，按分析目的分成各个部分，如根、茎、叶、穗等，然后捆好，附上标签，分别装入样品袋。瓜果、蔬菜取回后因水分较多，容易霉烂，可在冰箱中冷藏，或用于干燥灭菌，或用酒精处理或烘干，以供分析之用。

2. 动物和微生物样本采集

动物样本采集一般指当地野生动物样本的采集，对于非国家保护动物，可直接通过鸟网取得实体动物后进行观察、取血等，或采集动物粪便进行室内化验。土体中的动物样本采集较为简单，直接从样地中挖取土体筛选即可。动物样本的采集应遵循国家和地方政府的相关法律，以尊重生命为前提进行。微生物样本可通过采集土样在室内进行培养后再进一步分析。

四、勘查成果报告的内容及形式

土地工程勘查报告(王奎华,2005)所依据的原始资料,应进行整理、检查、分析,确认无误后方可使用,在原始资料的基础上,进行整理、分析、归纳、综合、评价,提出工程建议,形成为工程建设服务的勘查文件。勘查报告应资料完整、真实准确、数据无误、图表清晰、结论有据、建议合理,便于使用和长期保存,并应因地制宜、突出重点、有明确的工程针对性。

(一)土地工程勘查报告内容

土地工程勘查报告应根据任务要求、勘查阶段、工程特点和地质条件等具体情况编写,应真实反映勘查场地的地形、地貌、构造、地层、地下水、土体性质、不良地质现象、环境工程地质问题及其他要求查明的问题,并进行正确合理的土地工程分析评价,对工程建设中的土地工程问题提出建议,满足工程建设对勘查的要求,具体应包括以下内容。

(1)勘查目的、任务要求和勘查依据。

(2)拟建工程概况:主要包括工程名称、工程地点、工程面积、工程内容、工程立项批准文号以及资金来源等内容。

(3)勘查方法、勘查工作布置及工作量。

(4)场地地形、地貌、地层、地质构造、土体性质及其均匀性。

(5)各项土体性质指标、土体的强度参数、变形参数、地基承载力的建议值。

(6)水文地质概况:包括地下水埋藏情况、类型、水位、水化学特征、动态变化规律以及地下水的补给、径流、排泄条件。

(7)水对土体的影响。

(8)可能影响土地工程稳定的不良地质作用的描述和对工程危害程度的评价以及采取的防治措施。

(9)场地稳定性和适宜性的评价。

土地工程勘查报告应对土体利用、整治和改造的方案进行分析论证,提出建议;对工程施工和使用期间可能发生的土地工程问题进行预测,提出监控和预防措施的建议。成果报告应附以下图件:①拟建工程位置示意图;②建筑物或新增耕地与勘测点平面位置图;③工程地质剖面图;④原位测试成果图表;⑤室内试验成果图表。

对土体的利用、整治和改造的建议,宜进行不同方案的技术经济论证,并提出对设计、施工和现场检测要求的建议。根据不同人物需求,可提交下列专题报告:土地工程测试报告;土地工程检验和检测报告;土地工程事故调查与分析报告;土地利用、整治或改造方案报告;专门土地工程问题的技术咨询报告。

勘查报告的文字、术语、代号、符号、数字、计量单位、标点，均应符合国家有关标准的规定，除此之外，还应对专门的土地工程问题提交专门的试验报告、研究报告或监测报告。

(二)土地工程勘查报告编制格式

土地工程勘查报告主要包括前言、项目区所在地基本条件、水资源现状勘查、土质现状勘查、适宜植物情况、结论和建议以及附录七大部分，具体格式包括但不限于以下内容。

1. 前言
    1.1 任务来源
    1.2 拟建工程概况
    1.3 勘查目的和依据的技术标准
    1.4 勘查方法及工作布置原则
2. 项目区所在地基本条件
    2.1 自然地理条件
    2.2 地形地貌条件
    2.3 交通条件
    2.4 气候条件
    2.5 生物多样性调查
    2.6 农业种植情况
    2.7 社会经济条件
3. 水资源现状勘查
4. 土质现状勘查
5. 适宜植物情况
6. 结论和建议

附录
    附录1 勘查相关情况附表
    附录2 勘查相关情况附图
    附录3 其他需要的附件

第二篇　土体有机重构

第四章 土体有机重构的力学需求

土体有机重构将土体视为一个完整的结构体，因此结构是土体有机重构的基本框架，而掌握力学基本理论是开展土地工程的基础。不管是土地工程的设计还是施工，对工程材料的物理性质及工程分类有清晰明了的认识是工程建设的基础。土地工程中的力学问题可基本归纳为强度、变形和渗透。因此，本章从土体有机重构出发，通过对土地工程中涉及的力学概念以及常见工程进行介绍，综合土地利用类型，阐述土地工程对力学的需求，并着力论述土层结构中土体沉降及渗透的算法。

第一节 土地工程中的力学基础

本节针对土地工程中涉及的力学问题，从土体的工程特性考虑，对强度、变形及渗透等方向展开研究，对于非农用地和农用地中的土体有机重构工程、配套工程遇到的力学问题，给出相应的力学基本概念，分析不同工况下的受力变形特性，是计算变形和稳定的重要依据。

一、土的工程特性

土是碎散的、三相的和天然的。由于其碎散性，颗粒间没有联结或只有很弱的联结，所以土的强度主要是颗粒间摩擦产生的抗剪强度；碎散的颗粒会在压力下相互移动与靠近，占很大比例的孔隙会减少，孔隙中的水与气会排出，因而土的压缩变形主要源于孔隙的减少，因而其体应变可以是很大的；土中水可在势差作用下流动，土中水的运动是地球水循环的重要一环，与人类的生活息息相关，但也与很多自然灾害与工程事故密切相关。因此，与土有关的工程问题基本可归因于土的强度、土的变形和土中水的渗流。对土的这几种工程特性有充分的认知，才能预防土地工程中可能出现的边坡稳定性、承载力、沉降变形等工程问题。

(一) 强度特性

工程土体的强度，从施工期一直到运行期不断发生变化，其变化幅度远比混凝土和钢材等其他材料大得多。因此，土的强度是决定地基或土工构筑物稳定的关键因素，研究土的强度及其变化规律对于工程设计、施工和管理都具有非常重要的意义。

土地工程中与强度有关的主要问题有：①土作为材料构成的土工构筑物的稳定问题，如土坝、路堤等填方边坡以及天然土坡（包括挖方边坡）等的稳定性问题；②土作为工程构筑物的环境问题即土压力问题，如挡土墙、地下结构等的周围土体，它的强度破坏将造成对墙体过大的侧向土压力，以致可能导致这些工程建筑物发生滑动、倾覆等破坏事故；③土作为建筑物地基的承载力问题，如果基础下地基土体产生整体滑动或者其局部剪坏区发展导致过大的甚至不均匀的地基变形，都会造成上部结构的破坏或出现影响正常使用的事故。因此，土的强度问题及其原理将为上述这些土工工程的设计和验算提供理论依据和计算指标。

1. 土的抗剪强度理论

在法向应力变化范围不大时，抗剪强度与法向应力的关系近似为一条直线，如图4-1所示，这就是抗剪强度的库仑定律。

无黏性土：

$$\tau_f = \sigma \cdot \tan\varphi \tag{4-1}$$

黏性土：

$$\tau_f = \sigma \cdot \tan\varphi + c \tag{4-2}$$

式中，τ_f 为土的抗剪强度，kPa；σ 为剪切面的法向压力，kPa；$\tan\varphi$ 为土的内摩擦系数；φ 为土的内摩擦角，度(°)；c 为土的内聚力，kPa；$\sigma \cdot \tan\varphi$ 为内摩擦力。

抗剪强度指标 c、φ 反映土的抗剪强度变化的规律性。按照库仑定律，对于某一种土，它们是作为常数来使用的。实际上它们是随着具体条件变化的，不完全是常数。

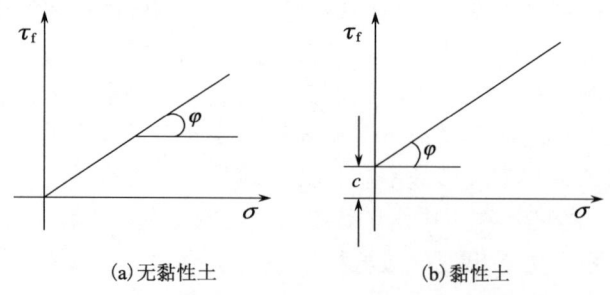

图4-1 抗剪强度与法向应力之间的关系

砂土的内摩擦角 φ 值取决于砂粒间的摩擦阻力以及连锁作用。一般可以取中砂、粗砂、砾砂的 $\varphi=32°\sim40°$；粉砂、细砂的 $\varphi=28°\sim36°$。孔隙比越小，φ 越大。但是，含水饱和的粉砂、细砂很容易失去稳定，因此必须采取慎重的态度，有时规定取 $\varphi=20°$ 左右。黏性土的抗剪强度主要取决于黏聚力。黏聚力包括原始黏聚力和固化黏聚力。

由于土粒间水膜与相邻土粒之间的分子引力形成的黏聚力,通常称为原始黏聚力。当土被压密时,土粒间的距离减小,原始黏聚力随之增大。当土的天然结构被破坏时,将丧失原始黏聚力的一部分,但会随着时间而恢复其中的一部分。

由于土中化合物的胶结作用而形成的黏聚力,通常称为固化黏聚力。当土的天然结构被破坏时,即丧失这一部分黏聚力,而且不能恢复。

2. 土的破坏准则及强度参数

1) 土的强度

土体被破坏时,其强度主要有以下特点:①碎散性:强度不是颗粒矿物本身的强度,而是颗粒间相互作用——主要是抗剪强度与剪切破坏,颗粒间黏聚力与摩擦力;②三相体系:三相承受与传递荷载——有效应力原理;③自然变异性:土的强度的结构性与复杂性。

2) 莫尔-库仑破坏标准

莫尔-库仑破坏理论是以库仑公式 $\tau_f = \sigma \cdot \tan\varphi + c$ 作为抗剪强度公式。根据剪应力是否达到抗剪强度$(\tau=\tau_f)$作为破坏标准的理论就称为莫尔-库仑破坏理论。莫尔-库仑破坏准则(标准)指研究莫尔-库仑破坏理论如何直接用主应力表示,这就是莫尔-库仑破坏准则,也称土的极限平衡条件。

3. 土的应力应变特性

由于土是岩石风化而成的碎散颗粒的集合体,一般包含有固、液、气三相,在其形成的漫长的地质过程中,受风化、搬运、沉积、固结和地壳运动的影响,其应力应变关系十分复杂,并且与诸多因素有关。其中主要的应力应变特性是其非线性、剪胀(缩)性和弹塑性。主要的影响因素是应力水平(stress level)、应力路径(stress path)和应力历史(stress history),也称 3S 影响。

土由碎散的固体颗粒组成,土宏观的变形主要不是由于颗粒本身变形,而是由于颗粒间位置的变化。这样在不同应力水平下由相同应力增量而引起的应变增量就不会相同,即表现出非线性。

图 4-2 表示土的常规三轴压缩试验的一般结果,其中实线表示密实砂土或超固结黏土,虚线表示松砂或正常固结黏土。

从图 4-2(a)可以看到,正常固结黏土和松砂的应力随应变增加而增加,但增加速率越来越慢,最后逼近一条渐近线;而在密砂和超固结黏土的试验曲线中,应力开始随应变增加而增加,达到一个峰值之后,应力随应变增加而下降,最后也趋于稳定。在塑性理论中,前者称为应变硬化(或加工硬化),后者称为应变软化(或加工软化)。应变软化过程实际上是一种不稳定过程,有时伴随着应力的局部化——剪切带的出现,其应力应变曲线对一些影响因素比较敏感;而且由于其应力应变间不呈单值函数关系，所以反映土的应变软化的数学模型一般形式复杂，难以准确反映这种应力应变特点；此外，反映应变软化的数值计算方法也有较大难度。

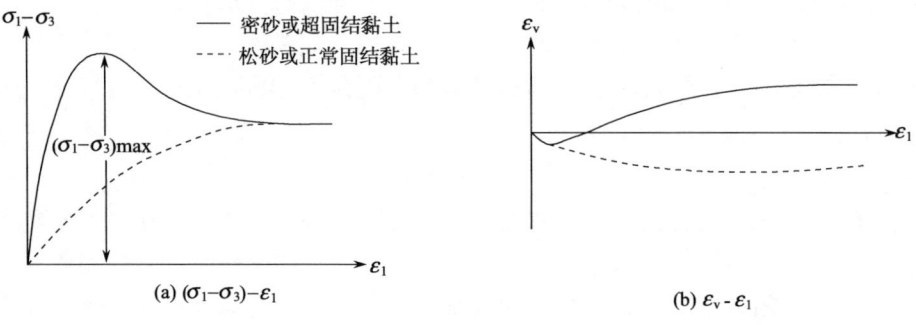

图 4-2 土的三轴试验典型曲线

（二）变形特性

在土地工程实践中，经常会出现建筑物发生倾斜、墙体开裂、道路发生不均匀沉降导致路面裂缝不规则扩展，引水管道发生扭曲变形甚至断裂，田块整平后经过一段时间后起伏不平甚至塌陷，施工机器基础的位移超限等现象，这些不良现象的出现轻则影响工程的美观，使人产生视觉上、心理上的不悦，重则会严重影响工程的正常运行，甚至危及人们的生命和财产安全。

土地工程中，在非农用地转化为农业用地工程中，往往会对土地进行整治，进行客土的覆盖；在建设用地整备的过程中，土体的沉降变形对地基设计有着非常重要的影响。因此，了解土的变形特性可以为土体有机重构过程中土的结构面的厚度以及稳定设计提供理论基础。

1. 土的压缩性

由于地基土的非均质性和土性状的复杂性，由附加应力引起的地基体积压缩变形一般不宜直接按弹性力学公式求解，而是从土的压缩性着手，通过试验取得土的压缩性指标，然后用简化计算方法进行计算。

研究结果表明，在工程实践中常遇到的压力作用下，土粒与土中水本身的压缩量极为微小（不到整个土体压缩量的 1/400），可以忽略不计。但在外荷载作用下，土体中土粒间原有的联结有可能受到削弱或破坏，从而产生相对移动，土粒重新排列、相互挤紧。与此同时，土体孔隙中部分的水和空气将被排出，土的孔隙体积因而变小。土体在压力作用下，其压缩量随时间增长的过程，称为土的固结。这个过程一直延续到土粒间新的联结强度能平衡外力在土体中引起的应力时为止。因此,土体体积的变小是土中孔隙体积减小的结果。

在一般工程中,常用不允许土样产生侧向变形(侧限条件)的室内压缩试验来测定土的压缩性指标,其试验条件虽未能符合土的实际工作情况,但有其实用价值。

从理论上,土的压缩变形可能是:①土粒本身的压缩变形;②孔隙中不同形态的水和气体的压缩变形;③孔隙中水和气体有一部分被挤出,土的颗粒相互靠拢使孔隙体积减小。

2. 地基最终沉降量计算

地基最终沉降量是指地基土在建筑物荷载作用下,变形完全稳定时基底处的最大竖向位移。要达到这一沉降量所需的时间取决于地基排水条件。对于砂土,施工结束后就可以完成;对于黏性土,少则几年,多则十几年、几十年乃至更长时间。

地基沉降的原因主要有:①建筑物的荷重产生的附加应力引起;②欠固结土的自重引起;③地下水位下降引起和施工中水的渗流引起。

基础沉降按其原因和次序分为瞬时沉降 S_d、主固结沉降 S_c 和次固结沉降 S_s 三部分组成。瞬时沉降是指加荷后立即发生的沉降,对饱和土地基,土中水尚未排出的条件下,沉降主要由土体侧向变形引起;这时土体不发生体积变化。固结沉降是指超静孔隙水压力逐渐消散,使土体积压缩而引起的渗透固结沉降,也称主固结沉降,它随时间而逐渐增长。次固结沉降是指超静孔隙水压力基本消散后,主要由土粒表面结合水膜发生蠕变等引起的,它将随时间极其缓慢地沉降。因此,建筑物基础的总沉降量应为上述三部分之和,即

$$S = S_d + S_c + S_s \tag{4-3}$$

计算地基最终沉降量的目的:①确定建筑物最大沉降量;②沉降差;③倾斜以及局部倾斜;④判断是否超过允许值,以便为建筑物设计值采取相应的措施提供依据,保证建筑物的安全。

(三)渗透特性

由于土的碎散性和多相性,在土力学中存在一个"土骨架"的概念。土骨架是由相互接触的土颗粒组成的,它具有整块土体的体积与截面积,但不包括孔隙中的气体与液体。正如一块丝瓜瓤或者海绵一样,只考虑它所占据的全部空间中的固体部分。土骨架中含有连通的孔隙,孔隙中包含流体,这些流体在势能差的作用下会在孔隙中流动,这就是土中的渗流。土具有被水等液体透过的性质称为土的渗透性。土的渗透性在土地工程中会影响农用地的作物灌溉管理、灌排工程设计,也会影响非农用地中建筑地基的稳定性。

1. 渗透特性的基本问题

土体的渗透性同土体的强度和变形特性一起,是土力学中所研究的几个主要的力学性质。在土地工程的各个领域内,许多问题都与土的渗透性有密切的关系。概括来说,对土体的渗透问题的研究主要包括下述四个方面。

1) 渗流量问题

渗流量问题包括土石坝和渠道渗漏水量的估算、基坑开挖时的涌水量计算以及水井的供水量估算等。渗流量的大小将直接关系工程的经济效益。

2) 渗透力和水压力问题

流经土体的水流会对土颗粒和土骨架施加作用力,称为渗透力。渗流场中的饱和土体和结构物会受到水压力的作用,在土工建筑物和地下结构物的设计中,正确地确定上述作用力的大小是十分必要的。当对这些土工建筑物和地下结构物进行变形或稳定计算分析时,需要首先确定这些渗透力和水压力的大小和分布。

3) 渗透变形问题

当渗透力过大时可引起土颗粒或土骨架的移动,从而造成土工建筑物及地基产生渗透变形,如地面隆起、细颗粒被水带出等现象。渗透变形问题直接关系建筑物的安全,它是水工建筑物、基坑和地基发生破坏的重要原因之一。统计资料表明,土石坝失事总数中,由于各种形式的渗透变形而导致失事的占 1/4~1/3。

4) 渗流控制问题

当渗流量和渗透变形不满足设计要求时,要采用工程措施进行控制,称为渗流控制。

综上所述可知,渗流会造成水量损失而降低工程效益;会引起土体的渗透变形,直接影响土工建筑物和地基的稳定与安全。因此,研究土体的渗透规律,掌握土体中水渗流的知识以便对渗流进行有效的控制和利用,是土地工程及其他工程相关领域中一个非常重要的课题。

2. 渗透力

水渗过土样的孔隙时,土颗粒对渗流给予阻力;反之,土体颗粒必然会受到渗流的反作用力,渗流会对每个土颗粒给以推动和摩擦等作用力。为了计算方便,称每单位体积土体内土颗粒所受到的渗流作用力为渗透力。

在渗流场中土体骨架所受到的渗透力的大小与水力坡降成正比,且其作用方向同水力坡降的方向一致。渗透力是一种体积力,其量纲与水的容重相同。

3. 渗透力的性质和计算

渗透力反映的是渗流场中单位体积土体内土骨架所受到的渗透水流的推动和拖曳力。

需要说明的是,水力坡降是由于渗透水流的推动和拖曳作用,但其作用方向却并不一定总是同渗流流速的方向一致。对各向同性土体，渗流流速方向和水力坡降方向相同，此时渗透力作用方向和渗流流速方向也一致；但对于各向异性土体，由于渗流流速方向和水力坡降方向不一致，此时渗透力作用方向和渗流流速方向也不再相同。

4. 渗透变形

土工建筑物及地基由于渗流作用而出现的变形或破坏称为渗透变形或渗透破坏，如土层剥落、地面隆起、在向上水流作用下土颗粒悬浮、细颗粒被水带出以及出现集中渗流通道等。渗透变形是土地工程中土工建筑物或地基发生破坏从而引发工程事故的重要原因之一。例如，土地工程项目中，为实现水资源的调控而构筑的坝体、合龙工程等，都需要对土体的渗透变形进行充分论证。

1) 渗透变形的类型

土的渗透变形类型主要有管涌、流土、接触流土和接触冲刷四种。土地工程中，非农用地以单一土层居多，其渗透变形主要是流土和管涌两种基本形式。

a. 流土

在向上的渗透水流作用下，表层土局部范围内的土体或颗粒群同时发生悬浮、移动的现象称为流土。任何类型的土，只要水力坡降达到一定的大小，都会发生流土破坏。

工程经验表明，流土常发生在堤坝下游渗流溢出处无保护的情况下。

b. 管涌

管涌是指在渗流作用下，一定级配的无黏性土中的细小颗粒，通过较大颗粒所形成的孔隙发生移动，最终在土中形成与地表贯通的管道，从而引发土工建筑物或地基发生破坏的现象。

发生管涌破坏一般有一个随时间逐步发展的过程，是一种渐进性质的破坏。首先，在渗透水流作用下，较细的颗粒在粗颗粒形成的孔隙中移动流失；之后，土体的孔隙不断扩大，渗流速度不断增加，较粗颗粒也会相继被水流带走；随着上述冲刷过程的不断发展，会在土体中形成贯穿的渗流通道，造成土体塌陷或其他类型的破坏。

管涌通常发生在一定级配的无黏性土中，发生的部位可以在渗流溢出处，也可以在土体内部，故也有人称其为渗流的潜蚀现象。

2) 渗透破坏类型的判据

土体渗透变形的发生和发展过程有其内因和外因。内因是土体的颗粒组成和结构，即常说的几何条件；外因是水力条件，即作用于土体骨架渗透力的大小。

3)渗透变形的防止措施

防止流土的关键在于控制溢出处的水力坡降,为了保证实际的溢出坡降不超过允许坡降,常采取下列工程措施:

可通过做垂直防渗帷幕、水平防渗铺盖等,延长渗流途径,降低溢出处的坡降;在溢出处挖减压或打减压井,贯穿渗透性小的黏土层,以降低作用在黏性土层底面的渗透压力;在溢出处加透水盖重,以防止土体被渗透力悬浮。

二、力学基础工程

(一)挡土墙工程

挡土墙是防止土体坍塌的构筑物,广泛用于房屋建筑、水利、农业等工程中,土地工程中多作为土体有机重构的辅助工程,如支撑建筑物周围填土的挡土墙、田坎挡土墙以及储藏粒状材料的挡墙等。挡土墙的结构形式可分为重力式、悬臂式和扶壁式等,通常用块石、砖、素混凝土及钢筋混凝土等材料建成。

挡土墙的土压力是指挡土墙后填土因自重或外荷载作用对墙背产生的侧向压力。其计算十分复杂,它与填料的性质、挡土墙的形状和位移方向以及地基土质等因素有关,目前大多采用古典的朗金和库仑土压力理论。尽管这些理论都基于各种不同的假定和简化,但计算简便,且国内外大量挡土墙模型试验、原位观测及理论研究结果均表明,其计算方法实用可靠。随着现代计算技术的提高,楔体试算法、"广义库仑理论"以及应用塑性理论的土压力解答等均得到了迅速发展,加筋土挡土墙设计理论也日臻完善。

1. 挡土墙设计的基本原则

挡土墙设计包括墙型选择、稳定性验算、地基承载力验算、墙身材料强度验算以及一些设计中的构造要求和措施等。

挡土墙应保证填土及挡土墙本身的稳定,另外墙身应具有足够的强度,以保证挡土墙的安全使用,同时设计中还要做到经济合理。因此,土地工程中挡土墙设计的基本原则如下。

(1)挡土墙必须保证结构安全正常使用。因此应满足以下要求:①挡土墙不能滑移;②挡土墙不能倾覆;③挡土墙墙身要有足够的强度;④挡土墙的基础要满足承载力的要求。

(2)根据工程要求以及地形地质条件,确定挡土墙结构的平面布置和高度。选择挡土墙的类型及截面尺寸。

(3)在满足规范要求的前提下使挡土墙结构与环境协调。

(4)对挡土墙的施工提出指导性意见。为保证挡土墙的耐久性,在设计中应对使用过程的维修给出相应规定。

2. 挡土墙设计类型

常用的挡土墙形式有重力式、悬臂式、扶壁式、锚定板及锚杆式和加筋土挡土墙等。一般应根据土地工程需要、土质情况、材料供应、施工技术以及造价等因素合理选择。

1) 重力式挡土墙

一般由块石或混凝土材料砌筑，墙身截面较大，如图4-3所示。根据墙背倾斜方向可分为仰斜、直立和俯斜三种。墙高一般小于8m，当 $h=8\sim12$m 时，宜用衡重式。重力式挡土墙依靠墙身自重抵抗土压力引起的倾覆弯矩。其结构简单，施工方便，能就地取材，尽管影响因素众多，但在土地工程的建筑工程中应用最广（李纯玉，2014）。

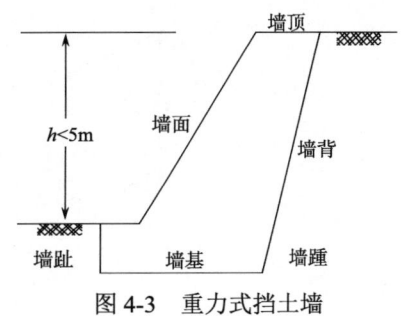

图4-3 重力式挡土墙

2) 悬壁式挡土墙

一般由钢筋混凝土建造，墙的稳定主要依靠墙踵悬壁以上土重维持。墙体内设置钢筋承受拉应力，故墙身截面较小。初步设计时可按图4-4选取截面尺寸。其适用于墙高大于5m，地基土质较差，当地缺少石料等情况。多用于土地工程中市政工程及储料仓库。

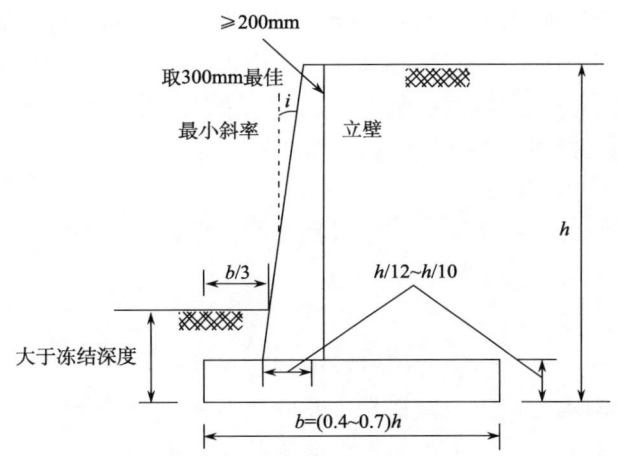

图4-4 悬壁式挡土墙初步设计尺寸

3) 扶壁式挡土墙

当墙高大于10m时，挡土墙立壁挠度较大，为了增强立壁的抗弯性能，常沿墙的纵向每隔一定距离[$(0.3\sim0.6)h$]设置一道扶壁，称为扶壁式挡土墙（图4-5）。

扶壁间填土可增加抗滑和抗倾覆能力,一般用于重要的大型土建工程(陈胜,2015)。扶壁式挡土墙设计时可按图4-5初选截面尺寸,再将墙身及墙踵作为三边固定的板,用有限元或有限差分进行优化设计。

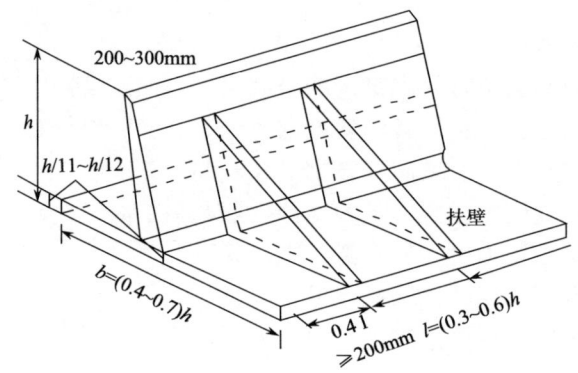

图4-5 扶壁式挡土墙初步设计尺寸

4) 锚定板及锚杆式挡土墙

锚定板挡土墙由预制的钢筋混凝土立柱、墙面、钢拉杆和埋置在填土中的锚定板在现场拼装而成,依靠填土与结构的相互作用力维持其自身稳定。与重力式挡土墙相比,其结构轻、柔性大、工程量少、造价低、施工方便等特点,特别适用于地基承载力不大的地区或者是土地工程中临时挡土墙工程。设计时,为了维持锚定板挡土结构的内力平衡,必须保证锚定板挡土结构周边的整体稳定和土的摩擦阻力大于由土自重和超载引起的土压力。锚杆式挡土墙是利用嵌入坚实岩层的灌浆锚杆作为拉杆的一种挡土结构。

5) 其他形式的挡土结构

此外,还有混合式挡土墙、构架式挡土墙、板桩墙、加筋土挡土墙以及近年来发展的土工合成材料挡土墙等。

3. 挡土墙的计算

挡土墙的设计计算应根据使用过程中可能出现的荷载,按承载力极限状态和正常使用极限状态进行荷载效应组合,并取最不利组合进行设计。截面尺寸一般按试算法确定,即先根据挡土墙的工程地质条件、填土性质以及墙身材料和施工条件等凭经验初步拟定截面尺寸,然后进行验算。如不满足要求,则修改截面尺寸或采取其他措施。

根据《建筑地基基础设计规范》(GB 50007—2011),挡土墙基底面积及埋深按地基承载力确定,传至基础底面的荷载效应应按正常使用极限状态下荷载效应的标准组合。土体自重、墙体自重均按实际的重力密度计算,在地下水位以下时应扣去水的浮力，相应的抗力应采用地基承载力特征值。

计算挡土墙的土压力应采用承载能力极限状态荷载效应基本组合，但荷载效应组合设计值 S 中荷载分项系数均为 1.0；在计算挡土墙内力、确定配筋和验算材料强度时，上部结构传来的荷载效应组合和相应的基底反力，应按承载能力极限状态下荷载效应的基本组合，采用相应的荷载系数。即永久荷载对结构不利时分项系数取 1.35，对结构有利时取 1.0。

此外，在挡土墙设计中，波浪力、冰压力和冻胀力不同时计算。当墙身有泄水孔、墙后回填渗水的砂土时，墙前、后水位接近平衡。填料浸水后，受到水的减重作用，计算时应计入墙身浸水的上浮力及填料的减重作用。但应注意墙前、后水位的急剧变化，将会引起较大的动水压力作用。

1) 抗倾覆稳定性验算

土地工程项目中挡土墙的破坏大部分是倾覆破坏。要保证挡土墙在土压力的作用下不发生绕墙趾 O 点的倾覆（图 4-6），必须要求抗倾覆安全系数 K_i（O 点的抗倾覆力矩与倾覆力矩之比）大于等于 1.6，即

$$K_i = \frac{Gx_0 + E_{az}x_f}{E_{ax}z_f} \geq 1.6 \tag{4-4}$$

式中，E_{ax} 为 E_a 的水平分力，kN/m；E_{az} 为 E_a 的竖向分力，kN/m；G 为挡土墙自重，kN/m；x_f 为土压力作用点离 O 点的水平距离，m；z_f 为土压力作用点离 O 点的高度，m；x_0 为挡土墙重心离墙趾的水平距离，m。如图 4-6 所示，其中 α_0 为挡土墙的基底倾角，(°)；b 为基底的水平投影宽度，m；z 为土压力作用点离墙踵的高度，m；h 为挡土墙的高度，m。

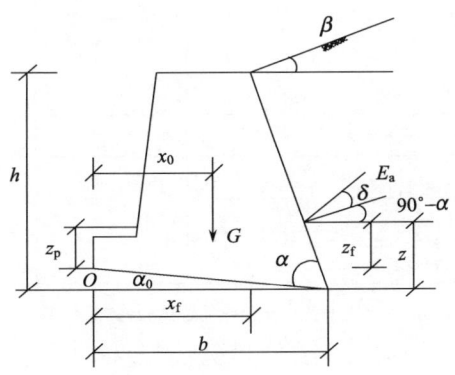

图 4-6 挡土墙的稳定性验算

在软弱地基上倾覆时，墙趾可能陷入土中。使力矩中心点内移，导致抗倾覆安全系数降低，有时甚至会沿圆弧滑动而发生整体破坏，因此验算时应注意土的

压缩性。验算悬臂式挡土墙时,可视土压力作用在墙踵的垂直面上,将墙踵悬臂以上土重计入挡土墙自重。

若验算结果不能满足式(4-4)的要求,可按以下措施处理。

(1)增大挡土墙断面尺寸,使 G 增大,但工程量也相应增大。

(2)加大 x_0,伸长墙趾。但墙趾过长,若厚度不够,则需配置钢筋。

(3)墙背做成仰斜,可减小土压力。

(4)在挡土墙垂直墙背上做卸荷台,形状如牛腿,则平台以上土压力不能传到平台以下,总土压力减小,故抗倾覆稳定性增大。

2)抗滑动稳定性验算

土地工程中,部分工事中,在土压力的作用下,挡土墙也可能沿基础底面发生滑动。因此,要求基底的抗滑安全系数 K_i(抗滑力与滑动力之比)大于等于 1.3,即

$$K_i = \frac{(G_n + E_{an})\mu}{E_{at} - G_t} \geqslant 1.3 \quad (4-5)$$

式中,G_n、G_t 分别为挡土墙自重的水平和竖向分力;E_{an} 为 E_a 在垂直于基底平面方向的分力;E_{at} 为 E_a 在平行于基底平面竖直方向的分力;μ 为土对挡土墙基底的摩擦系数,宜按试验确定,也可按表 4-1 选用。

表 4-1 土对挡土墙基底的摩擦系数 μ

土的类别		摩擦系数 μ
黏性土	可塑	0.25~0.30
	硬塑	0.30~0.35
	坚硬	0.35~0.45
粉土		0.30~0.40
中砂、粗砂、砾砂		0.40~0.50
碎石土		0.40~0.60
软质岩石		0.40~0.60
表面粗糙的硬质岩石		0.65~0.75

注:对易风化的软质岩石和 Ip>22 的黏性土,μ 值应通过试验测定;对碎石土,可根据其密实度、填充物状况、风化程度等确定。

若验算不能满足式(4-5)的要求,可采取以下措施加以解决。

(1)修改挡土墙断面尺寸,以加大 G 值。

(2)墙基底面做成砂、石垫层,以提高 μ 值。

(3) 墙底做成逆坡(图4-7),利用滑动面上部分反力来抗滑。对于土质地基,坡度不宜大于1∶10;对于岩质地基,坡度不宜大于1∶5。

(4) 在软土地基上,其他方法无效或不经济时,可在墙踵后加拖板,利用拖板上的土重来抗滑。拖板与挡土墙之间应用钢筋连接。

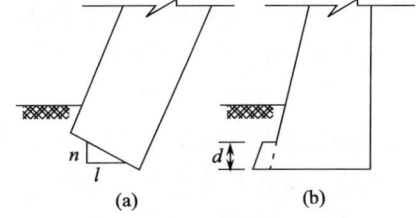

图 4-7 基底逆坡及墙趾台阶

注:$\dfrac{n}{l}$ 为坡度;d 是台阶高度

3) 地基承载力验算

挡土墙在自重及土压力的垂直分力作用下,基底压力按线性分布。其验算方法及要求详见本章第三节。

4) 墙身强度验算

对于一般挡土墙,必须保证以下要求。

正应力强度:

$$偏心距 \; \sigma = \frac{G_1 + E_{az1}}{B_1}\left(1 \pm \frac{6e_1}{B_1}\right) \leqslant f(f_{tm}) \tag{4-6}$$

$$e = \frac{B}{2} = -\frac{G_1 x + E_{ax1} \cdot x_{fl} - E_{ax1} z_{fl}}{G_1 + E_{az1}} \leqslant \frac{B_1}{6} \tag{4-7}$$

$$剪应力强度 \; \tau = \frac{E_{ax1}}{B_1} \leqslant f_v \tag{4-8}$$

式中,G_1 为计算截面以上土的重力,kN/m;E_{ax1} 为计算截面以上主动土压力的水平向分力,kN/m;E_{az1} 为计算截面以上主动土压力的竖向分力,kN/m;e_1 为计算截面处的偏心距,m;B_1 为计算截面的截面宽度,m;x 为 G_1 到截面左边的距离,m;x_{fl} 为 E_{az1} 到截面左边的距离,m;z_{fl} 为 E_{ax1} 到截面左边的高度,m;f_{tm} 为砌体或混凝土的抗压、抗拉强度设计值,kPa;f_v 为砌体抗剪强度设计值,kPa。

(二) 边坡工程

边坡指具有倾斜坡面的岩土体。由于边坡表面倾斜,在岩土体自重及其他外力作用下,整个岩土体都有从高处向低处滑动的趋势。在土地工程中,无论是土体有机重构还是水利工程等配套工程的建设,取土场的挖掘、土方的堆放都可能会形成边坡。而治沟造地等土地类型的整治中,当地特殊的地形地貌也决定了必须对项目区边坡稳定性进行充分考虑。

由自然地质作用形成的土坡,如山坡、江河湖海的岸坡等,称为天然土坡。由人工开挖或回填而形成的土坡,如基坑、渠道、土坝、路堤等的边坡,则称为人工土坡。土地工程中既有项目区原地的天然土坡,也有工程实施中形成的人工土坡。土体质量以及渗透力等在坡体内引起剪应力,如果剪应力大于土的抗剪强度,就要产生剪切破坏。如果坡面内剪切破坏的面积很大,则将发生一部分土体相对于另一部分土体的滑动,这一现象称为滑坡。

滑坡的形式各种各样,大致可以分为平面的滑坡和曲面的滑坡。前者坡面的长度与滑坡深度相比大很多,在岩坡上有浅层残积土及强风化层时,常会出现这种情况。而后者滑动面长度与滑坡深度在相同的数量级。对滑坡的实际调查表明,粗粒土中的滑坡,通常深度浅而形状接近于平面,或者由两个以上的平面组成的折线形滑动面。黏性土中的滑坡则深入坡体内。

土体剪切破坏的分析方法有极限平衡法、极限分析法和有限元法等。在边坡稳定分析中,目前工程实践中基本上是采用极限平衡法。极限平衡法的一般步骤是先假定破坏是沿土体内某一确定的滑动面滑动。根据滑动土体的极限平衡条件和莫尔-库仑破坏准则可以计算沿该滑动面滑动的可能性,即安全系数的大小,或破坏概率的高低,然后系统地选取许多个可能的滑动面,用同样方法计算稳定安全系数或破坏概率。安全系数最低或破坏概率最高的滑动面就是可能性最大的滑动面。

1. 砂性土的边坡稳定分析

在分析砂性土的边坡稳定时,根据实际观测,同时为计算简便起见,一般均假定滑动面是平面,如图 4-8 所示。

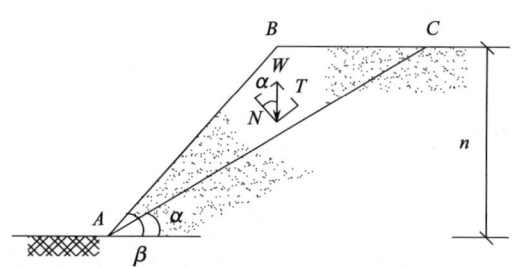

图 4-8　砂性土的边坡稳定分析

沿边坡长度方向截取单位长度边坡,作为平面应变问题分析。已知滑动土体 ABC 的重力为

$$W = \gamma \cdot \triangle ABC \tag{4-9}$$

W 在滑动面 AC 上的法向分力和正应力分别为

$$N = W\cos\alpha, \quad \sigma = \frac{N}{AC} = \frac{W\cos\alpha}{AC} \tag{4-10}$$

W 在滑动面 AC 上的切向分力和剪应力分别为

$$T = W\sin\alpha \tag{4-11}$$

$$\tau = \frac{T}{AC} = \frac{W\sin\alpha}{AC} \tag{4-12}$$

边坡的滑动稳定安全系数为

$$K = \frac{\tau_i}{\tau} = \frac{\sigma \tan \varphi}{\tau} = \frac{\tan \varphi}{\tan \alpha} \tag{4-13}$$

式中，φ 为土体的内摩擦角。

从式(4-13)可见，当 $\alpha = \beta$ 时滑动稳定安全系数最小，即边坡面上的一层土是最易滑动的。因此，砂性土的边坡滑动稳定安全系数为

$$K = \frac{\tan \varphi}{\tan \beta} \tag{4-14}$$

2. 黏性土的边坡稳定分析

边坡的坍滑与当地的工程地质条件有关。在非均质土层中，如果边坡下面有软弱层，则滑动面很大部分将通过软弱土层形成曲折的复合滑动面。如果边坡位于倾斜的岩层面上，则滑动面往往沿岩层面产生。

均质黏性土的边坡失稳破坏时，其滑动面常是曲面，通常近似地假定为圆弧滑动面。圆弧滑动面的形式一般有下述三种。

(1) 圆弧滑动面通过坡脚 B 点[图 4-9(a)]，称为坡脚圆。
(2) 圆弧滑动面通过坡面上 E 点[图 4-9(b)]，称为坡面圆。
(3) 圆弧滑动面发生在坡脚以外的 A 点[图 4-9(c)]，称为中点圆。

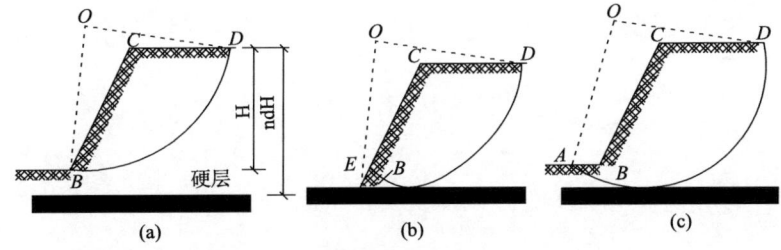

图 4-9 均质黏性土边坡的三种滑动面

1) 边坡圆弧滑动体的整体稳定分析

a. 基本概念

分析图 4-10 所示的均质简单边坡，若可能的圆弧滑动面为 AD，其圆心为 O，半径为 R。分析时在边坡长度方向截取单位长边坡，按平面问题分析。滑动土体 $ABCDA$ 的重力 W，它是促使边坡滑动的力；沿着滑动面 AD 上分布的土抗剪强度 τ_f 是抵抗边坡滑动的力。将滑动力 W 及抗滑力 τ_f 分别对滑动

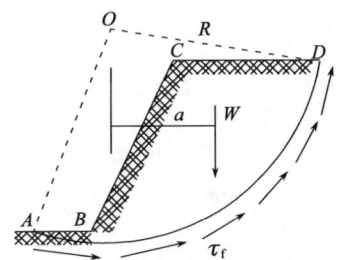

图 4-10 边坡的整体稳定分析

面圆心 O 取矩，得滑动力矩 M_s 及稳定力矩 M_r 为

$$M_s = Wa \tag{4-15}$$

$$M_r = \tau_f LR \tag{4-16}$$

式中，W 为滑动体 $ABCDA$ 的重力；a 为 W 对 O 点的力臂；τ_f 为土的抗剪强度；L 为滑动圆弧 AD 的长度；R 为滑动圆弧面的半径。

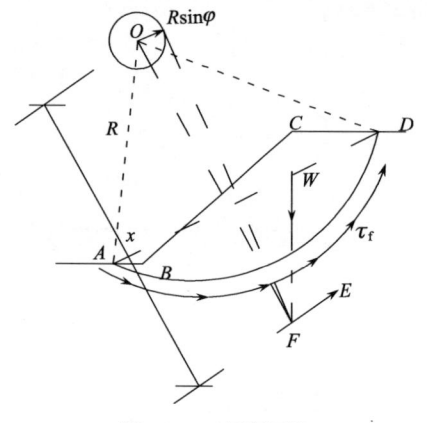

图 4-11　摩擦圆法

b. 摩擦圆法

摩擦圆法认为如图 4-11 所示滑动面 AD 上的抵抗力包括土的摩擦阻力及黏聚力两部分，它们的合力分别为 F 和 E。假定滑动面上的摩擦阻力首先得到充分发挥，然后才由土黏聚力补充。下面分别讨论作用在滑动土体 $ABCDA$ 上的 3 个力。

第一个力是滑动土体的重力 W，它等于滑动土体 $ABCDA$ 的面积与土的容重 γ 的乘积，其作用点位置在滑动土体面积 $ABCDA$ 的形心。因此，W 的大小和作用线都是已知的。

第二个力是作用在滑动面 AD 上的黏聚力的合力 E。为了维持边坡稳定，沿滑动面 AD 上分布的需要发挥的黏聚力为 c_i，可以求得黏聚力的合力 E 及其对圆心 O 的力矩臂 x 分别为

$$E = c_i \cdot \overline{AD} \tag{4-17}$$

$$x = \frac{AD}{\overline{AD}} \cdot R \tag{4-18}$$

式中，AD 和 $\overline{AD}$ 分别为 AD 的弧长及弦长。所以，E 的作用线是已知的，但其大小未知。

第三个力是作用在滑动面 AD 上的法向力及摩擦力的合力，用 F 表示。泰勒假定 F 的作用线与圆弧 AD 的法线呈 φ 角，即 F 与圆心 O 点处半径为 $R=\sin\varphi$ 的圆相切，同时 F 还一定通过 W 与 E 的交点。因此，F 的作用线是已知的，其大小未知。

据滑动土体 $ABCDA$ 上 3 个作用力 W、F、E 的静力平衡条件，可以从图 4-11 所示的力三角形中求得 E 值，由式(4-17)可求得维持边坡平衡时滑动面上所需要发挥的黏聚力 c_i。这时边坡的稳定安全系数为

$$K = \frac{c}{c_i} \tag{4-19}$$

式中，c 为土的实际黏聚力。

2) 条分法

a. 瑞典圆弧法

瑞典圆弧法是边坡稳定分析领域中出现最早的一种计算方法。该方法假定滑裂面的形状是圆弧形,在计算稳定安全系数的时候,将整个滑动土体分成若干个垂直或斜土条,分析每一个土条上的作用力,对每个土条建立力和力矩的平衡方程,再求土条对滑裂面圆心的抗滑力矩和滑动力矩,分别求它们的总和,最后求出边坡的稳定安全系数。该法通过将土条的自重沿滑裂面的法向方向分解的方法求得法向力,由于滑裂面是圆弧,所以法向力通过圆心,对滑裂面的圆心求力矩时它的值为零,这就大大简化了计算时的工作量。任一土条上的作用力包括:自重 $W_i = \gamma_i b_i h_i$;滑面上的抗剪力 $\overline{T_i}$ 和法向反力 $\overline{N_i}$,不用考虑土条之间的作用力。瑞典圆弧法受力分析如图 4-12 所示。

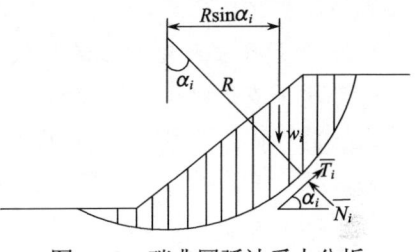

图 4-12 瑞典圆弧法受力分析

b. 毕肖普法

毕肖普法是在瑞典法的基础上提出的一种简化方法,该法假设每个土条的底部滑裂面上的抗滑安全系数都相同,也就是说等于滑动面上的平均安全系数,保留了圆弧形滑裂面与通过力矩平衡来求解的特点,同时还考虑了土条侧向的相互作用力。毕肖普法运用有效应力方法来推导公式,同时也可用总应力法来推导。受力分析如图 4-13 所示。

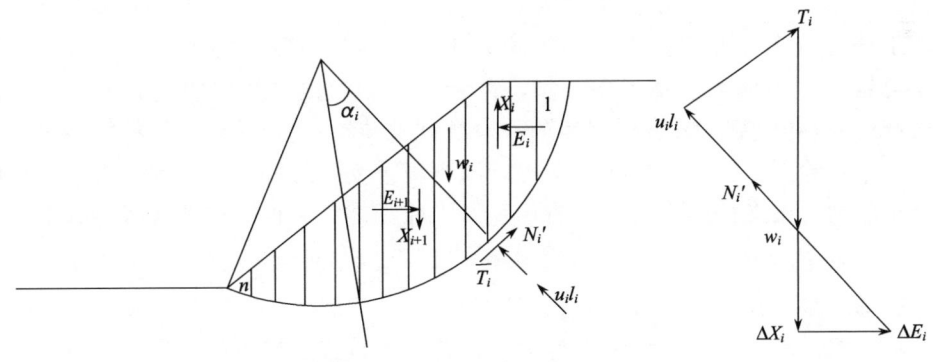

图 4-13 毕肖普法受力分析图

(三) 基坑工程

1. 基坑工程的概念

建筑基坑是指为进行建(构)筑物基础或地下室的施工所开挖的地面以下空

间。为保证基坑施工以及主体地下结构的安全和周围环境不受损害,需对场地及基坑(包括开挖和降水等)进行一系列勘查、设计、施工和监测等工作。这项综合性的工程称为基坑工程。对于建设用地的土体有机重构,其中关键点之一就是满足基坑的承载力要求。选择的土体有机重构方法不同,对于基坑的处理要求就不一样。

基坑工程既涉及土力学中典型的强度、稳定与变形问题,又涉及土与支护结构共同作用以及场地的工程、水文地质等问题,同时还与计算技术、测试技术和施工技术等密切相关。

2. 作用于支护结构上的荷载及土压力计算

作用于支护结构上的荷载通常有土压力、水压力、影响区范围内建(构)筑物荷载、施工荷载、地震荷载以及其他附加荷载,其中最重要的荷载是土压力和水压力。其计算方法有水土分算法和水土合算法两种。对于砂性土和粉土,可按水土分算法,即分别计算土压力、水压力,然后叠加;对黏性土可根据现场情况和工程经验,按水土分算法或水土合算法进行,水土合算法则是采用土的饱和重度计算总的水土压力。

作用于支护结构的土压力可采用库仑或朗金土压力理论计算,当对支护结构水平位移有严格限制时,应采用静止土压力计算。实际上,在基坑开挖过程中,作用在支挡结构上的土压力、水压力等是随着开挖的进程逐步形成的,其分布形式除与土性和地下水等因素有关外,更重要的还与墙体的位移量及位移形式有关。而位移性状随着支撑和锚杆的设置及每步开挖施工方式的不同而不同,因此,土压力并不完全处于静止和主动状态。有关实测资料证明:当支护墙上有支锚时,土压力分布一般呈上下小、中间大的抛物线或更复杂的形状;只有当支护墙无支锚时,墙体上端绕下端外倾,才会产生呈直线分布的主动土压力。太沙基(Terzaghi)和佩克(Peck)根据实测和模型试验结果,提出了作用于板桩墙上的土压力分布经验图。因此,当按变形控制原则设计支护结构时,作用在支护结构的计算土压力可按支护结构与土体的相互作用原理确定,也可按地区经验确定。

3. 基坑稳定性分析

1)基坑整体稳定性分析

基坑整体稳定性分析实际上是对支护结构的直立土坡进行稳定性分析,通过分析确定支护结构的嵌固深度,如水泥土桩墙、多层支点排桩和地下连续墙的嵌固深度。

基坑整体稳定性计算方法,采用圆弧滑动面简单条分法,按总应力法计算。取单位墙宽分析(图 4-14),基坑支护结构整体稳定性安全系数应满足:

$$K_{SF} = \frac{\sum c_i L_i + \sum (q_0 b_i + W_i)\cos\theta_i \tan\varphi_i}{\sum (q_0 b_i + W_i)\sin\theta_i} \geqslant 1.3 \quad (4\text{-}20)$$

式中，c_i 为第 i 土条底面上的黏聚力，kPa；φ_i 为第 i 土条底面上的内摩擦角，(°)；L_i 为第 i 土条底面面积，m^2；b_i 为第 i 土条的宽度，m；W_i 为第 i 土条重力，按上覆土层的饱和容积密度计算；θ_i 为第 i 土条底面倾角，(°)；

式(4-20)中安全系数 K_{SF} 应通过若干滑动面试算后取最小值。

当有软弱土夹层、倾斜基岩面等情况时，宜用非圆弧滑动面进行计算。当嵌固深度下部存在软弱土层时，还应继续验算软弱下卧层的整体稳定性。

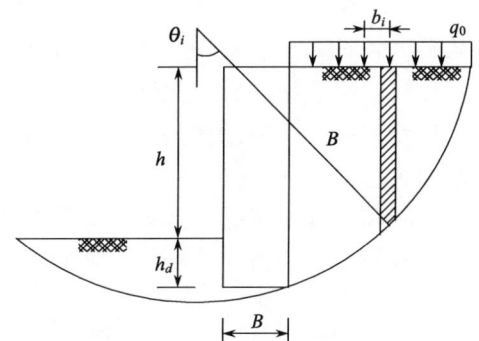

图 4-14　基坑整体稳定性分析

2) 支护结构踢脚稳定性分析

对于内支撑或锚拉支护体系，在水平荷载作用下，基坑土体有可能在支护结构底部因产生踢脚破坏而出现不稳定现象。对于单支点结构，踢脚破坏产生于以支点处为转动点的失稳，多层支点结构则可能绕最下层支点转动而产生踢脚失稳。计算模型如图 4-15 所示。

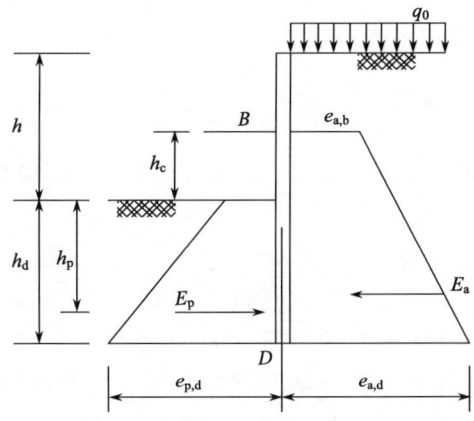

图 4-15　踢脚计算简图

踢脚安全系数应满足：

$$K_T = \frac{M_p}{M_a} = \frac{E_p(h_i + h_p)}{\left(\frac{1}{6}e_{a,b} + \frac{1}{3}e_{a,d}\right)(h_i + h_d)^2} \geqslant 1.0 \sim 1.5 \quad (4\text{-}21)$$

式中，M_p 为基坑内侧被动土压力对 B 点(最下层支点处)的力矩；M_a 为基坑外侧 BD 段主动土压力对 B 点的力矩；E_p 为基坑内侧被动土压力；$e_{a,b}$ 为基坑外侧 B 点处主动土压力强度；$e_{a,d}$ 为基坑外侧 D 点处主动土压力强度；h_i 为支护结构最下层支点离基坑底的距离；h_p 为 E_p 作用点至基坑底的距离；h_d 为支护结构的嵌固深度。

3) 基坑底抗隆起稳定性分析

将墙底面的平面作为求极限承载力的基准面，参照普朗特尔和太沙基的地基承载力公式。

《建筑地基基础设计规范》(GB 50007—2011)采用式(4-22)进行抗隆起安全系数验算，以求得支护结构的嵌固深度。

$$K_L = \frac{\gamma h_d + \tau_0 N_c}{\gamma (h + h_d) + q_0} \geq 1.6 \tag{4-22}$$

式中，N_c 为地基承载力系数，条形基础时取 $N = 5.14$；τ_0 为抗剪强度，由十字板试验或主轴不固结不排水试验确定；h 为基坑开挖深度；h_d 为支护结构入土深度；q_0 为地面荷载。

4) 基坑渗流稳定性分析

基坑渗流稳定性验算包括坑底抗流砂稳定性验算和基坑底抗突涌稳定性验算。

a. 坑底抗流砂稳定性

地下水由高处向低处渗流，在基坑底部，当向上的动水压力(渗透力) $j \geq \gamma'$ (γ' 为土的有效重度)时，将会产生流砂现象。若近似地按紧贴墙体的最短路线计算最大渗透力 j，则抗流砂稳定安全系数应满足：

$$K_{LS} = \frac{\gamma'}{j} = \frac{(h - h_w + 2h_d)\gamma'}{(h - h_w)\gamma_w} \geq 1.5 \tag{4-23}$$

式中，h_w 为墙后地下水位埋深，m；γ_w 为地下水重度，kN/m³；h_d 为支护结构入土深度；h 为基坑开挖深度。

b. 基坑底抗突涌稳定性

如果在基底下的不透水层较薄，而且在不透水层下面存在较大水压的滞水层或承压水层，当上覆土重不足以抵挡下部的水压时，基坑底土体将会发生突涌破坏。因此，在设计坑底下有承压水的基坑时，应进行突涌稳定性验算。根据压力平衡概念(图 4-16)，基坑底抗突涌稳定性应满足：

$$K_{TY} = \frac{\gamma h_a}{\gamma H} \geq 1.1 \tag{4-24}$$

式中，h_a 为不透水层厚度，m；H 为承压水头高于含水层顶板的高度，m。

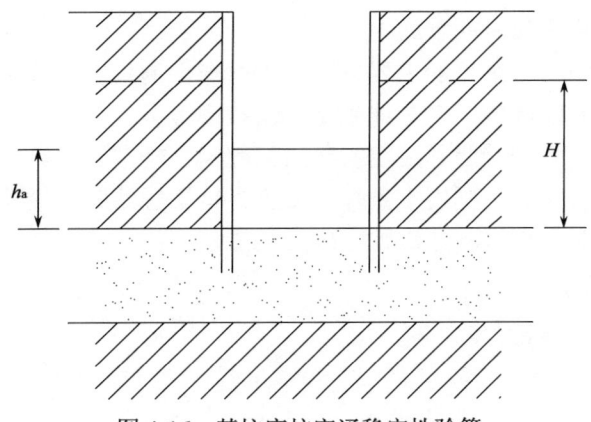

图 4-16 基坑底抗突涌稳定性验算

若基坑底抗突涌稳定性不满足要求,则可采用隔水挡墙隔断滞水层、加固基坑底部地基等处理措施。

第二节 不同土地类型的力学需求

土地是各个构成因素(土壤、岩石、地貌、气候、植被和水分等)性状的不同量的不同组合。土地类型的性质取决于上述因素的综合影响,而不从属于其中任何一个单独因素。土地类型是土地利用的物质基础,也是土地工程的基本单元。若以土地作为总体,土地类型就是总体中的个体,因此,人类在生产活动中进行土地整治,开展土地工程实质上是对不同土地类型的重构。而土地类型的不同又决定了其对力学的要求有所不同。

一、非农用地的力学需求

土地工程中涉及的非农用地整治,主要涉及承载力、固结压缩及固体废弃物处置中力学的问题。

(一) 承载力分析

地基承载力指地基土单位面积上所能荷载的能力;地基承载力问题属于地基的强度和稳定问题。允许承载力指同时兼顾地基强度、稳定性和变形要求这两个条件时的承载力;它是一个变量,和建筑物允许变形值密切联系在一起。地基承载力标准值是根据野外鉴别结果确定的承载力值,包括标贯试验、静力触探、旁压及其他原位测试得到的值。地基承载力基本值是根据室内物理、力学指标平均值,查表确定的承载力值,包括载荷试验得到的值;通常 $f_k = \psi_f f_0$。极限承载力指地基即将丧失稳定性时的承载力。

确定地基承载力特征值的主要方法：①根据土的抗剪强度指标按理论公式计算；②由现场荷载试验的 p-S 曲线确定；③按规范提供的承载力表确定；④在土质基本相同的情况下，参照邻近建筑物的工程经验确定。在具体工程中，应根据地基基础的设计要求、地基岩土条件并结合当地工程经验选择确定地基承载力的适当方法，必要时可按多种方法综合确定。

1. 按土的抗剪强度指标

1）地基承载力理论公式

地基承载力特征值计算：根据地基极限承载力计算地基承载力特征值的公式为

$$f_a = \frac{p_u}{K} \tag{4-25}$$

式中，p_u 为地基极限承载力；K 为安全系数，取值与地基基础设计等级、荷载性质、土的抗剪强度指标的可靠程度以及地基条件等因素有关，对长期承载一般取 $K=2\sim 3$。

确定地基极限承载力的理论公式有多种，在实际工程中，比较常用的就是太沙基公式。式(4-26)是假设基地粗糙时，条形基础下地基发生整体剪切破坏时的太沙基极限承载力理论公式，并推广应用于圆形或者方形基础。

太沙基公式：

$$p_u = cN_c + qN_q + \frac{1}{2}\gamma B N_\gamma \tag{4-26}$$

式中，c 为地基土的黏聚力；γ 为地基土重度；q 为作用在基地平面上的超载，此处为基底以上填土的自重应力，$q = \gamma D$，D 为填土重度；N_c、N_q、N_γ 为基地粗糙的承载力系数，当基底完全粗糙时，可由地基土的内摩擦角 φ 从表 4-2 中查得。

表 4-2 太沙基极限承载力系数

$\varphi/(°)$	N_γ	N_q	N_c	$\varphi/(°)$	N_γ	N_q	N_c
0	0	1.00	5.7	14	2.20	4.00	12.0
2	0.23	1.22	6.5	16	3.0	4.91	13.6
4	0.39	1.48	7.0	18	3.9	6.04	15.5
6	0.63	1.81	7.7	20	5.0	7.42	17.6
8	0.86	2.2	8.5	22	6.5	9.17	20.2
10	1.20	2.68	9.5	24	8.6	11.4	23.4
12	1.66	3.32	10.9	26	11.5	14.2	27.0

续表

$\varphi/(°)$	N_γ	N_q	N_c	$\varphi/(°)$	N_γ	N_q	N_c
28	15	17.8	31.6	36	50	47.2	63.6
30	20	22.4	37.0	38	90	61.2	77.0
32	28	28.7	44.4	40	130	80.5	94.8
34	36	36.6	52.8				

2) 规范推荐的理论公式

当荷载偏心距 $e \leqslant l/30$（l 为偏心方向基础边长）时，可以采用《建筑地基基础设计规范》推荐的以地基临界荷载 $p_{1/4}$ 为基础的理论公式计算地基承载力特征值：

$$f_a = M_b \gamma b + M_d \gamma_m d + M_c c_k \tag{4-27}$$

式中，M_b、M_d、M_c 为承载力系数，按土的内摩擦角标准值 φ_k 值查表 4-5；γ 为基底以下土的重度，地下水位以下取有效重度；b 为基础地面宽度，大于 6 m 时按 6 m 考虑；对于砂土，小于 3 m 时按 3 m 考虑；γ_m 为基础底面以上土的加权平均重度，地下水位以下取有效重度；d 为基础埋置深度；φ_k、c_k 为基底下一倍基宽深度内土的内摩擦角和黏聚力标准值。

表 4-3 承载力系数表

土的内摩擦角 $\varphi_k/(°)$	M_b	M_d	M_c	土的内摩擦角 $\varphi_k/(°)$	M_b	M_d	M_c
0	0	1.00	3.14	22	0.61	3.44	6.04
2	0.03	1.12	3.32	24	0.80	3.87	6.45
4	0.06	1.25	3.51	26	1.10	4.37	6.90
6	0.10	1.39	3.71	28	1.40	4.93	7.40
8	0.14	1.55	3.93	30	1.90	5.59	7.95
10	0.18	1.73	4.17	32	2.60	6.35	8.55
12	0.23	1.94	4.42	34	3.40	7.21	9.22
14	0.29	2.17	4.69	36	4.20	8.25	9.97
16	0.36	2.43	5.00	38	5.00	9.44	10.80
18	0.43	2.72	5.31	40	5.80	10.84	11.73
20	0.51	3.06	5.66				

式(4-27)与 $p_{1/4}$ 公式稍有差别。根据砂土低级的载荷试验资料，按 $p_{1/4}$ 公式计算的结果偏小较多，所以对砂土地基，当 b 小于 3 m 时按 3 m 计算，此外，当 $\varphi_k \geqslant 24$ 时，采用比 M_b 的理论值大的经验修正值。

若土地工程施工速度较快，而地基持力层的透水性和排水条件不良时（如厚度较大的饱和软黏土），地基土可能在施工期间或施工完工后不久因为充分排水固结而破坏，此时应采用土的不排水抗剪强度计算短期承载力。取不排水内摩擦角 $\varphi_u = 0$，由表 4-3 知 $M_b = 0$、$M_d = 1$、$M_c = 3.14$，将 c_k 改为 c_u（c_u 为土的不排水抗剪强度），由式(4-27)得短期承载力计算公式为

$$f_a = 3.14c_u + \gamma_m d \tag{4-28}$$

3) 关于理论公式的讨论和说明

(1) 按理论公式计算地基承载力时，对计算结果影响最大的是土的抗剪指标的取值，应采取质量最好的原状土样用三轴压缩试验测定，且每层土的试验数量不得少于 6 组。

(2) 地基承载力不仅与土的性质有关，还与基础的大小、形状、埋深以及荷载情况等因素有关，而这些对承载力的影响程度又随着土质的不同而不同。

(3) 地基承载力随着埋深 d 线性增加，但对实体基础（如扩展基础），增加的承载力将被基础和回填土质量的相应增加部分抵偿。特别是对于饱和软土，由于 $M_d = 1$，增加的承载力将与基础和回填土质量的增加部分基本相等，此时增大基础埋深作用不大。

(4) 按土的抗剪强度确定的地基承载力特征值没有考虑建筑物对低级变形要求，因此在基础底面尺寸确定后，还应进行地基变形验算。

(5) 内摩擦角标准值 φ_k 和黏聚力标准值 c_k 可按下列方法计算。

由 n 组试验所得的 φ_i 和 c_i，可以分别计算平均值 φ_m、c_m 和变异系数 δ_φ、δ_c。

$$\mu = \frac{\sum_{i=1}^{n} \mu_i}{n} \tag{4-29}$$

$$\sigma = \sqrt{\frac{\sum_{i=1}^{n} \mu_i^2 - n\mu^2}{n-1}} \tag{4-30}$$

$$\delta = \sigma / \mu \tag{4-31}$$

式中，μ 为某一土性指标试验平均值；σ 为标准差；δ 为变异系数。

按下述两式分别计算 n 组试验内的内摩擦角和黏聚力的统计修正系数 ψ_φ、ψ_c：

$$\psi_\varphi = 1 - \left(\frac{1.704}{\sqrt{n}} + \frac{4.678}{n^2} \right) \delta_\varphi \tag{4-32}$$

$$\psi_c = 1 - \left(\frac{1.704}{\sqrt{n}} + \frac{4.678}{n^2}\right)\delta_c \quad (4\text{-}33)$$

最后按下述两式计算抗剪强度指标标准值 φ_k、c_k：

$$\varphi_k = \psi_\varphi \varphi_m \quad (4\text{-}34)$$

$$c_k = \psi_\varphi c_m \quad (4\text{-}35)$$

2. 按地基荷载试验确定

对于设计等级为甲级的地基基础或地质条件复杂、土质很不均匀的情况，应采用现场荷载试验法取得较精确可靠的地基承载力数值。荷载试验包括浅层平板荷载试验、深层平板试验(适用于浅层地基)及螺旋板荷载试验(适用于深层地基)。

载荷试验的优点是压力的影响深度可达 1.5～2 倍承压板宽度，故能较好地反映天然土体的压缩性，而土层成分或结构很不均匀时，如杂填土、裂隙土、风化岩等，则它显出用别的方法难以代替的作用，但其缺点是试验工作量和费用较大，时间较长。

下面根据荷载试验成果 p-S 曲线讨论确定地基承载力特征值的方法。

对于密实砂土、硬塑黏土等低压缩性土，其 p-S 曲线通常有比较明显的起始直线段和极限值，即呈急进破坏的"陡降型"。考虑低压缩性土的承载力特征值一般由强度安全控制，故现行规范规定以直线段末点所对应的压力 p_t（比例界限荷载）作为承载力特征值。此时，地基的沉降量很小，强度安全储备也足够。但是对于少数呈"脆性"破坏的土，p_t 与极限荷载 p_u 很接近，故 $p_u < 1.5 p_t$，取 $p_u / 2$ 作为承载力特征值。

对于松砂、填土、可塑黏土等中、高压缩性土，其 p-S 曲线往往无明显的转折点，呈现渐进破坏的"缓变型"。由于中、高压缩性土的沉降量较大，故其承载力特征值一般受允许沉降量控制。因此，当压板面积为 0.25～0.50 m² 时，现行规范规定可取沉降 $S=(0.01～0.015)b$（b 为承压板宽度或直径）所对应的荷载（此值不应大于最大加载量的一半）作为承载力特征值。对同一土层，应选择 3 个以上的试验点，当试验实测值的极差（最大值与最小值之差）不超过其平均值的 30%时，取其平均值作为该土层的地基承载力特征值 f_{ck}。

3. 按现行规范承载力修正公式确定

当基础宽度大于 3 m 或埋置深度大于 0.5 m 时，从荷载试验或其他原位测试、经验值等方法确定的地基承载力特征值，应根据基础的宽度和深度按式(4-36)进行修正：

$$f_a = f_{ak} + \eta_b \gamma (b - 3) + \eta_d \gamma_m (d - 0.5) \quad (4\text{-}36)$$

式中，f_a 为修正后的地基承载力特征值；f_{ak} 为地基承载力特征值；η_b、η_d 分别为基础宽度和埋深的承载力修正系数，按基底下土的类别查表4-4；γ为基础地面以下土的重度，地下水位以下取有效重度；b为基础地面宽度，当基底宽度小于3m时按3m考虑，大于6m时按6m考虑；γ_m为基础地面以上土的加权平均重度，地下水位以下取有效重度；d为基础埋置深度，一般从室外地面标高算起；在填方整平地区，可从填土地面标高算起，但填土在上部结构施工后完成时，应从天然地面标高算起；对于地下室，如果采用箱型基础，则基础埋置深度从室外地面标高算起，当采用独立基础或条形基础时，应从室内地面标高算起。

表4-4 承载力修正系数

土的类别		η_b	η_d
淤泥和淤泥质土		0	1.0
人工填土		0	1.0
e 或 I_L 大于等于 0.85 的黏性土		0	1.0
红黏土	含水比 $a_w > 0.8$	0	1.2
红黏土	含水比 $a_w \leq 0.8$	0.15	1.4
大面积压实填土	压实系数大于 0.95，黏粒含水比 $\rho \geq 10\%$ 的粉土	0	1.5
大面积压实填土	最大干密度大于 2.1t/m³ 的级配砂土	0	2.0
粉土	黏粒含量大于等于 10%的粉土	0.3	1.5
粉土	黏粒含量小于 10%的粉土	0.5	2.0
e 或 I_L 均小于 0.85 的黏性土		0.3	1.6
粉砂、细砂(不包含很湿与饱和时的稍密状态)		2.0	3.0
中砂、粗砂、砾砂和碎石砂		3.0	4.4

注：①强风化和全风化的岩石，可参照所风化成的相应土类取值，其他状态下的岩石不修正。
②地基承载力特征值按深层平板荷载试验确定时，η_d取0。

4. 按经验确定

对于设计等级为丙级中的次要、轻型建筑物可根据邻近建筑物的经验确定地基承载力特征值。调查拟建场地附近建筑的结构类型、基础形式、地基条件和使用现状，对于确定拟建场地的地基承载力具有一定的参考价值。

在按建筑经验确定承载力时，需要了解拟建场地是否存在人工填土、暗沟、土洞、软弱夹层等不利情况，对于地基持力层，可以通过现场开挖，根据土的名称和所处的状态估计地基承载力。这些工作还需在开挖验槽时进行验证。

选择以上确定地基承载力特征值的方法的原则为：对于地基基础设计等级高的工程，应按多种方法综合确定地基承载力特征值；若用较少的方法确定或相关试验较少的情况，承载力特征值应取较低值。

(二) 固结压缩分析

一般固体材料应变与应力是同时发生的，然而对于黏性土却有很大的不同，应力作用后会发生一定的应变，但大部分变形是随时间慢慢发展的，很长时间以后才能达到稳定。黏性土层有一定厚度，水总是在土层透水面先排出，使孔隙压力降低，然后向土层内部传递。这种孔压降低的过程，一方面取决于土的渗透性，另一方面取决于在土层中所处的位置。软黏土的渗透系数很低，固结过程就很长。

固结与压缩对土的工程性状有重要影响，与非农用地中建筑物和地基的渗流、稳定、沉降有密切联系。另外，重构的土体结合在一起，由于土的压缩，其渗透性减小；随着固结，土体之间应力不断改变，致使强度发生变化，甚至还会导致建筑物地基下沉，影响上层结构的使用条件与安全。

1. 固结微分方程及其解

1) 基本假定

(1) 土层只有竖向压缩变形，而无侧向膨胀，渗流也只有竖向。
(2) 土体是饱和的，只有土骨架和水两相。
(3) 土体是均匀的，在荷载作用下土体的压缩仅是孔隙体积的减小，土粒本身以及水体的压缩量可以忽略不计，且假定压缩系数 a 为常量。
(4) 孔隙水的渗透流动符合达西定律，渗透系数 K 为常量。
(5) 外荷载为均布连续荷载，且一次施加于土层。

2) 微分方程的建立

图 4-17 所示为某土地工程项目实施区域的一黏土层，底部不透水，顶面可排水，地面作用有均布荷载 p，分布很广，故附加应力沿深度不变，其值为 $\sigma = p$。

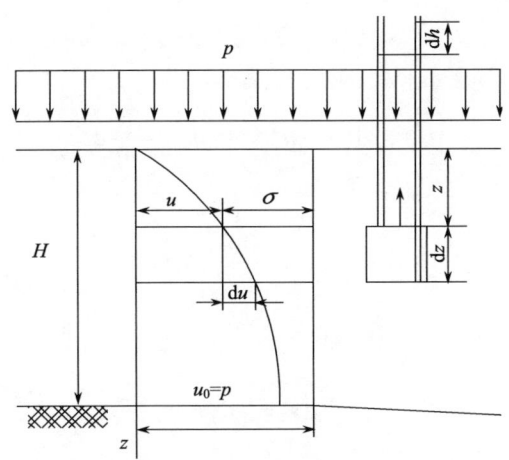

图 4-17 饱和黏土层的孔压变化

为了方程的建立,将坐标 z 的零点放在黏土层透水面上,方向由透水面向不透水面,即图中的向下方向。

现考察黏土层层面以下 z 深度处厚度为 dz、面积为单元体的水量变化和孔隙体积压缩的情况。在地面加荷之前,单元体顶面和底面的水位与地下水位齐平。而在加荷瞬间,即 $t=0$ 时,水位都将升高 $\dfrac{p}{\gamma_w}$,γ_w 为水的容重。在固结过程中的某一时刻 t,单元体顶面水位高出地下水位 $h=\dfrac{u}{\gamma_w}$,而底面水位又比顶面水位高出 $dh=\dfrac{\partial h}{\partial z}dz=\dfrac{1}{\gamma_w}\dfrac{\partial u}{\partial z}dz$,如图 4-17 所示。由于单元体顶面与底面存在着水头差 dh,因此单元体中将发生渗流并引起水量变化和孔隙体积的改变。

设在固结过程中的某一时刻 t,从单元体顶面流出的流量为 q,从底面流入的流量为 $q+\dfrac{\partial q}{\partial z}dz$。于是,在时间增量 dt 内,单元体中的水量变化应等于流入与流出该单元体中的水量之差,即

$$dQ=\left(q+\dfrac{\partial q}{\partial z}dz\right)dt-qdt=\dfrac{\partial q}{\partial z}dzdt \qquad (4\text{-}37)$$

设在时间增量 dt 内单元体上的有效应力增加为 $d\sigma'$,则单元体中孔隙体积的减小为

$$dV=-m_v d\sigma' dz \qquad (4\text{-}38)$$

式中,m_v 为体积压缩系数,$m_v=\dfrac{a}{1+e_1}$,其中 e_1 和 a 分别为黏土层的初始孔隙比和平均压缩系数。

由于在固结过程中外荷载保持不变,因而在 z 深度处的附加应力也为常量,则有效应力的增加将等于孔隙水应力的减小,即

$$d\sigma'=d(p-u)=-du=-\dfrac{\partial u}{\partial t}dt \qquad (4\text{-}39)$$

将式(4-39)代入式(4-38)得

$$dV=m_v\dfrac{\partial u}{\partial t}dzdt \qquad (4\text{-}40)$$

对于饱和土体而言,由于孔隙被水充满,因此在 dt 时间内单元体中孔隙体积的减小应等于水量的变化,即

$$dV=-dQ$$

将式(4-37)和式(4-40)代入上式可得

$$m_v \frac{\partial u}{\partial t} = \frac{\partial q}{\partial z} \tag{4-41}$$

根据达西定律，在 t 时刻通过单元体的流量可表示为

$$q = -Ki = -K\frac{dh}{dz} = -\frac{K}{\gamma_w}\frac{\partial u}{\partial z} \tag{4-42}$$

将式(4-42)代入式(4-41)左端，即可得到单向固结微分方程式为

$$C_v \frac{\partial u}{\partial t} = C_v \frac{\partial^2 u}{\partial z^2} \tag{4-43}$$

$$C_v = \frac{K}{m_v \gamma_w} = \frac{K(1+e_1)}{a\gamma_w} \tag{4-44}$$

式中，C_v 为土的固结系数，m^2/d，它是反应孔压消散快慢的一个参数。随着 C_v 值变高，单位时间内孔压的改变量变大。

由式(4-44)可见，C_v 与渗透系数 K 成正比，而与压缩系数 a 成反比。土的渗透系数高，排水快，自然孔压消散得快。压缩系数高表示同一荷载下压缩的体积大，而这些被压缩的土体体积就等于排出的水量，这意味着需要排出的水量大才能达到相同的孔压消散效果，因此当压缩系数较大时固结系数将较小。

3) 固结方程的解

在一定的初始条件和边界条件下，可以解得任一深度 z 在任一时刻 t 时的孔隙水应力 u 的表达式。

a. 单面排水

一面排水，一面不排水，假设附加应力随深度 z 而变化，其初始条件和边界条件如下：

$t=0$，$0 \leqslant z \leqslant H$ 时，$u_0 = u_0(z)$；

$0 < t < \infty$，$z=0$ 时，$u=0$（透水面）；

$0 < t < \infty$，$z=H$ 时，$q=0$，即 $\frac{\partial u}{\partial z} = 0$（不透水面）。

用分离变量法可得

$$u = \sum_{m=1,3,5,\cdots}^{\infty} \left[\frac{2}{H}\int_0^H u_0(z)\sin\left(\frac{m\pi z}{2H}\right)dz\right]\sin\left(\frac{m\pi z}{2H}\right)\exp\left(-\frac{m^2\pi^2}{4}T_v\right) \tag{4-45}$$

式中，H 为最大排水距离，在单向排水的条件下为土层厚度，在双面排水条件下为土层厚度的一半；T_v 为时间因数，无因次。

$$T_v = \frac{C_v t}{H^2} \tag{4-46}$$

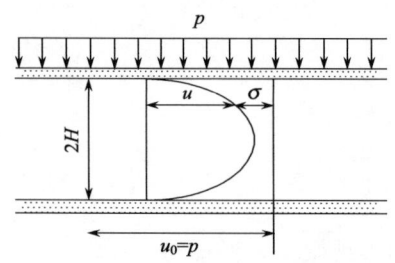

图 4-18　土层双面排水的情况

b. 双面排水

对土层为双面排水的情况，如图 4-18 所示，土层厚为 $2H$。初始条件和边界条件为

$t=0$，$0 \leqslant z \leqslant 2H$ 时，$u_0 = u_0(z)$；

$0 < t < \infty$，$z = 0$ 时，$u = 0$（透水面）；

$0 < t < \infty$，$z = 2H$ 时，$u = 0$（不透水面）。

式（4-43）的解为

$$u = \sum_{n=1}^{\infty} \left[\frac{1}{H} \int_0^{2H} u_0(z) \sin\left(\frac{n\pi z}{2H}\right) dz \right] \sin\left(\frac{n\pi z}{2H}\right) \exp\left(-\frac{n^2 \pi^2}{4} T_v\right) \quad (4\text{-}47)$$

式中，n 为正整数。

2. 外荷随时间变化的固结

前面所讲的固结理论都是在外荷载一次瞬时施加的假定基础上得出的，而建筑物的兴建总有一段时间，在施工期中，孔压的产生和消散显然与荷载一次时间是有区别的，就有必要考虑荷载缓慢施加时的固结。当荷载缓慢施加时，附加应力不仅随深度变化，也随时间而变化。建立固结微分方程：

$$d\sigma' = d\sigma - du = \frac{\partial \sigma}{\partial t} dt - \frac{\partial u}{\partial t} dt \quad (4\text{-}48)$$

代入式 $dV = -m_v d\sigma' dz$，可得固结微分方程为

$$\frac{\partial u}{\partial t} = C_v \frac{\partial^2 u}{\partial z^2} + \frac{\partial \sigma}{\partial t} \quad (4\text{-}49)$$

对所示的土层情况，仍然有前面所述的孔压初始条件和孔压边界条件，还需增加总应力 的边界条件。假定荷载在施工期呈直线上升，完工后便不再改变，其数学表达式为

当 $0 < t < t_0$ 时，

$$\sigma = \frac{p_0}{t_0} t$$

式中，p_0 为完工时的荷载；t_0 为施工期。

当 $t > t_0$ 时，$\sigma = p_0$，则

$$\frac{\partial \sigma}{\partial t} = 0 \quad (4\text{-}50)$$

利用 μ 和 σ 的上述条件，可得

$$u = \frac{16 p_0}{\pi^3 T_{v0}} \sum_{m=1,3,5,\cdots}^{\infty} \frac{1}{m^3} \sin\left(\frac{m\pi z}{2H}\right) \left[1 - \exp\left(-\frac{m^2 \pi^2}{4} T_v\right)\right] \quad (4\text{-}51)$$

$$u = \frac{16 p_0}{\pi^3 T_{v0}} \sum_{m=1,3,5,\cdots}^{\infty} \frac{1}{m^3} \sin\left(\frac{m\pi z}{2H}\right) \left[1 - \exp\left(-\frac{m^2 \pi^2}{4} T_v\right)\right] \exp\left[-\frac{m^2 \pi^2}{4}(T_v - T_{v0})\right] \tag{4-52}$$

式中，$T_v = \dfrac{C_v t}{H^2}$，$T_{v0} = \dfrac{C_v t_0}{H^2}$。

由上两式可推得土层深度内平均的孔隙水压力为

$$\bar{u} = \int_0^H u \, \mathrm{d}z$$

则

$$\bar{u} = \frac{32 p_0}{\pi^4 T_{v0}} \sum_{m=1,3,5,\cdots}^{\infty} \frac{1}{m^4} \left[1 - \exp\left(-\frac{m^2 \pi^2}{4} T_v\right)\right] \tag{4-53}$$

$$\bar{u} = \frac{32 p_0}{\pi^4 T_{v0}} \sum_{m=1,3,5,\cdots}^{\infty} \frac{1}{m^4} \left[1 - \exp\left(-\frac{m^2 \pi^2}{4} T_v\right)\right] \exp\left[-\frac{\pi^2 m^2}{4}(T_v - T_{v0})\right] \tag{4-54}$$

利用式 $U = 1 - \dfrac{\int_0^H u \, \mathrm{d}z}{\int_0^H \sigma \, \mathrm{d}z}$ 可求固结度。这时的固结度可以有两种理解：一种是把式中的总应力看作当前时刻 t 的总应力，当 $t < t_0$ 时，$\sigma < \dfrac{p_0}{t_0} t$；另一种是将 σ 作为完工时的总应力，则 $\sigma = p_0$。

要根据工程中所要分析的问题决定选用何种意义的固结度。

3. 固结系数的确定

前面讲到，固结系数是反映固结快慢的重要指标，为了计算孔压消散过程或固结度的变化，必须给出固结系数。式(4-54)给出了固结系数的一种确定方法，即由压缩系数和渗透系数计算。它也可以根据压缩试验结果直接确定。在做压缩试验时，对于每级荷载记录荷载施加后的测微表读数 d(土样压缩量)随时间 t 的变化。由 d-t 曲线可推固结系数。常用的方法有以下几种。

1) 时间对数法

由式 $U = 1 - \dfrac{8}{\pi^2}\left(\mathrm{e}^{-\frac{\pi^2}{4} T_v} + \dfrac{1}{9}\mathrm{e}^{-\frac{9\pi^2}{4} T_v} + \cdots\right)$ 可见固结度 U 与时间因数 T_v 之间的关系是单值的，而确定时间因数 T_v 中含有 C_v 和 t。利用试验结果得出某一时刻 t 的固结度 U，也就可以推出固结系数 C_v。

2) 时间平方根法

根据式 $U = \sqrt{\dfrac{4 T_v}{\pi}}$，当 $U < 0.53$ 时，U 与 $\sqrt{T_v}$ 成正比，也可推得是一直线。用

初始段的试验点作拟合为一直线,使其与纵轴相交,交点为 A。交点的纵坐标就是 d_0,即固结度为零的初读数。

如果将该直线 AB 向下延伸,即当 $U>0.53$ 时,仍用式 $U=\sqrt{\dfrac{4T_v}{\pi}}$ 计算 T_v,则在 $U=90\%$ 时 $T_v'=0.6362$,$\sqrt{T_v'}=0.798$;而实际上应该用式 $U=1-\dfrac{8}{\pi^2}e^{-\dfrac{\pi}{4}T_v}$ 计算,可得 $T_v=0.848$,$\sqrt{T_v}=0.920$;$\dfrac{\sqrt{T_v}}{\sqrt{T_v'}}=1.15$。可见,在 $U=90\%$ 时,用初始直线向下延伸所得的横坐标若乘以修正系数 1.15,就能得符合固结理论的正确的横坐标值。为此,作另一直线 AC,使该线上任一点的横坐标为具有相同纵坐标的 AB 线上点的横坐标乘以 1.15。AC 线与试验曲线的交点就是 $U=90\%$ 的点。相应纵坐标为 d_{90},横坐标由曲线可得 t_{90},将 $U=90\%$ 的 T_v 值 0.848 代入式 $T_v=\dfrac{C_v t}{H^2}$,可得固结系数为

$$C_v = \frac{0.848 H^2}{t_{90}} \tag{4-55}$$

(三)固体废弃物处置中的力学分析

固体废弃物的处置是土地工程整治中重要且永恒的问题。一是在土地整治过程不断完善后,有关肥力、植物生长、生态等问题一一解决,固体废弃物处置却会一直存在。二是有少量的非农用地,其土地的来源就是固体废弃物(垃圾)处理场地。土地工程中固体废弃物既包含建筑垃圾,也包含一定数量的生活垃圾,目前大致采用填埋、堆肥、焚烧三种处置方法。焚烧涉及力学问题较少,而堆肥和填埋则有些共性的问题,此处重点介绍填埋中的岩土工程设计计算方法。

土地工程中固体废弃物的填埋工程能否正常运行,依赖于四大系统(防渗系统、渗透液收集系统、气体收集系统和封顶系统)的工作状态。防渗系统的作用是阻隔填埋场内渗滤液与地下水之间的交换通道,防止渗滤液污染地下水,保证填埋场附近地下水的安全性;同时也可防止地下水进入填埋体。渗滤液收集系统的设置是为了控制垃圾填埋体内的渗滤液的高度,降低渗滤液上升对防渗系统的压力,保证防渗系统的可靠性。气体收集系统是有控制地集中收集、净化、使用垃圾填埋场产生的垃圾气,减轻和防止垃圾气对大气污染及由垃圾气引发的火灾或爆炸事故,并能利用净化的垃圾气发电或替代其他能源。最终覆盖系统即封顶系统设置的目的是垃圾填埋场填埋到预定库容后,对已填埋的垃圾体进行封闭,限制降水入渗引起的渗透液的增加。其中防渗系统是垃圾填埋工程建设成败的关键,故此处重点介绍防渗系统。

固体填埋工程中的防渗措施有黏土衬垫、土工膜与土工合成材料组合衬垫、土工合成黏土衬垫等。中国使用最多的是黏土衬垫,也有部分工程会采用土工膜与土工合成材料组合衬垫。在建设部颁发的《城市生活垃圾卫生填埋技术规范》(CJJ 17—2001)中规定:"黏土类衬垫的填埋场,黏土衬垫的渗透系数不应大于$1.0×10^{-7}$ cm/s,场地及四壁沉淀的厚度不应小于 2 m;改良土衬垫的防渗特性能应达到黏土类防渗性能。"在中国黏土衬垫使用面广量大,相关的研究成果也很丰富。

一个合格的黏土衬垫除了具备较低的渗透系数外,还要有足够的抗剪强度和最小的收缩势以防脱水裂开。压实黏土衬垫设计的目标就是找出含水率和干密度的理想区,在理想区的压实土样应具有:①低透水率;②足够的抗剪强度;③干燥时收缩势最小。

1. 低渗透系数

要建立 $K<1×10^{-7}$ cm/s 的压实土样含水率-干密度范围,其步骤如下。

(1)在实验室分别用三种(修正、标准和折减)普氏击实能击实土样以求得如图 4-19 所示的击实曲线,每种击实能下需 5~6 个不同含水率的试样。

(2)每个击实试样还要做渗透试验以确定其渗透系数,要注意确保试验的精度,每个重要环节(如饱和度、反压力和有效侧限应力等)均要仔细选择,测得的渗透系数与制备含水率关系如图 4-19 所示。

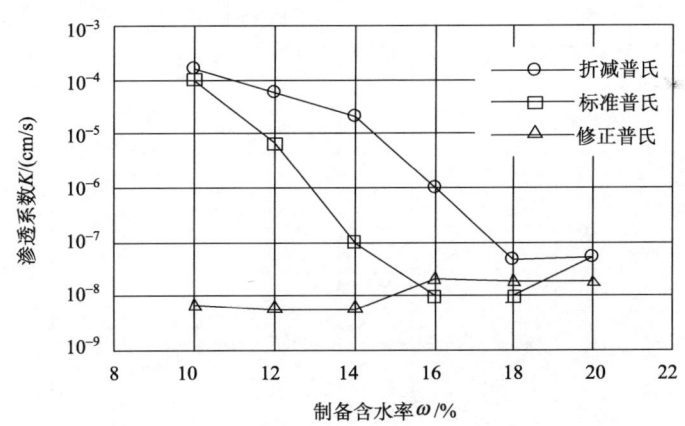

图 4-19 渗透系数与制备含水率关系曲线

(3)重绘含水率-干密度试验点,用不同符号代表不同渗透系数的击实实验,如图 4-20 所示。

上述步骤包括进行击实和渗透两种试验,在三种不同的击实能下,每种击实能均需 5~6 个土样,或者说对每种土料要做 15~18 个击实和渗透试验以供分析。

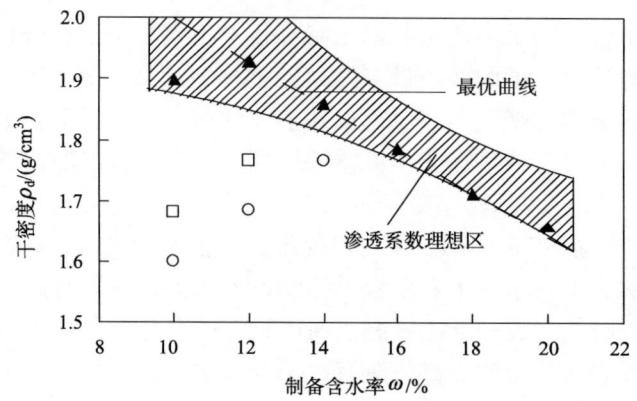

图 4-20　含水率与干密度关系曲线

2. 足够的抗剪强度

大部分填埋场的填埋高度都超过 20 m，有些甚至高达 60～70 m，填埋场的黏土衬垫必须具有足够的强度以承担这些覆盖物的高压。如果需要建立一个填埋场黏土衬垫，所需强度要达到 200 kPa，则为建立一个具有所需抗剪强度为 200 kPa 以上的击实试样的含水率-干密度理想区，可采取以下步骤。

（1）在实验室用三种普氏击实能击实土样以建立击实曲线。

（2）每个击实试样均需做无侧限压缩试验或不固结不排水三轴试验，以确定每个试样在不同含水率不用击实能下的抗剪强度（图 4-21）。

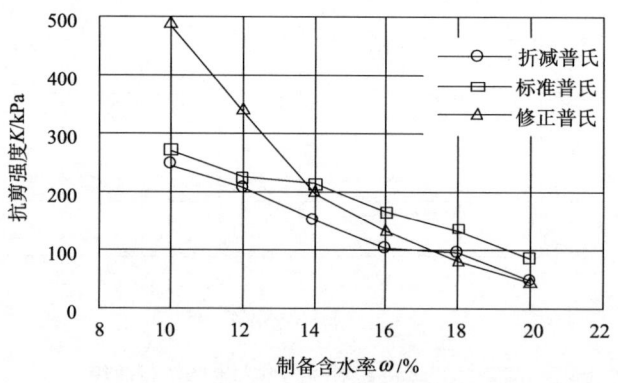

图 4-21　抗剪强度与含水率关系曲线

（3）重绘含水率-干密度试验点，用不同符号代表不同抗剪强度的击实试样，如图 4-22 所示。图中空心符号表示抗剪强度小于最大要求强度值（200 kPa）的试样，实心符号表示抗剪强度不小于 200 kPa 的试样。所绘理想区应包括所有达到或超过设计标准（抗剪强度不小于 200 kPa）的试验点。

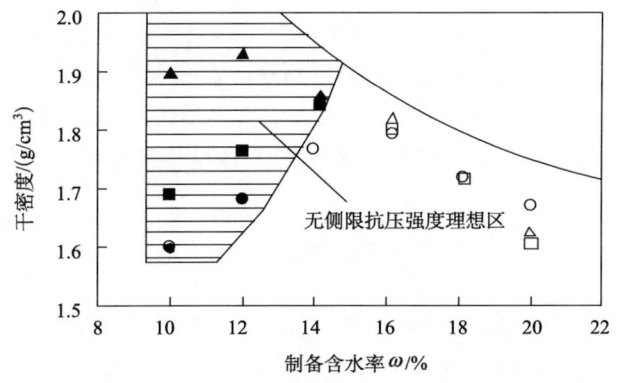

图 4-22 考虑无侧限抗压强度的理想区

3. 最小收缩势

用于固体废弃物填埋场黏土的压实含水率通常均高于最优含水率,其目的是施工时减少压实黏土衬垫的渗透系数。然而在相对干旱或黏土易受季节性干旱影响的地区,在比较潮湿的条件下压实的黏土,脱水干燥会产生很大的裂缝。问题在于当压实土的填筑含水率增加时,土的收缩势也在增加。因此,要找到一种压实途径,使土料压实后,既具有较低的渗透系数又具有较小的收缩势,这一点十分重要。

对于干旱地区或因各种原因可能导致压实黏土衬垫脱水,为了设计低渗透性的压实黏土衬垫和覆盖,可采用如下措施。

(1) 用含砂量较高的土料。土体脱水收缩将随黏粒含量增加而加大,黏土中掺入一定量的砂土,可综合黏土低透水性和砂土低压缩性的特点,减小干旱时土的收缩量。如果没有砂土含量合适的黏质土,则可以考虑将当地合适的砂料和经过加工的黏土(如钠膨润土,或非膨胀性黏土如高岭土等)进行混合。

(2) 在低填筑含水率下压实。有些土在相对干的状态用较高的压实能压实,仍能同时达到低透水性和低收缩势的要求,即使出现脱水状态,土体的收缩和干裂也极轻微。

(3) 要特别注意覆盖系统。如果上覆压力很小,则干燥脱水后的黏土虽会遇水膨胀,但不能恢复到原来的低透水性。由于覆盖系统中的黏土层所受应力比衬垫系统来自上覆废弃物的压力低得多,故脱水干燥会使该系统有遭受持久损害的较大危险。

(4) 保护好黏土隔离层。很薄的一层表土或没有覆盖物的土工膜都不能有效地防止下垫压实土层干裂。然而,在湿润地区用足够厚的土层覆盖或在干旱地区使用有表土保护的土工膜能很好地防止下垫压实黏土衬垫的干燥脱水。对于位于很干燥的底土上的黏土衬垫,因为干土的吸力比衬垫大得多,所以应考虑用土工膜将黏土衬垫和很干的地基土隔开。

如果要设计一个透水性低收缩势又很小的压实黏土衬垫,一个合理的途径是使土的填筑含水率最小。当然，在这个最小填筑含水率下压实的土，其渗透系数仍应小于 1×10^{-7} cm/s；关键是如何确定所选土料的填筑含水率。

一般认为防止该土发生干裂的体积应变合格值为小于或等于 4%。如以此为设计标准，为建立室内击实试样达到体积应变合格值的含水率-干密度理想区，可采取以下步骤。

(1) 在实验室用三种普氏击实能击实试样，求出击实曲线。每种击实能下需 5～6 个土样。

(2) 每个击实试样均要进行体积收缩试验，以确定每个试样在不同含水率、不同击实能下的体积应变值。测得的体积应变与制备含水率的关系如图 4-23 所示。

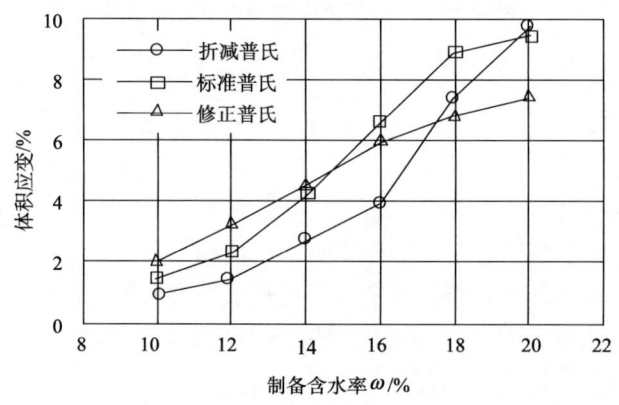

图 4-23 体积应变与含水率关系曲线

(3) 重绘含水率-干密度试验点，用不同符号表示击实试样有不同的体积应变，如图 4-24 所示。图中空心符号表示体积应变大于最大适应值(4%)的土样，实心符号表示体积应变不大于 4% 的土样。画出的理想区应包括所有达到或超过设计标准的试验点。

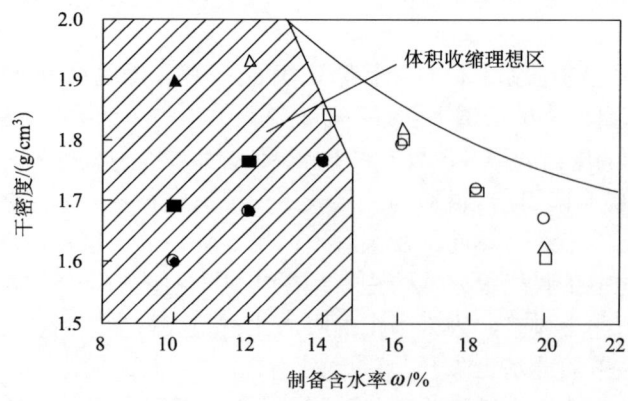

图 4-24 考虑体积收缩的理想区

二、农用地的力学需求

农用地土地工程中,土体有机重构中涉及的田坎稳定、水利渗流等工程实践问题都需要力学知识来解答。

(一)田坎侧坡的稳定

梯田是指在坡耕地上沿等高线修筑的一台台田面平整的台阶状田块。在南方丘陵地区和黄土丘陵沟壑区都是主要的坡面治理工程,也是主要的基本农田,梯田的田坎侧坡是梯田的重要组成部分,不仅影响着梯田的稳定性,还影响着田坎占地的多少。田坎侧坡缓则田坎稳定,但田坎占地多;田坎坡陡则田坎占地少,但容易滑塌。田坎侧坡是减少田坎占地,确保田坎稳定的主导因素。在土地工程中,要提高梯田质量,确保田坎稳定,减少田坎占地,保护土地资源,就需对田坎侧坡稳定进行研究。

1. 干的无黏性土坡

处于不渗水的砂、砾、卵石组成的无黏性土坡,只要坡面上颗粒能保持稳定,则整个土坡便是稳定的。对于均质无黏性土坡,坡角为 β,自坡面上取一单元土体,其质量为 W,由 W 引起的顺坡向下的滑力为 $T=W\sin\beta$,对下滑单元体的阻力为

$$T_\mathrm{f} = N\tan\varphi = W\cos\beta\tan\varphi$$

式中,φ 为无黏性土的内摩擦角。

因此,无黏性土坡的稳定系数为

$$K_\mathrm{f} = \frac{T_\mathrm{f}}{T} = \frac{W\cos\beta\tan\varphi}{W\sin\beta} = \frac{\tan\varphi}{\tan\beta} \tag{4-56}$$

由此可得如下结论:当 $\beta=\varphi$ 时,$K=1$,土坡处于极限稳定状态,此时的坡角 β 为自然休止角;无黏性土坡的稳定性与坡高无关,仅取决于 β 角,当 $\beta<\varphi$ 时,$K>1$,土坡稳定。

2. 有渗流作用的无黏性土坡

有渗流作用的无黏性土坡,因受到渗透水流的作用,滑动力加大,抗滑力减小,沿渗流逸出方向的渗透力为 $J>i\times\gamma_\mathrm{w}$。

由 J 对单元土体产生的下滑分力和法向分力分别为

$$i\times\gamma_\mathrm{w}\cos(\beta-\theta) \text{ 和 } i\times\gamma_\mathrm{w}\sin(\beta-\theta) \tag{4-57}$$

式中,i 为渗透水力坡降;γ_w 为水的重度;θ 为渗流方向与水平面的夹角。

因土渗水,其质量采用浮重度 γ' 进行计算,故其稳定系数为

$$K = \frac{[\gamma' \cos\beta - i\gamma_w \sin(\beta-\theta)] \tan\varphi}{\gamma' \sin\beta + i\gamma_w \cos(\beta-\theta)} \quad (4\text{-}58)$$

当渗流方向为顺坡时，$\theta = \beta$，$i = \sin\beta$，则 K 为

$$K = \frac{\gamma' \tan\varphi}{\gamma_{sat} \tan\beta} \quad (4\text{-}59)$$

式中，$\dfrac{\gamma'}{\gamma_{sat}} \approx 1$，说明渗流方向为顺坡时，无黏性土坡的稳定系数与干坡相比，将降低 1/2。

当渗流方向为水平逸出坡面时，$\theta=0$，$i=\tan\beta$，则 K 为

$$K = \frac{(\gamma'\gamma_w \tan^2\beta) - \tan\varphi}{(\gamma' + \gamma_w) \tan\beta} \quad (4\text{-}60)$$

式中，$\dfrac{\gamma'\gamma_w \tan^2\beta}{\gamma' + \gamma_w} < \dfrac{1}{2}$，说明与干坡相比下降了一半多。

上述分析说明，有渗流情况下无黏性土坡只有当坡角 $\beta \leqslant \varphi$ 时，才稳定。

3. 黏性土坡稳定性分析

建立在极限平衡原理基础上的条分法包含静力平衡条件、安全系数和莫尔-库仑强度准则这三个基本原则。

1) 静力平衡条件及合理性原则

将假设的滑动土体划分成若干个土条，根据土条的受力情况建立力和力矩的平衡方程，在联立的方程组中，当未知数个数超过方程式个数时，此问题就变成了静不定问题，解决这一问题的方法是假定多余的未知数，使未知数的个数与方程式个数相等，从而求得方程组的解。在作假定时，为弥补未知量任意性带来的精度损失，一些学者提出了一些合理性的要求，包括：

(1) 沿着土条两侧的垂直面上的剪应力不能超过土条的抗剪强度，也就是说不能发生剪切破坏。

(2) 土条的接触面上不应出现拉应力，解决这一问题的方法是控制土条有效力的合力作用点，使其不落在土条垂直面的外侧。

2) 安全系数

安全系数的概念通常有两种表达方式：一种是通过增加外力使滑块体在滑裂面处达到极限平衡状态，具有超载系数的性质；另一种则是将土体的抗剪强度指标降低为 c'/F 和 $\tan\phi'/F$，使滑块体在滑裂面处达到极限平衡状态，具有强度储备的性质，即

$$\tau = c'_e + \sigma'_e \cdot \tan\phi'_e \quad (4\text{-}61)$$

式中，c'_e 为极限平衡状态下的有限黏聚力，$c'_e = c'/F$；σ'_e 为极限平衡状态下的有效应力；ϕ'_e 为极限平衡状态下的内摩擦角，$\tan\phi'_e = \tan\phi'/F$。

最后可以化简为

$$F = \frac{\tau_f}{\tau} \tag{4-62}$$

式中，$\tau_f = c' + \sigma'_n \cdot \tan\phi'$。

此种定义方法与 Duncan 指出的边坡安全系数定义方法类似，具体意思是为使边坡恰好达到临界状态时，折减土体抗剪强度的程度；具体的定义形式是：土在实际工程中发挥的剪切强度与临界破坏时通过折减后的抗剪强度比值。这使得安全系数的物理意义简单易懂，所以该定义方法经过多年的实践在工程界得到了广泛的使用，为以后非圆弧滑动面的分析以及对土条分界面上条间力的各种假设方式提供了有利条件。

3) 莫尔-库仑强度准则

假设滑块体沿着某一滑动面滑动，在此滑面上的滑块体中每一点都达到了极限平衡，也就是滑块体的剪应力 τ 和正应力 σ'_n 满足莫尔-库仑强度准则。极限平衡方程式为

$$\Delta T = c'_e \Delta x \sec\alpha + (\Delta N - \mu \Delta x \sec\alpha)\tan\phi'_e \tag{4-63}$$

式中，Δx 为土条宽度；μ 为孔隙水压力；α 为土条底倾角，$\tan\alpha = \dfrac{dy}{dx}$。

根据土体极限平衡理论，可以推导出均质黏性土坡的滑动面为对数螺线曲面，形状近似于圆柱面，在断面上近似为圆弧形。观察现场滑坡体断面上的形态，也与圆弧相似。因此，在工程设计中常假定平面应变状态的土坡的滑动面为圆弧面。建立在这一假定上的稳定分析方法称为圆弧滑动法，是极限平衡法的一种常用分析方法。

(二) 渗流

土中各部分的水一般是可运动的，它们具有不同的饱和度、不同的势能和不同的运动方向(图 4-25)。土中水对土的工程性质有重要影响，土中水的运动对人类生活及环境也具有很大的影响。例如，土中水会影响土本身的强度和变形性质；孔隙水压力改变了土中有效应力，也进一步影响了土体的强度和变形。水入渗可补给地下水，也可能将地表污染带入地下水。渗流产生的渗透力可影响土坡的稳定，而渗透力又可引发土的渗透破坏。这些对于土地工程中土体承载性、水土保持、水资源的循环以及农田水利建设都有很大意义。

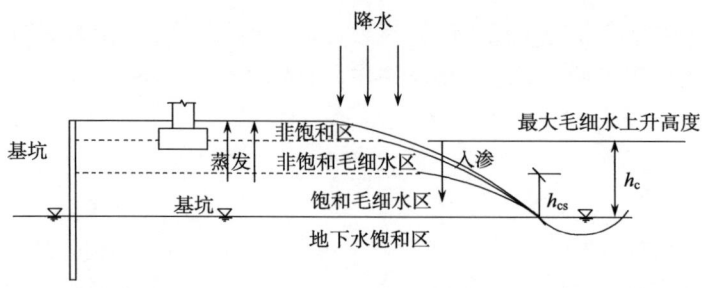

图 4-25　土中的水

1. 渗流的工程意义

土中水的渗流使大气降水补给地下水,或者增加土壤含水量,这对于地球上蓬勃生长的草木等植物是至关重要的,是地球生命的源泉之一。同时,也使宝贵的水资源得以存储,使大地充满了生机。渗流对于土体中水分的流动和利用有关键作用,极大地影响了农用地水分调控。

渗流也会引发许多严重的工程问题。农用地土地工程建设中,大量的挡水和输水建筑物及构造物的渗漏是一个严重的问题。目前中国已建渠道 80% 没有防渗措施,渠系中水的利用系数平均不足 0.5,有的渠道渗漏量高达 80%,损失了大量宝贵的水资源,恶化了环境,也引起了土壤的盐碱化。在非农用地中,土中水的渗流也有重要意义。高层建筑深基坑发生事故比例很高,其中主要原因在于土中水引起的水土压力变化和渗透变形。在采矿与石油工程中,渗流也是一个重要课题。

此外,渗透变形还会引起严重的土地工程破坏问题。加之近年来,污损土体修复的需求日益急切,生活和工业有毒废水的排放和固体垃圾堆放引起地下水的污染,放射性核废料通过地下水的污染与扩散,都是土地工程中致力解决的重大难题。这些都促进了从微观到宏观,从物理化学到力学,从理论分析到数值计算的对渗流问题的深入系统的研究。

2. 层流渗透定理

一般土的孔隙较小,水在土体流动过程中流速十分缓慢,多数情况下其流动状态属于层流,即相邻两个水分子运动的轨迹相互平行而不混流。达西利用图 4-26 所示的试验装置对均匀砂土进行大量渗透试验,得出了层流条件下,图中水渗透速度与能量损失之间关系的渗流规律,即达西定律。

$$\frac{q}{A} = v = ki \tag{4-64}$$

式中,q 为单位渗水量,cm^2/s;i 为水力梯度或水力坡降,即水头差与其距离之比,也表示单位渗流长度上水头损失($\Delta h/L$);v 为渗透速度,cm/s;k 为土的渗透系数，反映土的透水性大小的一个很有用的系数，其物理意义为：单位水力梯度 $i=1$ 时的渗透速度，其量纲与渗透速度相同（cm/s），k 值的大小与土的类别、土粒粗细、粒径级配、孔隙比及水的温度等因素有关。

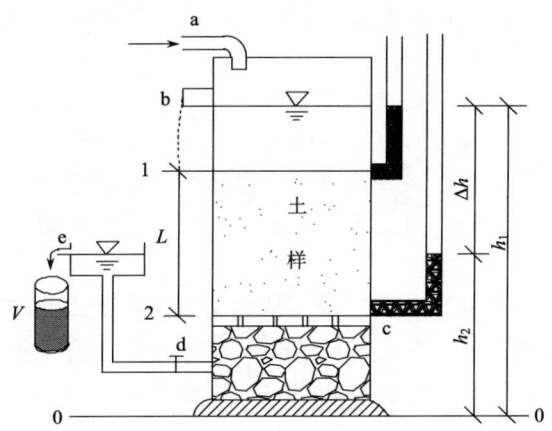

图 4-26　达西渗透试验装置

达西定律表明在层流状态的渗流中，渗透速度与水力梯度的一次方成正比。但是，在黏性很强的致密黏土中，会发生偏离，这是由于密实黏土的吸着水具有较大的黏滞吸力。因此，只有当水力梯度达到某一数值，克服了吸着水的黏滞阻力以后，才能发生渗透。将这一开始发生渗透时的水力梯度称为黏性土的起始水力梯度，此时达西定律修改为

$$v = k(i - i_b) \tag{4-65}$$

式中，i_b 为密实黏土的起始水力梯度。

3. 土的渗透系数

土的渗透系数 k 反映了土的渗透性能，是土的重要力学性能指标之一，它的大小可通过试验确定，试验可在实验室或现场进行。

室内测定渗透系数有常水头法和变水头法。根据达西定律，可设计常水头渗透试验装置。将已知的水头梯度加载到已知的土截面面积 A 上，在整个试验过程中土样上的压力水头维持不变。试验开始时，水自上而下流进土样，待渗流稳定后，测得在时间 t 内流过土样的流量 Q，$Q = qt = h\dfrac{\Delta h}{l}At$（$q$ 为单位时间内流过土截面面积 A 的流量），可得土样的渗流系数为

$$k = \dfrac{Ql}{\Delta h A t} \tag{4-66}$$

测定渗透系数很小的黏性土的渗透系数时，常采用变水头渗透试验，可详见

有关试验规程。

4. 影响土体渗透性的主要因素

土地工程中,影响土体渗透性的因素很多,而且也比较复杂,由于土体的各向异性,水平向与竖直向渗透系数也不同,而且土类不同,影响因素也不尽相同。以土体的土质分类如下:

影响砂性土渗透性的主要因素是颗粒大小、级配、密度以及途中封闭气泡。土颗粒越粗、越浑圆、越均匀,渗透性越大。级配良好的土,细颗粒填充与粗颗粒空隙中,土体空隙减小,渗透性变小,渗透性随相对密实度增加而减小。途中封闭气体不仅减小了土体断面上的过水通道面积,而且堵塞某些通道,使土体渗透性减小。

影响黏性土渗透性的因素更复杂。黏性土中含有亲水性矿物或有机质时,由于它们具有很大的膨胀性,大大降低了土的渗透性,含有大量有机质的淤泥几乎是不透水的。黏性土中若土粒的结合水膜厚度较厚,则会阻塞土的空隙,降低土的渗透性。

黏土颗粒的形状是扁平的。有定向排列作用,在沉积过程中,是在竖向应力和水平向应力不相等的条件下固结的,土体各向异性和应力各向异性造成了土体渗透性的各向异性。特别对于层状黏土,由于水平粉细砂层的存在,水平向渗透系数远大于竖直向渗透系数。

5. 流网

在渗流场中,由一组等势线(或者等水头线)和流线组成的网格称为流网。流网具有如下特性:

(1)对各向同性土体,等势线(等水头线)和流线处处垂直,故流网为正交的网格。

该条特性可通过等势线和流线的物理意义进行说明。根据等势线的特性可知,渗流场中一点的渗流速度方向为等势线的梯度方向,这表明渗流速度必与等势线垂直。另外,根据流线的定义可知,渗流场中一点的渗流速度方向又是流线的切线方向。因此,等势线与流线必定垂直正交。

(2)在绘制流网时,如果取相邻等势线间的 $\Delta\phi$ 和相邻流线间的 $\Delta\psi$ 为不变的常数,则流网中每一个网格的边长比也保持为常数。特别是当取 $\Delta\phi = \Delta\psi$ 时,流网中每一个网格的边长比为1,此时流网中的每一网格均为曲边正方形。

设在流网中取出一个网格,如图 4-27 所示,相邻等势线的差值为 $\Delta\phi$,间距为 l;相邻流线的差值为 $\Delta\psi$,间距为 s。设网格处的

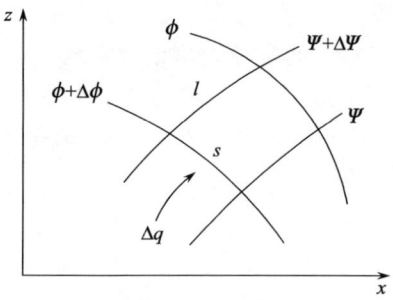

图 4-27 流网的特性

渗透流速为 v，则

$$\Delta \psi = \Delta q = v \cdot s$$

$$\Delta \phi = -k\Delta h = -k\frac{\Delta h}{l}l = vl$$

所以

$$\frac{\Delta \phi}{\Delta \psi} = \frac{v \cdot l}{v \cdot s} = \frac{l}{s} \tag{4-67}$$

因此，当 $\Delta \phi$ 和 $\Delta \psi$ 均保持不变时，流网网格的长宽比 l/s 也保持为一常数。而当 $\Delta \phi = \Delta \psi$ 时，对流网中的每一网格均有 $l=s$，这样流网中的每一网格均为曲边正方形。

根据前述的流网特征可知，绘制流网时必满足下列几个条件。
(1) 流线与等势线必须正交。
(2) 流线与等势线构成的各个网格的长宽比应为常数，即 l/s 为常数。为了绘图方便，一般取 $l=s$，此时网格应呈曲线正方形，这是绘制流网时最方便和最常见的一种流网图形。
(3) 必须满足流场的边界条件，以保证解的唯一性。

流网绘出后，即可求得渗流场中各点的测压管水头、水力坡降、渗透流速和渗流量。

第三节　各层级的力学需求

土地工程中，无论是农用地还是非农用地，在土体有机重构后，一般都具有层级分明的剖面结构，而不同层级之间性质不同，且层级之间会相互影响。因此在计算层级力学要求中，也应将所有层级作为完整的土体结构体去考虑。

一、各层级紧实度（沉降量）的计算

分层总和法是目前工程中最常用的地基沉降计算方法。现将分层总和法的基本原理和计算步骤介绍如下。

（一）基本假定和方法

为简化计算，作如下基本假设：
(1) 基底压力为线性分布。
(2) 用弹性理论计算基底中心点下的附加应力。
(3) 地基只发生单向沉降，即土处于侧限应力状态。

(4) 只计算主固结沉降，不计算瞬时沉降和次固结沉降。

(5) 将地基分成若干层，分别计算基础中心点下地基中各个分层土的压缩变形量，认为地基的沉降量等于各分层量的总和，即

$$s = \sum_{i=1}^{n} S_i \tag{4-68}$$

式中，n 为计算深度范围内的分层数。

(6) 适当考虑上述假定引入的误差，根据荷载和地基条件对计算沉降量进行修正。

(二) 计算步骤

分两种情况进行计算：情况 1 为基础面积较小且埋深较浅，基坑开挖后立即进行基础和上部结构施工，可不考虑地基回弹；情况 2 为基础面积和埋深均较大，由于基坑开挖保持敞开状态的时间较长，地基土有足够时间回弹。对情况 1 和情况 2，计算步骤分别叙述如下。

1. 情况 1

(1) 在地质剖面图上绘制基础中心下地基中的有效自重应力分布曲线和附加应力分布曲线，如图 4-28 所示。有效自重应力分布曲线由天然地面起算，基底压力 p 由作用于基础底面以上的荷载计算。因考虑开挖基坑后随即浇筑基础，可以认为在挖土卸载与浇筑基础重加载过程中，如果基础底面因卸载减少的压力 rd 与重加载增加的压力相等时，则地面不加应力。

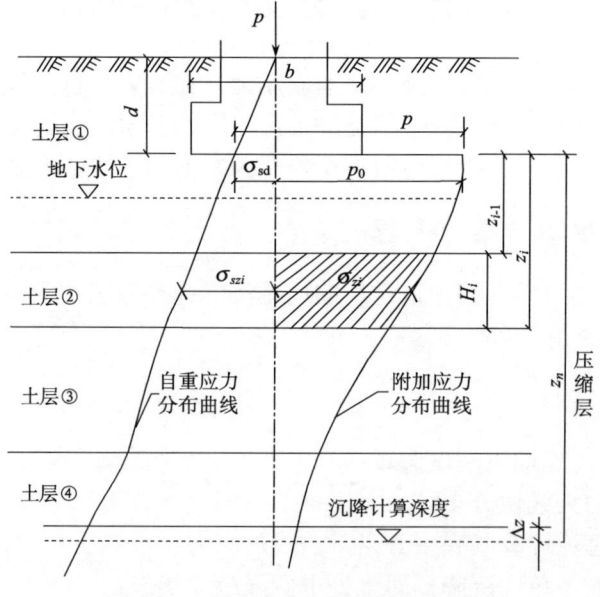

图 4-28　分层总和法计算地基沉降量

在有相邻荷载作用(其他基础荷载或地面荷载)时，沉降计算中应将相邻荷载在基础中心点下各个深度处引起的附加应力叠加到基础荷载引起的附加应力中去。相邻荷载对基础沉降的影响随荷载与基础之间距离的增加而迅速减小。

(2)确定沉降计算深度(主要压缩层厚度)。从图4-28可以看出，附加应力随深度递减，自重应力随深度递增，到了一定深度之后，附加应力相对于该处原有的自重应力已经很小，加之土的压缩性低，附加应力引起的压缩变形可以忽略不计，因此沉降算到此深度即可。一般取附加应力与自重应力的比值0.2(一般土)或0.1(软土)的深度处作为沉降计算深度的限界。中国《建筑地基基础设计规范》(GB 50007—2011)规定采用式(4-69)确定沉降计算深度：

$$\Delta s_n \leqslant 0.025 \sum\nolimits^n S_i \tag{4-69}$$

式中，Δs_n 是由计算深度向上取厚度为 Δz 的土层变形计算值，$\Delta z = 0.3 \sim 1.0 \mathrm{m}$，取决于基础宽度 b(表4-5)；S_i 为计算深度范围内第 i 层土的变形计算值。

表4-5 Δz 值

b/m	≤2	2<b≤4	4<b≤8	>8
$\Delta z/\mathrm{m}$	0.3	0.6	0.8	1.0

具体应用时采用试算法，先假设一个沉降计算深度，按式(4-69)校核，如不满足，再增加沉降计算深度，直至满足为止。

对一般房屋基础，如果不考虑相邻建筑物荷载的影响，也可按式(4-70)确定沉降计算深度 z_n。

$$z_n = b(2.5 - 0.4 \ln b) \tag{4-70}$$

式中，b 为基础宽度，m。

需要注意的是，如果在确定的沉降计算深度以下尚有压缩性较大的土层时，沉降应继续算到该土层底面为止。

(3)确定沉降计算深度范围内的分层界面。在沉降计算深度范围内，压缩性不同的天然土层的界面均应取为沉降计算分层面；地下水面及土的重度不同处也应取为分层面。此外，由于附加应力沿深度的变化是非线性的，e-p 曲线也是非线性的，为避免沉降计算产生较大的误差，分层厚度不宜过大，一般要求分层厚度不大于基础宽度 b 的2/5或4 m。

(4)计算各分层土的变形量 s_i。认为各分层土都是在侧限压缩条件下压力从 $p_1 = \sigma_{szi}$ 增加到 $p_2 = \sigma_{szi} + \sigma_{zi}$ 所产生的变形量 s_i。计算中有效自重应力 σ_{szi} 和附加应力 σ_{zi} 可从曲线直接量取，也可列表计算。其中计算用的变形参数应取 p_1 到 p_2 的压力段进行计算。

对于超固结土，应用 e-$\lg p$ 曲线求先期固结压力 p_c，然后根据超固结的程度，分下列两种情况进行沉降计算。

① 当 $\sigma_{szi} + \sigma_{zi} \leqslant p_{ci}$ 时，应用式(4-71)计算分层土 i 的沉降量：

$$s_i = C_{ei} \frac{H_i}{1+e_{oi}} \lg \frac{\sigma_{szi} + \sigma_{zi}}{\sigma_{szi}} \tag{4-71}$$

② 当 $\sigma_{szi} + \sigma_{zi} \geqslant p_{ci}$ 时：

$$s_i = C_{ei} \frac{H_i}{1+e_{oi}} \lg \left(\frac{p_{ci}}{\sigma_{szi}}\right) + C_{ci} \frac{H_i}{1+e_{oi}} \lg \frac{\sigma_{szi} + \sigma_{zi}}{p_{ci}} \tag{4-72}$$

式中，σ_{szi} 为第 i 分层 z 深度的自重应力；σ_{zi} 为第 i 分层 z 深度的附加应力；p_{ci} 为第 i 分层的先期固结压力；e_{oi} 为第 i 分层的初始孔隙比；C_{ei} 为第 i 分层的原位再压缩指数；C_{ci} 为第 i 分层的原位压缩指数；H_i 为第 i 分层的厚度。

整个地基内可能由正常固结土层和超固结土层组成，应分别计算各层土的沉降量，然后叠加就得到地基总的沉降量。

在用 e-p 曲线的计算中，当采用式 $s=(a/1+e_1)A_i$ 计算时，A_i 代表第 i 分层附加应力分布图的面积，即图 4-29 中阴影线的曲边梯形面积 $efdc$，可近似表示为 $A_i \approx \sigma_{zi}H_i$，该面积也等于 z_i 范围内附加应力分布图 $abdc$ 的面积减去 z_{i-1} 范围内附加应力分布图 $abfe$ 的面积，两个面积可以从附加应力分布图积分求得。令矩形面积 $\bar{\alpha}_i p_0 z_i$ 等于曲边梯形 $abdc$ 的面积，$\bar{\alpha}_{i-1} p_0 z_i$ 等于曲边梯形 $abfe$ 的面积，则有

$$A_i = p_0(\bar{\alpha}_i z_i - \bar{\alpha}_{i-1} z_{i-1}) \approx \sigma_{zi} H_i \tag{4-73}$$

式中，$\bar{\alpha}_i$、$\bar{\alpha}_{i-1}$ 为平均附加应力系数；其余符号意义见图 4-29。

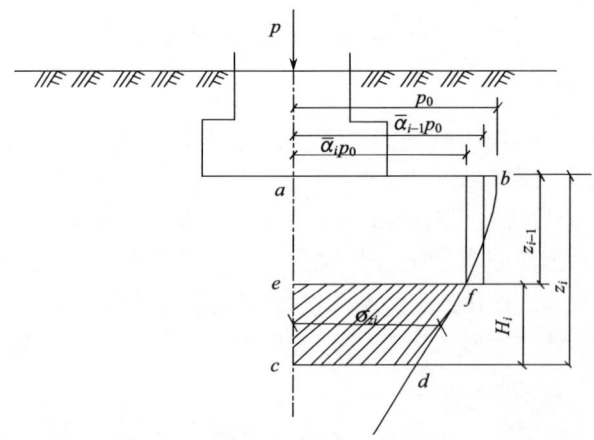

图 4-29　附加应力分布图面积计算

采用这种计算方法的优点是有现成的表可查 $\bar{\alpha}$ 值,而不必计算基础底面下的附加应力分布。该法为《建筑地基基础设计规范》(GB 50007—2011)推荐的方法,俗称"规范法"。

2. 情况 2

情况 2 的计算步骤与情况 1 类似,只是应力变化的计算方法有所不同。

对于基础面积和埋深均较大的情况,由于基坑开挖保持敞开状态的时间比较长,地基土有足够时间回弹。遇到这种情况,应分别计算再压缩量和压缩量。由于基础或建筑物的沉降应按基底回弹后的平面起算,所以基础的沉降由再压缩量和压缩量两部分组成。

图 4-30 表示一个基础宽度大、埋置深的开敞基坑。当把基底以上的土挖除时,地基内土体因卸载而自重应力降低。原来的有效自重应力分布曲线 Oa 变为 $O'a'$。图中的阴影面积表示开挖卸载所引起的负值附加应力分布图。当基础的面积很大,可以近似认为深度 d 以上的土层全部挖除时,则挖除后的自重应力分布曲线变成 $O'a''$。

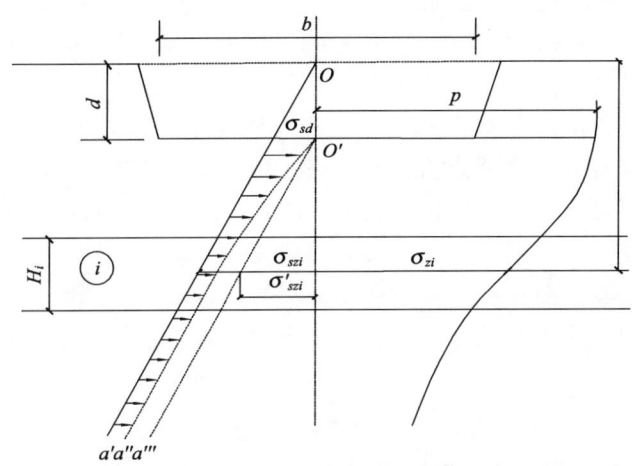

图 4-30 大基坑的沉降计算

现在讨论分层 i 中心点处的应力变化。假定开挖前为正常固结土,开挖后实际上变成超固结土,原先的有效自重应力 σ_{szi} 可以看成是先期固结压力 p_{ci};经过卸载后的自重应力 $\sigma_{szi} - r_d$ 就是加载前土体中的应力,显然,这种情况下基底的附加应力 p_0 就是基底全压力 p,因为基底现在的自重应力为 0。根据 p 值绘制地基中的附加应力分布曲线,在分层 i 的中心,附加应力为 σ_{zi},则加载后土体的应力变为 $\sigma_{szi} - r_d + \sigma_{zi}$。

分层 i 的回弹量或再压缩量,按 $e\text{-}\lg p$ 曲线计算时,有

$$s_{1i} = C_{ei} \frac{H_i}{1+e_{oi}} \lg \frac{\sigma_{szi}}{\sigma_{szi} - r_d} \tag{4-74}$$

分层 i 的压缩量为

$$s_{2i} = C_{ci} \frac{H_i}{1+e_{oi}} \lg \frac{\sigma_{szi} - r_d + \sigma_{zi}}{\sigma_{szi}} \tag{4-75}$$

式中，e_{oi} 为分层 i 开挖前的原位孔隙比(相当于自重应力 σ_{szi} 时的孔隙比)；C_{ei}、C_{ci} 分别为分层 i 的回弹再压缩指数和压缩指数。

分层 i 的总沉降量为

$$S_i = s_{1i} + s_{2i} \tag{4-76}$$

其他分层的沉降量也可以用同一方法计算，将压缩土层范围内各分层土的再压缩量叠加，就得到地基的总再压缩量(或总回弹量)；将各分层土的压缩量叠加就得到地基的总压缩量。地基的总沉降量就等于总再压缩量和总压缩量之和。

(三)沉降量修正

由于采用基础中心点下的附加应力作为计算依据，沉降计算值会比实际偏大，另外，由于假设基础底面以下土层处于完全侧限状态，只产生一维压缩，不发生侧向变形，这又会使沉降计算值比实际偏小，再加上许多其他因素造成的误差，如采用的压缩性指标由于土样扰动或土质不均匀而不能准确代表地基土层的实际形状，用上述分层总和法预计的基础沉降量与建筑物基础的实测沉降量往往并不相符，而有一定差异。这种差异的大小与地基土的种类、基础的形式、基底设计压力的大小以及土的压缩性有关。目前要从理论上确定各种因素造成的这种差异量尚有困难，只能根据建筑物实际观测资料与计算沉降量的比较，经验统计得出可用于各种不同情况下的沉降计算经验修正系数 ψ_s。这样，为了使预估沉降量 $\bar{s}$ 更接近实际，可写为

$$\bar{s} = \psi_s s \tag{4-77}$$

式中，s 为按分层总和法计算的沉降量。

在没有其他资料时，沉降经验修正系数 ψ_s 可按表 4-6 采用，表中 f_{ak} 为地基承载力特征值。

表 4-6 地基沉降计算经验系数 ψ_s

基底附加压力	$\overline{E_s}$ / MPa				
	2.5	4.0	7.0	15.0	20.0
$p_0 \geqslant f_k$	1.4	1.3	1.0	0.4	0.2
$p_0 \leqslant 0.75 f_{ak}$	1.1	1.0	0.7	0.4	0.2

表 4-6 中，$\overline{E}_s$ 为沉降计算深度范围内侧限压缩模量的当量值，应按下式计算：

$$\overline{E}_s = \frac{\sum A_i}{\sum \dfrac{A_i}{E_{si}}} \tag{4-78}$$

式中，A_i 为第 i 层土附加应力分布图的面积；E_{si} 为相应于该第 i 土层的侧限压缩模量。

从上面的分析可以看出，沉降经验修正系数 ψ_s 适当考虑了瞬时沉降和固结沉降的三维效应以及土变形的非线性，但未考虑次固结沉降。

(四) 关于分层地基沉降计算的讨论

上述分层总和法是当前工程实践中最广泛采用的沉降计算方法。

对于一般黏性土压缩层，在分层计算时可得出各层土在侧限条件下的固结沉降量，在进行沉降量修正时适当考虑了瞬时沉降和固结沉降的三维效应。对次固结沉降，可以采用流变学理论或其他力学模型进行计算，但比较复杂，而且有关参数不易测定。因此，目前在生产中主要使用下述半经验的方法估算土层的次固结沉降。

图 4-31 为室内压缩试验得出的孔隙比 e 与时间对数 $\lg t$ 的关系曲线，取曲线反弯点前后两段曲

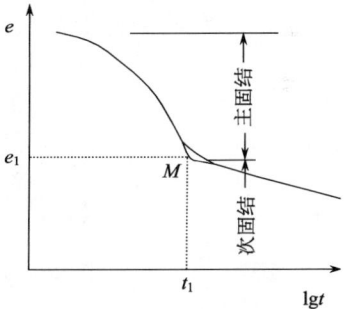

图 4-31 e-$\lg t$ 关系曲线

线的切线的交点 M 作为主固结段与次固结段的分界点；设相当于分界点的时间为 t_1；次固结段的斜率反映土的次固结变形速率，一般用 C_a 表示，称为土的次固结指数。知道了 C_a，也就可以按式 (4-79) 计算土层的次固结沉降 S_s：

$$S_s = \frac{H}{1+e_1} C_a \lg \frac{t}{t_1} \tag{4-79}$$

式中，H、e_1 分别为土层的厚度和初始孔隙比；t 为欲求次固结沉降量的时间，$t > t_1$。

从式 (4-79) 可以看出，给定地基土层的次固结沉降量 S_s 主要取决于土的次固结指数 C_a。研究表明，土的 C_a 与下列因素有关：①土的种类，塑性指数越大，C_a 越大，尤其是对有机土；②含水量 w 越大，C_a 越大；③温度越高，C_a 越大。

对于地基中的无黏性土层，其绝对沉降量一般不很大。但当荷载较大，相对密度较小时，其沉降量也不能忽略。无黏性土的渗透系数比较大，相当于在排水条件下加载，所以在一般情况下，大部分沉降在施工期间已经完成。计算无黏性土层的沉降，原则上可用上述分层总和法，常采用侧限压缩模量 E_s 进行计算，E_s 常通过标准贯入法等现场测试手段由经验的相关关系确定。

二、各层级渗透性的计算

大多数天然沉积土层是由渗透系数不同的多层土组成，宏观上具有非均质性。在计算渗流量时，常把几个土层等效为厚度等于各土层之和、渗透系数为等效渗透系数的单一土层。

（一）水平渗流情况

图 4-32 为层状土水平等效渗透系数计算示意图。已知地基内各层土的渗透系数分别为 k_1，k_2，k_3，…，土层厚度相应为 H_1，H_2，H_3，…，总土层厚度即等效土层厚度为 $\sum_{j=1}^{n} H_j$。渗透水流自断面 1-1 水平向流至断面 2-2，距离为 L，水头损失为 Δh。这种平行于各土层面的水平渗流的特点如下。

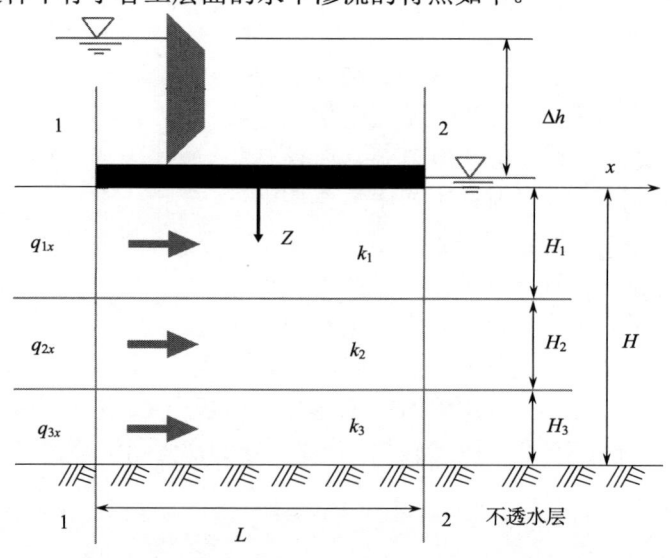

图 4-32 层状土水平等效渗透系数计算示意图

（1）各层土中的水力坡降 $i = \Delta h / L$ 与等效土层的平均水力坡降 i 相同。

（2）在垂直渗流方向取单位宽度 $d=1.0$，则通过等效土层的总渗流量 q_x 等于通过各层土渗流量之和，即

$$q_x = q_{1x} + q_{2x} + q_{3x} + \cdots = \sum_{j=1}^{n} q_{jx}$$

(4-80)

设等效土层的等效渗透系数为 k，应用达西定律可得

$$k_x iH = \sum_{j=1}^{n} k_{ji} H_j = i \sum_{j=1}^{n} k_j H_j \tag{4-81}$$

消去 i 后，即可得出沿水平方向的等效渗透系数

$$k_x = \frac{1}{H} \sum_{j=1}^{n} k_j H_j \tag{4-82}$$

可见，k_x 为各层土渗透系数按土层厚度的加权平均值。

（二）竖直渗流情况

设承压水流经土层 H 厚度的总水头损失为 Δh，流经每一层土的水头损失分别为 Δh_1，Δh_2，Δh_3，…（图 4-33）。这种垂直于各层面的渗流特点如下。

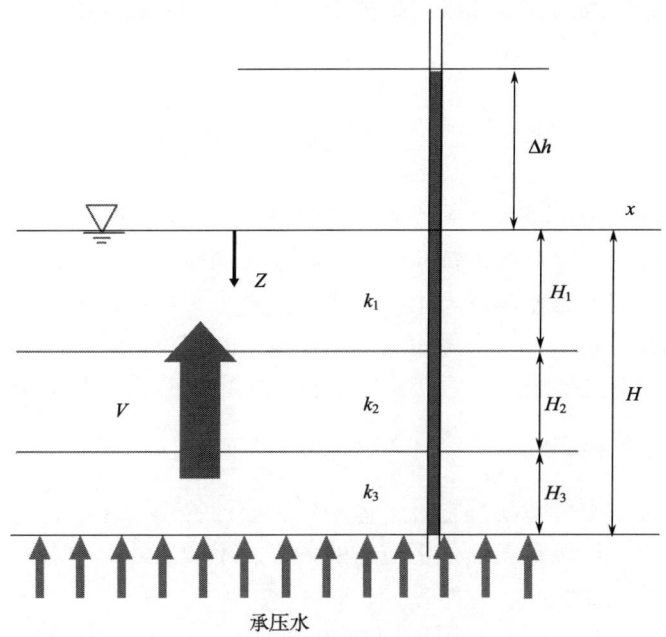

图 4-33　层状土垂直等效渗透系数计算示意图

(1) 根据水流连续原理，流经各土层的流速与流经等效土层的流速相同，即

$$v_1 = v_2 = v_3 = \cdots = v$$

(2) 流经等效土层 H 的总水头损失 Δh 等于各层土的水头损失之和，即

$$\Delta h = \Delta h_1 + \Delta h_2 + \Delta h_3 + \cdots = \sum_{j=1}^{n} \Delta h_j \tag{4-83}$$

第五章　土体有机重构的颗粒需求

在土地工程中，适宜的土体颗粒级配既是植物和微生物生长的决定性因素之一，又是影响土体沉降、土体渗流等的要素之一，也是满足生命生长的基本需求之一。开展土体颗粒的技术和工程探索是掌握土地工程学科的基础，在土体有机重构中应根据工程需求，将自然界中需要经过漫长自然作用方能形成的土体颗粒，选择不同材料和方法以工程的手段加快过程，迅速构建适宜的土体颗粒级配。本章通过对土体颗粒的基本概念以及常见类型的介绍，从不同土地工程土地利用类型角度出发，论述农用地和非农用地的土体有机重构对颗粒的要求以及土地工程中常见的土体颗粒改良方法。

第一节　土体颗粒重构基础

组成土体的各土层是各种矿物质颗粒的集合体，经过风化作用后的矿物颗粒，堆积在一起，中间贯穿着孔隙，孔隙当中存在水和空气。因而，土体是由固体颗粒、水和气体组成的三相体系。土体中颗粒的大小与形状、矿物成分与颗粒的相互搭配情况及其与水的相互作用和气体在孔隙中的相对含量，是决定土体的物理、化学、力学性质的主要因素，直接影响土体有机重构的设计和工程质量。

一、土体颗粒的粒径级配

土体颗粒构成土体骨架，它对土体中各土层的物理、化学、力学性质起决定性的作用。研究土体颗粒就要分析粒径的大小及不同尺寸颗粒在土体中所占的比例，称为土体的粒径级配。

(一)建设用地土体粒组划分

由于颗粒大小不同，土体可以具有很不相同的性质。例如，粗颗粒的砾石具有很强的透水性，完全没有黏性和可塑性；而细颗粒的黏土则透水性很小，黏性和可塑性较大。颗粒的大小通常以粒径表示，由于土体颗粒形状各异，颗粒粒径在筛分实验中用通过的最小筛孔的孔径表示；在水分法中用在水中具有相同下沉速度的当量球体的直径表示。工程上按粒径大小分组，称为粒组，即某一级粒径的变化范围。表5-1为建设用地常用的粒组划分及各粒组的粒径范围。

表 5-1 建设用地土体常用粒组划分

粒组划分			粒径范围/mm
巨粒组	漂(块)石组		$d>200$
	卵(碎)石组		$200≥d>60$
粗粒组	砾粒组	粗砾粒组	$60≥d>20$
		中砾粒组	$20≥d>5$
		细砾粒组	$5≥d>2$
	砂粒组	粗砂粒组	$2≥d>0.5$
		中砂粒组	$0.5≥d>0.25$
		细砂粒组	$0.25≥d>0.075$
细粒组	粉粒组		$0.075≥d>0.005$
	黏粒组		$d≤0.005$

可根据土的粒组划分绘制土的粒径级配累积曲线，这是土体重构重要的基础资料，从该曲线可以直接了解土的粗细程度、粒径分布的均匀程度和分布连续性程度，从而判断土的级配优劣。土的粗细常用平均粒径 d_{50} 表示。它指土中大于此粒径和小于此粒径的土的含量均占 50%。为了表示土体颗粒的均匀程度和分布连续性程度，取如下三种粒径作为特征粒径。

d_{10}：小于此种粒径的土体颗粒的质量占土体颗粒总质量的 10%，也称为有效粒径。

d_{30}：小于此种粒径的土体颗粒的质量占土体颗粒总质量的 30%。

d_{60}：小于此种粒径的土体颗粒的质量占土体颗粒总质量的 60%，也称为控制粒径。

定义土的不均匀系数 C_u 为

$$C_u = \frac{d_{60}}{d_{10}} \tag{5-1}$$

可见，C_u 越大，表示土体越不均匀，即粗颗粒和细颗粒的大小相差越悬殊。如果粒径级配曲线是连续的，C_u 越大，则曲线越平缓，表示土体中含有许多粗细不同的粒组，即粒组的变化范围宽。$C_u>5$ 的土称为不均匀土，反之称为均匀土。

(二)农用地土体粒组划分

在农用地土地工程实施中，土壤作为土体有机重构的主要材料，土体颗粒类型的分类一般参考土壤分级。由于不同研究者的研究目的不同，所采用的土壤颗粒划分标准往往不同，因此很难确定一个通用的土壤颗粒大小分级体系，目前存在的土壤粒级分类制主要有国际制、美国农业部制、卡庆斯基制和中国制。不同土壤粒级制划分情况见表 5-2。

表 5-2　农用地土体常用土壤粒级制

当量粒径/mm	中国制（1987）	卡庆斯基制（1957）			美国农业部制（1951）	国际制（1930）
3~2	石砾	石砾			石砾	石砾
2~1	石砾	石砾			极粗砂粒	粗砂粒
1~0.5	粗砂粒	物理性砂粒	粗砂粒		粗砂粒	粗砂粒
0.5~0.25	粗砂粒	物理性砂粒	中砂粒		中砂粒	粗砂粒
0.25~0.2	细砂粒	物理性砂粒	细砂粒		细砂粒	细砂粒
0.2~0.1	细砂粒	物理性砂粒	细砂粒		细砂粒	细砂粒
0.1~0.05	细砂粒	物理性砂粒	细砂粒		极细砂粒	细砂粒
0.05~0.02	粗粉粒	物理性砂粒	粗粉粒		粉粒	粉粒
0.02~0.01	粗粉粒	物理性砂粒	粗粉粒		粉粒	粉粒
0.01~0.005	中粉粒	物理性黏粒	中粉粒		粉粒	粉粒
0.005~0.002	细粉粒	物理性黏粒	细粉粒		粉粒	粉粒
0.002~0.001	粗黏粒	物理性黏粒	细粉粒		粉粒	粉粒
0.001~0.0005	细黏粒	物理性黏粒	黏粒	粗黏粒	黏粒	黏粒
0.0005~0.0001	细黏粒	物理性黏粒	黏粒	细黏粒	黏粒	黏粒
<0.0001	细黏粒	物理性黏粒	黏粒	胶质黏粒	黏粒	黏粒

不同粒级颗粒的矿物组成、化学成分和水分物理性质均有明显的差异。这些性质上的差异，对农用地肥力和农业生产性状产生深刻的影响。

1. 石砾和砂粒（>0.05 mm）

这是土体中的粗骨部分，严格地讲，它们只是侵入土中的母岩碎屑，还不能算是土粒。所含矿物均为原生矿物，矿物组成与母岩基本一致，它本身为非疏松多孔体，无通透性和蓄水性，也不能提供有效养分。含石砾和沙粒较多的土体疏松多孔，粒间孔隙大，通气透水好，排水通畅。由于颗粒粗、比表面积小、无黏结性、黏着性、可塑性和胀缩性，吸水保肥能力弱，大孔隙多，所以养分转化快，但容易随水流失，耕性较好。一般而言，石砾和砂粒的粒径在 4 cm 以下对作物没有危害，而农田颗粒在 2 cm 以内为宜。

2. 黏粒（<0.001 mm）

黏粒是土体中最具生命现象的颗粒，其颗粒细小，属于胶体范畴，是化学风化的产物，其矿物成分主要为次生矿物，与母岩成分相差很大。颗粒小、比表面大、粒间孔隙小，因而通气透水性弱，排水不畅，常易造成土体积水和内涝。土体物理机械性,如黏结性、黏着性、可塑性、胀缩性均强,造成耕性不良,干时结块龟裂,湿时泥泞。黏粒本身养料含量丰富,且吸水保肥能力强,潜在养分储量多,但土温较低,土温变幅小,养分不易转化。

3. 粉粒(0.05~0.001 mm)

颗粒大小介于黏粒和砂粒之间,矿物成分有原生矿物,也有次生矿物。粉粒很多性质介于砂粒和黏粒之间。粉粒的主要原生矿物成分是石英,有时被称为粉砂粒。含粉粒较多的土壤具有一定的可塑性、黏结性、黏着性和吸附性。

二、基于粒径级配的土体分类

自然界中的土体是多种多样的,成分、结构及性质千变万化,其分类标准很多,不同国家根据各自的地域特点和需要,制定了相应的分类系统和分类方法,以下主要介绍中国国内工程上的《建筑地基基础设计规范》(GB 50007—2011)、《土工试验规程》(SL 237—1999)以及农用地常用的分级类型比较,这些分类方法都是基于土体颗粒而进行的分类。对这些方法,要辩证地加以分析和理解,在实际土地工程应用中,因地制宜,合理选择。

(一)《建筑地基基础设计规范》分类法

这种分类体系将土体分为碎石土、砂土、粉土、黏性土和人工填土五大类。人工填土是基于人为因素形成的,只是成因上与其他土不同。因此,天然土实际上被分为碎石土、砂土、粉土、黏性土四大类。碎石土和砂土属于粗粒土,粉土和黏性土属于细粒土。粗粒土按粒径级配分类,细粒土则按塑形指数分类。具体标准如下。

1. 碎石土

碎石土指粒径大于 2 mm 的颗粒含量超过颗粒全重 50%的土。根据粒组含量及颗粒形状,可细分为漂石、块石、卵石、碎石、圆砾和角砾六类,见表 5-3。

表 5-3 碎石土的分类

名称	颗粒形状	粒组含量
漂石	圆形及亚圆形为主	粒径大于 200 mm 的颗粒超过全重 50%
块石	棱角形为主	
卵石	圆形及亚圆形为主	粒径大于 20 mm 的颗粒超过全重 50%
碎石	棱角形为主	
圆砾	圆形及亚圆形为主	粒径大于 2 mm 的颗粒超过全重 50%
角砾	棱角形为主	

注:分类时应根据粒组含量由大到小以最先符合者确定。

2. 砂土

砂土指粒径大于 2 mm 的颗粒含量不超过全重 50%，而粒径大于 0.075 mm 的颗粒含量超过全重的 50% 的土。砂土根据粒组含量不同又细分为砾砂、粗砂、中砂、细砂和粉砂五类，如表 5-4 所示。

表 5-4　砂土的分类

名称	粒组含量
砾砂	粒径大于 2 mm 的颗粒含量占全重的 25%～50%
粗砂	粒径大于 0.5 mm 的颗粒含量超过全重的 50%
中砂	粒径大于 0.25 mm 的颗粒含量超过全重的 50%
细砂	粒径大于 0.075 mm 的颗粒含量超过全重的 85%
粉砂	粒径大于 0.075 mm 的颗粒含量超过全重的 50%

注：分类时应根据粒组含量由大到小以最先符合者确定。

3. 粉土

粉土指粒径大于 0.075 mm 的颗粒含量不超过全量 50% 而塑性指数不大于 10 的土。它既不具有砂土透水性大、容易排水固结、抗剪强度较高的优点，又不具有黏性土防水性能好、不易被水冲蚀流失、黏聚力较大的优点。在许多工程问题上，表现出较差的力学性质，如受震动容易液化、湿陷性大、冻胀性大和易被冲蚀等。因此，在规范中，它既不属于黏性土，也不属于砂土，将其单列一类，以利于工程上正确处理。

4. 黏性土

黏性土指塑性指数 I_P 大于 10 的土。其中塑性指数 $10<I_P≤17$ 的称为粉质黏土，$I_P>17$ 的称为黏土。

5. 人工填土

由人类活动堆填形成的各类堆积物，称为人工填土。人工填土依据其组成物质可细分为四种，详见表 5-5。

表 5-5　人工填土按其组成物质分类

组成物质	土的名称
碎石土、砂土、粉土、黏性土等	素填土
建筑垃圾、工业废料、生活垃圾等	杂填土
水力冲刷泥沙的形成物	冲填土
经过压实或夯实的素填土	压实填土

通常人工填土的工程性质不良、强度低、压缩性大且不均匀。压实填土相对较好，杂填土工程性质最差。

6. 特殊材料

淤泥和淤泥质土属于软土，是地基基础工程中常遇到的土。淤泥是在净水中或者缓慢流水中沉积，并经生物化学作用形成的，是天然含水量大于液限、天然孔隙比大于或等于 1.5 的黏性土。天然含水量大于液限，孔隙比小于 1.5，但大于或等于 1.0 的黏性土或者粉土为淤泥质土。

此外，自然界中还分布着许多具有一般土所没有的特殊性质的土或类土材料，如砒砂岩、粉煤灰、黄土、红土、冻土、软土、胀缩性土(或膨胀土)、分散性土等，可以作为土体有机重构中改善土体颗粒的材料来源。它们的分类一般都有各自的规范，此处不再详述。

(二)水利部《土工试验规程》分类法

1. 总的分类体系与符号

这种分类法是先根据土体中的有机质含量将其分为有机土和无机土。对于无机土又分为巨粒土、粗粒土和细粒土，其中，粒径大于 60 mm 且质量大于颗粒总质量的 50%的土体称为巨粒土；小于 0.075 mm 且质量大于或等于颗粒总量 50%的土称为细粒土；颗粒在巨粒土与细粒土之间的土称为粗粒土。其中细粒土还包括一些特殊土。这种分类体系与一些主要西方国家土体的分类体系原则相同，细节上结合我国土体的特点做了某些变动。按照这一标准，土体总的分类体系如图 5-1 所示，其中有关符号见表 5-6。

- 土
  - 无机土
    - 巨粒土
      - 漂石类土(B)
      - 卵石类土(Cb)
    - 粗粒土
      - 砾类土(G)
      - 砂类土(S)
    - 细粒土
      - 粉土(M)
      - 黏土(C)
  - 有机土(O)

图 5-1　土体总的分类体系

表 5-6　土的分类及符号

土的分类	无机土			有机土
	巨粒土	粗粒土	细粒土	
成分	B (boulder) 漂石 Cb (cobble) 卵石	G (gravel) 砾 S (sand) 砂	C (clay) 黏土 M (mo 或 silt) 粉土 O (organic) 有机质土	P (pent) 泥炭质土
级配或液限	W (well graded) 级配良好	W (well graded) 级配良好	H (high liquid limit) 高液限 I (intermediate liquid limit) 中液限 L (low liquid limit) 低液限	
	P (poorly graded) 级配不良	P (poorly graded) 级配不良		

其中由一个基本代号构成时表示土的名称,如 S 表示砂,M 表示粉土;由两个基本代号构成时,第一个基本符号表示土的主成分,第二个基本代号表示土的特性指标(土的液限或土的级配优劣),如 GP 表示不良级配砾,CL 表示低液限黏土;由三个基本代号构成时,第一个基本代号表示土的主成分,第二个基本代号表示液限的高低(或级配的好坏),第三个基本代号表示土中所含次要成分,如 CHG 表示含砾高液限黏土,MLS 表示含砂低液限粉土。

2. 巨粒土与含巨粒土

试样中巨粒组(粒径 $d>60$ mm)的质量大于总质量 50%的土称为巨粒类土,其中巨粒(粒径 $d>60$ mm)的质量为总质量 75%~100%的土称为巨粒土,巨粒含量小于 75%,大于 50%的土为混合巨粒土(BSl、C_bSl)。巨粒含量为 15%~50%的土为巨粒混合土(SlB、SlC_b),巨粒含量小于 15%的土,可扣除巨粒,按粗粒土或细粒土的相应规定划分,见表 5-7。

表 5-7 巨粒土和含巨粒土的分类

土类	粒组含量		土代号	土名称
巨粒土	巨粒含量 75%~100%	漂石粒含量>50%	B	漂石
		漂石粒含量≤50%	C_b	卵石
混合巨粒土	巨粒含量小于 75%,大于 50%	漂石粒含量>50%	BSl	混合土漂石
		漂石粒含量≤50%	C_bSl	混合土卵石
巨粒混合土	巨粒含量 15%~50%	漂石粒含量>卵石含量	SlB	漂石混合土
		漂石粒含量≤卵石含量	SlC_b	卵石混合土
		细粒为粉土	SM	粉土质

3. 粗粒土

粗粒土又可分为砾类土和砂类土。粗粒土中砾类组的质量占粗粒组质量的 50%以上,则属于砾类土;其中砾类组含量小于或等于 50%,则属于砂类土。

砾类土和砂类土再根据其中细粒土的含量进一步分成三类。细粒土含量不足 5%时,称为砾(或砂)。其中,当级配良好时,标为 GW 或 SW;当级配不良时,标为 GP 或 SP。若细粒土含量为 5%~15%时称为含细粒土砾或含细粒土砂,标为 GF 或 SF。若细粒土含量大于 15%,小于或等于 50%时,称为细粒土质砾或细粒土质砂。其中,当细粒土为粉土时,称为粉质土砾(砂),标为 GM 或 SM;当细粒土为黏土时,称为黏土质砾(砂),标为 GC 或 SC。为了便于查阅,分别将砾类土和砂类土的分类体系列于表 5-8 和表 5-9。

表 5-8 砾类土分类

土类	粒组含量	级配	土代号	土名称
砾	细粒含量小于 5%	级配：$C_b \geqslant 5$ $C_c=1 \sim 3$	GW	级配良好砾
		级配：不同时满足上述要求	GP	级配不良砾
含细粒土砾	细粒含量 5%~15%		GF	含细粒土砾
细粒土质砾	15%<细粒含量≤50%	细粒为黏土	GC	黏土质砾
		细粒为粉土	GM	粉土质砾

注：表中细粒土质砂土类应按细粒土在塑性图中的位置定名。

表 5-9 砂类土分类

土类	粒组含量	级配	土代号	土名称
砂	细粒含量小于 5%	级配：$C_u \geqslant 5$ $C_c=1 \sim 3$	SW	级配良好砂
		级配：不同时满足上述要求	SP	级配不良砂
含细粒土砂	细粒含量 5%~15%		SF	含细粒土砂
细粒土质砂	15%<细粒含量≤50%	细粒为黏土	SC	黏土质砂

注：表中细粒土质砂土类应按细粒土在塑性图中的位置定名。

4. 细粒土

细粒土按塑性图分类。塑性图是以液限为横坐标、塑性指数为纵坐标的一幅分类图，见图 5-2。在该图中，用 A 线 $[I_P=0.73(W_L-20)]$ 与 $I_P=10$ 组成一条折线，该折线与 B 线 ($W_L=50\%$) 将图面分成 4 个小区。

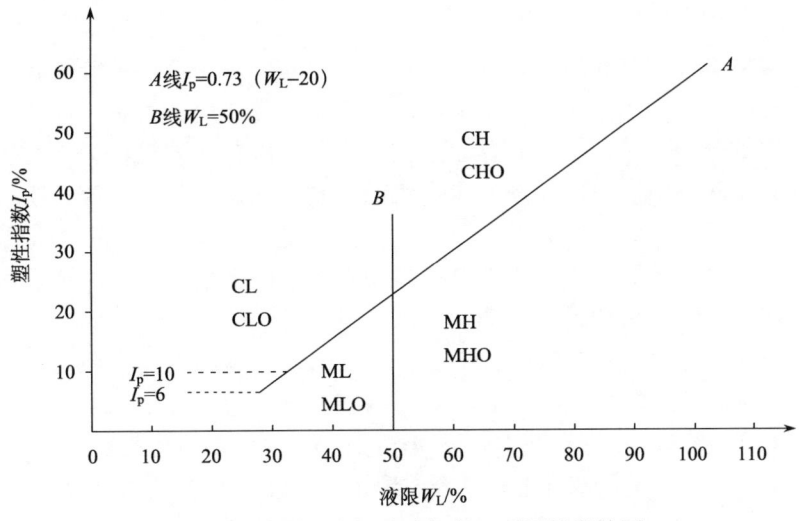

图 5-2 中国《土工试验规程》采用的塑性图

(1) A 线与 $I_P=10$ 组成的折线以上为黏土(C)，以下为粉土(M)，$I_P=6\sim10$ 为过渡区，可能由低液限粉土过渡为低液限黏土。

(2) B 线左侧为低液限区(L)，右侧为高液限区(H)。

细粒土根据其在塑性图上的位置确定土名，见表 5-10。

表 5-10 细粒土的分类

土在塑性图中的位置	W_L	土代号	土名称
$I_P \geqslant 0.73(W_L-20)$	$W_L \geqslant 50\%$	CH	高液限黏土
$I_P \geqslant 20$	$W_L < 50\%$	CL	低液限黏土
$I_P < 0.73(W_L-20)$	$W_L \geqslant 50\%$	MH	高液限粉土
$I_P < 10$	$W_L < 50\%$	ML	低液限粉土

细粒土中含有粗粒土时，若粗粒土的含量在25%以下，这时粗粒土完全被细粒土包围，悬浮在细粒土组成的基质中，对细粒土性质影响不大，可以不必标明，就称为细粒土。若含量达 25%～50%时，粗粒土可能形成骨架，对细粒土的性质就会有影响，这时称为含粗粒的细粒土，其中若粗粒中砾粒占优势，则称为含砾细粒土，在细粒土名代号后缀以代号 G，如 CHG 表示含砾高液限黏土；若粗粒中砂粒占优势，则称为含砂细粒土，在细粒土代号后缀以代号 S，如 MLS 表示含砂低液限粉土。含有部分有机质(有机质含量 $5\% \leqslant O_u \leqslant 10\%$)的土称为有机质，这类土应在各相应土类代号之后缀以代号 O，如 CHO 表示有机质高液限黏土，MLO 表示有机质低液限粉土。

(三)农用地常用的分级类型

与土壤粒级分类制相对应，土壤质地分类也有国际土壤质地分类制、美国土壤质地分类制、卡庆斯基土壤质地分类制和中国土壤质地分类制。这些分类制基本都将土壤划分为砂土、壤土和黏土三大类。除美国制在砂粒粒级中有较多的分级外，国际制和美国制分类系统没有太大的差别。只是两者的砂粒、粉粒之间的划分界限是不同的，国际制是 0.02 mm，美国制是 0.05 mm。根据不同砂粒、粉粒和黏粒的含量，不同的土壤质地分类系统有各自的土壤质地三角图。图 5-3 为美国制和国际制的土壤质地三角图。

卡庆斯基土壤质地分类制是二级分类制，它把土壤颗粒划分为物理性砂粒(1～0.01 mm)和物理性黏粒(<0.01 mm)两部分。按物理性砂粒和物理性黏粒的含量，并参考土壤类型进行划分。它有基本分类和详细分类两种。基本分类有 3 组 9 个质地。详细分类是在基本分类的基础上把 9 个质地进一步细分为 39 个质地类别。

第五章　土体有机重构的颗粒需求

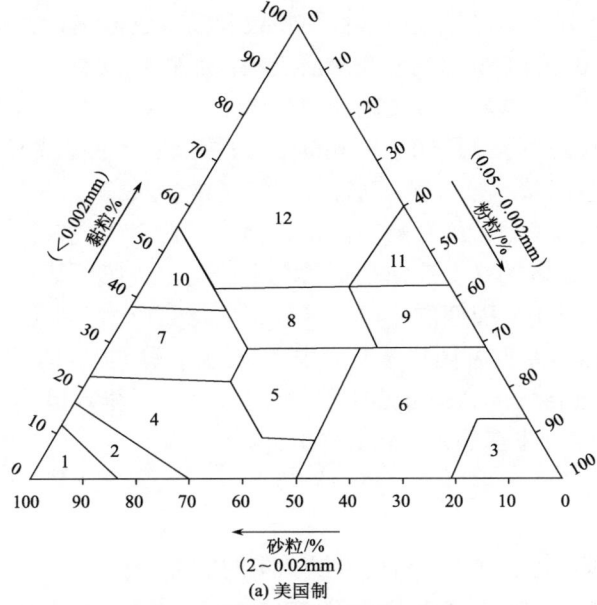

1.砂土；　2.壤质砂土；　3.粉土；　4.砂壤；
5.壤土；　6.粉壤；　7.砂黏壤；　8.黏壤；
9.粉黏壤；　10.砂黏土；　11.粉黏土；　12.黏土

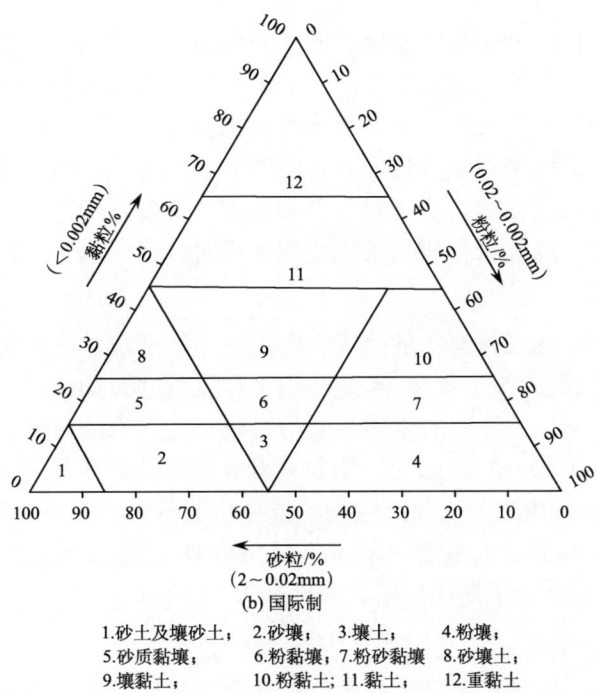

1.砂土及壤砂土；　2.砂壤；　3.壤土；　4.粉壤；
5.砂质黏壤；　6.粉黏壤；　7.粉砂黏壤；　8.砂黏土；
9.壤黏土；　10.粉黏土；　11.黏土；　12.重黏土

图 5-3　美国制和国际制的土壤质地三角图

中国土壤质地分类制也是根据砂粒、粉粒和黏粒含量进行土壤质地划分。凡是黏粒含量大于30%的土壤均划分为黏质土类；而砂粒含量大于60%的土壤均划分为砂质土类。中国土壤质地分类制目前尚不十分完善，主要因为：①主要质地分类中施用的黏粒是细黏粒(<0.001 mm)，与粒级制中黏粒划分不统一；②中国制中三粒级互不衔接，与卡庆斯基制一样，不能构成三角质地图，不便查用；③难以反映黏质土壤受粗粉质影响的问题。因此，在科研中未被广泛采用。我国的农业工作者引用较多的是卡庆斯基制的基本分类，卡庆斯基制详细分类的质地类别在我国未经常引用。而西欧采用的国际制也将黏粒的上限放宽为 0.05 mm，与美国制相同。因此，目前各国科学研究中大都统一采用美国的质地分类制(Fabio et al., 2016; Mohammed and Abdul, 2013)。土地工程中，推荐以美国制的粒径划分和质地判定标准为主(张露等，2014a，2015)。

三、土体物理状态

土的物理性质指标有多个，它们可以从不同的侧面反映土的性质。一般而言，优良的农用地土体物理状态如下：通气良好、土温适宜、土体保水性较好，而优良的非农用地土体则应是密实度和稠度适宜。

(一)土体的三相组成物理关系

土体是由固相、液相和气相组成的三相体系。在土的三相组成中，除土体颗粒的性质直接影响土的工程性质外，土的三相在量上的比例关系也是影响土性的重要因素。土的物理性质取决于各相本身的性质以及它们之间的相对含量与相互作用。三相组成的比例不是固定的。它随着环境的变化，将产生相应的变化，对土的力学性能有很大影响。由于空气易被压缩，水能从土中流入或流出。当土只是由土粒和空气，或是土粒和水组成二相体系时，前者为干土，后者为饱和土。

1. 试验指标

通过试验测定的指标有土的密度、容重、土粒密度和含水量。

(1)土的密度又称土的比重，单位体积土(不含孔隙)的烘干质量，单位为 kg/m^3 或 g/cm^3。其大小与土体内的化学与矿物组成有关。土的密度常用环刀法测定，一般土的密度为 $1.60\sim2.80\ g/cm^3$，有机质含量高的土体密度较低。当用国际单位制计算重力 W 时，由土的质量产生的单位体积的重力称为重力密度，简称重度。重力等于质量乘以重力加速度，则重度由密度乘以重力加速度求得，其单位是 kN/m^3，但在工程上为了简化常用其密度乘以10。

$$\gamma = \rho g = 10\rho \tag{5-2}$$

对天然土求得的密度称为天然密度，相应的重度称为天然重度，以区别于其他条件下的指标,如下面将要讲到的干密度和干重度、饱和密度和饱和重度等。

(2) 土粒密度 ρ_s 是干土粒的质量 m_s 与其体积 V_s 之比,可表示为

$$\rho_s = \frac{m_s}{V_s} \ (\text{g/cm}^3) \tag{5-3}$$

其值可由试验求得。土粒密度过去称为比重,土粒密度主要取决于土矿物成分,不同土类的土粒密度变化幅度不大,在有经验的地区可按经验值选用。一般土的土粒密度值见表 5-11。土粒相对密度是指土的质量与 4℃时同体积水的质量之比,其值与土粒密度相同,但没有单位,在作土的三相指标计算时必须乘以水的密度值才能平衡量纲,因此本书采用土粒密度,在所有的三相指标计算公式中不再出现水的密度。

表 5-11　土粒密度的一般数值

土名	砂土	砂质粉土	黏质粉土	粉质黏土	黏土
土粒密度/(g/cm³)	2.65~2.69	2.70	2.71	2.72~2.73	2.74~2.76

(3) 土的容重也称"假比重"。一定容积的土体(包括土粒及粒间的孔隙)烘干后的质量与同容积水质量的比值。一般含矿物质多而结构差的土(如砂土),土的容积比重为 1.4~1.7;含有机质多而结构好的土(如农业土体)为 1.1~1.4。土的容积比重可用来计算一定面积耕层土体的质量和土体孔隙度;也可作为土体熟化程度指标之一,熟化程度较高的土体,容积比重常较小。土的容重是由土体孔隙和土的固体的数量来决定的。根据土的容重可以计算任何单位土体的质量。

(4) 土的含水量 w 是土中水的质量 m_v 与固体(土粒)质量 m_s 之比,可表示为

$$w = \frac{m_v}{m_s} \times 100\% \tag{5-4}$$

含水量常用烘干法测定,是描述土的干湿程度的重要指标,常以百分数表示。土的天然含水量变化范围很大,从干砂的含水量接近于零,到蒙脱土的含水量可达百分之几百。土地工程上评价土体本身物理特性,一般会选择田间持水量,即土体所能维持的较稳定的水分。

2. 换算指标

除上述试验指标外,还有六个可以计算求得的指标,称为换算指标,包括土的干密度(干重度)、饱和密度(饱和重度)、有效重度、孔隙比、孔隙率和饱和度。

(1) 干密度 ρ_d 是土的固相质量 m_s 与土的总体积 V 之比,可表示为

$$\rho_d = \frac{m_s}{V} \ (\text{g/cm}^3) \tag{5-5}$$

土的干密度越大，土越密实，强度就越高，水稳定性也好。干密度常用作填土密实度的施工控制指标。

(2)土的饱和密度是当土的孔隙中全部被水充满时的密度，即全部充满孔隙的水的质量 m_w 与固相质量 m_s 之和与土的总体积 V 之比，由式(5-6)表示：

$$\rho_{sat} = \frac{m_s + m_w}{V} \ (g/cm^3) \tag{5-6}$$

当用干密度或饱和密度计算重力时，也应乘以 10 变换为干重度或饱和重度。

(3)当土浸没在水中时，土的固相受到水的浮力作用，土体的重力也应扣除浮力。计算地下水位以下土层的自重应力时应当用有效重度，有效重度是扣除浮力以后的固相重力与土的总体积之比(又称浮重度)，由式(5-7)表示：

$$\gamma' = \frac{10m_s - V_s\gamma_w}{V} = \gamma_{sat} - \gamma_w \ (kN/m^3) \tag{5-7}$$

式中，γ_w 为水的重度，纯水在 44℃时的重度等于 9.81kN/m³，在工程上化整为 10kN/m³。

(4)土的孔隙比是孔隙的体积 V_v 与固相体积 V_s 之比，以小数计，由式(5-8)表示：

$$e = \frac{V_v}{V_s} \tag{5-8}$$

孔隙比用来评价土的紧密程度，或从孔隙比的变化推算土的压密程度，在土力学的计算中经常用到这个指标。

(5)土的孔隙率是孔隙的体积 V_v 与固相体积 V 之比，由式(5-9)表示：

$$n = \frac{V_v}{V_s} \tag{5-9}$$

(6)土的饱和度是指孔隙中水的体积 V_w 与孔隙体积 V_v 之比，由式(5-10)表示：

$$S_r = \frac{V_w}{V_v} \tag{5-10}$$

(二)粗粒土和细粒土的物理状态指标

粗粒土的物理状态主要是指密实程度，细粒土的物理状态指标则一般指其软硬程度或称为黏性土的稠度。

1. 粗粒土(无黏性土)的密实度

土的密实度通常指单位体积中固体颗粒的含量。它与土的工程性质有着密切的关系，土颗粒含量多，土呈密实状态，强度较大，可作为良好的地基；土颗粒含量少，土呈松散状态，则是不良地基。工程上为了更好地表明无黏性土所处的密实状态，采用将现场土的孔隙比 e 与该种土所能达到最密实时的孔隙比 e_{min} 和

最松散时的孔隙比 e_{max} 相对比的办法来表示孔隙比为 e 时土的密实度。这种度量密实度的指标称为相对密实度 D_r。根据 D_r 的值可把粗粒土的密实度状态划分为下列三种：疏松的($0<D_r\leqslant0.33$)；中密的($0.33<D_r\leqslant0.66$ 的)；密实的($0.66<D_r\leqslant1$)。D_r 在工程上常应用于评价砂土地基的允许承载力；评价地震区砂体液化；评价砂土的强度稳定性。

2. 细粒土(黏性土)的稠度

细粒土的物理特征表现为它的稠度以及伴随着出现的黏性和塑性。稠度是指土的软硬程度或土对外力引起变形或破坏的抵抗能力。

1) 黏性土的稠度状态

稠度状态可分为：①流体状，具有流动性，其稠度指标>1；②塑体状，具有塑状性质，其稠度指标为0；③固体状，具有固体或半固体状，其稠度指标<0。稠度状态之间的转变界限称为稠度界限，以含水量表示，称为界限含水量。土的稠度状态由于含水量的逐渐增加，而由固体状过渡至塑体状、流体状。在稠度的各界限中，塑性上限(简称为液限 W_L)和塑性下限(简称为塑限 W_P)的实际意义最大，它们是区别三大稠度状态的具体界限。

2) 黏性土的可塑性指标

a. 塑性指数

塑性指数是指液限和塑限的差值(省去%符号)，即土处在可塑状态的含水量变化，用符号 I_P 表示，即

$$I_P = W_L - W_P \tag{5-11}$$

塑性指数值越大，土处于可塑状态的含水量变化范围也越大。土粒越细，黏粒含量越多，其比表面积也越大，与水作用和进行离子交换的机会越多，塑性指数 I_P 也越大。

由于塑性指数在一定程度上综合反映了影响黏性土特征的各种重要因素，因此在工程上常按此值对黏性土进行分类。《建筑地基基础设计规范》(GB 5007—2011)规定黏性土按塑性指数值可划分为黏土($I_P>17$)、粉质黏土($10<I_P\leqslant17$)和粉土($I_P\leqslant10$)。

b. 液性指数

液性指数是指黏性土的天然含水量和塑限的差值与塑性指数之比，用符号 I_L 表示，即

$$I_L = \frac{W - W_P}{W_L - W_P} \tag{5-12}$$

由式(5-12)可知，当土的天然含水量 $W<W_P$ 时，$I_L<0$，天然土处于坚硬状态；当 $W>W_L$ 时，$I_L>1$，天然土处于流动状态；当 W 在 W_L 与 W_P 之间时，即 I_L 为 $0\sim$

1，则天然土处于可塑状态。因此，可用液性指数 I_L 表示黏性土所处的软硬状态。I_L 值越大，土质越软；反之土质越硬。

《建筑地基基础设计规范》规定，黏性土根据液性指数值划分为坚硬、硬朗、可塑、软塑及流塑等软硬状态。其划分标准见表 5-12。

表 5-12　黏性土软硬状态的划分

状态	坚硬	硬塑	可塑	软塑	流塑
液性指数	$I_L<0$	$0<I_L<0.25$	$0.25<I_L<0.75$	$0.75<I_L<1.0$	$0<I_L<0.25$

四、土体的结构性

自然界土体颗粒很少单独存在(砂土除外)，一般是土粒相互排列和团聚成为一定形状和大小。土体结构指土体颗粒(单粒和复粒)相互排列、组合的形式，包含两重含义，一是指各种不同的结构体的形态特性；二是泛指具有调节土体物理性质的"结构性"。

土体结构体是指土粒相互团聚所形成的形状、大小、数量和稳定程度都不同的土团、土块、土片等土体实体。土体的结构通常包含土体的微观结构和土体的宏观结构两种概念，土体结构是土层被节理、裂隙等切割后形成的土块在土体内排列、组合的方式。土体的结构性是指土体颗粒的孔隙形状和排列形成(或称组构)及颗粒之间的相互作用。绝大多数天然土都有一定的结构性，这种结构性对土体的工程性质有强烈的影响。

（一）土体的微观结构

1. 粗粒土的结构

粗粒土的比表面积小，在粒间作用力中，重力起决定性的作用。粗颗粒在重力作用下下沉时，一旦与已经稳定的颗粒相接触，找到自己的平衡位置，稳定下来，就形成单粒结构。这种结构的特点是颗粒之间点与点的接触。当颗粒缓慢沉积，没有经受很高的压力作用，特别是没有受动力作用时，所形成的结构为松散的单粒结构，如图 5-4(a)所示。松散结构受较大的压力作用，特别是受动力作用后孔隙减小，部分颗粒破碎，土体变密，则成为图 5-4(b)所示的密实单粒结构。单粒结构的孔隙率 n 一般变化为 0.2～0.55。级配很不均匀的土，孔隙率还可以更小。

地下水位以上一定范围内的土以及饱和度不高、颗粒间的缝隙处存在着毛细角边水的土，颗粒除受重力作用外，还受毛细压力的作用。如前所述，毛细压力增加了土粒间的联结，所以散粒状的砂土，当含有少量水分时具有假黏聚力，但是当土饱和时，这种联结作用即消失。因此，由于毛细压力而呈现的黏性是暂时性的，在工程问题中，其有利的作用一般不予考虑。

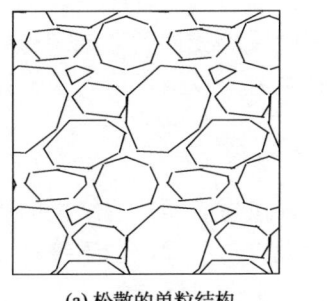 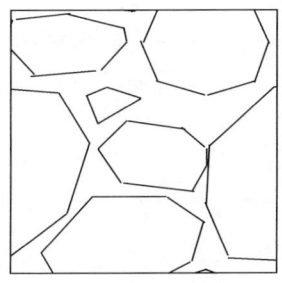

(a) 松散的单粒结构　　　　　　　(b) 密实的单粒结构

图 5-4　单粒结构

2. 细粒土的结构

土中的细颗粒，尤其是黏土颗粒，比表面积很大，颗粒很薄，质量很轻，重力常不起主要作用。在结构形成中，其他的粒间力起主导作用，这些粒间力既有引力也有斥力，它们包括以下几种力。

1) 范德华力

范德华力是分子间的引力，力的作用范围很小，只有几个分子的距离。因此，这种粒间引力只发生于颗粒间紧密接触点处。距离很近时，范德华力很大，但它随距离的增加而迅速衰减，经典概念的范德华力与距离的 7 次方成反比。但有的学者研究表明，土中的范德华力与距离的 4 次方成反比。总之，距离稍远，这种力就不存在。范德华力是细粒土黏结在一起的主要原因。

2) 库仑力

库仑力即静电作用力。黏土颗粒表面带电荷，通常如图 5-5 所示，平面带负电荷而边角处带正电荷。所以，当颗粒按平衡位置，面对面叠合排列[图 5-5(a)]时，颗粒之间因同号电荷而存在静电斥力。当颗粒间的排列是边对面[图 5-5(b)]或角对面[图 5-5(c)]时，接触点处或接触线处因异号电荷而产生静电引力。因此，静电力可以是斥力或引力，视颗粒的排列情况而异。一般库仑力的大小与电荷间

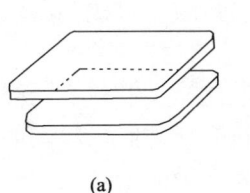 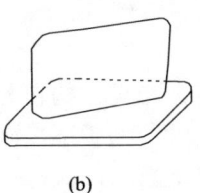 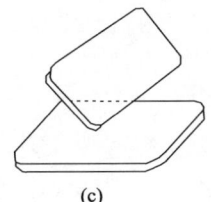

(a)　　　　　　　(b)　　　　　　　(c)

图 5-5　片状颗粒的连接

距离的平方成反比,实际上由于结合水和阳离子的存在,颗粒间的静电力呈复杂的关系,然而作用力随距离而衰减的速度总是比范德华力慢。

3) 胶结作用

土粒间通过游离氧化物、碳酸盐和有机质等胶体而连接在一起。一般认为这种胶结作用是化合键,因而具有较高的黏聚力。胶结作用对于土体的复配重构有决定性作用。

4) 毛细压力

细粒土的直径很小,对于非饱和土,若按弯液面处毛细水的压力公式计算,将存在着相当大的毛细压力,表现为一种吸力。不过,由于细粒土的外面包围着结合水膜,结合水的性质与自由水有很大的不同,因此细粒土间的毛细压力该如何计算目前尚缺少研究。饱和土体的内部则不存在毛细压力。

细粒土的天然结构就是在其沉积的过程中受这些力的共同作用而形成的。当微细的颗粒在淡水中沉积时,因为淡水中离子的浓度小,颗粒表面吸附的阳离子较少,存在着较高的未被平衡的负电位,因此颗粒间的结合水膜比较厚,粒间作用力以斥力占优势,这种情况下沉积的颗粒常形成面对面的片状堆积,如图5-6(b)所示。这种结构称为分散结构。分散结构的特点是密度较大,土在垂直于定向排列的方向和平行于定向排列的方向上性质不同,即具有各向异性。

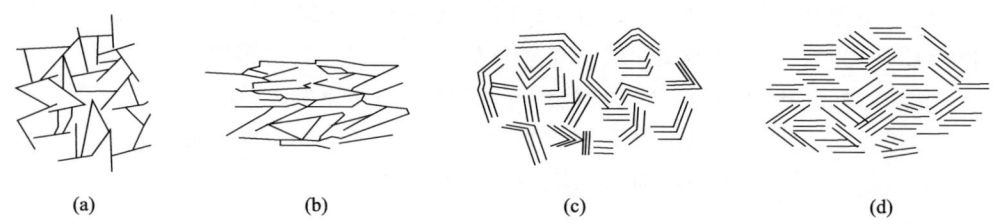

图 5-6 黏土的结构

(a) 单片的絮凝结构; (b) 单片的分散结构; (c) 片组的絮凝结构; (d) 片组的分散结构

当细颗粒在海水中沉积时,海水中含有大量的阳离子,浓密的阳离子被吸附于颗粒表面,平衡了相当数量的表面负电位,使颗粒得以相互靠近,因此斥力减少而引力增加。这种情况下容易形成以角、边与面或边搭接的排列形式,如图5-6(a)所示,称为絮凝结构。絮凝结构具有较大的孔隙,对扰动比较敏感,性质比较均匀,且各向同性较好。

总的来说,当孔隙比相同时,凝聚结构较分散结构具有较高的强度、较低的压缩性和较大的渗透性。因为当颗粒处于不规则排列状态时,粒间的吸引力大,不容易相互移动;同样大小的过水断面,流道少而孔隙间的直径大。

以上是细粒土的两种典型的结构形式。实际上,天然土的结构是相当复杂的。

通常不是单一的结构,而是呈多种类型的综合结构。往往是先由颗粒连接成大小不等的团粒或片组,再由各种团粒和原级颗粒组成不同的结构形式,见图 5-6(c) 和 (d)。

3. 反映细粒土结构特性的两种性质

1)黏性土的灵敏度

土的结构形成后就获得一定的强度,且结构强度随时间而增长。在含水量不变化的条件下,将原状土破碎,重新按原来的密度制备成重塑土样。由于原状结构彻底破坏,重塑土样的强度较原状土样将有明显的降低。定义原状土样的无侧限抗压强度与重塑土样的无侧限抗压强度之比为灵敏度 S_t,即

$$S_t = q_u / \bar{q}_u \tag{5-13}$$

式中,q_u 为原状土的无侧限抗压强度;$\bar{q}_u$ 为重塑土的无侧限抗压强度。

显然结构性越强的土,灵敏度 S_t 越大。某些近代沉积的黏性土其灵敏度可达到 50~60,有的灵敏性土的灵敏度甚至可高达 1000。这种土受到扰动以后,强度会丧失殆尽。以加拿大渥太华的一种超高灵敏性土为例,其原状圆柱形直径为 38 mm 的三轴试样可承受 110 kN 的压重,在含水量与体积不变的情况下,搅拌重塑后变成了泥浆。通常按表 5-13 划分黏性土的灵敏性。

表 5-13 黏性土的结构性分类

S_t	结构性分类
$2 < S_t \leqslant 4$	中灵敏性
$4 < S_t \leqslant 8$	高灵敏性
$8 < S_t \leqslant 16$	极灵敏性

注:摘自《软土地区岩土工程勘察规程》(JGJ 83—2011)。

2)黏性土的触变性

与土的结构性密切相关的另一种特性是黏性土的触变性。结构受破坏、强度降低以后的土,若静置不动,则土颗粒和水分子及离子会重新组合排列,形成新的结构,强度又得到一定程度的恢复。这种含水量和密度不变,土因重塑而软化,又因静置而逐渐硬化,强度有所恢复的性质,称为土的触变性。

(二)土体的宏观结构

土体宏观结构体的类型,通常是根据结构体的大小、形状及其肥力特征划分的。在土体有机重构中,应注意对土体宏观结构的调控,有些结构对生物生长不利,称为不良的结构体,需加以改良;有些则有利,称为良好的结构体。良好的结构体应具备的基本条件包括:具有一定结构体形状、大小,具有多级孔隙构造,

具有一定的稳定性。常见的土体中结构体有下列几种。

1. 片状结构

横轴远大于纵轴呈薄片状的土块，致密紧实，称为片状结构体，是由于水的沉积或机械压力引起的。按照片的厚度可分为板状（>5 cm）、片状、页状、叶状（<1 cm）结构，还有一种鳞片状结构。老耕地的犁底层有片状结构，地表结皮和板结时也会出现片状结构。旱地犁底层过厚，影响扎根和上下层水、气、热的交换及下层养分的利用，对生物生长不利。以水稻土为例，具有一定透水率的犁底层很有必要，它可起到减少水分渗漏和托水、托肥的作用。水旱轮作、逐年加深耕层，并结合施用有机肥是改造犁底层的良好措施。

2. 块状和核状结构

土粒互相黏结成为不规则的土块，内部紧实，轴长 5 cm 以上，长、宽、高相似，可细分为大块状（>10 cm）和小块状结构，其中块小且边角明显的称为核状结构。此类结构体多出现在有机质缺乏且耕性不良的黏质土质中，特别是土体过湿或过干耕作最易形成。

块状结构是一种不良的结构，土体紧，孔隙小，通透性很差，会导致农用地中微生物活动微弱，植物根系也难以穿插进去，而在土块与土块之间，则相互支撑，增大了孔隙，造成透风跑墒，作物易受干旱和冻害。在黏重的心底土层，常见到多棱角的碎块，是由石灰或氢氧化铁胶结而成的，内部十分紧实，称为核状结构体。一般而言，结构大小不超过 4 cm，对作物生长无害。

3. 棱柱状和柱状结构

土粒黏结成柱状，纵轴大于横轴，前者柱面浑圆，后者棱角明显。常见于黏重土壤、黄土地区的心底土层和碱土的碱化层，在水田心土层，水分经常变化且土壤质地黏重，土壤在干湿交替作用下垂直开裂，形成棱柱状结构。这种结构体坚硬紧实，内部孔隙少，根系难以伸入，通气不良，可采取逐步加深耕层，结合施用有机肥的方法加以改良。

4. 团粒结构

团粒结构是指在腐殖质作用下，土粒胶结成粒状和小团块状，大体成球形，其粒径为 0.25～10 μm，粒径<0.25 mm 的则称为微团粒。团粒结构体一般在耕层较多，具有良好的物理性能。团粒结构的数量多少和质量好坏，在一定程度上反映了土壤肥力水平。水稳性团粒（遇水不散开的团粒）对农业生产最有好处，是农用地中最为理想的结构体。

第二节　不同土地类型的颗粒需求

自然界中土体是由岩石经过物理和化学风化作用后的产物，各层级土很少是由单一粒级大小的土粒组成，而多是由大小不同的土体颗粒按各种比例组成的集合体。而不同的颗粒大小分布特点又具有不同的辐射传输、水分平衡、热量平衡等特点，进而影响土体的整个性质。本节将从土体颗粒的宏观方向讨论土体有机重构中颗粒的需求。

一、农用地土体有机重构的颗粒需求

农用地质地与土壤通气、保肥、保水状况及耕作的难易有密切关系；农用地上质地状况是拟定土地利用、管理和改良措施的重要依据。各层土体中的颗粒，其大小与形状、矿物成分与颗粒的相互搭配情况及其三相关系是决定土体的物理、化学、力学性质的主要因素，也在土体有机重构中起着重要作用。土体的质地（粒径级配）不同，对土体的物理、化学、力学性质的影响不同，所以，对农用地土体质地的研究尤为重要。

（一）农用地不同质地土体的生产性状

农用地土地工程建设中，质地不同，对土体的各种性状影响较大。农用地的生产性状是指土体质地的差异在农业生产中的反应。它包括土体的肥力性状（作物在生长过程中，土体的水、肥、气、热、扎根条件以及有无产生毒害物质的协调程度）、耕作性状（耕作时的难易程度、阻力大小、耕作质量好坏以及宜耕期的长短等）和作物反应（出苗难易、快慢、整齐度、早发苗或发晚苗及成熟早晚等）的综合反应能力三个方面的内容。这些性状的表现程度都与土体质地密切相关，一般而言，黏质土高产不优质，沙质土优质不高产，壤质土适宜于大部分作物生长需要。土地工程中，应因土种植，扬长避短，在充分利用土体本身基础性质的条件下，进行颗粒重构（张露等，2014b，2015）。现将沙质土类、壤质土类和黏质土类三大类土体质地的农业生产性状分述如下。

1. 沙质土类

这类土壤泛指与沙土性状相近的一类土壤，其物理黏粒含量15%，主要分布于中国西北地区，如新疆、甘肃、宁夏、内蒙古、青海的山前平原以及各地河流两岸、滨海平原一带。沙质土的性状主要有：①沙粒含量高，颗粒粗，比表面积小，组成的粒间大，孔隙数量多，故土体通气透水性好，土体内排水通畅，不易产生托水、内涝和上层滞水。②保蓄性差，保水、持水、保肥性能弱，雨后容易

造成水肥流失，水分蒸发速率快，失墒多易引起土壤干旱。③土体中原生矿物以石英、长石为主，潜在养料含量少，但养分转化快。④土温变幅大，白昼土体升温快，晚上降温也快；早春土温低，但随气温回升，土温上升也快，对喜温作物(如花生、棉花、瓜类、块茎、块根作物)生长有利，俗称热性土，但晚秋也容易造成霜冻。⑤沙性土耕性好，易耕期长，耕后土体松散、平整，无坷垃或土堡，耕作阻力小，耕后质量好。这种土又称"轻质土"。⑥沙性土大，孔隙多，氧气充足，以氧化过程为主，土体中无毒害物质存在。⑦发小苗，不发老苗。沙性土"口松"，出苗快、齐、全，但因养分贫乏容易造成作物中后期脱肥、早熟、早衰。

2. 黏质土类

这类土壤质地细(黏重)，包括黏土以及类似黏土性质的重壤土和部分中壤土。黏质土类土壤性状如下：

(1) 通透性差。颗粒细微，粒间孔隙小，通气透水不良，排水不畅，容易造成地表积水、滞水和内涝。

(2) 保蓄性强。土粒细小，胶体物质含量多。土壤固相比表面积巨大，表面能高，吸附能力强。吸水、持水、保水、保肥性能好，但肥效缓慢。

(3) 养分含量丰富。土壤中以次生矿物为主，其本身养分和吸附外界养分多，潜在养分储量丰富，特别是钾、钙、镁含量较多，但养分转化速度慢。

(4) 土温变幅小。黏性土水分含量高，空气相对少，地温上升下降均缓慢，尤其在早春，气温低，土温不易回升，常造成小麦返青晚，不利发苗，故常把黏质土称为冷性土。

(5) 耕性差。由于黏质土比表面积大，土壤的黏结性、黏着性、可塑性、湿胀性强，耕作阻力大，耕作质量差，易起土坷垃，宜耕期也短。

(6) 有毒物质多。由于大孔隙数量少，造成还原性状态，尤其在低洼地积水多，容易积累一些有毒物质，如H_2S、H_3P、CH_4等，危害作物的根系。

(7) 发老苗，不发小苗。土壤黏重紧实，通气又差，春季土温低，往往播种后出苗不全，出苗晚，长势弱，缺苗断垄现象严重，而到作物后期水热条件合适，养分释放多，易出现徒长，贪青晚熟。

3. 壤质土类

这类土主要分布于黄土高原、华北平原、松辽平原、长江中下游平原、珠江三角洲、河间平原以及河间冲积平原。壤质土由于砂粒、粉粒和黏粒含量比例较适宜，故兼有沙质土和黏质土的优点，克服了二者的不足。其性状表现均适合农作物生长发育的要求，是农业上较为理想的土壤质地。由于壤质土沙黏适中，大小孔隙比例分配较合理，保水保肥，养分含量充足，有机质转化也快，耕性好，土壤中水、肥、气、热以及扎根条件协调，发小苗又发老苗，适应性较广。

从以上三种不同质地的农业生产性状分析看出,土壤质地对土体性状(养分含量、保水保肥能力以及耕性等)的影响,主要是通过不同土壤质地的颗粒矿物组成、化学成分、比表面积和孔隙分布(粗细孔比例)而体现的。因此,在考虑质地的影响时,应对这几方面给予充分注意。

(二)旱作农地作物适宜质地

旱作农地适宜土体质地以砂壤土-壤质土为主,适合北方旱作农地上种植的粮食作物有小麦、玉米、高粱、谷子、马铃薯等,不同的作物适宜的质地不同(表5-14)。

表 5-14 主要旱地作物的适宜土壤质地范围

作物种类	土壤质地	作物种类	土壤质地
小麦	壤质黏土、壤土	萝卜	砂壤土
大麦	壤土、黏壤土	莴苣	砂壤土-黏壤土
粟	砂壤土	甘蓝	砂壤土-黏壤土
玉米	黏壤土	白菜	砂壤土、壤土
黄麻	砂壤土-黏壤土	大豆	黏壤土
棉花	砂壤土、壤土	豌豆、蚕豆	黏土、黏壤土
烟草	砾质砂壤土	油菜	黏壤土
甘薯、茄子	砂壤土、壤土	花生	砂壤土
马铃薯	砂壤土、壤土	甘蔗	黏壤土、壤土
西瓜	砂土、砂壤土	柑橘	砂壤土、黏壤土
梨树	壤土、黏壤土	枇杷	黏壤土、壤土
葡萄	砂壤土、砾质壤土	苹果	壤土、黏壤土
桃树	砂壤土、黏壤土	茶树	砾质黏壤土、壤土
桑树	壤土、黏壤土	—	—

(三)水作农地作物适宜质地

水作农地适宜土体质地以重壤质-轻黏土为主,适合水作农地上种植的作物有水稻、莲藕、慈姑、荸荠、莼菜等,不同的作物适宜的质地不同(表5-15)。

表 5-15　主要水生作物的适宜土壤质地范围

作物种类	土壤质地
水稻	壤土、黏壤土
莲藕	壤土、砂壤土、黏壤土
慈姑	壤土、砂壤土
荸荠	壤土、砂壤土
莼菜	壤土
芡实	轻黏壤土

(四)林木适宜质地

林木生长最适宜的土壤质地为壤土和砂壤土，土体质地不同，具有不同保持养分和水分的能力，必将影响树木根系的发育。例如，红松在砂质土体上有着较深的根系，根系发育良好，在含有较多石砾、碎石屑的土体中，根系也能很好发育；但在通气不良的重壤或黏土中，红松的根系仅分布在土体的表层中。臭冷杉、鱼鳞云杉在排水不良和通气较差的黏土中，属于浅根性翻易风倒的树种，但生长在砂壤土或砂质土壤上，根系发育良好。农用地上尤其要注意果树对于土体质地的要求，例如，苹果树适宜于砂壤土或壤土，葡萄适宜于砂质土，石榴适宜于砂壤土或壤土，杏树适宜于壤土或砂壤土以及砂质壤土，油桃适宜于砂质壤土，枣树最适合在砂质壤土上栽培。

二、非农用地土体有机重构的颗粒需求

非农用地对颗粒的需求主要体现在地基上，不同种类的地基对土体颗粒种类、大小的要求不同。地基指的是承受上部结构荷载影响的那一部分土体。基础下面承受建筑物全部荷载的土体或岩体称为地基。地基不属于建筑的组成部分，但它对保证建筑物的坚固耐久具有非常重要的作用。它有三个方面的要求：要有足够的承载力；沉降量需控制在一定范围内，其次不同部位的地基沉降差不能太大，否则建筑物上部会产生开裂变形；要有防止产生倾覆、失稳方面的能力。非农用地的土体颗粒包含五大类：岩石、碎石土、砂土、黏性土及特殊土(粉煤灰等)。根据所用土体材料的不同，地基可分为灰土基础、砖基础、毛石基础、三合土基础、混凝土基础、钢筋混凝土基础和填土地基。

非农用地土地工程中，颗粒对于地基工程质量的影响，决定了构筑物的质量。一般而言，非农用地土地工程要通过颗粒大小级配，设法获得最大土体容重，以获取足够的承载力，确保建筑物、坝体及道路安全与稳定。土体有机重构应根据

工程需要选择土的级配。非农用地土地工程建设中，级配良好的土经压实后，细颗粒充填于粗颗粒所形成的孔隙中，容易得到较高的干密度和较好的力学特性，适用于填方工程。而级配均匀的土孔隙较多较大，有较好的渗透性，可用于排水结构物和反滤层中。在高土石坝的心墙防渗料中，常在黏性土中加入一定数量的碎石，形成不连续级配的土料，在渗透系数增加不大的情况下，可节省黏土料，减少心墙的压缩性。

（一）灰土基础

灰土垫层在湿陷性黄土地区使用较为广泛，适用于处理厚度一般为 $1\sim4\ m$ 的软弱土层。通过处理基底下的部分湿陷性土层，可达到减小地基的总湿陷量，并控制未处理土层湿陷量的处理效果。

灰土垫层是用一定比例的石灰和土，在最优含水量（一般为 14%～18%）的情况下，充分拌和，分层回填，夯实或压实而成。土料宜用就地挖出的含有机质不大的黏性土及塑性指数大于 4 的粉土，不得用表面耕植土、冻土或夹有冻块的土，并应过筛，其粒径不得大于 15 mm。石灰宜用新鲜的消石灰，含氧化钙、氧化镁越高越好，使用前 $1\sim2\ d$ 消解并过筛，其粒径不得大于 5 mm，不得夹有未熟化的生石灰块和含有过多水分；石灰与土的体积配比宜为 2∶8 或 3∶7。

（二）砖基础

(1)砖：砖的品种、强度等级必须符合设计要求，并应规格一致，有出厂证明、试验单。

(2)水泥：一般采用 32.5 号矿渣硅酸盐水泥和普通硅酸盐水泥。

(3)砂：中砂，应过 5 mm 孔径的筛。配制 M5 以下的砂浆，砂的含泥量不超过 10%；M5 及其以上的砂浆，砂的含泥量不超过 5%，并不得含有草根等杂物。

(4)掺和料：石灰膏、粉煤灰和磨细生石灰粉等，生石灰粉熟化时间不得少于 7 天。

（三）毛石基础

(1)石料：其品种、规格、颜色必须符合设计要求和有关施工规范的规定，应有出厂合格证。风化石严禁使用。

(2)砂：宜用粗砂、中砂。用 5 mm 孔径筛过筛，配制小于 M5 的砂浆，砂的含泥量不得超过 10%；等于或大于 M5 的砂浆，砂的含泥量不得超过 5%，并不得含有草根等杂物。

(3)水泥：一般采用 32.5 级矿渣硅酸盐水泥和普通硅酸盐水泥。有出厂证明及复试单，如出厂日期超过三个月，应按复验结果使用。

(四)三合土基础

(1)石灰:石灰应用块灰,使用前应充分熟化过筛,不得含有粒径大于 5 mm 的生石灰块,也不得含有过多的水分;也可采用磨细生石灰;还可用粉煤灰或电石渣代替。当采用粉煤灰或电石渣代替熟化石灰作垫层时,其粒径不得大于 5 mm。

(2)碎砖:用废砖、断砖加工而成,粒径 20~60 mm,不得夹有风化,酥松碎块、瓦片和有机杂质。

(3)砂:采用中砂或中粗砂,并不得含有草根等有机杂质。

(4)黏土:土料宜优先选用黏土、粉质黏土或粉土,不得含有有机杂物,使用前应先过筛,其粒不大于 15 mm。

(五)混凝土基础

(1)水泥:水泥品种、厂别及牌号应符合砼配合比通知单要求,并有出厂合格证及进场复验报告,新鲜无结块。

(2)砂:含泥量不大于 5%(并符合规范要求),细度模数应满足所用砼强度等级的要求。

(3)石子:卵石或碎石,粒径 5~40 mm,含泥量不大于 2%。

(4)大卵石或块石:粒径不大于 150 mm,石子针、片状控制(同一粒径最大处与最小处之比不大于 3),质地坚硬,无裂缝,表面无水锈、污泥杂质等。

(六)钢筋混凝土基础

(1)水泥:水泥宜选用 425 号以上的普通硅酸盐水泥、硅酸盐水泥、矿渣硅酸盐水泥、火山灰质硅酸盐水泥和粉煤灰硅酸盐水泥。混凝土的最大水泥用量不宜大于 550 kg/m³。

(2)砂:砂宜优先选用坚硬不含杂质、有棱的硅质砂粒。砂按其细度模数分为粗、中、细。混凝土工程应优先选用粗中砂。砂的含泥量(按质量计):当混凝土强度等级高于或等于 C_{30} 时,不大于 3%;低于 C_{30} 时,不大于 5%;对有抗掺、抗冻或其他特殊要求的混凝土用砂,其含泥量不应大于 3%;对 C_{10} 或 C_{10} 以下的混凝土用砂,其含泥量可酌情放宽。

(3)石子(碎石或卵石):石子宜选用花岗岩。石灰岩、砂岩、页岩或其他水成岩必须取样做石材强度检定。石子最大粒径不得大于结构截面尺寸的 1/4,同时不得大于钢筋间最小净距的 3/4。混凝土实心板骨料的最大粒径不宜超过板厚的 1/2,且不得超过 50 mm。石子中的含泥量(按质量计):对等于或高于 C_{30} 混凝土时,不大于 1%;低于 C_{30} 时,不大于 2%;对有抗冻、抗渗或其他特殊要求的混凝土,石子的含泥量不大于 1%;对 C_{10} 和 C_{10} 以下的混凝土,石子的含泥量可酌情放宽。

石子中针、片状颗粒的含量(按质量计)：当混凝土强度等于或高于 C_{30} 混凝土时，不大于15%；低于 C_{30} 时，不大于25%；对 C_{10} 和 C_{10} 以下，可放宽到40%。

(4)轻骨料：轻骨料混凝土用轻粗骨料、轻砂(或普通砂)与水泥和水配制而成，其干密度(原称干容量)不大于 1950 kg/m³。主要有粉煤灰陶粒和陶砂、黏土陶粒和陶砂、页岩陶粒和陶砂，以及天然轻骨料中的浮石、火山渣等。

(七)填土地基

利用当地的土、石或性能稳定的工业废料作为压实填土的填料，既经济又省工、省时，符合因地制宜、就地取材和多快好省的建设原则。利用碎、块石及爆破开采的岩石碎屑作填料时，为保证夯压密实，应限制其最大粒径，当采用强夯方法进行处理时，其最大粒径可根据夯实能量和当地经验适当加大。

采用黏性土和黏粒含量≥10%的粉土作填料时，填料的含水量至关重要。在一定的压实功下，填料在最优含水量时，干密度可达最大值，压实效果最好。填料的含水量太大时，应将其适当晾干处理；含水量过小时，则应将其适当增湿。压实填土施工前，应在现场选取有代表性的填料进行击实试验，测定其最优含水量，用以指导施工。

因此，压实填土的填料(砂和砂石填料、粉煤灰填料等)应符合下列规定。

(1)级配良好的砂土或碎石土。以卵、砾石、块石或岩石碎屑作填料时，分层压实时其最大粒径不宜大于 200 mm，分层夯实时其最大粒径不宜大于 400 mm。

(2)性能稳定的矿渣、煤渣等工业废料。

(3)以粉质黏土、粉土作填料时，其含水量宜为最优含水量，可采用击实试验确定。

(4)挖高填低或开山填沟的土石料，应符合设计要求。

(5)不得使用淤泥、耕土、冻土、膨胀性土以及有机质含量大于5%的土。

(八)土体液化现象

土体液化(或称土壤液化)是指在外力的作用下，原本是固态的土壤变成液态，或变成黏稠的流质。土体液化主要出现在分布深度较浅、饱和的疏松细砂、粉土质砂或黏土，且其底部排水较差。通常在外力反复振荡下(如地震)，松散的土体因受到压缩，内部孔隙减小，导致孔隙内水压升高，当水压升高至超过土体内承受的外部压力时，加上水分不能从地底排出，就会产生土体液化。发生液化的土类主要有两种：砂土和粉土，因为这两类土颗粒中砂粒和粉粒较多，黏粒含量较少，透水能力很弱，而且黏聚力也很弱。土体液化可能造成喷砂冒水、震陷、滑坡、上浮等现象。

第三节　土体颗粒和结构重构方法

土体结构形成的基本条件包括黏粒、无机胶体、有机胶体和高价阳离子。土体颗粒和结构的重构是针对土体的颗粒和结构的不良性状和障碍因素，采取相应的物理、化学和生物措施，改善土体颗粒级配，调整土体结构，并综合其他土体重构手段，最终改善人类生存土体环境的过程。土体颗粒和结构的改良工作一般根据各地的自然条件、经济条件，因地制宜地制定切实可行的规划，逐步实施，以达到有效改善土壤生产性状和环境条件的目的。

土体颗粒和结构的重构过程共分两个阶段：①保土阶段，采取工程或生物措施，使土体流失量控制在允许流失量范围内。如果土体流失量得不到控制，土体改良也无法进行。对于耕作土，首先要进行农田基本建设。②改土阶段，其目的是优化土体的颗粒级配，改变土的三相组成，进而增加土体有机质和养分含量，改良土壤性状，提高土体肥力。

针对退化土体的颗粒和结构重构，具体改良措施有：适时耕作，增施有机肥，改良贫瘠土壤；客土、漫沙、漫淤等，改良过砂过黏土壤；平整土地；设立灌、排渠系，排水洗盐、种稻洗盐等，改良盐碱土；植树种草，营造防护林，设立沙障、固定流沙、改良风沙土等。

一、物理方法

土体颗粒的物理重构主要是对土层的整改。有平整地面、深耕晒垡、客土抬高地面、翻砂压淤、翻淤压砂、引洪淤积等方法。物理方法是对土体颗粒和结构进行重构的基本方法，也是目前工程中应用最广泛的方法。

对过砂或过黏的土体，可采用"泥入砂，砂掺泥"的办法来调整其耕作层的泥砂比例，以达到改良质地、改善耕性、提高肥力的目的。这种搬运别地土壤（客土），掺和在过砂或过黏的土里（本土），使之相互混合，以改良本土质地的方法，称为"客土法"。客土用量可以根据本、客土各自的颗粒组成，以及要求达到的质地标准进行估算。用客土法改良土质，需大量挑运的劳力，如用机械运输，动力消耗也大。在有条件的地方，利用自然地形或设置临时沟渠，依靠天然雨水或人工引水，把客土就地搅成泥浆，然后随水流入本土田里，让它在那里沉积下来，这样可以大大节约劳力或动力消耗。

（一）翻砂压淤或翻淤压砂

如果砂土表层下不深处有淤泥层，黏土表层下不深处有砂土层，可采用深翻或"大揭盖"将砂、黏土层翻至表层，经耕、耙使上下砂黏掺混，改变其土质。

一般冲积平原地区的土壤母质多具有不同的层次，人工先把表土翻到一边，再把底土翻起来作客土用，然后整地平土，使上下层土壤相掺和，以达到改良耕层质地的目的。这种办法一般称为"翻砂压淤"或"翻淤压砂"。但要求上下层土体质地差异明显，且下伏土层不能过深，一般不宜超过 50cm，埋藏过深，则翻压难度过大而难以进行。

砂掺黏或黏掺砂对于改良低产土壤是一个有效的措施。如果在砂地附近有黏土、胶泥土、河泥，可采用搬黏掺砂的办法；黏土地附近有砂土、河砂者可采取搬砂压淤的办法，逐年客土改良，使之达到三泥七砂或四泥六砂的壤土质地范围。在中国南方，农民多有施用河泥、塘泥、草皮泥等习惯。

但是，此方法的土方量和人工量很大，造价高，不适于进行大面积的土体质地改良，可逐年进行，如果园、桑园、茶园等可先改良树墩或树行的土壤作为材料。土体改良时一般采取就地取材、因地制宜、逐年进行的原则。例如，南方的红土丘陵上，酸性的黏质红壤与石灰质的紫砂土往往相间分布，就近挑加紫砂土来改良红壤，兼收到改良质地、调节土壤酸碱度及提供钙质养分等作用。在进行农田基本建设及土地平整工作时，可有计划地搬运土壤，进行客土改良。在电厂和铁厂附近，可利用其管道排出的粉煤灰和铁尾矿（粗粉质），改良附近的黏质土，降低红壤的酸性，提供硅、钙等养分。施用焦泥灰、厩肥和削草皮泥等，均有改良质地、加厚耕层的作用。在江苏省里下河地区，地形低洼，沤田土壤质地黏而积水难排，作物产量低，每年施用大量砂性河泥，100多年后，质地由黏土变为壤土，土层增厚抬高，大大改善了土壤水分状况，由一熟的沤水田变成稻麦两熟的高产田。

(二) 引洪漫淤

自然洪流中所挟带的细泥（淤泥），本来就是农田的表层土壤，含养料丰富，是进行土体颗粒和结构重构的好材料。通过人为办法，有目的地把洪流（或带有细泥的潜流）有控制地引入农田，使细泥沉积于砂质土壤中，就可以达到增厚土层、增加土体黏粒含量、改良质地的目的。这种把洪水有控制地引入农田，使淤泥沉积于砂土表层，既可增厚土层，改良质地，又能肥沃土壤，实质上也是一种客土法，即群众所称的"引洪漫淤"。所谓"一年洪水三年肥"指的就是这种漫淤肥田的效果。引洪漫淤对于改良沿江沿河的砂质土壤特别适用。有的河流在洪水期间所挟带的土粒偏于砂质，这时引洪的效果虽然主要在于"漫沙"，对于砂质土壤的质地改良，可能无多大作用，但其所带入的细泥部分，仍有肥田的效果。在实施引洪之前，先要开好引洪渠，同时在地块周圈打起围埂，并划分畦块，然后引洪，按块漫淤。在引洪漫淤过程中，要注意边灌边排，尽可能做到留砂留泥不留水。引洪漫淤改良砂土时，要注意抬高进水口，以减少砂粒的进入。引洪漫砂改良黏土时,则应降低进水口,以引入多量粗砂。

以黄河为例,黄河中往往携带大量的泥沙沉积物,水流的速度不同,沉淀下来的颗粒组成也不同。中国黄河两岸的群众根据这个原理,常用来改良土壤质地,其方法是引富含泥沙的黄河水或洪水,将田间畦口开低,加快流速,则沉积物中砂粒较多,可以搬砂以改良黏质土壤;如果将田间畦口抬高,减慢洪水流速,则沉积物中沉积的细颗粒较多,可以达到改良砂质土壤的作用。每次漫砂漫淤不能超过 10 cm,逐年进行,可使大面积的砂地或黏土得到改良。另外,所携带的淤泥是冲蚀地表的肥土,含养料丰富。

新疆南部采用淤灌客土的方式,创造了戈壁变良田的好典型,逐年灌淤,约 20 年后土层可达 1 m,土壤质地由砂土变为砂壤土,再经若干年,可变为壤土,成为适宜种植多种作物的良田。宁夏河套平原的大片灌淤土,是由几百年、上千年灌溉水带来的淤泥形成的。

(三)液化地基处理

地震经常威胁着工程安全,当前中国正处在新的地震活跃期,地震发生频率增大,这对建设用地建筑安全构成了严重威胁。因此,在地震多发地区修建建筑物或构筑物,必须对可能液化土体进行处理。根据建筑物的重要性、地基的液化等级,结合具体情况综合确定选择全部或部分消除液化沉陷(Gao et al., 2011)。综合各种方法性质和抗震机理,地基液化处理措施大致分为以下几类。

1. 采用桩基础(非摩擦桩)或深基础避开液化土层

这类方法能完全消除地基液化沉陷造成的危害。桩直接穿过可能液化的土层,桩端深入承载力较高的土层,桩端伸入液化深度以下稳定土层中的长度(不包括桩尖部分)应按计算确定,且对碎石土、砾、粗、中砂,坚硬黏性土和密实粉土不小于 0.5 m,对其他非岩石土类不小于 1.5 m。在土体液化时,虽然一部分土体液化,但是上部荷载依然能通过桩传到较深的持力层,建筑物从而避免了沉陷。深基础能避免沉陷造成的危害的机理和桩基础大致相同,深基础的底面放在位于液化深度以下的稳定土层上,其深度不应小于 0.5 m。

2. 采用挤密法

1)强夯法

强夯法利用重夯锤、高落距产生的高夯击能给地基一冲击力,在地基中产生冲击波、振密、挤密地基土体。当夯击时,夯锤对地基浅部土体进行冲切,土体结构破坏,形成夯坑,并对夯坑周围的土体进行动力挤压,夯坑四周地表可能产生隆起。

2) 振冲加密法

振冲加密法是利用振冲器的高频振动和高压水流，边振边冲，将振冲器在地面预定桩位处沉到地基中设计的预定深度，形成桩孔。经过清孔后，向孔内逐段填入碎石，每段填料在振冲器振动作用下振挤、密实。然后提升振冲器，再向孔内填入一段碎石，再用振冲器将其振挤密实。通过重复填料和振密，在地基中形成碎石桩桩体。振冲加密法一方面依靠振冲器的振动使饱和砂层发生液化，砂颗粒重新排列，孔隙减小；另一方面依靠振冲器的水平振动力，加回填料使砂层挤密，从而提高地基承载力，减小沉降，并提高土体抗液化能力。

3) 挤密碎石桩法

挤密碎石桩法主要通过挤密、排水减压和砂基预震来提高地基承载力，减小沉降。挤密作用是指采用沉管法或干振法，在成桩过程中桩管对周围砂层产生很大的横向挤压力，桩管体积的砂挤向桩管周围的砂层，使桩管周围的砂层孔隙比减小，密实度增大。在采用振冲挤密桩施工过程中，由于水冲，松散砂土处于饱和状态，砂土在强烈的高频强迫振动下产生液化并重新排列致密，且在桩孔中填入大量粗骨料后，被强大的水平振动力挤入周围土中，这种强制挤密使砂土的相对密实度增加，孔隙率降低，干密度和内摩角增大，土的物理性能得到改善，地基承载力大幅度提高。

二、化学方法

用化学改良剂改变土体结构的一种措施称为土体化学改良。土体结构改良剂是对于土体颗粒结构最快速有效的重构方法，它根据团粒结构形成的原理，利用植物残体、泥炭、褐煤等为原料，从中抽取腐殖酸、纤维素、木质素、多酯聚酸类等物质，作为团聚土粒的胶结剂；或是模拟天然团粒胶结剂的分子结构和性质所合成的高分子聚合物。结构改良剂能够增强土体颗粒的胶结和团聚作用，增强土体颗粒的稳定性，可用于固沙和防止水土流失。

常用的化学改良剂有石灰、石膏、磷石膏、氯化钙、硫酸亚铁、腐殖酸钙等，视土壤的性质而择用。例如，对碱化土壤需施用石膏、磷石膏等，以钙离子交换出土壤胶体表面的钠离子，降低土壤的pH。对酸性土壤，则需施用石灰性物质。化学改良必须结合水利、农业等措施，才能取得更好的效果。按其原料的来源可分为人工合成高分子聚合物、自然有机制剂和无机制剂三类。土壤结构改良剂的应用，是一项新的技术，因成本较高，尚难推广。目前，大多用在经济价值较高的作物上。此外，在改良盐碱土和防止水土流失方面的应用，也有一定的进展。随着高分子化学和有机合成工业的发展。结构改良剂的成本将会逐步降低，更好的制品也将不断出现。

（一）改良剂的种类

1. 农业副产物

中国是农业大国，粮油和畜禽等产品总量多年位居世界首位，农业副产物（含农业生产副产物和农产品加工副产物，是指农业生产和加工过程中产生的非主产物）产量较大但是利用效率还较低，秸秆、稻壳、残次果、果渣、蔬菜渣等都可作为土体颗粒重构的材料，增加土体中的有机胶体，促进良好土体团聚体的形成，改良土体颗粒（Bhattacharyya et al., 2012; Benbi et al., 2015; Pan et al., 2016; Yang et al., 2016）。

2. 自然有机制剂

由自然有机物料加工制成，如醋酸纤维、棉紫胶、芦苇胶、田著胶、树脂胶、胡敏酸盐类及沥青制剂等。与合成改良剂相比，施用量较大，形成的团聚体的稳定性较差且持续时间较短。由于天然结构改良剂较易被微生物分解，而且用量较大，难以在生产上广泛应用。

3. 人工合成高分子聚合物制剂

初期出现的人工合成结构改良剂是从 700 余种制剂中筛选出来的，称为克里利姆（Krilium）土壤结构改良剂，其主要成分为聚丙烯腈水解而成的聚丙烯酸的钠盐，具有高效、抗微生物分解、无毒等突出的优点，因而受到广泛重视。从此，土壤结构改良剂的研究便进入了一个新的阶段。

土壤改良剂通常多指的是人工合成聚合物，因它的用量少，只需用土壤质量的千分之几到万分之几，即能快速形成稳定性好的土壤团聚体。它对改善土壤结构、固定沙丘、保护堤坡、防止水土流失、工矿废弃地复垦以及城市绿化地建设具有明显作用。较早作为商品的有以下 4 种。

（1）乙酸乙烯酯和顺丁烯二酸共聚物（简称 VAMA），又称 CRD-186 或克里利姆 8，为白色粉末，易溶于水，溶液 pH 为 3.0，属聚阴离子类型。

（2）水解聚丙烯腈（HPAN），又称 CRD-189 或克里利姆 9，为黄色粉末，水溶性，溶液 pH 9.2，属聚阴离子类型。

（3）乙烯醇（PVA），白色粉末，溶于水，水溶液中性，属非离子类型。

（4）聚丙烯脱胺（PAM），属强偶极性类型，水溶性好。

上述 4 类制剂中以最后一种制剂较有推广前途，因其价格较便宜，改土性能也较好，20 世纪 70 年代在西欧诸国已有大规模应用。

4. 无机制剂

如硅酸钠、膨润土、沸石、氧化铁（铝）硅酸盐等，利用它们的某一项理化性质改善土壤的结构性。例如，膨润土的膨胀性强，施入水田可减少水分渗漏；氧化铁(铝)硅酸盐制剂的孔隙多,施入土中可改善土壤的通透性。

(二)改良剂的应用效果

施用土壤结构改良剂能显著增加土壤中水稳性团粒的数量。据中国科学院南京土壤研究所利用水解聚丙烯腈在黄棕壤上的试验:当施用量为耕层土重的 0.01%时,大于 0.25mm 的水稳性团粒由对照的 19.86%增至 30.10%,而当施用量为 0.1%时,便增至 82.94%。该所在江苏铜山县孟庄的砂板地上施用聚乙烯醇(用量为耕层土重的 0.05%),也获得了较好的效果,在 0~10 cm 土层中大于 0.25 mm 的水稳性团粒的含量,对照区为 7.36%,而施聚乙烯醇的则达 38.5%;在 10~20 cm 土层中的水稳性团粒含量也由对照的 4.32%增加为 17.62%。

结构改良剂不仅能使分散的土粒团聚,还可促使微团粒相互黏结,所以施用结构改良剂之后,大团粒的比例大大增加。例如,有的试验施 0.05% GRD-18G 后,2~5 cm 及大于 5 mm 的团粒占团粒总数的 63%,施用量增至 0.15%时则达 90%,而对照仅占 11%。

合成的结构改良剂对微生物的分解有较大的抗性。^{14}C 标记对 VAMA 和 HPAN 分解的研究结果证实,在好气条件下将不同处理的土壤培养 130 d,其中用 HPAN 处理的放出 CO_2 2.74%,加 VAMA 的放出 0.2%;添加黑麦草作为微生物的能源时,没有明显改变聚合物的分解速率。由此可见,合成的结构改良剂在土壤中是相当稳定的。另外,由结构改良剂黏结而成的团粒体,一般都具有较高的水稳性、力稳性和较大的团粒孔隙度。

结构改良剂虽能显著改善土壤的结构,但一般不含植物养料,故在施用时最好与化肥配合使用。一般来说,凡黏粒含量或有机质含量较高的土壤,施用结构改良剂的效果较好。

(三)改良剂的应用技术

1. 施用量

一般以占干土重的百分数表示,如果施用量过小,团粒形成量少,作用不大;施用量过大,则成本高,投资大,还会发生混凝土化的现象。一般而言,施用量达到 0.05%时,便有改良效果,用量增加到 0.1%时,效果很显著。适宜的施用量大体为 0.02%~0.2%。一般而言,以 0.5%用量为极限,超过这个极限时,反而不利于团粒的形成。

2. 施用时的土壤墒情

要在表土墒情适宜时进行,太湿,聚合物成胶状,难于混合均匀;太干,施用后的作用缓慢。适宜的湿度范围是田间持水量的 70%~80%。

3. 施用方法

将粉剂直接施于表土，也可配成水溶液喷洒田间，然后用圆盘耙混匀。为降低成本和经济施用，对于中耕作物也可条施于播种行上。

三、生物方法

土体有机重构在以无机过程带动有机过程的同时，也可用有机过程促进无机过程。生物方法的应用，利用微生物、植物、动物的生命特质而改良土壤颗粒，重构土体结构性，此类方法适用于对土体颗粒和结构的长期持续改良，效果持续长，但是见效较慢。工程实践中，可在应用物理方法和化学方法对土体结构进行快速重构后，再辅助以生物方法在长时间尺度上稳定改良土体。这不仅能促进农用地土地工程土体颗粒结构改良，也能对于一些污损土地修复起到良好的效应。

（一）微生物改良

土体中的微生物指土壤中肉眼无法分辨，只能借助显微镜或电子显微镜才能观察的活有机体，多为单细胞生物，包括细菌、放线菌、真菌、藻类和原生动物五大类群。大部分微生物在土壤中营腐生生活，靠现成的有机物取得能量和营养成分，对土体的质地结构和物质循环等均有重大影响。

微生物对于土体颗粒和结构的重构，主要指将有机肥与促使土壤养分快速释放的微生物群体混合物施于土体中。微生物在土体中可快速、高效地分解有机质而加速自身的生长与繁殖，将空气中的分子态氮固定并转化为植物可以吸收的氨态氮，同时将土壤中不溶的 P、K 分解为可溶性的元素，从而易于被植物吸收利用，以此来改良土体。此外，在作物收获后直接将有效微生物群体喷施在残茬上可使地表上下的残茬迅速分解，以达到增加土体肥力、改良土体结构、充分保持和利用土体水分的目的。

微生物土体改良技术的工作思路，首先是获得有益的微生物群体。在土壤中，这样的群体主要是由乳酸菌、酵母菌、光合细菌、放线菌、磷细菌、钾细菌、固氮细菌、硝化细菌和纤维素降解细菌等构成。制成一定浓度的菌液后，添加适量微生物的有机营养(如米糠、菜子饼、鱼粉、稻秆、豆腐渣、酒糟、木炭灰、氟石等)，混合发酵；或者，用农家肥、秸秆、生活垃圾等与菌液混合发酵；最后，挖坑施入，或通过表面喷洒施用到土壤中(黄铭洪，2003；黄铭洪和骆永明，2003)。

微生物在土体改良中的作用主要有两个方面：微生物主要是真菌和放线菌借助它们的菌丝将土壤颗粒彼此机械地缠绕在一起而形成团聚体；依靠微生物的代谢产物(多糖和其他有机物)对土壤颗粒的胶结作用而形成稳定性团聚体。微生物对土体的改良技术，目前并非是向土体中直接添加微生物，而是营造适宜微生物生长繁殖的环境，以增加微生物种类和数量。

1. 微生物改良剂

微生物改良剂与化肥、有机肥不同，它不是通过给植物直接提供养分来进行土壤改良的，是通过活性的微生物生命代谢活动来获得特定土壤效果。不同种类的微生物，对植物发挥的作用也不同。

微生物改良剂能缓解对于过量施用化学肥料对土壤的污染和板结，激发土壤活力，改善土壤物理性状，增加土壤的团粒结构，从而使土壤疏松，减少土壤板结。微生物肥还具有调解氢及氧离子的机能，能自动中和土质的酸碱值，并可强力分解、释放多年沉积的磷、钾、铁、硅等微量元素，将有效养分与功能性肥料相结合，使各种肥料得以有效而充分的利用，从而提高化学肥料的利用率。

目前，已经将该技术商业化，制成微生物土壤剂、微生物肥或微生物增肥剂等，如"德力施"高效微生物土壤改良剂、日本长濑(ChemteX)产业株式会社生产的微生物改良剂(DLS)、中国益农公司生产的益农微生物有机复混肥、东莞宏远生物工程有限公司生产的保得生物肥、澳大利亚珀斯生物遗传实验室研制的SC27微生物增肥剂等(罗泽娇和梁杏，2005)。

2. 增施有机肥

长期向土体施用有机肥可使微生物数量提高，向土体中添加简单有机物就可改变其中微生物的代谢特征和代谢多样性，而长期施用有机肥或有机物料，如秸秆、绿肥、农家肥等，土体中微生物量较高，且施厩肥、绿肥等有机肥有利于维持微生物的多样性及活性。

向土体中增加有机质投入，可为植物和土体微生物提供丰富的营养，提高植物的抗病性，促进土体中微生物的腐生性，抑制病菌滋生，提高土体中生物活性和土壤肥力。研究发现施用有机肥可改善土壤结构，促进土体中团聚体形成；特别是新鲜有机肥带入大量活性有机碳源，为微生物生命活动提供所需的能量，且有机肥本身也带入大量活的微生物，某种程度起到"接种"作用。施用生态有机肥后，番茄青枯病发病率降低至49.86%，且土体微生物多样性明显增加，说明施生态有机肥可从生态水平上控制土壤病原菌的数量。

总之，施有机肥能调控土壤微生物的群落结构，促进有益微生物的生长，增强土体生态系统的稳定性、抑病性与缓冲性，从而达到改良土体结构的目的。

3. 免耕、少耕

农用地土地工程中，免耕是一种保护性耕作制，指同一块土地在一定年限内，不仅免除播前耕作(犁耕和深翻)，也免除播后中耕，作物收获后直接将作物残茬留在土体中的耕作方式。在耕作体系中，有限的耕作只在播种行上进行，所以免耕制(no-tillage)也称零耕或无犁耕作(no-plowtillage)。由于免耕制具省工省时、节约、高产和保持水土的效果，目前越来越多的国家采用免耕制(李彩华等,2005;Rusu,2014)。

已有的研究表明，免耕土壤表层养分提高，土壤微生物数量增加，酶活性增强，出现富集效应，并且免耕土壤中微生物生物量和细菌功能多样性高于传统耕作土壤。Franzluebbers 和 Arshad 发现大团聚体中的微生物生物量比微团聚体中的高，故减少耕作能增加大团聚体，而土壤大团聚体的增加意味着生态幅的增大，标志着土壤供储养分的能力增加，同时降低了土壤容重，有利于土壤水分和土壤空气的消长平衡，增大土壤对环境水、热变化的缓冲能力，为植物和微生物的生命活动创造良好的生境(Franzluebbers and Arshad,1997)。免耕后，土壤微生物生命活动的生境较稳定，土壤微生物的种类、数量也保持相对稳定(Li et al., 2015)。

(二) 植物改良

植物根系会促成团聚体间大孔隙的形成，同时对土壤中有机碳分解转化和土体结构有着重要的影响。水分和土壤中的溶质是植物根系生长必不可少的，植物根系对土壤大中孔隙中水分和养分获取的难易程度，最终将影响植物生长好坏及其向土壤有机物料输入的量。Schmidt 等研究指出，通过植物根系输入土壤中的碳比通过表层添加秸秆等方式输入的碳固定效果好。在土壤表层施入的碳大部分在枯枝落叶层或者是土壤表层就被矿化了，而通过植物根系和菌丝方式进入土壤的碳则多是通过与土壤颗粒和团聚体间的物理化学交互作用而固定的，更加有效和稳定。植物生长过程中根系分泌物提供了微生物生长必需的碳源，形成一系列微生物群落；植物死亡分解腐烂后，孔隙中有大量的植物残体，在微生物的作用下，转变成有利于土体结构形成的腐殖质。加上优先流提供的水分和溶质以及进入的空气，共同促成了这些孔隙周围微生物活性的提高，进而影响土体结构的动态变化。

1. 绿肥轮作

作物本身的根系活动和相应的耕作管理制度，对土体结构性可以产生很好的影响。国内外大量研究证实，不论禾本科或豆科作物，一年生作物或多年生牧草，只要生长健壮，根系发达，都能促进土壤团粒形成(Tosti et al., 2012；Mancinelli et al., 2013)，只是它们的具体作用仍有区别。例如，多年生牧草每年供给土壤的蛋白质、碳水化合物及其他胶结物质比一年生作物要多些，一年生作物的耕作比较频繁，土壤有机物质的消耗快，不利于团粒的保持。

在发展农业生产中实行农林牧结合，牧草与作物轮作，对于改良土壤结构，培养地力，促进粮、棉增产具有重要的作用，对于土地工程中农用地的土体实现长期良性循环有重要的作用。中国农民在实行草粮轮作方面有着丰富的经验，利用紫花苜蓿等豆科牧草和作物进行轮作的历史也很悠久。通过牧草的种植，土壤中的有机物质和水稳性团粒的数量都有显著增加。例如，在晋南的调查，苜蓿地

0～20 cm的土层内大于0.25 mm的水稳性团粒的含量，显著高于小麦连作地。

绿肥对于改良土体结构也有积极的作用，水稻和冬季绿肥轮作与稻麦轮作相比，在土壤有机质和水稳性团粒的数量上均明显增多。旱田改水田后对土壤有机质的积累有利，而水田改种旱作后，可以进行干湿交替和冻融交替，既可促使土块散碎，又利于胶体的凝聚和脱水。在此基础上再经过精细整地，更能使土壤结构性得到改善。故水旱轮作也是改良土体结构性的有效途径之一。

2. 植树种草

由于草木根系交织，原来流动的沙土渐渐得到了固定，同时又由于植物的生长，增加了地面覆盖度，削弱了近地层的风速，空中微尘得以降落，土壤的物理性黏粒(粒径小于0.01 mm)含量明显增多，改良了土体的结构性。土壤的持水能力和孔隙度增大，透水性能减少，其他物理特性也都出现了有益的发展趋势。在10 cm沙土层中的物理性黏粒，差巴嘎蒿半固定沙地为流动沙地的2.88倍，生草固定沙地为流动沙地的1.60倍，樟子松和锦鸡儿混交林固定沙地为流动沙地的5.1倍。在40 cm沙土层中的持水量和孔隙度，樟子松固沙区分别为流沙区的1.73倍和1.1倍，胡枝子固定沙地为流动沙区的1.21倍和1.15倍，而这两块固定沙区的透水性能都比流动沙区小两倍多。

由于植物枯枝落叶和根系新陈代谢遗留物质的积累，沙土表层有机质明显增多，促进了团粒结构的形成。有研究表明：各种固沙植物生长在瘠薄的沙土上，不但没有减少沙土中极有限的氮、磷养分，相反地，还为沙土大量积累了这些养分。栽植差巴嘎蒿的半固定沙土区(原为流动沙区)的氮、磷分别为流动沙土区的1.09和1.04倍。生草固定沙土区的氮、磷、钾分别为流动沙土区的2.33倍、2.08倍和1.12倍。26年生樟子松固定沙土区的氮、磷、钾含量分别为流动沙土区的2.18倍、2.59倍和1.16倍。其中以氮、磷增加明显。1 hm^2(1 $hm^2=10^4m^2$) 26年生樟子松林，40cm沙土层中的土壤，比流动沙土增加纯氮1485 kg、磷(五氧化二磷)1164 kg、钾(氧化钾)2428 kg(黎承湘，1986)。

3. 植物残体或生物炭用于土体颗粒改良

植物残体或生物炭是一种有效的植物改良方法(Fernández et al.，2014；Shackley et al.，2014；Bayabil et al.，2015；Sosa-Rodriguez et al.，2014)。除前述农业副产物外，树木、草皮等植物的残体以及生物有机材料(生物质)在缺氧或绝氧环境中，经高温热裂解后生成的固态产物——生物炭，均可用于改良过黏或过砂的土体，改善土体中颗粒的胶结作用，促进大团聚体的形成，优化土体结构性，提升土壤肥力。尤其是在沿海地区卵石底、砾石底、礁石底和珊瑚礁等砂岩基底的滩涂上，将废弃植物残体回收粉碎后覆盖在砂岩表面，经海水浸润、风化作用等，植物残体能形成一层良好的腐殖质作为基础土层，并提供一定的养分，将原本不适宜植物生长的过大颗粒、缺乏结构的砂岩滩涂逐步改良为具有一定植被覆盖的生态化海岸地。该方法在美国西海岸地区砂岩基底滩涂上有较多应用，尽管见效较慢，但方法生态环保。

(三) 动物改良

土体中的动物是农业生态系统中分解者食物网的重要组成部分，是分解作用、养分矿化作用等生态过程的主要调节者。大量的植物残体，包括落叶、落枝、落花和落果等从植物上落到地面上，以及埋在土体中的枯根等，很快就受到土体动物的粉碎作用和微生物的分解作用而崩溃。然而，在不同场所、气候和土壤等条件，以及植物残体的形状与种类不同时，动物粉碎残体的顺序和速度也很不同。例如，在温带，蚯蚓、跳虫和螨虫等起作用；在亚热带，除蚯蚓外等足类起重要的作用；到了热带，白蚁和蚂蚁代替了蚯蚓。动物的残体和粪便也是由动物来分解。例如，鸟、兽、爬行类和两栖类的尸体常吸引众多土体动物聚集起来，以惊人的速度把尸体取食殆尽。聚集到兽类粪便上的昆虫，称为"粪虫"。粉碎、分解枯枝落叶的各类动物，也从它们所粉碎和分解枯枝的植物新鲜程度而有所不同。例如，马陆、等足类和蛞蝓类粉碎极新鲜的落叶，而蚂蚁、白蚁和小蠹等粉碎新鲜的落枝，然后由其他动物(如跳虫和螨虫等)作进一步分解。当动物残体变为更柔软的状态时，蚯蚓开始分解。

自然界土体的疏松与混合历来都是由土体中的动物承担，主要是由蚯蚓、蚂蚁、白蚁和哺乳动物等较大型的、有较强大挖掘能力的动物来进行。例如，蚯蚓对土体的疏松，通过其消化道而排出的泥土每年每公顷为数吨至 30 t。除疏松土壤外，蚯蚓还能把深层土搬运到地表形成粪冢，同时又把地面上的落叶或其他有机物拖到空穴中取食，在此过程中，随时吞入泥土，在消化道内将有机物与无机物混合起来，在蚯蚓多的土体中一年搬到地面的土层为 0.5~6.0 mm 厚，通常为 0.76 mm，每公顷可达 75 t，数量可观。除蚯蚓外，白蚁和食虫类、啮齿类等小型哺乳动物也起到疏松土质和混合掘拌土质的作用。土体中无脊椎动物对维护土体生态系统的理化特性和生物的种群繁衍起着极为重要的作用。在物理性质方面包括土壤质地、团粒构造的发展及通气性、透水性、孔隙数量、含水量等的改善。

鉴于土体中动物对于土体颗粒以及土体整体环境的重要改善作用，土地工程中，可将动物改良措施与物理、化学和植物、微生物的改良措施进行有机结合，如通过人工养殖蚯蚓，再引入土体进行土质改良已经是应用非常广泛的土体生物修复方法(Ngo et al., 2012；Zhang et al., 2016)，而澳大利亚从中国和法国进口蜣螂，对草原上的粪便进行清理，使草原恢复了勃勃生机，对当地土体的改良重构起到关键作用(殷若梨, 2011；曹莹, 2014)。

第六章 土体有机重构——剖面层级重构

土体剖面构型是在土体发生和发展过程中长期受生物气候等环境影响而形成的。土地工程中，适宜的土体剖面构型是指在农田土体地理环境下，与耕作土体形成自然条件相适宜、透水通气和保水保肥能力强、土体生产性能好的剖面构型，或适宜人类生产、生活的非农用地层级构造。土体的剖面构型的好坏，直接影响水、肥、气、热等肥力和水盐运移。良好的土体剖面构型不仅与作物产量有密切关系，还与建筑物的构建及人类活动联系紧密。如果农用地没有适宜的土体剖面层级结构，可能会妨碍作物根系生长，影响水肥下渗和吸收，降低土地产能；而如果非农用地的土体剖面结构不良，可能导致土体下沉，构筑物下陷，土体渗流、管涌等现象。

土体剖面层级重构是根据农用地和非农用地土体剖面构型差别，及其对土体协调水、气、肥、热等肥力要素能力，采取差异化工程方法，利用物理、化学和生物等措施重新构建土体剖面，构造出具有土质疏松多孔有效土层、中间水分和养分丰富"营养层"以及底层紧实"保水保肥"黏垫层的理想农用地土体剖面构型，达到良好开工条件的非农用地土体层级，最终实现改善土体肥力状况、提升生命体活动能力、改善土体环境质量、提升土地质量的目的。

第一节 土地工程中的土层厚度及其意义

土层厚度和有效土层厚度是评价土体质量的重要指标，也是构建土体剖面层级的重要考虑因素之一。土层厚度是一个包含多种属性的复合因子，与土体中砂粒、黏粒、有机质含量等显著相关，而质地、养分等决定着其保水持水能力。因而，土层厚度不但影响土体中的储水能力和植被承载力，还影响生物量、植被的盖度以及植被的生长状况。除此之外，土层厚度和有效土层还影响地表径流、壤中流等过程。研究土层厚度和有效土层厚度在土地工程中的应用问题，对于农用地剖面构型的改良、非农用地的剖面重构稳定具有重要意义。

一、土体厚度与有效土层厚度

土体在各种自然因素和人为因素的影响下，发育出不同的属性。土体剖面是从地面向下挖掘而暴露出来的土地垂直切面，其深度一般是指达到基岩或达到地表沉积体的一定深度。在成土过程中，土体内发生物质的转化和迁移，在不同深度土层中作用程度不同，由于母质的紧实度，水、气的透过性，矿物质的组成及其颗粒的大小，有机质的组成和含量等的差别，物质转化和迁移的过程也出现分异。随着土体发育过程的进行，这种分异日益明显，使土体剖面分化，形成了具有不同形态的土层(土级)。

根据土体的概念(见第一章)，可以得出在农用地上，土体厚度是从表层到浅层地下水之间的厚度，而在非农业用地上，依据地基及土地利用方式的不同，厚度不一，如岩层也可以是土体厚度。对于山丘地区的坡地部位，土体下部一般可见成土母岩或其半风化体，母质层上限容易确定；但对平原或平坦或低洼地区冲积物或沉积物母质而言，母质层上限的确定并没有明确标准，所以我们就将浅层地下水作为一个下限。土体中的石砾包括基岩、基岩的半风化体、洪积或冲积来的石块(包括鹅卵石)、粗砂以及次生的结核(如铁锰结核和砂姜)。土体厚度和性状是土体质量的重要表征指标，是植物生长和人类活动的重要物质基础，是许多地球表面过程的决定因素，影响植被生长和地表水文、山体滑坡和土体侵蚀、净生产力、土体有机质分布(图 6-1)。土体水分、交换性钠、电导率、pH、土体硼含量和土地利用分类也是土体侵蚀与滑坡的重要影响因素。土体厚度作为土体物性参数的一个重要指标，受基岩特征、地表植被的遮掩、地形地貌等因素的影响。

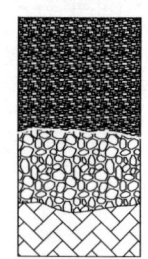 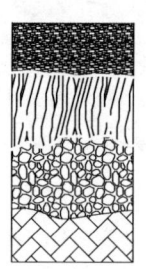 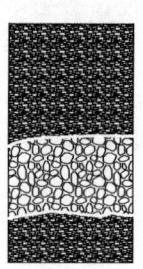  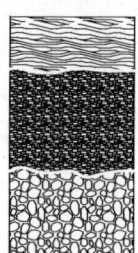

腐殖质层、淋溶层、淀积层等　　障碍层　　母质层　　母岩层　　岩结壳　　其他土壤层次

图 6-1　土体厚度及有效土层厚度图

(易晨等，2015)

土体障碍层指土体剖面中凡是能阻碍水分、养分正常运移和妨碍植物根系正常生长的土层，常见的障碍层有超钙积层、钙磐层、超钙磐层、石膏层、超石膏层、超盐积层、盐磐、结核层、潜育层、网纹层、永冻层等。土体障碍层对有效土层厚度有决定作用。有效土层厚度一般是针对生命体而言的，是可以有效支持植物生长的土体厚度，是由表土到作物根部结束，或有效支撑建筑物的具体厚度(王志强等，2007)。它是土体的一个重要基本特性，能直接反映土体的发育程度，在农用地上与土体肥力密切相关，是野外土体肥力鉴别的重要指标。它既是土体

养分的补源，又是土体矿质元素的储存库，还是判定土体侵蚀程度的主要指标；在非农用地上与土地后期利用形式密切相关(图 6-1)。该层土体已经脱离母质性状，其厚度能够反映土体发育的程度。有效土层厚度难以直接观测，却常被冠以常数，从而被忽略其空间变异性。但为了方便土地工程的设计，我们定义有效土层为植物根系可以生长，土体养分和水分可以运移的层次或层级的最小厚度，一般为 10～50 cm 或支撑建筑物和满足人类活动地表以下的有效的土体厚度。

在这里需要明确一点，土体厚度和有效土层厚度不是存在必然联系的。例如，在毛乌素沙地，由于土地非常贫瘠，尽管土体厚度可能达到 4 m，但有效土层厚度几乎接近 0 m。所以，通过土体剖面层级重构，构造良好的土体剖面构型与有效土层意义重大。

二、有效土层的作用及影响因子

正如有效土层的概念，有效土层的作用是为农用地作物生长提高充足的养分，为建设用地构建提供最小经济预算，意义在于支持生命体良好生长及人类愉悦的生活。例如，在中国山东省，旱地大多贫瘠，有效土层对旱地小麦产量尤为重要(石岩等，2001)。土地工程中对土体层级进行重构，其中最重要就是要对有效土层进行重构。影响有效土层厚度的因子包括以下方面。

(一)土壤类型

土壤类型是影响土层厚度的原发因素。根据土壤发生学原理，由于成土因素不同，形成了形态各异的土壤类别及其垂直层次的剖面特征，进而产生了土层厚度的差异。因而，土壤类型与土层厚度具有较强的关联性。

(二)地形地貌

地形地貌是影响土层厚度的环境因素。地形地貌作用于土层厚度既有水平分布的地带规律，也有随海拔升高而呈现的垂直分布规律，一般在宏观和中域研究中以地貌作为影响因子的划分尺度，在微域分布及其组合选取坡度、坡位为划分尺度。

(三)土地类型

土地类型是影响土层厚度的社会因素，对于某一特定地理环境的土体而言，耕作土体与非耕作土体、人工牧场与荒坡草被均可表现出不同的土层剖面差异。土地利用方式对土层厚度的影响一定程度上反映了人为活动引起的土体性状的变化。

第二节　不同类型土体剖面构型及其特征

由于成土因素在空间分布的差异，陆地表面土体的剖面构型千差万别，不同土体类型都有反应其发生特征的剖面构型。由于土体剖面是由土体层级组合而成，所以对土体层级的观测研究显得十分重要。

一、土体剖面构型的基本概念

土体剖面，即地表至母质（母岩）的土体垂直断面，包括整个土体和母质层在内。最具有代表性的土体剖面形态特征是土体剖面构型，是指由发生上有内在联系的不同土层垂直序列组合构成的，简称土体构型。它显示了土体发生过程和土体类型的特征。土体构型与土体剖面构型相当，但前者一般不包括"非土体"的母质层或母岩层。

成土类型特征发生层或冲积层次排列组合形式构成各种类型土体剖面构型（辛亮亮，2015），是土体内在性质和外在形态的综合表现，不仅能反映土体形成外部环境和内部条件，也能体现土体理化性质。土体剖面构型优劣直接影响土体水、肥、气、热等要素调控能力。剖面构型不仅影响土体个体形态特征及其发育程度，也反映土体肥力状况。土体剖面构型与土体肥力关系密切，土体剖面构型空间变化对土体水盐和养分运移有重要影响。研究土体剖面构型与土体肥力的关系，改良不良剖面构型对改善土体肥力状况和提升耕地质量有重要意义。土体剖面构型良好的土体协调水、肥、气、热能力强，为植物生长提供丰富的养料和适宜根系的生长环境。改良不良土体剖面构型可以增强土体透水通气性，改善土体理化性质，增强耕作性能，提升耕地质量和生产能力。土体剖面构型类型分析有助于理清不同剖面构型形成过程、划分和表示方法。依据剖面构型类型差异选择差异化剖面构型改良方法。综合评价剖面构型改良前后耕地质量等别可以验证剖面构型改良提升耕地的质量效果。

简而言之，土体构型是各土体发生层有规律的组合、有序的排列状况，也称为土体剖面构型，是土体剖面最重要的特征。一般设计土体构型都是良好土体构型，农用地上良好土体构型为含有黏质垫层类型中的深位黏质垫层型、均质类型中的壤均质型、夹层类型中的蒙金型和砂姜黑土类型中的黑土垫层型四种。特点是土层深厚，无障碍层，此为高稳产的土体剖面构型。而非农用地上良好的土体构型则以满足地上构筑物的强度要求、变形要求以及强度、刚度和耐久性要求等的坚实土层为较好的土体构型。

土体剖面形态，即土体剖面的外部形态特征及其表现的土体性状，它是土体形成过程的产物。土体剖面形态全面地反映并代表了土体发生学特征、物质组成、性质及其综合属性，以及土体景观(成土环境条件)的总体特征。因而，它已经成为诊断土体性状的基础和进行土体分类的重要依据。随着土体形成过程的进行，土体中物质(能量)的迁移、转化与积累过程的持续，使土体逐渐地发生了分异，形成了各种不同的发生土层和土体构型。首先，各种具体的成土过程，都会形成与之适应的一个模式土层(该过程的典型土层)，这是使土体发生分异的基本原因。其次，各种具体的成土过程都发生于土体剖面的某一层位，但每个具体成土过程都与整个土体的物质(能量)运动相联系。例如，由灰化过程形成的灰化淋溶层，其下必然有灰化淀积层。由碱化过程产生的碱化淀积层，在其上必定有碱化淋溶层，其下则有盐分聚集层。显而易见，由某个具体成土过程形成的模式土层，都与其上下的土体有着特定的发生学层位关系，甚至可以认为是一种函数关系。所以，成土过程中的物质(能量)的聚集、淋溶物的淀积，也是土体发生分异的重要原因。再次，就某一具体土体而言，它可以是在一种具体成土过程的作用下形成的，也可以在两种或两种以上具体成土过程的复合作用下形成的，这样就使土体剖面分异过程异常复杂化。所以，针对不同类型的土体，其土体剖面都是由特定的、具有内在联系的发生土层组成的，从而形成了一定的土体构型。

非农用地土体剖面层级，一般都是由于人工建造过程及其后期利用方式不尽相同，通常会形成一个压实层来保障地基及建筑物的稳定性。

二、自然土体剖面

自然土体剖面构型的基本图式可由表 6-1 和图 6-2 予以综合说明。有机质层一般都出现在土体的表层，它是土体内土壤的重要发生学层次。依据有机质的聚集状态，可以将土体有机质层细分为腐殖质层、泥炭层和凋落物层。参考传统的土层代号和国际土壤学会(以下简称国际土层代码)拟定和讨论的土层名称，拟将上述三个有机质土层分别用大写字母 A(腐殖质层)、H(泥炭层)、O(森林凋落物层、草毡层)表示。

表 6-1 土体剖面构型

土层名称	传统名称	性质	厚度/cm
O	有机残落物层(有机层)	枯枝落叶有机物残体	<10
A	富含有机淋溶层(腐殖质层)	较强度风化，颜色深暗	25
B	淀积层	中度风化，颜色较浅	30~100
C	母质层	弱度风化	100 以下
R	基岩(母岩层)	未受风化影响	—

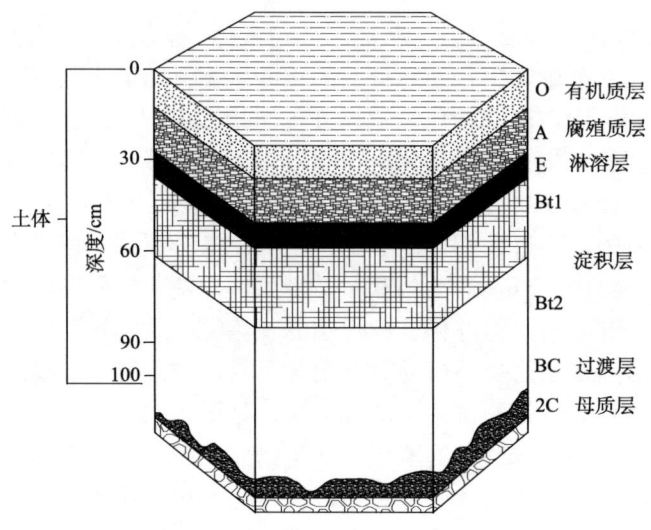

图 6-2 自然土体剖面构型图

(辛亮亮,2015)

1. 腐殖化土层

土体中有机物质在微生物分解作用下形成腐殖质过程。腐殖化过程主要表现为上层土体形成腐殖质层(图 6-3),一般在表面土体厚 0~20 cm。

2. 黏化土层

土体中矿物颗粒由粗变细生成黏粒或淋溶、淀积导致黏粒含量增加的过程。土体下层黏粒聚集形成黏重层称为黏化层(图 6-4),一般厚度为 20~60 cm。

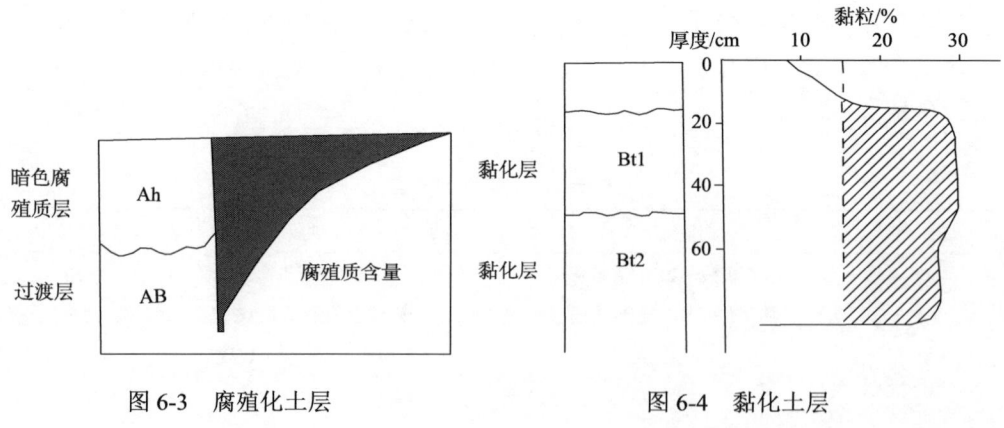

图 6-3 腐殖化土层

图 6-4 黏化土层

3. 富铝化土层

土体铝硅酸盐矿物在湿热气候条件下强烈水解,盐基离子和硅酸随风化液淋失扩散，铁、锰、铝次生黏土矿物发生沉淀形成氧化物而聚集或富集过程。视各地域不同土层厚度不一。一般最大厚度为150 cm（图6-5）。

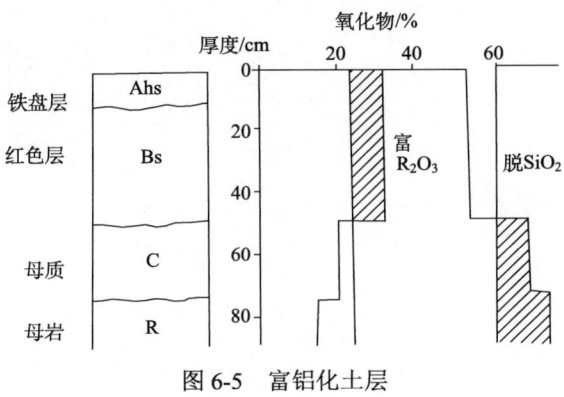

图6-5　富铝化土层

4. 钙化土层

干旱、半干旱气候条件下，土体中碳酸盐淋溶、淀积过程。一般厚度为60～80 cm或大于80 cm（图6-6）。

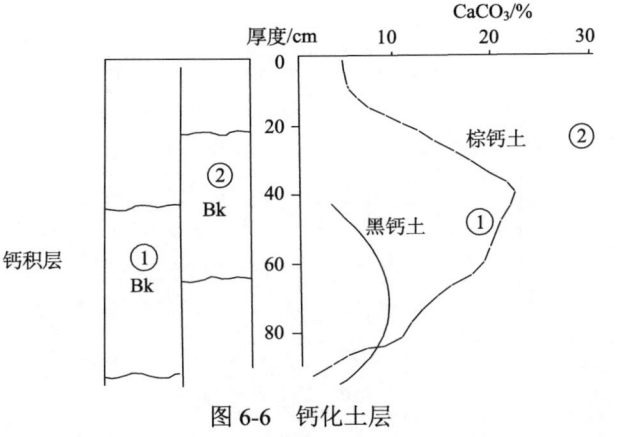

图6-6　钙化土层

5. 盐化土层

干旱、半干旱地区，成土母质中可溶性盐类随地下水迁移到土体表层聚积过程。视盐分迁移的深度而定，盐积厚度小于30 cm，碱积厚度小于75 cm（图6-7）。

6. 潜育化土层

长期渍水土体处于还原环境，厌氧微生物分解有机质的同时将高价铁、锰还原成低价铁、锰。铁、锰脱色使土体呈青色或青黑色。一般厚度为10～80 cm或大于80 cm，潜育层1一般要大于10 cm（图6-8）。

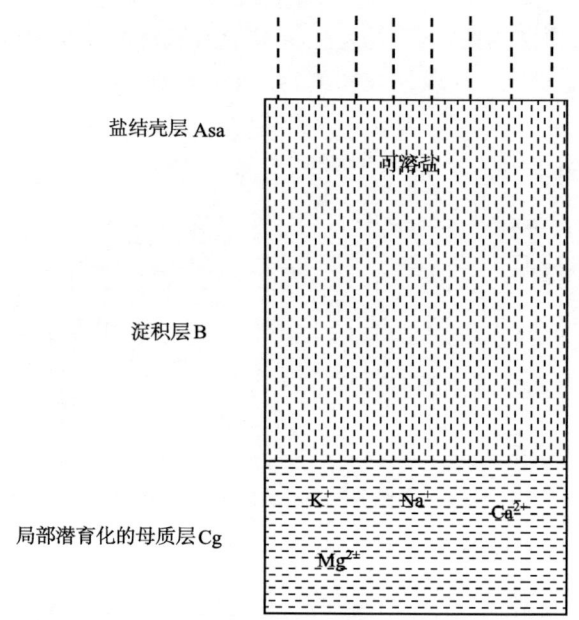

图 6-7　盐化土层

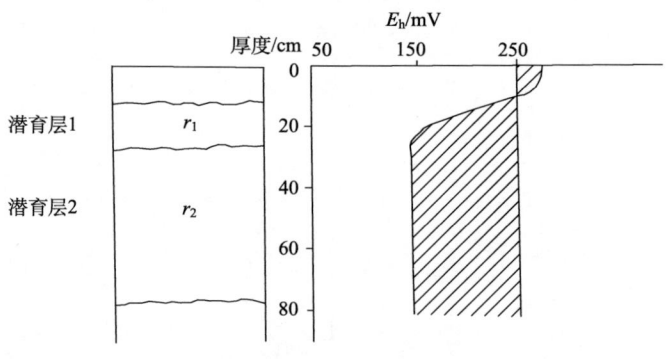

图 6-8　潜育化土层

7. 潜育化土层

冲积土广泛分布在地势较低河流两岸低阶地、山丘谷地、坡路低地、湖滩及滨海滩地等。汛期河流水位高，大量补给地下水，抬高地下水位；旱季地下水位下降。年度内地下水位周期性升降，土体剖面下部交替进行氧化还原作用，导致土体剖面中出现锈色和灰色土斑。土体渍水处于频繁变动状态并伴有干湿交替过程，土体中铁、锰物质，淋溶与淀积交替进行并发生氧化还原过程，土体内出现锈纹、锈斑或结核、胶膜等新生体。厚度一般为 10～200 cm（图 6-9）。

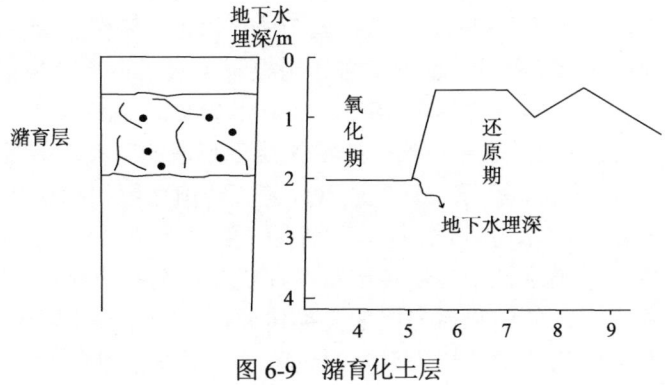

图 6-9 潴育化土层

8. 白浆化土层

由于土体上部滞水而发生还原离铁、离锰作用导致土层漂白过程。冷凉湿润地区，有机质参与还原反应和土体渗水作用带走被还原的 Fe^{2+}、Mn^{2+} 而出现白色土层，称为白浆层。厚度一般为 10～30 cm（图 6-10）。

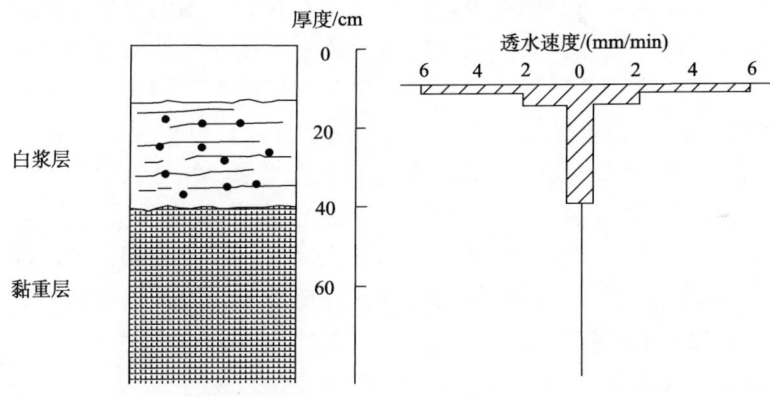

图 6-10 白浆化土层

三、农用地土体剖面

农用地土体剖面是在人类生产活动与自然因素综合作用下耕地土体剖面层次分异，从上到下大体可以分为表土层、心土层和底土层。

(一)农用地土体剖面基本层级

1. 旱作农地土体剖面

旱作农地土体剖面一般分为下面四层。

(1)耕作层：又称表土层、熟土层。指经常被翻耕的土壤表层，受耕作、施肥、灌溉等影响强烈。厚度15～20 cm，以超过30 cm为宜。耕作层土层疏松多孔、干湿交替频繁、通透性好、养分含量高。耕作层根系含量约占全部根系量60%以上。在一般土体上，小麦的耕层深度为20～25 cm(于振文，2003)。

(2)犁底层：是受农具耕犁压实，在耕作层下形成的紧实亚表层，厚度为6～10 cm。犁底层土层紧实、孔隙度低、通气性差、结构呈层状和块状，比耕作层黏重。典型的犁底层很紧实，孔隙度小，非毛管孔隙(大孔隙)少，毛管孔隙(小孔隙)多，所以通气性差，透水性不良，结构常呈片状，甚至有明显可见的水平层理，影响耕作层与心土层之间的物质与能量交换传递，影响作物正常生长所需的根系环境。这是经常受耕畜和犁的压力以及通过降水、灌溉使黏粒沉积而形成的。

(3)心土层：是介于犁底层和底土层之间的土层，也称半熟化土层，一般厚度为20～30 cm。又称"生土层"，是土体剖面的中层，由承受表土淋溶下来的物质形成。通常是指表土层以下至50 cm深度的土层。由于有物质的移动和淀积，所以表土层和心土层最能反映整个土体形成过程的特点。该层也能受到一定的犁、畜压力的影响而较紧实，但不像犁底层那样紧实。在耕作中，心土层的结构一般较差，养分含量较低，植物根系少，但是起保水保肥作用的重要层次，是生长后期供应水肥的主要层次，在这一层中根系的数量占根系总量的20%～30%。旱地的心土层，一般保持着开垦种植前自然土体淀积层的形态和性状，耕种引起的变化小。淀积层(B层)、风化层(C层)、岩石层(R层)，以上三层为心土层。

(4)底土层：位于心土层以下的土层。一般在地表50～60 cm以下。也称母质层，是土体中不受耕作影响，保持母质特点的一层。如成土母质为岩石风化碎屑，则底土层中也往往掺杂有这些碎屑物。此层受地表气候的影响很少，同时也比较紧实，物质转化较为缓慢，可供利用的营养物质较少，根系分布较少。一般常把此层的土体称为生土或死土。

2. 水作农地土体剖面

水作农地土体剖面分层相对较多，一般可分为以下层次。

(1)耕作层：通常厚度为12～18 cm，土层因氧化还原反应交替进行，多锈斑。耕作层内有机质含量较高，土体颗粒一般要求偏壤质或轻黏。

(2)犁底层：厚度约为10 cm，片状，青灰色，有铁、锰斑纹及胶膜，较紧实，可防止水分渗漏过快。

(3)渗育层：是受灌溉水浸润或淋洗影响而形成的层次，厚10～20 cm，颜色灰白，夹有少量锈纹、锈斑或铁结核。它是季节性灌溉水渗淋下形成的，既有物质的淋溶，又有耕层中下淋物质的淀积。一般可分为两种情况，一是可以发展为水耕淀积层，另一是强烈淋溶而发展为白土层。后者可认为是铁解作用的结果。

(4)潴育层：是受水分浸润，含铁矿物水化而显黄和灰色层次，有大量的锈纹、锈斑或铁、锰结核。厚度>20 cm，该层棱块或棱柱状结构发育良好，有橘红色铁锈及铁锰结核等，特别是 Fe^{2+} 与有机质形成络合态铁，并氧化为红色沉淀态络合铁，分布于结构体表面，称为"鳝血"，与其他层相比，铁的活化度低，晶胶率高，盐基饱和度也高。

(5)潜育层：是由于水温、土温过低，通透性不良，还原性物质积聚而形成的层次。青灰色，活性铁高，铁的晶胶率<1。

(6)母质层：母质层包括母质岩和母岩，因母土和水稻土的发展过程而异。

(二)农用地土体层级构型

土体构造是由上、下土层的固相骨架叠合在一起，把上、下层作为一个整体来看，就是土体构造或剖面构造。它是质地、结构和孔度剖面造成的。一般而言，以农用地的土体层级构型较为复杂，对土地质量影响较大。一般有耕层构造、质地剖面、结构剖面和孔度剖面。土体剖面层级构造是上下土层质地、结构的垒结造成的，所以下面重点介绍质地剖面构型和结构剖面构型。通过重新构造适宜土体剖面，消除不良土体质地和结构以改良剖面构型，能够在较短时间内改善土体内部结构和环境质量，提升耕地质量和生产能力。

1. 耕层构造构型

耕层构造构型是土体耕层的三相搭配以及上下垒结，良好的耕层土体要求有较高的孔度，即孔隙容积所占比例大，可以容纳大量的水分和空气，而且大小孔隙各占一定比例，解决水、气不能并存的矛盾。对于旱地来说，一般以保存三相比 2∶1∶1 为较宜。同时，耕层本身也可提供作物生长和气候条件，通过耕作管理(翻耕、中耕、镇压等)造成上松下紧或上紧下松的构造，使之利于截留降水或减少蒸发，增加种子生长的基础等。为了改变土表状况，还可采取铺砂、盖灰、覆草等措施。耕层构造主要是因为管理所造成的，应使之利于土体肥力的发挥和植物根系伸展。

2. 孔度剖面构型

孔度剖面构型是反应在上下层土体孔隙的分布和叠合、联通的状况，是质地剖面和结构剖面的综合反映。为适于作物的生长发育，对土体孔性剖面的要求是：耕层总孔度为50%~56%，通气孔度在 8%~10%以上，如能达到 15%~20%则更好。土地内的孔隙垂直分布为"上虚下实"。耕层上部(0~15 cm)的总孔度为55%左右，通气孔度达 15%~20%；下部(15~30 cm)的总孔度和通气孔度分别为50%和10%左右。"上虚"有利于通气透水和种子的发芽、破土；"下实"则有利于保土和扎稳根系。"下实"与"上虚"是相对而言的，即要使大孔隙适当减少，不是极实，即使在心土层，也需要保持一定数量的大孔隙，以利于下层土体的通气，增强微生物活性和养分转化，而且促进根系深扎，扩大作物的营养范围。此外，在潮湿多雨地区，土体下部有适当的大孔隙可增强排水功能。根据中国科学院南京土壤研究所物理室的研究，种麦季节的高产水稻土耕层的总孔度大于55%，容重小于1.2 g/cm³，田间持水量时的通气孔度一般在8%~10%以上。

3. 土体质地剖面构型

土体质地的层次组合主要是成土过程和母质沉积过程所致，而人为的影响甚少(除客土法、平整土地、引洪淤灌外)，常见的土体质地剖面构型有均质质地、夹层质地和体(垫)层质地(表6-2)。

表 6-2　土体质地层次排列组合表

土体剖面构型	种类	层次排列组合	层位厚度/cm	评价
均质质地	砂质均质型	通体砂	砂质厚度>60	极差
	壤质均质型	通体壤	壤质厚度>60	良好
	黏质均质型	通体黏	黏质厚度>60	较好
	砾质均质型	通体砾	砾质厚度>60	极差
夹层质地	夹层黏	砂黏砂	15<夹层厚度<30	差
		壤黏砂	15<夹层厚度<30	差
	夹层砂	黏砂黏	15<夹层厚度<30	差
		壤砂壤	15<夹层厚度<30	差
体(垫)层质地	夹层黏	砂黏黏	垫层厚度>40	较好
		壤黏黏	垫层厚度>40	较好
	夹层砂	黏砂砂	垫层厚度>40	较好
		壤砂砂	垫层厚度>40	较好

图6-11是三种典型的质地剖面层级重构类型。例如，对于均一的砂土型或黏土型，均质质地剖面构型从土表至1 m土体内土体质地基本均一，或其他质地土层连续厚度<15 cm，或其他土层的累加厚度<40 cm；分为通体壤、通体砂、通体黏和通体砾。一般均质质地剖面易于构建，但以通体壤为最好。均一的质地层级构型有松散型或紧实型，孔隙单调而大小配合不当，应因地制宜地栽培适宜的作物，如花生、芝麻、马铃薯等宜于砂质土上生长，但是轻壤土的均质剖面易发生盐渍化。针对农用地的土体有机重构，应该根据工程需要而设计适宜的土体质地构型作为目标，进而采取相应的工程措施进行构建。

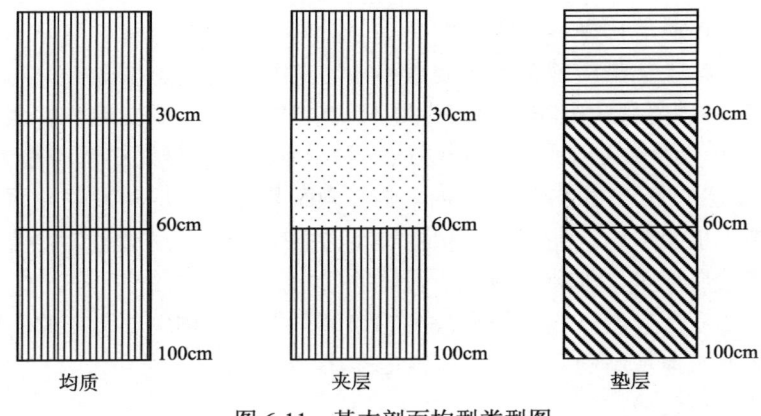

图 6-11　基本剖面构型类型图

1) 良好土体质地构型

含有黏质垫层类型中的深位黏质垫层型、均质类型中的壤均质型、夹层类型中的蒙金型和砂姜黑土类型中的黑土垫层型 4 种。特点是：土层深厚，无障碍层，为高稳产土体构型。

例如，上砂下黏，它属于夹层类型中的蒙金型，一般是上松下紧，土体上层的质地以砂质为主，透水通气良好，可以迅速接纳较大的降水量，防止地面径流，减少水土流失。下层的质地偏黏，起保水托肥的作用，减少养分下渗流失，又有回润水分的能力，这种质地剖面既发小苗又发老苗，对土体水、肥、气、热状况的调节较好，宜于作物生长，群众称为"蒙金土"。砂层的厚薄对水分状况的影响较大，一般以厚度在 30~40 cm 为宜。

这种土体质地构型基本都是以深厚的土层作为垫底层，能保墒保肥，对农用地构建剖面十分有利。

2) 较好土体质地构型

含有夹层类型中的蒙淤型、蒙银型、黏体型和黏质垫层类型中的浅位黏质垫层型 4 种。

例如，垫层质地剖面构型，即指从土表 20~30 cm 以下出现厚度>40 cm 不同质地土层。又可细分为砂黏黏、黏砂砂、壤黏黏和壤砂砂等质地层级构造，如马铃薯喜砂壤或壤土(于振文，2003)。

又如，有砂夹黏或黏夹砂，这种质地层级构型又称夹层型，砂黏层次相间排列，砂层和黏层的厚度不大，为 30~50 cm，或者再薄一些。砂黏层次适当相间，既可透水透气又可保水托肥，对温度和养分的调节都有良好作用。但是如夹层过厚，则变为"上砂下黏"型或"上黏下砂"型。

这种土体质地构型虽然不如上述层级构型好，但在土源相对缺乏的地区，又考虑构建成本的话，也可利用这种土体质地构型来达到土地生产力的最大化。

3) 较差土体质地构型

含有砂姜黑土类型中的黑土裸露型和薄层类型中的中层型 2 种。

众所周知，砂姜黑土是在暖温带半湿润气候条件下，主要受地方性因素(地形、母质、地下水)及生物因素作用，形成的一种半水半土。剖面构型一般为黑土层-脱潜层-砂姜层。在 1.5 m 控制层段内，必须同时具有黑土层与砂姜层两个基本层次，而且黑土层上覆的近期浅色沉积物厚度必须<60 cm。在这里如砂姜黑土的最富营养的黑土层裸露，则会影响整个土体的质量。

这类土体质地构型一般都是有效土层太薄，不利作物生长，在非农用地上，则可能造成建筑地基不稳，对人类生活产生影响。

4) 差的土体质地构型

含有夹层类型中的夹黏型、夹砂型、砂体型和薄层类型中的薄层型 4 种。

夹层质地剖面构型，即指从土表 20~30 cm 至 60~70 cm 土体内夹有厚 15~30 cm 与上下土层土体质地明显不同的质地土层。若整个土体剖面中出现不同质地土体剖面层次，需要确定各质地夹层厚度和位置；若夹层厚度在 15~30 cm 范围内且与上下层土体质地明显不同，又可分为砂黏砂、黏砂黏、壤黏壤和壤砂壤。这种夹层形，要不漏水漏肥，要不通气不良，注意改良夹层即可。

例如，上黏下砂一般是上紧下松，上层为黏质土，毛管孔隙多，保水力强，通透性弱，如果缺乏有机质，则干燥后易板结成大土块，耕性不良，不利于幼苗生长。下层是砂质土，易漏水漏肥，作物根系伸至砂层后，水分、养分供应不足。此种质地剖面不发小苗也不发老苗，土体中的肥力低，对作物生长不利。

还有一些特殊夹层型，剖面中夹有一层特殊的坚实层，如红壤的铁结核层和铁盘层，坚硬紧实，作物根系难以穿过，若此层出现位置过高，则严重危害作物生长。又如，碱土亚表土的碱化层，黏重坚实而碱性强。相反，漂洗型水稻土剖面中有粗粉质的白土层，紧实而缺养分，如位置较浅则影响作物生长。

5) 极差土体质地构型

含有薄层类型中的极薄层型和均质类型中的砂均质型 2 种。

极薄层土体构型可以说是有效土层几乎为零，作物根本不能生长，对这种土体层级重塑，主要是覆盖一定厚度的有效土层，一般要大于 20 cm。而通体砂的土体，俗称"沙子"，漏水漏肥，极为贫瘠，对砂质土体有机重构，最主要的一项工作是添加一定厚度的黏土层，以 20~40 cm 为宜。

土体自然综合体是具有三维空间的物质实体，其整体和局部(土体类型)可以无限地分割和分离，因而土体能够在不同空间尺度、不同结构层次上呈现不同的形态。通常可分为土体颗粒微形态、结构体形态、土层形态、土体剖面形态、土被结构形态等。其中土体颗粒微形态已在第五章明确，这里接下来讨论的土体剖面形态、土层形态、土体结构体形态的观察则是土体资源调查和土体地理研究的基础性工作。例如,通体砂的砂质土体可添加适量砒砂岩,形成复配土体进行改善,该研究已经得到一定进展(Han et al., 2012;韩霁昌等,2012;韩霁昌等,2013a;付佩等,2013;罗林涛等,2013;柴苗苗等,2013;王欢元等,2014;张露等,2014a,2014b;张露等,2015;李娟等,2015a;童伟等,2015;张海欧等,2016)。

4. 土体结构剖面构型

凡是影响土体物质组成和存在状态的自然条件和农业生产措施,都会影响土体构造性质,主要有质地、结构以及施肥、耕作、灌溉等农业生产措施。了解土体构造因素,也就明确了改造土体构造的途径。土体结构在第五章已经详细介绍过,根据土体结构分类(表6-3),土体能产生差异明显的结构剖面。

表6-3 土体结构分类明细表　　　　　(单位:mm)

土粒大小	片状	棱柱状	柱状	块状	多角次块状	团粒	团块
极细或极薄	<1	<10	<10	<5	<5	<1	1
细或薄	1~2	10~20	10~20	5~10	5~10	1~2	1~2
中	2~5	20~50	20~50	10~20	10~20	2~5	2~5
粗或厚	5~10	50~100	50~100	20~50	20~50	5~10	—
极粗或极厚	>10	>100	>100	>50	>50	>10	—

土体结构层次与质地层次有密切关系。一定的质地层次往往易形成相应的结构类型。例如,黏质的表层往往形成大块状结构,而黏质心土层在干湿交替的影响下容易形成柱状、棱柱状结构。砂质土层在缺乏有机质时易成单粒结构。

结构剖面(除耕层外)主要是成土过程造成的,尤其是上下行水流和淋溶沉积作用的影响大。以黏质、黏壤质的水稻土为例,常见的几个发生层各有其特征性结构。自上而下的各土层的结构如下:

淹育层(A层):此层常受农具的扰动,土体团粒结构体易遭破坏,灌水期间土粒分散,只有土块中的毛管孔隙中有少量闭蓄空气。秋收排水后,土面干燥,土地逐渐收缩,沿稻桩四周裂成多边形的大块。耕耙后成块状、碎块状。如耕层中富含腐殖质,则在灌水期多产生微团粒,而在排水干燥后恢复成团粒。

渗育层(P层):水稻土中的耕作层,长期在水耕熟化和旱耕熟化交替进行的条件下,有机质累积增加,有轻微的铁质淋溶沉积现象,颜色变暗,在根孔和土体裂缝中有棕黄色或棕色锈斑。旱作季节呈小块状或团块状结构,水耕季节时结构多分散,颜色变深暗。有完整的块状结构,或为短的棱柱状、柱状结构体。

潴育层(W层):受地下水位升降或季节性渍水的影响,有铁质大量的淋溶沉积,产生锈纹、锈斑,常有铁结核、铁盘等新生体。由于较长时间在水分浸渍、多次的干湿交替和淋溶淀积作用活跃的条件下，形成较小的棱柱状、棱块状结构体，其外面常有胶膜覆被。裂隙间有大量锈纹锈斑淀积，深度发育时，土体颜色发生分化，剖面上多形成黄白交错的花斑。

潜育层（G 层）：在排水不良的条件下，终年处于地下水浸渍下，处于还原状态，土体分散度大，有机质在嫌气环境下分解缓慢，铁、铝氧化物质被还原，土层呈蓝灰色或黑灰色，土块分散成糊状。常未形成结构体，而以单粒存在。

四、非农用地土体剖面

非农用地土体剖面可大体分为下面两层：

（1）碾压基础层：在地质状况不佳的条件下，如坡地、沙地或淤泥地质，或虽然土层质地较好，但上部荷载过大时，为使地基具有足够的承载能力，则要采用人工加固层，对保证建筑物的坚固耐久具有非常重要的作用。

（2）底土层：位于构筑物基础碾压层下方。

依据原土地类型层级各不相同，非农用地的土体层级可具体划分为软土地基层级、黄土地基层级、膨润土地基层级、冻土地基层级，吹填土地基层级和盐渍土地基层级。

1. 软土地基层级

软土是一种特殊性岩土，其天然含水量大于液限，具有高压缩性、低强度、高灵敏度、低透水性和高流变性。在人工重构层级中一般包含以下土层层级：

人工填土（杂填）1.5～3.5 m；粉质黏土 1.5 m；淤泥质黏土 4～5 m；淤泥粉质黏土 5～11 m；贝壳土 2～3 m；黏土（圆砾）3 m（刘起霞和张明，2014）。

2. 黄土地基层级

黄土是一种产生于第四纪历史时期的、颗粒组成以粉粒为主的黄色或褐黄色沉积物，往往具有肉眼可见的大孔隙。一般认为未经次生扰动、不具有层理性的黄土为原生黄土，原生黄土经过搬运重新堆积形成具有层理或砾石夹层的黄土。

一般施工流程为：布孔→钻孔→埋设注浆管→封孔→浆液试配→注浆→封管。层杂填土，杂色至黄褐色，主要由粉土组成，含碎砖及煤渣，松散，厚度为1.4～1.8 m；新沉积粉质黏土，褐黄色，土质不均，可塑及软塑，具有垂直节理和大孔隙，含姜石，厚度为1.8～5.3 m；粉土，黄褐色，土质不均，湿，稠密，含姜石，强度低，韧性低，厚度为 1.6～2.7 m；粉质黏土，褐红色至赤褐色，土质均匀，含姜石及铁、锰结核，可塑，厚度为 6.7～9.8 m（刘起霞和张明，2014）。

3. 膨润土地基层级

膨润土是一种结构性不稳定的高塑性黏土，也是典型的非饱和土，在世界分布范围极广。

一层填土，褐红色，稍湿，稍密至中密，主要由灰岩碎石、角砾及黏土组成，厚度为0.5～1 m；二层耕植土，褐红色，稍湿至湿，松散，含植物根系，层厚为0.4～0.5 m。一层黏土，褐红色，可塑状态，局部硬塑或软塑，局部含砂岩圆砾，局部夹薄层圆砾、砾砂，成分主要为砂岩，厚度为0.5～2.1 m；二层卵石，褐红色、褐灰色，稍湿至湿，稠密，砂及黏土充填，厚度为1.2～1.3 m。一层黏土，黑灰色、灰色、灰黄色，可塑状态，局部软塑状态，局部含砂、砾石，次棱角状，顶部偶见动物残骸，夹细砂、中砂，厚度为3.2～8.4 m；二层中砂，灰色、浅灰色、灰黄色，很湿，松散至稠密，分选性较差，含卵石、圆砾，次棱角状，厚度为0.5～2.6 m。一层黏土，黄绿色、浅黄色，可塑至硬塑状态，局部含少量碎石、角砾，厚度为0.6～4.8 m；二层中砂，浅灰色、灰色、黄绿色，湿，稍密至中密，分选性一般，含圆砾、卵石，厚度为0.6～2.9 m；底层黏土，浅黄色、褐黄色、黄绿色，硬塑状态，局部可塑或硬塑状态，含碎石、圆砾，局部夹粉质黏土，厚度为6～13.4 m（刘起霞和张明，2014）。

4. 冻土地基层级

冻土是温度小于等于 0℃，并含有冰的土层，在冻土的土体层级重构上特别注意隔温层与隔离层的厚度。

当地基为富冰冻土、饱冰冻土或含水冰层时，路堤高度大于最小保温高度（在东北地区大于1.5～2.0 m，在西北地区大于1.0～1.5 m）。

隔温层厚度一般为 20～50 cm；隔离层一般铺设在路基顶面以下 0.5～0.8 m处，透水隔离层采用碎石、砾石、粗砂、无纺布等材料，厚度为 0.1～0.2 m，不透水隔离层可通过铺沥青土，厚度为 2.5～3.0 cm，或喷洒沥青材料，厚度为2～5 mm（刘起霞和张明，2014）。

5. 吹填土地基层级

吹填土又称冲填土，是在整治和疏通江河航道时，用挖泥船和泥浆泵把航道和港口底部淤积的泥沙通过水力机械吹填至四周筑有围堤的吹填区形成的沉积土。

一般土体层级构造为三层：一层是吹填土，厚度为0.7～3.5 m；二层是砂质粉土，厚度为1.2～4.6 m；第三层为淤泥质黏土、夹粉质黏土，厚度为13.4～15.2 m（刘起霞和张明，2014）。

6. 盐渍土地基层级

盐渍土是含有一定数量易溶盐的土体。农业上和工程界对一定数量易溶盐的含量界定不一。砾（碎）石隔断层，适用于地下水位埋藏较浅或降水较多的强盐渍土地区，厚度一般为 0.3～0.4 m，上下设反滤层，厚度为 0.1～0.15 m；砂砾隔断层，适用于地下水埋藏较深、隔断层以下填料毛细水上升不是很剧烈以及地基土含盐量不是很高的地段，厚度不宜小于 0.9 m；砂隔断层，适用于地下水位较高且风积砂或河砂来源较近而砂砾料运距较远的地段，厚度一般不小于 0.5 m，上面应铺土工布及设置不小于 0.2 m 的砂砾填料；土工布隔断层，应具有较好的隔水、隔气和耐久性且施工简便，强盐渍化土地区的地基宜采用土工布作为隔断层，材料通常采用复合土工膜和土工膜，为防止土工膜被顶破，在其上、下应设置 80~100mm 的砂土保护层，当土工布隔断层设置于细粒土地基中时，应在复合土工膜上、下设置不小于 200 mm 的砂砾排水层，下排水层底部埋藏深度应大于当地最大冻深，对于土工膜，保护层可作为排水层，厚度不小于 200 mm（刘起霞和张明，2014）。

第三节　不同土体类型的剖面层级重构技术

自然土体被人类开垦利用后，其形成不但受自然因素的作用，还受到人为耕作活动的影响，即自然与人为因素的综合作用。例如，进行农田基本建设、修梯田、平田整地、兴修水利、造林种草、"小流域治理"等。如果处理不当，则会导致有效土层质量退化、加剧水土流失，风蚀等问题，使土地质量不断恶化；针对性地灌水或排水，改变原来自然土体剖面构型，促使或抑制淋溶淀积过程，改变原有的物质组成，调节原有的酸碱反应；通过耕翻、疏松表土，深耕改良不良土层（如犁底层、胶泥层、料姜层、卵石层等），消除不利于植物生长的障碍层（李学敏等，2005）。

土地工程中，未利用地开发、污损土地治理、退化土地改良、低标准农田提升等工程中，都应注重土体剖面构型这一问题，从土体剖面结构上加以改造，使之成为适合不同生命的生长并为人类活动提供良好的土地基础。一般来说，土体剖面层级重构与土体颗粒重构是同步进行的，土地工程上应因地制宜，因势利导，应用土地工程技术手段，对土体剖面构型进行改造、改良，在耕作条件下稳定地调节其肥力和稳定性，使整个土体剖面层级的形成向着有利的方向发展。

一、农用地土体剖面层级重构技术

土体剖面构型是在土体发生发展过程中长期受生物气候影响而形成的（田积莹等，1990），对土体中的水、肥、气、热等各肥力因素和土体中的盐分运移等有制约及调节作用，对作物产量有直接影响。土体构型已被广泛用于土体分类、土体肥力与土地资源评价、土体生态评价等多方面的研究和实践（王雄师，1998）。因此，调查研究具有特殊性的不同土体时，通过理论探讨和实践验证，鉴别土体构型的主要指标，确定土体剖面构型的类别，找出最佳的土体构型，对指导农业生产、改良利用农用地提供科学依据。

耕地的土体改造,主要针对耕地贫瘠,质地砂、黏、板、薄和砾石多的不良土体,采用不同的技术措施,创造表土疏松层、中间营养层和底层紧实的托水托肥保持层(辛亮亮,2015)。根据耕作土体的剖面结构特点以及优良的土体特征,使构建土层保持或优于正常耕作土体的剖面层次构造,对建立适宜植物生长环境、快速恢复土地的生产力(李梅,2011;李梅和张学雷,2011),提高土地资源的利用率和产出率,增加有效耕作层面积,缓解人地矛盾具有重要意义。

综合土体的各层级的孔度、质地、结构等特征,旱作农田的良好土体剖面构型一般具备以下特征:耕作层厚度宜大于 30 cm,质地根据不同项目区域而有所差异,容重为 $1.1 \sim 1.5 \text{ g/cm}^3$,空隙率为 50%~55%,空气中含氧量 10%~15%,团粒结构应占 30%~40%,毛管孔隙度为 35%~40%,上层疏松多孔,水、肥、气、热协调,养分转化快,适宜作物生长;底层相对紧实,具有一定托水托肥功能,但是不影响作物根系下扎。

以水稻土为例对水作农田土体剖面构型进行说明,高产水稻田的剖面构型特征一般如下:耕作层超过 20 cm,质地为砂壤、壤土至轻黏土;通气良好,大小孔隙比例为 1:2~1:4,容重 $1.10 \sim 1.35 \text{ g/cm}^3$,浸水容重 $0.5 \sim 0.6 \text{ g/cm}^3$,总孔度 50%或稍大于 50%,其中通气孔度在 10%以上,满足水稻的根系生长需求;田面平整高低一致,灌水后深浅一致,排水时局部不会积水;有发育良好的犁底层,厚 5~7 cm,最厚不应超过 10 cm,日渗漏量控制在 9~15 mm,犁底层比重为 $2.6 \sim 2.8 \text{ g/cm}^3$,容重为 $1.4 \sim 1.7 \text{ g/cm}^3$,紧实度为 $8 \sim 10 \text{ kg/cm}^3$,不过于黏重,以利于托水托肥,质地为砂壤、壤土至轻黏土;心土层较疏松、节理明显,非毛管孔隙度为 4%~8%,利于水分下渗和处于氧化状态。

无论是旱作农田还是水作农田的土体有机重构,其构建目标都应该视目标作物而定,不同作物对土体质地、结构、层级都有其特定要求。遵循生命生长规律,并充分利用这种规律,再构建适宜的剖面层级结构,才能真正实现土体有机重构的科学合理,实现土地的良性利用。农用地土体剖面层级重构的基本方法如下。

(一)土地平整

土地平整在土地工程中一般也称为操平,土地平整是多数土地工程施工特定阶段内都会涉及的,其中土方运移量的计算参见本书第二章。

旱地田面坡度应在2‰以内,宜采用格田形式。格田设计必须保证排灌通畅,灌排调控方便,满足作物不同生长发育阶段对水分的需求。将区域内田块分为面积较为均匀的长方形田块,田块依地势由高到低方向为长边,短边方向与之垂直,起垄方向与长边一致,起垄形成的田块长宽比为 2:1~4:1。格田内部凹凸高差宜在±2.5 cm,最大不应超过 10 cm。格田间以田埂为界,田埂采用土质,梗高为 25~30 cm,梗宽为 30~40 cm。

水田对于土地平整度的要求较高：若区域地势基本平坦，宜参照旱地田的格田形式进行平整操作。为保证水田排灌畅通，灌排调控方便，以满足水作植物不同生育阶段对田面水深度调节的要求，在大田块内部采用格田形式分为面积较为均匀的小田块，单个格田内田面高度差控制在±2.5 cm。如有必要，可对基础土体进行碾压，增大土体容重，减少水肥渗漏。

若区域地势为坡地，且坡度低于25°，则可考虑建设梯田。梯田类型的选取则主要考虑地形、土体、气候和生产基础等因素，以方便耕作、节省用工、保证田坎安全为原则建设。水平梯田断面尺寸见表6-4。

表 6-4　水平梯田断面尺寸

地面坡度 $\theta/(°)$	田面宽度 B/m	田坎高度 H/m	田坎坡度 $\alpha/(°)$
1～5	10～15	0.5～1.2	90～85
6～10	8～10	0.7～1.8	85～80
10～15	7～8	1.2～2.2	80～75
15～20	6～7	1.6～2.6	75～70
20～25	5～6	1.8～2.8	70～65

注：表中田面宽度和田坎坡度适用于土层较厚地区和土质田坎，土层较薄地区其田面宽度应根据土层厚度适当减少。

若区域土体结构和厚度满足作物生长需求，则平整后即可直接用于农用地耕作，不需要进行碾压、耕作层覆土等措施。

(二) 有效土层的利用

有效土层可作为回填表土用，表土回填利用区域一般为需复绿、复耕(园)的区域，实际设计过程中由于受地形及植物措施配置等因素的影响，具体回填利用方案应结合相应回填区域的具体情况确定，以实例工程、异地利用和原地利用为例进行分析。

有效土层的利用在美国、日本、英国、澳大利亚和加拿大等发达国家都得以成功应用(谭永忠等，2015)。中国尽管地大物博，资源广泛，但是人口众多也造成了土地资源短缺的现象，在中国，人均土地面积和人均耕地面积都不及世界平均数的三分之一。近年来，中国的经济迅速发展，社会各方面对土地资源需求不断增加，人地矛盾异常突出，这已经成为中国发展的重要制约因素之一。中国目前的土地利用现状是，大量的土地被破坏，甚至有些耕地因建设占用等因素而变得荒芜，这类土地中很大一部分土地是可以恢复再利用的，但到目前为止，这些问题都没有得到很好的整治。因此，在中国开展充分保护和利用有效土层，而进行土体剖面重构工作，对于缓解土地供需矛盾是非常必要的。

1. 异地利用

有效土层剥离的异地利用，即某一地区的优质有效土层剥离后，直接或存储一段时间后作为客土用作他处，不再回填至原地，也包括对受损有效土层剥离以后的舍弃等。通过剥离适宜耕种的耕作层并对其进行存储和保护，使高肥力的有效土层受到保护，无损失、无浪费。在有效土层剥离工程完成后，用之前剥离出来的高肥力的有效土层进行造地复垦，既恢复原有的土地面积又保护了原有土地的耕植能力。因此，有效土层剥离应用于土地工程，具有节省工程投资、提高经济效益与生态效益的重要价值。这一技术能充分地保护耕地资源，促进国土事业和生态环境的健康持续发展(董雪，2012)。

目前比较常见的有效土层剥离异地利用模式有土地改良中的有效土层剥离、土地复垦中的有效土层剥离、工程建设中的有效土层剥离以及污染治理中的有效土层剥离。例如，日本在污染治理中，剥离受污染地区的有效土层并覆盖或客入其他未受污染地区，各地根据地下水位、地质条件及污染程度等的不同，因地制宜选取填埋客土法或上覆客土法等；在土地改良中，剥离即将建设占用地区较为肥沃的有效土层，作为客土加入已经列为改良项目区的土体中，是比较常见的有效土层利用方式(刘新卫，2008)。

该技术应用于土体有机重构工程已经获得了社会更多的认可和关注，且已在中国吉林省、贵州省和浙江宁波市得以成功应用(谭永忠等，2015)。例如，在渠系工程中，为提高草皮成活率，渠堤边坡铺植草皮前应先利用其他工程剥离保存的有效土层进行覆土，覆土时应控制厚度，一般为3～5 cm，覆土时应适当压实，增加与边坡黏合力，避免剥落或因含水量增加与草皮一起顺坡向下滑移，如采用框格植草护坡，也应在框格内覆土。这样，有效土层的肥力、良好颗粒结构都能得到继续利用。

2. 原地利用

有效土层剥离的原地利用，即由于特殊需要，将剥离后的有效土层加以存储，待原地建设等活动结束后再将有效土层回填。矿产资源开发、因城市发展而进行的各种开发建设活动，采用的一般是有效土层剥离原地利用模式。例如，美国露天采矿中，如果矿区土地为基本农田，则在矿山所有人进行开采前，必须对农用土地的有效土层进行剥离、存储和回填。澳大利亚矿业公司在开采过程中一般按照土体发生层次进行分层剥离、分层堆放、分层回填。日本十分注重开发建设地区的有效土层剥离和再利用。在城市建设和工业建设中，挖取土方或堆积土方的深度(高度)超过1 m、面积超过1000 m^2时，对该挖取或堆积了土方的部分(道路路面部分、其他明显需要种植植被的部分、植物生长必须部分除外)必须采取有效土层复原、迁土、土体改良等措施(都市计画法台湾省施行细则，2012)。加拿大在管线建设中，首要任务就是规划有效土层剥离和存放，并在管线建成后将剥离存放的有效土层放回土地表层，以备耕种(谭永忠等，2013)。以下为几种典型工程中有效土层的原地利用方式。

(1)临时道路：临时道路利用完毕后应先铲除地表泥结石层(或用旋耕机等耙出石块及砂卵石)，翻耕后回填有效土层，摊平后进行全面整地，全面整地后地面高度应与周边地面相一致，以利于复绿、复耕(园)。

(2)弃渣场：有效土层回填前应先对渣面进行清理平整，清除石块及建筑垃圾，如弃渣未经碾压的应先碾压，如弃渣表面多为石渣、砼及浆砌石拆除料时，应先回填一层黏土碾压后再进行有效土层回填，有效土层回填后进行全面整地，复绿、复耕(园)，整地过程中应使地面呈一定坡度，以便于排水，避免雨天形成积水洼地。

(3)土料场：如为山包取土，对形成的开采平台先进行场地清理，平整后回填有效土层，有效土层回填后进行全面整地，复绿、复耕(园)，整地过程中应避免四周高中间低，以避免雨天形成积水洼地；如为山坡取土，开采结束后形成挖方边坡及开采平台，最终开采平台有效土层回填与山包取土形成的开采平台一样，边坡是否覆土视绿化措施而定，当采用喷混植生绿化或打土钉挂网喷草绿化，不需覆土，如采用框格植草或穴植、撒播时，则应覆土以提高成活率，覆土厚度一般为3~5 cm，覆土应适当压实，避免剥落或因含水量增加向下滑移。

(4)施工工程：施工结束后清除场内建筑垃圾，翻耕后进行平整，回填有效土层后进行全面整地，复绿、复耕(园)。有效土层回填及整地过程中地面与周边地形相协调，应避免出现中间低四周高，以避免雨天造成洼地积水。

(三)客土改良法

客土改良法主要分为流水客土法和客土移植改良法。流水客土法是指利用自然地形或人为设置临时沟渠，依靠天然雨水或人工引水，将客土就地搅拌混成泥浆，随渠水流入本土田块中沉积。客土移植改良法是人工从取土区挖取优质壤质土并运输到不良剖面构型土体中，采取土地覆盖、平整等工程措施改良剖面构型。依靠客土改良法，不仅可以改良土体质地构型，还具有改善土体理化性质、增加有效土层厚度、增强耕作性能作用，从而提升耕地质量和耕地生产能力。

1. 土体剖面重构土源选择

客土土源的选择以因地制宜为原则。首先根据改良区域土体普探结果，选择能够满足构建优良土体剖面构型可利用的土源；其次是综合考虑运输距离及成本，选择距离土体剖面待改良区域较近土体作为客土土源并确定最佳运输路线。

2. 掺土量估算

实施客土改良前,调查采样分析改良区域土体剖面构型,尤其是表层土体质地情况和土层厚度。依据土体剖面构型改良目标,制定剖面构型客土改良方案。如果表层土体质地过砂或过黏,根据原表层土体及客土颗粒组成,依据规划设计目标,参照壤质土粒级标准,确定表土层与底土层混合比例,并估算覆土厚度及所需客土土方量。

3. 客土改良剖面构型

客土法主要采用"客土覆盖法"以改良过砂或过黏质地,并增加土层厚度以改变土体剖面的土层排列次序,从而实现改良不良土体剖面构型目标。客土改良剖面构型通常有两种方法。

1) 分田块式有效土层利用

根据剖面构型改良设计方案,将待改良田块均分成若干小田块,然后采用均匀覆土方式,由施工人员操纵机械将相应数量客土搬运至各田块上,并对所覆客土进行平整。如图 6-12 示,剖面构型改良顺序为:先将田块分为 9 块,并首先剥离田块 1、2 的有效土层的土并堆积,其次是在田块 1 上覆上所取客土并进行平整,最后将田块 2 的有效土层的土回填到田块 1 上,依次类推交错覆盖客土、回填实现剖面构型改良。

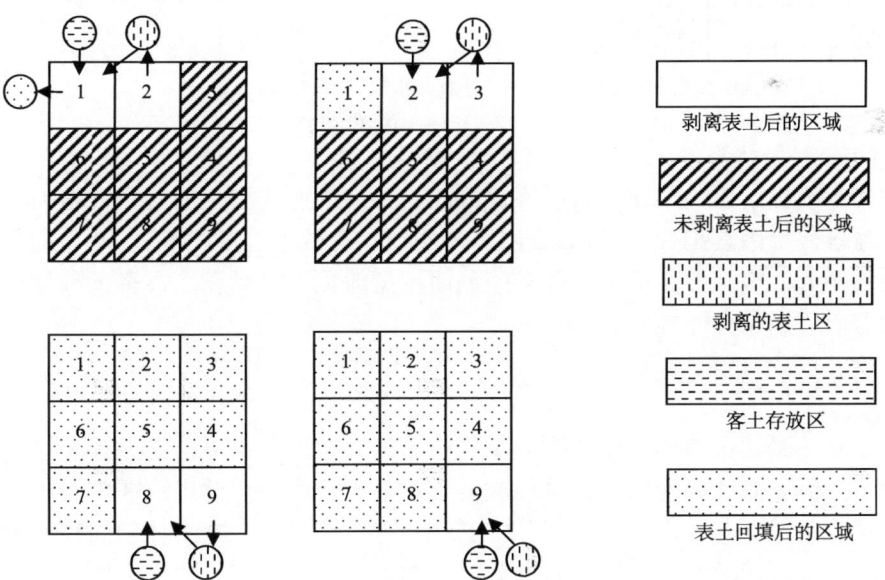

图 6-12 "分田块式有效土层利用"图

2)有效土层土中间堆置设计

对于面积较大的田块,为操作方便可以采用中间堆置法进行有效土层土剥离和交错回填。具体过程是:用推土机、铲运机、挖掘机等机械将田块四周的有效土层土推置田块中央,有效土层土全部堆置中心后,按照设计覆土厚度将相应数量客土均匀覆盖在田块上,并进行田块平整,最后将堆置在田块中央的有效土层土利用机械再均匀推至各田块表面(图 6-13)。

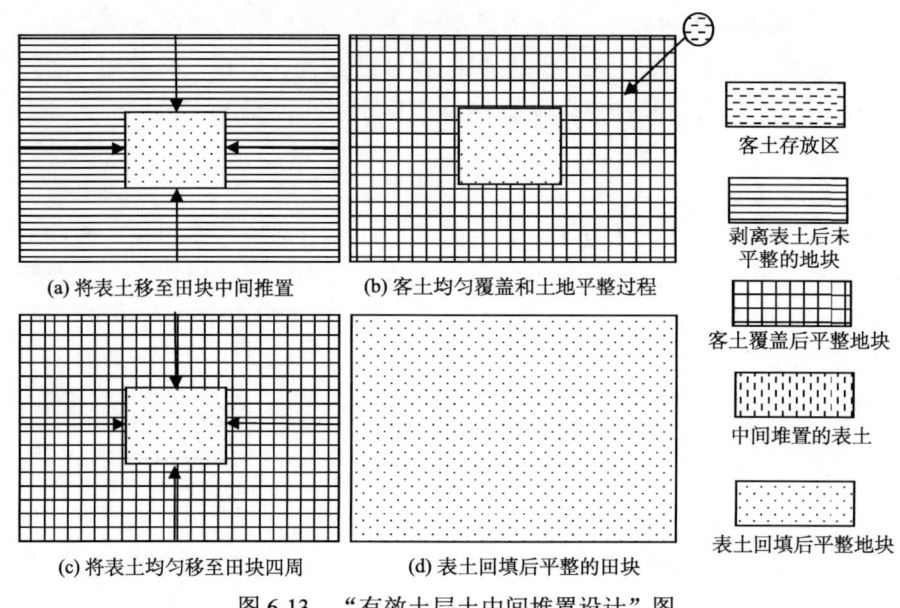

图 6-13 "有效土层土中间堆置设计"图

客土改良剖面构型完成后,不仅能改良不良剖面构型,而且也会增加其他耕地质量等评价因素指标分值(如表层土体质地、有效土层厚度等),从而提升耕地质量。例如,客土改良可将通体黏型剖面构型改良为壤黏黏型,客土改良土体剖面构型前后示意见图 6-14。

(四)引洪漫淤法

引洪漫淤法在第五章土体颗粒重构中已经介绍过,该方法在改善土体结构性和调节土体孔隙度等的同时,也能改良土体剖面构型。自然洪流挟带泥沙以粉粒和黏粒为主,含有丰富有机质和 N、P、K 等营养成分,是土体剖面构型改良的好材料。引洪漫淤实质是通过漫淤肥泥增加农田土层厚度、改变土体质地层次排列形式而改良土体剖面构型。

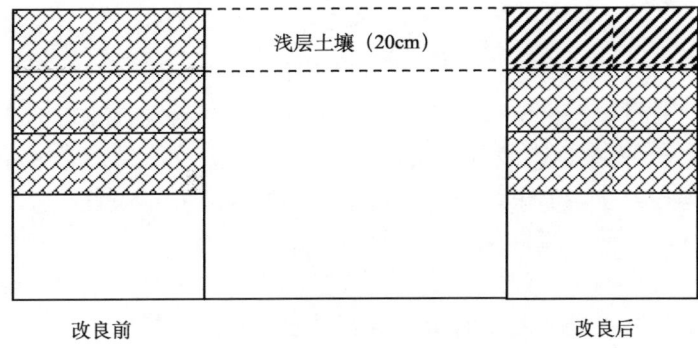

图 6-14 客土法改良前后剖面构型示意图

引洪漫淤法适用于改良河流沿岸的土体不良剖面构型，洪水期间河流挟带细泥引洪效果主要为漫沙，细泥肥田效果显著。对通体黏型剖面构型，引洪漫淤能够以沙掺黏，疏松土体，改变土体物理性状，增加土体孔隙度，增强土体透水通气性，改良土体剖面构型。实际工程应用中，施工流程一般包括：确定引洪灌区控制面积——计算引洪灌溉流量——渠首工程设计——渠道工程设计等步骤(图 6-15)。

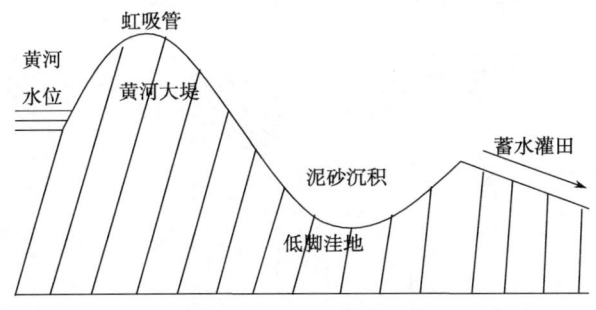

图 6-15 引洪漫淤示意图

一般而言，应该根据洪水特点和流量大小确定引洪灌区控制面积。洪水来势凶猛且洪水流量较大时，应同时采取多个渠口引水，这样引洪灌区控制面积较大；洪水流量较小时，应该采用一两条干渠引洪取水。上游河流洪水流量大、历时长，引洪灌区控制面积相对较大，每个干渠引洪流量相对小，这样既有利于淤灌管理，又能充分发挥引洪漫淤改良土体剖面构型作用。渠首进水闸孔一部为 2~3 孔，直径 1.5~2.0 m，每个引洪灌区控制面积范围为 66.7~333.3 hm^2。

引洪灌溉流量计算依据引洪淤灌类型和淤灌制度。常见的引洪漫淤类型有引洪淤滩、引洪串混合引洪淤沙。不同的淤灌类型，淤灌制度差异显著，包括灌水定额、漫淤时间和漫淤次数。灌区控制面积确定后，根据淤灌制度及作物种植面积和比例确定引洪漫淤区引洪流量。

$$Q = \frac{667Fh}{3600tn\eta} \tag{6-1}$$

式中，Q 为引洪流量，m^3/s；F 为淤灌面积；h 为淤灌水深，m；t 为淤灌时间，h；n 为淤灌次数；η 为渠道有效利用系数。

渠首工程布置应当简单、方便，进水闸与冲沙闸并排布置，或两闸室横轴线相交成小角度，方便主流进入渠道。闸室除采用浇砼结构外，还有预制钢筋混凝土组装结构，引水坝常用铅丝石笼结构或浆砌块石结构。而渠道工程的设计要多开渠口，使引入洪水迅速灌入农田，做到洪水历时短、损失水量小、灌溉农田面积大；渠道级数不宜太多，采用二级（干、支）或三级（干、支、斗）为宜；为使引入洪水迅速灌入农田，支、斗渠设计要短，条数要多；支、斗渠与上一级渠道引水角度不宜超过 60°。

（五）机械改土法

机械改土法是指利用农业机械设备进行改良土体剖面构型的方法。机械改土可以改良土体质地、增加有效土层厚度、改善土体理化性质及土体剖面层次排列形式（图 6-16）。机械改土是土体有机重构中成本较低、技术要求不严的工程手段。

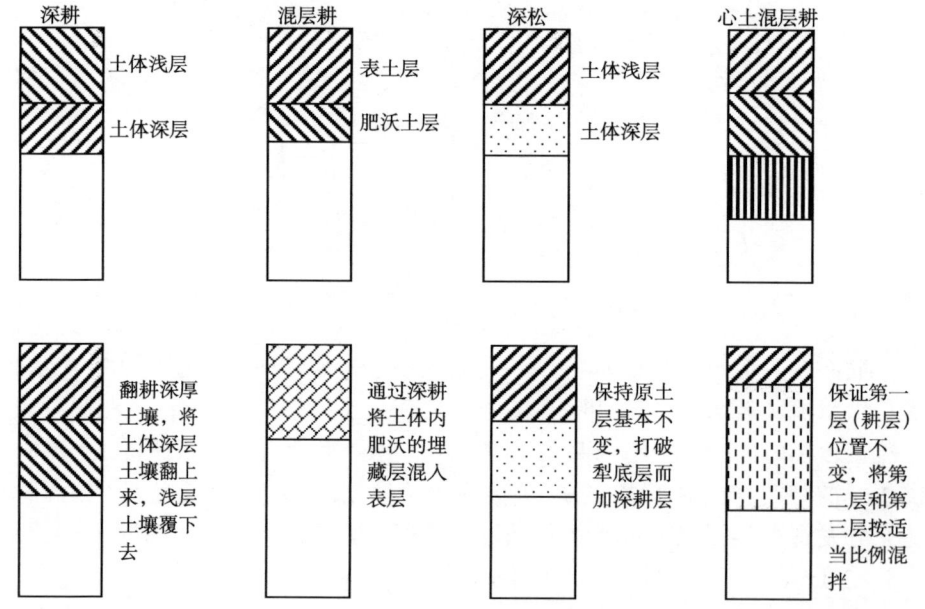

图 6-16 机械改土前后剖面构型变化

1. 有机物料回填

砂质耕作土体保水保肥性能差，养分含量低，土体肥力水平低，如果要建设为农用地，则可采用有机物料回填以改良土体结构特性和增加养分含量而改良土体剖面构型。有机物料回填技术方法是指保持耕层位置不变，向心土层施入有机物料形成夹层以改良土体剖面构型。有机物料回填能改善土体水盐运移不良状态，降低土体容重，增加孔隙度，提高土体有机质含量。改变土体剖面中不同质地土层排列次序，提高土体团聚体稳定性，改善土体肥力状况和提升耕地质量。土体有机质黏结力比砂粒强，增加土体有机质含量可使砂质土体土粒黏结成土体团聚体，改变其原先松散无结构的不良状况。提高黏质土有机质含量能够减轻表土层黏结性，使黏结的大土块碎裂成大小适中的土团。因此，采用有机物料回填法可以改善土体剖面中过黏或过砂的不良土体质地土层。

有机物料回填方法中以增施有机肥改良剖面构型，应坚持少量多次、少施勤施，采用科学农艺措施等改良不良土体质地层次。如施行营养滴灌等措施，通体砂质可成为较好土体质地层次。

2. 碾压

碾压是利用机械滚轮的压力压实土体，使之达到所需的密实度，在以水田土体为构建目标的农用地土地工程和以隔绝下层土层物质、增强土体承载力为目标的非农用地土地工程中，这种方法应用较为广泛。碾压机械有平碾及羊足碾等。平碾(光碾压路机)是一种以内燃机为动力的自行式压路机，质量为 6~15 t。羊足碾单位面积的压力比较大，土壤压实的效果好。羊足碾一般用于碾压黏性土，不适于砂性土，因在砂土中碾压时，土的颗粒受到羊足较大的单位压力后会向四面移动而破坏土的结构。

3. 深耕

深耕是指利用铧式犁、深耕细作机进行作业，翻耕深层，深层土翻上来、浅层土体埋下去。深耕能打破犁底层，改变土体有效养分垂直分布，培植深厚耕层，疏松土体，增强雨水渗入速度和数量，促进农作物根系生长发育，在土层深厚的地区广泛应用于农用地的土体有机重构。深耕深度为 18~25 cm。合理深耕，不断熟化旱地耕作层。冬季或夏季深耕，并结合冻坯、晒垡等物理措施能有效改善土体物理结构，生土变熟土，增强土体吸收水分、养分的能力，促进作物根系生长。

4. 深松

深松为保持原土层结构不变，用深松铲或凿形犁等松土农具疏松土体而不翻转，打破犁底层，加深耕作层，创造虚实并存的剖面构型。深松适宜耕翻后形成犁底层、黏土硬盘、白浆层，耕层过薄不宜深翻土地。深松作业深度为 35~50 cm。深松改善土体通透性，减少耕作土体容重，增加孔隙度，改变土体孔隙分布状况，提高土体蓄水能力，利于作物扎深根。此外，深松不需要深翻土层，有利于作物利用原土体耕作层养分。

5. 深翻

深翻是指利用深翻犁翻耕深层土体与表层土体，混合改良剖面构型。深翻能疏松土体，降低紧实度，改良土层不良质地层次，改善土体理化性质。深翻深度为 20~25 cm。耕层土体表层质地过砂或过黏，表层与底层土体质地不一致，可将底土用作改良表层土体质地的客土材料。利用深翻犁把底层土体翻上来当做客土覆盖在表层土体上，并进行混合均匀平整土地，使上下层土体混合，改良偏砂或偏黏质地的土体剖面构型。

6. 层耕和心土混层耕

层耕是指通过深耕将土体内肥沃埋藏层混入表层的方法，既能增加耕作层土体厚度，又能增加土体养分含量，提高土体肥力水平。心土混层耕是保证耕层位置不变，利用心土混耕犁、心土培肥犁等措施将心土层和底土层土体按适当比例混拌，创造出砂黏比例适中、有利于作物生长土体的剖面构型。

7. 打浆磨地

在水作农地尤其是水稻田的土体有机重构中，为保证水作植物秧苗插秧或播种质量和作业效率，避免漂秧现象，同时进一步实现格田的平整，在水稻插秧前进行机械打浆和整平。打浆前往田内灌入 10 cm 深度以内的田面水，经机械均匀打浆并整平后，在耕作层上形成 10 cm 深度左右的泥面层。经沉淀后，手指(木棍)入土一节(2 cm)，田面指划成沟慢慢恢复是最佳沉淀状态，此期正是插秧时期；指划不成沟，说明沉淀不好，不能插秧；指划成沟，但不恢复，说明沉淀过度，二者都保证不了插秧质量。要在最佳沉淀状态下插秧，否则会影响插秧质量。经过长期的耕作，最终形成适宜水生植物生长需求的良好土体剖面结构。

(六)新材料应用于剖面层级重构

土体层级重构除将土层置换、增加或减少土层外，将煤矸石、粉煤灰、污泥等材料应用到土体剖面层级重构中的发展前景也十分广阔。

1. 煤矸石

用煤矸石充填剖面层级再造可分为两种情况，即新排矸充填和预排矸覆田。新排矸充填是指不再起新矸石山，将矿井新产生的煤矸石直接排入土体有机重构区域，推平覆土造地，恢复植被或建设，称为排矸层级再造综合利用技术，这是最经济合理的矸石复田方式。预排矸覆田，指建井过程中和生产初期，剖面再造区未形成前或未终止前，在采区上方，将沉降区域有效土层先剥离取出堆放四周，然后根据地表下沉预计的等值线图预先排放矸石,待塌陷稳定下沉后再覆土造田。

根据实证试验，废弃地充填复垦时，煤矸石的实际充填高度应为设计高度的 1.365 倍左右。

煤矸石为填充物的剖面层级再造工艺流程为：装运矸石→充填土层→推平压实→覆土→建筑或种植(图 6-17)(付梅臣等，2007)。

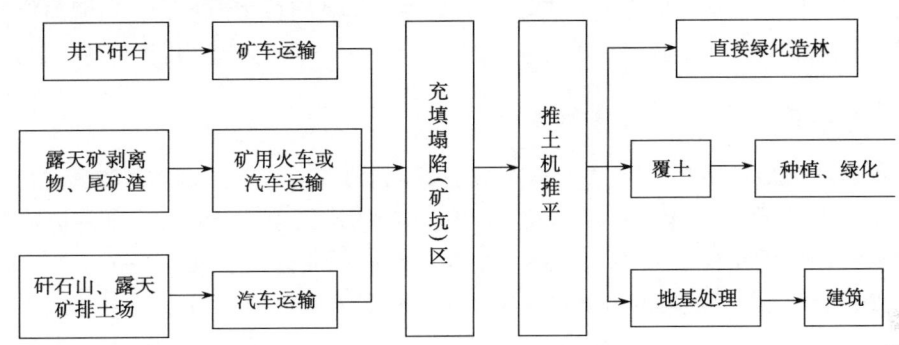

图 6-17　煤矸石(露天剥离物)充填再造区土地综合利用技术流程

2. 粉煤灰

粉煤灰的性质各地差异较大。粉煤灰多为碱性，用来中和剥离物和矸石中的酸性物质，效果明显。粉煤灰颗粒较粗，可变重黏土和轻沙土为中间质地土体，增加土层的孔隙度、保水能力等特性。美国的高 pH 粉煤灰常用来中和酸性矸石和土体再造中的材料，波兰用于种植树木的灰场面积超过 130 hm^2。

粉煤灰中富含钾、钙、铁、硼等元素，可以作为矿质肥料施用，某些碱性较强的粉煤灰还可用来中和酸性土体。在土体中掺加粉煤灰还可减轻土体板结，改善土体结构，提高土体的通气性和透水性，有利于土体微生物活动和农作物根系的发育。粉煤灰在土体中能加速许多酶的作用过程，它能加速生物化学过程，加速腐殖质的矿化，施用粉煤灰后 1 年，农作物就可显著增产。粉煤灰和有机肥料混合施用，对于在矿山堆渣场上种植农作物很有效，不铺底土也能生长植物。灰场初次种植时，需适当施用氮、磷、钾肥，以利于植物生长。

一般情况下，粉煤灰剖面再造的生产力仅能达到中等农田水平，视覆土厚度和粉煤灰特性而异，土体生产力需要进一步提高，各地的粉煤灰充填覆土厚度也不同，多分布在 30～100 cm，一般用于农业要求覆土层厚些，用于林业则覆土层可相对薄些。

除粉煤灰外，煤矸石也是常用主要充填物料之一，粉煤灰与煤矸石联合进行充填可得到较好的效果，温室盆栽实验初步显示了这一点(付梅臣等，2007)。

3. 污泥

污泥(主要是城市污泥)用于土体构造的研究尚有涉及，但还需深入。污泥和污泥堆肥的施用可以不同程度地提高土体中的水分含量等,从而改善土体剖面的物理性质。污泥的添加主要可以限制土体中的有毒重金属和病原菌。

污泥主要来源于水库底泥、湖泥,可以和石灰、膨润土、沸石混合进行充填土层,有研究表明将粉煤灰、水库淤积物、污泥按适当比例配合施用,是构造土体剖面极好的材料,对促进植物生长有明显的效果。其利用技术流程为:污泥与粉煤灰(或石灰、膨润土、沸石等)混合→充填土层→土地平整→种植(付梅臣等,2007)。

(七)裸岩石(砾)地土体层级重构

裸岩石(砾)地一般指表层为岩石或石砾,其覆盖面积大于或等于70%的土地,植被覆盖度一般低于5%。裸岩石(砾)地为难利用土地,完全缺乏可供植物生长或建筑物构建的土体层级。这类土地主要分布在西北区,有 $6.97791 \times 10^7 \ hm^2$,占全国裸岩石(砾)地总面积的67.4%。为能对裸岩石(砾)地进行利用开发,构建良好的土体层级,目前多采用客土(覆土)方法进行。即将裸岩基底进行推平,将过大的石块清理后,以地表覆土方式构建适宜作物生长的耕作层,一般覆土厚度为40~60 cm(李娟等,2013a;2013b)。对于分布在河道近侧的裸岩石(砾)地,应注重水土保持工作,防止新增耕地被水冲击发生毁坏。

除内陆地区外,在沿海地区还有非常大面积的卵石底、砾石底、礁石底和珊瑚礁等砂岩基底的滩涂。这一类滩涂除前章所述可通过植物残体或生物炭进行缓慢的颗粒重构外,目前应用最多的方法是通过土体层级重构实现其整治利用。一般步骤如下:拦潮堤坝→海水排干→基底处理→填海造地。具体施工方法包括以下几种。

1. 挖山填海

挖山填海是在填海点附近选择适合的山体进行挖掘,将山石用于填海造陆的基底部分。这种方法早期被日本等国家大规模应用,如日本神户人工岛、六甲人工岛等都是其中典型工程,但是由于其对山体的破坏,会造成一定的潜在生态威胁,因此目前多数国家不再提倡。

2. 陆运土填岛

陆运土既包括耕植土也包括渣土。无论是何种填海造地方式,如果所造土地要快速用于农业种植,都可以从附近陆地挖取一定量的耕植土覆盖于表面,但是由于成本过高,应用较少。而对于礁盘较小、运输方便的地区,将陆地上的渣土作为填岛的材料,能实现资源的充分利用,但除运输成本过高外,这类方法也存在渣土土质不匀而导致建筑物沉降、空洞、地陷、偏移等问题,因此目前应谨慎应用。此外,如果渣土中含有污泥、垃圾等存在污染风险的物质,应先平整海床后在海底及堤岸铺设防止污水渗漏的胶膜,然后才可以把渣土倒进堆填范围之内。

3. 吹沙填海

吹沙填海是在填海点的周围用吹沙的方式堆沙造地,近距离吹沙不用管道,远距离吹沙需要长短不一的管道,最长的延伸十多里。吹沙填海用挖泥船(有的用挖沙船)的泵(有的带有长管道)将圈外海底的沙水一起吹进目标圈内,海水流出圈外,沙就留在圈内,渐渐地圈内的海面就被不断吹进的沙填成了陆地。

吹填过程中是否圈地要看情况,前期阶段吹填到中央部分而不用圈地,中后期阶段涉及目标区的边缘部分,用一排沙袋或钢板将一定长度的海面圈起来,并使用打桩船上的打桩机打桩固边。成陆后,再用强夯机压实松土。

吹沙填海技术由于施工成本相对较低,取材方便,不破坏陆地地貌,被认为是最生态的填海造地方法。中国近年的吹填技术发展很快,不逊日本、荷兰等国(王珏磊,2012;王湘勇,2012),南沙曹妃甸新首钢第一期工程(填海面积 11.95 km^2)等都是其中的典型工程。

尽管裸岩石(砾)地属于难利用土地,但在某些地区,可作为土体有机重构的重要材料,如为有效土层的基底,隔绝地下水、污染物等。例如,在美国"McClellan"空军基地棕地治理项目中,当地海边的砂岩就被作为放射性污染土体与有效土层之间的隔绝层,厚度至少为 12 in(1in=2.54 cm),治理效果显著,且因就地取材,大大节约了工程成本。

二、非农用地土体剖面层级重构技术

非农用地的土体剖面重构其基本方法与农用地土体剖面重构较为类似。但具体实施过程中,存在技术要求的差异。普通建设用地的土体剖面重构在保证土体内环境安全度的前提下,经无机物料填充、碾压等措施应保证土体沉降性满足构筑物的要求。而矿山复垦、垃圾填埋和垃圾填埋场的复垦则要求更为严格。在该类工程中,土体层级结构直接影响工程长期质量和土体反退化效应。

(一)矿山复垦工程

土地资源是有条件的可再生资源,采矿后及时采取土地复垦措施,使土地与生态环境恢复原有水平,最大限度地减少矿业对环境的影响,是合理开发利用矿产资源与环境和社会持续发展的共同要求。通过人为措施重构土体剖面,并在较短的时间内形成适宜的土体理化性状,改善再造土体的环境质量,恢复和重建矿山破坏的土地生态(李俊杰,2005)。"十分珍惜和合理利用每一寸土地,切实保护耕地"是中国长期的基本国策,保护耕地资源成为关系中国经济和社会持续发展的全局性战略问题。因而,对矿区土地进行复垦是非常必要而且是亟待解决的实际问题(胡振琪,1995,1996;胡振琪等,2005,2013)。

矿产资源的开采方法可分为两大类,即露天开采和井工开采。露天开采是剥离矿床上面的有效土层土和上覆岩层，使矿床暴露出来后开采。井工开采是从地下直接取得矿物输送至地表。

露天开采对地表景观和土体层级造成剧烈扰动，原有的岩土层结构遭到完全破坏。露天开采同井工开采相比，具有劳动生产率高、回采率高、安全的特点（白中科等，1997），但露天开采要求有适宜的开采环境和经济剥采比，导致大量的土地破坏，使环境受损严重。中国95%以上为井工开采，造成的地表塌陷是土地破坏的主要形式。条件允许的矿区，应优先复垦为耕地或农用地。

西方工业国家对矿山复垦的人工再造的研究较多，从土体剖面层级再造的立法、实施及验收标准，到土体剖面层级再造的各个具体内容，如岩层的采前分析、有效土层的剥离与回填、土壤替代材料的选择、各岩土层剥离与回填的设备和方法、表土层厚度的优选、侵蚀控制、地貌及排灌系统设计等，都进行了较为深入的研究，制定了相关的复垦法规或标准，取得了显著的效果，并形成了一些模式。

按矿区土地破坏的成因和形式，矿山工程扰动土人工再造可分为三类：采煤塌陷地土层再造；露天煤矿排土场土坡再造；矿山固体污染物、废弃物堆弃地的土坡再造。复垦地造地时要求尽可能的地形平坦、有较厚的土层，经过土体培肥，土地生产力可达到一定水平甚至部分高于原耕地，为提高土地潜在生产力打下基础。要使复垦地快速地成为优质的耕地和农用地，需采取合理的人工再造土体剖面层级措施，快速培肥，不能等待肥力自然恢复。

1. 采矿塌陷地的土层重构

井工采煤往往造成不同程度的地表沉陷，对于地表沉陷地的土体再造宜遵循以下几点。

1）沉陷地的土体有机重构条件影响因素的调查

全面考虑自然成土因素对再造土坡的影响，在人工措施的诱导下，区域土坡自然形成因素必然会对再造土坡产生长期、稳定的影响，并决定重构土体剖面层级的发育方向，只有这样才能有效地发挥作用，降低再造土坡的维护和管理费用，从而使再造土坡最终与区域生态环境相协调。

复垦区破坏土地利用方向主要依据相关法律法规以及区域土地利用总体规划，它们决定了破坏土地恢复后的用途，是否对其进行土体有机重构，以及重构土地剖面层级将达到良好的级别。

2）沉陷地土体有机重构的措施及实施程序

沉陷地再造条件好的可采取休整、疏排、挖深垫浅等措施，对缺乏土体剖面层级构型的沉陷地则可采用矿区固体废弃物充填措施；对少土区来说，有效土层的剥离和回填最为关键；在无土区，需要对区域土体层次进行取样分析，选择合适层次的物料作为替代"土壤"覆盖于表层；黄土区土层深厚，对有效土层的剥离与回填要求不高,但是需要采取有效的水土保持措施防止水土流失,恢复植被,重建生态。

首先,需要进行地质剖面的重构和地表景观的重塑,并重建地表与地下水文系统,为重构表层剖面奠定基础。其次,进行表层土坡(母质)层次工程重构,使其适宜土坡发育和作物生长。重构材料主要采用表层土坡的剥离,若某些重构材料需要进行物理、化学培肥与改良措施(如 pH 改良措施),也适宜在此工程重构阶段进行。对可能存在的有毒有害的岩土层,应该在此阶段采取包埋、隔离、转化等措施进行处理。再次,再造土体剖面的培肥与改良,在此阶段,化学与生物措施是主要的,直到形成具有复垦规划预期的、土地生产力稳定的土体。

若土体有机重构的构造物料特性较差时,宜采用林业再造的形式,林业再造对土体有机重构层的要求较低,地形要求也不是很严,允许地表存在一定坡度。林业再造应该侧重其环境与生态效益,所选树种应该对特定恶劣立地条件有较强的适应性。

农业土体有机重构是将恢复后的土地用于作物种植,是沉陷区土体再造的重点目标,重构土体的目的是为作物生长提供适宜的生态环境,因而土体有机重构的潜水位上部土层的厚度至少应包括表土层,同时还应考虑种植作物的种类。作物的种类主要决定了潜水位上部土层厚度,深根系的作物要求潜水位上部的土层厚度要厚,浅根系的作物则可以薄些。此外,土地平整、土坡特性良好、具备一定的水利条件也是土体有机重构的要求。在土体有机重构的初期,主要偏重土体有机重构的措施和物理、化学方法,土体有机重构工程结束后应及时进行有效的生物、生态措施,进一步改良培肥土体(冀伟珍,2010)。

2. 露天矿排土场及土坡的土层重构

排土场平台由于受大型载重卡车的碾压,表层结构发生较大变化。平台地表紧实度加大,干土容重为 $1.6 \sim 1.9 \text{ g/cm}^3$,比原地貌大 $0.2 \sim 0.5 \text{ g/cm}^3$;稳渗率为 $0.16 \sim 0.28 \text{ mm/min}$,比原地貌小 $0.12 \sim 0.84 \text{ mm/min}$;根系穿透阻力为 $20 \sim 60 \text{ kg/cm}^3$,比原地貌大,有效土层物理性状发生较大变化,极易板结。因地表下渗性能降低,遇大雨易产流、汇流形成地表径流,径流系数高达 68.8%,是原地貌的 $2.9 \sim 6.1$ 倍。主要造成地表侵蚀,并与均匀沉降并发引起地表径流紊乱,纵向诱发整体失稳,横向引发边坡崩塌。

中国的露天矿多处于西部的干旱半干旱、水土流失严重、生态脆弱的地区(白中科和吴梅秀,1999;白中科和赵景选,1999),如平朔矿区、准格尔矿区位于黄土高原水土流失严重地区;霍林河矿区、伊敏河矿区位于草原风沙区;神府东胜矿区位于毛乌素沙地和西北黄土高原过渡地带的沙化区,排土场复垦地植被稀少、土质疏松,又处于干旱的气候环境,地表岩土颗粒极易受风力吹蚀搬运,产生风蚀。对这些区域的露天矿进行复垦,对于防止水土流失和恢复当地生态环境具有重要意义。将露天排土场复垦为优质农田对心土和表土的构造都有特定的要求,往往需要严格地构造土体剖面。重构土体除水、肥、气、热等肥力因素遭到不同程度的破坏外,土体的生物与微生物环境也遭到了破坏,重构土体的微生物改良措施也是矿山土体有机重构研究很重要的一方面。

1)露天矿排土场的土层重构条件影响因素的调查

露天矿土体有机重构应注重将采矿、排土工艺与土体再造工艺紧密结合,调查采矿及排土工艺不仅能够大大节约排土场土体有机重构的成本,还将减小土体有机重构的难度和工作量。积极调查半干旱区域整体水土资源等特征,防止水土流失对土体有机重构造成致命破坏。

人工堆造的排土场往往巨大松散,正确选择排土场位置和合理设计排土场,尽可能把排土场选在有利于地基稳定的地段,并合理确定排土场的边坡角及不同性质岩土的配制和堆垫方式。在排土场的堆垫过程中,为防止水土流失还应该同时采取围堰、粗盖、打坝、设置排水渠道等水土保持工程措施(白中科等,1998)。从排土场基底、主体、平台、边坡、排水渠的构建以及排土工艺,从始至终都是通过工程措施来保持水土,消除侵蚀应力,从而实现排土场局部乃至整体的相对稳定。

其次在排土场构造土体剖面的过程中防止障碍层的出现,即应防止在剖面1.0 m左右内沙漏、砾石、黏盘、铁子、铁盘、砂姜、白浆层、钙积层等障碍层次的出现。在排弃过程中要把这些障碍物质或可能发育成障碍层的物质尽可能排在底部。

2)露天排土场土层重构的措施

土体有机重构过程中,应重视采区原优质有效土层的作用,重构土体剖面层次时一般保持原土层顺序基本不变(白中科等,1999),特别是应该进行有效土层的剥离、储存与回填。若局限于再造条件,则只能作为林草用途的复垦土地,对重构土体剖面厚度与肥力要求较为宽松,土体剖面重构的主要任务是选择合适的有效土层替代材料。例如,将剥离物中的心土、底土、泥岩、页岩、砂岩等确定合理的级配,回填覆盖在复垦地表层,采取措施加速其风化。

若排土场土体有机重构条件良好,采用合理的开采和土体有机重构工艺,可构造一个与原土体剖面层级构型一致或更加合理的土体有机重构剖面,使重构土地生产力更高或使构造介质能更好地发育为有效土层。一个具有最优的土体物理、化学和生态条件土体剖面层次要求较高(李学敏等,2005),应按照土体剖面层次剥离有效土层和构造较适宜的心土层以形成适宜作物根系生长发育的土体介质,主要目的是保持重构土体剖面层次的顺序与原土层顺序一致或基本保持不变。

3)露天排土场边坡土层重构的措施

(1)平台边缘修筑挡水墙,阻止平台径流汇入边坡,杜绝切沟和冲沟的发生。

(2) 坡脚堆放大石块，拦截坡面下移泥沙，保护坡脚排水渠系。

(3) 坡面不覆厚层黄土，而是土石混堆后种植；或薄层覆土作为备用土，种植时，覆土沿坡逐坑下移，立即种植；遇到局部砂、页岩的坡，可仿照排土场进行土体剖面重构后种植。

(4) 土体剖面整体构型的人为塑造：矿山工程扰动土与一般土壤的最大差别是土体构型的彻底变化。土体构型即从地表到底层、土体上下层次的整体组合。例如，自然土一般总是以地表枯枝落叶层、腐殖质层、淋溶层、淀积层、母质层、岩石层为其土体构型。矿山工程扰动土通常多以：①堆垫表土层、堆垫岩石碎屑层、下垫砾石层、基岩层；②堆垫岩石碎屑表层、下垫砾石层、基岩层；③通体堆垫砾石层、基岩层或通体堆垫土层、基岩层等土体构型为其人工重构的剖面特征。

4) 露天排土场土层重构的改良

因露天矿表层主要是矿山固体废弃物的风化物和表层覆盖物，颗粒的大小极不均匀，大至石块、小至土粒，下层主要是石块。土内养分、动植物残体和生物、微生物含量极少，土体的水分、空气、热状况受颗粒大小、矿物组成的影响而变化，甚至含有有害物质(魏忠义等，2001)。

若表层土体不利于种植，必须经过改良，使其成为具有一定生产力的土体。母质是建造土体的骨架，是植物矿质养料的最初来源。为达到露天矿排土场土体有机重构种植作物的目标，露天矿可利用现有表层土体与适宜材料级配作为土体有机重构的基底层，使其达到一定容重，防止漏水漏肥，而后铺设适宜作物根系生长发育、厚度适宜的耕作层。若采用黄土母质，通过合理培肥、生土熟化等措施，可使其生产力在短期内高于原表土的生产力。这种方法在黄土高原区大型露天矿的土体有机重构过程中，被证明是非常实用有效的方法。

3. 矿山固废、废弃地土坡再造

对于只产生一般固体废弃物的矿山来说，土层重构的形式可参照露天排土场土坡土体有机重构以及采矿塌陷地的土坡土体剖面重构。对于对土体存在污染的金属矿山而言，对其进行土体有机重构，主要考虑土体有机重构物料的选择，对土体的污染、侵蚀等特性。

受排弃工艺影响，边坡组成的多样化和坡角过大，使边坡极易受外部因素(特别是降水)的影响，发生坡面侵蚀甚至地质灾害，主要表现有：①边坡不仅受本身产生的径流影响，也受平盘汇流倾泻的影响，坡度陡、颗粒大、胶结差，易产生面蚀和沟蚀。②由于土体松散(容重 $1.10 \sim 1.15 \text{ g/cm}^3$)，受重力侵蚀作用，易发生砂砾面蚀。③自然堆积的岩土混合物因重力作用，土沙向坡角流泻；若遭遇连续降水，岩土混合物达到饱和状态，易发生坡面泥石流。④部分边坡在重力、大雨及其他外因作用下，常发生崩塌和滑坡现象，危害极大。

1) 矿山固废、废弃地土层重构条件的调查

矿山开采过程中排弃的大量固体废弃物常含有重金属、硫和其他有毒、有害元素(虞蒔君，2004)。因此，在对矿山固废及废弃地的土体有机重构中，对于固体废弃物的处理与土体有机重构的重点在于减少有毒、有害元素的溶解与迁移，控制污染。首先应对矿山开采过程中所有的重金属元素含量进行检测，确定金属指标含量是否存在污染风险。通过实地调查研究，了解排弃地以及可获得的固体物料的种类和数量。根据土地利用方向要求与调查研究资料确定比较可行的土地利用方向。进行土体基底的稳定性设计，如何设计能防止地质灾害的发生。进行重构土体剖面设计及固体物料的堆置安排，在这个过程中，要注意加速风化的措施并防止障碍层的生成。进行排土场平面和主体的设计。

2) 矿山固废、废弃地土层重构的措施

对于存在严重污染、对所构造耕作层存在严重危害的土体，主要采用换土法、水洗法、隔离法。在露天矿主要采用客土法、隔离法，世界其他国家研究污染土体的重构技术主要采用增加薄膜层、黏土层等隔离层和覆盖层等方法，能有效防止重构土体污染(白中科，2000)。经隔离之后，按照排土场土体有机重构相关事项，根据规划土地利用目标，合理利用现有资源，经剥离、堆垫、储存、回填等再造工艺，构造一个适宜的土体剖面发育和植被生长的剖面层次和物理环境，对土体进行重构。此外，还可利用生物修复技术，通过人工种植超累积植物和接种微生物的方式降低土体的重金属含量。

土体有机重构完成后，为加速岩石等母质的风化，培肥引入土体生物因子，主要包括植物区系、动物区系和微生物区系。一定的植被覆盖率形成后，植物和矿山重构土体之间可进行良好的营养物质小循环过程，即枯枝落叶归还土体进行腐殖化和矿质化，土体中的微生物主要包括细菌、真菌、放线菌等，参与土体有机质的转化。动物区系包括无脊椎动物和掘土动物，通过粉碎、搅拌重构土体等活动，加速土体的熟化(李晋川和白中科，2000)。

在矿山固废、废弃地的改造过程中应遵循改良土体与改造自然环境相结合、长远措施与当前措施相结合、单项改良措施与综合治理相结合、综合改良与因地制宜相结合、改良与利用相结合、用地和养地相结合的原则。

(二) 土地工程垃圾处理中的土层重构

垃圾填埋因其简捷、经济，是中国大多数城市解决生活垃圾出路的最主要方法。根据工程措施是否齐全、环保标准能否满足来判断，可分为简易填埋场、受控填埋场和卫生填埋场三个等级。不同等级的填埋场，为保证垃圾填埋中的环境安全性，都需要对填埋场的土体进行层级重构，以不同材料的应用构建安全的填

埋体。

中国有相当数量的生活垃圾填埋场属于简易填埋场，无害化水平低，不能完全达到卫生填埋场的技术标准。大部分垃圾未经处理，便被运往郊区填埋或堆放，既占用了大片的土地，又污染了地下水和地表水，造成耗资、占地、污染环境、资源浪费等问题（王春铭等，2013）。下面就垃圾填埋和填埋场生态恢复中的工程手段进行介绍。

1. 垃圾填埋中的土层重构

垃圾填埋的主要目的是将垃圾掩埋起来，使其与地下水隔开、保持干燥且不与空气接触。在这样的条件下，垃圾就不会大量分解。垃圾填埋场不同于堆肥堆，后者的目的是使掩埋的垃圾迅速分解（GB 16889—2008）。

1）垃圾填埋场的选址要求

(1) 生活垃圾填埋场的选址应符合区域性环境规划、环境卫生设施建设规划和当地的城市规划。

(2) 生活垃圾填埋场场址不应选在城市工农业发展规划区、农业保护区、自然保护区、风景名胜区、文物（考古）保护区、生活饮用水水源保护区、供水远景规划区、矿产资源储备区、军事要地、国家保密地区和其他需要特别保护的区域内。

(3) 生活垃圾填埋场选址的标高应位于重现期不小于 50 年一遇的洪水位之上，并建设在长远规划中的水库等人工蓄水设施的淹没区和保护之外。

拟建有可靠防洪设施的山谷型填埋场，并经过环境影响评价证明洪水对生活垃圾填埋场的环境风险在可接受的范围内，前款规定的选址标准可以适当降低。

(4) 生活垃圾填埋场场址的选择应避开下列区域：破坏性地震及活动构造区；活动中的坍塌、滑坡和隆起地带；活动中的断裂带；石灰岩溶洞发育带；废弃矿区的活动塌陷区；活动沙丘区；海啸及涌浪影响区；湿地；还未稳定的冲积扇及冲沟地区；泥炭以及可能危及填埋场安全的区域。

2）设计、施工与验收要求

(1) 生活垃圾填埋场应包括下列主要设施：防渗衬层系统、渗滤液导排系统、渗滤液处理设施、雨污分流系统、地下水导排系统、地下水监测设施、填埋气体导排系统、覆盖和封场系统。

(2) 生活垃圾填埋场应建设围墙或栅栏等隔离设施，并在填埋区边界周围设置防飞扬设施、安全防护设施及防火隔离带。

(3) 生活垃圾填埋场应根据填埋区天然基础层的地质情况以及环境影响评价的结论，并经当地环境保护行政主管部门批准，选择天然黏土防渗衬层、单层人工合成材料防渗衬层或双层人工合成材料防渗衬层作为生活垃圾填埋场填埋区和其他渗滤液流经或储留设施的防渗衬层。填埋场黏土防渗衬层饱和渗透系数按照

GB/T 50123—1999 中 13.3 节"变水头渗透试验"的规定进行测定。

(4) 如果天然基础层饱和渗透系数小于 $1.0×10^{-7}$ cm/s，且厚度不小于 2 m，可采用天然黏土防渗衬层。采用天然黏土防渗衬层应满足：压实后的黏土防渗衬层饱和渗透系数小于 $1.0×10^{-7}$ cm/s；黏土防渗衬层厚度应不小于 2 m。

(5) 如果天然基础层饱和渗透系数小于 $1.0×10^{-5}$ cm/s，且厚度不小于 2 m，可采用单层人工合成材料防渗衬层。人工合成材料防渗衬层下应具有厚度不小于 0.75 m，且其被压实后的饱和渗透系数小于 $1.0×10^{-7}$ cm/s 的天然黏土防渗衬层，或具有同等以上隔水效力的其他材料防渗衬层。

人工合成材料防渗衬层应满足 CJ/T 234 中规定技术要求的高密度聚乙烯或者其他具有同等效力的人工合成材料。

(6) 如果天然基础层饱和渗透系数不小于 $1.0×10^{-5}$ cm/s，或者天然基础层厚度小于 2 m，应采用双层人工合成材料防渗衬层。下层人工合成材料防渗衬层下应具有厚度不小于 0.75 m，且其被压实后的饱和渗透系数小于 $1.0×10^{-7}$ cm/s 的天然黏土衬层，或具有同等以上隔水效力的其他材料防渗衬层；两层人工合成材料衬层之间应布设导水层及渗漏检测层。人工合成材料的性能要求同 5)。垃圾填埋场的防渗形式主要包括垂直隔离防渗和水平防渗。

生活垃圾填埋场填埋区基础层底部应与地下水年最高水位保持 1 m 以上的距离。当生活垃圾填埋场填埋区基础底部与地下水年最高水位距离不足 1 m 时，应建设地下水导排系统。地下水导排系统应确保填埋场的运行期和后期维护与管理期内地下水水位维持在距离填埋场填埋区基础底部 1 m 以下。

3) 垃圾填埋场的运行要求

将垃圾送到填埋场后，以每层 2.5~3 m 的厚度在限定的区域内铺散压实，在每天操作之后再覆盖 20~30 cm 厚的土料并压实。垃圾层和土料覆盖层共同构成一个填筑单元，一个完整的卫生填埋场就是由若干个填筑单元组成的。

(1) 填埋作业应分区、分单元进行，不运行作业面应及时覆盖。不得同时进行多作业面填埋作业或者不分区全场敞开式作业。中间覆盖应形成一定的坡度。每天填埋作业结束后，应对作业面进行覆盖；特殊气象条件下应加强对作业面的覆盖。

(2) 填埋作业应采取雨污分流措施，减少渗滤液的产生量。

(3) 生活垃圾填埋场运行期内，应控制堆体的坡度，确保堆体的稳定性。

(4) 生活垃圾填埋场运行期内，应定期检测防渗衬层系统的完整性。当发现防渗衬层系统发生渗漏时，应及时采取补救措施。

(5) 生活垃圾填埋场运行期内，应定期检测渗滤液导排系统的有效性，保证正常运行。当衬层上的渗滤液深度大于 30 cm 时，应及时采取有效疏导措施排除积存的渗滤液。

4) 垃圾填埋场封场及后期维护管理要求

(1) 填埋场的封场系统应包括气体导排层、防渗层、雨水导排层、最终覆土层、植被层。

(2) 气体导排层应与导气竖管相连。导气竖管应高于最终覆土层上表面 100 cm 以上。

(3) 封场系统应控制坡度,以保证填埋堆体稳定,防止雨水侵蚀。

(4) 封场系统的建设应与生态恢复相结合,并防止植物根系对封场土工膜的损害。

2. 垃圾填埋场生态恢复中的土层重构

对于已经达到库容的垃圾填埋场,在其表层覆土并种植植物进行生态恢复,不但能降低污染,实现可持续利用土地资源,还能为居民提供全新优美的景观和游憩空间。对垃圾填埋场进行植被重建即植被恢复具有重要意义(李海明,2012)。

垃圾填埋场是一种特殊的次生裸地,填埋场的沉降是影响稳定性的主要因素之一,它的稳定除填埋堆积体外,还有填埋地及周围环境的稳定问题。填埋堆积体的稳定是一个同时进行物理、化学和生化反应(生物反应占主导地位)复杂而又漫长的过程。据研究报道,影响填埋场稳定性的因素有填埋场渗滤液产率及水质、气体组成和产率、固体物组成和场地沉降速率。垃圾填埋场的局部塌陷和滑坡是填埋场不稳定的直接后果,填埋场局部塌陷和滑坡的现象在国内时有发生。

目前,在生活垃圾卫生填埋封场处理方面,国内外学者都进行了深入的研究。大部分国家规定终场覆盖应由复合层构成,整个系统可分为五层,自上而下分别是植被层、营养层、排水层、阻隔层、基础层,基础层以下为垃圾堆体(罗春泳,2004)。考虑研究相关性,主要介绍植被层和营养层。植被层为填埋场最终的生态恢复层,它能美化周边环境,防止雨水冲蚀,利于径流的收集及导排。营养层富含一定的有机质,其厚度与表层生态恢复植被有关。若植被为浅根系植物,则营养层厚度可相应减少,否则应增加其厚度。不同国家对营养层的规定差别较大,如加拿大规定厚 0.3 m;丹麦规定为 0.2 m,但其推荐标准为 0.8 m。而多数国家规定营养层厚应大于 0.6 m,最大至 1 m。为保持水和表层植物的生长,营养层坡度一般小于 10%。美国国家环境保护局在 1983 年公布的已关闭的卫生填埋场植被重建的标准步骤要求:生活垃圾填埋场最终覆盖系统至少包括侵蚀层和防渗层,侵蚀层(表土层)至少需要 150 mm 的土质材料以保证植物的生长(常馨方,2008)。美国加利福尼亚州在 1999 年编写的垃圾填埋场植被与环境恢复指导中提出,植被选择中需要考虑客土、水分和灌溉等场地因素,同时也要研究植被的根系长度、种植容限、顶部建筑对植物生长影响等因素。填埋场不同的开发项目要求不同的植被类型,而不同的植被类型要求基质(最终覆土层)的最低厚度也不一样。Ettala 指出，根据所种植的植被类型的不同而决定最终覆土层的厚度可以将填埋场的建设费用大大降低。一般认为，草本植物需要 6 cm 左右的基质厚度，而树木则需要 90 cm 以上。

此外，最终覆土层的理化性质被认为是妨碍垃圾填埋场植被生长的重要因素之一，特别是在填埋气体较少的地方。如果填埋场土体的理化性质极差，要想为植被或人居提供正常的生长环境，可以进行人工改良。国外研究表明，填埋场土体改良起码包括覆土层表面以下 15 cm 的范围，另外，填埋场的最终覆土层在施工过程中被填埋设备频繁地压缩，从而严重制约植物根系的生长，所以应该适当翻松最终覆土层表层并酌情添加有机质以改善其物理特性。

第七章 土体有机重构的生化需求

土体是固、液、气三相复合体，其生物和化学组成成分众多，性质复杂。土体有机重构中要将土体成分控制在生命安全承载限值以内，必须考虑土体本身所具有的生物和化学特性。例如，胶体具有巨大的表面能和双电子层，可以吸附离子，进行离子交换，而使土体呈现酸碱性；微生物可以参与自然界氮、碳、硫等元素的循环过程，分解有机质，降解某些污染物，从而改变土体的结构和理化性质。

无论是农用地还是非农用地的土体有机重构要在了解这些特性的基础上，根据土体现状以及要整治的目标值进行合理的土体有机重构，从而将土体酸碱性控制在适宜范围内、土体有毒有害物质控制在安全限以内，保证微生物、植物、动物和人类安全生长繁衍。本章主要从化学需求和微生物需求角度对盐渍土、酸性土体、污染土体有机重构为农用地和非农用地进行详细的阐述，为生命体的生存和繁衍提供一个洁净、适宜的环境。

第一节 土体有机重构的生化基础

土体具有化学特性的本质是因为胶体的存在。土体之所以能进行化学重构，其中关键因素就是胶体。胶体具有的双电子层可以吸附离子，进行离子交换，使土体呈现一定的酸碱性和氧化还原状态。污染物的吸附和修复也依赖于胶体的化学性质和微生物的分解代谢作用。了解土体生物和化学基础，以及污染物的来源和限值，才能为土体有机重构提供更好的理论支撑。

一、胶体

胶体是土体中最活跃的部分，对土体的物理性质和化学性质都有重要的影响，如对土体保肥能力、土体缓冲能力、土体自净能力、养分循环等都有影响，土体胶体也深刻影响着土体结构的形成与发育过程，土体的生理功能取决于土体中的胶体。

(一)胶体的类型及其特性

土体胶体是指土体中颗粒直径为 1~100nm（在长、宽、高三个方向上，至少有一个方向在此范围内）的土体固体颗粒。一般将小于 1μm 的土体颗粒称为土体胶体，这比一般胶体颗粒的上限大 10 倍，因为 1 μm 的土体颗粒已经表现强烈的胶体性质(吕贻忠和李保国，2006)。土体胶体一般可以分为无机胶体、有机胶体和有机无机复合体三类。

1. **无机胶体——黏土矿物**

土体无机胶体主要是指土体黏土矿物，它包括次生的铝硅酸盐黏土矿物和氧化物，前者是晶体结构，后者一般呈非晶体结构，其中次生铝硅酸盐黏土矿物是组成土体无机胶体的主要成分。

(1)层状铝硅酸盐黏土矿物。铝硅酸盐黏土矿物一般都是层状结构，其基本结构单元有两个：硅氧四面体和铝氧八面体。一般土体黏土矿物胶体以带负电荷为主。其类型很多，一般把它们分为高岭石组、蒙脱石组、水化云母组、绿泥石组等。

(2)氧化物及其水合物。氧化物及其水合物又称非硅酸盐黏土矿物，其表面积较大，表面活性高，其电荷数量随土体酸碱度而变化，对土体的理化性质影响很大，尤其在南方的红色土体中对土体养分、重金属元素的形态、活性、迁移和有效性有重大的影响。这些矿物都是在高温多湿条件下形成的，南方土体呈红色主要是干土体中赤铁矿染色的结果。

2. **有机胶体——腐殖质**

有机胶体主要是指土体中具有明显胶体特性的高分子有机化合物。腐殖质是土体有机物质在微生物的作用下形成的一类结构复杂、性质稳定的特殊性质的高分子化合物。这类化合物都具有三种基本成分，即芳核结构、含氮有机化合物及复环形式碳水化合物，其特殊性在于其主体不同于生物体中已知的高分子有机化合物。它是土体有机质的主体，一般占土体有机质的 60%~80%。依据腐殖质的颜色和酸碱溶解性可将腐殖质分为富里酸、胡敏酸和胡敏素三个组分。土体腐殖质分子质量大，结构复杂，性质稳定，具有明显的胶体性质。土体腐殖质是非晶态物质，它具有高度的亲水性，最大吸水量可达 500%，是硅酸盐黏土矿物的 4~5 倍，对团聚体的形成和稳定具有很好的促进作用。

3. **有机无机复合体**

土体中无机胶体和有机胶体往往很少单独存在，而是相互结合在一起。有机胶体与矿质胶体通过表面分子缩聚、阳离子桥接及氢键结合等作用联结在一起的复合体称为土体有机无机复合体。有机无机复合体是土体团聚体形成的基本单元，通过有机无机复合体的不断复合可以形成不同大小的微团聚体。

(二)胶体的表面性质

胶体具有很高的表面活性，胶体的表面性质与表面上发生的物理化学反应是胶体表面重要的化学特性，也是土体化学重构中的重要基础。

1. 具有丰富的表面积和巨大的表面能

比表面积指单位质量土体颗粒所具有的表面积，单位为 m^2/g。比表面积越大，表面能也就越大。一般说的表面积是指内表面积和外表面积的总和。从表 7-1 和表 7-2 可以看出，2∶1 型黏土矿物和腐殖质多的比表面积很大，而 1∶1 型黏土矿物和氧化物的比表面积很小。同时，含蒙脱石和腐殖质的黑土的比表面积最大，而含高岭石、氧化物多而腐殖质少的红壤的比表面积很小，可见土体的比表面积主要是由土体中的胶体类型和数量决定的。

表 7-1　土体中常见黏土矿物的比表面积（黄昌勇，2000）　（单位：m^2/g）

胶体成分	内表面积	外表面积	总表面积
蒙脱石	700～750	15～150	700～850
蛭石	400～750	1～50	400～800
水云母	0～5	90～150	90～150
高岭石	0	5～40	5～40
埃洛石	0	10～45	10～45
水化埃洛石	400	25～30	430
水铝英石	130～400	130～400	260～800

表 7-2　不同土体胶体和土体类型的比表面积（赵玉萍，1991）　（单位：m^2/g）

土体类型	比表面积
黑土	420
黄棕壤	343
黄绵土	326
红壤	202
砖红壤	158

2. 胶体的带电性

土体胶体的内表面和外表面带有大量的负/正电荷，具有双电层。胶体微粒的内部为微粒核，一般带负电荷，形成一个负离子(决定电位离子层)。其外部由于电性吸引，而形成一个正离子(又称反离子层，包括非活动性离子层和扩散层)，即合称为双电层。根据土体胶体表面电荷的来源和性质，可以分为永久电荷和可变电荷。

1）永久电荷

永久电荷是在黏土矿物的形成过程中伴随着同晶替代作用产生的电荷（内电荷）。这种电荷不受溶液 pH 变化的影响，而取决于黏土矿物同晶替代作用的强弱。蒙脱石、伊利石的表面永久电荷比高岭石多。

2）可变电荷

当土体 pH 发生变化时，土体胶体固相表面从介质中吸收或释放离子，从而使土体电荷数量和性质发生变化，这部分随土体 pH 而变化的电荷称为可变电荷。产生可变电荷的主要原因是胶核表面分子（或基团）的解离。

土体永久电荷和可变电荷的总和等于土体总电荷。一般土体的 pH 为 5～9，大部分土体胶体都带负电荷。只有两性胶体和少量的同晶替代可能产生一定量正电荷。但是整体来看，土体胶体以带负电荷为主。当 pH<5 时则可能带较多正电荷。土体中 80%以上的土体电荷集中于黏粒上。

3. 凝聚和分散

土体胶体的凝聚性和分散性：由于胶体的比表面积和表面能都很大，为了减小表面能，胶体具有相互吸引、凝聚的趋势，这就是胶体的凝聚性。但是在土体溶液中，胶体常带负电荷，即具有负的电动电位，所以胶体微粒又因电性相同而相互排斥，电动电位越高，相互排斥力越强，胶体微粒呈现出的分散性也越强。

影响土体凝聚性能的主要因素是土体胶体的电动电位和扩散层厚度，例如，土体溶液中阳离子增多，由于土体胶体表面负电荷被中和，从而加强土体的凝聚。此外，土体溶液中电解质浓度、pH 也将影响其凝聚性能。

（三）胶体的离子交换作用

胶体的离子吸附与交换是土体最重要的化学性质之一，是土体具有供应、保蓄养分元素，对污染元素、污染物具有一定自净能力和环境容量的根本原因。它取决于土体固相物质的组成、含量、形态和溶液中离子的种类、含量、形态，以及酸碱性、温度、水分状况等条件及其变化，影响着土体中物质的形态、转化、迁移和有效性。

土体胶体吸附的阳离子可以被溶液中的另一种阳离子交换而从胶体表面上解吸，这一过程称为土体的阳离子交换过程。如果发生交换的离子是阴离子，则这一过程就称为阴离子交换过程。

阳离子交换量（CEC）是指土体所能吸附的可交换性阳离子的总量，用每千克土体中一价离子的厘摩尔数来表示，即 cmol(+)/kg。土体的可交换性阳离子有两类：一类是致酸离子，包括 H^+ 和 Al^{3+}；另一类是盐基离子，包括 Ca^{2+}、Mg^{2+}、K^+、Na^+、NH_4^+ 等。影响阳离子交换量的因素有胶体类型、土体质地和土体 pH。

有机胶体(腐殖质)的 CEC 最大，2∶1 型黏土矿物比 1∶1 型黏土矿物的 CEC 大，氧化物的 CEC 很小。质地越黏的土体，一般 CEC 也越大。随着土体 pH 的升高，土体可变电荷增加，土体阳离子交换量增大。

当土体胶体上吸附的阳离子均为盐基离子，且已达到吸附饱和时的土体，称为盐基饱和土体，否则，这种土体为盐基不饱和土体。土体盐基饱和度指土体中交换性盐基占全部交换性阳离子数量的百分数。

二、酸碱性

土体溶液中 H^+ 浓度和 OH^- 浓度比例不同而表现出来的酸碱性质，是土体的重要化学性质。酸碱性的形成与气候、母质、农业措施、环境污染等都有关系。土体溶液中游离的 H^+ 和 OH^- 的浓度和土体胶体吸附的 H^+、Al^{3+}、Na^+、Ca^{2+} 等离子保持着动态平衡关系。中国土体的 pH 大多数为 4～9，在地理分布上有"东南酸而西北碱"的规律性，即由北向南，pH 逐渐减小。大致可以长江为界(北纬 33°)，长江以南的土体多为酸性或强酸性，长江以北的土体多为中性或碱性。

(一) 酸性

1. 土体酸度的定义

土体溶液中若 H^+ 浓度>OH^- 浓度，则土体呈酸性。在多雨的自然条件下，降水量大大超过蒸发量，土体及其母质的淋溶作用非常强烈，土体溶液中的盐基离子易于随渗滤水向下移动。这时溶液中 H^+ 取代土体胶体上的金属离子，而被土体所吸附，使土体盐基饱和度下降，氢饱和度增加，引起土体酸化。在交换过程中，土体溶液中 H^+ 可以由六条途径补给，分别是水的解离、碳酸解离、有机酸的解离、土体中铝的活化与交换性 Al^{3+} 和 H^+ 的解离、酸性沉降和农业上的施肥灌溉措施等。

2. 土体酸度的类型

酸度反映土体中致酸离子的数量。根据致酸离子在土体中的存在形态与表现，可以将土体酸度分为活性酸度和潜性酸度两种类型。

土体活性酸度指与土体固相处于平衡状态的土体溶液中的 H^+ 表现出的酸度。土体潜性酸度指吸附在土体胶体表面的交换性致酸离子 H^+ 和 Al^{3+} 表现出的酸度，这些交换性致酸离子只有转移到溶液中转变成溶液中的 H^+ 时，才会显示酸性，故称潜性酸。土体潜性酸是活性酸的主要来源，二者之间始终处于动态平衡之中。

3. 土体酸度的强度指标

1) 土体 pH

活性酸是指土体溶液中 H^+ 浓度，通常用其负对数 pH 表示，它是土体酸度的强度指标。根据土体的 pH 将土体的酸碱性分为若干级(表 7-3)。

表 7-3　土体酸碱度的分级

pH	<4.5	4.5～5.5	5.5～6.0	6.0～6.5	6.5～7.0	7.0～7.5	7.5～8.5	8.5～9.5	>9.5
等级	极强酸性	强酸性	酸性	弱酸性	中性	弱碱性	碱性	强碱性	极强碱性

2) 石灰位

土体酸度不仅主要取决于土体胶体上吸附的氢、铝两种离子，而在很大程度上取决于这两种致酸离子与盐基离子的相对比例。在土体胶体表面吸附的盐基离子中总是以钙离子为主，达 65%～80%。因此，提出了表示土体酸度强度的另一指标——石灰位。它将氢离子数量与钙离子数量联系起来，以数学式表示为 pH–0.5pCa。

在用化学位来衡量养分的有效度时，钙作为植物的必需营养元素，也可以把 pH–0.5pCa 作为这一体系的养分位(表 7-4)。

表 7-4　水稻土及其母质的 pH 与 pH–0.5pCa 的比较

土体类型	pH			石灰位(pH–0.5pCa)		
	水稻田	母质	相差	水稻田	母质	相差
砖红壤	5.23	5.12	0.11	3.40	2.29	1.11
红壤	6.56	5.15	1.41	4.93	3.02	1.91
黄棕壤	6.83	5.21	1.62	5.32	3.91	1.41

4. 土体潜性酸的数量指标

潜性酸是指土体胶体上吸附的 H^+、Al^{3+} 引起的酸度。它们只有在转移到土体溶液中形成溶液中的 H^+ 时，才会显示酸性，故称为潜性酸，通常用每千克烘干土中氢离子的厘摩尔数来表示。潜性酸和活性酸处于动态平衡之中，可以相互转化。土体潜性酸要比活性酸多得多，相差 3～4 个数量级。实际上土体的酸性主要取决于潜性酸的数量，它是土体酸性的容量指标。

土体胶体上吸附的氢、铝离子所反映的潜性酸量，可用交换性酸或水解性酸表示。两者在测定时所采用的浸提剂不同，因而测得的潜性酸的量也有所不同。

1) 交换性酸

在非石灰性土体及酸性土体中，土体胶体吸附了一部分 Al^{3+} 及 H^+。当用中性盐溶液(如 1 mol/L KCl 或 0.06 mol/L $BaCl_2$ 溶液，pH=7)浸提土体时，土体胶体表面吸附的 Al^{3+} 及 H^+ 的大部分均被浸提剂的阳离子交换而进入溶液，此时不但交换性氢离子可使溶液变酸,而且交换性铝离子由于水解作用也增加了溶液的酸性。浸出液中的 Al^{3+} 及 H^+ 水解产生的氢离子用标准碱液滴定,根据消耗的碱量换算为交换性氢与交换性铝的总量,即为交换性酸量(包括活性酸)。以 $cmol(+)/kg$ 为单位,它是土体酸度的数量指标。必须指出,用中性盐液浸提的交换反应是一个可逆的阳离子交换平衡,交换反应容易逆转,因此所测得的交换性酸量只是土体潜性酸量的大部分,而不是全部。

2) 水解性酸

这是土体潜性酸量的另一种表示方式。当用弱酸强碱的盐类溶液(常用的为 pH 8.2 的 1 mol/L NaAc 溶液)浸提土体时,从土体中交换出来的氢、铝离子所产生的酸度称为水解性酸度。因弱酸强碱盐溶液的水解作用,所得的乙酸的解离度很小,可以有效地降低平衡体系中 H^+ 的活度,从而使交换程度比用中性盐类溶液更为完全,土体吸附性氢、铝离子的绝大部分可被钠离子交换。同时,水化氧化物表面的羟基和腐殖质的某些功能团(如羟基、羧基)上部分 H^+ 解离而进入浸提液被中和。由于弱酸强碱盐溶液的 pH 高,胶体上的 H^+ 易于解离出来。

通常用水解性酸度可以指示土体中潜性酸和活性酸的总量,土体中水解性酸量大于交换性酸量(表 7-5),但这两者是同一来源的 H^+,本质上是一样的,都是潜性酸,只是交换作用的程度不同而已。酸性土改良中常用水解性酸度的数值作为计算石灰需要量的参考数据。

表 7-5 几种土体中的交换性酸量和水解性酸量的比较 [cmol(+)/kg 土]

潜在酸	黄壤(广西)	黄壤(四川)	黄棕壤(安徽)	黄棕壤(湖北)	红壤(广西)
交换性酸	3.62	2.06	0.20	0.01	1.48
水解性酸	6.81	2.94	1.97	0.44	9.14

(二) 碱性

1. 土体碱性的定义

土体溶液中 OH^- 浓度超过 H^+ 浓度时表现为碱性反应,土体的 pH 越高,碱性越强。土体碱性及碱性土体的形成是自然成土条件和土体内在因素综合作用的结果。

土体中的 OH^- 主要来源于碳酸钙的水解、碳酸钠的水解和交换性钠的水解。

2. 土体碱性的指标

土体碱性反应除常用 pH 表示外,还有总碱度和碱化度两个反映碱性强弱的指标。

1) 总碱度

总碱度是指土体溶液或灌溉水中碳酸根、重碳酸根的总量,即

$$T_{alk} = [CO_3^{2-}] + [HCO_3^-][cmol(+)/L] \tag{7-1}$$

Na_2CO_3、$NaHCO_3$ 及 $Ca(HCO_3)_2$ 等是水溶性盐类,可以出现在土体溶液中,使土体溶液的总碱度很高。总碱度也可用 CO_3^{2-} 及 HCO_3^- 占阴离子的质量分数来表示。它在一定程度上反映土体和水质的碱性程度,故可用总碱度作为土体碱化程度分级的指标之一。

2) 碱化度

碱化度是指土体胶体吸附的交换性碱金属离子或碱土金属离子占阳离子交换量的百分数,其中土体胶体上吸附的交换性钠离子占阳离子交换量的百分比称为钠碱化度或钠化率、钠饱和度等。土体碱度还可以用土体中的碱性盐类(特别是 Na_2CO_3 和 $NaHCO_3$)来衡量,单位为 $cmol(+)/kg$ 土。因此,钠离子的饱和度是土体碱度的重要指标。

$$ESP(\%) = [Na^+] \times 100 / CEC \tag{7-2}$$

式中,$[Na^+]$ 为交换性钠离子的数量,$cmol/kg$。

钠饱和度低于15%时,土体pH一般不会超过8.5。当土体碱化度达到一定程度,可溶性盐含量较低,钠离子饱和度在15%以上时,土体就呈极强的碱性反应,pH大于8.5,甚至超过10。当土体胶体上的钠离子增加到一定程度后,土体的理化性质就会发生一系列的变化,其土粒高度分散,湿时泥泞,通透性差;干时硬结,结构板结,耕性极差。

随着土体碱化度的上升,钠对土体胶体的分散作用越来越强,造成结构破坏,颗粒分散,通透性下降等,土体许多理化性质发生恶化,这一过程称为土体的碱化作用。

土体碱化度常被用来作为碱土分类及碱化土体改良利用的指标和依据。我国将碱化层的碱化度>30%,表层含盐量<0.5%且pH>9.0作为碱土的划分标准,土体碱化度为5%~10%定为轻度碱化土体,10%~15%为中度碱化土体,15%~20%为强碱化土体。

(三)土体酸碱性对土体理化性质和作物生长的影响

1. pH对养分有效性的影响

土体酸碱性对土体微生物的活性、对矿物质和有机质的分解起重要作用,影响土体养分元素的释放、固定和迁移等。土体中各种养分的有效度在不同pH条件下差异很大。

氮、硫、钾在pH 5.5的土体中有效性最大。pH<5时因土体中的活性铁、铝

增加，易形成磷酸铁、铝沉淀，而在 pH>7 时，则易产生磷酸钙沉淀，使磷的有效性降低，故磷在 pH 6~7 的土体中有效性最大。钙和镁在强酸和强碱土体中有效性低，在 pH 6.5~8.5 的土体中有效性较高。

铁、锰、铜、锌等微量元素在酸性和强酸性土体中有效性高。在强酸性土体中，铁、铝、锰的浓度很高使植物受到毒害作用；而石灰性或碱性土体中铁、锰的有效性很低，植物往往发生缺铁症状。钼的有效性在 pH 较低的范围内随 pH 增大而提高。在 pH 低时，钼与镁形成难溶性化合物而变得无效。因此，在强酸性土体上有些植物(如柑橘)会发生缺钼现象。硼在强酸性土体和石灰性土体中有效性都很低，在 pH 6~7 和 pH>8.5 的土体中有效性较高。整体来看，大多数土体养分元素在 pH 6.5 附近的有效性都较高。

2. pH 对土体理化性质的影响

在酸性土体中，吸附性氢离子多，黏粒矿物易被分解，盐基离子大部分遭受淋失，不利于良好土体结构的形成。在碱性土体中，一些碱性土因其胶体上大量吸附着一价的 Na^+，土体的物理性质恶化，如通透性差，水、气、热不协调，黏性强，塑性大，耕性不良。因此，在改良碱性土体时，既要调节其 pH 降低其碱性，又要考虑改善其物理性状，兼而治之，才能达到改良的目的。

3. pH 对植物和微生物所需营养元素的影响

在 pH>7 的碱性土体中，微量金属离子 Zn^{2+}、Fe^{3+} 等由于溶解度降低，植物和微生物将会缺乏这些元素；而在酸性土体中，Al^{3+}、Mn^{2+} 等离子由于溶解度的升高而对许多生物产生毒害作用。因此，要注意进行土体 pH 的测定，及时采取措施，保持土体适宜的酸碱度，这样才有利于农用地植物生长及微生物的生存。

三、土体污染

土体内的污染物来源众多，对环境和生物的危害巨大。本节从污染物的定义、分类、特性等方面进行介绍，旨在了解其本身特性，再有针对性地、因地制宜地设计，进行污染土体的生物和化学重构。

(一)土体污染的定义及分类

在人类的生活和生产活动中，不断有废弃物质输入环境。进入环境后，它们会引起环境质量下降而有害于人类与其他生物的正常生存和发展，即环境污染。这些引起环境污染的物质称为污染物。土体污染是指人类活动产生的污染物进入土体，使得土体环境质量已经发生或可能发生恶化，对生物、水体、空气或和人体健康产生危害或可能有危害的现象(李学垣，2001)。土体污染主要体现在其对受体的可能污染危害或实际污染危害，而不是其污染物含量多寡。由于不同场地的污染源、土体、受体等的差别性，土体污染危害具有显著的场地差别性特点。与其他环境介质相比较，土体污染的场地差别性远超过大气或水体的。

按污染物的性质可分为化学污染物、物理污染物和生物污染物。化学污染物又可分为无机污染物和有机污染物。土体中的污染物以无机污染物和有机污染物两大类最难治理。无机污染物主要包括酸、碱，重金属，盐类，放射性元素铯、锶的化合物，含砷、硒、氟的化合物等。有机污染物主要包括有机农药、酚类、氰化物、石油、合成洗涤剂、3，4-苯并芘以及由城市污水、污泥及厩肥带来的有害微生物等。造成土体污染的物质很多，根据其来源可大致分为四类，一是农药残留污染；二是工矿企业的废渣尾矿、工业垃圾和居民生活垃圾等固体废弃物；三是工业排放的有害气体等大气污染物通过沉降、扩散、降水等过程最终大部分进入土体，造成土体污染；四是未经处理而直接排放的工业污水和生活污水，直接污染水体和土体(魏样等，2015)。

(二)农药污染

农药是各种杀虫剂、杀菌剂、杀螨虫剂、除草剂、植物生长调节剂等农用化学制剂的总称。施用农药是现代农业不可缺少的技术手段，农田中所施用的农药大部分最终进入了土体，就是农药污染。农药分有机农药和无机农药。污染主要由有机氯农药、有机膦农药和有机氮农药等造成。

农药在土体中的吸附机理很复杂，土体胶体是主要的吸附剂。农药在土体中的迁移包括扩散和质流两个方面。扩散是浓度梯度引起的；质流是土体水和微粒二者单独或共同流动而引起的农药迁移。

(三)重金属污染

重金属一般指密度在 $4.5kg/dm^3$ 以上的金属元素。环境科学中的重金属主要指生物毒性大的汞、镉、铅、铬和类似的砷；另外还有摄入量超过某一阈值时也具有相当毒性的铁、铜、锌、锰、镍等。

土体重金属污染物的来源主要是采矿、冶炼等工矿企业排放的废气、废水和废渣。煤和石油等矿物燃料的燃烧也会释放一定量的重金属。即使有益的金属元素浓度超过某一数值也会有剧烈的毒性，使动植物中毒，甚至死亡。重金属通过食物链进入人体，会严重危害人类健康。

(四)放射性物质污染

土体放射性污染是指人类活动排放的放射性污染物进入土体，使土体的放射性水平高于天然本底值或超过国家标准规定的剂量限值，给人类生存带来严重威胁的现象。土体中放射性污染的主要来源分为两类：天然放射性来源和人为放射性来源(陈思和安莲英,2013)。

天然放射性来源是指在天然产物中发现的放射性元素,其元素种类主要包含 ^{40}K、^{238}U、^{232}Th、^{226}Ra 等。它们通过放射性衰变,产生一系列的放射性子体,广泛分布于土体和岩石中,具体如表 7-6 所示。地壳是天然放射性核素的重要储存库,然而天然放射性核素在土体中的含量很低,对人体的生活影响不大。中国各省份地区的天然放射性核素含量也都不一样。

表 7-6 土体、岩石中天然放射性核素含量

核素	土体/(Ci/g)	岩石/(Ci/g)
^{40}K	0.8~2.4	0.2~22
^{236}Ra	0.1~1.9	0.4~1.3
^{238}U	0.03~0.6	0.4~1.3
^{232}Th	0.02~1.5	0.1~1.3

注:Ci 为放射性活度的单位,为非法定单位,1Ci=3.7×10^{10}Bq。

人为放射性污染是土体污染的主要来源,主要包括三方面来源:①科研放射性。科研工作中广泛应用放射性物质,除原子能利用研究单位外,金属冶炼、自动控制、生物工程、计量等研究部门,几乎都有涉及放射性方面的试验。在这些研究工作过程中,都有可能造成放射性污染。大气层核试验产生的放射性落下灰尘是迄今土体放射性污染的主要来源。②核工业排放的废弃物。核工业中核燃料的开采、提炼、精制和核燃料元件的制造,都会有放射性废物的产生和废水、废气的排放,这些废弃物的排放都会给土体环境带来一定的污染。除此之外,核电站事故产生的污染也是土体放射性污染的主要源头之一,严重污染土体地表面和地下水。③人类活动,如粉煤灰、农业生产过程中所使用的肥料、农业耕作方法等。可见,人为放射性污染给人类健康带来了严重的后果(陈思和安莲英,2013)。

(五)土体质量环境标准值

土体污染风险评估是指土体污染对人体健康或陆生生态产生危害影响的可能性与程度的评估。采用风险评估法制定土体环境质量基准,是指在特定的土地利用方式下,分析土体中污染物对受体(人、生物、水和气)产生危害的主要暴露途径,建立风险评估模型,在一定的可接受风险水平下,反推土体环境质量基准值。土体污染风险评估,按评估对象与参数的详细程度不同,可分为通用的区域土体污染风险评估和特定的场地土体污染风险评估;按受体不同,则可分为(保护人体)健康风险评估和(保护环境)生态风险评估。一级标准为保护区域自然生态,维持自然背景的土体环境质量的限制值。

1. 第一级标准值

基本上保护土体处于环境背景水平，是保护土体环境质量的理想目标。适用于国家规定的自然保护区（原有背景重金属含量高的除外）、集中式生活饮用水源地、牧场和其他需要特别保护地区的土体。土壤无机污染物的环境质量第一级标准值具体可参考《土壤环境质量标准（修订）》（GB 15618—2008）。

2. 第二级标准值

初步筛查判识土体污染危害程度的标准。土体中污染物监测浓度低于筛选值，一般可认为无土体污染危害风险；高于筛选值的土体是具有污染危害的可能性，但是否有实际污染危害，还需进一步调研与确定。适用于各类用地土体。

土体环境质量第二级标准值因不同类型污染物（有机污染物、无机污染物）、污染物类型（如重金属、挥发性有机污染物、多环芳烃类有机污染物以及化学农药等）等的差别而具有一定的针对性。

二级标准为保障农业生产、维护人体健康的土体限制值。根据土地利用类型、污染物种类以及土壤环境状况等因素的差异，土体无机污染物和有机污染物的环境质量第二级标准值具体可参考《土壤环境质量标准（修订）》（GB 15618—2008）。

3. 第三级标准值

土体环境质量第三级标准值因不同场地土体、污染物、受体和环境条件等的差别而具有特定性，其制定工作需依据《污染场地风险评估技术导则》，在稳步推进场地土体污染风险评估工作的基础上逐步展开。土体发生实际污染危害的临界值。适用于各类用地的污染场地土体。三级标准为保障农林业生产和植物正常生长的土体临界值。

4. 污染程度评价

在进行土体环境质量评价时，将土体污染物监测浓度与第一、二级标准值对照，若低于或等于第一级标准值，则可称为"清洁"（表 7-7）。若高于第一级、低于或等于第二级标准值，则表明一般无污染危害，可称为"尚清洁"，但说明已有污染物进入，应予以警惕，及时找出和控制土体污染源，防止污染物继续进入土体，切实保护土体环境质量。

表 7-7 土体环境质量评价级别划分

界定	称谓	危害	行动
低于第一级值	清洁	无污染	一般防护
高于第一级、低于或等于第二级值	尚清洁	一般无污染	做好预防
高于第二级、低于或等于第三级值	轻度污染	具有潜在危害	深入调查
高于第三级值	严重污染	具有实际危害	采取整治修复措施

注：该表编制依据《土壤环境质量标准（修订）》（GB 15618—2008）。

若土体污染物监测浓度高于第二级标准值,则表明具有潜在危害,有可能发生污染危害,可称为"轻度污染",应给予充分的关注,同时报告所在地人民政府环境保护行政主管部门,并继续进行深入详查,或委托具有土体污染风险评估资质的机构开展场地土体污染风险评估,对相关受体进行调查采样分析。

若土体污染物监测浓度超过第三级标准值,可称为"严重污染"(具有实际危害),应纳入土体污染整治计划并实施。场地整治包括用地方式改变、农业用地种植作物调整以及各种修复措施等。

四、土体微生物的生化作用

土体中的微生物主要有细菌、真菌、放线菌、藻类和原生动物等,是土体的有机组成部分,土体微生物的区系组成、生物量及其生命活动对土体的形成和发育有密切关系,它们对土体的形成发育、物质循环和肥力演变等均有重大影响。具有分解有机质、矿物质、固氮等作用,对作物来讲是影响其生长发育的重要环境条件之一。土体微生物除对土体中颗粒和结构重构有重要作用外(详见本书第五章),其生命活动也是影响土体化学特性的关键因素。

(一)土体微生物种类和作用

1. 土体微生物的类群

土体中的微生物种类繁多,数量极大,是土体的重要组成部分。1g 肥沃土体中通常含有 $10^8 \sim 10^9$ 个微生物,贫瘠土体每克也含有 $10^6 \sim 10^7$ 个微生物,一般来说,土体越肥沃,微生物种类和数量越多。另外,土体表层或耕作层中以及植物根附近微生物数量也较多。土体中的微生物主要分为(Raina et al.,2004):细菌、真菌、放线菌、藻类和原生动物五大类群(表 7-8)。

表 7-8 土体微生物分类

微生物类群		
	细菌:细菌占土体微生物总量的 70%~90%。大小为 0.5~2 μm	土体自养细菌:自养细菌能直接利用光能或者无机物氧化时释放的能量,并能同化二氧化碳,进行营养,如硝化细菌、硫磺细菌、硫化细菌、铁细菌、氢细菌等
		土体异养细菌:异养细菌从有机物中获取能源和碳源
		有益菌:有益的如固氮菌、硝化细菌和腐生细菌
		有害菌:有害的如反硝化细菌
	真菌:大小为 10~100 μm	具有真核细胞的单细胞或多细胞分枝丝状体或单细胞个体,常见的有藻菌纲、子囊菌纲、担子菌纲等

续表

微生物类群	放线菌：放线菌的数量仅次于细菌，是细菌和真菌间过渡的单细胞微生物，大小为 0.5～1 μm	典型丝状放线菌主要属于链霉菌属和小单孢菌属两类，均属于好气性异养型，能够广泛利用纤维素、半纤维素、蛋白质、木质素等含碳和含氮化合物。最适 pH 6.8～7.5，最适温度 25～30℃
	藻类：大小各异，最小到 1 μm	主要有绿藻、硅藻等。藻类在土体中的主要作用是防止土体中有机矿物质的流失，并通过利用有机矿物质合成必需物质来增加土体中的有机物质，一部分藻类还能够在土体中分泌黏液，板结土体，有效防止土体流失
	原生动物：大小为 0.2mm 以下 ～ 10 mm 以上，土体中的原生动物的主要作用是促进物质循环，使营养物质更加适合植物生长的需要，同时也能加速土体中有机物质的降解，增加土体肥力	自养型类群：少量原生动物能够进行光合作用，体内含有叶绿素，能够将简单的无机物合成复杂的供生命活动所需的有机物质
		腐蚀性类群：以土体中各种动植物与微生物体中含有的有机物为食，可以加速土体中有机物的分解，释放其中的可溶解性养分
		食菌性类群：土体中的大多数原生动物(如肉足虫、纤毛虫等)都能以细菌为食，甚至以其他小型原生动物为食

微生物是生态系统的重要组分之一，土体中几乎所有的物理、化学过程都直接或间接地与微生物有关。在土体生态系统中微生物生物量多少反映了土体同化和矿化能力的大小，是土体活性大小的标志。

2. 微生物在土体中的基本生化作用

微生物是土体系统中极其重要和最为活跃的部分，在土体有机物的降解、矿化释放无机元素供其他生物吸收，营养物质转化(如碳氮循环)，系统稳定性及抗干扰能力中居于支配地位，控制着土体生态系统功能的关键过程。微生物在土体中的作用主要包括：分解土体有机质和促进腐殖质形成(Vossbrinck et al.，1979；许光辉等，1984；李越中等，1992；Scholle et al.，1992；Cortez and Bouché，2001)；吸收、固定并释放养分，对植物营养状况的改善和调节有重要作用(娄隆后，1962；Singh et al.，1989；Roy and Singh，1994)；与植物共生促进植物生长，如豆科植物的结瘤固氮(Allen and Allen，1981；Vincent，1982)和植物菌根的形成(Heckman et al.，2001；Lutzoni et al.，2001)；在土体微生物的作用下，土体有机碳、氮不断分解，是土体微量气体产生的重要原因(Smith et al.，2003；韩兴国和王智平，2003)；在有机物污染和重金属污染治理中起重要作用(Boopathy，2000)。

土体形成是一个缓慢的历时千万年的过程，包括物理、化学风化和几千年的生物学作用的过程。表面土体凝聚成型和增加稳定性方面，生物过程尤其重要。肥沃的、生产率高的土体普遍以团聚体结构为特征。微生物参与土体团聚体和土体结构的形成作用主要体现在：①土体颗粒被丝状微生物连接在一起，这种菌生长在相邻颗粒表面上，并产生大量菌丝网将土体颗粒联系起来；②能使小的黏土颗粒沿微生物表面重新定位，这使颗粒相互挤压从而有助于土体团聚体的形成；

③微生物和植物根部产生的胞外多糖有助于土体团聚体的形成。

(二)微生物对土体的污染和修复

1. 微生物对土体的污染

对人和生物有害的微生物污染土体,可影响生物产量和质量,危害人类健康,这种污染称为微生物污染。一个或几个有害的微生物种群从外界环境侵入土体,大量繁衍,破坏原来的动态平衡,对人体健康或生态系统产生不良影响的现象,称为土体微生物污染。土体重构中,既要对受到微生物污染的原状土体进行治理,同时也要避免土体重构的过程对土体造成微生物污染。

造成土体微生物污染的污染物主要是未经处理的粪便、垃圾、城市生活污水、饲养场和屠宰场的污物等。其中危险性最大的是传染病医院未经消毒处理的污水和污物。传染性细菌和病毒污染土体后,不仅可对人体健康产生严重危害,而且还可危害植物,造成农业减产。

土体病原体危害人类的主要途径包括:①人体排出的病原体直接或经施肥和污灌污染土体,在被污染的土体上种植蔬菜瓜果,人体与污染土体接触或生吃这些蔬菜瓜果而感染致病(人—土体—人);②患病动物排出病原体污染土体,然后感染人体(动物—土体—人);③自然土体中存在致病菌,人体与土体接触而感染得病(土体—人)。防治土体微生物污染的主要措施是,对人畜粪便和污水污泥进行灭菌处理,再作肥料使用。粪便无害化处理的方法很多,可结合当地的施肥习惯及卫生要求,因地制宜。

2. 有机污染物的微生物降解与转化

有机污染物进入环境后,经过生物降解和生物转化作用,大多会分解成无害物质,但也可能转变成新的危害更大的污染物。如在微生物的作用下,汞、砷、镉、碲、硒、锡和铅等重金属离子,均可被甲基化而生成毒性很强的甲基化合物(郑平,2012)。

土体中的微生物种类繁多,既有其不利的方面,又有其有利的方面,合理利用微生物对污染物质的降解能够为我们创造更好的生活环境。研究污染物的生物降解和生物转化作用,对阐明污染物的环境行为和污染趋势具有十分重要的作用。目前已发现多种微生物对合成有机物有降解作用(表 7-9)。

表 7-9 微生物对合成有机物的降解

质粒	降解底物	寄主	质粒大小/kb	结合方式	寄主范围
NAH	萘	恶臭假单细胞菌	70	接合	广
SAL	水杨酸盐	恶臭假单细胞菌	63、72、82	接合	广

续表

质粒	降解底物	寄主	质粒大小/kb	结合方式	寄主范围
CAM	樟脑	恶臭假单细胞菌	>200	接合	广
OCT	乙烷、癸烷、辛烷	嗜油假单细胞菌	>200	非接合	未知
XYL	甲苯、对或间二甲苯	小田假单细胞菌	117	接合	广
TOL	甲苯、对或间二甲苯、1,2,4-三甲基苯	恶臭假单细胞菌	117	接合	广
FP	对位、间位或原位甲酚	铜绿假单细胞菌	未知	接合	未知
ETB	甲苯、乙苯、苯甲酸	荧光假单细胞菌	未知	接合	未知
pAC21	二甲苯、对氯联苯	克氏杆菌	65	接合	未知
PKF1	二甲苯、对氯联苯	不动杆菌属、节杆菌属	53.7	接合	未知

3. 微生物可降解污染物的判断方法

污染物的生物降解性可通过以下方法进行测定。

1) 基质的可生物氧化率

(待测物)基质完全彻底氧化所应消耗的理论需氧量与微生物分解基质所消耗氧量的比值。实验室中微生物的耗氧量可应用瓦尔堡呼吸仪测定，通过测压计测知释放出 CO_2 的量或消耗 O_2 的量，从而测得可生物降解率。

$$基质氧化 = \frac{微生物分解基质生物分氧量}{基质质完全氧化耗氧（理论）} \times 100\% \tag{7-3}$$

2) 基质的生化呼吸曲线

基质的生化呼吸曲线即耗氧曲线，如图 7-1 所示。

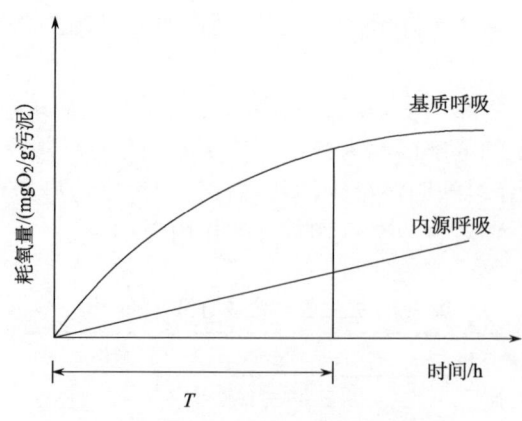

图 7-1 基质的生化呼吸曲线图

实验数据绘出一条耗氧量或速度随时间变化的曲线,为便于比较可同时绘制内源呼吸线,它是在不投加基质的条件下,微生物处于内源呼吸状态时利用细胞体内物质作营养呼吸耗氧随时间变化的曲线。讨论以下三种情况:

第一种情况,基质呼吸线在上,说明基质可生物降解。

第二种情况,两线几乎重叠或平行,说明基质不可生物降解。

第三种情况,基质线在内源线之下,说明不但不能降解而且有杀灭作用。

3) 土体消毒实验

此法适用于新开发农药可生物降解性的评定。选取有代表性的土体混匀分两组,一组经高温消毒或药液处理杀灭其中微生物;另一组不消毒。分别施入同量的待测农药置室温时培养,定期检测两组土体中农药消失情况,最后判定农药可生物降解性及降解速度。

4) 培养液中降解试验

此试验可在多种试验液中同时进行,在三角烧瓶中配制各种待测试液,可补加适当的 N、P、S 生长素和其他营养物,调节 pH,在试验液中接种微生物进行恒温培养,通过测定色度、浊度、化学需氧量(COD)、生化需氧量(BOD)或其他指标全面评价试验可生化性。

5) 其他方法与指标

(1) 由于生物对有机物的呼吸作用的本质是脱氢,所以可利用脱氢酶活性作为微生物分解污染物的指标。若培养液中微生物脱氢酶活性增加,则说明对试验物有降解性。采用比色法测酶活性。

(2) 生物体内的三磷酸腺苷(ATP)含量与生物数量及活性呈正相关。通过测 ATP 量作微生物分解利用污染物的指标。

(3) 同位素检测:有机物彻底分解结果放出 CO_2,可利用放射性 ^{14}C 标记待测污染物中释放的 $^{14}CO_2$ 计算其回收率,从而评定该污染物生物降解性。

第二节 盐渍化土体的化学重构设计

本节主要介绍盐渍化土体的化学重构目标,即调节土体盐分离子组成和 pH,为生命体的生存和发展提供适宜的环境;通过对不同土地利用类型的盐渍化土体化学重构机理及工程应用方法等的简要介绍,为盐渍化土体的化学重构设计提供参考。

一、盐渍化土体化学重构目标

土体化学重构的目标是减少盐渍土特性对农用地和非农用地的危害:农用地的土体有机重构要把土体 pH 调节到作物生长适宜的范围;非农用地的重构主要

控制土体的盐胀性、溶陷性和腐蚀性对建筑材料的腐蚀。不同的作物适应不同的pH范围,有些作物对酸碱反应很敏感,如甜菜、紫花苜蓿等要求中性和微碱性;茶树、柑橘、羽扇豆则要求强酸性和酸性土体;芦苇耐盐碱化能力较强(韩霁昌等,2013b;赵宣等,2016)。

二、农用地盐渍化土体化学重构方法

如果农用地盐渍化较轻,可以适当发展盐碱农业。但多数盐渍化土体应通过物理、化学、生物等手段进行土体有机重构,以降低盐碱化程度,实现盐渍化土体改良以用于农业发展。

(一)客土、掺沙、洗盐、压盐

客土就是调运其他地区不含盐碱的优良土种覆盖在盐碱土上或者运走一部分盐碱土,把好土与留下的盐碱土混合,能有效降低土体含盐量,外地的掺沙可以有效改善黏性盐渍化土体中颗粒组成,从而起到降低盐碱的效应,而洗盐作为工程上最常用的盐碱地改良措施,适用于土质均一的盐碱化土体,对于黏性盐渍化土体来说,可以将掺沙和洗盐配合应用(把余玲等,2016)。循环压盐作为近年来创新性的特殊地形条件下的盐碱地改良措施,主要是利用盐分在土体-水体之间的对流-弥散作用,将盐分压至耕作层以下(马增辉等,2011;李娟等,2015b)。

对于沿海滩涂地区,无论是泥砂质底、砂泥质底、砂质底、淤泥质底等类型的滩涂地区的围垦,还是卵石底、砾石底、礁石底和珊瑚礁等类型滩涂地区的吹沙填海,由于近海土体盐分含量过高,都面临着盐碱化程度偏高而影响农业发展的问题。完善灌排系统、遵照"盐随水来、水随盐去"的水盐运行规律,对土体进行洗盐,以及适当的客土压碱等方式都可作为该类土体降低盐碱化的手段(杨立杰等,2014)。

(二)施用石膏、硅酸钙

对碱化土、碱土,可施用石膏、硅酸钙,以 Ca^{2+} 将胶体上的 Na^+ 代换下来,并随水流出土体,从而降低土体pH并改善土体的物理性状,反应式如下:

$$\boxed{胶粒}{\!\!\!{}_{Na^+}^{Na^+}} + CaSO_4 \rightleftharpoons \boxed{胶粒}\!\!-\!Ca^{2+} + Na_2SO_4(淋洗排出) \quad (7\text{-}4)$$

石膏需用量可根据钠碱化度(ESP)进行计算,即所用化合物(石膏、氯化钙等)的剂量必须相当于要排走的交换性钠的量。钠碱化度ESP的临界指标一般为10,即认为ESP小于10的土体不发生明显不良作用。石膏用量 R 可按式(7-5)计算:

$$R = [(ESP_{初} - ESP_{末})/100] \times CEC \quad (7\text{-}5)$$

(三)施用有机肥料

有机肥经微生物分解后,能形成可以中和 Na_2CO_3 等显碱性的盐类物质,降低土体碱性,并产生腐殖酸钠等副产物。腐殖酸钠等增强植物和农作物的抗盐能力,植物受到腐殖酸钠的刺激生长会更加旺盛。腐殖质能提高土体的缓冲能力,促进土体颗粒团粒化,增加孔隙度,增强土体透水能力,使盐分得到更充分的淋洗。

(四)施用硫磺/硫化铁及废硫酸或绿矾等土壤改良剂

改良剂直接参与盐碱土的化学过程,改变、平衡土体中盐碱元素的含量,并在一定程度上起催化作用。例如,硫磺或硫化铁氧化后会释放出硫酸,施用硫磺或硫化铁可以中和土体碱度。

(五)施用生理酸性肥料

生理酸性肥料,如硫酸铵、氯化铵、硫酸钾等,由于植物对铵、钾离子的优先吸收,导致土体酸根过剩,从而起到中和土体碱性的目的。生理酸性肥料在改良土体盐碱化的同时,还能平衡作物养分、提高化肥利用效率。

(六)生物降盐碱

生物降盐碱,如有学者对紫花苜蓿进行耐盐生理及盐碱胁迫研究表明,紫花苜蓿有一定的耐盐性,且在其种子萌发期抗逆性较强,可通过在复杂盐碱逆境下快速的根系生长,确保植株的成活。肖克飚等(2013)研究指出,耐盐植物能明显降低惠农县盐碱地耕层的土壤盐分,其盐分降低顺序为柽柳>苇状羊茅>油葵;有研究者也指出大岛野路菊、牡蒿、矶菊等植物对盐碱胁迫受害症状表现较轻,耐盐性强(Chen et al., 2002)。张露等(2015)的研究结果证实,芦苇对于盐碱地盐分的富集具有一定的作用,可用于对盐渍化土壤的长期改良。

三、非农用地盐渍化土体化学重构方法

盐渍土化学重构为非农用地的主要技术难点,在于盐渍土所具有的盐胀性、溶陷性和腐蚀性。这些特性会造成建筑物或者地基材料的腐蚀、结构的塌陷。了解这些特性的原因,才能有针对性地提出重构设计方法。

(一)盐渍土体对非农用地土体利用的影响

1. 盐胀性

一般硫酸盐类盐渍土是指氯-硫酸盐渍土(Cl^-/SO_4^{2-} 为 1~0.13)和硫酸盐渍土

($Cl^-/SO_4^{2-}<0.13$)。硫酸盐类盐渍土最主要的特性是结晶时要结合一定数量的水分子，如硫酸钠结晶 $Na_2SO_4·10H_2O$、硫酸镁结晶 $MgSO_4·7H_2O$、硫酸钙结晶 $CaSO_4·2H_2O$ 等。这类硫酸盐在干燥状态时，并无吸水性，但遇水后会慢慢吸湿、溶解，最后呈溶液状；从溶液中再结晶沉淀时便要吸收相应的水分子呈结晶状，体积增大而使土体产生膨胀，但在处于干燥状态时，结晶水释出，成无水状态，体积又相应缩小，这种使土体积变化的硫酸盐，称为松胀盐分。

2. 溶陷性

盐渍土的含盐类型多为硫酸盐、碳酸盐和氯化物，而其中的钠、镁和钾盐都属易溶盐，这些盐类成为土颗粒之间胶结物的主要成分，干燥状态下它具有强度高，压缩性小的特点，但遇水后，可溶性盐类溶解，土体在荷载或自重作用下下沉。盐渍土中的盐溶液会导致建筑物和地下设施材料的腐蚀，腐蚀程度取决于材料的性质和状态以及盐溶液的浓度等。由于盐渍土特殊的工程性质，公路地质灾害屡屡发生，盐渍土与岩盐公路的主要病害有盐胀、松散、裂缝、沉陷和降水后发生溶淋而泥泞，造成路面坎坷不平，加上盐渍土与岩盐路面耐磨性差，需不断补充大量的盐料与盐水，养护工作的劳动强度大。

3. 腐蚀性

盐渍土对基础和地下设施的腐蚀分为物理侵蚀和化学腐蚀。物理侵蚀常发生在温度变化大或干湿交替的部位，盐类结晶产生较大的内应力，使建筑物由表及里逐渐疏松剥落。化学腐蚀有两种情况：

一种是 Na_2SO_4 与水泥中游离的 $Ca(OH)_2$ 水化后生成 $NaOH$ 和 $CaSO_4$。$NaOH$ 易溶于水，水溶液通过毛细作用与空气中的 CO_2 接触，生成 Na_2CO_3，反应式为

$$Na_2SO_4+Ca(OH)_2 \longrightarrow 2NaOH+CaSO_4 \tag{7-6}$$

$$2NaOH+CO_2 \longrightarrow Na_2CO_3+H_2O \tag{7-7}$$

生成的 Na_2CO_3 结晶膨胀，会使建筑物表面疏松。

化学腐蚀的另一种方式是当硫酸根含量超限时，与混凝土的碱性固态游离石灰和水化铝酸钙结合，生成硫铝酸钙结晶或石膏结晶，产生膨胀力。在天然状态下，盐渍土呈微弱胶结，含水量很低，土质坚硬，具有较高的承载力，可作为一般工业与民用建筑物的良好地基。一旦自然条件改变或浸水，地基中的易溶盐被溶解土体结构破坏，力学强度降低，甚至产生严重的溶陷、膨胀和腐蚀，使建筑物裂缝、倾斜或结构被腐蚀破坏。

硫酸盐渍土具有较强的腐蚀性，当硫酸盐含量超过 1%左右时，对混凝土产生有害影响，对其他构筑物也有不同的腐蚀作用。硫酸盐的含量超过 1%，应当采取一定的工程处理措施。

（二）土体化学重构方法

由于盐渍化土体对建筑的危害较大，防控存在一定难度。目前非农用地盐渍化土体化学重构方法主要有以下几点。

1. 降低地下水位

可在建筑物基础的周边打集水井排水。打集水井的形式可视地下水的侵蚀情况而定，采用管井法、井点法或集水坑法等降低地下水位，以保证建筑物不被侵蚀。

2. 地基开挖换土

对原来带有腐蚀性成分及渗透性较大的基土，采用开挖的方法挖除，回填人工配合的土料，如三合土、水泥灰土、无腐蚀性土等，以消除基础对建筑物的腐蚀。这种方式工程量大，长期效果不佳。

3. 建筑材料防护

针对建筑材料本身的防护措施目前应用广泛，其中包括采用高性能混凝土、采用覆盖层或隔离方法、采用化学掺加剂和矿物外加剂、阴极保护、采用特制钢筋、采用聚合混凝土等。

第三节 酸性土体的化学重构设计

本节主要介绍酸性土体的化学重构目标，并对不同土地利用类型酸性土体的化学重构机理及方法等作简要介绍和分析，为酸性土体的化学重构设计提供基本理论参考。

一、酸性土体化学重构目标

酸性土体上植物生长的限制因子主要是在酸性条件下产生的铝离子对作物的毒害，土体酸度对土体养分有效度的影响以及作物对养分的吸收与利用，进而影响肥料利用率。此外，酸性土体对建筑物的基础有一定的腐蚀性，间接对人类生存造成影响。农用地酸性土体化学重构的目标是保护生态系统、动植物和人体健康，其中农用地酸性土体化学重构目标为保障植物正常生长发育和高产稳产，非农用地酸性土体化学重构目标则是保障建筑物基础的稳定性和安全性。

二、农用地化学重构方法

农用地土体有机重构中，由于酸性太强的土体不适宜大多数作物的生长和发育。虽然有时土体酸性不是太强，但土体 pH 低于栽培植物适宜的 pH，也不利于植物的生长,因此需要调节土体的酸性,为植物生长和发育提供良好的环境。

(一)酸性调节的材料及机理

土体酸性调节的本质就是添加碱性物质以中和土体酸性。土体活性酸只占土体酸性很小的部分,而土体潜性酸是土体酸性最主要的部分,因此土体酸性改良的主要目的是中和土体潜性酸。

石灰是土体酸性改良最常见的物料。刚出窑的石灰以生石灰(CaO)为主,它与水作用后形成熟石灰[$Ca(OH)_2$],石灰石粉($CaCO_3$)则是指直接将开采的石灰石磨碎而成的粉状物质。生石灰和熟石灰的碱性强、中和反应剧烈、见效快;而石灰石粉的中和作用较缓慢,但后效较长。在酸性土体上适量施用石灰对改善土体肥力有好处,但如果过度施用则会产生不利的影响,因此要合理地估算石灰的需要量。石灰在土体中的转化反应如下(黄昌勇,2000;吕贻忠和李保国,2006):

(1)碳酸钙与土体中的碳酸反应生成重碳酸钙。

$$Ca(OH)_2 + 2H_2CO_3 \longrightarrow Ca(HCO_3)_2 + 2H_2O \tag{7-8}$$

$$CaCO_3 + H_2CO_3 \longrightarrow Ca(HCO_3)_2 \tag{7-9}$$

(2)土体胶体上的H^+或Al^{3+}被Ca^{2+}(或Mg^{2+})取代到土体溶液中,被OH^-中和。

$$\boxed{胶体}{=}^{H^+}_{H^+} + Ca(OH)_2 \longrightarrow \boxed{胶体} - Ca^{2+} + 2H_2O \tag{7-10}$$

(二)石灰需要量计算

影响石灰需要量的因素有:①土体潜性酸和pH、有机质含量、盐基饱和度、土体质地等土体性质;②作物对酸碱度的适应性;③石灰的种类和施用方法等。

对pH 5~6的温湿地区的矿质土体,pH变动0.10单位,其盐基饱和度一般相应变动5%左右,假设pH 5.5时的盐基饱和度为50%,施用石灰使pH升到6时,土体盐基饱和度升至约75%。土体有机质和质地能指示土体交换量和缓冲能力大小,土体缓冲能力越大,改变单位pH所需的石灰用量越多。

石灰用量还与要调节到的土体最终pH有关。最终pH越高,所需要施用的石灰量越多。一般来说,对多数农作物生长而言,并不需要将酸性土的pH调节到7.0,而是中和部分潜性酸,使土体pH调节到微酸性就可以了。

酸性土体石灰需要量可通过交换性酸量或水解性酸量进行大致估算,还可根据土体的阳离子交换量及盐基饱和度、土体潜性酸量等进行估算。依据阳离子交换量和盐基饱和度的计算式为

$$石灰需要量=土体体积×容重×阳离子交换量×(1-盐基饱和度) \tag{7-11}$$

式中石灰需要量的单位为kg/hm^2。

石灰需要量计算：假设某酸性土体的 pH 5.0，耕层土体为 2250000 kg/hm²，土体含水量为 20%，阳离子交换量为 10 cmol/kg，盐基饱和度为 60%。试计算使土体 pH 达到 7 时，中和活性酸和潜性酸所需要的石灰用量(理论值)。

1. 中和活性酸

耕层土体水分总量= 2250000 kg×20% = 450000 kg= 450000 L

pH=5 时，土体溶液中的[H^+]=10^{-5} mol/L，则

耕层水分中 H^+ 总量=10^{-5} mol/L×450000 L=4.5 mol

pH=7 时，土体溶液中的[H^+] = 10^{-7} mol/L，则

耕层水分中 H^+ 总量=10^{-7} mol/L×450000 L=0.045 mol

需要中和的 H^+ 总量=4.5 mol–0.045 mol=4.455 mol

若以 CaO 中和，则

$$CaO\ 需要量=(4.455\ mol×56\ mol/g)/2=124.74\ g$$

2. 中和潜性酸

耕层土体潜性酸总量(H^+)=2250000 kg×10 cmol/kg×(1–60%)=90000 mol

若以 CaO 中和，则

$$CaO\ 需要量=(90000\ mol×56\ mol/g)/2=2520\ kg$$

从上面的计算结果可见，中和土体活性酸所需的 CaO 极少，因此在实际应用时可以不必考虑活性酸。根据潜性酸计算出来的石灰需要量只是一个理论值，在实际施用时还必须加以调整。

3. 生产中石灰的施用量计算

田间施用时，石灰和土体很难混合均匀，会造成局部土体的 pH 上升幅度过大，因此实际用量应低于理论计算量。不同石灰材料的反应性不同，在确定实际用量时也必须加以考虑。生石灰和熟石灰的碱性强、中和反应剧烈，容易造成局部土体碱性过强。石灰石粉中和作用较缓慢，但后效较长。结合考虑，若施用生石灰(氧化钙)，则经验系数可取 0.5；若施用石灰石粉(碳酸钙)，则经验系数可取 1.3。

$$石灰田间实际施用量=理论计算量×经验系数 \tag{7-12}$$

以上的结果均是指当次施用量。在生产实际中，有时需要多次施用。在考虑多次施用时，应对前次施用后的土体酸度状况进行监测，并根据监测结果估算新的石灰施用量。如果过度施用石灰，会使土体 pH 过高，土体板结，反而影响作物生长，在农用地的生产调控中要注意避免。

三、非农用地化学重构方法

当混凝土置于酸性环境中，由于酸性物质与混凝土中的 $Ca(OH)_2$ 起中和作

用，使混凝土表面的空隙和细小裂缝进一步扩大深入，明显表现出表面腐蚀现象。酸性物质对基础钢筋混凝土结构的腐蚀，同时使混凝土和钢筋都发生破坏，对基础的耐久性和承载力有严重影响(蔡应桃,2001)。

酸性土体对混凝土材料的腐蚀属分解性腐蚀，属中度腐蚀，中国南方各省的砖红壤、赤红壤、红壤、黄壤等土体类别属酸性土体。土体 pH 一般为 4.0~6.5，SO_4^{2-} 含量占土体质量的 0.08%~0.22%，Cl^- 的含量占土体质量的 0.012%~0.12%。pH 较小，表明水中的 H^+ 浓度相对较高，具有酸性，可与混凝土的 $CaCO_3$ 等物质发生复分解反应，产生分解腐蚀。同时，pH 小显酸性时，会对钢铁产生酸性腐蚀。一般认为 pH=11.5 是保护钢筋的"临界 pH"。

(一) 腐蚀深度计算

同济大学工程结构研究所研究了不同浓度的酸对混凝土的腐蚀作用，提出了酸对混凝土腐蚀的腐蚀深度模型(肖杰和屈文俊,2011)：

$$x = B\sqrt{n_0 t} \tag{7-13}$$

式中，x 为腐蚀深度；B 为系数；n_0 为浓度；t 为酸对混凝土的腐蚀时间。

(二) 土体有机重构方法

非农用地酸性土体的化学重构方法、材料选择及计算，可以参考农用地的重构方法。注意：对强酸性土体，应进行换土处理，回填酸性较弱的土体，或对混凝土结构进行防护。

第四节　污染土体的化学重构设计

本节主要介绍污染土体的化学重构目标，即降低污染物浓度，为生命体的生存和发展提供适宜的环境；通过对不同土地利用类型的污染土体化学重构机理及工程应用方法等作简要介绍，为污染土体的化学重构设计提供参考。

一、污染土体化学重构目标及标准限值

土体有一定的吸收容纳、降解自净污染物的能力。污染土体对动植物健康的危害作用表现为潜在性、间接性和延迟性。土体中重金属的标准限值是判断土体是否遭到污染和可能达到的污染程度的客观标准，同时也为污染土体的化学重构目标提供基础资料。

(一)农用地化学重构目标及标准限值

1. 重构目标

考虑土地工程中农用地污染的特殊性,尤其是大面积农用地土体污染的治理修复成本过于高昂、不可承受,土地工程中农用地土体的化学重构目标应考虑两个原则:

首先,土地工程中农用地土体的化学重构要坚持土体环境质量反退化原则,土体中污染物的含量或浓度应低于相应的国家相关标准限值;具体操作中应以控制土体污染物含量或浓度上升为目标,不应局限于使土体污染物含量或浓度"达标"。

其次,土地工程中农用地土体的化学重构要坚持因地制宜,在保障粮食安全的前提下,土体的化学重构及修复的成本最小的原则,土体污染物含量或浓度超过国家相关标准限值的,对相应区域环境质量负责的地方政府应依据《中华人民共和国环境保护法》第 32 条启动土体污染详细调查,具体结合超标地区土体性质、农作物种类等因素进一步开展评估,准确判断可能影响粮食安全的关键环节和因素,采取针对性风险管控或土体修复等措施。

2. 标准限值

农用地土体污染物基本项目风险筛选指导值见表 7-10。

表 7-10　农用地土体污染物基本项目含量限值　　(单位:mg/kg)

序号	污染物项目		土体 pH 分级			
			pH~5.5	5.5<pH~6.5	6.5<pH~7.5	pH>7.5
1	总镉		0.30	0.40	0.50	0.60
2	总汞		0.30	0.30	0.50	1.0
3	总砷	水田	30	30	25	20
		其他	40	40	30	25
4	总铅		80	80	80	80
5	总铬	水田	200	200	250	300
		其他	150	150	200	250
6	总铜	果园	150	150	200	200
		其他	50	50	100	100
7	总镍		40	40	50	60
8	总锌		200	200	250	300
9	六六六总量①			0.10		
10	滴滴涕总量②			0.10		

注:①六六六总量为 α-六六六、β-六六六、γ-六六六、δ-六六六四种异构体的总和。
②滴滴涕总量为滴滴伊、滴滴滴、滴滴涕三种衍生物的总和。
该表编制依据《农用地土壤环境质量标准(征求意见稿)》。

(二)非农用地化学重构目标及标准限值

非农用地来源多样,既有农用地变更为建设用地,也有不同类型非农用地互相变更,工业企业搬迁遗留场地变更为居住、商贸、休闲用地,因此非农用地中的土体污染物类型、种类繁多,且因地而异。非农用地土体污染物项目,可划分为基本项目和选测项目两类。基本项目是指我国土体环境中广泛分布,或者在各类工业企业场地中普遍检出的元素或化合物,主要为无机元素和多环芳烃类。选测项目是指在特定工业企业遗留场地中可能检出的人为制造的物质,主要是有机污染物类。

1. 重构目标

非农用地的土体保护责任主体各异,可能存在的土体污染问题及解决方式也是多种多样的。考虑非农用地的土体污染治理修复成本高、难度大等特征,非农用地的重构目标同样也应坚持土体环境反退化原则;同时,坚持因地制宜,在保障人居环境安全的前提下,结合具体土地利用方式、保护人群特征开展实施土体污染修复与管理。

非农用地土体中污染物含量超过国家有关标准的指导值或限定值的,表明土体污染可能会对人体健康产生危害,需要启动土体污染的风险评估,根据评估结果决定是否需要采取针对性风险管控或土体修复等措施。

2. 标准限值

非农用地按土体环境功能分为下面两类:

一类为住宅类敏感用地方式,包括《城市用地分类与规划建设用地标准》(GB 50137—2011)规定的城市非农用地中的居住用地(R)、文化设施用地(A2)、中小学用地(A33)、社会福利设施用地(A6)、公园绿地(G1)等,以及农村地区此类非农用地。

二类为工业类非敏感用地方式,包括 GB 50137—2011 规定的城市非农用地中的工业用地(M)、物流仓储用地(W)、商业服务业设施用地(B)、公用设施用地(U)等,以及农村地区此类非农用地。

两类功能相混合、不易区分时,视为一类环境功能区。非农用地土体污染物基本项目风险筛选指导值可参考《建设用地土壤污染风险筛选指导值(征求意见稿)》。

二、化学重构方法

通过实地调查,对农用地和非农用地土体污染物超标情况、土体污染物累积情况进行评价,以及对土体环境质量等级进行划分,为污染土体的化学重构目标的制定和技术方法的筛选提供参考。

（一）污染土体质量评价指标

评价因子数量与项目类型取决于评价的目的和现有的经济和技术条件。评价标准常采用国家土体环境质量标准、区域土体背景值或专业的土体质量标准。评价模式常用污染指数法或者与其相关的方法。

1. 土体污染物评价

土体环境质量评价一般以单项污染指数为主，指数小代表污染程度轻，指数大代表污染程度较重。当区域内土体环境质量作为一个整体与外区域进行比较或与历史资料进行比较时除用单项污染指数外，还常用综合污染指数。土体由于地区背景差异较大，用土体污染累积指数更能反映土体的人为污染程度。

1) 污染指数

污染指数的计算公式如下：

对某一点位，若仅存在一项污染物，采用单因子污染指数法，计算公式为

$$P_i = \frac{C_i}{S_i} \tag{7-14}$$

式中，P_i 为土体中污染物 i 的单因子污染指数；C_i 为土体中污染物 i 的含量，单位与 S_i 保持一致，农用地采用表层土体污染物含量数据，非农用地应分层分别计算各层的 P_i；S_i 为土体污染物 i 的评价标准。

对某一点位，若存在多项污染物，分别采用单因子污染指数法计算后，取单因子污染指数中最大值，即

$$P = \text{MAX}(P_i) \tag{7-15}$$

式中，P 为土体中多项污染物的污染指数；P_i 为土体中污染物 i 的单因子污染指数。

内梅罗指数（P_N）反映了各污染物对土体的作用，同时突出了高浓度污染物对土体环境质量的影响，可按内梅罗污染指数划定污染等级。

内梅罗污染指数：

$$(P_N) = \{[(P_{i均})^2 + (P_{i最大})^2]/2\}^{1/2} \tag{7-16}$$

式中，$P_{i均}$ 和 $P_{i最大}$ 分别为平均单项污染指数和最大单项污染指数。内梅罗指数土体污染评价标准见表 7-11。

表 7-11 内梅罗污染指数评价标准

等级	内梅罗污染指数	污染等级
Ⅰ	$P_N \leqslant 0.7$	清洁（安全）
Ⅱ	$0.7 \leqslant P_N \leqslant 1.0$	尚清洁（警戒线）

等级	内梅罗污染指数	污染等级
Ⅲ	$1.0 \leqslant P_N \leqslant 2.0$	轻度污染
Ⅳ	$2.0 \leqslant P_N \leqslant 3.0$	中度污染
Ⅴ	$P_N > 3.0$	重度污染

注：制表依据《土壤环境质量评价技术规范(二次征求意见稿)》。

综合污染指数(CPI)包含土体元素背景值、土体元素标准尺度因素和价态效应综合影响。其表达式为

$$CPI = X \cdot (1 + RPE) + Y \cdot DDMB/(Z \cdot DDSB) \tag{7-17}$$

式中，CPI 为综合污染指数；X、Y 分别为测量值超过标准值和背景值的数目；RPE 为相对污染当量；DDMB 为元素测定浓度偏离背景值的程度；DDSB 为土体标准偏离背景值的程度；Z 为用作标准元素的数目。

主要有下列计算过程。

(1) 计算相对污染当量(RPE)。

$$RPE = \left[\sum_{i=1}^{N}(C_i/C_{is})^{1/n}\right]/N \tag{7-18}$$

式中，N 为测定元素的数目；C_i 为测定元素 i 的浓度；C_{is} 为测定元素 i 的土体标准值；n 为测定元素 i 的氧化数。

对于变价元素，应考虑价态与毒性的关系，在不同价态共存并同时用于评价时，应在计算中注意高低毒性价态的相互转换，以体现由价态不同所构成的风险差异性。

(2) 计算元素测定浓度偏离背景值的程度(DDMB)。

$$DDMB = \left[\sum_{i=1}^{N}C_{is}/C_{iB}\right]^{1/n}/N \tag{7-19}$$

式中，C_{iB} 为元素 i 的背景值；其余符号的意义同上。

(3) 计算土体标准偏离背景值的程度(DDMB)。

$$DDMB = \left[\sum_{i=1}^{N}C_{is}/C_{iB}\right]^{1/n}/Z \tag{7-20}$$

式中，Z 为用于评价元素的个数；其余符号的意义同上。

(4) 综合污染指数计算(CPI)。

(5) 评价。用 CPI 评价土体环境质量指标体系见表 7-12。

(6) 污染表征。

$$NT_{CPI}^{X}(a,b,c,\cdots) \tag{7-21}$$

式中，X 为超过土体标准的元素数目；a、b、c 等为超标污染元素的名称；N 为测

定元素的数目；CPI 为综合污染指数。

表 7-12　综合污染指数(CPI)超标评价表

X	Y	CPI	评价
0	0	0	背景状态
0	≥1	0<CPI<1	未污染状态，数值大小表示偏离背景值的相对程度
≥1	≥1	≥1	污染状态，数值越小表示污染程度相对较轻

注：制表依据《土壤环境质量评价技术规范(二次征求意见稿)》。

2) 农用地土体污染物超标评价

根据 P_i 值的大小，可将农用地土体单项污染物超标程度分为五级（表 7-13），并按污染物项目统计不同超标程度的点位数和比例，如果点位能代表确切的面积，可同时统计面积比例。

表 7-13　统计单元内土体单项污染物超标评价结果

超标等级	P_i 值	超标程度	点位数/个	点位比例/%
Ⅰ	P_i≤1.0	未超标		
Ⅱ	1.0<P_i≤2.0	轻微超标		
Ⅲ	2.0<P_i≤3.0	轻度超标		
Ⅳ	3.0<P_i≤5.0	中度超标		
Ⅴ	P_i>5.0	重度超标		

注：制表依据《土壤环境质量评价技术规范(二次征求意见稿)》。

若存在多项污染物，根据 P 值大小，将农用地土体多项污染物超标程度分为五级，并统计不同超标程度的点位数和比例，如果点位能代表确切的面积，则统计面积比例。

表 7-14　统计单元内土体多项污染物超标评价结果

超标等级	P 值	超标程度	点位数/个	点位比例/%
Ⅰ	P≤1.0	未超标		
Ⅱ	1.0<P≤2.0	轻微超标		
Ⅲ	2.0<P≤3.0	轻度超标		
Ⅳ	3.0<P≤5.0	中度超标		
Ⅴ	P>5.0	重度超标		

注：制表依据《土壤环境质量评价技术规范(二次征求意见稿)》。

3) 非农用地土体污染物超标评价

根据 P_i 值的大小,将非农用地土体单项污染物超标情况分为超标和未超标(表 7-15),并按污染物项目统计不同超标情况的点位数和比例,如果点位能代表确切的面积,可同时统计面积比例。

表 7-15　统计单元内土体单项污染物超标评价结果

超标等级	P 值	超标程度	点位数/个	点位比例/%
评价项目 1	$P_i\leqslant 1$	未超标		
	$P_i>1$	超标		
评价项目 2	$P_i\leqslant 1$	未超标		
	$P_i>1$	超标		
...	$P_i\leqslant 1$	未超标		
	$P_i>1$	超标		

注:制表依据《土壤环境质量评价技术规范(二次征求意见稿)》。

若存在多项污染物,根据 P 值大小,将非农用地土体多项污染物超标情况分为超标和未超标(表 7-16),并按点位统计不同超标情况的点位数和比例,如果点位能代表确切的面积,则统计面积比例。

表 7-16　统计单元内土体多项污染物超标评价结果

P 值	超标情况	点位数/个	点位比例/%
$P\leqslant 1$	未超标		
$P>1$	超标		

注:制表依据《土壤环境质量评价技术规范(二次征求意见稿)》。

2. 土体污染物累积性评价

评价某地块(或场地)土体污染累积的情况,评价依据选用该土地利用起始时间确定的土体环境本底值。如果未确定土体环境本底值,可根据土体类型相同、未受污染影响的周边土体污染物本底含量,或者调查区内无污染的、同母质的下层土体的污染物含量值,确定土体环境本底值,作为评价依据。一般情况下,至少获取 5 个点的含量数据,取均值与两倍标准差之和作为评价依据。

评价某一区域土体污染累积的情况,评价依据优先采用该区域的土体环境背景值;其次可采用包括该区域在内的较大范围的区域土体环境背景值。

$$A_i = \frac{C_i}{B_i} \tag{7-22}$$

式中，A_i 为土体中污染物 i 的单因子累积污染指数；C_i 为土体中污染物 i 的含量，单位与 S_i 保持一致；B_i 为土体污染物 i 的评价标准。

多项污染物综合累积指数按单因子污染指数法计算后，取单因子污染指数中最大值，即

$$A = \mathrm{Max}(A_i) \tag{7-23}$$

式中，A 为土体中多项污染物的污染指数；A_i 为土体中污染物 i 的单因子污染指数。

根据 A_i 值，将土体点位单项污染物累积程度分为无明显累积和有明显累积。如果评价依据 B_i 采用区域土体环境背景值，则以累积指数 1.0 为评判值；如果评价依据为土体环境本底值，则以累积指数 1.5 为评判值（表 7-17）；如果按两种评价依据的评价结果不一致，以较严格的结果作为结论。

表 7-17 统计单元内土体单项污染物累积评价结果

累积等级	A_i 值		累积程度	点位比例/%
	评价依据 B_i 为本底值	评价依据 B_i 为背景值		
I	$A_i \leqslant$ 背景值	$A_i \leqslant$ 背景值	无明显累积	
II	$A_i > 1.5$	$A_i > 1.0$	有明显累积	

注：制表依据《土壤环境质量评价技术规范（二次征求意见稿）》。

按每个评价项目统计无明显累积和有明显累积的点位比例，如果点位能代表确切的面积，则统计面积比例，见表 7-18。

表 7-18 统计单元内土体多项污染物累积评价结果

累积等级	A 值		累积程度	点位比例/%
	评价依据 B_i 为本底值	评价依据 B_i 为背景值		
I	$A \leqslant$ 背景值	$A \leqslant$ 背景值	无明显累积	
II	$A > 1.5$	$A > 1.0$	有明显累积	

注：制表依据《土壤环境质量评价技术规范（二次征求意见稿）》。

对某一点位，若存在多项污染物，根据 A 值的大小，将土体点位多项污染物累积程度分无明显累积和有明显累积，并按表 7-18 统计不同累积程度的点位数和比例，如果点位能代表确切的面积，则统计面积比例。

3. 土体污染等级划分

根据点位单项污染物超标评价和累积性评价的结果，按表 7-19 将土体环境质量划分为 I 类、II 类、III 类和 IV 类 4 个类别。

表 7-19　调查点位土体环境质量分类

超标评价	累积性评价	
	无明显累积	有明显累积
未超标	I 类	II 类
超标	III 类	IV 类

注：制表依据《土壤环境质量评价技术规范(二次征求意见稿)》。

I 类：土体污染物无明显累积，也没有土体超标现象，一般认为土体环境质量状况较好，应加强土体环境质量保护。

II 类：土体污染物有明显累积，但并未超过土体标准，应查清并管控污染源，遏止土体污染物累积趋势。

III 类：土体污染物无明显累积，但有土体超标现象发生，应查清超标原因(如自然背景高等原因)，加强土体风险管控。

IV 类：土体污染物有明显累积，并且同种污染物也存在超标现象，需要启动详细调查与风险评价，确定是否需要修复。

对于 I 类、II 类和 III 类点位所代表的区域，若有证据表明存在农作物危害效应(如某种农作物产量明显下降或农产品中污染物含量超标)，则农用地土体环境质量状况调整为 IV 类。

(二)污染土体的化学重构设计

鉴于土地工程中土体污染的复杂性，其治理技术也是多样化的。按照是否将污染源进行清挖后处理分为原位修复技术和异位修复技术；按照处理介质分为土体修复技术和地下水修复技术；按照技术原理分为化学技术、生物技术、热处理技术等。具体技术的选择需参考重构修复周期及参考成本，化学重构技术的成熟程度以及国内外应用情况等内容(表 7-20)。

以美国"McClellan"空军基地棕地治理项目为例，该项目区地处美国西海岸地区，场址于 2001 年关闭，关闭前曾用于使用、储存及废弃包括工业溶剂、苛性清洁剂、电镀液、重金属、低放射性废弃物、燃料油等，导致土体严重污染。针对挥发性有机污染物，该项目以低温热脱附技术，将这类污染物从土体中分离并进行充分燃烧、分解或冷凝回收，干净土体进行回填，属于"异位热脱附技术"范畴；针对其中放射性污染土体的治理，则采取"土体阻隔填埋技术"，即将污染物包裹并深度填埋，并在上层铺设石子和洁净土层，构建能够将污染物与有效土层进行有效隔绝的层级结构，用于植被和环境修复。

表 7-20　污染土体生化重构的常用工程方法介绍

序号	名称	技术适用性	技术原理	周期及参考成本	成熟程度
1	异位固化/稳定化技术	适用于污染土体。可处理金属类、石棉、放射性物质、腐蚀性无机物、氰化物以及砷化合物等无机物；农药/除草剂、石油或多环芳烃类、多氯联苯类以及二噁英等有机化合物。不适用于挥发性有机化合物和以污染物总量为验收目标的项目。当需要添加较多的固化/稳定剂时，对土体的增容效应较大，会显著增加后续土体处置费用	向污染土体中添加固化剂/稳定化剂，经充分混合，使其与污染介质、污染物发生物理、化学作用，将污染土体固封为结构完整的具有低渗透系数的固化体，或将污染物转化成化学性质不活泼形态，降低污染物在环境中的迁移和扩散	日处理能力通常为 100~1200m³。据美国国家环境保护总局数据显示，对于小型场地 (1000 立方码(cy)，约合 765 m³) 处理成本为 160~245 美元/m³，对于大型场地(50000cy，约合 38228 m³) 处理成本为 90~190 美元/m³；中国处理成本一般为 500~1500 元/m³	世界范围应用广泛。据美国国家环境保护总局统计，1982~2008 年已有 200 余项超级基金项目应用该技术。中国有较多工程应用
2	异位化学氧化/还原技术	适用于污染土体。其中化学氧化可处理石油烃、BTEX（苯、甲苯、乙苯、二甲苯）、酚类、MTBE（甲基叔丁基醚）、含氯有机溶剂、多环芳烃、农药等大部分有机物；化学还原可处理重金属类（如六价铬）和氯代有机物等。异位化学氧化不适用于重金属污染土体的修复，对于吸附性强、水溶性差的有机污染物应考虑必要的增溶、脱附方式；异位化学还原不适于石油烃污染物的处理	向污染土体添加氧化剂或还原剂，通过氧化或还原作用，使土体中的污染物转化为无毒或相对毒性较小的物质。常见的氧化剂包括高锰酸盐、过氧化氢、芬顿试剂、过硫酸盐和臭氧。常见的还原剂包括连二亚硫酸钠、亚硫酸氢钠、硫酸亚铁、多硫化钙、二价铁、零价铁等	处理周期较短，一般为数周到数月。世界范围处理成本为 200~660 美元/m³；中国处理成本一般为 500~1500 元/m³	世界范围已经形成了较完善的技术体系，应用广泛。中国发展较快，已有工程应用
3	异位热脱附技术	适用于污染土体。可处理挥发及半挥发性有机污染物（如石油烃、农药、多氯联苯）和汞。不适用于无机物污染土体(汞除外)，也不适用于腐蚀性有机物、活性氧化剂和还原剂含量较高的土体	通过直接或间接加热，将污染土体加热至目标污染物的沸点以上，通过控制系统温度和物料停留时间有选择地促使污染物气化挥发，使目标污染物与土体颗粒分离、去除	处理周期为几周到几年。世界范围对于中小型场地(2 万 t 以下，约合 26800m³) 处理成本为 100~300 美元/m³，对于大型场地(大于 2 万 t，约合 26800m³) 处理成本约为 50 美元/m³。中国处理成本为 600~2000 元/t	世界范围已广泛应用于工程实践。1982~2004 年约有 70 个美国超级基金项目采用该技术。中国已有少量工程应用

续表

序号	名称	技术适用性	技术原理	周期及参考成本	成熟程度
4	异位土体洗脱技术	适用于污染土体。可处理重金属及半挥发性有机污染物、难挥发性有机污染物。不宜用于土体细粒(黏/粉粒)含量高于25%的土体	采用增效洗脱等手段，通过添加水或合适的增效剂，分离重污染土体组分或使污染物从土体相转移到液相，并有效地减少污染土体的处理量，实现减量化。洗脱系统废水应处理去除污染物后回用或达标排放	处理周期为3~12个月。美国处理成本为53~420美元/m³；欧洲处理成本为15~456欧元/m³，平均为116欧元/m³。中国处理成本为600~3000元/m³	美国、加拿大、欧洲及日本等已有较多的应用案例。中国已有工程案例
5	水泥窑协同处置技术	适用于污染土体，可处理有机污染物及重金属。不宜用于汞、砷、铅等重金属污染较重的土体，由于水泥生产对进料中氯、硫等元素的含量有限值要求，在使用该技术时需慎重确定污染土体的添加量	利用水泥回转窑内的高温、气体长时间停留、热容量大、热稳定性好、碱性环境、无废渣排放等特点，在生产水泥熟料的同时，焚烧固化处理污染土体	处理周期与水泥生产线的生产能力及污染土体添加量相关，添加量一般低于水泥熟料量的4%。中国的应用成本为800~1000元/m³	世界范围发展较成熟，广泛应用于危险废物处理，但应用于污染土体处理相对较少。中国已有工程应用
6	原位化学氧化/还原技术	适用于污染土体和地下水。其中，化学氧化可处理石油烃、BTEX(苯、甲苯、乙苯、二甲苯)、酚类、MTBE(甲基叔丁基醚)、含氯有机溶剂、多环芳烃、农药等大部分有机物；化学还原可处理重金属类(如六价铬)和氯代有机物等。受腐殖酸含量、还原性金属含量、土体渗透性、pH变化影响较大	通过向土体或地下水的污染区域注入氧化剂或还原剂，通过氧化或还原作用，使土体或地下水中的污染物转化为无毒或相对毒性较小的物质。常见的氧化剂包括高锰酸盐、过氧化氢、芬顿试剂、过硫酸盐和臭氧。常见的还原剂包括硫化氢、连二亚硫酸钠、亚硫酸氢钠、硫酸亚铁、多硫化钙、二价铁、零价铁等	清理污染源区的速度相对较快，通常需要3~24个月的时间，使用该技术修复地下水污染羽流区通常需要更长的时间。美国使用该技术修复地下水处理成本为123美元/m³	世界范围已经形成了较完善的技术体系，应用广泛。据美国国家环境保护总局统计，2005~2008年应用该技术的案例占修复工程案例总数的4%。中国发展较快，已有工程应用
7	土体阻隔填埋技术	适用于重金属、有机物、重金属有机物复合污染以及放射性污染土体的阻隔填埋。不宜用于污染物水溶性强或渗透率高的污染土体，不适于地质活动频繁和地下水水位较高的地区。如在海边地区应用，必须保证阻隔填埋物的安全性，同时可将海边的卵石等作为天然的隔离层材料来源	将污染土体或经过治理后的土体置于防渗阻隔填埋场内，或通过敷设阻隔层阻断土体中污染物迁移扩散的途径，使污染土体与四周环境隔离，避免污染物与人体接触和随土体水迁移对人体和周围环境造成危害	处理周期较短。中国处理成本为300~800元/m³	世界范围应用广泛，技术成熟。中国已有较多工程应用

续表

序号	名称	技术适用性	技术原理	周期及参考成本	成熟程度
8	生物堆技术	适用于污染土体，可处理石油烃等易生物降解的有机物。不适用于重金属、难降解有机污染物污染土体的修复，黏土类污染土体修复效果较差	对污染土体堆体采取人工强化措施，促进土体中具备降解特定污染物能力的土著微生物或外源微生物的生长，降解土体中的污染物	处理周期一般为 1~6 个月。在美国应用的成本为 130~260 美元/m³，中国的工程应用成本为 300~400 元/m³	世界范围已广泛应用于石油烃等易生物降解污染土体修复，技术成熟。中国已有用于处理石油烃污染土体及油泥工程应用案例

注：制表依据《污染场地风险评估技术导则》(HJ 25.3—2014)、《污染场地土壤修复技术导则》(HJ 25.4—2014)。

第五节 土体微生物重构设计

土体中存在有多种类群的微生物，不仅可以消除土体中污染物质对环境的污染、恢复土体健康；还可以防治土体传染性病原微生物，重建生态系统。本节主要介绍不同土地利用类型的土体微生物重构目标、重构方法，为土体微生物重构设计提供参考。

一、土体微生物重构的目标

利用微生物对土体化学进行重构对改良土体、提升地力、增强土体结构承载力、改善生态环境、提高农作物产量和品质具有极其重要的作用。

农用地：利用微生物的生命活动及其代谢产物的作用，提高土体肥力，减少土体污染物，从而改善作物养分供应，向农作物提供营养元素，达到提高产量和品质、减少化肥使用的目的。

非农用地：利用微生物可以在多孔介质中生长、运移和繁殖等特性进行土体改性，改善土体强度、刚度和渗透性等宏观力学性质，通过技术创新实现土体改性过程中的环境友好及经济节约。

二、农用地土体的微生物重构方法

农用地土体的微生物重构，目前以改善土体环境，创造适宜于微生物增殖的环境或者施用微生物菌肥为主。通过施用微生物菌肥对农用地进行培肥、提升地力，对改善农田理化性质和生态环境以及提高农作物产量等有重要影响。

(一)施用微生物菌肥

施用微生物肥是农用地土体有机重构的重要方法,与化肥、有机肥不同,不是通过给植物直接提供养分来体现进行土体改良的,而是通过活性的微生物生命代谢活动来获得特定土体效果。不同种类的微生物,对植物所发挥的作用也不同。微生物肥料按种类可分为:①细菌肥料,如根瘤菌、固氮菌、磷细菌、钾细菌、光合细菌等;②放线菌肥料,如一些抗生素类;③真菌类肥料,如菌根真菌类。

(二)施用方法和用量

微生物肥料施用方法如下。

(1)拌种或浸种:把菌肥加水调成浆,拌入种子,稍晾干后即播种。也可用原菌液直接浸种 12 h,阴干后播种。

(2)蘸根:把菌肥与少量草木灰混匀,加水调成泥浆,作物移栽时用于蘸根。

(3)基肥:每公顷用菌肥 22.5～75 kg,混入有机肥料中施用。

(4)追肥:开花前施于作物根部,保持土体湿润。

三、非农用地土体的微生物重构方法

非农用地微生物重构方法主要是通过微生物活动、代谢等生物过程,改善非农用地的孔隙结构、渗透性及结构强度,对加强非农用地的土体改性有重要影响。

(一)微生物封堵(防渗)技术

微生物封堵(防渗)技术是运用微生物方式生成孔隙填充材料改善土体的孔隙结构及渗透性,具有封堵、防渗等功能,该技术主要通过向土层中注射营养物,刺激自然土层中原始土著微生物的生长与代谢,产生的代谢产物占据孔隙空间,封堵土体裂隙和防水薄弱区域。目前主要应用于减少排水沟渠的冲刷、形成灰浆帷幕阻止重金属及有机污染物的扩散、防止土质坝体管涌、降低砂土液化程度、修补地下建筑设施渗漏等。荷兰及奥地利多瑙河地区利用该技术对复杂工程水文地质条件的堤坝进行防渗封堵,目前已经取得明显的效果(钱春香等,2015)。

生物填充的另一个潜在应用领域是混凝土等建筑材料中的裂纹修复,混凝土中引入这种裂纹自体修复机制后必然会有更好的耐久性。然而,以胞外多糖为基础的生物填充(防渗)需要较长的处理周期才可实现较好的填充防渗效果。此外,微生物与土体孔隙结构尺寸之间的几何相容性、渗透性降低势必造成营养素流通受限,残留毒害产物如何从土体中移除等问题都极大地制约了生物填充技术的现场应用。

(二)微生物加固技术

微生物加固技术是利用微生物生命活动及其产物形成颗粒胶结材料,从而提高土体的强度和刚度,可以用来防止土体崩塌,对新开垦场地进行土体改性。

世界上应用最多的为 MICP 灌浆技术,即通过向原位砂土中灌注菌液以及胶结溶液(尿素和 $CaCl_2$ 的混合液),使微生物诱导形成的碳酸钙沉积在砂土颗粒间,从而将松散砂颗粒胶结起来,使砂土地基得到加固(钱春香等,2015)。目前该技术的关键问题是微生物诱导无机物能否均匀沉淀,Van Paasse 等(2009)基于这一问题提出了四条生物胶结进行土体加固的适用性能评价标准,分别为所加混合物的溶解性、碳酸钙的生成速率、所需底物的数量及副产品的种类与数量,并认为碳酸钙生成速率必须合理控制以防止过快沉积而阻碍传输及过慢沉积导致在指定时间内达不到既定胶结程度;底物的添加数量符合反应的化学计量数为宜;一些影响反应效率及胶结进程的毒副产品必须移除。表 7-21 为一些国内外研究微生物灌浆加固砂土的实验结果(张优龙和杨坪,2014):

表 7-21 微生物灌浆加固砂土的室内试验研究(不同尺度)

试验类型	试验简述	主要结论	来源
14.4 cm 砂柱	砂样直径为 72 mm,高为 144 mm;渥太华砂 D_{50}=0.12 mm, D_r=35%;使用蠕动泵从试样底部依次注入菌液和胶结溶液,灌注加固 28 h	原来松散的砂颗粒胶结在一起,砂柱剪切波速达到 540 m/s,约为饱和松砂的 2.8 倍,其不排水剪切强度约提高 4 倍(围压为 100 kPa)	(DeJong et al., 2006)
0.5 m 砂柱	砂样试模 ϕ 5mm×50 mm;渥太华砂 D_{50}=0.21 mm, D_r=80%;从砂柱顶部和底部依次注入菌液和胶结溶液,灌浆加固 50 h	砂柱内方解石生成量为 50~98 kg/m³,其剪切波速为 600~1100 m/s(初始剪切波速为 100 m/s)	(DeJong et al., 2006)
5.0 m 砂柱	PVC 管试模长为 5 m,内径为 66 mm;Itterbeck 细砂(125~250μm);采用蠕动泵依次注入菌液、$CaCl_2$ 溶液(固定溶液)和胶结溶液,灌浆加固 124 h	5 m 砂柱内方解石生成量平均为 59 kg/m³,固结排水强度为 200~570 kPa(围压为 50 kPa),砂样的渗透性降低 22%~75%	(Whiffin et al., 2007)
1 m³ 砂基(单点灌浆)	模型箱尺寸为 0.9 m×1.1 m×1 m,周边布置排水过滤通道;采用细砂;注射口埋设于砂体中心,在 40 d 灌浆加固过程中,分步循环注入 100 L 菌液和 4000 L 胶结溶液	形成近似球形的胶结砂体,其方解石生成量平均为 100 kg/m³,浅部静力触探锥尖阻力高达 5 MPa,砂样单轴抗压强度最高约为 9 MPa	(Van Paaassen et al., 2009)
1 m³ 砂基(引流灌浆)	塑料箱尺寸为 1.12 m×0.96 m×0.95 m;河砂平均粒径为 0.25 mm, D_r=60%;箱体两端分别设置灌浆口和抽浆口,分阶段循环灌注菌液、$CaCl_2$ 溶液和胶结溶液	1 m³ 砂体被胶结起来,胶结效率高达 93%,固化砂基中方解石含量为 2%~9%(平均含量为 4.55%),无侧限抗压强度为 10~1400 kPa	(Li et al., 2014)

续表

试验类型	试验简述	主要结论	来源
100 m³砂基	混凝土模型箱尺寸为 8m×5.6m×2.5m；Itterbeck 细砂 ρ_d=1.56 g/m³；箱体两端分别布置灌注井和抽取井，并埋设剪切波速测试仪；从灌注井依次注入菌液和胶结溶液，循环灌注 12d	沿流线方向形成透镜体状的胶结体，约 40 m³，其方解石含量为 0.8%~24%（平均为 110 kg/m³），剪切波速平均为 300 m/s，无侧限抗压强度为 0.7~12.4 MPa	(Van Paassen et al., 2009)

第六节 土体生化重构的污染风险防控

土体生化重构对土体的化学及生物学性质有明显的改良作用，可有效促进植物生长，提高产量及品质，增强基础承载力，改善人居环境。同时，由于土体生化重构中的石灰、微生物细菌等材料，本身具有较强的化学性质和微生物活性，如果使用不当，将导致土体污染，造成有害物质在土体–植物系统中积累，一些有毒有害物质可能还会污染地表与地下水，威胁人类生存。

本节主要通过分析土体生化重构技术的筛选标准，生化重构对周边环境的影响及风险，并对土体生化重构对人体的影响进行评价，在此基础上提出预防生化重构技术对环境的次生污染的预防原则。

一、土体生化重构技术的筛选

土体生化重构技术对土体的化学、物理及生物学性质的改善具有明显影响，对土体生化技术的筛选应综合考虑以下原则和标准。

（一）土体生化重构技术筛选的基本原则

(1) 对土体进行生化重构必须根据土体污染物的特性（表 7-22）、水文地质等条件，筛选能够将污染物清除或降低其迁移性的可满足场地利用类型要求的技术方法，体现适用性和稳定性。

(2) 对于常见污染物及复合污染物，结合土体条件等选择具有操作性的技术手段，也可以在经过小试或中试试验确定参数后选择较为新型的方法，体现创新性。

(3) 结合资金预算情况和修复时间要求等进行修复技术筛选，在保证处理效果的基础上，优先选择无二次污染或次生污染少、不危害人体健康、对人体健康和生态环境友好的修复技术。修复的效果以满足该土体利用类型为主，避免过度修复（表 7-23）。

(二)土体生化重构技术的筛选指标与评价标准

污染土体的风险评估应该考虑人体健康、土体环境、水环境和生态环境等。

表7-22 不同利用类型土体的污染基本特征

利用类型	污染源	污染物类型	污染特点	保护目标	修复技术	涉及管理部门
农用地	污水灌溉、企业排放废气经大气沉降	重金属、有机污染物	面源污染:污染面积一般较大,污染物的浓度一般不高,污染深度通常较浅	农产品安全与生态系统	物理化学和生物修复为主	环保部、农业相关部门
非农用地	原场址上的企业运行造成	重金属、有机污染物	点源污染:污染面积较集中,污染物浓度可能很高,污染深度通常较大	土体和人体健康	物理化学修复为主	环保部
非农用地	石油勘探、开采、输送和存储等环节	有机污染物为主	面源污染:污染面积一般较大,污染物的浓度分布不均匀,污染物的深度通常不大	土体、水源和生态环境	以生物修复为主	环保部、石油相关部门
非农用地	矿山开采的遗撒和"三废"外排	重金属为主	面源污染:污染的面积一般较大,且区域背景值一般较高	土体、水源和生态环境	切断暴露途径为主	环保部、国土部门

注:制表依据《污染场地风险评估技术导则》(HJ 25.3—2014),《污染场地土壤修复技术导则》(HJ 25.4—2014)。

表7-23 生化重构技术筛选指标与评价标准

指标		标准		
		优	中	差
成熟性		已成功应用且资料齐全	已有应用但需要改进	处于试验研究阶段
可操作性		掌握相关原理及技术	技术参数需要调整	技术参数需要较大改进
适用土体渗透性		渗透性差	渗透性一般	渗透性良好
污染物去除率/无害化率		>90%	70%~90%	<70%
时间	土体原位	<1年	1~3年	>3年
	土体异位	<6个月	6个月~1年	>1年
	地下水	<3年	3~10年	>10年
费用/(元/t)		<500	500~1000	>1000
二次污染		小	中等	大
公众认可度		>60%	30%~60%	<30%
各类污染物		非常适合	不完全适用	不适用

注:制表依据《污染场地风险评估技术导则》(HJ 25.3—2014);《污染场地土壤修复技术导则》(HJ 25.4—2014)。

二、土体生化重构对周边生态环境的污染风险评价

土体生化重构对周边生态环境的污染风险评价,主要是针对人类的各种开发行为所引发的或面临的环境风险进行评估,并据此进行管理和决策的过程。

(一)风险与风险评价的概念

风险(risk)是指不幸事件发生的可能性与其发生后可能造成的损害的乘积。不幸事件发生的可能性称为风险概率(P)或风险度;不幸事件发生后可能造成的损害称为风险后果(D);一个具体事件或事故(x)的风险(R)可表示为风险概率与风险后果的乘积。

$$R(x) = P(x) \cdot D(x) \tag{7-24}$$

如果一个事件由 n 个独立的事件组合而成,则

$$R(x) = \sum_{i=1}^{n} P(x_i) \cdot D(x_i) \tag{7-25}$$

如果该事件连续作用,其发生概率与后果随 z 变化而变化,则

$$R(x) = \int_{0}^{\infty} P(x) \cdot D(x) \mathrm{d}x \tag{7-26}$$

式中,$P(x)$ 表示单位时间内事件发生的次数;$D(x)$ 表示每次事件发生的后果。

环境风险是指由自然原因和人类活动引起的,可通过环境介质传播的,能对人类社会及自然环境产生破坏、损害乃至毁灭性作用的不幸事件发生的概率及其后果。按风险源,环境风险可分为化学风险、物理风险、生物风险以及自然灾害风险等。按承受风险的对象,环境风险可分为设施风险、人群风险以及生态风险等。

环境风险评价是对人类的各种开发行为所引发的或面临的环境风险进行评估,并据此进行管理和决策的过程。微生物风险评价起始于 20 世纪 80 年代,归入人群风险评价,是污染风险评价的重要组成部分。

(二)风险评价基本内容

风险评价包括危害识别、暴露评价和风险表征三个基本内容。

1. 危害识别

收集场地环境调查阶段获得的相关资料和数据,掌握场地土体和地下水中关注污染物的浓度分布,明确规划土地利用方式,分析可能的敏感受体,如儿童、成人、地下水体等。

风险评价的第一步就是要把整个环境系统分解为若干个子系统,以确定危害

的来源。危害识别的主要步骤是：①确定危害性质(有毒有害物质引起中毒、病原菌感染)；②确定危害的来源(储存罐、病房等)；③确定危害的成因(自然老损、人为破坏等)。

2. 暴露评价

在危害识别的基础上，分析场地内关注污染物迁移和危害敏感受体的可能性，确定场地土体和地下水污染物的主要暴露途径和暴露评估模型，确定评估模型参数取值，计算敏感人群对土体和地下水中污染物的暴露量。

暴露评价包括两个方面：其一是分析污染物从污染源进入环境的迁移转化过程，以及它们在不同环境介质中的分布和归趋；其二是查明受体的暴露途径、暴露方式和暴露量。暴露评价的主要步骤是：①污染物的环境过程分析(进入哪些环境介质、环境介质之间分配、迁移途径、转化方式等)；②建立模式(物理模式或数学模式)；③参数估算；④模型校验；⑤转归分析(利用源强资料和数学模型，分析污染物在环境中的转归过程和时空分布)；⑥暴露途径分析(分析污染物与受体接触并进入受体的途径，食物、饮用水等)；⑦暴露方式分析(呼吸摄入、皮肤接触、从口而入等)；⑧暴露量计算(进入受体的污染物数量、被受体吸收并发生作用的污染物数量等)。

3. 风险表征

风险表征是将上述分析结果综合起来作出风险评价的过程。应根据每个采样点样品中关注污染物的检测数据，通过计算污染物的致癌风险和危害商进行风险表征。如某一地块内关注污染物的检测数据呈正态分布，可根据检测数据的平均值、平均值置信区间上限值或最大值计算致癌风险和危害商。

在暴露评估和毒性评估的基础上，采用风险评估模型计算土体、地下水、环境中单一污染物经单一途径的致癌风险和危害商，计算单一污染物的总致癌风险和危害指数，进行不确定性分析。

主要步骤为：①确定表征方法(定性、定量)；②综合分析(风险大小)；③不确定性分析(不确定的环节、不确定的性质、不确定性在评价过程中的传播)；④风险评价结果陈述。

三、土体生化重构对周边生态环境的污染风险评价模型

伴随中国城市布局的调整与产业结构的升级，大批化工企业关停和搬迁，遗留的工业场地存在不同程度的污染。鉴于化工产品与其生产工艺的多元化以及污染特征与过程的复杂化，对于此类污染土体的管理难度较大，中国关于污染土体风险评估和次生污染防治的报道仍不多见。近年来，污染风险评价技术在污染土体管理中的作用逐渐被人们认识。目前主要的污染风险评价模型介绍如下。

(一) 暴露评估模型

1. 经口腔摄入途径

对于单一污染物的致癌效应,考虑人群在儿童期和成人期暴露的终生危害,经口摄入土体途径的土体暴露量采用式(7-27)计算:

$$\text{OISER}_{ca} = \frac{\left(\dfrac{\text{OSIR}_c \times \text{ED}_c \times \text{EF}_c}{\text{BW}_c} + \dfrac{\text{OSIR}_a \times \text{ED}_a \times \text{EF}_a}{\text{BW}_a}\right) \times \text{ABS}_o}{\text{AT}_{ca}} \times 10^{-6} \quad (7\text{-}27)$$

式中,OISER_{ca} 为经口摄入土体暴露量(致癌效应),kg 土体/(kg 体重·d^{-1});OSIR_c 为儿童每日摄入土体量,mg/d;OSIR_a 为成人每日摄入土体量,mg/d;ED_c 为儿童暴露期,a;ED_a 为成人暴露期,a;EF_c 为儿童暴露频率,d/a;EF_a 为成人暴露频率,d/a;BW_c 为儿童体重,kg;BW_a 为成人体重,kg;ABS_o 为经口摄入吸收效率因子,无量纲;AT_{ca} 为致癌效应平均时间,d;

2. 皮肤接触途径

对于单一污染物的致癌效应,考虑人群在儿童期和成人期暴露的终生危害,皮肤接触土体途径对应的土体暴露量采用式(7-28)计算:

$$\text{DCSER}_{ca} = \frac{\text{SAE}_c \times \text{SSAR}_c \times \text{EF}_c \times \text{ED}_c \times E_v \times \text{ABS}_d}{\text{BW}_c \times \text{AT}_{ca}} \times 10^{-6} \\ + \frac{\text{SAE}_a \times \text{SSAR}_a \times \text{EF}_a \times \text{ED}_a \times E_v \times \text{ABS}_d}{\text{BW}_a \times \text{AT}_{ca}} \times 10^{-6} \quad (7\text{-}28)$$

式中,DCSER_{ca} 为皮肤接触途径的土体暴露量(致癌效应),kg 土体/(kg 体重·d^{-1});SAE_c 为儿童暴露皮肤表面积,cm^2;SAE_a 为成人暴露皮肤表面积,cm^2;SSAR_c 为儿童皮肤表面土体粘附系数,mg/cm^2;SSAR_a 为成人皮肤表面土体粘附系数,mg/cm^2;ABS_d 为皮肤接触吸收效率因子,无量纲;E_v 为每日皮肤接触事件频率,次/d。

3. 吸入土体颗粒物途径

对于单一污染物的非致癌效应,考虑人群在儿童期暴露受到的危害,吸入土体颗粒物途径对应的土体暴露量采用式(7-29)计算:

$$\text{PISER}_{ca} = \frac{\text{PM}_{10} \times \text{DAIR}_c \times \text{ED}_c \times \text{PIAF} \times (f_{spo} \times \text{EFO}_c \times f_{spi} \times \text{EFI}_c)}{\text{BW}_a \times \text{AT}_{ca}} \times 10^{-6} \\ + \frac{\text{PM}_{10} \times \text{DAIR}_a \times \text{ED}_a \times \text{PIAF} \times (f_{spo} \times \text{EFO}_a \times f_{spi} \times \text{EFI}_a)}{\text{BW}_a \times \text{AT}_{ca}} \times 10^{-6} \quad (7\text{-}29)$$

式中,PISER_{ca} 为吸入土体颗粒物的土体暴露量(致癌效应),kg 土体/(kg 体重·d^{-1});PM_{10} 为空气中可吸入悬浮颗粒物含量,mg/m^3;DAIR_a 为成人每日空气呼吸量,

m³/d；DAIR$_c$ 为儿童每日空气呼吸量，m³/d；PIAF 为吸入土体颗粒物在体内滞留比例，无量纲；f_{spi} 为室内空气中来自土体的颗粒物所占比例，无量纲；f_{spo} 为室外空气中来自土体的颗粒所占比例，无量纲；EFI$_a$ 为成人的室内暴露频率，d/a；EFI$_c$ 为儿童的室内暴露频率，d/a；EFO$_a$ 为成人的室外暴露频率，d/a；EFO$_c$ 为儿童的室外暴露频率，d/a。

4. 吸入空气中气态污染物途径

对于单一污染物的致癌效应，考虑人群在儿童期和成人期暴露的终生危害，吸入室外空气中来自表层土体的气态污染物途径对应的土体暴露量采用式(7-30)计算：

$$\text{IOVER}_{cal} = \text{VF}_{suroa} \times \left(\frac{\text{DAIR}_c \times \text{EFO}_c \times \text{ED}_c}{\text{BW}_c \times \text{AT}_{ca}} + \frac{\text{DAIR}_a \times \text{EFO}_a \times \text{ED}_a}{\text{BW}_a \times \text{AT}_{ca}} \right) \quad (7\text{-}30)$$

式中，IOVER$_{cal}$ 为吸入室外空气中来自表层土体的气态污染物对应的土体暴露量（致癌效应），kg 土体/(kg 体重·d^{-1})；VF$_{suroa}$ 为表层土体中污染物扩散进入室外空气的发挥因子，kg/m³。

5. 饮用地下水途径

对于单一污染物的致癌效应，考虑人群在儿童期和成人期暴露的终生危害，饮用地下水途径对应的地下水暴露量采用式(7-31)计算：

$$\text{CGWER}_{ca} = \frac{\text{CWCR}_c \times \text{EF}_c \times \text{ED}_c}{\text{BW}_c \times \text{AT}_{ca}} + \frac{\text{CWCR}_a \times \text{EF}_a \times \text{ED}_a}{\text{BW}_a \times \text{AT}_{ca}} \quad (7\text{-}31)$$

式中，CGWER$_{ca}$ 为饮用受影响地下水对应的地下水的暴露量（致癌效应），L 地下水/(kg 体重·d^{-1})；CWCR$_c$ 为儿童每日饮水量，L 地下水/d；CWCR$_a$ 为成人每日饮水量，L 地下水/d。

(二) 风险表征模型

1. 经口腔摄入途径

经口腔摄入土体途径的致癌风险采用式(7-32)计算：

$$\text{CR}_{ois} = \text{OISER}_{ca} \times C_{sur} \times \text{SF}_o \quad (7\text{-}32)$$

式中，CR$_{ois}$ 为经口摄入土体途径的致癌风险，无量纲；C_{sur} 为表层土体中污染物浓度，mg/kg，必须根据场地调查获得参数值；SF$_o$ 为经口摄入致癌斜率因子。

2. 皮肤接触途径

皮肤接触土体途径的致癌风险采用式(7-33)计算：

$$\text{CR}_{dcs} = \text{DCSER}_{ca} \times C_{sur} \times \text{SF}_d \quad (7\text{-}33)$$

式中，CR$_{dcs}$ 为皮肤接触土体途径的致癌风险，无量纲；SF$_d$ 为皮肤接触致癌斜率因子。

3. 吸入土体颗粒物途径

吸入土体颗粒物途径的致癌风险采用式(7-34)计算：

$$CR_{pis} = PISER_{ca} \times C_{sur} \times SF_i \tag{7-34}$$

式中，CR_{pis} 为吸入土体颗粒物途径的致癌风险，无量纲；SF_i 为呼吸吸入致癌斜率因子。

4. 吸入空气中气态污染物途径

吸入空气中气态污染物途径的致癌风险采用式(7-35)计算：

$$CR_{iovl} = IOVER_{cal} \times C_{sur} \times SF_i \tag{7-35}$$

式中，CR_{iovl} 为吸入室外空气中来自表层土体的气态污染物途径的致癌风险，无量纲；SF_i 为呼吸吸入致癌斜率因子。

5. 饮用地下水途径

饮用地下水途径的致癌风险采用式(7-36)计算：

$$CR_{cgw} = CGWER_{ca} \times C_{gw} \times SF_o \tag{7-36}$$

式中，CR_{cgw} 为饮用地下水途径的致癌风险，无量纲；SF_o 为经口摄入致癌斜率因子。

四、土体生化重构过程中次生污染预防原则

土体生化重构的目的是保护人体健康和生态环境，在重构过程中不管是污染物本身的挥发、污染土体粉尘、污染水体的接触都可能通过呼吸、皮肤或饮用等进入人体造成损害。因此要做好预案，对可能发生的污染做好防控措施。

1. 人员防护和车辆管控

土体生化重构过程中，需要对土体生化重构的施工人员进行安全防护，同时出入的人员和车辆会沾染污染土体，污染物或微生物会随人员走动和车辆运输往外扩撒，因此应对人员和车辆进行严格管控。

2. 污染土体和地下水的异位处置过程符合要求

针对需要异位处理的污染土体，修复过程中需要进行土体的挖掘、转移、运输和处置，均宜遵循国家或地方相关固体废物的法律法规。如其中有挥发性污染物质的，则需根据相关法规进行挖掘过程中的覆盖及运输中的密闭处理等，避免挥发性物质造成二次污染。含污染物的土体在运输过程中，应该清理运输车道及车身、车轮上的污染土体，防止场内污染物散落到场外。对于含有挥发/半挥发性有机污染物的土体在运输过程中，应当保证车辆的密封，防止污染物溢出。

3. 处置过程中"三废"的处理

人们在场地上的挖掘活动会大规模地改变土体污染物的分布，造成污染物向

更大范围扩散，并且可能对实施挖掘活动的人产生健康、安全方面的不利影响，因此应尽量采取覆盖等措施控制扬尘及挥发性污染物的自由排放，保护环境和人体健康不受危害。在对土体及地下水进行处理时，如采用淋洗等方式，可能会对自然环境有影响，应避免场地中的水土流失；水处理过程中产生的废弃沉渣和废水应进行集中处理，防止随意堆放产生二次污染。现场挖掘机等设备的工作以及运输车辆进出频繁，必要时应进行交通管制，避免对地方交通产生影响；同时，应尽量避开周围群众的休息时间，特别是在住宅区密集的区域，降低噪声控制在一定标准下。

4. 更换材料的处置

为保证修复效果，用来吸附污染物的活性炭和渗透性反应墙中的填充材料需要定期更换，这些材料中累积了大量污染物，如随意弃置则非常容易造成二次污染，因此应按照国家有关规定，对这类材料进行集中处置和更换。

5. 富集介质的处置

一些微生物、植物、物理和化学修复技术，是利用富集效果清除介质中污染物的。例如，一些微生物或超累积植物对于重金属的富集，曝气或电动力学修复技术在土体中富集污染物等，处理后的介质富含浓度较高的化学物质，在条件允许的情况下可对其进行回收利用，否则应按照国家相关规定进行集中处理或统一管理。

6. 定期监测

当采用热解吸、焚烧或土体气相抽提等处理技术时，由于其温度条件或处理方法等会产生尾气或危害更大的污染物，对环境会造成更严重的影响。例如，含氯苯的污染土体在高温条件下易产生二噁英，具有高毒性，足以威胁环境和人体健康。对于此类易产生毒性气体的修复技术，需要对尾气进行监测，并对其进行有效处理使其达标排放，以防对人体健康和生态环境产生危害。

第八章 土体有机重构的生物营养保障

土体有机重构中物理、化学及生物重构相辅相成，共同的目标是构造土体中良好的生物生存环境，保障植物、动物及微生物营养需求，从而调节土体中生物群落结构，实现生态系统的良性循环。农用地土地整治中，满足植物、动物及微生物的营养需求是达到耕地地力可持续提升、实现粮食高产稳产、保障粮食安全的主要措施之一。非农用地整治中，保障植物、动物及微生物的营养需求是完善生态系统调节功能、改善人居环境的重要手段。本章就土体有机重构中生物营养保障的基本理论、重构方法展开论述，为土地工程中生物多样性的构建和维持提供基础。

第一节 土体有机重构的植物营养保障

农用地土体有机重构过程中的植物营养保障应满足农作物的正常生长，以获取高产优质的农产品、实现耕地地力的可持续提升为目标。非农用地在土体有机重构过程中的植物营养保障主要是满足花、草、苗、木等园林绿化植物的营养需求，实现良好的景观效应和人居环境需求。

一、植物营养的基本理论

（一）植物生长的养分需求

植物的组成十分复杂，一般新鲜植物含 75%～95%水分、5%～25%的干物质。干物质的元素组成有 C（碳）、H（氢）、O（氧）、N（氮）、S（硫）、P（磷）、K（钾）、Ca（钙）、Mg（镁）、Se（硒）、Fe（铁）、Cu（铜）、Mn（锰）、B（硼）、Zn（锌）、Mo（钼）、Cl（氯）、Br（溴）、I（碘）、Al（铝）、Si（硅）、Na（钠）等，几乎包括所在土体和水体中的所有元素。经生物试验证实，植物体内所含的化学元素并非都是植物生长发育所必需的营养元素。人们早就认识到，植物体内某种营养元素的有无和含量高低并不能作为该营养元素是否必需的标准。因为，植物不仅能吸收它所必需的营养元素，同时也会吸收一些它并不必需，甚至可能有毒的元素。

1. 必需元素

1）氮

植物需要多种营养元素，而氮素尤为重要。在所有必需营养元素中，氮是限制植物生长和最终产量的首要因素。它对改善产品品质也有明显作用。一般植物含氮量占植物体干重的 0.3%~5%，而含量的多少与植物种类、器官、发育阶段有关。

作物种类不同，含氮量也不相同，如玉米含氮常高于小麦，而小麦又高于水稻。即使是相同种类的作物也常因品种不同，而存在含氮量的明显差异。作物体内氮素的含量与分布，明显受土体内氮素水平的影响，随着土体氮素水平的增加，作物各器官中氮的含量明显提高。氮能延缓植物体内叶绿素中蛋白质的降解速率，提高光合强度，促进水稻等植物体内细胞分裂素的合成，氮素的充分供应同时还影响禾谷类作物的分蘖，并通过延长光合作用的时间，决定籽粒质量。总之，氮对植物生命活动以及作物产量和品质均有极其重要的作用。合理调节土体内氮素水平是获得作物高产的有效措施。

2) 磷

磷是植物生长发育不可缺少的营养元素之一，它既是植物体内许多重要有机化合物的组分，又以多种方式参与植物体内各种代谢过程。磷对作物高产及保持品种的优良特性有明显作用。磷能促进根生长点细胞的分裂和增殖，苗期磷素营养充足，次生根条数增加。在低磷条件下，根的半径减小，单位根重的比表面积增加，从而提高根系对磷的吸收。但不同作物增加幅度不同，苕子和油菜增加幅度较小，而麻菜、小麦、黑麦草增加幅度较大。在作物生长早期，充足的磷素营养尤为重要，生长前期作物吸收的磷可以再利用，参与新生组织的形成与代谢。

由于磷是植物体内代谢过程的调节者，参与作物体内碳水化合物、蛋白质和脂肪的代谢，因此磷素营养的丰缺对各种作物产量的形成均有重要作用。小麦的产量由有效穗数、穗粒数和粒重构成，磷对上述产量构成因素的影响则因土体供磷水平而异。在缺磷的土体上，由于小麦生长前期磷素供应不足，增施磷能促进有效分蘖，施磷与不施磷比较，通常可提高有效穗数 30%~50%以上，但是对每穗粒数和粒重的增产作用较小。如果小麦生长前期磷素营养充足，不但促蘖增穗，而且对穗数和粒数的增加也有促进作用。小麦前期吸收的磷多，则干物质积累多，总干物质重增加，有利于碳水化合物向穗部输送，以促进籽粒饱满，增加穗粒重。

3) 钾

钾不仅是植物生长发育所必需的营养元素，而且是肥料三要素之一。许多植物需钾量很大，它在植物体内的含量仅次于氮。钾对促进作物生长、增强抗病能力、提高作物产量和改进品质均有明显的作用(陆景陵，2003)。近几十年来，由于我国农业生产复种指数不断提高，氮、磷用量逐年增加，灌溉条件有所改善，高产、矮秆作物品种正在引用和推广，农业技术措施逐步改革，使得单位面积产量大幅度提高，作物对钾的需求量明显增加。良好的营养和生殖生长是获得优质高产的物质基础。

细胞是组成植物的基本单元，细胞分裂、增大以及分化成具有各种特殊功能的组织是一切生物生长的基础，其中钾素有重要作用。例如，钾对作物的根系生长有明显影响，钾素营养不良，可能导致植物次生根的条数和长度显著减少，根系活力下降。钾素营养良好能促进水稻中核糖核酸的合成，加速稻根中乙醇酸循环，产生更多的过氧化氢。钾还能提高过氧化氢酶的活性，增强水稻根系供氧量，在其周围形成氧化圈，抑制还原性物质的形成。另外，钾可减少稻根的分泌物，使微生物的活动降低，土体中氧的消耗相对减少，从而提高了土体的(氧化还原电位)Eh 值，上述都为根系生长创造了良好的环境条件，必然有利于作物的生长。

4) 钙

植物体内的含钙量为 0.1%～0.5%。不同植物种类、部位和器官的含钙量变幅很大。通常，双子叶植物含钙量较高，单子叶植物含钙量较低；根部含钙较少，地上部较多；茎叶(特别是老叶)较多，果实、籽粒中则较少。供钙有利于体内代谢和同化产物的运转(Solari et al., 2013)，钙营养失调会导致植物发生生理病害，如番茄的蒂腐病，苹果的苦痘病(辣椒、西瓜也有类似的病害)，大白菜、甘蓝的"干烧心"等均是后期生长加速时出现的钙素不足所致。

5) 镁

镁在植物体内具有重要作用。镁是叶绿体的重要组成元素，土体内镁素充足，有利于作物进行光合作用，促进作物生长，提高产量。例如，在中国粤西地区，在连续刈割引起作物缺镁症状的牧草地上施用镁肥，明显地提高了牧草的产量。缺镁时植物体内可溶性氮化物累积，易引起病害，如水稻的稻瘟病和胡麻叶斑病等。

6) 硫

硫能提高作物产量与改善品质。由于硫参与蛋白质以及特殊化合物(如芥子油、蒜油等)的合成，一些作物(如十字花科、豆科、百合科等)吸收硫特别多，施硫能提高产量与改善产品品质。施硫不仅能提高蛋白质含量，还能改变其组分。例如，油菜施硫，其籽粒中粗蛋白质、胱氨酸、蛋氨酸等的含量都有所提高。硫能改善豆科作物的固氮，提高饲料的营养价值。

7) 铁

大多数植物的含铁量为 100～300 mg/kg 干重。一些蔬菜作物含铁量较高，如菠菜、莴苣等含铁量一般为 100 mg/kg 以上，最高可达 800 mg/kg；水稻、玉米的含铁量相对较低，为 60～180 mg/kg。在同一植株中，铁的分布也不均匀。提高土体铁素水平能提高叶绿素含量，改善作物的光合作用、呼吸作用及固氮与氮素代谢过程等，从而作物能正常地生长发育，获得高产(陆景陵，2003；Lehmann and Rillig, 2015)。

8) 硼

植物体内硼的含量变幅很大，含量少的只有 2 mg/kg，含量多的可高达 100 mg/kg。一般来说，双子叶植物的需硼量比单子叶植物高，谷类作物需硼较少，而双子叶植物需硼较多。硼能促进体内碳水化合物的运输和代谢（如参与糖的运输），参与半纤维素及有关细胞壁物质的合成，促进细胞伸长和细胞分裂以及生殖器官的建成和发育，调节酚的代谢和木质化作用，提高豆科作物根瘤菌的固氮能力(Kihara et al., 2016)。

9) 锰

植物体内锰的含量不一，其与植物光合作用关系极为密切，并影响生长素的代谢，对锰肥有良好反应的农作物很多。在中国北方石灰性土壤上，适当施用锰肥有利于促进粮、棉、油、糖、果、蔬菜等作物生长发育和提高产量。锰肥对禾本科主要可增粒、穗，提高千粒重；豆科能增果荚，提高饱荚率与百仁重；棉花能早现蕾结铃，增桃数与提高百铃重；能使甜菜块根增重等。但锰含量过多也会对作物产生毒害作用，如锰中毒会诱发双子叶作物棉花和菜豆发生缺钙(陆景陵，2003)。

10) 铜

土体铜素水平低时，作物生长发育受阻，如缺铜会使麦类作物主茎丧失顶端优势，而分蘖明显增加，从而使秸秆产量高却不能结实。有研究表明，缺铜会使小麦花药形成受阻，而且花药和花粉发育不良，花粉萌发率差。铜是消除麦类作物，特别是燕麦的"耕作病""开垦病"或"白瘟病"，而获得产量的重要元素。提高土体铜素水平可消除作物叶片失绿、畸形，茎节丛生，矫正苹果、柑橘、桃等果树的"夏季顶枯"病症，促穗、保花、结实，从而获得产量或增产。

11) 锌

增加锌营养能促进植物叶绿素与生长素合成，改善植物的碳、氮代谢，有利于细胞的正常分裂与生长。施锌肥能克服植物的生长受抑、叶片失绿变白、畸形、茎节短缩、生长点坏死、根系细弱等，从而达到增产。对粮食作物，如水稻、玉米，锌肥施用肥效普遍较好，果树也常有需施锌的报道，北方的苹果、桃，南方的柑橘施锌后都有明显增产效果(陆景陵，2003)。

12) 钼

作物对钼的需求较低，不同植株对钼的需求及分配不一。土体钼素供应充足时，可以促进作物生殖器官的发育。增加钼营养还能改善豆科植物的固氮过程以及植物体内的硝酸还原作用，对维生素 C 的合成也有影响。植物对钼的需要量很小，因此，在酸性土壤上施用石灰改善土壤供钼状况以替代施用钼肥，往往也可达到增产的目的。有报道称，甚至当每粒种子含钼量为 0.5 μg 时，就可以满足植株生长过程中对钼的需要(陆景陵，2003)。

2. 有益元素

随着农业科学的发展与分析化学技术的进步,在 17 种必需营养元素之外,还有一类营养元素,它们对一些植物的生长发育具有良好的作用,或为某些植物在特定条件下所必需,但不是所有植物所必需,人们称为"有益元素",其中主要包括硅、钠、钴、硒、铝等,植物对有益元素的需求量要求十分严格,缺少时影响生长,过多则有毒害作用。尽管植物种类之间在需求上有差异,但是一般植物正常生长发育所要求的含量很低,适宜范围也很窄。

1) 硅

植物体的含硅量通常以植物体干重中 SiO_2 的百分数计算。不同种类植物之间含硅量差异很大,一般栽培植物可按 SiO_2 含量高低分为三类:第一类是含硅量很高的植物,如水稻为 5%~20%;第二类是含硅量中等的旱地禾本科植物,如燕麦、小麦、大麦等,平均为 2%~4%;第三类是含硅量很低的豆科植物和其他双子叶植物,含量在 1%以下。硅能提高水稻根系的活力,使茎硬叶挺,开展度小,光透射比率增大,叶片的厚度增加,寿命延长,从而提高了同化 CO_2 的能力,尤其是下部叶片,导致水稻产量增高。硅能改善作物磷素营养,提高作物产量。由于硅能促进细胞硅化,茎秆变硬,从而增强了抗倒伏能力,尤其是施用较多氮时的效果更为明显,故在高产栽培中更应重视硅的施用。

2) 钠

通常植物体内钠的平均含量大约是干物重的 0.1%,是含钾量的 1/10。不同植物的含钠量变化很大,例如,甜菜的含钠量可达 3%~4%,不同种类的牧草含钠量可以在 20~2000 mg/kg 的范围内变化。人们根据植物对钠的反应不同将植物分为喜钠植物和厌钠植物两类。典型的喜钠植物有甜菜、澳洲囊状盐蓬、三色苋、滨藜和蓝藻等,它们在缺钠时会产生典型的缺素症状。

3) 硒

植物体内的含硒量因植物种类不同而有很大变异。大多数粮食作物和其他食用植物的含硒量一般比较低,为 0.01~1.00 μg/g,对人类和动物无毒害。而低等植物(如蘑菇)中含硒量较高,可达一般高等植物的 1000 倍(陆景陵,2003)。

(二)植物对养分的吸收与利用

1. 植物对养分的吸收

植物吸收土体中养分的基本单位是细胞,主要器官是根系。此外,叶片也能吸收一定数量的土质养分。

1) 根系对养分的吸收

a. 土体养分到达根系的途径

土体养分必须到达根系表面之后,与根系接触才能被吸收。土体中的养分向根系迁移的方式有 3 种：截获、扩散和质流。

截获：当根系，尤其是数目很多的根毛与土体中养分直接接触时，就可以获得养分，这种根系伸展于土体中直接获取养分的方式称为截获。但是，土体颗粒与根的接触面积毕竟有限，截取量还是很少的，据推算还不到根系吸收养分总量的 10%。所以，仅靠截获获得的养分远不能满足植物的生育需要，还必须通过扩散和质流获取更多的养分。

扩散：扩散是在土体溶液中某种养分浓度出现差异时引起的养分运动，这种作用使养分由浓度高向浓度低的区域运动，最后趋于平均分布。由于植物根系对养分的吸收，根表土体溶液中养分浓度相对降低，在根表土体与周围土体之间产生养分浓度梯度，使土体养分沿着浓度梯度由周围土体向根表土体运动。这一过程持续进行，养分便不断向根表扩散迁移。

质流：植物的蒸腾作用引起的土体养分随土体水分由周围土体向根表土体运动的养分迁移方式称为质流。当植物蒸腾作用消耗了根表土体中大量的水分后，根表土水势由于水分的减少而必然降低，但根表四周土水势却比较高，两者之间形成水势差。这种水势差必然使水分从土体四周流向根表土体，以补充根系周围水分的亏缺。这样溶解于水分中的养分也随着移至根表土体，以补充消耗的养分。

b. 根系吸收养分的区域

根系是吸收养分的主要器官，吸收养分的主要部位在根尖未栓化的部分。而实际上，根毛区才是吸收养分最快的区域，根毛养分含量少是由于其吸收的养分被快速运输到其他部位。

c. 根系吸收养分的途径

养分到达根系表面之后，通过两种途径进入根系：一是质外体；二是共质体。但根系吸收养分通常是两者结合进行。

2) 叶片对养分的吸收

a. 叶片的结构与养分吸收

植物除通过根系吸收养分外，还能利用叶片吸收养分，叶片吸收养分的形式和根系相同，吸收养分的机理与根系相似。大量的研究表明：在一定的浓度范围内，养分进入叶片的速率与浓度成正比。所以，叶面施肥时，应在不危害叶片的情况下，尽量提高浓度。

b. 叶部营养的特点

叶部营养可以直接供给养分，防止养分在土体中的转化固定。通过叶面喷施能直接供给作物养分，减少土体固定，提高肥料利用率。某些生理活性物质，如植物激素，施入土体容易发生分解，效果欠佳，采用叶面喷施就可以克服这种现象。某些微量元素，如锌、铁、铜等，易被土体固定，土壤施用效果不佳，可以叶面喷施。对于氮、磷、钾等大量元素来说，应以土体施用为主，叶面施用只能作为解决特殊问题的临时措施。但对微量元素来说，由于需要量不多，叶片施用可满足作物营养的需求，故叶面喷施微量元素不仅经济有效，而且见效快，表现出良好的生理效果(黄建国，2003)。

2. 植物养分利用效率

养分利用率指植物利用养分的能力，任何一种养分施入土体后都不能全部被作物吸收利用，其中一部分由于淋失、挥发或被土体固定而成为作物不可利用的形态。影响养分利用率的因素有很多，如养分的品种、作物的种类、土壤状况、栽培管理措施、环境条件、施用数量、施用方法及施用时期等。一般化肥中氮利用率为25%~40%，磷只有20%左右，钾可达30%以上。磷的当季利用率最低，氮、钾的利用率相当，其累加利用率可达40%左右。碳酸氢铵为27%，尿素为35%，硫酸铵为45%。

中国政府组织专家完成的《中国三大粮食作物肥料利用率研究报告》表明，目前中国水稻、玉米、小麦三大粮食作物氮、磷和钾当季平均利用率分别为33%、24%、42%。其中，小麦氮、磷、钾利用率分别为32%、19%、44%；水稻氮、磷、钾利用率分别为35%、25%、41%；玉米氮、磷、钾利用率分别为32%、25%、43%。目前中国主要粮食作物肥料利用率水平已经进入国际上公认的适宜范围，但仍然处于较低的水平，还有较大的提升空间。

3. 植物养分吸收的影响因素

影响植物吸收养分的因素有内因和外因。首要是内因，即作物本身的因素，外因是影响作物吸收养分的外部条件。了解影响作物养分吸收的因素，对于养分的合理施用具有非常重要的作用。

1) 影响植物吸收养分的内在因素

a. 遗传因素

很早以前，人们就发现在不同植物体内养分含量不同，即使同一植物，在不同生育期的养分含量也不一样。植物体内的养分含量与养分吸收能力和利用效率密切相关，均受到基因的调控。例如，菜豆和番茄两种作物对于土体养分的需求量不同，利用效率也存在显著差异。

b. 激素

生长素(IAA)能促进植物组织对 K^+、Rb^+ 等一价阳离子的吸收。脱落酸(ABA)对离子吸收的影响因植物组织不同而异。ABA能强烈地抑制正在生长的蚕豆叶片吸收 K^+，但能促进离体的菜豆根积累 Na^+ 和 Cl^-，并能抑制它们向地上部分运输，从而改变离子在根茎叶中的分布。细胞分裂素(CTK)对离子吸收的影响也很复杂，能抑制马铃薯吸收 $H_2PO_4^-$。赤霉素(GA)能加速 K^+ 在根系中的流动，促进 Rb^+ 的上行运输。

2) 影响作物养分吸收的外在因素

植物吸收养分的能力随着外在环境的不同而异。影响养分吸收的外界条件主要有温度、通气状况、pH、养分浓度和离子间的相互作用等。在土质成分调节的实践中，可以通过改变外界条件促控土体养分的吸收。

a. 温度

由于根系对养分的吸收主要依赖于根系呼吸作用所提供的能量状况，而呼吸作用过程中一系列的酶促反应对温度又非常敏感，所以温度对养分的吸收也有很大的影响。一般在 6~38℃的范围内，养分吸收随温度升高而增加。

b. 通气状况

土体的通气状况主要从三个方面影响植物对养分的吸收：一是根系的呼吸作用；二是有毒物质的产生；三是土壤养分的形态和有效性。通气良好的环境，能使根部供氧状况良好，并能促使呼吸产生的二氧化碳从根际散失。这一过程对根系正常发育、根的有氧代谢以及离子的吸收都具有十分重要的意义。

c. pH

土体反应对植物根系吸收离子的影响很大。pH 对离子吸收的影响主要是通过根表面，特别是细胞壁上的电荷变化及其与 K^+、Cu^{2+}、Mg^{2+} 等阳离子的竞争作用表现出来的。pH 改变了介质中 H^+ 和 OH^- 的比例，并对植物的养分吸收有很显著的影响。

d. 养分浓度

浓度决定了植物与土体之间的相对水势，各种矿质养分都有其浓度与吸收速率的特定关系。

e. 离子之间的相互作用

离子间的拮抗作用是指在溶液中某一离子存在能抑制另一离子吸收的现象。离子间的拮抗作用主要表现在对离子的选择性吸收上。一般认为，化学性质近似的离子在质膜上占有同一结合位点（与载体的结合位点）。培养试验证明，在阳离子中，K^+、Rb^+ 与 Cs^+ 之间，Ca^{2+}、Sr^{2+} 与 Ba^{2+} 之间有拮抗作用；除阳离子外，在电价数相同的阴离子之间也有拮抗作用，如 Cl^-、Er^- 与 I^- 之间，SO_4^{2-} 与 SeO_4^{2-} 之间，$H_2PO_4^-$ 与 SO_4^{2-} 之间，$H_2PO_4^-$ 与 Cl^- 之间，NO_3^- 与 Cl^- 之间，都有拮抗作用。离子间的协助作用是指在溶液中某一离子的存在有利于根系对另一些离子的吸收。离子间的协助作用主要表现在阳离子与阴离子之间，以及阴离子与阴离子之间。Ca^{2+} 的存在能促进许多离子（如 NH_4^+、K^+ 和 Pb^+ 等）的吸收。

二、农用地土体有机重构的植物营养保障

(一) 典型作物对土质成分的需求

作物生长所需的氮、磷、钾养分量是联系作物需求与养分投入的关键因素。

作物所吸收的养分 60%～70%来自土体，其余来自外源成分的添加(化肥和有机肥)。国内学者针对不同作物的养分需求量做了大量田间试验研究，其数值受到产量水平、土体条件、栽培耕作方式、气候等因素的综合影响，以下是采用取平均值的方法得出不同作物的养分吸收量及氮、磷、钾养分的吸收比例。

1. 粮食作物

粮食作物的养分吸收量多采用作物生产 100 kg 经济产量的养分吸收量。经济产量指具有一定经济价值的主要收获物的产量，如粮食作物的籽粒，棉花的纤维等。从表 8-1 可知，粮食作物氮、钾的吸收量大于磷的吸收量，氮、磷、钾养分吸收比例 1：(0.17～0.39)：(0.97～1.32)。

表 8-1 粮食作物 100kg 经济产量的养分吸收量

作物	100kg 经济产量养分吸收量			$N：P_2O_5：K_2O$
	N /(kg/10^2kg)	P_2O_5 /(kg/10^2kg)	K_2O /(kg/10^2kg)	
水稻	2.01	0.78	2.57	1：0.39：1.28
玉米	2.53	0.82	2.55	1：0.32：1.01
小麦	3.32	0.91	3.22	1：0.27：0.97
马铃薯	0.50	0.16	0.87	1：0.32：1.74
甘薯	0.60	0.20	0.79	1：0.33：1.32
大麦	3.31	0.77	2.49	1：0.23：0.75
谷子	3.31	0.98	3.54	1：0.30：1.07
高粱	2.56	1.31	3.09	1：0.51：1.21

资料来源：肥料手册，1979。

2. 油料作物

油料作物的养分吸收量表示方法与粮食作物类似(表 8-2)。

表 8-2 油料作物 100kg 经济产量的养分吸收量

作物	100kg 经济产量养分吸收量			$N：P_2O_5：K_2O$
	N /(kg/10^2kg)	P_2O_5 /(kg/10^2kg)	K_2O /(kg/10^2kg)	
油菜	6.93	1.52	6.29	1：0.22：0.91
花生	6.09	0.88	3.16	1：0.14：0.52
大豆	7.13	1.19	3.01	1：0.17：0.42
向日葵	7.05	1.00	13.34	1：0.14：1.89

资料来源：肥料手册，1979。

3. 果树、蔬菜

果树和蔬菜是中国钾肥消费量最多的两大经济作物。生产不同经济作物需要吸收的氮、磷、钾养分量不同。对于经济作物的养分吸收量中国国内有较多的研究，从各经济作物对氮、磷、钾吸收量(表 8-3 和表 8-4)可以看出，经济作物普遍对钾吸收量较大，氮次之，而磷最少。氮磷钾养分的吸收比例为 1：(0.2～0.6)：(1.2～1.7)。

表 8-3　生产 1000 kg 蔬菜养分需求量

作物		生产 1000 kg 蔬菜养分需求量			$N:P_2O_5:K_2O$
		N /(kg/10³kg)	P_2O_5 /(kg/10³kg)	K_2O /(kg/10³kg)	
豆菜类	豇豆	6.1	1.4	4.9	1：0.23：0.80
蒜葱类	大蒜	5.1	1.3	1.8	1：0.25：0.35
叶菜类	菠菜	1.6	0.8	1.8	1：0.52：1.13
瓜类	西瓜	2.52	0.92	3.08	1：0.37：3.35
瓜菜类	黄瓜	3.2	1.0	3.7	1：0.31：1.15
茄果类	番茄	2.9	1.0	3.6	1：0.34：1.24
白菜类	大白菜	2.1	0.7	2.5	1：0.33：1.19
茎菜类	萝卜	2.9	1.1	4.1	1：0.38：1.41

资料来源：肥料手册，1979。

表 8-4　生产 100 kg 果实养分需求量

作物	生产 100 kg 果实(鲜基)养分需求量			$N:P_2O_5:K_2O$
	N /(kg/10²kg)	P_2O_5 /(kg/10²kg)	K_2O /(kg/10²kg)	
苹果	0.70	0.35	0.70	1：0.50：1.00
梨	0.47	0.23	0.48	1：0.49：1.02
桃	0.50	0.20	0.60	1：0.40：1.20
葡萄	0.60	0.30	0.72	1：0.50：1.20
猕猴桃	0.18	0.02	0.32	1：0.11：1.78
柑橘	0.18	0.05	0.24	1：0.28：1.33
香蕉	0.20	0.05	0.60	1：0.25：3.00
菠萝	0.35	0.11	0.74	1：0.31：2.11
板栗	0.31	0.03	0.42	1：0.10：1.35

续表

作物	生产 100 kg 果实(鲜基)养分需求量			$N:P_2O_5:K_2O$
	N /(kg/10^2kg)	P_2O_5 /(kg/10^2kg)	K_2O /(kg/10^2kg)	
核桃	0.88	0.44	0.45	1:0.50:0.51
荔枝	1.50	0.40	1.30	1:0.27:0.87
龙眼	0.60	0.20	0.90	1:0.33:1.50
芒果	0.14	0.05	0.23	1:0.36:1.64
甘蔗	0.37	0.11	0.43	1:0.30:1.16
柿子	0.74	0.23	0.80	1:0.31:1.08
山楂	0.50	0.15	0.50	1:0.30:1.00
枣	1.50	1.00	1.30	1:0.67:0.87
杏	0.30	0.10	0.40	1:0.33:1.33

资料来源：肥料手册，1979。

4. 其他经济作物

除上述粮食作物、油料作物、果树、蔬菜外，土地工程中还可能涉及棉花、芝麻、胡麻等其他经济作物的养分吸收量(表 8-5)。

表 8-5　其他经济作物 100kg 经济产量的养分吸收量

作物	100kg 经济产量养分吸收量			$N:P_2O_5:K_2O$
	N /(kg/10^2kg)	P_2O_5 /(kg/10^2kg)	K_2O /(kg/10^2kg)	
棉花(籽棉)	5.49	1.77	6.25	1:0.32:1.14
芝麻	8.31	2.49	7.12	1:0.30:0.86
胡麻	6.20	1.25	2.75	1:0.20:0.44

资料来源：肥料手册，1979。

(二)土质成分多年培育需求诊断

土地工程中对土质成分诊断的途径包括对作物外观诊断和作物营养诊断两种。

1. 作物缺素外观诊断

(1)氮。

缺氮植株生长缓慢，外形呈纺锤形，冠根比减小。植株成熟部分首先受到影响，如老叶或成熟叶片叶色发黄，衰老加快，这是叶片中的氮向生长旺盛部位转移的结果。

(2)磷。

缺磷植株生长缓慢，冠根比减小。叶片伸展度及叶表面积下降，叶片数目减少，植物叶片常呈现浓绿色。另外，由于花青素类物质合成增加，植株老叶常呈紫色或黄色。缺磷条件导致了菌根真菌侵染概率的增加，一些植物会形成排根。

(3)钾。

缺钾植物生长受阻，冠根比增加。类似于缺磷，缺钾植株老叶暗绿或蓝绿，叶片上出现坏死斑点，或叶缘失绿坏死。植株易倒伏，植物组织易失去膨压并萎蔫。

(4)硫。

缺硫症状与缺氮类似，植株呈纺锤形，生长缓慢，叶片失绿，但缺硫的叶片失绿一般先出现在幼叶，而不是下部叶，因为硫在韧皮部的移动性不强，不过在一些植物上，失绿会同时出现在所有叶片，甚至先出现在下部叶。

(5)镁。

与缺钾相同，缺镁时植物冠根比增加。由于镁在韧皮部的移动性高，缺镁症状首先出现在成熟叶片，表现为叶缘和叶脉间失绿，缺镁玉米叶片常出现念珠状叶脉。不同植物的缺镁症状相差较大。

(6)钙。

与其他很多元素缺乏不同，缺钙后很快出现缺钙症状，表现为生长点和幼叶生长缓慢甚至停止生长，并使植株很快停止生长。缺钙植株表现出一些典型症状，如白菜干烧心、芹菜黑心病、马铃薯和西瓜花顶腐烂、苹果苦痘症等。

(7)铁。

缺铁的典型症状是幼叶失绿，轻微缺铁时叶脉保持绿色，严重时整个叶片失绿，此外一些植物根尖膨大，冠根比减小。

(8)锰。

不同植物的缺锰症状可能表现不同，双子叶植物最明显的症状是新叶叶脉间失绿或有坏死斑点，禾谷类作物的主要症状是基部叶片出现灰绿色斑点（"灰斑病"）。

(9)铜。

根据植物种类不同，缺铜症状有差异。叶片失绿或深蓝绿色，叶缘卷曲，生长矮化，幼叶变形，顶端分生组织坏死。禾谷类作物的分蘖和双子叶植物侧枝增加是由于顶端分生组织坏死造成的次生症状。花和果实变小，一年生植物停止生长，甚至在苗期死亡。

(10)锌。

由于幼嫩组织生长受阻，节间缩短、生长矮化（"簇生病"）和叶片变小（"小叶病")是双子叶植物特别是果树的典型缺锌症状,禾谷类植物(如高粱)缺锌时,常在叶片上出现沿中脉的失绿带和红色斑状褪色现象(由花青素所致)。

(11)硼。

像缺钙一样,缺硼最迅速的反应之一是根系的伸长受抑制或停止,使根系呈短粗丛枝状,顶芽和最幼叶片褪色并死亡。节间缩短、植株呈丛状或莲座状,老叶出现脉间失绿而且叶片畸形、变脆,叶柄和茎直径增加的现象很普遍,会导致如芹菜的"茎裂"和花椰菜的"不规则的空茎"症。蔬菜作物(如莴苣)的叶球上出现水面区、烧尖和褐色或黑心症,甜菜储藏根的生长区坏死导致烂心。花器官发育受阻。

(12)钼。

在缺钼的植株中,缺氮症状(如豆科植物)和生长矮小、幼叶黄化非常普遍,缺钼症状最先发生在番茄上,表现为叶间失绿,叶片趋于卷曲。严重时出现坏死,植株生长缓慢。双子叶植物的最典型缺钼症状是叶片明显变小并呈不规则形状,油菜叶片表现为鞭尾状。

(13)氯。

在番茄上,缺氯刚开始时植株幼叶蓝绿、卷曲,光照强时,幼叶叶尖萎蔫下垂,夜间温度低时可以恢复。随着缺氯时间的延长,叶片出现青铜色块状,并失绿坏死。严重时,植株生长受阻,呈纺锤状。

2. 缺素症的观察步骤

(1)对比正常植株,首先观察症状出现的部位:下部老叶、新叶或顶芽。

(2)观察叶片颜色:叶片是否失绿变褐变黄,叶色是否均一,叶肉和叶脉的颜色是否一致,叶上有无斑点或条纹,斑点或条纹是什么颜色。

(3)观察叶片形态:叶片是否完整、卷曲或皱缩,叶尖、叶缘或整个叶片是否焦枯。

(4)症状发展过程:症状最先出现在叶尖、叶基部、叶缘或是主叶脉两侧。

(5)观察顶尖是否扭曲、焦枯或死亡。

3. 典型作物缺素症状

1)主要农作物缺素症状

a. 水稻

缺氮植株矮小,分蘖少,叶片小,呈黄绿色,从叶尖至中脉扩展到全部叶片发黄(周湘江等,2000)。结穗短小,成熟提早。氮过多,叶片软弱下垂,无效分蘖增多,易倒伏,易感稻瘟病(蒋卫东等,2003)。

缺磷叶片细弱,叶色暗绿,严重时有赤褐色斑点。稻丛呈簇状。鞘叶比例失调,叶鞘长,叶片相对变短。根系发育不良,分蘖少(敖礼林,2015)。

缺钾叶色暗绿，呈青铜色，老叶软弱下垂，心叶挺直。分蘖期前易患胡麻叶斑病(李成等，2003)；分蘖期后，老叶叶面有赤褐色斑点，叶缘呈枯焦状，茎易倒伏和折断，根部褐色有黑根，穗期提前。籽粒不饱，空秕粒多。容易感染病害，如纹枯病等(刘凡和董灵巧，2008)。

缺锌一般在插秧后 2～4 周间发生，叶片中脉失绿，失绿区开始为黄白色，以后逐渐转为红褐色，植株明显矮缩，下位叶出现散生红棕色斑点，尖枯(尚洪海等，2007)。

b. 小麦

缺氮叶片稀少，叶色发黄，植株细长，分蘖少，穗短小。

缺磷叶色暗绿，无光泽，植株细小，分蘖少，次生根极少，前期生长停滞，出现缩苗。返青期叶尖紫红。抽穗成熟较迟，籽粒不饱满，千粒重低。

缺钾老叶尖及边缘黄焦，茎秆细，叶柄短而软弱，易倒伏。

c. 玉米

缺氮老叶先褪色变黄，叶小，生长受阻碍，植株矮小，叶尖枯黄呈 V 形向下扩展(王淑香，2009)。

缺磷生长明显受阻，茎细叶狭，大多出现较深的紫红色，果穗发育不良，秃尖、多空粒(高迎春，2014)。

缺钾多在生育中后期出现，中、下位叶片前端发黄，尖端及边缘干枯呈烧灼状，节间明显缩短，叶色深绿；茎秆发育不良，细弱，易倒伏、折断；成熟延迟，果穗发育不齐。

缺硼植株矮缩，严重时幼芽及叶尖生长受阻甚至死亡，叶脉间出现白色条纹，果穗瘦弱，结实不良或穗而不实形成空秆。幼苗形成白色的芽，初期叶基部绿色减退，叶尖和叶缘变黄，呈明显的黄白色束状条纹，叶脉间失绿，下部叶严重，病斑渐大，最后叶子干枯坏死，果穗小，缺粒秃尖。

d. 花生

缺氮叶片淡黄，基部发红，根瘤很少，生长不良。

缺磷老叶蓝绿色，基部发红，根瘤发育不良。

缺钾叶色淡绿，边缘枯焦，生长受抑制。

e. 大豆

缺氮叶片出现青铜色斑块，渐渐变黄而干枯，植株矮小，分枝少。

缺磷叶色浓绿，叶尖窄直立，植株矮小生长缓慢；开花后叶有棕色斑点，根瘤发育不良。

缺钾叶片黄绿，叶面皱缩，叶尖及叶缘黄色部分最后呈棕色而干枯。

2) 蔬菜的主要缺素症状

a. 大白菜

早期缺氮，植株矮小，叶片小而薄，叶色发黄，茎部细长，生长缓慢。中后期缺氮，叶球不充实，包心期延迟，叶片纤维增加，品质降低(张国东，2001)。

缺磷生长不旺盛，植株矮化；叶小，呈暗绿色；茎细，根部发育细弱。

缺钾从下部叶缘变褐，枯死，逐渐向内侧或上部叶片发展，下部叶片枯萎。抗软腐病及霜霉病的能力降低(周玉秋，2006)。

缺钙叶色浅，心叶短曲，生长缓慢。

b. 番茄

缺氮生长停滞，植株矮小。叶色呈淡绿或黄色，叶小而薄，叶脉由黄绿变为深紫色。茎秆变硬，富含纤维，并呈深紫色。花芽变为黄色，易脱落。果小，富含木质(范正文等，2008)。

缺磷早期叶背呈现红紫色。叶肉组织起初呈斑点状，随后则扩展到整个叶片，而叶脉逐渐变为紫色，叶簇最后呈紫色。茎细长，富含纤维(张永亮和孙执中，2008a)。叶片很小，结果延迟。由于缺磷，影响氮素吸收，后期呈现卷叶。

缺钾植株生长很慢，发育受阻。幼叶轻度皱缩，老叶最初变为灰棕色，而后在边缘外呈现黄绿色，最后变褐死亡(许映祥和周志宏，2008)。茎秆变硬，富含木质素，细长。根部发育不良，细长，常呈褐色，后期果实不圆而有棱角，果肉不饱满而显空隙，果实缺少红色素(张胜全，2004)。

缺钙则顶部叶片向下弯曲、下垂，叶色黄化，顶芽萎缩，最后顶端(包括顶芽)全部枯萎，果实患脐腐病。

c. 黄瓜

早期缺氮，生长停滞，植株细小。叶色逐渐变为黄绿或黄色。茎细长，变硬，富含纤维。果实色浅，在有花瓣的一端，呈淡黄色到褐色，变为尖削(杨玉晶和潘起荣，2010)。

缺磷植株矮小，细弱。叶脉间变褐坏死。缺磷影响花芽分化，雌花数量减少。果实呈畸形(张永亮和孙执中，2008b)。

缺钾叶缘附近呈现青绿色腐烂组织，老叶首先变黄。果实的尖端膨大，果柄发育不良。

缺钙顶端叶片的叶尖焦黄，凹凸不平，叶片向下弯曲，顶芽萎缩而死亡，果实畸形，从花蒂开始到上部膨大近果柄处细瘦，色浅(王振学等，2006)。

d. 莲藕

缺氮莲藕叶色淡黄，叶片小而薄，莲叶柄矮小，莲鞭细长。

缺磷莲藕叶片小，暗绿无光泽，莲鞭细长呈黄褐色，黑根多，白根少。但过多施用磷肥，氮、磷比例失调，营养生长期缩短，也难以获得莲藕高产；加之在土壤缺锌的地区，过多施用磷肥，也常造成莲藕生长中更加缺微量元素锌(王迪轩，2014)。

缺锌荷叶部分失绿，呈现片状或不规则的浅黄色斑块。

缺钾老叶呈黄绿相间的西瓜皮般的色斑，叶柄细长弯曲易倒伏。但过多施用钾肥，其纤维素含量过多也影响莲藕商品的食用价值，食口性较差。

缺铁在7、8月生长高峰期初发病时，新生叶片刚出水面就呈轻微萎蔫状，叶脉渐失绿变淡，在叶片边缘有褐色斑点并逐渐扩大，直至整个叶片枯死，但地下茎无病征。

缺硼莲藕叶片仍青绿，但叶脉变黄，叶小。严重缺硼时，叶脉尤其是主脉，浮凸隆起，质地硬脆，茎秆提前转黄、松脆，地下茎变小且硬，膨大速度慢。

缺镁莲藕叶面出现黄紫色与绿紫色相间的花斑。

缺锰莲藕植株矮小，出现失绿症状，幼叶黄白，叶脉绿色，茎生长衰弱，黄绿色，多木质，开花及结果数减少。

缺锌莲藕先从叶缘开始，叶色褪淡，变为灰白色，随后向中间发展，叶肉呈黄色斑块。病叶叶缘不皱缩，中下部白化较重的叶片向外翻卷，叶尖披垂。

4. 作物营养诊断

植物在长期的进化过程中形成了不同的适应机制，以应对各种环境胁迫。在养分胁迫条件下，植物首先可以通过调节生长速率、改变根冠比、增加体内养分的再利用以及改良根系形态和吸收速率等方式加以应对，而缺素症状往往出现的较晚。当植株表现出某种可见的缺素症状时，往往意味着植株已经遭受到较长时间的养分胁迫。

植物体内矿质元素的浓度变化范围很大，与植物基因型、土体类型、养分供应情况、生长发育阶段和其他因素有关。表 8-6 给出了一般植物体内矿质元素浓度的变化范围，包括尚未被认定是必需元素的钠(Na)、钴(Co)和硅(Si)以及一种有害元素铝(Al)。当植物组织中某种必需元素的浓度低于维持正常生长的最低水平时，意味着植物缺乏该种元素。

表 8-6 农作物体内的营养元素浓度范围

元素	浓度范围	说明
N/%	0.5~6	
P/%	0.15~0.5	
S/%	0.15~1.5	必需大量元素
K/%	0.8~8	
Ca/%	0.1~6	
Mg/%	0.05~1	
Fe/(mg/L)	20~600	必需微量元素
Mn/(mg/L)	10~600	

续表

元素	浓度范围	说明
Zn/ppm	10~250	必需微量元素
Cu/ppm	2~50	
Ni/ppm	0.05~5	
B/ppm	0.2~800	
Cl/ppm	10~80000	
Mo/ppm	0.1~10	
Co/ppm	0.05~10	固氮植物必需
Na/%	0.001~8	对某些植物必需
Si/%	0.1~10	许多植物的准必需元素
Al/%	0.1~500	非必需，常有毒害

植物体内矿质元素的浓度有很大的变异性，说明不同植物体内的养分缺乏临界值不同，即使是用同一生理年龄的相同器官进行比较也是如此，对充足养分含量的临界值也是如此。这些变化主要是由于植物的代谢和组成不同。

(三) 土体养分调控的目标与原则

对于土地整治工程中的新增耕地来说，一般养分含量较低，土体有机重构过程中的土体养分调控应分阶段进行，按照缺什么补什么的原则对土体养分进行改良提升，实行有机无机配施，循序渐进，经过3~5年逐步达到高标准农田标准。根据土质普探结果对照中国土壤养分分级标准或地方标准对农用地土质成分进行分级，评价土质现状，为指导后续施肥提供依据，表8-7～表8-12是几种常见的土壤养分分级标准，可参考作为土体养分调控目标。

表 8-7 中国土壤养分分级标准(大量元素)

级别	有机质/%	全氮/%	有效磷/(mg/kg)	速效钾/(mg/kg)
很丰富	>4	>0.2	>40	>200
丰富	3~4	0.15~0.2	20~40	150~200
中等	2~3	0.1~0.15	10~20	100~150
缺乏	1~2	0.07~0.1	5~10	50~100
很缺乏	0.6~1	0.05~0.07	3~5	30~50
极缺乏	<0.6	<0.05	<3	<30

表 8-8　中国土壤养分分级标准(中、微量元素)　　(单位：mg/kg)

级别	有效硼	有效硅	交换性钙
很丰富	>2	>230	>1000
丰富	1~2	115~230	700~1000
中等	0.5~1	70~115	500~700
缺乏	0.2~0.5	25~70	300~500
极缺乏	<0.2	<25	<300

资料来源：鲁如坤，1998。

表 8-9　土体氮有效性分级指标　　(单位：mg/kg)

地区	土壤类型	作物	碱解氮				
			极低	低	中	高	极高
辽宁	棕壤、草甸土	玉米	—	<70	70~120	121~240	>240
北京	潮土	小麦	<60	60~80	80~130	130~160	>160
北京	潮土	玉米	<30	30~90	90~160	160~280	>280
甘肃	灌漠土	小麦	<45	45~74	74~116	>116	—
四川	紫色土	水稻	<60	60~90	90~120	>120	—
浙江	水稻土	水稻	<100	100~175	175~280	>280	—
广西	水稻土	水稻	<70	70~160	161~200	>200	—

资料来源：鲁如坤，1998。

表 8-10　土壤磷有效性分级指标　　(单位：mg/kg)

地区	土壤类型	作物	提取剂	有效磷				
				极低	低	中	高	极高
吉林	黑土	玉米	Olsen-P	<3	3~7	7~19	19~23	>23
	白浆土	玉米	Olsen-P	<5	5~15	16~25	26~50	>50
	草甸土	玉米	Olsen-P	<1	1~6	6~20	>20	
辽宁	棕壤、草甸土	玉米	Bray-1-P	—	<15	15~30	30~56	>56
内蒙古	栗钙土、黄土	谷子	Olsen-P	<2.4	2.4~5.4	5.4~19	>19	
甘肃	灌漠土	小麦	Olsen-P	<2	2~5	6~12	>12	—
	灌漠土	小麦	M-3-P	<7	7~4	15~31	>31	—
宁夏	灌淤土	小麦	Olsen-P	<3.9	3.9~7.9	7.9~13	13~15.6	>15.6
北京	潮土	小麦	Olsen-P₂O₅	<5	5~15	16~30	31~50	>50
	潮土	玉米	Olsen-P₂O₅	<5	5~10	11~15	16~30	>30

续表

地区	土壤类型	作物	提取剂	有效磷				
				极低	低	中	高	极高
河南	砂姜黑土	小麦	Olsen-P_2O_5	<3	3～8	8～18	18～25	>25
	潮土	小麦	Olsen-P_2O_5	—	<8	8～23	>23	—
	褐土	小麦	Olsen-P_2O_5	—	<7	7～32	>32	—
	水稻土	小麦	Olsen-P_2O_5	—	<10	10～26	>26	—
四川	紫色土	水稻	Olsen-P_2O_5	<6	6～9	9～12	>12	
浙江	水稻土	水稻	Olsen-P	<5	5～10	10～20	20～30	>30
	红壤旱地	玉米	Bray-1-P	<4	4～8	8～25	>25	
	红壤旱地	玉米	M-3-P	<6	6～10	10～30	>30	
	红壤水稻土	大麦	M-3-P	<6	6～17	17～45	>45	
	红壤水稻土	大麦	Olsen-P	<5	5～10	10～20	>20	
广西	水稻土	水稻	Olsen-P	<2	2～5	6～11	>11	

资料来源：鲁如坤，1998。

表 8-11 土壤钾有效性分级指标　　　　　　（单位：mg/kg）

级别	交换性钾 （1mol/L NH$_4$Ac）	缓效钾 （1mol/L HNO$_3$）	土壤类型
极低	<33	<60	砖红壤
低	33～69	60～300	红壤
中	70～100	300～700	黄棕壤、紫色土
高	125～165	700～1200	潮土
极高	>166	>1200	灰漠土

资料来源：孙曦，1990。

表 8-12 土壤微量元素有效性分级和评价指标　　　　　（单位：mg/kg）

元素	极低	低	中	高	极高	临界值	提取剂
B	<0.25	0.25～0.50	0.50～1.00	1.01～2.00	>2.00	0.5	沸水
Mo	<0.10	0.10～0.15	0.15～0.20	0.20～0.30	>0.30	0.15	草酸+草酸铵，pH 3.3
Mn	<1.0	1.0～2.0	2.1～3.0	3.1～5.0	>5.0	3.0	HAc+NH$_4$Ac，pH 7
Zn	<1.0	1.0～1.5	1.6～3.0	3.1～5.0	>5.0	1.5	0.1mol/L HCl（酸性土）
Zn	<0.5	0.5～1.0	1.1～2.0	2.1～5.0	>5.0	0.5	DTPA（石灰性土）
Cu	<1.0	1.0～2.0	2.1～4.0	4.1～6.0	>6.0	2.0	0.1mol/L HCl（酸性土）
Cu	<0.1	0.1～0.2	0.3～1.0	1.1～1.8	>1.8	0.2	DTPA（石灰性土）

(四)土质养分调控计算

根据前期普探结果以及作物的生长需求,对土质成分进行调节,一般而言,农用地的新增耕地土体养分都较为贫乏,需要对土质成分进行添加,保证作物生长需求,并连续多年调控养分,实现地力的可持续提升。值得注意的是,在土质养分调控中,氮、磷、钾等大量元素尽管是调控的主要元素,但由于这些元素都可以通过常见肥料的施入调节,因此不宜作为土体养分评价的决定要素。

1. 首年养分调控

新增耕地土体养分含量一般较低,所以在首年养分调控时建议以《土壤养分等级分级标准》中的养分指标不缺乏水平或因地制宜选择地方标准或其他标准,规范为设计目标,使各养分含量达到基本可满足作物生长即可,避免肥料施用过多而对作物及土体环境生长产生不良影响。

元素添加量根据各元素的目标含量、土壤目前含量、土层厚度等综合资料确定,公式如下:

元素添加量=(目标含量−土质目前含量)×土层厚度×土体容重×单位面积

实际工程应用中,应根据元素添加量、所选用肥料的元素含量、肥料的利用效率综合计算具体肥料用量,一般公式如下:

肥料用量=元素添加量/(肥料所含该元素百分数×肥料利用效率)

2. 多年养分调控

经过首年养分调节后,土质成分应达到可供作物正常生长的水平。后续在对农用地的长期管理中,一般经过连续耕作,都可将新增耕地土质调节至高产农田标准。其具体的调控手段一般为测土配方施肥,即在每年作物收获后,取田间土样进行养分测定,根据土体养分设计和一定产量指标的农作物需肥量、土体的供肥量,以及不同养分的当季利用率,选定肥料配比和施用量。

化肥施肥量的计算根据产量指标、土体肥力、肥料类型等综合资料确定,公式如下:

化肥施用量=(计划产量的养分吸收量−土体供肥量−有机肥供肥量)/(肥料含养分元素百分数×肥料利用率)

在首年养分调控中,也可通过制定目标产量,以产量指标所需养分量,结合土体供肥量等计算首年添加养分的量。

农用地土体工程中,多年养分调控多会结合秸秆还田、有机肥的施入进行。在计算化肥用量的过程中,应将秸秆和有机肥中所含的养分元素含量去除,以保证所施用肥料的利用效率最高,避免过度施肥造成土体污染。

(五)土体有机、无机养分的选择

对于农用地的土体有机重构而言,无论是首年养分调节还是多年养分调节,选择适宜的有机肥料和无机肥料,才能提高土体养分调控质量,并控制工程成本。

1. 有机肥料的选择

有机养分的施用是提升土体中有机质含量的主要手段,常见的有机养分主要包括绿肥、作物秸秆、人畜粪尿、饼肥等,这些有机物料的施入不仅提高了土体有机质含量,而且为作物提供了氮、磷、钾等营养成分(陆景陵,2003)。

1)绿肥

绿肥是用绿色植物体制成的肥料,是一种养分完全的生物肥源。种绿肥不仅是增辟肥源的有效方法,对改良土体养分也有很大作用。研究表明,种植豆科绿肥能显著提高土壤有机质、活性有机质和全氮含量(张达斌等,2013;Yang et al.,2012)。高菊生等(2011)研究表明,种植绿肥作物,各处理土壤有机碳、全氮、土壤微生物量碳和土壤微生物量氮含量均显著高于冬闲对照。

中国幅员辽阔,各地自然条件有别,通过长期生产实践和科学试验,从中国原产和从其他国家引进的大量绿肥品种资源中,选择和培育出一批适应中国不同自然条件和耕作制度的绿肥种类和品种。这些绿肥共计98种,豆科72种,非豆科26种,分别占73%和27%。其中栽培面积较大的有6科20属32种,其中豆科26种,非豆科6种,分别占81%和19%。表8-13为常见豆科绿肥。

表8-13 常见豆科绿肥

属名	种名	栽培类别	属名	种名	栽培类别
黄芪	紫云英	冬绿肥	猪屎豆	柽麻	春夏秋绿肥
	沙打旺	多年生绿肥	豇豆	乌豇豆	夏秋绿肥
巢菜	毛叶苕子	冬秋绿肥		印度豇豆	夏绿肥
	光叶苕子	冬绿肥	菜豆	绿豆	夏秋绿肥
	蓝花苕子	冬绿肥		饭豆	夏绿肥
	蚕豆	冬绿肥	大豆	六月豆	夏秋绿肥
	箭筈豌豆	冬春秋绿肥	紫穗槐	紫穗槐	多年生绿肥
豌豆	豌豆	冬春秋绿肥	葛藤	野葛藤	多年生绿肥
草木樨	白花草木樨	春夏秋多年生	灰叶豆	山毛豆	多年生绿肥

绿肥含有各种营养成分,在肥料三要素中氮、钾含量较高,磷则相对较低。实际养分组成因绿肥种类、栽种条件、生育期不同而异。主要绿肥作物收割期鲜

草的养分含量状况列于表 8-14。一般翻埋 1000 kg 豆科绿肥鲜草所提供的 N∶P_2O_5∶K_2O 约为 5∶1∶4,其中氮量高于非豆科绿肥。绿肥鲜草一般含氮 0.3%~0.6%,施用 1000 kg/亩,为后季农作物需要施氮量的 30%~60%。当前栽培绿肥中 70% 以上是豆科绿肥和绿萍。在实际选择中应因地制宜,选种绿肥(表 8-15)。

表 8-14 主要绿肥作物养分含量

种类	鲜草成分(占绿色体的质量分数)/%				干草成分(占绿色体的质量分数)/%		
	水分	N	P_2O_5	K_2O	N	P_2O_5	K_2O
紫云英	88.0	0.33	0.08	0.23	2.75	0.66	1.91
光叶紫花苕子	84.4	0.50	0.13	0.42	3.12	0.83	2.60
毛叶苕子	—	0.47	0.08	0.45	2.35	0.48	2.25
箭筈豌豆	—	0.54	0.06	0.32	—	—	—
黄花苜蓿	83.3	0.54	0.14	0.40	3.33	0.81	2.38
草木樨	80.0	0.48	0.13	0.44	2.82	0.92	2.40
肥田萝卜	90.8	0.27	0.07	0.34	2.89	0.54	3.66
油菜	82.84	0.43	0.26	0.44	2.52	0.53	2.57
田菁	80.0	0.52	0.07	0.15	2.60	0.54	1.68

表 8-15 主要冬绿肥的适宜播种期

地区	苕子	紫云英	金花菜	豌豆	草木樨
黄河和淮河之间	7/下~9/上	—	—	—	—
陕西关中至苏杭淮河流域	7/下~9/上	8/下~10/中	8/上~9/中	9/上~9/下	8/中~9/上
川、贵及长江中下游	9/上~9/下	9/中~10/上	9/下~10/上	9/下~10/上	9/上~9/中
浙中南部至湘赣中部,闽滇北部	9/上~10/上	9/下~10/上	9/下~10/中	9/下~10/下	
闽中南部至湘赣南部,粤桂北部	9/中~10/下	9/下~10/下	—	10/上~11/上	
五岭以南地区	10/上~10/下	10/上~10/下	—	—	10/中~11/中

注:7/下~9/上代表 7 月下旬至 9 月上旬,余同。

2) 秸秆肥

农作物秸秆是有机肥料最重要的原材料来源(表 8-16 和表 8-17),数量巨大,价格低廉,容易获得。一般来说,粮食作物的产量与秸秆量有 1∶1 的关系,中国年生产粮食约 4.5 亿 t,也就是说,年产秸秆约 4.5 亿 t。目前,大部分秸秆用作燃料或被烧毁,只有极少部分直接还田,或喂牛后过腹还田。秸秆的主要成分是纤维素和木质素,一般都含有较多的碳,C/N 高,分解速度很慢。一般来说,C/N 值越高,分解的速度越慢;纤维素和木质素含量越高,分解越慢。作物收获后,把秸秆直接翻入土体中，让其自然腐烂，称为秸秆还田。秸秆还田是增加土体有机物质的简便途径，能够改善土体的物理性质，培肥改土，提高土体的生物活性，减少养分淋失，活化土体养分，使一些养分的有效性提高。秸秆和化肥长期配施可以提高土壤肥力，增加土壤碳固持，显著提高作物产量(赵士诚等,2014;Wang et al.,2015)。秸秆还田的效果与所采用的方法有密切关系，如果处理不当，会影响种子萌发和根系生长，病虫害加剧，导致作物减产。实施秸秆还田时必须注意以下几点。

(1)增加氮用量。禾本科作物秸秆的 C/N 很大，微生物在分解秸秆时，从土壤吸收氮素，出现与作物幼苗争夺氮素的现象，影响幼苗的正常生长，所以必须适当增加氮和磷的用量。

(2)秸秆应切碎后耕翻入土，适当镇压。否则会导致土体水分损失，影响根系生长。

(3)秸秆还田量不宜过多，一般每公顷在 7500 kg 以下，否则影响分解速度，而且秸秆分解过程中产生各种有机酸，对作物根系产生毒害作用。

(4)应避免把病虫害严重的秸秆还田，防止病虫害蔓延。

表 8-16 主要作物秸秆中几种营养元素含量

种类	几种营养元素含量(占干物质重的质量分数)/%				
	N	P_2O_5	K_2O	Ca	S
麦秆	0.50~0.67	0.2~0.34	0.53~0.60	0.16~0.33	0.123
稻草	0.63	0.11	0.85	0.16~0.44	0.112~0.189
玉米穗	0.43~0.50	0.38~0.40	1.67	0.39~0.80	0.203
豆秆	1.3	0.30	0.60	0.79~1.50	0.227
油菜	0.50	0.25	1.13	—	0.348

表 8-17 一些作物秸秆的微量元素含量（60℃或80℃烘干作基础）(单位：mg/kg)

类别	作物	铁	锰	铜	锌	硼
豆类	紫苜蓿	130~1000	10~120	4~15	14~110	4~30
	红苜蓿	100~1300	25~540	6~20	24~70	36
	胡枝子	100~1000	50~400	—	—	—
谷类	大麦秆	—	7	—	—	—
	玉米穗轴	180~190	50~270	2~9	5~80	—
	玉米叶	—	—	8~17	—	—
	燕麦秆	60~370	4~1680	8~54	4~200	—
蔬菜	甜菜(根)	70~280	20~100	6~27	25~69	—
	卷心菜	11~300	5~440	3~28	—	37
水果	梨(叶)	40~360	20~170	—	14~55	—
	苹果(叶)	40~560	17~220	4~30	5~40	12~110

3)粪尿肥

人、猪、牛、羊、马、鸡、鸭等的粪尿是农用地土体养分调节中普遍使用的有机肥料,其数量极其巨大,肥力持续时间较长。粪尿肥不仅含有大量的氮、磷、钾,而且含有钙、镁、硫及微量元素,还含有多种氨基酸、纤维素、碳水化合物、酶等成分(Zayed et al., 2013; Kang et al., 2016)(表 8-18~表 8-23)。粪尿来源不同,不仅养分含量有差异,而且肥效也有很大的差异。猪粪质地较细,纤维素较少,蜡质较多,碳氮比(C/N)较低,含水量较多,纤维素分解菌较少,分解比较慢,分解时产生的热量较少,形成的腐殖质较多,有利于培肥改良土体。牛粪的质地也较细密,含水量较高,C/N 约为 21∶1,分解比猪粪慢,产生的热量更少,常称为冷性肥料。马粪纤维素含量高,质地粗,疏松多孔,含水少,并含有较多的高温纤维素分解菌,C/N 约为 13∶1,因此马粪比牛粪分解要快,发热量大,所以称为热性肥料。羊粪的性质与马粪相似,粪干燥而致密,C/N 为 12∶1,也属热性肥料,用于苗床肥,有利于发芽和幼苗生长。

表 8-18 人粪尿的养分含量 (单位:%)

项目	水分	有机质	矿物质	N	P_2O_5	K_2O	CaO	C/N
人粪	75.0	22.1	2.9	1.5	1.1	0.5	1.0	7.3
人尿	97.0	2.0	1.0	0.6	0.1	0.2	0.3	1.3

表 8-19 家畜粪尿的养分含量 (单位:%)

		水分	有机质	N	P_2O_5	K_2O
猪	粪	82	15.0	0.56	0.40	0.44
	尿	92	2.5	0.12	0.12	0.95
牛	粪	83	14.5	0.32	0.25	0.15
	尿	94	3.0	0.50	0.03	0.65
马	粪	76	20.0	0.55	0.30	0.24
	尿	90	6.5	1.20	0.01	0.50
羊	粪	65	28.0	0.65	0.50	0.25
	尿	87	7.2	1.40	0.63	2.10

表 8-20 畜、禽粪便中主要大量营养元素和微量元素含量(干重)

项目	牛粪	猪粪	羊粪	鸡粪
全氮/%	1.73	2.91	2.23	2.82
水解氮/(mg/kg)	2000	4140	2120	7350
铵态氮/(mg/kg)	1590	2620	1040	6410

续表

项目	牛粪	猪粪	羊粪	鸡粪
全磷/%	0.83	1.33	0.78	1.22
有效磷/(mg/kg)	2000	3140	4310	6110
有效磷占全磷/%	35	24	55	51
全钾/%	0.74	1.00	0.78	1.40
速效钾/(mg/kg)	5940	7280	4330	6750
有效钾占全钾/%	80	73	56	48
全硼	22.8	21.7	30.8	24.0
有效硼	2.7	2.6	5.0	3.0
全锌	187	199	146	130
有效锌	11.9	16.2	32.2	29.0
全钼量	3.7	3.0	3.4	4.2

注：微量元素含量为 mg/kg。

表 8-21 兔粪的养分含量 (单位：%)

种类	N	P_2O_5	K_2O
兔粪	0.78	0.3	0.41
兔尿	0.15	微量	1.02
粪尿平均	0.47	0.15	0.72
兔窝粪	1.77～1.92	0.92～1.33	1.94

表 8-22 新鲜禽粪中的养分平均含量 (单位：%)

项目	水分	有机质	N	P_2O_5	K_2O
鸡粪	50.5	25.5	1.63	1.54	0.85
鸭粪	56.8	26.2	1.10	1.40	0.62
鹅粪	77.1	23.4	0.55	0.50	0.95
鸽粪	51.0	30.8	1.76	1.78	1.00

表 8-23 厩肥的平均肥分 (单位：%)

家畜	水分	有机质	N	P_2O_5	K_2O	CaO	MgO	$S(SO_2)$
猪	72.4	26.0	0.45	0.18	0.60	0.08	0.08	0.08
牛	77.5	20.3	0.34	0.16	0.40	0.31	0.11	0.06
马	71.3	25.4	0.58	0.28	0.53	0.21	0.14	0.01
羊	64.8	31.8	0.83	0.23	0.67	0.33	0.28	0.15

4) 饼肥

油料作物的种子提取油后剩下的残渣，含有丰富的营养成分，用作肥料时就称为饼肥。饼肥的种类很多，主要有大豆饼、菜籽饼、花生饼、棉籽饼等。油饼的有机物质的含量一般为 750～800 g/kg，氮(N) 20～70 g/kg，磷(P_2O_5) 10～20 g/kg，钾(K_2O) 10～20 g/kg，还含有一些微量元素(表 8-24)。油饼中的氮主要是蛋白质，磷主要是植酸及其衍生物和卵磷脂等，钾大部分是水溶性的，用热水浸提可以溶出油饼中 95%以上的钾。油饼的 C/N 较小，一般比较容易分解，但因常含一定数量的油脂，致密呈块状，影响分解速度，所以要把油饼粉碎，以加速其分解。油饼可作基肥、种肥和追肥，一般经过发酵腐熟后再施用。未发酵的油饼作种肥时，应避免与种子直接接触，以免影响种子萌发。施用量一般为每公顷 450～1125 kg，沟施或穴施均可。

表 8-24 主要饼肥氮、磷、钾的平均含量 (单位：%)

油饼种类	氮(N)	磷(P_2O_5)	钾(K_2O)
大豆饼	7.00	1.32	2.13
芝麻饼	5.80	3.00	1.30
花生饼	6.32	1.17	1.34
棉籽饼	3.14	1.03	0.97
菜籽饼	4.50	2.48	1.40
蓖麻籽饼	5.00	2.00	1.90
柏籽饼	5.16	1.88	1.19
茶籽饼	1.11	0.37	1.23
桐籽饼	3.60	1.30	1.30
椰籽饼	3.74	1.30	1.96
大麻籽饼	5.05	2.40	1.35
杏仁饼	4.56	1.35	0.85
苍耳籽饼	4.47	2.50	1.47
苏籽饼	5.84	2.04	1.17
花椒籽饼	2.06	0.71	2.50
椿树籽饼	2.70	1.21	1.78
柏籽饼	5.16	1.89	1.19

2. 无机肥料的选择

通常而言，有机肥料肥效持续时间长，能有效提升土体的基础肥力，但其见效慢，因此通常需要配施无机肥料，快速为植物生长提供养分供应。

1) 单质肥料

单质肥料就是指只含有一种植物必需营养元素的肥料。但由于大量元素氮、磷、钾的用量远超过其他的中微量元素，因此在一般情况下，通常把只含有一种大量元素(氮、磷、钾)的肥料称为单质肥料，如碳铵、尿素、普钙、过钙、氯化钾等。

2) 复合肥料

复合肥料具有养分含量高、副成分少且物理性状好等优点，对于平衡施肥、提高肥料利用率、促进作物的高产稳产有着十分重要的作用。但它也有一些缺点，如它的养分比例总是固定的，而不同土体、不同作物所需的营养元素种类、数量和比例是多样的。因此，使用前最好进行测土，了解田间土体的质地和营养状况，另外也要注意和单质肥料配合施用，才能得到更好的效果。

3) 缓控释肥

控释肥释放原理是肥料中的养分从固态变成液态的过程中，其释放的速率与作物吸收养分的规律相吻合，这样作物吸收养分多的时候，就释放的多，少的时候就释放的少，极大限度地提高了肥料的利用率，所以控释肥比普通肥料的科技含量高，具有智能控释的作用，也称它为智能肥料。

控释肥确切地说是通过高科技制成的高分子树脂包膜外壳来完成的，它的核心是把复合肥料或单质肥料包上一层均匀的外壳。当肥料施入土体后，土体水分从膜孔进入，溶解了一部分养分，然后通过膜孔释放出来，当温度升高时，植物生长加快，养分需求量加大，肥料释放速率也随之加快；当温度降低时，植物生长缓慢或休眠，肥料释放速率也随之变慢或停止释放。另外，作物吸收养分多时，肥料颗粒膜外侧养分浓度下降，造成膜内外浓度梯度增大，肥料释放速率加快，从而使养分释放模式与作物需肥规律相一致，使肥料利用率最大化。

缓控释肥是指通过各种调控机制使其养分最初缓慢释放，延长作物对其有效养分吸收利用的有效期，并使其养分按照设定的释放率和释放期缓慢或控制释放的肥料。这种肥料具有提高化肥利用率、减少使用量与施肥次数、降低生产成本、减少环境污染、提高农作物产品品质等优点，突出特点是其释放率和释放期与作物生长规律有机结合，从而使肥料养分有效利用率提高30%以上。缓控释肥是在传统肥料外层包一层特殊的膜，根据作物养分需求，控释养分释放速度和释放量，使养分释放曲线与作物需求相一致。由于缓控释肥具有减少施肥量、节约化肥生产原料(煤、电、天然气)、提高肥料利用率、减少生态环境污染等优点，因此被称为"21世纪高科技环保肥料"，成为肥料产业的发展方向，也是未来土地工程中倾向性选择的肥料。

(六) 土质成分添加方式

在农用地土体养分调节中，土质成分的添加方式多种多样，但选择的主要原则是能提高工程效率和肥料利用效率，实现集约化生产。

1. 土体添加

土体直接添加是中国农业中的基础土质成分调节方式，也是传统土地工程项目中采用的方式，其中主要包括撒施、条施和穴施。

1) 撒施

撒施一般在未栽种作物前，用于基肥施用，或作物生长期间密度较高的情况下无法采用深施、条施、穴施等时，所采用的施肥手段。只需将养分直接均匀地播撒在土体上即可完成。作基肥撒施一般在耕前或耕后耙地前，优点是能均匀分布到土体耕作层，有利于作物的根系早期吸收利用。其缺点是如果伴随降水或灌溉，则很容易随水流失，一方面造成养分的浪费，另一方面也会导致养分进入地表/地下水，造成潜在的农业面源污染；且作撒施追肥时氮素易损失，磷钾移动渗透能力差，在土表上难被作物根系吸收利用，一般不建议这样做。撒施应与耕作、灌溉措施相结合，以使养分和土体充分融合，减少养分损失，提高养分利用率。尽管因其易于操作，且不需要额外的机械、工具投入，农民乐于采用，但不适宜土地工程中的大面积操作。

2) 条施

条施又称为沟施，适宜于点播、条播及需定植的作物，在作物种子行或作物幼苗行旁边，再开一条肥料沟，均匀施入肥料，并覆土。适用于下列情况：一些容易被土体固定的肥料，如磷肥；肥料用量少；作物间距较大；作物根系发育较差，而土体肥力较低。条施的优点是：肥料近根，容易被吸收利用，因而肥料利用率较高；肥料与土壤接触面小，营养元素被固定的程度低，有效时间比撒施长。果树沟施通常采用环状沟施法或放射状沟施，幼树和结果期的大树都可采用。沟深 $15\sim20cm$，施肥后覆土。沟施方法肥料集中，可以深施，能促进根系向下深扎，有利于抗旱。

3) 穴施

穴施是在作物种子周围或定植作物幼苗根部，挖穴施入肥料并覆土。挖穴施肥的方法适用于点播或移栽作物，如玉米、棉花、西红柿等。一般比条施更能使肥料集中施用，也比较节肥。一般穴施深 $5\sim10cm$，施肥后覆土，为了避免穴内浓度较高的肥料伤害作物根系，采用穴施的有机肥必须预先充分腐熟，化肥需适量，推荐的施肥方法是将有机肥/厩肥与化肥先混合，再施入穴中，可以有效防止作物根系被肥料烧伤。穴施的位置和深度均应注意与作物根系保持适当的距离，避免伤根，施肥后覆土前最好结合灌水，可加速养分吸收利用。穴施将养分集中施用于作物根部，可提高肥料利用率，但人工投入加大，会提高土地工程成本。可以用手持的施肥机械进行穴施，提高施肥效率。

2. 叶面施用

叶面施用的养分应是完全水溶性的，喷施浓度也要受到一定的限制。养分的喷施浓度一般不得超过0.5%。但硝酸钾肥料的喷施浓度可以达到1%，甚至更高，因为硝酸钾中氮钾比为1∶3，这恰好是植物吸收这两种元素的最佳比例。叶面喷施可以在其他施肥方式不允许的情况下和一些特定的情况下及时为植物补充所需的养分(Ibrahim and Ramadan, 2015)。叶面喷施养分品种可以是大量元素(氮、磷、钾)、中量元素(钙、镁、硫)和微量元素(铁、锌、锰、硼、铜、钼)。氮应以硝态氮为主，铵态氮和尿素态氮为辅。铁、锌、锰和铜最好使用螯合态的，就可以与磷一起施用，同时也避免相互之间发生拮抗作用。钙、镁不要和磷一起喷施，以免出现不溶性沉淀。每次喷肥最好喷施所需尽量多的肥料品种，这样既能全面补充营养，又能节省工时。叶面喷施肥料应当在清晨或傍晚进行。这样可以避免烧叶、烧苗。

3. 其他

1) 灌溉施肥(水肥一体化)

水肥一体化是基于滴灌系统发展而成的节水、节肥、高产、高效的农业工程技术，可以实现水分和养分在时间上同步、空间上耦合(Kipp, 1992; Mohammad and Zuraiqi, 2002)。水肥一体化在土地工程中应用广泛，无论是滴灌、喷灌还是漫灌都可以将水、肥一体施入，提高生产效率。

水肥一体化技术适宜于有井、水库、蓄水池等固定水源，且水质好、符合微灌要求，并已建设或有条件建设微灌设施的区域推广应用。尤其适用于设施农业、果园等大田经济作物栽培，以及经济效益较好的其他作物。这项技术的优点是肥效快，养分利用率高；可以避免将肥料施在较大的表土层易引起的挥发损失、溶解慢从而导致的肥效发挥慢；尤其避免了铵态和尿素态氮肥施在地表挥发损失的问题，既节约氮肥又有利于环境保护。所以，水肥一体化技术使养分的利用率大幅度提高。研究表明，灌溉施肥体系比常规施肥节省肥料；同时，大大降低了设施蔬菜和果园因过量施肥造成的水体污染问题。由于水肥一体化技术通过人为定量调控，满足作物在关键生育期"吃饱喝足"的需要，杜绝了任何缺素症状，因此在生产上可达到作物的产量和品质均良好的目标。

2) 机械化与自动化施用

通过机械完成土质成分的全过程添加或者部分过程的添加称为机械化调控。机械化施用具有施用效率高、用量易于调控、用量准确、容易实现深施等优点。

撒施可利用撒施机将养分均匀施入田面后而翻耕，也可将养分用排肥器排入犁沟当中。种肥通常利用施肥播种机一次完成播种和施肥作业，实现肥、种分层或深施。植物生育期追施可利用追肥机，一般一次完成开沟、排肥、覆土和镇压4道工序。自动化施肥是在精准农业中的定位定量施肥。另外，在现代设施农业中通过计算机手段调控营养，实现自动施肥。在溶液栽培、工厂化生产技术中，养分调控多采用自动控制。目前在土地工程中已经有较大面积推广应用。

3) 精准施用

土质成分的精准添加施用技术又称自动变量施肥技术，实现了在每一操作单元上因土、因作物全面平衡土质成分调节施用，大大提高了养分利用率和施肥经济效益，减少了对环境的不良影响。精准施用技术是精准农业的核心内容之一。"精准农业"是利用GPS进行农田信息定位获取，包括产量监测、土样采集等，计算机系统通过对数据的分析处理，决策出农田地块的管理措施，把产量和土体状态信息装入带有GPS设备的喷施器中，从而精确地给土体施肥、喷药。通过实施精准耕作，可在尽量不减产的情况下，降低生产成本，有效避免资源浪费，降低因施肥除虫对环境造成的污染（谭金芳，2002）。这将会是土地工程上植物营养保障的技术趋势。

三、非农用地土体有机重构的植物营养保障

非农用地土体有机重构中，应该满足操平、园林花木等绿化植物对于植物营养的需求，为土地工程的生态和美学效应提供基础。

(一) 典型植物的土质成分需求

1. 草坪草土质成分需求

草坪草的正常生长发育需要多种土质成分的均衡供给，氮是首要考虑的营养元素（表8-25）。贫瘠土体上的草坪，一般应多施氮；生长季越长，氮素的添加量越多；使用频繁的草坪，如运动场草坪，应多施氮，以促进草坪草的旺盛生长，使其尽快恢复。生长缓慢、草屑量很少的草坪需要补氮，而草坪色泽浅绿转黄且生长稀疏是需补氮的征兆。长满杂草的草坪应该补氮，但应首先清除杂草，否则会加重草害，降低土质成分有效性。

表 8-25　不同草坪形成良好草坪的需氮量

冷季型草坪草	年需氮量/(g/m^2)	暖季型草坪草	年需氮量/(g/m^2)
细羊茅	3～12	美洲雀稗	3～12
高羊茅	12～30	普通狗牙根	15～30
一年生黑麦草	12～30	杂交狗牙根	21～42

续表

冷季型草坪草	年需氮量/(g/m²)	暖季型草坪草	年需氮量/(g/m²)
多年生黑麦草	12~30	日本结缕草	15~24
草地早熟禾	12~30	马尼拉	15~24
粗茎早熟禾	12~30	假俭草	3~9
细弱剪股颖	15~30	野牛草	3~12
匍匐剪股颖	15~39	地毯草	3~12
冰草	6~15	钝叶草	15~30

磷、钾或其他成分不能代替氮,通常在氮添加量充足的情况下应配施其他营养成分,才能提高草坪草对氮的利用。合理的氮、磷、钾配比在草坪施肥中十分重要。当氮、磷、钾的施用量分别为 45 g/m²、5 g/m²、25 g/m² 时,能有效地阻止多年生黑麦草休眠,促进生长,提高整个草坪冬天的质量。适宜的 N:P:K 配比也可缓解由于土体 pH 偏低对草坪造成的不良影响,当 N:P:K 达到 20:8.8:16(g/m²) 时,草坪能在 pH 5.1 的土壤中保持较好的质量。

钾和磷用量可根据基础勘查测试结果,在氮用量的基础上,按照 N:P:K 配合施用的比例来计算确定。一般情况下,N:K=2:1。目前有一种趋势,即加大钾肥的用量,使 N:K 达到 1:1,以增加草坪草的抗逆性。而磷肥一般每年施用 5 g/m²,在春季施用,以满足整个生长季节的需要。在其他追肥中,可采取 N:P:K=1:0:1 的施用比例。

微量元素一般不缺乏,在土质成分调节时很少添加。但是在碱性、砂性或有机质含量高的土质上易发生缺铁。草坪缺铁可以喷 3%硫酸亚铁溶液,每 1~2 周喷施一次,或使用含铁的专用草坪肥。如滥用微量元素,即使用量不大也会引起毒害,因为添加过多会影响其他营养元素的吸收和活性的大小。通常,防止微量元素缺乏的较好方式是保持适宜的土壤 pH 范围,合理掌握石灰、磷酸盐的添加量等。

2. 园林树木土质成分需求

树木对土质成分的需求与树种及其生长习性有关。例如,泡桐、杨树、重阳木、香樟、桂花、茉莉、月季、茶花等树种生长迅速、生长量大,比柏木、马尾松、油松、小叶黄杨等慢生耐瘠树种对土体养分要求更高,需要量更大。因此,应根据不同的树种对土质成分进行合理添加。

总体上讲,随着树木生长旺盛期的到来,元素需求量逐渐增加,生长旺盛期以前或以后需求量相对较少,在休眠期甚至不需要添加;在抽枝展叶的营养生长阶段,树木对氮的需求量大,而生殖生长阶段则以磷、钾及其他微量元素为主。根据园林树木物候期差异,土质成分调节,元素的添加时期应有萌芽期、抽枝期、花前期、壮花稳果期以及花后期等。就生命周期而言，一般处于幼年期的树种，尤其是幼年的针叶树，生长需要添加大量的元素，到成年阶段对土质成分的需要量减少。对古树、大树供给更多的微量元素，有助于增强对不良环境因子的抵抗力。

(二) 土质成分调节

非农用地土质成分调节时元素的添加量同农用地计算公式，对于养分含量特别低的新增用地来说，应遵循首年调节和多年调节相结合的原则，避免一次添加过多而引起负效应的产生。

1. 草坪草土质成分调节

健康的草坪草每年在生长季节应对土质成分进行测定添加，以保证元素的连续供应。就所有冷季型草坪草而言，深秋追施是非常重要的，这有利于草坪越冬。特别是过渡地带，深秋追施可以使草坪在冬季保持绿色，且春季返青早。磷、钾等土质成分对草坪草冬季生长的效应不大，但可以增加草坪的抗逆性。夏季应增加钾用量，谨慎氮素添加。如果夏季不施氮，冷季型草坪草叶色转黄，但抗病性强。过量施氮则病害发生严重，草坪质量急剧下降。暖季型草坪草最佳的元素添加时间是早春和仲夏。秋季不能过迟，以防降低草坪草抗寒性。

实践中，草坪土质成分调节添加的次数或频率常取决于草坪养护管理水平。对于每年只施用一次养分的低养护管理草坪，冷季型草坪草于每年秋季施用；暖季型草坪草在初夏施用。对于中等养护管理的草坪，冷季型草坪草在春季与秋季各追加元素一次；暖季型草坪草在春季、仲夏、秋初各施用一次即可。对于高养护管理的草坪，在草坪草快速生长的季节，无论是冷季型草坪草还是暖季型草坪草最好每月调节一次土质成分。

2. 绿化树木土质成分调节

对于园林绿化树木来说，在土质成分调节上应注意，由于树木根群分布广，吸收养料和水分全在须根部位，因此元素添加要在根部的四周，不要靠近树干。根系强大，分布较深远的树木，元素添加宜深，范围宜大，如油松、银杏、臭椿、合欢等；根系浅的树木添加宜较浅，范围宜小，如法国梧桐、紫穗槐及花灌木等。有机物质要充足发酵、腐熟，切忌用生粪，且浓度宜稀，无机元素必须完全粉碎成粉状，不宜成块施用。应选天气晴朗、土体干燥时施用。阴雨天由于树根吸收水分慢，不但添加的元素不易吸收，而且还会被雨水冲失，造成浪费。沙地、坡地、岩石易造成土质成分流失，添加时要深些。氮在土体中移动性较强，所以浅施渗透到根系分布层内，被树木吸收；钾的移动性较差，磷的移动性更差，宜深施至根系分布最多处。基肥因发挥肥效较慢，应深施，追肥肥效较快，则宜浅施，供树木及时吸收。叶面喷肥是通过气孔和角质层进入叶片，而后运送到各个器官，一般幼叶较老叶，叶背较叶面吸水快，吸收率也高。所以实际喷布时一定要把叶背喷匀、喷到，使之有利于树干吸收。叶面喷施要严格掌握浓度，以免烧伤叶片，最好在阴天或上午 10 时以前和下午 4 时以后喷施，以免气温高，溶液很快浓缩，影响效果或导致药害。城镇园林绿化地土质成分添加时，在选择成分种类和施用方法时，应考虑不影响市容卫生，散发臭味的养分不宜施用。

第二节 土体有机重构的动物营养保障

土体中的动物是土体中和落叶下生存着的各种动物的总称，动物作为生态系统物质循环中的重要消费者，在生态系统中起着重要的作用，一方面积极同化各种有用物质以建造其自身，另一方面又将其排泄产物归还到环境中不断改造环境。根据个体大小、栖居时间和生活方式可分为若干类型，在土体中分布极不均匀。土体中的动物在其生命活动过程中，对土体有机物质进行强烈的破碎和分解，将其转化为易于植物利用或易矿化的化合物，并能释放许多活性钙、镁、钾、钠和磷酸盐类，对土质产生显著影响。土地整治在土体有机重构过程中同时应考虑土体动物的营养保障，以实现土体生态系统的良性循环。

一、土质对动物的影响

（一）土体质地与结构

土体质地与结构直接或间接地影响着土壤动物的分布与密度。通常在较轻而有小孔隙的轻壤土、沙壤土中，有利于体形细长、具有角质表皮的或身体具有较大灵活性的动物直接穿行，如叩头虫幼虫；在松软的中壤土中，许多动物能营推进式的挖掘活动，它们通过不断改变身体形状和长短在松软的土壤中活动，这些动物通常具有蠕虫式的体形，体壁富有弹性，身体上各个环节粗细的改变借助体腔液来完成，如蚯蚓、大蚊幼虫等；在质地较硬的黏土中，土壤动物常营掘凿或钻挖的运动方式。这种凿掘活动通常是借助附肢的爪或头部的凿状突起进行凿掘，如叩头虫幼虫等。钻挖主要是靠颚器，如步甲等许多甲虫都具有这样的钻挖能力（张雪萍，1995）。

（二）土体环境

1. 土体 pH

以中国东北羊草草原研究为例，在中性至碱性环境中，土壤动物密度与 pH 呈负相关，其相关系数 $R=0.8873$，在所研究的七块样地中，碱斑地 pH 9>碱蓬群落 pH 8.5>羊草打草场 pH 7.8>人工杨树林 pH 7.5>撂荒地杂类草群落 pH 7.3>放牧草场 pH 7>榆树疏林 pH 6.9。而土壤动物个体密度则：碱斑地几乎为 0<碱蓬群落 76.9 个/m²<羊草打草场 870.9 个/m²<人工杨树林 1270.9 个/m²<放牧草场 1346.3 个/m²<撂荒地杂类草群落 1390 个/m²<榆树疏林 1899 个/m²(张雪萍，1995)。

2. 土体中水分含量

土体中大多数昆虫对缺水的敏感性比土体外栖息的种类高。它们在行为上大多表现为正趋湿性。中国广大地区多为季风气候，雨热同季，夏季，在大多数地区水分对土中动物及其分解作用的限制不明显，因此，尽管土体中动物的生命活动与土体水分关系极为密切，但在夏季对长岭羊草草原及帽儿山土壤动物的研究中表明，动物与土体水分的关系均不明显。但对于帽儿山人工落叶松林山顶、山腰、山麓三个地形部位连续四次的专门取样调查表明，土体湿度为山麓>山顶>山腰，土体中动物密度也表现为同样的规律。由此可以认为，在一定湿度范围内动物密度与土体湿度呈正相关(张雪萍，1995)。

二、动物营养保障与可持续提升

土体中的动物与土体质地、结构有着密切关系，同时受土体环境条件的影响。研究表明，长期施用有机肥导致稀树草原区蚯蚓和捕食性土体动物增加(Lopez-hernandez et al.，2004)；连续施用氮磷肥显著降低了土体中线虫和原生动物数量(Qi et al.，2011)。Gudleifsson(2002)的研究表明，长期施肥导致一些无脊椎动物数量的减少，增加了如弹尾目和蟀螨目等类群的数量，而高氮量施肥对中型螨类的生存发展有不利影响(Reeleder et al.，2006)。长期施肥对农田土体中动物个体总数影响较大，对土体动物群落多样性和丰富度的影响较小(林英华等，2010)；但有研究表明(朱强根等，2010)，有机肥或有机肥配施化肥有利于土体中动物群落多样性和丰富度的提高。此外，土体中动物作为重要的生物群落，对土体质量的变化起着指示作用，其群落的个体数量、丰富度和多样性等可作为土体质量评价的重要指标。表 8-26 和表 8-27 为不同耕作处理对土体中动物的影响(黄伦先和沈世华，1996)。

表 8-26 不同耕作处理土体中动物种类与数量

种类	垄作常耕/个	垄作免耕/个	平作常耕/个	平作免耕/个	总数/个	频度/%	多度
线虫类	102	157	71	94	424	34.00	+++
线蚓类	59	103	39	48	249	19.97	+++
蚯蚓类	61	104	9	13	187	14.99	+++
多毛类	28	34	32	27	121	9.70	++
同翅类	7	9	10	13	39	3.13	++
异翅类	8	6	9	8	31	2.49	++

续表

种类	垄作常耕/个	垄作免耕/个	平作常耕/个	平作免耕/个	总数/个	频度/%	多度
腹足类	7	10	5	7	29	2.33	++
双翅类	7	5	8	6	26	2.09	++
鞘翅类	3	5	7	9	24	1.92	++
缨翅类	4	3	9	7	23	1.84	++
弹尾类	8	11	0	0	19	1.52	++
蜱螨类	4	6	4	4	18	1.44	++
蛭类	3	2	5	6	16	1.28	++
多足类	5	7	0	0	12	0.96	+
甲壳类	0	3	3	5	11	0.88	+
蜘蛛类	0	1	4	3	8	0.64	+
鱼类	2	3	0	2	7	0.56	+
纤毛类	0	0	0	3	3	0.24	+
合计	308	469	215	256	1247	—	—

注：+++表示优势类群；++表示常见类群；+表示稀有类群。

表 8-27　不同耕作制度下土体中动物种群数量统计

类别	种类	垄作/个	平作/个	免耕/个	常耕/个
优势种类	线虫类	130	83	126	87
	线蚓类	81	44	76	49
	蚯蚓类	83	11	59	35
常见种类	多毛类	31	30	31	30
	同翅类	8	12	11	9
	异翅类	7	9	7	9
	腹足类	9	6	9	6
	双翅类	6	7	6	8
	鞘翅类	4	8	7	5
	缨翅类	4	8	5	7
	蜱螨类	5	4	5	4
	蛭类	3	6	4	4
稀有种类	多足类	6	0	4	3
	甲壳类	2	4	4	2
	蜘蛛类	1	4	2	2
	鱼类	3	1	2	2
	纤毛类	0	2	2	0

为满足有益动物的营养需求及正常生长，需因地制宜根据作物需求实行合理的耕作制度与耕作措施，不断改善土质条件，优化土体结构，加强土体管理，从而实现土质的多年可持续提升。

第三节　土体有机重构的微生物营养保障

在土体有机重构过程中，土体中微生物具有调节土质成分、改善土体颗粒组成、调整土体 pH 和降解有毒有害物质等作用，在本书中已经有较为具体的论述。因此，满足土体中有益微生物的生长繁殖无论是对作物的生长还是对土质成分的改善都具有十分重要的作用。

一、土质对微生物的影响

土体是微生物的栖息地，土体成分和土体环境条件共同作用，对土体微生物群落结构产生影响。土体对其中微生物的作用表现在两个方面，一是直接的作用，即通过提供特殊的生存环境选择能够适应这一环境的微生物生存；二是间接的作用，即通过改变根系功能，影响根系分泌物产生变化来影响微生物群落结构。

(一) 土体成分

1. 无机成分

有研究表明(表 8-28)，土体氮(N)添加量为 25 g/(m²·a)时，微生物数量和生物量比对照明显增加。添加磷没有引起土体中微生物数量和生物量的明显增加。氮和磷均没有引起土壤细菌、真菌和放线菌组成的变化。氮虽然影响微生物的数量，但对微生物的组成没有影响，氮添加导致土质成分中硝态氮含量的增加，但对氨态氮影响不大，硝态氮可能是影响微生物数量的重要因素。仅靠短期施用无机肥料恢复土壤微生物群落是困难的。

表 8-28　土质成分添加对土体微生物数量和微生物生物量变化的影响

成分添加量 /[g/(m²·a)]	细菌数量 /(×10⁴个/g土)	真菌数量 /(×10⁴个/g土)	放线菌数量 /(×10⁴个/g土)	微生物总数 /(×10⁴个/g土)	微生物生物量 /(mg/g土)
N 5	103.20(76.5)	3.63(2.7)	28.10(20.8)	134.93	10.12
N 15	105.35(74.5)	5.43(3.8)	30.65(21.7)	141.43	12.25
N 25	174.07(79.2)	4.82(2.2)	40.90(18.6)	189.79*	15.34
P 10	122.22(81.6)	3.18(2.1)	24.33(16.2)	149.73	12.07
P 20	124.12(80.8)	3.57(2.3)	25.98(16.9)	153.67	12.21
CK(对照)	106.42(77.6)	3.25(2.4)	27.38(20.0)	137.05	10.20

2. 有机成分

不同的土体管理措施对土体中微生物群落结构影响较大，长期连作、大量的外源化学物质的应用降低了土体微生物的多样性，而施用有机肥、免耕可以增加土体中微生物群落结构多样性，有利于维持土体生态系统的功能（表 8-29 和表 8-30）(Dungait et al., 2013； Li et al., 2015； Sun et al., 2016)。

表 8-29　有机无机成分添加对土体微生物数量的影响

处理	细菌 /(10^5 个/g)	+/-	真菌 /(10^3 个/g)	+/-	放线菌 /(10^4 个/g)	+/-	自生固氮菌 /(10^4 个/g)	+/-
对照	23.97		7.31		3.60		1.32	
N	28.27	4.30	8.80	1.49	8.91	5.31	1.77	0.45
NP	31.92	7.95	7.50	0.29	6.44	2.84	1.92	0.60
NPK	31.33	7.36	8.09	0.78	7.72	4.12	2.01	0.69
M	31.56	7.59	8.62	1.31	10.70	7.10	2.84	1.52
MN	34.18	10.21	13.04	5.73	11.08	7.48	3.20	1.88
MNP	32.93	8.96	16.11	8.80	12.10	8.50	3.99	2.67
MNPK	35.46	11.49	14.45	7.14	14.75	11.50	3.47	2.15

注：+/-表示与试验前比较的增减量；M 为有机物料，N 为氮肥；P 为磷肥；K 为钾肥。

表 8-30　有机成分对水稻土根际微生物的影响　（单位：×10^5 个/g 干土）

项目	离根距离					
	0~1 mm		1~2 mm		>7 mm	
	IPSB	OPDB	IPSB	OPDB	IPSB	OPDB
NF	5.55	4.41	3.34	3.63	3.67	3.88
OM	110.20	78.32	77.90	57.30	60.70	46.80
CF	25.10	12.60	22.50	10.30	16.90	8.69
OM+CF	125.70	60.80	80.20	55.60	57.70	47.00

注：IPSB 为无机磷溶解细菌；OPDB 为有机磷分解菌；NF 为不施肥处理；OM 为有机肥料；CF 为无机肥料。

（二）土体环境条件

1. 土体 pH

土体酸碱度是决定土体微生物的另一至关重要的因素。一般湿润温暖地区的肥沃中性土体所含微生物的数量最高。不同土体中的微生物总数通常呈如下趋势：黑钙土>棕壤土>灰壤土>水沼土>砖红土(陈华癸，1981)。由于微生物原生质的 pH

接近中性，土体中大部分微生物在中性条件下生长。一般来说，土体细菌、放线菌在中性偏碱的土体中生长较好；真菌一般较耐酸；酸性土体中，微生物量较低，微生物群落较少，C的利用效率较低，呼吸熵则较高(Wolters and Joegense，1991)。当酸性土施加石灰或草木灰后，土壤pH上升，总的微生物活性上升，细菌生长率提高，细菌群落组成发生变化(Baath and Arnebrant，1994)。

2. 土体中水分含量

土体微生物的变化还受到干湿条件的影响。土体干旱或渍水都会引起土体微生物总量的暂时性变化。土体在25℃下风干可降低微生物活性3%~60%，调节土水势至-23×10^5Pa，微生物活性降低28%~45%，土水势至-80×10^5Pa，则降低64%~86%，风干土复水后，微生物量会逐渐恢复，但短期内难以达到原来水平(谢龙莲等,2004)。土体中水分含量的变化也会显著影响微生物的群落结构，一些对水分敏感的微生物更易受干旱影响(Yan et al.，2015；Banerjee et al.，2016)。

二、微生物营养保障与可持续提升

(一) 土质成分外源添加

1. 增加无机成分的施用

长期无机成分的添加与不添加相比，土体微生物数量有一定程度的增加，硝化细菌、纤维分解菌等一些生理菌群数量增幅较大。氮的外源添加会引起土体微生物群落生物量的明显增加，氮也是限制土体微生物的主要因素之一。当土体氮严重缺乏时，添加氮，植物生长加快。施入土体中的氮可能大部分被植物吸收，因此微生物得不到充分的氮用于自身繁殖。在氮添加量较大时，土体微生物的数量和生物量才出现明显增加。此时可能由于土体的有效氮浓度较高，植物和微生物之间对氮的竞争减弱，微生物可以利用一部分氮进行增殖。磷是构成微生物体的主要组分，有研究表明，单施磷可改变土体中微生物群落组成，但对微生物数量的影响却不明显，磷不是影响土体微生物的主要因素，磷对微生物群落结构的影响只有在连作时才表现出来。

2. 增加有机成分的施用

研究表明，施用有机肥土体微生物生物量明显高出施用无机肥，说明施用有机肥后不仅直接补充了土体养分，满足微生物生长，而且补充了一定量的微生物(洪坚平和谢英荷，1996；Khalil et al.，2016)。另有研究表明，在氮、磷、钾同等添加量的条件下，单纯无机成分的添加效果远不及有机无机配合施用(徐阳春等，2002)。除有机肥的补充外，人为添加微生物菌剂对土体微生物的调节起到很重要的作用，微生物菌剂能产生糖类物质，占土体有机质的0.1%，与植物黏液、矿物胚体和有机胶体结合在一起，可以改善土体团粒结构，增强土体的物理性能，在一定的条件下,还能参与腐殖质的形成,可持续改善土质的成分,形成良性循环。

(二)加强土体管理

土体微生物多样性受到土质成分、pH、质地、温度、水分和通气等条件的影响,所以任何土体管理措施能够改变土体理化性质,无疑也会在一定程度上影响微生物的群落结构组成,因此在多年培育过程中应加强土体管理。表 8-31 列举了近年来一些有关土体管理对微生物群落结构影响的例子(王光华等,2006)。

表 8-31 土体管理措施对土体微生物群落结构的影响

试验处理	结果与结论
31 年长期施用有机和无机肥	有机肥处理提高了 G+/G-和细菌/真菌的比例;细菌和真核微生物群落结构受到土壤有机碳和 C/N 的影响
100 年有机肥处理和 70 年不同的化肥处理	有机肥处理细菌微生物群落结构与未处理土壤相似,而与化肥处理差别大;石灰处理对细菌微生物群落影响小;N 和 NP 处理结构相似
6 年应用城市固体垃圾堆肥	水解酶、β-葡萄糖苷酶、尿酶、还原酶和磷酸酶活性下降;微生物群落结构受到的影响小
2 年应用硫酸铜	对细菌群落产生影响
15 年应用下水道污泥而导致的锌污染	锌污染 25%降低了农田土壤细菌群落组成多样性
低铁营养胁迫对大麦根际土壤微生物群落结构	大约 40%微生物群落结构改变是由低铁胁迫引起的
杀菌剂百菌清在草坪、森林和农业土壤上应用	百菌清应用对土壤细菌和真菌群落结构都有改变
10 年农田应用除草剂敌草隆、利谷隆和绿麦隆	土壤微生物群落结构和代谢能力受到影响,微生物群落多样性减少
12 年免耕和传统耕作对连作棉花田土壤微生物影响	免耕提高表层土壤有机碳和氮含量 130%和 70%;改变了土壤微生物群落结构
10 年不同耕作和残茬处理对连作玉米田(沙壤土)土壤微生物影响	采样时间和采样深度对土壤微生物群落结构的影响比耕作和残茬处理明显;残茬处理的影响要大于耕作处理
25 年不同耕作措施对小麦-休闲种植制度下的土壤微生物群落影响	耕作处理导致代表 AM 菌根菌的生物标记 C16:1(cisll)含量下降;耕作引起的土壤微生物群落结构改变在休闲时表现得更明显;种植小麦和休闲时微生物群落结构不同
28 年和 36 年大麦和轮作对土壤微生物群落结构影响	从连作和轮作处理土壤中分离出的细菌菌株 FAME 图谱不同,表明土壤微生物群落结构发生改变
5 年玉米连作、玉米-猪屎豆轮作和磷肥用量	轮作促进了真菌和 G-细菌的生长;磷肥对微生物群落结构的影响只有在连作时才表现出来;连作处理作用效果大于磷肥处理

不同的土体管理措施对土体理化性质的改变因土而异,在影响微生物群落结构的效果上也表现不同,有的还互有矛盾。在实际操作过程中应因地制宜,加强土体管理,不断改善土体微生物群落结构,实现土质成分的多年可持续提升。

第三篇 配套工程

第九章 土地工程中的水利用

土地工程在进行土体有机重构时,水资源的配套直接影响主体工程的实施质量,为保证土地工程的完整性,应以高效利用水资源和保护生态环境为前提,做好土地工程中的水利用工程。本章将从用水质量与数量出发,通过平衡供给和水质改良,结合水利工程优化设计,因地制宜,利用一切可利用之水,保证区域内水资源可持续利用。

第一节 土地工程水资源供需平衡

土地工程在开展项目建设时,首先要考虑的是水资源的供需问题,尤其是对于干旱地区,水资源是决定土地工程整治项目大小的主要因素。因而,本节首先从土壤水与植物需水出发,详细介绍土地工程中水资源的供需平衡,以把握土地工程对水的需求。

一、土壤水与植物需水

土壤水是土壤的最重要组成部分之一,是土体构成的重要因素。植物是土地工程服务的主要对象之一,植物需水直接决定了土地工程区域水资源供需要求。因此,只有了解水在土壤中的变化及其运移机理,了解植物耗水需求,才能准确把握土地工程对水的需求。

(一)土壤水

1. 土壤水分类型及水分常数

通常所说的土壤水实际上是指在105℃下从土壤中驱逐出来的水。

1)吸湿水及其吸湿系数

单位体积土壤具有的土壤颗粒表面积很大,具有很强的吸附力,能将周围环境中的水汽分子吸附于自身表面,这种束缚在土粒表面的水分称为吸湿水,不同质地的土壤吸湿水含量不同(表9-1)。当土粒周围的水汽饱和时,土壤吸湿水量最大,此时相应的含水率称为最大吸湿量或吸湿系数。

2)薄膜水及最大分子持水量

当吸湿水达到最大数量后,土粒已无足够的力量吸附空气中活动力较强的水汽,只能够吸持周围环境中处于液态的水,这种吸着力吸持的水分使吸湿水外面的水膜逐渐加厚,形成连续的水膜,故称为薄膜水。薄膜水达到最大值时的土壤含水率称为最大分子持水量。

表 9-1　土壤质地与吸湿水量的关系

土壤质地	吸湿水量/%	土壤质地	吸湿水量/%
细砂土	0.03	中壤土	3.00
壤砂土	1.06	黏土	5.40
砂壤土	1.40	重黏土	6.54
轻壤土	2.09	泥炭土	18.42

3) 毛管水及其田间持水量

土壤中薄膜水达到最大值后,多余的水分子便由毛管力吸持在土壤的细小孔隙中,这部分水称为毛管水。天然条件下,地下水在毛管力的作用下,将沿土壤中的细小孔隙上升,由此而保持在毛管孔隙中水分称为毛管上升水;当地下水位埋深较深时,毛管上升水远不能达到表面土壤,此时降水或灌溉后由毛管力保持在上层土壤细小孔隙中的水分称为毛管悬着水。当毛管悬着水量达到最大值时的土壤含水量称为田间持水量,土壤经改良后,田间持水量会发生较大变化,如张露等将砒砂岩与风沙土进行复配,发现随着复配土壤中砒砂岩质量的增加,其田间持水量由 4.46%增加到 17.32%(张露等,2014a)。不同类型土壤的田间持水量范围不同,以华北平原为例,不同类型土壤田间持水量差异可达 6%~8%(表 9-2)。

表 9-2　华北平原不同质地土壤的田间持水量(质量分数)　　(单位：%)

质地名称	田间持水量	质地名称	田间持水量	质地名称	田间持水量	质地名称	田间持水量
紧砂土	16~22	轻壤土	22~28	重壤土	22~28	中黏土	25~35
砂壤土	22~30	中壤土	22~28	轻黏土	28~32	重黏土	30~35

4) 重力水及其饱和含水率

若土壤的含水量超过了土壤的田间持水量,多余的水分不能被毛管力吸持,在重力作用下将沿非毛管孔隙下渗,这部分土壤水分称为重力水,当土壤中的孔隙全部被水充满时,土壤的含水率称为饱和含水率或全蓄水量。

当植物因根无法吸水而发生永久萎蔫时的土壤含水量,称为萎蔫系数,其值等于田间持水量的 1/3~1/2,因土壤质地、作物和气候等不同而不同,且同一质地的土壤,栽培不同作物,此值也有细微差别(表 9-3)。

表 9-3　不同质地土壤各种作物的萎蔫系数

作物	粗砂土	细砂土	砂壤土	壤土	黏壤土
水稻	0.96	2.7	5.6	10.1	13.0
小麦	0.88	3.3	6.3	10.3	14.5
玉米	1.07	3.1	6.5	9.0	15.5
高粱	0.94	3.6	5.9	10.0	14.1
豌豆	1.02	3.3	6.9	12.4	16.6
番茄	1.11	3.3	6.9	11.7	15.3

5) 壤中流

壤中流生成于土壤的非饱和土层。在自然界中，由于人类的生产活动和自然因素的综合作用，土壤常自地表而下形成各个层次，一般是上层疏松，自上而下逐渐密实，上层渗透系数大，越向下层渗透系数越小。因此，渗透系数小的下一层相对于渗透系数大的上一层来说，称为弱透水层或相对不透水层。降水到达下垫层以后，一部分雨量沿坡面产生地表径流，另一部分渗入土壤，随着这一过程的继续，土壤含水量达到并超过田间持水率，由于水分不能被毛管力保持，而受重力的支配，沿着大孔隙向下渗透，即形成重力水。当重力水渗透到弱透水层或相对不透水层时，一部分水量继续向下渗透，另一部分水量则在两层的交界面处积聚，沿相对不透水层侧向流动，从山体边坡或土层断裂处流出，形成壤中出流(李恒鹏等，2016；Du et al., 2016)。壤中流作为水分在土壤中再分配与水分循环的一个重要环节，对整个流域径流产生及洪水预报、流域水文循环的分析和研究都具有重要的作用。

2. 土壤水的有效性

土壤水分有效性是指土壤水能否被植物吸收利用及其难易程度。

把土壤萎蔫系数和田间持水量分别视为土壤有效水的下限和上限，田间持水量与萎蔫系数之间的差值即土壤有效水最大含量，表 9-4 给出了土壤质地与有效水最大含量的关系。

表 9-4　土壤质地与有效水最大含量的关系

土壤质地	砂土	砂壤土	轻壤土	中壤土	重壤土	黏土
田间持水量/%	12	18	22	24	26	30
萎蔫系数/%	3	5	6	9	11	15
有效水最大含量/%	9	13	16	15	15	15

(二)植物需水

植物需水包括生理需水和生态需水。植物需水量是指植物在适宜的土壤水分和肥力水平下,经过正常生长发育,获得高产时的植株蒸腾与棵间蒸发的水量之和,以 mm 或 m^3/hm^2 计。

1. 影响植物需水量的因素

(1)气候条件。气温、日照、空气湿度、风速等气候条件对植物需水量有很大的影响。气温越高,日照时间越长,太阳辐射越强,空气湿度越低,风速越大,植物需水量越大;反之则越小。

(2)植物特性。植物种类不同,需水量也不相同。一般来说,凡生长期长、叶面积大、生长速度快、根系发达的植物需水量就大;含蛋白质或油脂多的植物比含淀粉多的植物需水量大;高产品种一般喜水喜肥,植物需水量要多一些。同一种植物,品种不同,需水量也有差异,耐旱、早熟品种比晚熟、喜水品种植物需水量少。

(3)土壤性质。土壤质地、土层厚度、剖面构造、孔隙状况、团粒结构、有机质含量、地下水位高低等,都对植物需水量有不同程度的影响。一般来说,土壤结构不良、砂性土、地表板结的土壤、粗糙的土壤,植物需水量大。土壤颜色有深有浅,颜色较深的土壤吸热多,蒸发就多。

(4)农业技术措施。农业技术措施,如密植、施肥、中耕和塑料薄膜覆盖等对植物需水量也有一定的影响。灌水量和灌水技术不同,需水量也不同。植物需水量受上述诸多因素的影响,在不同灌溉地带、不同地区和不同水文年里都有很大的变化。三个不同地带常见农作物灌溉需求如表 9-5 所示。

2. 植物需水量变化

植物全生育期的日需水量是逐日变化的,一般规律是:前期小,由小逐渐增大,到生育盛期达到最高峰,后期又有所减少。土地工程中,应根据植物不同时段需水量进行针对性供水。

植物一生中都需从外界吸收水分,任何生育时期缺水都会对植物产生不良影响。但不同生育期对缺水敏感程度不同,通常把植物一生中最缺水、最敏感、需水最迫切,以致对产量影响最大的生育期称为植物需水临界期。各种植物的需水临界期不完全相同。

根据各种植物需水临界期的不同,可以合理选择植物种类和种植比例,使用水不致过分集中。在干旱缺水时,应优先灌溉处于需水临界期的植物,以充分发挥水的增产作用,收到更大的经济效益。植物需水临界期也是灌溉工程规划设计和制定合理用水计划的重要依据。

表 9-5 三个地带的一般灌溉需要指数

地带分类	地区	作物	干旱年			湿润年		
			总需水量/mm	要求灌溉量/mm	灌溉需要指数	总需水量/mm	要求灌溉量/mm	灌溉需要指数
常年灌溉地带	西北内陆地区	春小麦	450~520	300~450	0.7~0.9	300~450	200~350	0.7~0.8
		玉米	375~450	250~350	0.7~0.8	375~450	250~300	0.7~0.8
		棉花	600~750	450~500	0.6~0.7	600~750	300~450	0.5~0.6
不稳定灌溉地带	黄淮海地区	水稻	1000~1200	600~800	0.6~0.7	850~1000	400~600	0.5~0.6
		冬小麦	600~750	300~450	0.5~0.6	500~600	200~300	0.4~0.5
		玉米	450~600	300~450	0.7~0.8	300~500	100~200	0.3~0.4
		棉花	750~900	300~450	0.4~0.5	550~675	100~200	0.2~0.3
	东北地区	水稻	900~1100	500~700	0.5~0.6	800~1000	300~500	0.4~0.5
		春小麦	300~450	80~150	0.2~0.3	225~375	0	0
		玉米	400~500	100~150	0.2~0.3	300~400	0	0
水稻灌溉地带	长江中下游地区	水稻(早)	675~825	300~450	0.4~0.5	450~600	100~150	0.3~0.4
		水稻(晚)	825~1000	450~600	0.5~0.6	750~900	150~300	0.2~0.3
		冬小麦	400~600	50~100	0.1~0.2	225~375	0	0
		棉花	750~975	150~300	0.2~0.3	575~700	0~100	0~0.1
	珠闽江及西南部地区	水稻(早)	600~750	300~400	0.5~0.6	450~600	100~150	0.2~0.3
		水稻(晚)	750~825	300~450	0.4~0.5	600~750	150~300	0.3~0.4
		冬小麦	400~600	0~50	0~0.1	250~350	0	0

3. 灌溉用水量

1) 植物灌溉制度

植物灌溉制度是指根据植物需水特性和当地气候、土壤、农业技术及灌水等因素制定的灌水方案。以农作物为例,农作物的灌溉制度是指作物播种前和整个生育期内合理地进行灌溉的一整套制度,包括灌水次数、每次灌水时间、灌水定额和灌溉定额。灌水定额是指一次灌水单位面积上的灌水量,灌溉定额是指播前和全生育期各次灌水定额之和,它们的单位常以 m^3/hm^2 或水层深 mm 表示。灌溉制度是灌区规划设计及管理的重要依据。通常采用以下三种方法制定作物灌溉制度。

(1) 总结群众丰产灌水经验:通过调查总结,确定典型气候年份的灌溉制度,作为灌溉工程规划设计的依据,通常是可行的办法。

(2) 根据灌溉试验资料制定灌溉制度:中国各地先后建立了不少灌溉试验站,

开展作物需水量、灌溉制度和灌水技术等项试验。

(3)按水量平衡原理分析制定灌溉制度:这一方法是根据设计典型年的气象资料和作物需水要求,通过水量平衡计算,拟定灌溉制度。

①水稻田水量平衡方程式。在水稻生育期中任何一个时段内,稻田田面水层的消长变化可用以下水量平衡方程式表示:

$$h_1 + P + m - E - C = h_2 \tag{9-1}$$

式中,h_1 为时段初田面水层深度;h_2 为时段末田面水层深度;P 为时段内的降水量;m 为时段内的灌水量;E 为时段内的田间耗水量;C 为时段内的排水量。

②旱作田水量平衡方程式。在旱作物生育期中任何一个时段内,土壤计划湿润层内储水量的消长变化可用以下水量平衡方程式表示:

$$W_0 + \Delta W + P_0 + K + M - E = W_t \tag{9-2}$$

式中,W_0 为时段初土壤计划湿润层内的储水量;W_t 为时段末土壤计划湿润层内的储水量;ΔW 为由于计划湿润层加深而增加的水量;P_0 为时段内保存在计划湿润层内的有效雨量;K 为时段内的地下水补给量;M 为时段内的灌水量;E 为时段内作物田间需水量。

根据上述水量平衡方程式,在具备各项计算参数的情况下,以各生育期田面适宜水层的上下限为限制条件(水稻田)或以土壤计划湿润层允许最大和最小储水量为限制条件(旱作田),逐时段地进行水量平衡计算(列表法或图解法),便可求出作物的灌溉制度。

2)灌溉水的利用效率

为了反映灌溉水的利用效率,衡量灌区工程质量、管理水平和灌水技术水平,通常用以下四个系数来表示。

(1)渠道水利用系数($\eta_渠$):指某一条渠道在中间无分水的情况下,渠道末端放出的净流量($Q_净$)与进入渠道首端的毛流量($Q_毛$)的比值,即

$$\eta_渠 = \frac{Q_净}{Q_毛} \tag{9-3}$$

(2)渠系水利用系数($\eta_系$):指整个渠道系统中各条末级固定渠道(农渠)放出的净流量,与从渠首引进的毛流量的比值,反映了从渠首到农渠的各级渠道的输水损失情况,其数值等于各级渠道水利用系数的乘积,即

$$\eta_系 = \eta_干 \eta_支 \eta_斗 \eta_农 \tag{9-4}$$

(3)田间水利用系数($\eta_田$):指田间所需要的净水量与末级固定渠道(农渠)放进田间工程的水量之比,表示农渠以下(包括临时毛渠直至田间)的水的利用率。

(4)灌溉水利用系数($\eta_水$):指灌区灌溉面积上田间所需要的净水量与渠首引

进的总水量的比值，其数字等于渠系水利用系数和田间水利用系数的乘积，即
$$\eta_水 = \eta_系 \eta_田 \tag{9-5}$$

3) 灌溉用水量的计算

一般将灌溉面积上实际需要供水到田间的水量称为净灌溉用水量，而将净灌溉用水量与损失水量之和，也就是从水源引入渠首的总水量，称为毛灌溉用水量。

任何一种作物某次灌水所需要的净灌水量为灌水定额与灌溉面积之乘积，即
$$w_净 = mw \tag{9-6}$$

式中，$w_净$ 为某作物某次灌水的净灌水量，m^3；m 为该作物该次灌水的灌水定额，m^3/hm^2；w 为该作物的灌溉面积，亩。

全灌区任何一个时段内的净灌溉用水量，是该时段内各种作物净灌溉用水量之和，即
$$W_净 = \sum w_净 \tag{9-7}$$

有了净灌溉用水量后，按式(9-8)计算毛灌溉用水量：
$$W_毛 = W_净 / \eta_水 \tag{9-8}$$

式中，$\eta_水$ 为灌溉水利用系数。

二、土地工程中水资源供需平衡分析

(一) 地表水资源供给

土地工程中，地表水资源的评价计算是通过实测径流还原计算和天然径流量系列一致性分析与处理，提出系列一致性较好、反映近期下垫面条件下的天然年径流系列，作为评价地表水资源量的依据。

1. 径流还原计算

根据径流还原计算的基本要求，原则上各种人类活动对径流的影响都要加以消除。所以还原计算涉及的内容很广泛，也很复杂，归纳起来主要有：研究区域内灌溉净耗水量；研究区域内蓄水工程的蓄水变量与渗透量；研究区域内引入、引出的水量和分洪决口的水量；研究区域内因水面变化而引起蒸发量的变化量；研究区域内工业和城市生活用水净耗水量。

还原计算时段内天然年径流量的计算公式为
$$W_{天然} = W_{实测} + W_{农灌} + W_{工业} + W_{城镇生活} + W_{引水} + W_{分洪} + W_{库蓄} \tag{9-9}$$

式中，$W_{天然}$ 为还原后的天然径流量；$W_{实测}$ 为水文站实测径流量；$W_{农灌}$ 为农业灌溉耗水量；$W_{工业}$ 为工业用水耗损量；$W_{城镇生活}$ 为城镇生活用水耗损量；$W_{引水}$ 为跨流域(或跨区间)引水量，引出为正，引入为负；$W_{分洪}$ 为河道分洪决口水量，分

出为正，分入为负；$W_{库蓄}$为大中型水库蓄水变量，增加为正，减少为负。

2. 天然年径流系列的一致性分析

对天然年径流进行一致性分析的目的是处理下垫面条件变化对径流的影响，同时可以检查还原计算成果的合理性，通过修正后得到具有一致性且能反映近期下垫面条件的天然年径流系列。

在单站还原计算的基础上，点绘面平均降水量与天然年径流深的相关图，如果近期年代的点据明显偏离于历史年代的点据，则说明下垫面条件变化对径流影响较大，需要对年径流系列进行修正。

3. 多年平均河川径流量的计算

多年平均河川径流量计算方法有代表站法、等值线法、年降水径流关系法。

(1) 代表站法：在研究区域内，选择一个或几个基本能够控制全区、实测径流资料系列较长并具有足够精度的代表站，从径流形成条件的相似性出发，把代表站的年径流量，按面积比的方法移用到研究区的范围内，推算区域多年平均年径流量。

(2) 等值线法：用年或多年平均的径流深等值线法，推求研究区的年或多年平均的径流深，是一种常用的方法。在区域面积不大，并且缺乏实测径流资料的情况下，可以借用包括该区在内的较大面积的多年平均径流深及年径流变差系数等值线，计算区域多年平均径流量。

(二) 地下水资源量

地下水是指地下水体积中积极参与水循环过程，而能不断得到更新的具有利用价值的那部分地下水，是地球上整个水资源的有机组成部分。地下水资源的计算一般包括以下几种。

1. 山丘区地下水总补给量和总排泄量的计算

山丘区多年平均年总补给量等于山丘区多年平均年总排泄量，因此通常用山丘区地下水的排泄量近似作为山丘区地下水补给量。

山丘区地下水总排泄量包括河川基流量、河床潜流量、山前侧向流出量、未计入河川径流的山前泉水出露量、山间盆地潜水蒸发量、浅层地下水实际开采的净消耗量等项。

2. 平原区地下水总补给量和总排泄量的计算

平原区地下水资源是指地下水矿化度小于 2 g/L 的平原淡水区的地下水资源。平原区地下水资源可以通过计算总补给量或总排泄量的途径获得。在有条件的地区，也可以同时计算两个量，以便互相验证。在平原区地下水资源计算中，一般还需计算可开采量，以便为水资源供需分析提供依据。

3. 地下水可开采量的计算

地下水可开采量计算方法很多，但一般不宜采用单一方法，而应同时采用多种方法并将其计算成果进行综合比较，从而合理地确定可开采量。分析确定可开采量的方法有实际开采量调查法、开采系数法、多年调节计算法、类比法、平均布井法等。

(三) 供需水量

水资源中可以提供各需水部门使用的水量称供水量。它包含：①天然水资源供水量(W_s)；②工程供水量(WIS)，即天然水资源经工程措施改变其时间及空间的分配特性后的供水量。地下水供水量通常指允许的开采量，即只将开采量不超过补给量的部分计入工程供水量。

国民经济各部门需要的水量称为需水量。大体为两类：河外需水量(WOD)和河内需水量(WID)。河外需水量为消耗或部分消耗水量，它主要包括农(林、牧、渔)业需水量、工业需水量和城市生活需水量。这类需水量中消耗的部分也称不可恢复水量；没有消耗部分称回归水量(包括被污染水量)；其重复利用部分称重复利用水量。河内需水量为非消耗水量，它包括水力发电航运、放木及维持生态环境、水质净化、排沙、旅游、河口、压咸等的需水量。这类需水量一般不消耗水量，但要求利用一定的水域、水体或水的能量，可以一水多用。土地工程中常用的需水量预测计算如下。

1. 农业需水量

农业需水量包括灌溉需水和农村人畜需水。灌溉需水应根据农田、林地、草场的条件，按设计的作物组成、灌水方式、灌水次数和渠系利用系数等，求得不同水平年的毛需水量及其过程。

2. 工业需水量

应分别对不同行业进行产量、产值与用水量关系的调查，统计分析单位产量和产值的用水定额，求得净耗水量、污水排放量、毛需水量和水的重复利用系数。

3. 城市生活需水量

城市生活需水量包括城市人民生活用水和社会集团公共用水(如消防、卫生、城市绿化)。对未来城市人口的预测应注意以政府的人口政策、规划为依据。

4. 水力发电需水量

水力发电需水量按各水平年能投入运行的水电站，在设计保证率下的放水过程计算。一个河流上有几个水电站运行时，可只计算最下一个梯级的放泄水量。一个河段上兼有河道内外用水，例如，既有发电用水又有灌溉用水时，应分别计算灌溉季节和非灌溉季节的需水量。

5. 航运需水量

对水资源丰富的河流，通常可以根据通航保证率推求一定水平年通航期内的航行流量及径流过程；对水资源贫乏的河流，河道内外用水有矛盾时，可通过经济分析论证，按渠化后所需水量计算。

6. 渔业及维持生态环境的需水量

通常以河流出口处应保持的平均基流值表示。采用的数值应根据各河的具体情况调查确定。按照一些国家的分析，引用河道水量后保持的平均基流为原来基流的 30%～60%，可为水生生物提供良好的栖息条件；保持的平均基流为原来基流的 10%，能为大多数水生生物维持短期的生存栖息地。

7. 水质净化需水量

为稀释污废水，使水源水质符合国家规定所需的水量称为水质净化需水量。水资源丰富的河流，各部门用水的净化需水量可采用不同的净化系数计算；水资源缺乏的区域，这部分需水通常难以满足，应强调在污废水回归入水源前用其他措施进行净化处理。

8. 排沙需水量

为防止河道和水库淤积所需的排沙、冲沙用水称为排沙需水量。在河流含沙浓度较大时，这部分水量常占河道内用水的较大比重。

9. 旅游需水量

旅游需水量分直接和间接两类：直接的有游钓、游艇、游泳、滑水等；间接的有野营、野餐等。以水面积、活动人次和保护水的自由流动等指标表示。

上述各项需水由于用水性质和水质要求各不相同，特别是分项估算中更多是从需要出发，与供水的可能性结合较少，进行供需平衡分析时，对某些部分的需水量常要经过多次反馈，才能得出合理数据。

(四) 水资源供需分析水量平衡公式

土地工程中，应根据区域水资源进行针对性的供需分析与评价，总目的是：摸清现状，预测未来，发现问题，指明方向，制定措施，提出实现水资源可持续利用的供给方案和计划。

1. 蓄水工程(水库湖泊)水量平衡公式

$$S_{t+1} = S_t + I_t + UQ_t - DW_t - IW_t - AW_t - EW_t - QW_t - ET_t - ST_t - DQ_t \quad (9-10)$$

式中，S_{t+1}、S_t 分别为水库湖泊的 t 时段初、末蓄水量；I_t 为 t 时段水库入流量(包括区间入流)；UQ_t 为时段上游弃泄水量；DW_t、IW_t、AW_t、EW_t、QW_t 分别为 t 时段生活、工业、农业、环境和其他用水；ET_t、ST_t 分别为蒸发和渗漏量；DQ_t 为水库弃泄水量或正常供水区外引水量。

2. 分水点或控制节点水量平衡公式

$$\sum_i TW_t^i = \sum_k \sum_i p(k,I,t) TW_t^i （分水节点） \tag{9-11}$$

$$\sum_i INQ_t^i = \sum_i OUT_t^i （控制节点） \tag{9-12}$$

式中，TW_t^i 为分水点时段引水量；$p(k, I, t)$ 为 t 时段第 i 水源引水量向第 k 流向分配水量的分配系数；$\sum_i INQ_t^i$ 为节点所有入流量；$\sum_i OUT_t^i$ 为节点所有出流量。

3. 计算分区地表水量平衡公式

(1) 城市计算分区（地表水）

$$CRW_t + CLW_t + CXW_t - CD_t - CI_t - CA_t - CE_t - CO_t - CET_t - CFT_t - CRW_t - CCW_t = 0 \tag{9-13}$$

式中，CRW_t、CLW_t、CXW_t 分别为水库对城市供水量、城市当地可供水量以及外流域或区域对城市供水量；CD_t、CI_t、CA_t、CE_t、CO_t 分别为城市生活用水、城市工业用水、城市农业用水、城市生态环境用水和城市其他用水；CET_t、CFT_t 分别为蒸发、渗漏水量；CRW_t 为城市退水；CCW_t 为城市重复利用水量。

(2) 农村计算分区（地表水）

$$RRW_t + RLW_t + RXW_t - RD_t - RA_t - RE_t - RO_t - RET_t - RFT_t + RCW_t = 0 \tag{9-14}$$

式中，RRW_t、RLW_t、RXW_t 分别为水库对农村供水量、农村当地可供水量以及外流域或区域对农村供水量；RD_t、RA_t、RE_t、RO_t 分别为农村生活用水、农村农业用水、农村生态环境用水和农村其他用水；RET_t、RFT_t 分别为蒸发、渗漏水量；RCW_t 为计算分区内可作为地表水利用的农业灌溉回归水等。

4. 计算分区地下水量平衡公式

浅层地下水的采补关系按计算分区计算，应满足以下关系：

$$\sum W_i - \sum W_o = \mu \Delta Z = \Delta V \tag{9-15}$$

式中，W_i 为所在单元浅层地下水的输入项，如降水、渠系、河道、灌溉入渗补给和侧渗补给等；W_o 为所在单元浅层地下水的输出项，如开采、潜水蒸发和满蓄溢流等；μ、ΔZ 分别为所在单元的地下水含水层的给水度和水位变化；ΔV 为所在单元浅层地下水蓄水量的变化。

与采补有关的各项参数，如降水入渗补给系数、灌溉入渗补给系数、渠系入渗补给系数、河道渗漏补给系数、侧渗补给系数、潜水蒸发系数、给水度等，以及这些系数与补给量、损失量的关系，按计算分区提供。

地下水平衡计算分区视城市和农村地下含水层分布状况而定，若城市和农村地下含水层分布均匀，且相互之间联系难以分割，则出于计算方便和成果可靠性考虑，计算分区以三级区跨省(直辖市)为宜。

(五)水资源供需分析计算原则

(1)在时段单位(月或旬)内，不考虑时段内来水、需水等不均匀变化。逐时段计算时，认为面临时段的需水、地表来水和降水入渗补给量等已知，而未来时期的情况未知。

(2)对每一计算分区内的供水区，要结合供水工程实际情况，划分地表水源供水区和地下水源供水区，以及两者重叠部分。混合水供水区是地下水与地表水能够进行相互补偿的供水范围。地域上以计算分区为单位，每个计算分区内不同需水要求所对应的纯地下水供区、纯地表水供区和混合水供区的比重预先给定。

(3)计算分区的当地径流，只考虑其可利用量参与计算，供水对象限定于所在单元，并只能满足农业需水要求。承压水和海水利用不考虑其补给来源。

(4)每个计算分区的地下淡水层，视作一个地下水库。不考虑地下水库间的水力联系。每个地下水库均受到规定的允许埋深变幅的约束，超出上限埋深的地下水视为弃水。地下水库的供水对象限定于所在单元。

(5)按照需水要求供水。在农业需水范围内的供水所产生的地表回归水依具体流域而定。在城镇生活、工业需水范围内供水所产生的地表回归水中，只考虑其中经污水处理厂处理后的可利用部分参与计算。

(6)每个地表水工程只对其指定的供水区承担供水任务。只有当满足规定供水任务且在工程满蓄后尚有余水时，多余水量依次为下游水库所存蓄。水库存蓄不下的多余水量，则按照计算分区的水流走向，依次由计算分区的河网调蓄库容存蓄。

(7)河网调蓄库容所存蓄的水量只限于满足所在单元农业需水要求。各单元的田间蓄水只限于存蓄跨流域引水工程在冬天非灌溉季节的引水，并只用于满足汛前灌溉季节的需水要求。河网调蓄水量和田间蓄水的时段蒸渗损失，按时段初蓄水量的某一给定百分比计算。

(8)地表水库的时段蒸渗损失按时段初水库水位计算；地下水库时段潜水蒸发损失按时段初地下水埋深计算。

(9)面临时段各项供水对浅层地下水的补给量，规定滞后一个时段。

第二节 土地工程水质评价与改良

随着农业生产和城市建设的迅猛发展，大量的城市生活污水、工业废水、农田残留农药化肥排放到灌溉水源中，改变了天然水体的理化性能，使水的化学成分变得复杂，有害物质浓度超标，土体受到严重污染，危害农作物生长，造成作物严重减产，甚至危害人类健康。因此，为了保证土体质量，防止土壤盐渍化、碳酸钠形成和土壤碱化等过程的发展，保护人体健康，维护生态平衡，促进经济发展，必须对灌溉水质进行评价并设计针对性的改良措施。

一、土地工程水质对土体的影响

土地工程中水质对土体的影响以灌溉水质对于农用地土体的影响最为显著。灌溉对于保证农业稳产与丰收的作用是无需质疑的。灌溉水质应对土体无毒无害，满足作物生长需求。但是，由于灌溉水资源严重不足，水资源的地域分布不均衡，成为发展灌溉事业的严重障碍，因而为促进了灌溉农业的发展，越来越多地采用不符合灌溉标准的劣质水及污水用于灌溉。

这类劣质水通常含沙较高，虽然粒径小的沙粒具有一定肥分，送入田间对作物生长有利，但过量输入会影响土壤的通气性，不利于作物生长。含盐量较高，虽然有的作物有一定的耐盐能力，灌溉水的含盐量浓度过高，使作物根系吸水困难，形成枯萎现象，还会抑制作物正常的生理过程，如光合作用等；促进土壤盐碱化的发展，导致土壤次生盐碱化；引起土体黏粒分散等。此外，污水中含有某些重金属如汞、铬、铅和非金属砷，以及氰和氟等元素，是有毒性的，这些有毒物质容易在土壤中富集，造成生命体慢性累积性中毒，产生持续性的危害。

二、水质评价常用方法

(一) 农用地灌溉水质评价

国内外灌溉水质评价发展很快，目前评价方法约有 16 种，《农田灌溉水质标准》常用于判断水质是否达标，常用的还有灌溉系数评价法、钠吸附比值法和盐度、碱度、矿化度法等。

1.《农田灌溉水质标准》标准法

《农田灌溉水质标准》(GB 5084—2005)中控制项目共计 27 项(表 9-6 和表 9-7)。

表 9-6 农田灌溉水质标准值

项目类别	作物种类		
	水作	旱作	蔬菜
五日生化需氧量/(mg/L)≤	60	100	40[a], 15[b]
化学需氧量/(mg/L)≤	150	200	100[a], 60[b]

续表

项目类别	作物种类		
	水作	旱作	蔬菜
悬浮物/(mg/L)≤	80	100	60ª, 15ᵇ
阴离子表面活性剂/(mg/L)≤	5	8	5
水温/℃≤	35		
pH≤	5.5～8.5		
全盐量/(mg/L)≤	1000ᶜ(非盐碱土地区) 2000ᶜ(盐碱土地区)		
氯化物/(mg/L)≤	350		
硫化物/(mg/L)≤	1		
总汞/(mg/L)≤	0.001		
镉/(mg/L)≤	0.01		
总砷/(mg/L)≤	0.05	0.1	0.05
铬(六价)/(mg/L)≤	0.1		
铅/(mg/L)≤	0.2		
粪大肠菌群数/(个/100L)≤	4000	4000	2000ª, 1000ᵇ
蛔虫卵数/(个/L)≤		2	2ª, 1ᵇ

注：a 加工、烹调及去皮蔬菜；b 生食蔬菜、瓜类和草本水果；c 具有一定的水利灌排设施，能保证一定的排水和地下水径流条件的地区，或有一定淡水资源能满足冲洗土体中盐分的地区，农田灌溉水质全盐量指标可以适当放宽。

表 9-7 农田灌溉用水水质选择性控制项目标准值

序号	项目类别	作物种类		
		水作	旱作	蔬菜
1	铜/(mg/L)≤	0.5		1
2	锌/(mg/L)≤	2		
3	硒/(mg/L)≤	0.02		
4	氟化物/(mg/L)≤	2(一般地区), 3(高氟区)		
5	氰化物/(mg/L)≤	0.5		
6	石油类/(mg/L)≤	5	10	1
7	挥发酚/(mg/L)≤	1		
8	苯/(mg/L)≤	2.5		
9	三氯乙醛/(mg/L)≤	1	0.5	0.5
10	丙烯醛/(mg/L)≤	0.5		
11	硼/(mg/L)≤	1ª, 2ᵇ, 3ᶜ		

注：a 为对硼敏感作物，如黄瓜、豆类、马铃薯、笋瓜、韭菜、洋葱、柑橘等；b 为对硼耐受性较强的作物，如小麦、玉米、青椒、小白菜、葱等；c 为对硼耐受性强的作物，如水稻、萝卜、油菜、甘蓝等。

2. 钠吸附比值法

钠吸附比 SAR 是一项交换性钠对土壤物理条件影响程度的指标,也作为钠害指标。如果用高钠质水灌溉,土壤就会从水中吸附 Na^+,危害农作物生长。钠吸附比 SAR 计算公式为

$$SAR = Na^+ \Big/ \sqrt{(Ca^{2+} + Mg^{2+})/2} \tag{9-16}$$

式中,阳离子浓度以每升水溶液的毫克当量数计算。根据 SAR 值评价农田灌溉水质见表 9-8。

表 9-8 用 SAR 值评价灌溉水质表

SAR 值	水质类型	水质评价
<10	低钠质水	安全适用灌溉
10~18	中钠质水	临界值,仅适用粗质土壤灌溉
>18	高钠质水	不适用灌溉

钠吸附比值法就是要用钠离子的毫克当量、钙离子的毫克当量和镁离子的毫克当量求出钠离子的相对含量,进而评价水质的优劣。

3. 城市再生水农田灌溉水质评价标准

根据中国城市再生水的水质特点、农田灌溉方式,以及同中国农业灌溉水质标准、地表水环境质量标准和城镇污水处理厂污水排放标准相衔接,城市再生水农田灌溉水质标准中将水质要求分为常规控制项目、一类污染物控制项目和选择性控制项目。其中常规控制项目包括 pH、生化需氧量(BOD)、化学需氧量(COD)、悬浮物(SS)、石油类、挥发酚、阴离子表面活性剂、溶解性总固体、粪大肠菌群数、游离余氯等;一类污染物控制项目包括痕量元素汞、镉、砷、铬(六价)和铅等;选择性控制项目包括铍、钴、铜、氟化物、铁、锰、钼、镍、硒、锌、硼、钒、氰化物、氯化物、硫化物、三氯乙醛、丙烯醛、甲醛和苯等。城市再生水农田灌溉水质标准中,常规控制项目水质限值和处理、灌溉要求见表 9-9,标准中规定的一类污染物控制项目和选择性控制项目的最大限值见表 9-10。

4. 其他方法

灌溉水质的评价还包括灌溉系数评价法,盐度、碱度和矿化度评价,用化学需氧量(COD)评价、用二价铁离子(Fe^{2+})含量评价,综合评价方法等不同方法。

目前,虽然国内外灌溉水质的评价指标和方法很多,但还不很完善,主要表现为以下几点:一是由于不同地区条件的差异,一般的分级指标在实践中的应用有一定的局限性。二是要提出一个能广泛使用评价灌溉水质的标准是比较困难的。

表 9-9　常规控制项目水质限值和处理、灌溉要求

灌溉的作物	污水处理要求	水质规定	其他要求
纤维作物	一级强化处理消毒	pH5.5-8.5，BOD≤100mg/L，COD≤200mg/L，SS≤1000mg/L，石油类≤10 mg/L，挥发酚≤1.0 mg/L，阴离子表面活性剂≤8.00mg/L，溶解性总固体≤1000mg/L，粪大肠菌群数≤40000 个/L，余氯≤1.5mg/L，蛔虫卵≤2 个/L	1.距饮用水井 90m 2.不宜采用喷灌方式 3.苗期：余氯≤1.0 mg/L 4.盐碱地地区：溶解性总固体≤2000 mg/L
旱地谷物油料作物	一级强化处理消毒	pH 5.5-8.5，BOD≤60mg/L，OD≤150mg/L，SS≤80mg/L，石油类≤5.0 mg/L，挥发酚≤1.0 mg/L，阴离子表面活性剂≤5.00mg/L，溶解性总固体≤1000mg/L，粪大肠菌群数≤40000 个/L，余氯≤1.0mg/L，蛔虫卵≤2 个/L	1.距饮用水井 90m 2.不宜采用喷灌方式 3.苗期：余氯≤1.0 mg/L 4.盐碱地地区：溶解性总固体≤2000 mg/L 5.油料作物可参照此指标
水田谷物	二级强化处理消毒	pH 5.5-8.5，BOD≤60mg/L，OD≤150mg/L，SS≤80mg/L，石油类≤5.0 mg/L，挥发酚≤1.0 mg/L，阴离子表面活性剂≤5.00mg/L，溶解性总固体≤1000mg/L，粪大肠菌群数≤40000 个/L，余氯≤1.0mg/L，蛔虫卵 ≤2 个/L	1.距饮用水井 90m 2.不宜采用喷灌方式 3.苗期：余氯≤1.0 mg/L 4.盐碱地地区：溶解性总固体≤2000 mg/L 5.水田谷物用水量大，硫化物的含量应 ≤1.0 mg/L
露地蔬菜	二级强化处理消毒	pH 5.5-8.5，BOD≤40mg/L，OD≤100mg/L，SS≤60mg/L，石油类≤1.0 mg/L，挥发酚≤1.0 mg/L，阴离子表面活性剂≤5.00mg/L，溶解性总固体≤1000mg/L，粪大肠菌群数≤2000 个/L，余氯≤1.0mg/L，蛔虫卵≤2 个/L	1.距饮用水井 90m 2.不宜采用喷灌方式 3.苗期：余氯≤1.0 mg/L 4.盐碱地地区：溶解性总固体≤2000 mg/L 5.蔬菜周期短，但转茬快，用水量大，硫化物的含量应≤1.0 mg/L

表 9-10　一类污染物控制项目和选择性控制项目最大限值　　(单位：mg/L)

一类污染物控制项目	选择性控制项目
汞≤0.001，镉≤0.01，砷≤0.1（纤维作物、旱地谷物）、砷≤（水田谷物、露地蔬菜），铬（六价）≤0.1，铅≤0.2	铍≤0.002，钴≤1.0，铜≤1.0，氟化物≤2.0，铁≤1.5，锰≤0.3，钼≤0.5，镍≤0.1，硒≤0.02，锌≤2.0，硼≤1.0，钒≤0.1，氰化物≤0.5，氯化物≤350，硫化物≤1.0，三氯乙醛≤0.5，丙烯醛≤0.5，甲醛≤1.0，苯≤2.5

因为一种灌溉水的适应性还需要从其具体应用条件来评价。三是分级标准单项性。在实际应用中，人们往往只是考虑1~2项作为灌溉水的指标，而在评价灌溉水质时要全面考虑，因地制宜，从多角度评价，确定水质是否适宜灌溉(刘福汉，1989)。

(二)生活用水和生产用水水质评价

土地工程中，农用地土地工程中除灌溉用水水质评价外，生活用水水质评价以及非农用地土地工程中生产用水都需进行水质评价，以保证水质标准符合土地工程用水要求。

1.《生活饮用水水质标准》

《生活饮用水卫生标准》(GB 5749—2006)规定了生活饮用水水质卫生要求、生活饮用水水源水质卫生要求、集中式供水单位卫生要求、二次供水卫生要求、涉及生活饮用水卫生安全产品卫生要求、水质监测和水质检验方法，适用于城乡各类集中式供水的生活饮用水，也适用于分散式供水的生活饮用水。生活饮用水标准包括水质常规指标(表9-11)、饮用水中消毒剂常规指标(表9-12)，以及水质非常规指标、农村小型集中式供水和分散式供水部分水质指标及限值等指标要求。

表 9-11　水质常规指标及限值

指标	限值
1. 微生物指标[①]	
总大肠菌群/(MPN/100mL 或 CFU/100mL)	不得检出
耐热大肠菌群/(MPN/100mL 或 CFU/100mL)	不得检出
大肠埃希氏菌/(MPN/100mL 或 CFU/100mL)	不得检出
菌落总数/(CFU/mL)	100
2. 毒理指标	
砷/(mg/L)	0.01
镉/(mg/L)	0.005
铬(六价)/(mg/L)	0.05
铅/(mg/L)	0.01
汞/(mg/L)	0.001
硒/(mg/L)	0.01
氰化物/(mg/L)	0.05
氟化物/(mg/L)	1
硝酸盐(以 N 计)/(mg/L)	10 地下水源限制时为 20
三氯甲烷/(mg/L)	0.06

续表

指标	限值
四氯化碳/(mg/L)	0.002
溴酸盐(使用臭氧时)/(mg/L)	0.01
甲醛(使用臭氧时)/(mg/L)	0.9
亚氯酸盐（使用二氧化氯消毒时)/(mg/L)	0.7
氯酸盐（使用复合二氧化氯消毒时)/(mg/L)	0.7
3. 感官性状和一般化学指标	
色度(铂钴色度单位)	15
浑浊度(NTU-散射浊度单位)	1 水源与净水技术条件限制时为 3
臭和味	无异臭、异味
肉眼可见物	无
pH(pH 单位)	不小于 6.5 且不大于 8.5
铝/(mg/L)	0.2
铁/(mg/L)	0.3
锰/(mg/L)	0.1
铜/(mg/L)	1
锌/(mg/L)	1
氯化物/(mg/L)	250
硫酸盐/(mg/L)	250
溶解性总固体/(mg/L)	1000
总硬度(以 $CaCO_3$ 计)/(mg/L)	450
耗氧量(CODMn 法,以 O_2 计)/(mg/L)	3 水源限制,原水耗氧量>6 mg/L 时为 5
挥发酚类(以苯酚计)/(mg/L)	0.002
阴离子合成洗涤剂/(mg/L)	0.3
4. 放射性指标[②]	指导值
总 α 放射性/(Bq/L)	0.5
总 β 放射性/(Bq/L)	1

注：①MPN 表示最可能数；CFU 表示菌落形成单位。当水样检出总大肠菌群时，应进一步检验大肠埃希氏菌或耐热大肠菌群；水样未检出总大肠菌群，不必检验大肠埃希氏菌或耐热大肠菌群。

②放射性指标超过指导值，应进行核素分析和评价，判定能否饮用。

表 9-12　饮用水中消毒剂常规指标及要求

消毒剂名称	与水接触时间	出厂水中限值	出厂水中余量	管网末梢水中余量
氯气及游离氯制剂(游离氯)/(mg/L)	至少 30min	4	≥0.3	≥0.05
一氯胺(总氯)/(mg/L)	至少 120min	3	≥0.5	≥0.05
臭氧(O_3)/(mg/L)	至少 12min	0.3		0.02 如加氯，总氯≥0.05
二氧化氯(ClO_2)/(mg/L)	至少 30min	0.8	≥0.1	≥0.02

2.《城市污水再生利用　城市杂用水水质标准》

《城市污水再生利用　城市杂用水水质标准》(GB/T 18920—2002)适用于厕所便器冲洗、道路清扫、消防、城市绿化、车辆冲洗、建筑施工杂用水(表 9-13)。

表 9-13　城市杂用水水质标准

序号	项目	冲厕	道路清扫消防	城市绿化	车辆冲洗	建筑施工
1	pH			6.0～9.0		
2	色/度			30		
3	嗅			无不快感		
4	浊度/NTU	5	10	10	5	20
5	溶解性总固体/(mg/L)	1500	1500	1000	1000	—
6	五日生化需氧量(BOD_5)/(mg/L)	10	15	20	10	15
7	氨氮/(mg/L)	10	10	20	10	20
8	阴离子表面活性剂/(mg/L)	1	1	1	0.5	1
9	铁/(mg/L)	0.3	—	—	0.3	—
10	锰/(mg/L)	0.1	—	—	0.1	—
11	溶解氧/(mg/L)			1		
12	总余氯(mg/L)		接触 30min 后 1.0，管网末端 0.2			
13	总大肠菌群/(个/L)			3		

3. 其他水质标准

除以上水质评价标准外，另有《地表水环境质量标准》(GB 3838—2002)、《地下水环境质量标准》(GB/T 14848—1993)等不同的水质评价标准，这些标准一般将不同来源的水进行分级判定，并按照用途对水质作出要求。

三、水质改良措施

灌溉水资源短缺是干旱半干旱地区农业持续发展中的一个重要限制因素，开发各种水资源特别是劣质水(微咸水、咸水和碱性水)、污水用于灌溉越来越受到重视。因而，改良不适合灌溉水质、减少废弃、提高利用程度，势在必行。劣质水通常使用物理或添加化学改良剂进行改良，污水则需一定的处理技术处理后进行灌溉。

(一)劣质水质改良

1. 改良措施

(1)混灌：就是将两种不同的灌溉水混合使用，包括咸水与淡水混合、咸水与低矿化碱性水混合以及两种不同盐渍度的咸水混合灌溉等，以降低灌溉水的总盐渍度或改变其盐分组成(降低 SAR)。

(2)轮灌：是指根据水资源的分布、作物布局、作物生长期等交替使用不同水质灌溉水进行灌溉的一种方法。轮灌有效地提高了劣质水资源的灌溉利用，充分发挥咸水和淡水各自的作用与效益。

(3)施入改良剂：将改良剂施入灌溉水以提高灌溉水水质的方法，主要适用于低矿化碱性水的改良。施入改良剂(如石膏)或酸性物质(如硫磺、硫酸等)可以提高灌溉水中 Ca^{2+} 的浓度或中和灌溉水中的碱性物质，从而降低 SAR 和 RSC，提高灌溉水质。含盐量低、Na 百分比高或有残余性 Na_2CO_3 的水，可通过加 Ca 盐进行改良。含盐量较低(<10 mg/L)的灌溉水，加石膏效果最好，由于石膏溶解度仅约 30 mg/L，故可直接施到土中来改善灌溉水水质，当然这样做是比直接加到水中的用量大些(Doneen，1979)。

2. 灌溉管理措施

(1)作物品种及栽培管理。根据作物对盐分敏感程度的不同，选择种植耐盐和喜盐作物种类和品种。一般作物苗期对盐分比较敏感。因此，作物播种和出苗期间最好不要使用劣质水源进行灌溉。作物栽培上，要避开盐分积累的地方进行播种或移栽。

(2)灌溉管理掌握节水灌溉技术，提高灌溉效率。不同的灌水方式，其水分利用效率及其在土壤中运动的方式，盐分在土层中积累和分配的范围和程度各不相同。另外，灌溉制度也影响作物水分供应和土壤中盐分的分配变化。因此，掌握灌溉技术是劣质水利用的关键步骤。灌溉方式、灌溉制度的选择要参照当地土壤特征、作物种植情况及排水条件等，同时要考虑灌溉、淋洗、排水三者的关系，保持田间土壤水分及盐分平衡，高效的水分传输系统可以减少水分损失、提高水分利用率，同时可避免土壤次生盐渍化和涝渍现象的发生。提高水分传输效率的措施主要有：疏通沟渠，防止淤积、堵塞；降低沟渠渗透性，防止水分渗漏流失；减缓渠系的高低起伏，提高水流速度。

(3) 淋洗管理。利用劣质水灌溉时，劣质灌溉水所携带的盐分会在土壤根层累积，因此，淋洗是十分必要的步骤。淋洗水量是指超过从土壤表层渗透到根层以下的那一部分灌溉水量，这部分水将土壤根层的盐分排出，以免作物受到过量盐分的危害。淋洗频率及淋洗需水量取决于灌溉及淋洗用水水质、土壤及气候条件、种植作物的耐盐性等。

(4) 排水管理。利用劣质水进行灌溉要有良好的排水条件。一是防止水分在土体中过多地积累引起涝渍；二是保证灌溉水携入土壤耕层的积盐，可以通过降水和淡水灌溉淋洗排出，使年内土壤盐分保持平衡或脱盐趋势。排水条件是指良好的排水出路，通过明沟排水、暗管排水、竖井排水或井渠结合的方式，控制农田地下水位在临界深度以下(薛峰和杨劲松，1997)。

(二) 污水水质改良

用于灌溉的污水如果未经处理或处理得仍不符合标准，各种有害物质必然要进入农田，造成作物受害、农产品被污染，以致污染土壤和地下水，危害人类健康。使用污水灌溉时，要切实做到既要充分利用污水资源，又要预防水源污染，避免农业环境污染。

1. 灌溉水源污染预防措施

(1) 控制污染源，减少污水的排放量。改革生产工艺，不用或少用易产生污染的原料及工艺流程。要采用重复用水及循环用水系统，使废水的排放量减至最少，并降低废水中污染物的含量，特别是对含重金属的废水。严格监测施用农药及化肥后的回归水对水源的污染，禁止使用有明显副作用的农药及化肥。

(2) 加强监测管理，执行灌溉水质标准。对重复灌溉水源要进行水质监测，同时要加强灌溉管理。在监测和管理过程中，应严格执行《农田灌溉水质标准》。

(3) 合理进行污水灌溉。随着工业的发展和城市的扩大，工业废水和城市生活污水的排放量日益增多。这些污水中含有一些营养成分，常被农业上用作灌溉水源和肥源。

2. 污水处理技术

用于灌溉的污水处理程度可以低一些，一般多用二级处理污水。目前，中国城市污水处理工艺见表 9-14。污水灌溉用水水质应满足：无病原菌；不破坏土壤的结构和性能，不使土壤盐碱化；土壤中重金属和有害物质的积累不超过有害水平；不危害农作物，影响产品的产量和质量；不污染地下水等。主要的组合工艺有氧化塘或氧化沟处理法、曝气生物滤池、生物处理技术等。

表 9-14 水处理方法

污染物		处理方法
养分	氮	生物硝化与反硝化、氨吹脱、离子交换等
	磷	生物除磷、混凝、沉淀、过滤
无机盐	溶解性	超滤、反渗透、电渗析、离子交换、蒸馏、冷却
有机物	溶解性	臭氧氧化、混凝沉淀、活性炭吸附、生化处理
	悬浮物	混凝沉淀、微滤、超滤、反渗透、气浮等

1) 氧化塘系统

常见的氧化塘系统有厌氧塘与兼性塘串联系统和兼性塘与成熟塘串联系统两种。

厌氧塘与兼性塘串联系统是一组串联的氧化塘系统。在整个氧化塘系统中，第一个氧化塘是厌氧塘，在厌氧塘的整个横断面没有氧气；相继的一组氧化塘为兼性塘，在塘的低水位保留着厌氧菌，高水位含有需氧菌。随着有机负荷减少，需氧程度从一个塘到另一个塘逐级增加。在最后一级氧化塘的大部分横断面内可能达到充分的需氧环境，生物降解活性降低，这种氧化塘可归类为成熟塘或精处理塘。

兼性塘与成熟塘串联系统与前面的氧化塘系统类似，只是去掉了前面的初级厌氧塘，而代之以兼性塘。这种系统的最后出水仍含有病原菌、病毒及有机悬浮物(藻和细菌)，如果对出水加 20 mg/L 的氯，接触时间超过 60 min，可以使出水消除细菌和病毒，而用于各种作物灌溉。

2) 曝气池系统

对于大面积集中型污水灌区，可采用曝气池系统对污水进行处理。曝气池系统采用表面机械曝气器进行曝气，主要有完全曝气池系统和兼性曝气池系统两种主要类型。兼性曝气池又称需氧-厌氧曝气池，与完全曝气池不同的是能允许可沉固体和细菌生物体沉淀在低紊流区的池底。为了获得更高的出水水质，通常用精处理塘对曝气池出水进行进一步的处理(洪林, 1994)。

3) EM 等生物技术

EM(effective microorganisms)是由日本琉球大学比嘉照夫教授经多年潜心研究而开发出的新型微生物活性菌剂，它是由光合细菌(好气性和嫌气性)、乳酸菌(嫌气性)、醋酸杆菌(好气性)、革兰氏阳性放线菌(好气性)、酵母菌(好气性)等 10 个属 80 多种微生物复合培养制成，各种微生物通过相互之间的共生增殖关系，形成一个复杂而稳定的微生态系统，发挥多种功能。已经证实 EM 技术在污水处理和污水农业灌溉方面取得了较好的效果(李洪良等, 2007)。

4) MBR 处理技术

膜生物反应器(MBR)与高级氧化消毒技术(AOP)相结合的组合工艺,可对任何水质的污水进行处理。MBR 处理工艺综合了膜分离技术和生物处理技术的优点,一体化的 MBR 反应器将膜分离、生物反应、好氧、曝气于一身,体积紧凑、结构合理、占地少,极大地提高了生物对有机物的分解、氧化速率和对无机物氮、磷的去除率,同时超滤膜滤出的水质极高,且系统几乎不排剩余污泥(斐亮,2012; Luo et al.,2014)。

第三节 土地工程中的水利工程设计

在土地工程项目的建设过程中,水利工程设计是保证项目区水源供应的重要环节,主要包括水源工程、输水工程、灌溉工程和排水工程四大工程的设计。

一、水源工程

灌溉水源工程,随着水源类型、水位和水量的状况而定。利用地面径流灌溉,可以有各种不同的取水方式,如无坝引水、有坝引水、抽水取水、水库取水等;利用地下水灌溉,则需打井或修建其他集水工程。

(一)地表水取水方式

1. 无坝引水

无坝引水渠首一般由进水闸、冲沙闸和导流堤三部分组成。进水闸控制入渠流量,冲沙闸冲走淤积在进水闸前的泥沙,而导流堤发挥导流引水和防沙作用,枯水期可以截断河流,保证引水。以有利于防沙取水为原则,渠首工程各部分的位置应相互协调。

2. 有坝引水

当河流水源虽较丰富,但水位较低时,可在河道上修建壅水建筑物,抬高水位,自流引水灌溉,形成有坝引水的方式。有坝引水枢纽主要由拦河坝、进水闸、冲沙闸及防洪堤等建筑物组成。

3. 抽水取水

河流水量比较丰富,但灌区位置较高,修建其他自流引水工程困难或不经济时,可就近采取抽水取水方式。这样,干渠工程量小,但增加机电设备及年管理费用。

4. 水库取水

河流的流量、水位均不能满足灌溉要求时,必须在河流的适当地点修建水库进行径流调节,以解决来水和用水之间的矛盾,综合利用河流水源。采用水库取水,必须修建大坝、溢洪道和进水闸等建筑。此方法能充分利用和调控河流水源,在此方面优于其他取水方式。

上述几种取水方式,除单独使用外,有时还能综合使用多种取水方式,引取多种水源,形成蓄、引、提结合的灌溉系统。

(二)地下水取水方式

在地表水不能满足土地工程灌溉需求时,可根据当地地下水含蓄情况,在可开采范围内,适度开采地下水。根据不同的开采条件,大致可分为垂直取水建筑物、水平取水建筑物和双向取水建筑物三大类。

1. 潜水与深层承压水

潜水是指直接承受大气降水、渠道、河流、灌溉水渗漏以及区外地下径流侧向补给。潜水给水度为 0.01~0.3,开采之后易于补充和恢复,开采成本小,是主要的灌溉水源。

深层承压水不能接受大气降水和地表水的直接补给,越层补给十分有限,侧向径流微弱,开采之后难以补充和恢复,开采成本高,一般不宜开采。

2. 垂直取水建筑物

(1)管井。

管井是在开采利用地下水中应用最广泛的取水建筑,它不仅适用于开采深层承压水,也是开采浅层水的有效方式。当管井穿透整个含水层时,称为完整井;穿透部分含水层时,称为非完整井。由于管井出水量较大,一般采用机械提水,也称机井。

(2)筒井。

筒井是一种大口径的取水建筑物,由于其直径较大(一般为 1~2 m),形似圆筒而得名,最大者至 12 m,这种筒井又称为大口井。筒井具有结构简单、简修容易、能就地取材等优点;但由于口径太大,井不宜过深,其深度一般为 6~20 m,深者达 30 m 左右。

3. 水平取水建筑物

为了更大程度地收集地下水,在一些地下水采集难度较大的地区,在地下水较低水位以下埋设水平集水管道,集水管道与提水竖井相通,地下水渗入水平集水管后,流到竖井,此集水系统称为卧管井。

4. 双向取水建筑物

为了增加地下水的出水量，有时采用水平和垂直两个方向相结合的取水形式，称为双向取水建筑物，如辐射井即属于这种形式。在大口井动水位以下，穿透井壁，按径向沿四周含水层安设水平集水管道，以扩大井的进水面积，提高水量。由于这些水平集水管呈辐射状，因而称为辐射井。井的渗流，除井壁附近外，流线接近平行直线，是渐变流，可采用无压渐变渗流的杜比公式进行计算。

5. 水井的合理布局

水井的平面布置应根据水文地质条件，地下水资源状况，并与地形、提水机械、老井和作物布局等情况结合起来考虑，保证在任何时间灌溉工作都能正常进行，在多年运用中取水量不减少，取水条件不恶化。

在大面积水文地质条件差异不大，地下水的补给比较充足，地下水资源比较丰富，地下水利用量与补给量基本平衡的情况下，均匀分布水井的间距主要取决于井的出水量和所能灌溉的面积。在成排布井时，注意与地下水流向垂直，井位互相错开成梅花形，或根据具体的情况布置，输电线路布置要求经济合理，变压器布置在负荷的中心呈放射状最好，还要打破乡村界线，进行全面规划，避免局部地方布井过密或形成空白点。在条件许可时，井位应尽可能布置在高地，以便于输水和控制最大的灌溉面积。

二、输水工程

(一) 渠道输水系统

输水渠道系统是指从水源取水，通过渠道及其附属建筑物向农田供水，经由田间工程进行农田灌水的工程系统，包括渠首工程、输配水工程和田间工程三大部分。

1. 灌溉渠系规划

1) 干、支渠的规划布置

干、支渠布置形式主要取决于地形条件，大致分为以下三种类型，见表 9-15。

表 9-15 干、支渠布置形式

类型	干、支渠布置形式
山区、丘陵区灌区	沿灌区上部边缘布置，大体上和等高线平行，支渠沿两溪间的分水岭布置。如灌区内有主要岗岭横贯中部，干渠可布设在岗脊上，大体和等高线垂直，干渠比降视地面坡度而定，支渠自干渠两侧分出，控制岗岭两侧的坡地
平原区灌区	干渠多沿等高线布置，支渠垂直等高线布置
圩垸区灌区	干渠多沿圩堤布置，灌溉渠系通常只有干、支两级

2)斗、农渠的规划布置

斗渠的规划布置:斗渠的长度和控制面积随地形变化很大。山区、丘陵地区的斗渠长度较短,控制面积较小。平原地区的斗渠较长,控制面积较大。斗渠的间距主要根据机耕要求确定,和农渠的长度相适应。

农渠的规划布置:农渠是末级固定管道,控制范围为一个耕作单元。农渠的长度根据机耕要求确定,在平原地区常为 500~1000 m,间距 200~400 m,控制面积为 200~600 亩。丘陵地区农渠的长度和控制面积较小。在有控制地下水位要求的地区,农渠间距根据农沟间距确定。

2. 灌溉渠道流量计算

灌溉渠道流量是设计渠道断面及渠系建筑的主要依据,实际运行过程中,渠道流量是变化的,因此需要通过计算渠道的设计流量、最大流量、最小流量等对渠道流量进行综合计算。

1)灌溉渠道水量损失

渠道的水量损失包括渠道的水面蒸发损失、渠床渗漏损失、闸门漏水和渠道退水等。但一般在计算中,水面蒸发损失量较小(<5%),经常忽略不计,而闸门漏水和渠道退水取决于工程质量和用水管理水平,可通过加强灌溉区管理工作予以限制,在计算时也不予考虑。渠床渗漏损失不可避免,设计时要考虑。

影响灌溉渠道水量损失的因素包括渠床土壤性质、地下水埋深及出流条件、渠道断面形式和尺寸、渠道输水时间等,在设计中应给予充分考虑。

2)轮灌渠道的设计流量

a. 自上而下分配末级续灌渠道的田间净流量

支渠为末级续灌渠道,斗、农渠的轮灌组划分方式为分组轮灌。

(1)计算支渠的设计田间净流量:

$$Q_{支田净} = A_{支} q_{设} \tag{9-17}$$

式中,$Q_{支田净}$ 为支渠的田间净流量,m^3/s;$A_{支}$ 为支渠的灌溉面积,亩;$q_{设}$ 为设计灌水模数,$m^3/(s·万亩)$。

(2)由支渠分配到每条农渠的田间净流量:

$$Q_{农田净} = Q_{支田净}/nk \tag{9-18}$$

式中,$Q_{农田净}$ 为农渠的田间净流量,m^3/s;n 为同时工作的斗渠数量;k 为每条斗渠里同时工作为农渠条数。

b. 自下而上推算各级渠道的设计流量

(1)计算农渠的净流量:

$$Q_{农田净} = Q_{支田净}/\eta_f \tag{9-19}$$

式中，η_f 为田间水利用系数；其余符号意义同前。

先由农渠的田间净流量计入田间损失水量，求得田间毛流量，即农渠的净流量。

(2)推算各级渠道的设计流量(毛流量)：可用经验公式估算输水损失，根据渠道净流量、渠床土质和渠道长度用式(9-20)计算。

$$Q_g = Q_n(1+\sigma L) \tag{9-20}$$

式中，Q_g 渠道的毛流量，m^3/s；Q_n 为渠道的净流量，m^3/s；σ 为每千米渠道输水损失占渠道净流量的百分数；L 为最下游一个轮灌组灌水时渠道的平均工作长度，km。农渠工作长度可取农渠长。

3)续灌渠道设计流量计算

续灌渠道一般为干、支渠道，渠道流量较大，上、下游流量相差悬殊，这就要求分段推算设计流量，各渠段采用不同的断面。

具体推算方法如下：图 9-1 表示某渠系有一条干渠和四条支渠，各支渠的毛流量分别为 Q_1、Q_2、Q_3、Q_4，支渠取水口把干渠分成三段，各段长度分别为 L_1、L_2、L_3，各段的设计流量分别为 Q_{OA}、Q_{AB}、Q_{BC}，计算公式如下：

$$Q_{BC} = (Q_3 + Q_4)(1+\sigma_3 L_3) \tag{9-21}$$

$$Q_{AB} = (Q_{BC} + Q_2)(1+\sigma_2 L_2) \tag{9-22}$$

$$Q_{OA} = (Q_{AB} + Q_1)(1+\sigma_1 L_1) \tag{9-23}$$

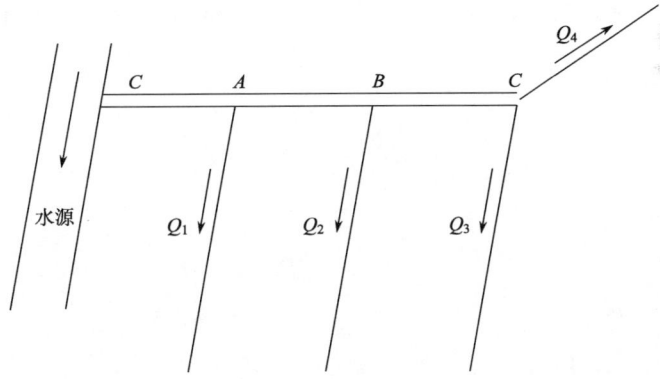

图 9-1　干渠流量推算图

4)渠道最小流量计算

以修正灌水模数图上的最小灌水模数值作为计算渠道最小流量的依据，计算的方法步骤和设计流量的计算方法相同。对于同一条渠道，其设计流量和最小流量相差不要过大，否则在用水过程中，有可能因水位不够而造成引水困难。

5) 渠道加大流量的计算

渠道加大流量的计算是以设计流量为基础,给设计流量乘以"加大系数"即得。

$$Q_J = JQ_d \tag{9-24}$$

式中,Q_J 为加大流量,m³/s;J 为流量加大系数,见表 9-16;Q_d 为设计流量,m³/s。

表 9-16 渠道流量加大系数

设计流量/(m³/s)	<1	1~5	5~10	10~30	>30
加大系数 J	1.35~1.30	1.30~1.25	1.25~1.20	1.20~1.15	1.15~1.10

轮灌渠道控制面积较小,轮灌组内各条渠道的输水时间和输水流量可以适当调剂,因此轮灌渠道不考虑加大流量。

在抽水灌区,渠首泵站设有备用机组时,干渠的加大流量按备用机组的抽水能力而定。

3. 输水渠道纵横断面设计

纵横断面设计必须满足:通过所需要的流量;水位要保证下级渠道的取水;纵横向稳定;经济、安全。灌溉渠道一般情况下按照明渠均匀流公式设计,明渠均匀流的基本公式如下:

$$V = C\sqrt{Ri} \tag{9-25}$$

式中,V 为渠道平均流速,m/s;C 为谢才系数,m^{1/2}/s;R 为水利半径,m;i 为渠底比降。

谢才系数常用曼宁公式计算:

$$C = \frac{1}{n}R^{1/6} \tag{9-26}$$

式中,n 为渠床粗糙系数。

$$Q = AC\sqrt{Ri} \tag{9-27}$$

式中,Q 为渠道设计流量,m³/s;A 为渠道过水断面面积,m²。

渠道设计的依据除输水流量外,还有渠底比降、渠床糙率、渠道边坡系数、稳定渠床的宽深比以及渠道的不冲、不淤流速等。其中渠底比降影响工程造价和控制面积,影响因素包括地面坡度、下级渠道的水位要求、渠床土质、水流含沙量、设计流量等。一般根据经验初选,然后试算确定。

4. 渠道防渗

渠道渗漏水量占渠系损失的绝大部分,一般占引入水量的 30%~50%,有些更高。为减少输水损失，提高渠系水利用系数，一方面要加强渠系工程配套和维修养护，实行科学的水量调配，不断提高灌区管理工作水平；另一方面要采取防渗工程措施，减少渠道渗漏水量。

(二) 输水管道系统

输水管道系统是从水源取水经处理后，用有压或无压管道网输送到田间进行灌溉的全套工程，一般由首部枢纽、输配水管网、灌水器等部分组成。

1. 输水管道系统的规划布置

管道系统规划布置主要包括水源工程的布置、首部枢纽位置的选择、灌溉面积的分区和管道系统的布置等。影响灌溉管道系统布置的因素有水源与灌区的相对位置、灌区的面积大小、形状和地形、作物的分布、耕作方向、灌溉季节的风速风向等。

1) 水源工程的布置

水源工程包括取水、蓄水和供水建筑物设施等。水源工程的布置首先要研究有多少个可能被采用的水源，根据其水量、水位和水质情况，取水的难易程度与灌区的相对位置等因素选定其中技术可行性、工程简单且投资较少的作为灌区的水源。

2) 首部枢纽的布置

首部枢纽的位置确定，要考虑水源的位置和管网布局方便。如果以井作为水源，而且井位可以任意选择时，最好把井和首部枢纽一起布置在地块中心，这样到灌区最远处的水头损失小，运行费用低，便于管理。当水源在灌区之外时，一般是先把水用输水管送到最近的灌溉地块的边界，在边界设首部枢纽。

3) 灌溉面积的分区

对于较大的灌溉系统，一般不是整个系统同时灌溉，而是分成若干个区进行轮灌，在划分轮灌区时应考虑以下几个因素：①在区内作物要一样；②各区所需的流量要相近，便于轮灌；③尽量考虑与农业管理体制的范围相一致，以便于管理；④一个系统中应有一定数目的轮灌区，便于充分利用每天可灌溉的时间安排轮灌。

4) 灌溉管道系统形式的选择

灌溉管道的形式很多，首先要确定采用哪一种灌水方法，其次要确定各级管道是移动的还是固定的，这要根据当地地形、作物、经济及设备条件，考虑各种形式的优缺点来选定。灌水次数多、地形坡度陡、经济价值高的作物种植区，可采用固定式灌溉管道系统，在地形平坦、灌溉次数少的大田作物区宜采用移动式或半移动式系统，以提高设备利用率。在有 $10\sim 20$ m 以上自然水头的地方，尽量选用自压系统，以降低动力设备和运行费用。

5)管道系统的布置

灌溉管道系统中的输配水管道,一般是指支管(或毛管)以上的管网。在布置时既要考虑路径的因素,又要考虑管网内压的分布,以使支管的出口压力一致,从而达到整个灌区灌水均匀的目的。

a. 小型管网的布置

小型管网是指千亩以下灌溉管道系统的整个管网或千亩以上灌溉管道系统中的第二、三级管道以下的管网。这种管网的布置应当适应田块灌溉的要求,在平原地区,管道一般为直线,上下级管道多为互相垂直布置,上级管道多布置在地块中央,向两边分水,形状比较规则,末级管道一般与耕作方向一致。在地面坡度较大的山丘地区,末级管道(毛管或支管)一般沿等高线布置,避免走逆坡。

b. 大型管网的布置

千亩以上的灌溉管道系统的骨干管网,由给水栓向二级管网供水,每个给水栓相当于一个用户,给水栓的位置由用户的需要确定。骨干管网的作用是将这些给水栓与首部枢纽连起来。一般是按最短路径的原则布置,各管段的管径应为经济管径。

2. 输水管道系统的水力计算

管道的管径选择一般是先根据各种不同管材的适宜流速及经验选定,然后进行水力学计算校核水头损失是否合理。常用管材的适宜流速如下:钢筋混凝土管 $0.8\sim1.5$ m/s,钢丝网水泥管 $0.8\sim1.4$ m/s,石棉水泥管 $0.7\sim1.3$ m/s,混凝土管 $0.5\sim1.1$ m/s,硬塑料管 $0.6\sim1.3$ m/s,软塑料管 $0.3\sim0.8$ m/s,陶土管 $0.6\sim1.1$ m/s,灰土管 $0.5\sim1.0$ m/s。

1)输水管的管径计算

根据项目区田间灌溉系统的设计水量,确定输水管的流量,进而依式(9-28)确定其管径:

$$d = \sqrt{4\times Q/3.14\times v} \tag{9-28}$$

式中,d 为管道直径,mm;Q 为管道设计流量,m³/s;v 为管道经济流速,m/s。

2)树枝状管网的水利计算

a. 沿程水头损失计算

沿程水头损失即管路摩擦水头损失,它是发生在管道均匀流的直线段,由于水流内部摩擦而消耗的机械能,对于圆管有压水流可按式(9-29)计算:

$$h_f = fLQ^m/d^b \tag{9-29}$$

式中,h_f 为沿程水头损失,m;f 为摩擦系数,随水流的雷诺数 Re 而变化;L 为管道长度,m;Q 为流量,m³/h;d 为管道内径,mm;m 为流量指数,与摩阻损失有关;b 为管径指数,与摩阻损失有关。各种管径的 f、m 及 b 数值可按

表 9-17 确定。

表 9-17 f、m、b 数值表

管材	f	m	b
混凝土管、钢筋混凝土管			
$n=0.013$	1.312×10^6	2	5.33
$n=0.014$	1.516×10^6	2	5.33
$n=0.016$	1.749×10^6	2	5.33
旧钢管、旧铸铁管	6.25×10^5	1.9	5.33
石棉水泥管	1.455×10^5	1.85	4.86
硬塑料管	0.948×10^5	1.77	4.77
铝管、铝合金管	0.861×10^5	1.74	4.74

在灌溉管道系统中遇到等距、等流量多出口管道，这样各分流点的流量就发生变化。在计算时沿程水头损失原应分段计算，常先假定管内流量沿程不变一直流到末端，按进口处最大流量计算水头损失然后乘上一个小于 1 的多口系数 F 进行矫正。根据上述含义，可得

$$F = h_{jz} / h_{jz'} \tag{9-30}$$

式中，h_{jz} 为假定管内流量沿程不变，而且都等于多口出流管的首端流量时的沿程水头损失，m；$h_{jz'}$ 为多口出流量管道实际的沿程水头损失，m。

多口系数可用式(9-31)计算：

$$F = \frac{N\left(\dfrac{1}{m+1} + \dfrac{1}{2N} + \dfrac{\sqrt{m-1}}{6N^2}\right) - 1 + X}{N - 1 + X} \tag{9-31}$$

式中，N 为出流孔口数；X 为多孔管首孔位置系数；m 为流量指数。

b. 局部水头损失计算

局部水头损失是发生在水流边界突然发生变化，均匀流被破坏的流段，是由于水流突然变形而在水流内部摩擦消耗的机械能。其计算公式为

$$h_j = \varepsilon v^2 / 2g \tag{9-32}$$

式中，h_j 为局部水头损失，m；ε 为局部阻力系数；v 为管道内水流的流速，m/s；g 为重力加速度。

管道总的水头损失等于沿程水头损失加上局部水头损失的叠加。

c. 不同工作制度下各级管道设计流量的推算

在灌溉管道系统中各级管道设计流量的推算时，可以不考虑沿程的流量损失，

所以在续灌时，就等于下一级管道流量之和；而在轮灌时，就等于同时工作的下一级管道流量之和的最大值；在随机供水情况下，干管或系统的流量按式(9-33)计算：

$$Q = xQ_0 \tag{9-33}$$

$$x = \frac{1}{r}\left[1 + K\sqrt{\frac{1}{n_1} - \frac{1}{n}}\right] \tag{9-34}$$

$$n_1 = \frac{Q_0}{Q_支 r} \tag{9-35}$$

$$r = \frac{c}{24} \tag{9-36}$$

式中，x 为系数；Q_0 为连续供水时的干管流量，m³/h；K 为与管理工作保证率有关的系数，当管理工作保证率为95%时，$K=1.645$；c 为系统日常运行时间，h；n 为系统支管数目；r 为系统运行系数；n_1 为在灌溉季节内可能同时供水的支管数；$Q_支$ 为支管流量，m³/h。

d. 首部设计工作压力的推算

为计算首部的设计工作压力，首先要在灌区内选择一个或几个能代表整个灌区的典型点，然后按式(9-37)计算各自的工作压力，取其最大或次大者为设计工作压力。

$$H = H_0 + \sum h_f + \sum h_j + \Delta \tag{9-37}$$

式中，H_0 为灌水器工作水头，m；$\sum h_f$ 为首部到典型点之间管路沿程水头损失之和，m；$\sum h_j$ 为首部到典型点之间管路局部水头损失之和，m；Δ 为典型点高程与水源水面的高差，m。

3) 环状管网的水力计算

环状管网水力计算一般是先假定管径，然后计算流量，再求得满足管内流速、分水压力等条件的最小管道直径。因此，环状管网管径要经过多次试算才能确定。环状管网水力计算大致分为以下两种：①流量法，就是通过水力平衡参数对流量加以修正，达到系统压力平衡。最常用的是 Hardy-Cross 法。②水位法，是先假定各节点的压力，再推求管道流量的一种计算方法。一般都通过节点水头法进行计算。

3. 输水管道系统的结构设计

灌溉管道系统由直管、接头、管件、控制件等构成后，如何安置在田间，这就是结构设计所应当考虑的问题。灌溉管道系统结构设计主要包括以下几个方面。

(1) 确定埋深与坡度。埋设深度的确定主要考虑两个因素：一是农业机械在管道的地面上通过时，不会损坏管道；二是当地下水位较高时，其埋深应保证空管不发生上浮。地下埋管的坡度应根据地形特点、土质和管径确定。在山丘区或地形起伏较大的田块，一般是大致与地面坡度相同。而在平原地区非常平坦的田块，管道不能埋设成完全水平的，而应做成 1/1000～1/100 的坡度。

(2) 镇墩与支墩的设置。当管道受到较大的水平力时应设置镇墩。另当管道改变方向时，管内水流对管道会产生一个侧向推力，在管道末端会产生一个轴向水平推力，故这些地方也应设立镇墩。镇墩的大小要根据水平推力的大小和土壤的摩擦力来设计。镇墩一般用块石混凝土或混凝土建造，混凝土标号一般用 100 号。较大的镇墩还应布置必要的构造钢筋。支墩是用来支承水管、传递垂直压力的。一般只在土质较差且管径较大时才采用。

(3) 柔性接头与伸缩接头。管道接头一般是刚性的，轴线不会发生偏转，而在土壤不是很坚实的情况下，管槽内不可避免地发生不均匀沉陷，从而使管道承受挠曲力。因此，在管道较长时，每隔一定的距离就要设置一个柔性接头，使得管道的轴线能适应由不均匀沉陷造成的微小变形。柔性接头的间距要根据管子的抗弯强度与管槽底部可能发生不均匀沉陷的程度决定。

在管道上除要设置柔性接头外，有时还要设置伸缩接头，主要为的是适应管道由于温度的变化而产生的变形。与柔性接头不同的地方是它只能产生轴向移动而不能产生偏转。

(4) 排气与泄水设施。管道一般随地形变化有起伏，充水时在下弯管道的高处常会积聚一定的空气，这样积聚于管中的空气不但会影响管道的过水能力，而且会造成管内水压的波动。因此，在管道向上拱起的地方都要设置空气阀以便在通水开始时排除管内的空气；而且应在管网的低处设置泄水阀，以便在冰冻之前将管内水排空，避免在冰冻时使管道破裂。

(5) 阀门井。各级管道的首端一般都装有闸阀、过滤器和压力调节器等。这些设备都应当用阀门井保护起来。其尺寸按照操作的需要确定。井口要用混凝土盖或铸铁盖盖上。

(6) 竖管与支柱。多数灌水方法所使用的灌水器要离地面一定距离，干喷灌的喷头支承竖管的高度视作物的高度而定，常高出地面 1～2 m。微喷灌的喷头也应离地面一定距离，以免降水时溅起泥沙堵塞喷嘴。因此也要用支柱等支撑微喷头，支柱高度一般为 20～30 cm，竖管可高达 3～4 m，这时就要特别注意保证其稳定性，避免因摇晃而影响喷头正常旋转。

三、灌溉工程

(一)灌溉方法的分类及适用条件

灌溉方法一般是按照是否全面湿润整个农田和按照水输送到田间的方式和湿润土壤的方式来分类，常见的灌水方法可分为全面灌溉与局部灌溉两大类。

1. 全面灌溉

灌溉时湿润整个农田根系活动层内的土壤，传统的常规灌水方法都属于这一类，比较适合于密植作物，主要有地面灌溉和喷灌两类。

(1)地面灌溉：水是从地表面进入田间并借重力和毛细管作用浸润土壤，所以也称为重力灌水法。这方法是最古老的也是目前应用最广泛、最主要的一种灌水方法。按其湿润土壤方式的不同，又可分为畦灌、沟灌、淹灌和漫灌。

(2)喷灌：是利用专门设备将有压水送到灌溉地段，并喷射到空中散成细小的水滴，像天然降水一样进行灌溉。

2. 局部灌溉

这类灌溉方法的特点是灌溉时只湿润作物周围的土壤，远离作物根部的行间或棵间的土壤仍保持干燥。一般灌溉流量都比全面灌溉小得多，因此又称为微量灌溉，简称微灌。

(1)渗灌：渗灌是利用修筑在地下的专门设施(地下管道系统)将灌溉水引入田间耕作层，借毛细管作用自下而上湿润土壤，所以又称为地下灌溉。近来也有在地表下埋设塑料管，由专门的渗头向作物根区渗水。

(2)滴灌：滴灌是由地下灌溉发展而来的，是利用一套塑料管道系统将水直接输送到每棵作物根部，水由每个滴头直接滴在根部上的地表，然后渗入土壤并漫润作物根系最发达的区域。

(3)微喷灌：微喷灌又称为微型喷灌或微喷灌溉，是用很小的喷头(微喷头)将水喷洒在土壤表面。

(4)涌灌：涌灌又称涌泉灌溉，是通过置于作物根部附近的开口的小管向上涌出的小水流或小涌泉将水灌到土壤表面。灌水流量较大(但一般也不大于220L/h)，远超过土壤的渗吸速度，因此通常需要在地表形成小水洼来控制水量的分布。

(5)膜上灌：膜上灌是近几年中国新疆试验研究的灌水方法，它是让灌溉水在地膜表面的凹形沟内借助重力流动，并从膜上的出苗孔流入土壤进行灌溉。这样，地膜减少了渗漏损失，又和膜下灌一样减少地面无效蒸发，更主要的是比膜下灌投资低。

除以上所述外，局部灌溉还有多种形式，如拖管灌溉、雾灌等。各种灌水方法的适用条件及优缺点见表 9-18 和表 9-19。

表 9-18　各种灌水方法适用条件简表

灌水方法		作物	地形	水源	土壤
地面灌溉	畦灌	密植作物(小麦、谷子等)、牧草、一些蔬菜	坡度均匀、坡度不超过0.2%	水量充足	中等透水性
	沟灌	宽行作物(棉花、玉米等)、一些蔬菜	坡度均匀、坡度不超过2%～5%	水量充足	中等透水性
	淹灌	水稻	平坦或局部平坦	水量丰富	透水性小，盐碱土
	漫灌	牧草	较平坦	水量充足	中等透水性
喷灌		经济作物、蔬菜、果蔬	各种坡度均可，尤其适用于复杂地形	水量较少	适用于各种透水性，尤其是透水性大的土壤
局部灌溉	渗灌	根系较深的作物	平坦	水量缺乏	透水性较小
	滴灌	果蔬、瓜类、宽行作物	较平坦	水量极其缺乏	适用于各种透水性
	微喷灌	果蔬、花卉、蔬菜	较平坦	水量缺乏	适用于各种透水性

表 9-19　各种灌水方法优缺点比较简表

灌水方法		水利用率	灌水均匀性	不破坏土体团粒体结构	对土体透水性的适应性	对地形的适应性	改变空气湿度	结合施肥	结合冲洗盐碱土	基建与设备投资	平整土地的土方工程量	田间工程占地	能源消耗量	管理用劳力
地面灌溉	畦灌	○	○	—	○	—	○	○	○	○	—	—	+	—
	沟灌	○	○	—	○	—	○	○	○	○	—	—	+	—
	淹灌	○	○	—	—	—	—	—	+	○	—	—	+	—
	漫灌	—	—	—	—	—	—	—	+	+	○	+	+	—
喷灌		+	+	+	+	+	+	+	—	—	+	+	—	○
局部灌溉	渗灌	+	+	+	+	—	—	+	—	○	+	○	+	+
	滴灌	+	+	+	+	+	—	+	—	—	+	○	+	+
	微喷灌	+	+	+	+	+	+	+	—	—	+	○	+	+

注：+表示优，-表示差，○表示一般。

(二)喷灌系统设计

影响喷灌灌水质量的主要技术参数有喷头水量分布图形、喷头沿支管的间距、支管间距(喷头沿干管方向的间距)、喷头组合方式(矩形或三角形)和支管方向等。经常把前两项统称为喷头组合形式。喷头组合形式的确定是喷灌系统设计的关键步骤。

1. 确定喷头组合间距的方法

当前普遍采用的确定喷头组合间距的方法有如下几种。

1) 修正几何组合法

传统的几何组合法要求喷灌系统内的所有面积必须完全被喷头的湿润面积覆盖。加之考虑经济因素,为了使单位面积的造价尽量低,就要使喷头间距尽可能的大。所以基本上是布置成对角线方向两个喷头的湿润圆相切,对于不同的喷洒方式(全圆或扇形)及组合方式,按照几何作图的方法就不难求出各自的支管间距和喷头间距。

在几何组合法中,喷头射程没有一个明确的定义,可以是最大射程,也可以是有效射程,为了避免任意性,可以用一个有明确定义的设计射程代替最大射程 R。

设计射程的定义如下:

$$R_{设}=KR \tag{9-38}$$

式中,$R_{设}$ 为喷头的设计射程,m;K 为系数,是根据喷灌系统形式、当地的风速、动力的可靠程度等确定的一个常数,一般等于 0.7~0.9,对于固定式系统,由于竖管装好后就无法移动,如有空白就无法补救,故可以考虑采用 0.8,对于多风地区,可采用 0.7,也可以通过试验确定 K 值的大小,但 K 值一定不能采用 1.0,否则将无法保证喷灌质量;R 为喷头的射程(或称为最大射程),m。

这种方法的特点在于不仅要求所有面积必须完全被喷头的湿润面积覆盖,而且要有一定的重叠,这样就可以保证即使有外来因素的影响也不至于发生漏喷。

2) 经验系数法

对于不同的风速采用不同的经验系数 C,然后按喷头的间距 $S_1=CR$ 进行组合。无风情况下,支管上喷头之间的 $C_1=1.00$,支管之间 $C_m=1.35$。有风情况下的 C 值如表 9-20 所示,各喷头制造厂家也经常在样本中给出每种喷头适用的组合间距,这实际上也是经验系数的一种表示方法。

2. 支管方向的确定

对于支管的布置,除考虑地形的因素外,一般就是考虑风向的影响。有风时湿润面积由圆变成椭圆形,平行于风的方向顺风拉长,逆风方向变短,可以互相补充;而垂直于风的方向两侧都缩小,所以间距要小一些。因此,从经济的观点出发,支管最好与风向垂直。

表 9-20 经验系数

风速/(km/h)	C 值
0	1.30
≤8.1	1.20
8.1~16.1	1.00
>16.1	0.44~0.60

3. 喷头组合方式的选择

喷头组合方式是矩形的好还是三角形的好,目前还没有定论,只是用在几何组合法或修正组合法时,三角形布置的喷灌系统要比矩形的经济一些。因为正三角形布置时的单喷头有效控制面积是正方形的 1.3 倍,对于同样的面积就可以少布置一些喷点,支管间距也略微大一些。

4. 拟定灌水定额和灌水周期

1) 设计灌水定额

设计灌水定额可用式(9-39)计算:

$$m_{设} = 0.1 H (\theta_{\max} - \theta_{\min}) \quad (9-39)$$

式中,H 为作物土壤计划湿润层的厚度,对于大田作物,一般采用 40~60cm;$\theta_{\max}$ 为灌后土层允许达到的含水量的上限(以占土层体积的百分数表示),即相当于田间持水量;$\theta_{\min}$ 为灌前土层含水量下限(以占土层体积的百分数表示),相当于田间持水量的 60%~70%。

2) 设计灌水周期

在喷灌系统规划设计中,主要是确定作物耗水最旺时期的允许最大间隔时间(两次灌水的间隔时间),即设计灌水周期(以天计),它可用式(9-40)计算:

$$T_{设} = m_{设} / e \quad (9-40)$$

式中,e 为作物耗水最旺时期的日平均耗水量,mm/d,可根据试验确定。

一次灌水所需时间 t 可按式(9-41)确定:

$$t = m_{设} / \bar{\rho}_{系统}$$

$$\rho_{系统} = 1000 q \eta / (S_w \times S_t) \quad (9-41)$$

式中,$m_{设}$ 为设计灌水定额,mm;$\bar{\rho}_{系统}$ 为喷灌系统的平均喷灌强度,mm/d,应小于土壤的允许喷灌强度;η 为喷洒水有效利用系数,一般选用 0.7～0.9;q 为一个喷头的流量,m³/h;S_w 为支管间距,m;S_t 为沿支管的喷头间距,m。

同时工作的喷头数($N_{喷头}$)可按式(9-42)计算:

$$N_{喷头} = A/(S_w \times S_t) \times t/T_{设}C \tag{9-42}$$

式中,A 为整个喷灌系统的面积,m²;C 为一天中喷灌系统有效工作小时数。

同时工作的支管数($N_支$):

$$N_支 = N_{喷头}/n_{喷头} \tag{9-43}$$

式中,$n_{喷头}$ 为一根支管上的喷头数,可以一根支管的长度除以沿支管的喷头间距求得。

如果计算出来的 $N_支$ 不是整数,则应考虑减少同时工作的喷头数或适当调整支管的长度。

(三)滴灌系统设计

设计滴灌系统前,也应收集必需的资料,如 1/2000～1/500 地形图和农业气象、土壤等资料。在地形图上应标明滴灌面积所在位置、水源位置、现有田块布置、村庄和道路等。水源水质要进行分析。测定其 pH,泥沙及污物含量,硼、锂等含量,以硝酸盐和硝酸铵形式存在的含氮量等。

1. 滴灌系统的布置

滴灌系统的管道一般分干管、支管和毛管三级。布置时要求干、支、毛三级管道尽量互相垂直,以使管道长度最短,水头损失最小。在平原地区,毛管要与垄沟方向一致,在山区丘陵地区,干管多沿山脊或在较高位置平行于等高线布置,支管垂直于等高线布置,毛管平行于等高线并沿支管两侧对称布置,以防滴头出水不均匀。

2. 滴灌灌水定额

滴灌设计灌水定额是指作为滴灌系统设计依据的最大一次灌水量($h_滴$),如果用灌水深度表示,可以用式(9-44)计算,即

$$m_滴 = \alpha \theta pH/1000 \tag{9-44}$$

式中,$m_滴$ 为设计灌水定额,mm;α 允许消耗的水量占土壤有效持水量的比例,%;由于滴灌能及时、准确地向根层土壤供水,因此可以使每次的灌水量较小,对于需水较敏感的蔬菜等作物,α=20%～30%,对于一般耐旱的作物,α=30%～40%,而对于根深的果树,则可取 α=30%～50%;H 为计划湿润层深度,蔬菜为 0.2～ 0.3 m,大田作物为 0.3～0.6 m,果树为 1.0～1.2 m;θ 为土壤有效持水量(占土壤体积分数),%;p 为土壤湿润比,%,即在滴灌后地面以下 30 cm 深处土壤湿润面积与滴灌面积(包括滴头湿润的面积和没有湿润的面积)的比值,其数

值大小与滴头流量、滴头间距和土壤类别有关。

根据国内外试验资料表明，在降水量较小的干旱地区，对果树滴灌，湿润比 p 应小于 33%。在降水量较多的地区，滴灌只是间歇性的补充灌水，p 值应小于 20%，对于蔬菜和大田作物，其湿润比要高一些，一般为 70%～90%。

3. 设计灌水周期

滴灌的设计灌水周期用式(9-45)计算，即

$$T = m_{滴}/e \tag{9-45}$$

式中，T 为灌水周期，d；e 为作物需水旺盛期日平均耗水量，mm/d。

e 值的大小可以根据当地滴灌试验资料或群众灌水经验确定，也可根据下式估算：

$$e = (0.1 + A/100)e_{max} \tag{9-46}$$

式中，A 为遮阴率，即在垂直阳光照耀下，作物阴影面积与总面积之比；对大田作物和蔬菜，A 为 60%～95%，对于果园，幼树期 A 为 20%～40%，成年果树 A 为 60%～80%；e_{max} 为作物需水旺盛期最大蒸腾量，mm/d；不同作物、不同生育期，在不同的气候条件下，e_{max} 值不一样，这可根据试验确定。

目前，中国各地在进行滴灌设计时，大致采用如下灌水周期(T)：果树为 3～5d，蔬菜为 1～2d，而大田作物则采用 5～8d。

4. 滴灌系统控制灌溉面积大小的计算

在灌溉水源能得到充分保证的条件下，滴灌面积的大小取决于管道的输水能力。对于水源流量不能满足整个灌区需要时，滴灌面积可用式(9-47)计算：

$$\begin{gathered} A = mfN \\ m = Q/Q_{毛} \end{gathered} \tag{9-47}$$

式中，A 为滴灌系统控制的灌溉面积，亩；m 为同时工作的毛管条数；Q 为水源流量，L/h；$Q_{毛}$ 为一条毛管的输水流量，L/h。

5. 滴灌水力计算

滴灌系统各级管道布置好后，即可从最末一级毛管开始，逐级推算各级管道(毛管、支管和干管)的水头损失。在具体设计中，要求同一支管上第一条毛管的第一个滴头的水头 h 与最末一条毛管的最后一个滴头的水头 h' 的差值，不超过滴头设计工作压力的 20%，以求滴头的滴水量比较均匀(流量差值不超过 10%)，并据此确定支、毛管的最大长度。

在滴灌中，多用塑料管道。国内外常采用威廉-哈森公式计算管道沿程摩阻损失：

$$\Delta H = 15.27 \frac{Q^{1.852}}{D^{4.871}} L \tag{9-48}$$

式中，ΔH 为沿程摩阻损失，m；L 为管长，m；Q 为流量，L/h；D 为管内径，cm。

在支管中，因水流进入毛管，所以其流量随支管长度而减少。在管道沿程均匀出流情况下，由于摩阻引起的总水头损失可以用式(9-48)计算，但必须再乘以相应的多孔系数加以修正(类似喷灌管道的计算)，也可以用修正的威廉–哈森公式计算：

$$\Delta H = 5.35 \frac{Q^{1.852}}{D^{4.871}} L \tag{9-49}$$

毛管和支管水力学计算的步骤如下。

(1) 已知管道输水流量，初步选定管径 D。

(2) 假定管道长度，计算总水头损失(沿程摩阻损失与局部损失的总和)和任一管段断面的压力水头 H_i：

$$H_i = H - \Delta H_i \pm \Delta H_i' \tag{9-50}$$

式中，H 为进口压力水头；ΔH_i 为沿管长任一段的水头损失，$\Delta H_i = R_i \Delta H$，其中 $R_i = 1-(1-i)^{2.852}$，i 为相对管长，即距进口端任一管段长度 l 与全管长 L 之比；$\Delta H_i'$ 为任一断面处由管坡引起的压力水头变化，下坡取"–"号，上坡取"+"号。

(3) 求沿管长压力分布曲线，得最大压力水头和最小压力水头，以及进口工作压力。

(4) 校核支管控制的范围内，滴头工作压力的变化 $H_{\text{var}} = 1 - \dfrac{H_{\min}}{H_{\max}}$ 是否在规定范围内，$H_{\min}$ 和 $H_{\max}$ 分别为毛管最小压力和最大压力(一般不在同一毛管上)。

(5) 若 H_{var} 不符合要求，应改变支、毛管的直径和相应长度，重新计算，直至符合要求为止。同一 H_{var} 的支、毛管直径(D)和长度(L)有许多种组合，最好作出若干种比较方案，进行优选。

干管水力计算，可按经济直径(或经济水力坡度 i)选择合理直径，然后计算沿程水头损失，推求满足支管进口压力的干管工作压力。

$$H_A = H_B + \Delta H \pm \Delta Z \tag{9-51}$$

式中，H_A 为管段上端压力水头；H_B 为管段下端压力水头；ΔZ 为两端地形高差，上坡取"+"，下坡取"–"。

经济水力坡度 i 值越大，所需管径就越小，每亩投资也就少。但是，i 值越大，则所需要的抽水扬程就高，从而又增大了管线运行费用。因此，在设计滴灌系统时，要合理选择水力坡度 i 值的大小。

应该指出，上述各级管道的压力还应加上局部阻力损失，即 $h_{局} = \xi v^2 / 2g$，为方便计算，目前一般以沿程摩阻损失的 10%估算局部阻力损失。

在山区、丘陵地区修建滴灌系统，为了节省投资、减少运行费用，应尽可能在较高位置修建蓄水工程，以便实行自压滴灌。在保证支管沿程都有 15m 左右的工作水头前提下允许管道有较大的水头损失。当地面坡度大于管道的经济坡度时，取管道水力坡度等于地面坡度；在地面坡度小于管道的经济坡度时，取管道坡度为经济坡度进行水力计算。

（四）微喷灌

微喷灌是介于喷灌与滴灌的一种灌水方法，因此主要灌水质量指标分别与两者相似。灌水均匀系数和灌水效率与滴灌相同。喷灌强度的要求与喷灌相似，所不同的在于微喷灌是局部灌溉，一般不考虑湿润面积的重叠，所以要求单喷头的平均喷灌强度不超过土壤的允许喷灌强度。另外，由于微喷头的出口和普通喷头的出口比起来一般都非常小，水滴对作物土壤的打击力都不大，不会构成对作物和土壤团粒结构的威胁，所以水滴直径不作为主要指标，主要灌水质量指标是灌水均匀系数、灌水效率和单喷头平均喷灌强度。

(1) 微喷头的选择。在选用微喷头时要考虑农作物对灌溉的要求，还要注意对土壤环境造成的影响，①单喷头平均喷灌强度不超过土壤允许的喷灌强度，这与喷灌相似；②喷水量要适合于作物灌水量的要求，特别注意考虑灌水量随着生育阶段的变化；③制造误差小，不得超过 1%；④喷水量对应力和温度变化的敏感性要差；⑤工作可靠，主要是不易堵塞，为此孔口适当大些好，流量大一些好，对于有旋转部件的微喷头，还要求旋转可靠；⑥经济耐用。

(2) 微喷头的布置。微喷头的布置包括在高度上的布置和在平面上的布置。在高度上的布置，一般是放在作物的冠盖下面，但是不能太靠近地面，以免暴雨时将泥沙溅到微喷头上而堵塞喷嘴或影响折射臂旋转，也不能太高以免打湿枝叶。安装高度一般为 20～50m，对于专门湿润作物叶面的系统则可安装在作物的冠盖之上。在平面上的布置，一般来说是每棵作物布置一个微喷头，要求 30%～75%以上的根系得到灌溉，以保持产量和足够的根系锚固力。根系湿润范围的大小主要取决于土壤类型与土层深度、喷水量的大小、微喷头喷洒覆盖范围的大小与形状、灌水历时等。

（五）渗灌

渗灌技术参数主要包括管道埋设深度、灌水定额、管道间距、管道长度与坡度等。在缺乏资料的情况下设计渗灌灌溉系统时，对上述各要素应进行必要的试验，或借用类似地区的资料。

1. 管道埋设深度

地下管道的埋设深度取决于土壤性质、耕作情况及作物种类等条件。埋设深度首先应使灌溉水借毛细管作用能充分湿润土壤计划湿润层，特别是表层土壤能达到足够湿润，而深层渗漏最小。一般在黏质土壤中埋设深度大，砂质土壤中则较小。其次管道埋设深度应该深于一般深耕所要求的深度，同时还应考虑管道本身的抗压强度，不致因拖拉机或其他农业机械的行走而损坏。另外，还要考虑各种作物的根系深度而决定管道埋深。

2. 灌水定额

渗灌的每次灌水定额应能使相邻两管间的土层得到足够的湿润，以不发生深层渗漏为准，一般要通过田间试验测定。

3. 管道间距

渗灌管道的间距主要取决于土壤性质和供水水头的大小，土壤颗粒越细，则土壤的吸水能力越强，在进行渗灌时灌溉水的湿润范围也越大，管道的间距就可增大。在决定管道间距时，应该使相邻两条管道的浸润曲线重合一部分，以保证土壤湿润均匀。

4. 管道长度与坡度

管道长度与管道坡度、供水情况、流量大小及管道渗水情况等有关。适宜的管道长度应使管道首尾两端土壤能湿润均匀，而渗漏损失较小。

对于用塑料管输水、用渗头灌水的渗灌与滴灌相似，只是用渗头代替滴头，且埋入土壤。其埋设深度依土壤质地而定，以湿润球切到地面为度，其他参数和设计方法均与滴灌相同。

四、排水工程

（一）田间排水

田间排水的任务是除涝、防溃、防止土壤盐渍化、改良盐碱土以及为适时耕作创造条件等。主要是排除地面水、控制地下水位、竖井排水等。

1. 排除地面水的水平排水系统

土地工程中，如果区域内雨量丰富，在降水量过大或连续降水情况下，如果降水径流形成的积水超过允许的作物耐淹深度和持续时间或渗入的水量超过大田蓄水能力时，必须修建排水系统，将过多的雨水及时排出田块，排除地面水主要通过田间排水沟而实现。田间排水沟的间距与田面降水径流的形成过程、允许的淹水历时和旱田蓄水能力等因素有密切关系。

2. 控制地下水位的水平排水系统

在地下水位较高或有盐碱化威胁的灌区,必须修建控制地下水位的田间排水沟,以防造成渍害或土壤盐碱化。控制地下水位的田间工程,有水平排水和垂直排水两种形式。水平排水又可分为明沟和暗管两种。这里主要介绍田间水平排水系统。

1)控制地下水位要求的排水沟(管)的深度和间距

设计排水农沟时,一般首先根据作物要求的地下水埋深、排水农沟边坡稳定条件、施工难易等初步确定排水农沟的深度,然后再确定相应的间距。

当作物允许的地下水埋深 ΔH 一定时,排水农沟的深度可用式(9-52)表示:

$$D = \Delta H + \Delta h + S \tag{9-52}$$

式中,ΔH 为作物要求的地下水埋深,m;Δh 为当两沟之间的中心点地下水位已降至 ΔH 时,地下水位与沟水位之差,此值视农田土质与沟的间距而定,一般不小于 0.2~0.3 m;S 为排水农沟中的水深,排地下水时沟内水深很浅,一般取 0.1~0.2 m。

排水农沟的间距,应通过专门的试验或参照当地或相似地区的资料和实践经验加以确定。根据中国一些地区试验资料分析统计,表 9-21 列出了不同土质、不同沟深时满足旱作物控制地下水位要求的排水沟间距的大致范围。

表 9-21 控制地下水位的田间排水沟间距表

沟深/m 间距/m	土质		
	轻壤或砂壤	中壤	重壤或黏土
1.0~1.3	50~70	35~50	20~35
1.3~1.5	70~100	50~70	35~50
1.5~1.8	100~150	70~100	50~70
1.8~2.3	—	100~150	70~100

水田地区排水农沟的深度一般为 0.8~1.5 m;旱作物地区的沟深为 1.5~2.0 m;而沟的间距则一般在 60~200 m 范围内,视各地土质而异。

排水沟的间距根据不透水层的埋深不同,其计算方法也有差别。

当不透水层位于有限深度时,非完整排水沟间距 L 的计算公式如下:

$$L = \sqrt{\left(\frac{4\overline{H}}{\pi}\ln\frac{2\overline{H}}{\pi D}\right)^2 + 8\overline{H}\frac{kh_c}{\varepsilon} - \frac{4\overline{H}}{\pi}\ln\frac{2\overline{H}}{\pi D}} \tag{9-53}$$

式中,D 为排水农沟的深度;$\overline{H}$ 为地下水位的平均水深;h_c 为两沟中间一点地下水位与沟水位差；ε 为入渗强度。

当不透水层位于无限深度时，排水沟间距 L 的计算公式如下：

$$L = k\pi h_c \Big/ \varepsilon \ln\frac{2L}{\pi D} \tag{9-54}$$

式中，D 为暗管直径或明沟水面宽；k 为渗透系数。

2) 控制水田渗漏量要求的排水沟（或暗管）的间距

为了保证水稻的正常生长，淹水稻田中需要保持一定的渗漏强度。在冲洗改良盐渍化土壤时，为了在一定时间内达到脱盐要求，常需要有较大的入渗强度。排水沟（或管）的间距和深度必须根据要求的入渗强度进行选择。

水田暗管排水情况下，田面各点入渗强度 ε 的计算公式如下：

$$\overline{\varepsilon} = \overline{\varepsilon}\frac{\alpha}{(1-\alpha^2)\sin^2\frac{\pi x}{L}} + \alpha^2$$

式中，x 为入渗强度与暗管中心的距离，m；$\overline{\varepsilon}$ 为平均入渗强度；α 为导压系数。

明沟冲洗排水情况下，入渗强度计算如下：

$$\varepsilon = k\left(1 - 1\Big/\mathrm{ch}\frac{\pi D}{L}\right) \tag{9-55}$$

式中，D 为沟底的深度，m；L 为沟间距，m；k 为渗透系数。

3. 田间排水系统的布置与结构

1) 田间明沟排水系统

田间排水系统应与灌溉系统结合布置，由于各地区自然条件不同，田间排水系统的组成和任务也有很大差异，应根据具体要求拟定合理的布置方案。

在易旱易涝易碱地区，如防止土壤次生盐碱化的任务由斗、支沟负担，则田间渠系仅负担灌溉和除涝的任务。在地下水埋深较大，无控制地下水位和防渍要求，或虽有控制地下水位的任务，但由于土质较轻，要求排水沟间距为 200～300 m。此时，排除地面水和控制地下水的排水农沟可以结合使用。在这种情况下，农田内部的排水沟主要起除涝（排除地面水）作用，田间灌排渠系可以全部（毛渠、输水垄沟）或部分（输水垄沟）结合使用，其布置形式分别如图 9-2(a) 和 (b) 所示。

在土质比较黏重的易旱易涝地区，控制地下水位（防渍）要求的排水沟间距较小。因此，除排水农沟外，在农田内部还需有 1～2 级田间排水沟。

在要求控制地下水位的末级排水沟间距为 100～150 m 时，则在田间可以仅设毛沟，田间灌排渠系的布置如图 9-3(a) 的所示。农沟及毛沟均应起控制地下水位的作用，毛沟深度一般至少 1.0～1.2 m，农沟则应在 1.2～1.5 m 以上。由于田块被排水毛沟分割，条田宽度减小，机耕时拖拉机开行方向应平行毛沟。为了加速地面径流的排除，毛沟应大致平行于等高线布置。

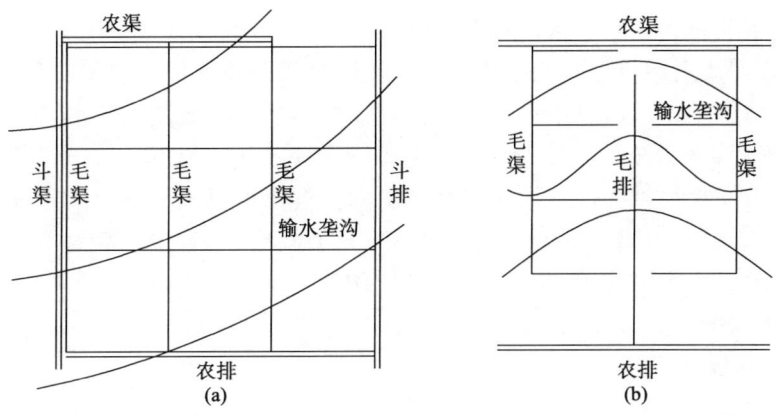

图 9-2　灌排两用田间渠系布置示意图

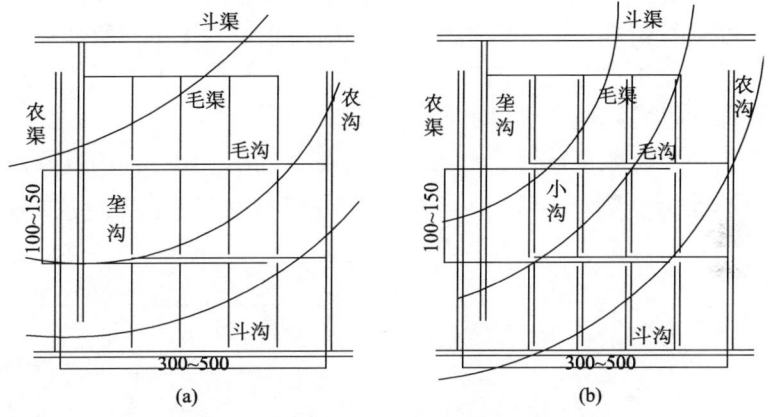

图 9-3　易旱易涝地区田间渠系布置示意图

如果要求的末级排水沟间距在 30~50 m 以下，则在农田内部采用两级排水沟（毛沟、小沟），此时灌排渠系如图 9-3(b) 所示。末级田间排水沟应大致平行于等高线布置，以利地表径流的排除。如末级排水沟要求的深度较大，不便机耕，有条件的地区应采用暗管排水系统。

排水农沟的纵坡主要取决于地形坡度。为了排水通畅和防止冲刷，其纵坡一般为 0.004~0.006 m，最大不得超过 0.01m。横断面一般为梯形，边坡视土质而定。为了满足施工和管理要求，沟底宽度一般不小于 0.3~0.5 m。

2) 地下暗管排水系统

采用地下水排水系统已成为当前的一种发展趋势。暗管排水系统一般由吸水管、集水管(沟)、检查井、集水井等几部分组成。在暗管排水系统中主要涉及暗管排水系统的布置、暗管管径和坡降的确定。

(1) 暗管排水系统布置的基本形式：①吸水管与集水管(沟)呈直角正交连接；②吸水管与集水管(沟)呈锐角斜交连接；③排水系统不规则布置形式。

(2) 暗管管径的确定：暗管管径的大小应保证在无压流的情况下排除设计的排水流量，田间吸水管在仅承担排除地下水的情况下可以采用较小的管径。

(3) 暗管坡降的确定：排水暗管(吸水管)的设计最小坡降应满足不产生淤积的要求，管内径小于 100 mm 时，一般采 1/600～1/300。大于 100 mm 时可采用 1/2500～1/1000。

4. 竖井排水

竖井排水具有降低地下水位，防止土壤返盐；腾空地下库容用以除涝防渍；促进土壤脱盐和地下水淡化等作用。

井灌井排的任务是保证灌溉用水，控制地下水位，除涝防渍，并防止土壤次生盐碱化。在这种情况下，井的间距一方面取决于单井出水量所能控制的灌溉面积；另一方面取决于单井控制地下水位的要求。在利用竖井单纯排水地区，井的间距则主要取决于控制地下水位的要求。

竖井在平面上一般多按等边三角形或正方形布置。由单井的有效控制面积可求得单井有效控制半径 R 和井距 L，如图 9-4(a) 和 (b) 所示。井渠应结合灌溉渠系进行布置。

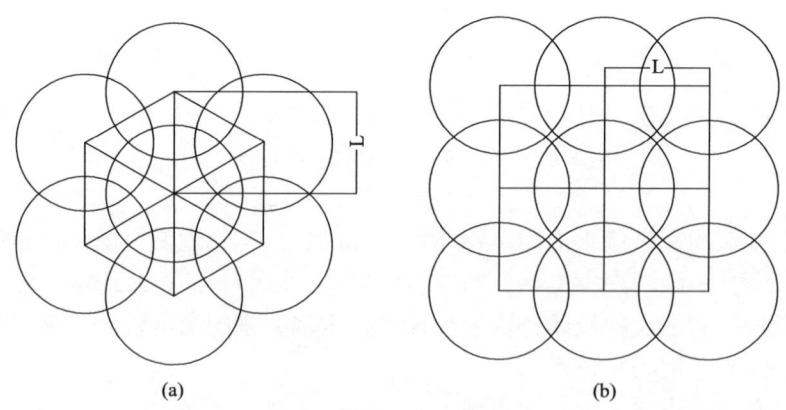

图 9-4　竖井布置示意图

(二)排水沟道系统

1. 排水沟道系统的规划布置

排水沟系和灌溉渠系相似,一般可分为干、支、斗、农四级固定沟道。但当排水面积较大或地形较复杂时,固定排水沟可以多于四级;反之,也可少于四级。田间排水网可分明沟、暗管和竖井等排水方式,属田间工程,田间排水中已介绍,这里主要介绍按排水方式布设排水沟系。

(1)汛期排水和日常排水:汛期排水是为了防止耕地受涝水淹没以及江河泛滥。日常排水是为了控制地区的地下水位和农田水分。在规划布置时,应能同时满足这两方面的要求。

(2)自流排水和抽水:排水当承泄区水位低于排水干沟出口水位时,一般进行自流排水,否则需要采取抽水排水或抽排与滞蓄相结合的除涝排水方式。

(3)水平(沟道)排水和垂直(或竖井)排水:对于主要由降水和灌溉渗水成涝的地区,常采用水平排水方式;如以地下深层承压水补给潜水而致渍涝,则应考虑采用竖井排水方式;对于旱涝碱兼治地区,如地下水质和含水层出水条件较好,宜实行井灌井排,配合田间排涝明沟,形成垂直与水平相结合的排水系统。

(4)地面截流沟(有些地区称撇洪沟)和地下截流沟排水:对于由外区流入排水区的地面水或地下水以及其他特殊地形条件下形成的涝渍,可分别采用地面或地下截流沟排水的方式。

2. 排涝设计标准

排涝设计标准一般有三种表达方式:①以治理区发生一定重现期的暴雨,作物不受涝为标准。②以治理区作物不受涝的保证率为标准。作物不受涝的保证率,是指治理工程实施后作物能正常生长的年数与全系列总年数之比(经验保证率)。③以某一定量暴雨或涝灾严重的典型年作为排涝设计标准。在目前我国除涝规划设计中,使用最为普遍的是第一种除涝标准表达方式。

排涝时间应根据作物的耐淹能力,即耐淹历时和水深确定,排涝时间不应超过作物的耐淹历时,否则作物受涝减产。在无经验资料时,通常应对排水区进行调查,以作物不减产为原则,设计排涝天数。目前,各地区采用的排涝天数见表 9-22。

表 9-22 中国部分地区排涝标准

省、市	地区	设计重现期/年	设计暴雨和排涝天数
广东	珠江三角洲	10	1 天暴雨 2 天排至作物耐淹水深
广西		10	1 天暴雨 3 天排至作物耐淹水深
湖南	洞庭湖地区	10	3 天暴雨 3 天排至作物耐淹水深(50 mm)

续表

省、市	地区	设计重现期/年	设计暴雨和排涝天数
湖北	平原湖区	10	3天暴雨5天排至作物耐淹水深
			或1天暴雨3天排至作物耐淹水深
江西	鄱阳湖地区	5～10	3天暴雨3～5天排至作物耐淹水深
安徽	巢湖、芜湖地区	5～10	3天暴雨3天排至作物耐淹水深
江苏	水网圩区	5～10	日雨量150～200 mm 2天排出（雨后一天），已达到此标准的可提高到日雨量200～250 mm 2天排出
浙江	杭嘉湖地区	5～20	3天暴雨4天排至作物耐淹水深
			或1天暴雨2天排至作物耐淹水深
上海	郊县	10～20	1天暴雨200 mm 1～2天排出；蔬菜当日暴雨当日排出
福建		5～10	3天暴雨3天排至作物耐淹水深
河南	豫东地区	3～5	3天暴雨，旱作地区雨后1～2天排出
河北	白洋淀地区	5	1天暴雨3天排出
辽宁	平原区	10	3天暴雨旱作物3天排出、水稻5天排至适宜水深
黑龙江	三江平原	5～10	1天暴雨3天排出
天津		5～10	1天暴雨2天排出

3. 排水流量计算

排水流量是确定各级排水沟道断面、沟道上建筑物规模以及分析现有排水设施排水能力的主要依据。设计排水流量分设计排涝流量和设计排渍流量两种。前者用以确定排水沟道的断面尺寸，后者作为满足控制地下水位要求的地下水排水流量，又称日常排水流量，以此确定排水沟的沟底高程和排渍水位。

1) 排涝流量计算

a. 排涝模数经验公式法

该法适用于大型涝区、需求出最大排涝流量的情况，其计算公式为

$$q = KR^m F^n \tag{9-56}$$

式中，q 为设计排涝模数；F 为排水沟设计断面所控制的排涝面积，km^2；R 为设计径流深，mm；K 为综合系数（反映河网配套程度、排水沟坡度、降水历时及流域形状等因素）；m 为峰量指数（反映洪峰与洪量的关系）；n 为递减指数（反映排涝模数与面积的关系）。

公式中考虑了形成最大流量的主要因素。首先是反映了随着排涝面积（或流域）的增大及其自然调蓄作用的增加而排涝模数减少的情况；其次还考虑了一次径流过程的峰量关系等。目前各地区或各流域在应用式(9-56)时，都根据该地区的除涝排水标准，选用接近设计标准的河流或排水系统的实测资料进行大量统计分

析，确定公式中的各项系数和指数。

必须指出，公式中将很多因素的影响都综合在 K 值中，因而 K 值变动幅度较大，一般规律是：暴雨中心偏上，净雨历时长，平槽以下径流深大，地面坡度小，流域形状系数小，河网调节程度大，则 K 值小；反之则大。当流域或地区较大时，如果不考虑条件的差别，采用统一的 K 值，将会影响计算成果精度。

b. 平均排除法

平均排除法是以排水面积上的设计净雨在规定的排水时间内排除的平均排涝流量或平均排涝模数作为设计排涝流量或排涝模数的方法，即

$$Q = \frac{RF}{86.4t} \text{ 或 } q = \frac{R}{86.4t} \tag{9-57}$$

$$\begin{array}{l}\text{水田：} R = P - h_{\text{田蓄}} - E \\ \text{旱田：} R = aP\end{array} \tag{9-58}$$

式中，Q 为设计排涝流量；q 为设计排涝模数；F 为排水沟控制的排水面积；R 为设计径流深；a 为径流系数；P 为设计暴雨量；$h_{\text{田蓄}}$ 为水田滞蓄水深；E 为历时为 t 的水田田间腾发量，mm；t 为规定的排涝时间，d。

如排水区既有旱地又有水田时，则首先按式(9-58)分别计算水田和旱地的排涝模数，然后按旱地和水田的面积比例加权平均，即得综合排涝模数。

这一方法确定的排涝流量或排涝模数是一个均值，为了与前述按照最大排涝模数确定排水沟设计流量的方法相区别，故把这法称为平均排除法。对于水网圩区和抽水排水地区，由于河网有一定调蓄能力，不论排水面积大小，此方法都是比较适用的。而对于排水沟道调蓄能力较差的地区（如一些坡水区等），按此法算得的排涝流量可能偏小，故一般认为它仅适用于控制面积较小的排水沟，这是因为较小的排水沟，在不超过作物允许耐淹历时的条件下，可以允许地面径流在短时间内漫出沟槽。此计算方法简便，但它没有反映出排水面积越大、其排涝模数越小这一规律；而且当排水面积很大时，涝水汇流时间往往也超过计算中一般规定的排涝时间 3～5d。因此应用此法时，首先要针对具体条件，分析其适用性。

c. 排涝流量过程线法

当涝区内有较大的蓄涝区时，即蓄涝区水面占整个排涝区面积的 5%以上时，需要考虑蓄涝区调蓄涝水的作用，并合理确定蓄涝区和排水闸、站等除涝工程的规模。对于这种情况，需要采用概化过程线等方法推求设计排涝流量过程线，供蓄涝、排涝演算使用。

2) 排渍流量的计算

地下水排水流量，自降水开始至雨后同样也有一个变化过程和一个流量高峰。当地下水位达到一定控制要求时的地下水排水流量称为日常流量，它不是流量高

峰，而是一个比较稳定的较小的数值。单位面积上的排渍流量称为设计地下水排水模数或排渍模数[$m^3/(s \cdot km^2)$]，其大小取决于地区气象特点（降水、蒸发条件）、土质条件、水文地质条件和排水系统的密度等因素。对于排渍模数，一般难以进行理论分析，给出计算公式，而是根据实测资料分析确定。

一般在降水持续时间长、土壤透水性强和排水沟系密度较大的地区，设计排渍模数具有较大的数值。根据某些地区的资料，由于降水而产生的设计排渍模数如表 9-23 所示。在盐碱化改良地区，由于冲洗而产生的设计排渍模数常大于表 9-23 所列数值。

表 9-23　各种土质设计排渍模数表

土　质	设计排渍模数/[$m^3/(s \cdot km^2)$]
轻沙壤土	0.03～0.04
中　壤	0.02～0.03
重壤、黏土	0.01～0.02

4. 排水沟的设计水位和排水沟断面设计

1) 排水沟的设计水位

设计排水沟，一方面要使沟道能通过排涝设计流量，使涝水顺利排入外河；另一方面还要满足控制地下水位等要求。排水沟的设计水位主要包括排渍水位和排涝水位。

a. 排渍水位（又称日常水位）

为了控制农田地下水位，排水农沟（末级固定排水沟）的排渍水位应当低于农田要求的地下水埋藏深度，离地面一般不小于 1.0～1.5 m；有盐碱化威胁的地区，轻质土不小于 2.2～2.6 m。而斗、支、干沟的排渍水位，要求比农沟排渍水位更低。

考虑降低地下水位的深度和斗、支、干各级沟道的比降及其局部水头损失等因素，逐级推算排水干沟沟口的排渍水位，得

$$z_{排渍} = A_0 - D_农 - \sum Li - \sum \Delta z \tag{9-59}$$

式中，$z_{排渍}$ 为排水干沟沟口的排渍水位，m；A_0 为最远处低洼地面高程，m；$D_农$ 为农沟排渍水位离地面距离，m；L 为斗、支、干各级沟道长度，m；i 为斗、支、干各级沟道的水面比降，如果为均匀流，则为沟底比降；Δz 为各级沟道沿程局部水头损失，如过闸水头损失取 0.05～0.1m，上下级沟道在排地下水时的水位衔接落差一般取 0.1～0.2 m。

b. 排涝水位（又称最高水位）

排涝水位是排水沟宣泄排涝设计流量时的水位。分为下述两种情况。

一是当承泄区水位一般较低，此时干沟排涝水位可按排涝设计流量确定，其余支、斗、沟的排涝水位也可由干沟排涝水位按比降逐级推得；但有时干沟出口处排涝水位比承泄区水位稍低，此时如果仍需争取自排，势必产生壅水现象，于是干沟（甚至包括支沟）的最高水位就应按壅水水位线设计，其两岸常需筑堤束水，形成半填半挖断面。

二是在承泄区水位很高、长期顶托无法自流外排的情况。此时沟道最高水位分两种情况考虑，一种情况是没有内排站的情况，这时最高水位一般不超出地面，以离地面 0.2～0.3 m 为宜，最高可与地面齐平，以利排涝和防止漫溢，最高水位以下的沟道断面应能承泄除涝设计流量和满足蓄涝要求；另一种情况是有内排站的情况，则沟道最高水位可以超出地面一定高度（如内排站采用圬工泵时，超出地面的高度就不应大于 2～3 m），相应沟道两岸也需筑堤。

2) 排水沟断面设计

当排水沟的设计流量和设计水位确定后，便可确定沟道的断面尺寸，包括水深与底宽等。设计时，一般根据排涝设计流量计算沟道的断面尺寸，如有通航、养殖、蓄涝和灌溉等要求，则应采用各种要求都能满足的断面。

a. 根据排涝设计流量确定沟道的过水断面

(1) 排水沟的比降：主要取决于排水沟沿线的实际地形和土质情况，沟道比降一般要求与沟道沿线所经的地面坡降相近，以免开挖太深。同时，沟道比降不能选得过大或过小，以满足沟道不冲不淤的要求，即沟道的设计流速应当小于允许不冲流速（表 9-24）和大于允许不淤流速（0.3～0.4 m/s）。此外，对于连通内湖与排水闸的沟道，其比降还取决于内湖和外河水位的情况；而对于连通抽水站的沟道比降，则需注意抽水机安装高程的限制，一般来说，对照上述要求，平原地区沟道比降可在下列范围内选择：干沟为 1/20000～1/6000，支沟为 1/10000～1/4000，斗沟为 1/5000～1/2000。

表 9-24 允许不冲流速表

土壤类别	允许不冲流速/(m/s)
淤土	0.2
重黏壤土	0.75～1.25
中黏壤土	0.65～1.00
轻黏壤土	0.6～0.9
粗砂土（$d=1$～2 mm）	0.6～0.75
中砂土（$d=0.5$ mm）	0.4～0.6
细砂土（$d=0.05$～0.1 mm）	0.25

而在排灌两用沟道内有反向输水出现的情况下，则沟道比降宜较平缓，其方向则以排水方向为准。对于一些结合灌溉、蓄涝和通航的沟道，其比降也有采用平底的情况。为了便于施工，同一沟道最好采用均一的底坡，在地而比降变化较大时，也要求尽可能使同一沟道的比降变化较少。

(2) 沟道的边坡系数(m)：这主要与沟道土质和沟深有关，土质越松，沟道越深，采用的边坡系数应越大(表 9-25)。

(3) 排水沟的糙率：对于新挖沟道，其糙率与灌溉渠道相同，为 0.02～0.025，而对于容易长草的沟道，一般采用较大的数值，取 0.025～0.03。

表 9-25 土质排水沟边坡系数表

土质	挖深＜1.5 m	挖深 1.5～3 m	挖深 3～4 m	挖深 4～5 m
砂土	2.5	3.0～3.5	4～5	≥5
砂壤土	2	2.5～3	3～4	≥4
壤土	1.5	2～2.5	2.5～3	≥3
黏土	1	1.5	2	≥2

b. 根据灌溉引水要求校核排水沟道底宽

当利用排水沟引水灌溉时，水位往往形成倒坡或平坡，这就需要按非均匀流公式推算排水沟引水灌溉时的水面曲线，借以校核排水沟在输水距离和流速等方面能否符合灌溉引水的要求，如不符合，则应调整排水沟的水力要素。

在一般工程设计中，对斗、农沟常采用规定的标准断面(根据典型沟道计算面得)，不必逐一计算，而只是对较大的主要排水沟道，才需要进行具体设计。设计时，通常选择以下断面进行水力计算。对于较短的沟道，若其底坡和土质都基本一致，则在沟道的出口处选择一个断面进行设计即可。

排水沟在多数情况下是全部挖方断面，只有通过洼地或受承泄区水位顶托发生壅水时，为防止漫溢才在两岸筑堤，形成又挖又填的沟道。从排水沟挖出的土方可用以修堤、筑路、填高农田田面和居民点房基，或结合灭螺填平附近废沟旧塘，不要任意乱堆在沟道两岸，以免被雨水冲入沟中，影响排水。通常堤与弃土堆距离沟的上口不应小于 1 m，堤(路)高应超出地面或最高水位以上 0.5～0.8 m，堤顶宽取 0.5～1 m。如兼作各种道路，则结合需要另行确定。对于较大的排水干沟，有时为了满足排除涝水和地下水的综合要求，特别在排涝设计流量和排渍流量相差悬殊的情况下，排水沟可以设计成复式断面，这样可节省土方和减少水下的施工。

防止排水沟的塌坡现象是设计沟道横断面的重要问题，特别是在砂质土地带，在结构设计中，除应用稳定的边坡系数外，还可以采取下列措施以稳定排水沟的边坡。

(1) 防止地面径流的冲蚀，如利用截流沟、截流堤或沟边道路防止地面径流慢坡注入沟道；或采取护坡措施，如种植草皮和干砌块石等。

(2) 轻地下径流的破坏作用，排水沟与灌溉渠道如采取相邻布置的方式，则沟、渠之间可安排道路或使沟道采用不对称断面，即靠近灌渠一侧采用较缓的边坡。

(3) 对于沟道较深和土质松散的排水沟，采用复式断面，可以减少沟坡的破坏。复式断面的边坡系数(m)随各种土质而定，可选用一种或几种数值。排水沟开挖深度大 5.0 m 时，应在沟底以上每隔 3～4 m 设置宽度不小于 0.8～1.0 m 的戗台。

在设计排水沟的纵断面时，一般要求各级沟道之间在排地下水时不发生壅水现象，即上、下级沟道在排除日常流量(排渍流量)时，水位衔接应有一定的水面落差(Δz)，一般取 0.1～0.2 m。在通过排涝设计流量时，沟道之间产生短期的壅水现象是可以允许的，但一般沟道的最高水位尽可能低于沟道两侧的地面高程 0.2～0.3 m(受外河水位顶托和筑堤泄水的沟道除外)。此外，还必须注意下级沟道的沟底不高于上级沟道的沟底。

第十章 土地工程生态环境目标

土地工程作为人类在发展进程中利用自然、改造自然的重要手段,在最初阶段即农耕文明开始以来的几千年间,主要任务就是增加粮食生产和减少自然灾害。即使在今天,大多数人也将之简单理解为确保耕地总量动态平衡目标的措施之一。在实际工作中,往往只重视土地工程的经济效益和社会效益,忽视了生态效益,引发诸多生态环境问题。大量事实证明,如果不遵循自然规律,只为生产目的进行土地工程,必将付出更大的代价,这种做法与科学发展观、可持续发展的目标背道而驰。因此,必须把生态化建设作为土地工程的考量目标,通过土地工程生态环境设计,预测土地工程对生态环境的影响,通过土地工程建设,以点尺度为起点,夯实生态文明建设基础。

第一节 生态文明是土地工程的终极目标

生态化建设已经成为一种新的发展模式和发展方向,并且成为科学、可持续发展的首选途径。生态化建设的目标是生态文明,实现社会、经济与自然环境这一复合生态系统整体协调,从而达到一种稳定有序状态的演进过程。土地工程的根本目的,就是通过提高土地承载能力,为生态建设提供更多空间,实现资源与人类的永续发展,生态文明建设离不开土地工程。

一、生态环境美好是土地工程的核心理念

(一)土地工程是生态文明可持续发展的重要支撑

生态化建设以资源环境承载力为基础,以自然规律为准则,以可持续发展为目标,注重复合生态的整体效益。在生态化建设中,水资源、土地资源、能源资源能够高效合理利用;自然资源、人文资源能够得到充分发挥,使城镇、乡村等人类生活聚落乃至更大范围即人类生存活动的地球,能够在人力作用下朝生态平衡、生物多样化、人类宜居的方向发展;用科技创新推动资源环境在经济社会发展进步中保持安全状态,人在享受物质文明、科技和经济社会发展进步的同时,也能充分享受生态文明,享受美好自然环境所赐予的愉悦,并且使善待自然、保护环境成为社会公德和人们自觉遵守的行为准则(韩霁昌,2012)。

近几十年来土地生态系统结构失调、功能衰减的主要原因是人们过分追求土

地利用的单方面效益，而忽视了生态系统本身的整体性和关联性。根据生态平衡及其调控理论，各类农用地之间、各类建设用地之间以及农用地与建设用地之间存在着密切的生态联系，它们都处于生态循环圈内，构成一个有机整体。在认识、研究土地及开发利用的实践中，必须充分考虑各类土地之间的生态联系及生态规律，以维护和保持土地资源开发利用的生态平衡，注重协调各类土地之间的生态关系。土地生态平衡与其他生态系统的平衡一样，是相对的、动态的平衡。维护和保持土地资源开发利用的生态平衡，并不是消极地维持现状，原来的生态平衡不能打破，而是要依据社会经济的发展、现有经济技术条件，按照生态平衡及其调控理论，以合理开发利用和保护土地资源、实现土地可持续利用为目标，不断地打破旧的生态平衡，创建和发展比原土地生态系统更佳的新的生态平衡，扩大土地生态系统的物质循环和能量流动的规模，使土地生态平衡向着人类所要求的方向发展，即形成可持续的、最大的生产力和最佳的生态经济效益（谭术魁，2011）。

当今一切形式的土地退化都是因为对土地的开发利用不合理造成的。开发坡度陡峭的山地丘陵地区的土地为农田，破坏了原有的植被对土壤的保护，而又没有采取水土保持措施，水土流失就发生了。但是，如果将坡地修成梯田，再加上适当的耕作栽培措施，如留茬与免耕，可能就不会有水土流失。干旱区的一些人工绿洲，如甘肃的武威、新疆的吐鲁番，比其原来的土地生态系统有更高的生产力，而且生机勃勃（韩霁昌，2016a）。

由于科学技术的进步，人类开发利用土地的能力在不断提高，满足了人类日益增长的物质需求；由于人类对保护生态环境的意识不断增强，在土地工程中开发利用土地时，采取了各种各样的土地保护措施，保持和维护了土地的各项功能在更高的水平上发挥。历史证明，只要开发利用措施得当，就能实现土地资源的持续利用（张凤荣，2006）。

总的来说，生态化建设已经成为一种新的发展模式和发展方向，并且成为科学、可持续发展的首选途径。土地工程的根本目的，就是通过提高土地承载能力，为生态建设提供更多空间，实现资源与人类的永续发展。一方面，生态文明建设离不开土地工程。首先，生态环境的外部性和溢出效应，客观要求对土地工程进行系统、科学的规划和综合整治，才能形成较为完善的生态保护体系、实现生态平衡；其次，对于追求发展造成的生态破坏的建设用地，需要通过土地工程置换出生态建设空间；再次，土地是财富之母，通过土地工程新增的土地，可以弥补生态建设的资金缺口。另一方面，通过系统分析和诊断区域土地利用存在的生态环境问题和成因，有针对性地开展土地工程建设，可以直接促进生态文明建设。一是可营造高质量的自然化人居环境；二是可提升生态环境脆弱区的生态保护和修复，保护生物多样性，改善土地生态安全格局；三是可使耕地与周围沟、路、林、渠等基础设施，以及片林、树丛、坑塘等半自然生态环境要素之间实现有机整合，提升耕地生态景观功能；四是可保护和恢复原生生物群落和生态系统，保持自然山体、水系和地形地貌形成的景观格局和特征，延续地域文化景观特征，实现绿脉、文脉的持续传承与发展(韩霁昌，2016b)。

(二)土地工程立足于生态环境"改善"

人类的生存既需要农产品、工业品等物质文化产品，也需要清新的空气、洁净的水源、舒适的环境、宜人的气候等生态产品。而土地工程是人类对这两类必需品的科学兼顾，因为土地工程的根本目的就是通过提高土地承载能力，为生态建设提供更多空间，实现资源与人类的永续发展，所以无论是生态环境的保育或重建，还是生态文明建设，土地综合整治都是重要抓手。中国政府报告提出，建设生态文明，是关系到人民福祉、关系到民族未来的长远大计。这充分凸显了生态文明建设的基础性地位。土地资源作为重要的环境要素，生态价值巨大。面对资源约束趋紧、环境污染严重、生态系统退化的严峻形势，树立尊重自然、顺应自然、保护自然的理念，成为土地工程的努力方向。

土地工程是一个由自然因素、技术因素和经济因素构成的典型复合系统，通过一系列的工程措施和生物措施，对田、水、路、林、村进行综合整治。土地工程如果缺乏对生态因素的重视和考虑，不注重生态保护，将对项目区及周边区域的水资源、水环境、土壤、植被、大气、生物等环境要素及其生态过程产生诸多直接或间接的负面影响(韩霁昌，2012)。

一是在整体规划布局上，大面积平整土地、坑塘填土、改变未利用地原有的地貌形态和天然植被状况，不仅改变了地表地下径流和局部小气候，也使整治区域生物种群趋于单调；二是在工程技术层面，过分追求硬化施工，无法涵养水源，既破坏了野生动植物的栖息地，改变了地表水热状况和性质，也不利于储存水分寄养水中生物，破坏了生物资源的多样化；三是土地工程不因地制宜、单调实施，易造成土壤污染，加剧土壤退化，改变水文结构，影响区域水资源调配等。

土地工程作为人类社会走向文明进步路途上的工程手段，必须遵循可持续发展的基本规律，必须从土地可持续利用和生态可持续发展的角度实施，在生态环境允许限度内进行操作。土地工程不应该随意改变自然生态，更不应该以工程机械之力逞强，为片面追求经济效益而破坏生态系统。

土地工程要真正做到"在开发中保护，在保护中开发"，就必须因地制宜，将追求生态文明作为终极目标，追求生产能力必须服从这一目标。土地工程采取工程、生物等整治措施，控制土地沙化、盐碱化、石漠化，减轻水土流失，提高土地生态涵养能力。通过农田整治，建设一大批适应现代农业发展要求的高标准、成规模的基本农田，提高高产稳产农田比重，为实现粮食产量"九连增"提供重要的物质基础。所以，土地整治是建设生态文明的重要支撑，而且土地整治必须服务于生态文明建设(韩霁昌，2016c)。

(三)土地工程建立起更稳定的生态系统

土地工程的目标是建立人工干预下的生产力更高、系统稳定性更强的土地生态系统。被动的保护是保护不住的，积极有效、有节制地开发、利用才能使土地利用系统的功能与服务既满足人类社会发展的需求，又能够维持土地生态系统处在人类利用干预下的一个新平衡(Han and Zhang，2014)。

土地工程绝不是保护土地的原始状态不变，人类的文明发展史本身就是一个利用土地的历史，利用就意味着有干预或干扰，必然产生变化，关键在于这种变化是否能够维持人类持久的需求，即从持续发展的角度来衡量土地变化，来选择土地工程实施对象和采取合适措施对土地进行开发利用(韩霁昌，2012)。

人类的文明史是建立新的土地生态系统的历史，人类对土地的改变是从农业开始的。而农业是人类从原始采集野果和狩猎发展到摆脱受季节节律限制而生存的文明进步。农业必然对土地产生干扰，破坏土地的原始状态；若做到既利用土地，而又不改变土地的原始状态是不可能的(张凤荣，2006)。

如果这种干扰不造成土地退化，就不能说是破坏。什么是土地退化？土地退化就是土地的植物生产功能、生态环境功能、水文学功能、储备功能、废物与污染控制功能的减弱和丧失。如果人们改造利用土地，不但没有使土地的上述功能减弱或丧失，而是增强了这些功能，虽然土地原有的状态改变了，但这并非是土地退化，甚至可以说这是土地进化。我们不能够说，土壤健康而且有完善的灌溉与排水系统的高产稳产田相对于其原来的利用类型(如草地或湿地)是退化了。人类开发利用土地的目的就是希望这种进化的发生。

我们不能够以保护生态环境的名义将我们的地球退回到原始状态。同时，现实的社会经济生活也不允许我们恢复原来的景观环境。无论怎样，人类是不会重新回到那种茹毛饮血或刀耕火种(尽管在部分地区还存在)的时代去，人类只能生活在受人类干扰的景观环境中。问题是我们如何在土地工程实施时，认识自然规律，采取合理的利用方式，不引起土地资源和土地生态环境的破坏，或者至少是所引起的土地资源和生态环境的破坏不影响可持续发展。同时，我们在打破旧的自然生态系统时，建立更为有效的而且是可持续发展的人工生态系统，这就是生态系统重建。

从生态学的角度来看，土地工程活动是一个打破了原有生态环境系统，然后重建新系统的过程。由于土地工程活动需要借助一系列生物、工程措施对田、水、路、林、村等进行综合整治，在此过程中将不可避免地会对土地整理区域及其背景区域的水资源水环境、土壤、植被、大气、生物等环境要素及其生态过程产生诸多直接或间接、有利或有害的影响。因此，在土地工程中，应明确辨别影响生态环境的因子，并预测各生态环境影响因子对区域生态环境影响的性质和程度，并对可能产生不良影响的风险进行充分的预测和评估。这样才能使土地工程真正成为实现土地可持续利用的手段，同时也可以为土地工程决策提供技术支持，为完善国家的土地整理技术规程和制定相关政策奠定科学基础。

二、土地工程是生态文明的基础工程

中国政府把生态文明建设提升至国家发展战略的高度，提出要将生态文明建设融入经济建设、政治建设、文化建设、社会建设的全过程和各方面，努力建设美丽中国，实现全民族的永续发展。土地资源作为重要的环境要素，生态价值巨大，健康、洁净的土地是人类永续发展的根本需要，更是生态文明建设的基础。离开健康、洁净的土地，就不会营造良好的生态环境，更无法进行生态文明建设。

作为人类在发展进程中利用自然、改造自然的重要手段，在最初阶段即农耕文明开始以来的几千年间，主要任务就是增加粮食生产和减少自然灾害，元朝时修建的龙胜梯田就是很好的例子。即使在今天，大多数人也将之简单理解为确保耕地总量动态平衡目标的措施之一。

中国人均耕地少、环境容量有限，尤其在城镇化、工业化、农业集约化快速发展的进程中，耕地数量不断减少，同时产生了一系列严重的生态环境问题，如环境污染、土地生态系统功能退化、生物多样性下降、景观破碎化。更为令人担忧的是，中国优质耕地正以较快的速度消失。实施最严格的耕地保护制度，必须实现耕地数量红线与质量红线"双到位"。

（一）土体有机重构是顺应自然规律的选择

土体有机重构是利用不同级别的颗粒物质材料，通过剖面层级配置、营养调节等手段，构建满足生命体生存的健康土体。一直以来，土地工程坚持围绕不适宜农作物生长的土体有机重构来做研究：以砒砂岩与沙复配的形式将沙地整治为耕地，以施入有机肥、水肥调控为手段进行生物营养保障设计，提高了土地的生产力，节约了水资源的利用，改善了区域生态环境(Han et al., 2012; 2015)；在盐碱地治理中，通过离子的对流-弥散作用降低耕作层的盐分，同时达到水土资源合理配置的目的(韩霁昌等，2009a；2009b)；在矿区通过置换-改土手段降低土体有害成分，使之成为适宜树木生长的土体(徐嘉兴等，2013；王军，2014)。以上种种，均是在尊重自然规律的前提下，对土体进行合理、有效的重构，改善土体结构，提升土体质量，控制土体危害。在土地资源稀缺、土地质量严重下降的当今社会，土体有机重构是顺应自然规律的选择。

(二)土体有机重构是生态文明建设的保障基础

土体有机重构可以直接为人类提供更多的清洁土地，促进生态文明的发展。土地工程通过系统分析和诊断区域土地利用存在的生态环境问题和成因，有针对性地开展污染生态修复、退化和废弃土地的生态修复与改造、生物生境修复、土地生态系统生物关系与健康重建、水土生物过程与土地利用景观格局关系重建，以及土地生态系统生态服务功能恢复。综合应用物理、化学、生物等多种土壤污染修复技术，开展工业区和废弃地土体的污染修复，实现生态用地控制指标，防控土体污染，并将垃圾分类回收或处理，恢复土体清洁。土体有机重构在改善土体质量的同时，能解决人类生态文明建设中面临的土地荒漠化、土体污染、植被覆盖率严重下降、垃圾成灾问题，而所有生态环境问题的解决是人类生态文明建设的基础。

同时，土体有机重构也能间接解决人类生存发展中面临的其他生态问题，为人类生存环境的持续改善贡献力量。随着人类开发能力的提高，水体污染、雾霾蔓延，与环境污染有关的公害病、职业病多发，地球生态环境质量急剧下降。由于土壤污染的隐蔽性、累积性和长期性，污染场地未能得到彻底修复，从而又引发更多间接的生态环境问题。同样，生态环境的退化和丧失、自然资源的过度利用、环境污染、气候变化等原因，生物多样性丧失的问题也十分严重，区域生态系统结构与功能受损。土体有机重构能维护水系的自然稳定形态，对水系和河道进行整治、疏通、生态修复，促进自然保护区和水源敏感区、河流、湖泊生态涵养公益林建设。同时通过控制土体中污染源，降低水体污染程度，营造高质量的生境斑块和自然化的亲水景观。而土体有机重构对于植被的恢复和建设，更是异于不同区域尺度内微生态环境的改善。土体有机重构虽然立足于土体环境质量的建设，但是在长期尺度上，必将改善整个地球生态环境质量，并协助全面解决人类面临的全球性生态环境问题，人类生态文明建设的基础必将逐渐得到巩固。

(三)土体有机重构为人类文明拓展更大的生存空间

土地工程的实施为人类提供了能够安全居住的建设用地和健康生产的农用地，让人类能够更好地在地球上生活。但是这仅在有限的地球范围内选择过去不适宜或者不能种植的土地进行工程治理，使人类能够更充分地利用地球上的资源。随着人类社会的发展和进步，人类的理想是走出地球，拓展生存空间。土体有机重构的深入研究，将为人类探索星外空间打好基础，也将成为世界上的前沿科学。

土体有机重构是土地工程从科学研究到工程设计的核心，是提供洁净土地的根本，是生态文明建设的基础，更是人类拓展生存空间的手段。社会各界人士应当共同担负起责任，认识到土地工程发展的重大意义，认识到土体有机重构的核心作用，深入研究土体有机重构，利用土地工程科学合理地利用和保护土地资源，提升土地利用效率，达到生态文明的终极目标，实现人类的永续发展。

第二节 土地工程对生态环境的影响

土地工程是借助一系列工程、生物措施对田、水、路、林、村进行综合整治，在此过程中不可避免会对项目区及其区域的土壤、水文、气候、生物、人类生活等环境要素产生影响（Abubakari et al., 2016）。因此，土地工程会对区域乃至生物圈的生态环境产生影响，充分认识这些影响将有利于土地工程健康、有序、持续发展。

一、土地工程对土体的影响

土地工程对土壤环境的影响，主要集中在土体结构改变和土壤养分迁移两个方面。土地工程通过土地利用方式转变、结构变化及覆被变化等方式，影响土壤理化性质、养分循环、生态过程及土壤有机碳储量，进而驱动土壤质量的演化过程（图10-1）。

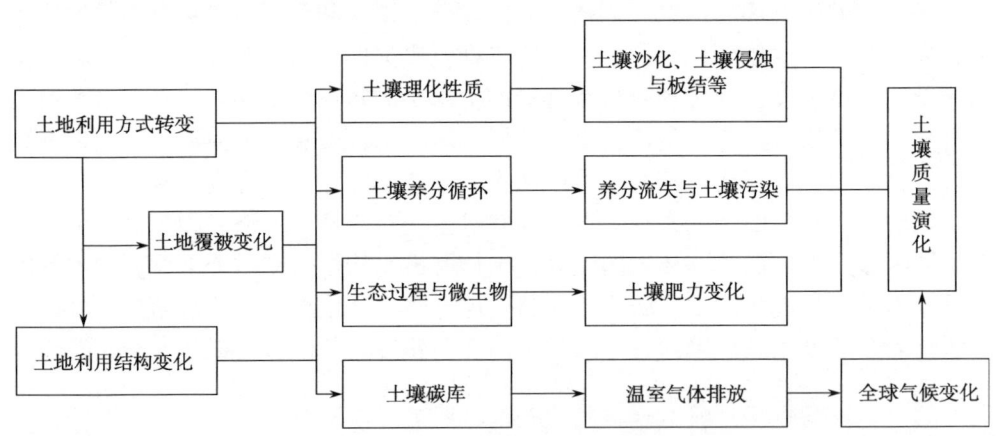

图 10-1 土地工程对土壤因子影响的机制

土地工程通过工程措施和生物措施的实施均会对土壤理化性状产生影响，从而影响土壤综合质量和耕地综合生产力（王庆芳，2010）。土地工程中通过深耕深松，加深土壤有效耕层；通过增施农家肥、绿肥和秸秆还田、压青等土壤改良措施，将最大限度地改良土壤结构，增加土壤肥力；平整顺坡地、荒坡，建设水平梯田，降低田坎系数，增加耕地面积；新修及整修田间路、生产路，形成田间交通网络；建设水利水保工程，拦沙、截水、供水、输水、排水，改善灌排条件，减少水土流失。土壤是农业生产的基础和粮食生产的保障，土地工程必须重视对土壤的影响，土地工程对于土体的影响详见本书第二篇中第五、六、七、八章节内容。

二、土地工程对水文的影响

水文因子作为生态环境最为重要的因子之一，与土地、植被构成一个稳定的三角框架，决定了生态环境的整体质量(郑宏刚等，2000)。同时，它又是随气候变化而变动的动态资源，并受着土地工程的强烈干扰。土地工程对水文的影响包括对水文特征与水分循环的改变和水资源(地表水和地下水)的影响。其中对水资源(地表水和地下水)的影响主要包括水质、水量和空间分布的变化(谢俊奇，2014)。土地利用土地覆被变化改变了地表植被的截流量、土壤水分入渗能力和地表蒸发因素，进而对流域径流产生影响，沟渠的完善与配套增加了该区域水源涵养能力和农田自身的蓄水能力。对原有河流进行了拓宽、清淤作业，不仅客观上增加了当地灌溉地表水的储量，而且有利于涵养水源，保护地下水，极大改善当地的地表径流和水环境，从而有利于改善当地生产生活环境；系统配套水利设施可减少项目区的地表径流，增强防洪、排涝、抗旱的能力，直接增加了区域内水资源的总量(刘贤赵和谭春英，2005)。而土地工程中区域耕地面积增加，为提高整理区的灌溉保证率，部分整理区取水量增加，在水资源一定的情况下，会影响区域水资源分配，因此在土地工程实施中要对水资源进行合理的分配，采用节水措施，提高灌溉水利用系数，做到既满足整理区域内的用水量，又不影响其周围或下游区域的用水需求(郭旭东等，1999)。以上详见本书第九章内容。

土地工程中通过道路两旁防护林体系的建设，一方面极大提高了当地植被覆盖率；另一方面可以起到涵养水源的作用，抵御水土流失和当地在春夏之交大风雷暴雨等恶劣天气等对农作物的侵害，保障农作物生长。作为土地工程活动重要内容的水利水电工程、农田灌溉工程以及坡地垦殖与梯田建设等往往会改变地表水系的网络结构，不仅会直接影响自然生境类型的改变，还可能影响伴随着原有水系网络而形成的各种相关生态过程。例如，在流域上游修建蓄水堤坝，虽然丰富了局部地区的生境类型，但却可能会导致下游河道的干涸和某些游憩水生生物生态过程的中断；大面积混凝土灌溉水渠的修建，减少了维护渠道与田园除草等劳力的付出，但无法涵养水源，且渠道笔直，表面光滑，造成渠道无法储存水分以寄养水中生物或为地下水的补助；坡地垦殖与梯田建设不仅增加了土壤侵蚀的危险，还会造成流域水源补给过程受阻。

除此之外，土地工程可能会通过非点源污染引起的土地生态变化，进而影响水质(DelRegno and Atkinson，1988)。在土地工程实施过程中应注意防范。

三、土地工程对气候的影响

从影响机理来看,土地工程对气候因子的影响主要有两条途径(图 10-2):一是土地利用方式变化导致土地下垫面性质的改变,即地表反射率、粗糙度、植被覆盖比例等因素的变化,进而引起区域温度、湿度、风速以及降水等发生变化,最终驱动区域气候改变,其中,城市热岛效应就是城市化带来的土地利用改变对局地气候产生影响的明显例证;二是土地利用方式转变的时空积累产生了区域土地利用结构变化,如工业用地、交通用地增多、森林等生态用地减少等,而这种变化直接或间接地带来了温室气体(CO_2、CH_4 等)排放的增多,改变了大气成分,随着时空积累最终导致全球气候变化,进而又对区域气候产生影响(李边疆,2007)。

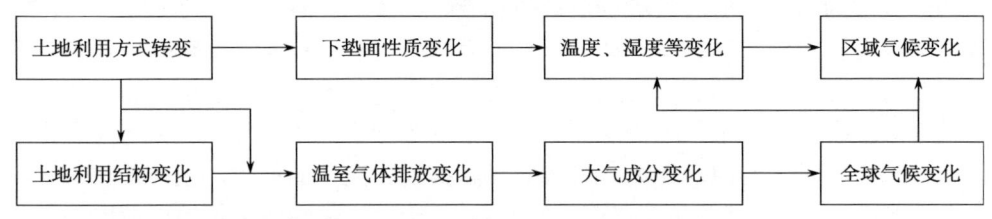

图 10-2 土地工程对气候因子影响的机制

土地工程中生态用地较少,可能会导致地表裸露,大气中颗粒物的浓度增加,大气环境质量下降,反之生态用地的增加。例如,土地工程中的农田防护林建设,农田防护林带能够降低风速,涵养水分,净化空气,改善农田小气候(王军等,2011)。学者 Juhana Hironen 等认为基于地块聚集的土地整理可能减少温室气体的排放,在更大及更规整的单元中,地块的聚集能够减少耕作的时间和燃料,从而影响温室气体的排放。

四、土地工程对生物的影响

土地工程中农用土地资源开发的对象主要是宜农荒山、荒地、滩涂、零星闲散地等后备土地资源开发和低产田的挖潜改造开发。后备土地资源在开发前其生态系统一般存在成分单一、结构简单、生物量少、生产力低、自我调节能力低等特点,系统处于一种低功能的原始平衡状态。开发成林地、园地、耕地、牧草地等农用地后,生态系统发生了质的变异。通过土地工程的实施,系统的生产力大大提高,生物量也相应增多。在中低产田的改造开发中,人们通过改造土地中的障碍因子,提高农田的生物量和生产力来达到开发目标(刘卫东,2010)。因此,在土地工程中开发利用土地时,认识自然规律,采取合理的利用方式,注重生态环境保护，土地工程对区域内生物物种数量上不仅没有减少，由于防护林的建设、部分景观带的建设都丰富了区域内生物的数量，有利于整体上改善当地生产生活环境。

五、土地工程对人类生活的影响

土地与社会、经济活动紧密相连，土地工程及土地开发决定着社会、经济结构的组合方式。大片宜农荒地的开发，不仅会带来地区性经济结构的改变，增加经济效益，同时也会带来社会就业结构的变化，使原来以牧、林等为生的人群，转化为以农为主。新的城市的建立，使原来大片的非城市用地转化为城市用地，这不仅会改变当地的土地利用方式，使当地的经济结构由以第一产业为主转变为以第二、第三产业为主，同时也使当地的社会就业由农村性转化为城市性，使大量的农民转化成工人或从事第三产业。农业用地的深度开发，往往带来的是生产力的提升，从而影响人们的消费层次和消费结构。建设用地的开发导致占用大量耕地，对农业用地的数量和结构会产生一定影响。城市旧城再开发，有可能影响本地区的人口结构、文化结构、社会结构。无论哪种形式的土地开发，都将带来地区社会经济结构的变化（刘卫东，2010）。

土地工程的实施客观上增加了人均耕地面积，有利于确保耕地总量动态平衡目标的实现；土地工程开展以后，小田改大田，零碎地块被整理加以利用，以前的边边角角都变成了质量很好的耕地，田间交通条件得到了极大的改善，促进了农业的现代化，沟渠配套使得农业的排涝抗旱能力得到提升，彻底消灭了"望天田"，由于农家肥可以很便利地到达田间地头，化肥的使用明显减少，既节省了开支，又美化了环境；新农田整齐划一，田块平整度有了较大提高，看上去非常美观，耕作层厚度比以往有了很大的改善，这些都极大地改善了整理区域内的自然系统的状况。

通过土地工程的实施，一方面可增加有效耕地面积，提高耕地质量，缓解人地矛盾；另一方面将使现有农田成为"田成方、路成框、林成网、旱能浇、涝能排"的高标准农田，对促进传统农业向现代农业转变具有重要作用。通过植树造林、兴建农田林网，改善农田生态环境，提高生态效益。

在土地工程项目要求的基础上，从"田成方"的角度来看，大部分水田、旱地的边边角角都被利用了起来，实实在在地增加了耕地面积，也使得农村田地的布局更加美观、合理；从"路畅通"的角度来看，土地工程项目竣工以后，家里到田间地头所花的时间有不同程度的缩短；从"涝能排、旱能灌、渠相连"的角度来看，土地工程项目实施以后，农田达到了整齐划一、灌溉设施齐全，能够自然灌溉、自然排涝，粮食亩产有所增加，农民收入渠道也增多了，机械作业使得农民空闲时间增多，在农闲时节，群众可以到附近县城打短工增加收入，经过土地工程之后，路、沟、渠变得更加协调美观。

农民人均收入水平是反映土地工程项目实施以后当地农民收入的变化情况。土地工程极大地促进了新农村建设，有力地推进了当地的农业结构调整。在实行可利用土地、闲置土地连片整治后，经济作物产量提高，农民人均纯收入增加。人均耕地棉结、粮食单产、农民人均收入和土地垦殖率通过土地工程后都相应增加，这说明土地工程实施后当地农民的生活水平和生活质量都得到了相应的提高。

土地工程完善了整理区域内农田水利设施、道路交通等，为当地工农业生产提供了一个更加宽广的平台，从而大大提高了当地农民的劳动生产率，降低了农业生产成本。推进土地工程的实施，既可以加强农业基础设施建设，又可改善农业生产条件，提高农业综合生产能力，促进全面小康建设，也缓解区域内土地的供需矛盾。

社会经济系统在土地工程项目开展之后明显改善，达到了较好的水平。这也说明土地工程实施后该区域的土地面积增多、利用率增高、农作物的耕种技术不断提高，从而人们的收入也得到了大大地提高，为当地人民创造了良好的经济效益。

第三节　土地工程生态环境设计

一、土地工程生态安全格局构建

生态安全既包括生态系统的安全，即在外界因素作用下生态系统自身是否处于不受威胁的状态，并保持生态系统结构完整和生态服务功能健康，又包括生态系统对于人类的安全，即生态系统提供的服务是否满足人类健康生存和发展的基本需要(蒙吉军等，2011)。土地工程的生态安全格局既要遵循一定的原则，也要通过科学的方法构建。

(一)土地工程生态安全格局构建的基本原则

1. 安全性原则

土地工程建设中生态恢复和安全格局构建需要考虑两个方面。其一是要求土地工程建设对区域的生态环境影响达到最小，即保证区域生态系统的完整性和健康；其二是保证区域生态系统对土地工程运行的负面影响最小，即达到土地工程的运行安全。在进行生态恢复与安全格局构建时，需要充分考虑土地工程建设与区域生态系统之间的互动作用，在充分考虑土地工程建设对区域生态干扰的前提下，构建基于土地工程安全运行的区域生态格局。

2. 区域性原则

生态安全本身就涉及区域。任何一个生态系统结构和功能的变化均会影响区域的生态安全，由于各种生态要素在不同尺度间的相互作用，如果仅从一个局部或点讨论生态恢复，构建生态安全格局，而忽略区域尺度上生态系统演变对它的影响，生态安全格局则无法得到保障。因此，在土地工程建设中，为了保障工程的安全运行，必须从区域尺度出发。

3. 尺度性原则

生态安全涉及不同尺度，尤其是对于土地工程的安全运行，不仅需要考虑土地工程建设作业区的生态恢复，同时也需要考虑土地工程影响区的生态恢复。这是因为生态过程受到区域生态系统演变的影响。如果土地工程建设后，只在土地工程影响的局部地区开展植被恢复或工程护坡，而不从整个流域的角度出发，下游地区土壤侵蚀的加剧就会降低整个流域的侵蚀基准面，从而影响上游地区已有的护坡措施和土地工程的安全运行。因此，在土地工程建设后，需要从不同尺度考虑如何进行生态恢复和植被格局的构建。

4. 互动性原则

在土地工程建设中构建生态安全格局，需要重视社会经济发展和人类活动与土地工程安全运行之间的关系。由于土地工程所在地区社会经济发展和人类活动直接影响周边地区的生态恢复，当地居民和社会团体参与生态恢复的积极性直接决定了安全格局构建的成败。如果生态恢复得不到当地居民和社会群体的支持，即使开展了生态恢复，也不能保证工程的正常运行。开展生态恢复与安全格局构建必须考虑土地工程建设与区域社会经济、人类活动之间的互动关系。

5. 针对性原则

对于任何一个土地工程建设，必须针对土地工程区域内生态系统中涉及土地工程安全的突出的生态环境问题，进行有目的的生态恢复与安全格局构建。由于土地工程建设类型不同，区域的生态环境差异较大，以及所在区域生态系统类型不同，不同类型的土地工程建设所面临的问题也会不同。因此，必须针对具体的土地工程建设类型及所在区域生态系统的特点，制定合理的生态恢复与安全格局构建方案(陈利顶等，2007)。

(二) 土地工程生态安全格局构建的方法与步骤

在遵循生态安全格局构建基本原则的同时，需要结合具体的土地工程建设特点，进行生态恢复与安全格局构建。一般包括以下步骤。

1. 生态环境现状的分析与评价

生态环境现状的分析与评价是开展生态恢复与安全格局构建的基础。主要通过土地工程对生态环境影响评价、生态敏感性评价和生态系统功能评价，揭示生态格局对生态过程的影响，找出区域尺度上影响生态安全的关键单元，从而为生态恢复和构建生态安全格局提供基础。

2. 生态干扰与风险评价

不同类型的土地工程建设所带来的生态干扰和生态风险差异较大。在开展土地工程建设区生态恢复与生态安全格局构建之前，首先需要了解工程建设的类型和特征，通过分析土地工程建设可能带来的生态干扰类型和特征，进一步识别影响土地工程安全运行的自然风险因子和人为风险因子。在此基础上，进行土地工程建设生态干扰与风险评价，为建立土地工程运行过程中的生态风险防范机制提供依据。

3. 生态安全格局预案设计

在研究生态格局与生态过程关系以及土地工程建设的生态风险基础上，结合土地工程建设和运行特点，从区域尺度上提出生态恢复和安全格局的初步方案（可以是几种情景方案），为最后提出科学合理的方案提供基础。

4. 生态环境效应情景分析

情景分析是目前国际上比较常用的方法，主要是通过情景分析，比较研究不同方案可能带来的后果。针对所提出的生态恢复与安全格局构建的不同情景方案，比较研究它们可能带来的生态环境影响、社会经济效益，以及可能存在的生态风险，找到一种为社会不同群体可以接受的方案。

5. 生态恢复与安全格局再优化

在上述不同生态安全格局方案的生态经济效益比较的基础上，结合社会经济特点，对优选出来的生态恢复与安全格局的方案进行再优化，以期通过生态恢复和生态安全格局的构建，将土地工程运行过程中的生态风险降到最低。

6. 生态系统综合管理方案的建立

针对不同类型土地工程建设区的不同生态系统特点，结合社会、经济和自然环境特征，分析土地工程建设与社会和经济之间的相互作用，识别影响生态系统的主要因子，揭示生态系统管理中存在的主要矛盾和制约机制；从土地工程安全运行的角度出发，提出生态系统综合管理方案和实现方法。同时充分考虑不同土地工程建设风险特征和生态、经济、社会特征，从政府管理、政策制定与公众参与的角度，提出典型土地工程建设区生态风险防范对策，实现土地工程建设与社会经济的协调发展。

（三）土地工程生态安全格局构建的基本流程

土地工程建设中生态恢复与生态安全格局构建的过程可以用图 10-3 表示（陈

利顶等,2007)。

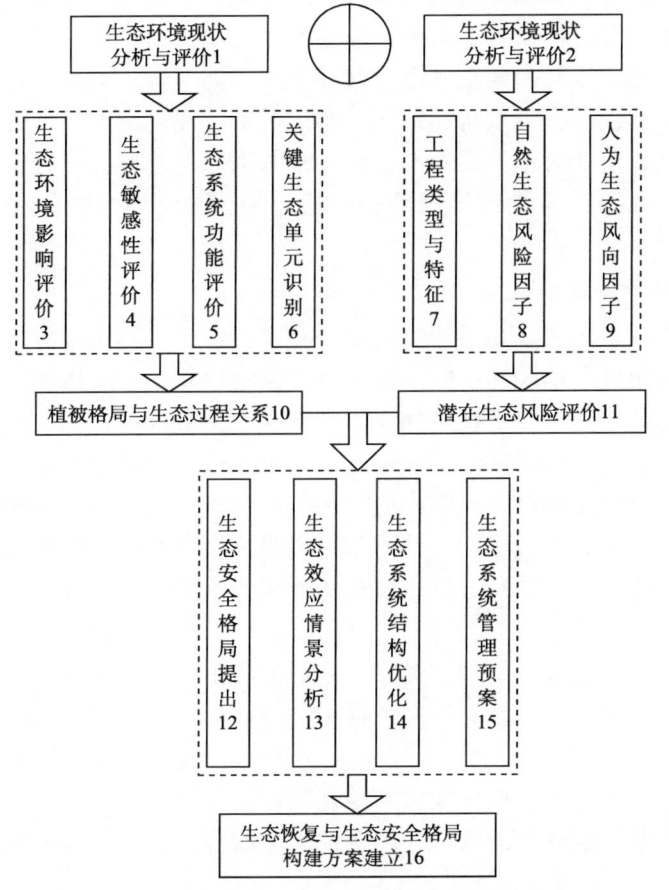

图 10-3　土地工程建设中生态安全格局构建的基本流程

二、土地工程设计的生态重建与生物多样性保护

(一)土地工程生态重建设计

生态重建是指根据生态学原理,通过一定的生物、生态以及工程的技术与方法,人为地改变和切断生态系统退化的主导因子或过程,调整、配置和优化系统内部及其外界的物质、能量和信息的流动过程和时空次序,使生态系统的结构、功能生态学潜力尽快成功地恢复到一定的或原有乃至更高的水平。土地工程生态重建主要包括土体有机重构、地貌重塑、植被重建、景观再造、生物多样性重现、生态功能持续等方面。

1. 土体有机重构和地貌重塑

生态重建，首先要创造适宜植被生长的土壤环境和地形地貌，因为被破坏的土地资源、水资源、生物资源是密切联系的。利用当前条件进行地貌重塑，构造稳定的地形地貌，以及如何正确进行破坏土地的调查预测并科学进行新造土地的适宜性评价，是土体有机重构和地貌重塑的关键，在创造土壤条件和地貌重塑过程中，因地制宜，针对不同类型的土地，采取不同的一体化工程技术，进行生态重建。此外，还要注意地形地貌的持续稳定和新造土地的熟化培肥与水土流失控制。

2. 植被重建和景观再造

土地生态环境的恢复和重建的关键是植被的恢复，再现原来的或不同的景观结构。植被的组成、结构和空间配置应遵循恢复生态学、土壤学、群落理论和景观生态学的理论基础，注重植被的生态完整性、植被的多样性、植被间的互惠性和植被的乡土性。根据区域气候和再造的土壤条件，在植被恢复的早期演替阶段植物物种的选择应遵循以下原则：应尽可能地使用本地物种，从本地植物种类中筛选出种子发芽率高、抗逆性强、再生能力强、根系发达和能够吸引野生动物的植物；优先选择固氮植物和改良土壤理化性质好的植物；重视生态过程和生态功能的恢复，淡化植被恢复的经济产出（彭建等，2005）。在植被恢复的中期阶段，强化植被的组成、结构、层次和地表覆盖，提高生态系统内稳定提供动植物的食物和养分，逐渐形成恢复区的生态过程和物质循环，提升水土保持功能、自我更新能力和养育当地动植物的能力。此外，在植被重建的过程中，还要考虑与土地附近植被的空间配置和格局，如果土地恢复地距离现存的大型植被斑块比较近，就要构建与这些植被斑块的廊道和连接，为生物多样性的保护和生态功能的持续奠定基础。

在土地整治后的植被重建的初始阶段，植物种类的选择至关重要。根据不同类型土地工程的环境条件，植物种类选择时应遵循如下原则：①选择生长快、适应性强、抗逆性好、成活率高的植物；②优先选择具有改良土壤能力的固氮植物；③尽量选择当地优良的乡土植物和先锋植物，也可以引进外来速生植物；④选择植物种类时不仅要考虑经济价值高，更主要是植物的多种效益，主要包括抗旱、耐湿、抗污染、抗风沙、耐瘠薄、抗病虫害以及具有较高的经济价值（包志毅和陈波，2004）。

3. 生物多样性重现和生态功能持续

土地是否还有生机和活力持续发展以及植被建立后能否自我恢复并达到良性循环，生物多样性重现和生态系统功能的维持成为土地工程生态重建核心。植被生态恢复与重建的中后期重点是提高生物多样性和建立完整的生态系统服务功能。在植被初步恢复的基础上，利用植物生态学和景观生态学的理论与技术，注重物种组成、年龄结构和资源利用的多样性，构建空间上植被搭配合理、生态上安全的格局，逐步形成完整的生态过程物质和能量循环，具有良好的生态系统服务功能和持续的效益产出，再现当地的生物多样性，促进退化土地的可持续发展（王军等，2014）。

(二) 土地工程设计的生物多样性保护

1. 土地工程规划总体布局

土地整理工程规划总体布局是对项目区田、水、路、林、村进行综合布局，总体布局中综合考虑土地平整工程、农田水利工程、道路工程和农田防护工程，根本上转变将农田防护工程视为附属工程。在项目区或更大的尺度上优先界定保护内容和对象，并将农田防护工程与项目区生态环境建设联系起来，实现农田防护工程与土地平整工程、农田水利工程、道路工程相互融合，提高生物多样性保护在规划总体布局中的重要性。在项目规划设计初期，将生物多样性保护融入总体布局中，确保生物多样性保护的实现。这不仅要求工程规划总体布局以经济成本低和耐用时间长为重要目的，而且要求生物多样性受到良好的保护。其次，在总体布局中，将土地利用结构与类型的调整纳入总体布局中进行统筹设计，对项目区土地利用结构与类型的调整尽量控制在较低的比例，保持土地多年形成的微地形地貌，尤其对部分具有生态功能的零星地类和分散田块进行保留，避免整个项目区为单一耕地地类，项目设计方案中保持或增加土地利用类型的多样性，即提供多样性的栖息环境作为野生动植物的栖息场所，实现生物多样性的保护（朱俭凯等，2012）。

2. 土地整理单项工程设计

1）土体有机重构工程设计

(1) 设计要求。基于生物多样性保护的土体有机重构工程主要要求：一是田面平整工程尽量避免对地表土壤产生大规模的扰动，选择和划定适宜大小的田块，尽量做到平整区内土方平衡，减少土方填挖方量与运量。二是对于局部地块，尤其是局部的零星用地，明确其功能和作用后微地形地貌进行局部保留。三是田土坎归并及布设中，优先采用土质坎，同时做好防冲刷设计。石坎设计时采用干砌，并对干砌石坎进行植物固定。四是土体有机重构过程中，对原田面表土耕作层剥离，就近堆放加以保护遮盖，并及时回填，土体有机重构完成后，及时对表土进行培育与改良，为了减少土壤中微生物的影响，有条件地限制化肥施用，以农家肥和种植绿肥为主，为提高微生物多样性提供基础条件。

(2) 设计内容。在项目区土体有机重构工程中，鉴于个别地区破碎的地块，土层通常较为浅薄，对田块平整过程中的地块大小尽量控制在边长 100 m 以内，以设计梯田梯土为规划目标，严格控制大规模的土地平整工程，同时较大程度地降低工程量和工程投资。工程施工设计中对表土首先进行剥离、堆放和保护，剥离厚度以低于 30 cm 较为适宜。土壤回填前，根据设计的田面标高，先对底土层进行机械平整处理，按照土壤层次再将表土耕作层回覆。针对土地平整区，工程措施较大程度扰动了原有土壤层次，破坏了原有土壤结构，规划设计中应明确土壤培肥措施，提高土壤有机质，为微生物生长创造良好环境。

项目区生态田土坎工程规划设计中优先设计为土坎和局部采用石块干砌的石坎，对田土坎进行生态化工程处理，在干砌石坎上部边缘种植适宜当地生长的本地藤草植被，在石坎外侧下部边缘种植藤本植被，使其向上生长以稳固石坎，在土坎斜面上种植经济作物构建动物栖息生存的通道。土地平整工程施工中，现场施工组织应根据实地情况，对规划设计中保留的蛇、田鼠、蟋蟀等生物栖息的小洞穴或凹槽，应根据微地形进行保留，并栽种灌草植被进行保护；土地平整施工过程中，宜采用小型机械结合人工措施，工程爆破采用低震低噪爆破技术；石坎堆砌、工程作业便道修筑尽量采用土、石材，少用水泥、钢筋等工业建材；针对坡度较大的陡坡局部采用浆砌石处理，并配合排水沟、消力池，减低水流的冲刷作用；土地平整工程施工期应避开大多数动物的繁殖期。

2) 道路工程规划设计

道路规划作为线状规划，对动植物生存环境扰动影响相对较小，工程量小，成本低，服务范围大，规划时尽可能利用原有的道路进行改造提升。同时，田间道路需兼具景观生态斑块之间的连通廊道作用，提供动物栖息和迁移通道，保护农田中动物的生存环境。

(1) 设计要求。土地整理项目道路工程规划设计中，根据道路的使用功能进行工程材料和设计标准的确定，承担主要运输任务的主干道路采取硬化措施，宽度控制在 5 m 以内；服务农业生产的田间道路采用土石铺面，面材以土料辅以石料，一般生产道宽 3 m，道路两旁预留一定宽度的生态廊道，可种植适宜当地生长的经济植被和生产能力强的低矮草灌植被，结合地形地貌及坡度特征，生产路沿坡斜向弯曲蜿蜒，突出"曲径"环绕的农田景观特征，营造良好的生物栖息环境和通道。

(2) 设计内容。道路设计中重点满足项目区田间运输及生产的需要，针对项目区的地形，道路规划设计中避免穿越现有的林地以造成道路穿越的物理阻隔。田间道路布置根据地形和农业生产的需要，各支路连接乡村干道和项目区周边村寨道路，使项目区内路路相连，形成一个道路网络。结合生物多样性保护的要求，硬化田间路，修建过程中应间隔一定长度留出动物横穿的通道，结合涵洞和涵管的布设，在涵管、涵洞前设置引导区域，利于动物的穿越；沿田间道两侧规划 0.3～0.5 m 宽的绿色植被带，引种所在地区适宜生长的灌草植被，如花椒等植物，起着连接项目内林地斑块的廊道作用，提供动物栖息的廊道和通行的通道，从而保护动物的生存环境。在田间路、生产路和田块之间设计导坡，方便农田机械进入农田，而不对田块表土造成破坏。

3) 农田水利工程设计

农田水利工程主要包括田间沟渠的规划、损毁沟渠整治、蓄水池规划布局等内容。

(1) 设计要求。水利工程建设本着因地制宜、因害设防的原则，在土地整理项目规划设计中，为了防止季节性干旱的危害，优先考虑有效引用灌溉水源，无灌溉水源区规划设计蓄水池；为了消除洪涝灾害，排除积水危害，根据地形地势合理规划排水系统，因地制宜地布设排水沟和泄水井等配套设施。

考虑生物的生存和栖息、灌排工程与农村自然景观的相融性以及绿色植被通道的构建，沟渠设计尽量采用天然石材，对部分坡降较大的地方，沟渠中某些地段可采取水泥硬化措施，防止水流对沟底的冲刷；坡降平缓地段，同时水源有保障的前提下，采用土质沟渠，并设计为凹凸沟底面，增加小水塘可以储存水源并可作为小动物的饮水源。

(2) 设计内容。水渠规划设计中对生物多样性保护的设计主要从以下几个方面考虑：一是在坡降较大的沟段，进行浆砌石硬化处理，并修建消力池减缓水流速度，防止雨季洪水对冲沟土壤及坡坎冲刷造成水土流失；二是减少对项目区内动植物的生存环境的破坏。

4) 景观工程设计

农田景观工程是土地整理设计中一项新的重要内容，针对项目区的脆弱生态环境，规划设计中强调保留和增设农田生态林网工程体系，并依此构建地表不同斑块之间的生态廊道，可有效调整和改善农田生态系统，改善农田小气候，提高景观多样性，增加野生动植物的生存活动空间，降低农田作物的病虫害发生频度。同时，改变过去土地整理中农田整理活动一味追求"整齐划一"的农田景观格局，丰富土地整理设计的模式(韩霁昌等，2014)。

(1) 设计要求。结合农田水利与田间道路的建设，在原有田间路和沟、渠两侧布置农田生态林工程，可以一定程度地补偿越来越少的自然生境和自然植被，对保护当地物种，为鸟类提供走廊和临时休息场所，对维持当地生态系统和物种多样性意义重大。农田景观中的林带作为廊道连接的自然缀块，增加了生境的异质性以及动植物生存的空间和活动的通道；并以间植方式布置，乔灌结合，构建立体种植结构；增加土坎边坡、田间闲散地、沟渠岸边的低矮灌木配植。

(2) 设计内容。土地整理项目区人为活动频繁，干扰强烈，植被覆盖表现为间断不连续的缀块。基于生物多样性保护的规划设计主要内容：①在项目区大于

25°以上的坡地，实施"退耕还林、封山育林"，实行人工造林和自然恢复相结合方法，乔灌草相结合，改善项目区周围的生态环境，防止水土流失对项目区生态环境的冲击，为动植物的生存提供适合的场所。②对项目区内规划的乡村干道和田间土路及蓄水池边种植当地适宜生长的灌草植物，并与生态田土坎进行串联，构建连续通畅的生态植被网络。③在项目区内积极改进农作物种植的结构，充分利用闲散地种植常绿果树，并通过田土坎进行串联，构建复合型立体种植结构，同时兼顾动物廊道建设。④项目区工程护坎与生物护坎相结合，为小型动物提供栖息环境和迁移廊道。在林地周边种植灌草植物，构建林地边缘缓冲保护带。通过廊道的建设以及利用农作物种植结构等措施，将原有的林地缀块相连，提高景观的连接度，促使动物寻找食物和配偶的运动能力（由此导致基因交流）增强，从而延续遗传多样性和保护物种多样性，达到生态系统恢复和保护生物多样性的目的（刘玉等，2011）。

三、土地工程的人居环境建设

（一）以土地工程为载体推动美丽乡村建设

美丽乡村建设是土地工程人居环境建设的重要方面，应遵循以下原则。

1. 优先科学规划

在地方政府开展人居建设工作前优先进行规划工作，能够避免建设过程中因决策失误而导致的重拆重建、资源浪费、环境破坏等问题。而科学的理论指导可以减少失误率、延长设施使用寿命、提高资源利用率、节约管理成本。将科学规划置于建设行动之前，可有效避免资源浪费，有利于保护原始生态环境和传统文化传承，是建设美好乡村人居环境的必经之路。

2. 合理规划村庄布局

合格的村庄规划应该是满足农民需求、具有地方特色的长效规划，既能够提高农民的生产生活质量，又能够对农村建设提出切实有效的指导意见。然而，目前中国农村地区规划基础十分薄弱，缺乏战略性、长效性、完整性、科学性的考虑。国家指导意见尚不完善，很多省份没有农村人居环境建设的具体标准，大部分农村都处于盲目建设、无序规划状态中。针对这一问题，在进行规划中，政府应积极利用高校、研究所等科学研究机构的力量，对农村进行实地调查和具体分析的基础上，发布有科学依据的规划设计。有必要将农村规划纳入国家总体规划中，各级政府协调开展工作。以国家确立最低标准和发展目标，各级政府分级提出指导意见，村镇政府依据实际情况进行具体规划。吸取农民意见，与土地利用等总体规划相衔接，编制和完善县域村镇体系规划，合理确定基础设施和公共服务设施的项目与建设标准，明确人居环境改善的重点和时序。同时，应增强与农村人居环境建设相关的法律法规建设，从国家立法、地方政策的角度上对农村人居环境建设予以保障，建设多层次的法律体系，规范各个主体在建设中的义务与权力，并在发展变化中及时修订和完善相关法律，不断完善这一法律体系。

3. 因地制定建设标准

因地制宜、分类指导是 2014 年《国务院关于改善农村人居环境指导意见》中对改善农村人居环境的总体要求。中国幅员辽阔、地大物博，拥有 30 多个省市区，其自然环境、文化传统、发展程度差异很大。因此，国家应先根据人口、经济等基本条件将村、镇划分为重点与一般乡镇，分级制定建设标准。各省市根据国家发布的标准，在结合当地实际的情况下给予进一步指导意见。既可以优先发展生活条件尚未完善、需求较强的落后村镇，以水、电、路、气、房、等基础设施建设为重点；也可在省市区域内选取基本生活条件较好的农村以环境整治为优先试点，探索成功经验后以点带面，协调发展区域建设，全面提升人居环境质量。而乡镇政府则需立足于现有条件和财力，优先安排保障农民基本生活条件的项目，有序推进农村人居环境治理，防止急躁冒进。

4. 重视生态文明建设

中国政府指出，面对资源约束趋紧、环境污染严重、生态系统退化等严峻形势，必须树立尊重自然、顺应自然、保护自然的生态文明理念，重视生态环境保护。基于中国农村目前的生态环境角度看，国家在进行生态环境保护工作前，有必要先开展环境治理工作。环境污染不仅给农村居民身心健康带来危害，还会破坏自然资源，制约经济发展。当今国际上对环境污染主要分为点源污染和面源污染，基本以是否能够通过人力控制的污染程度来区分。目前中国大部分农村由于基础设施的落后还属于面源污染。理应优先推行县域农村垃圾和污水治理，有条件的地方推进城镇垃圾污水处理设施和服务向农村延伸，逐步开展生态环境建设和保护体系。同时也应该意识到，环境治理是长期工作，中国农村绝不能走边污染边治理的老路。

5. 重视传统文化保护

传统文化作为人类历史的沉淀，是一种宝贵的资源。改革开放后，随着经济一体化的发展，中国传统文化受到市场化冲击，面临民间传承后继无人、传统活动消失等危险。保护农村传统文化是传承中华文明的重要内容，在建设初期就应制定传统村落保护的发展规划，完善历史文化名村、传统村落和民居名录，建立健全保护和监管机制。避免大拆大建，杜绝掠夺式开发，严格控制开发改建过程中的破坏行为。另外，在保护传统文化的同时，应融入现代化社会主义文明，完善信息共享工程，通过政府行为宣传传统活动、工艺在现代社会的功能与价值，在基础设施完备的基础上发展休闲农业、农村旅游、文化创意等产业，为传统文化注入新的生机与活力。

(二)以土地工程为手段推动宜居社区建设

宜人的居住环境是人类居住的理想,也应当是发展建设永恒的追求。宜居社区重视环境形态,包括建筑、公共设施等物质空间和实体,还强调它们对居民生活、工作、出行的影响,同时将文化元素融入宜居社区建设的各个层面。在规划和建设宜居社区的过程中,需要充分考虑市民的意愿和感受,并接纳企业、学者、非政府组织等利益相关方的意见。通过建设宜居社区,提升区域竞争力,提高社区内居民的生活质量和幸福感,实现环境、人文和社区建设的和谐统一。"宜居社区"的内涵十分丰富,标准相对统一,但具体建设办法、建设重点和实施路径,每个社区不尽相同。对社区而言,首先应认清自身的优势和不足,才能确保各项工作的开展更有针对性和实效性。宜居社区的建设应该塑造和谐优美的社区生态环境,建设便捷的社区生活配套设施,完善的社区公共安全体系,加强现代化管理和服务水平,提升社区文化和现代文明,使社区的适宜居住程度不断提高。通过改善人居环境、加强社会管理、完善公共服务,实现可持续发展。

1. 因地制宜,科学规划

坚持规划先行,因地制宜,有序推进,做到开发与保护结合,凸显可持续发展。

2. 立足本土,适度创新

准确把握本有特色,走差异化和协调共同发展的道路。保持和塑造特色,传承传统文化,包括保护自然景观风貌,保存历史遗迹,传承和保护具有地方、民族特色的文化活动和民间习俗。

3. 以人为本,综合发展

始终把社区居民的利益放在首位,广泛发动居民参与,自觉保护社区环境、完善社区服务,促进经济发展,彰显社区特色,建设宜居家园。

4. 完善公共服务设施,坚持生态优先

配套广场、文化室、运动器械等公共服务设施,同时遵循自然发展规律,切实保护社区环境。

5. 保障资金安排

建立完善的运行维护机制,加大资金投入,维护社区服务、公共环境和基础设施的有效使用和安全保障。

(三) 以土地工程为契机推动城市绿地建设

城市中的各类绿地有其不同的使用功能，规划布局时应将公共绿地在城市中均衡分布，并连成网络系统，做到点、线、面相结合，并与视角相关的各类绿地连接成为一个完整的系统，以发挥绿地的最大作用。抓住绿地系统建设的特色元素，如"山、水、路、园"，以"点、线、面"相结合的方式，建设层次多样、结构合理、功能完备的绿地生态网络。

1. 生态优先，兼顾效益的原则

城市绿地作为城市自然生命力的主体，应成为城市生态系统的支持核心。在建设项目规划和实施过程中，将以经济为主导的规划转化为以生态为主导的规划，改变将城市绿地作为城市规划的后续和补充的观点和做法，并改变将城市绿地停留在空间视觉效果及减缓城市环境污染的层面上，突出城市绿地生态系统在恢复自然、整体维护城市生态系统和重塑城市景观的核心作用，把城市建设对生态环境的扰动减少到最低程度。

生态文明是人类遵循人与自然和谐发展规律，推进社会、经济和文化发展所取得的物质与精神成果的总和；它是对长期以来人类主导社会物质文明的反思，是对人与自然关系历史的总结和升华。以森林城市建设为契机，创建环境舒适、经济高效，实现生态、经济、社会三大效益的有机统一，社会和谐、人本健康、自然与人相互融合、可持续发展的城乡生态空间。坚持生态优先的同时，绿地工程建设还要兼顾经济、社会效益，以绿养绿。

2. 坚持科学发展、可持续发展原则

在建设城市绿地的过程中，充分考虑实现环境和城市空间的主动接应，争取最大程度的亲和，使之成为真正体现"以人为本，人与自然共存"思想的城市空间。以绿为主，倡导生态建设；以多层次的绿化生态环境组织人与自然、建筑与自然交融的生态空间，提倡乔木、花草、灌木及地面植被的合理搭配；以生态环境意识为指导，使行为环境与形象环境有机结合，最大限度地尊重自然生态环境。紧贴时代，彰显现代城市生活文明特质，同时还要放眼未来，注重生态与经济可持续发展。认真贯彻落实科学发展观，充分调动各方面的积极性，按照森林城市建设规划统一要求，分阶段实施的思路，逐步落实各项建设项目。合理安排近期建设的内容，既能保证近期投资规模切实可行，又能使远期达到森林城市的要求。

3. 因地制宜的原则

由于绿地所处的地理位置差异，绿地建设必须遵循因地制宜、实事求是的原则，充分分析各具体地块的自然特征与社会经济特征。同时，由于现状的绿地结构和布局是长期的自然演化形成的，具有一定的存在合理性，绿地规划建设还应以现状绿地系统为基础，继承其合理部分，调整其不合理部分，达到绿地结构合理和生态功能优化的目标。绿地规划和建设时，对应各具体地段，要按照不同的地形、水源、土壤条件、人文社会因素等情况，针对不同区域的特点，进行建设类型和树种搭配的类型分区，制定其相应的规划建设方案。

4. 全局与主次结合原则

以长远为目标，高起点、高标准规划城市建设目标。近期建设在合理达标前提下，建设次序主次分明，着重建设中心组团周边绿地。项目安排结合具体实际，实行先易后难、突出重点的原则。根据各个绿地的资源、环境条件和地方经济社会发展情况，确定相应的建设内容，找准突破口，突出建设重点，坚持适地适树，形成区域特色，避免盲目发展。根据项目区的自然条件、功能定位和绿地建设需求，以面积较大、地理位置重要的生态绿地为重点，建设近自然群落，突出地带性特色的多功能城市绿地，达到以点带面，以局部推动整体的绿地建设目的。

四、土地工程设计的可持续发展理念

（一）土地工程设计的可持续发展的意义

可持续性土地工程是实现土地资源可持续利用的一项战略性基础工程。实现土地可持续利用是实现社会可持续发展的基础和关键，而可持续的土地工程则是实现土地资源可持续利用的战略性基础工程。因此，实现土地工程的可持续发展对实现社会的可持续发展有着极大的意义。一个经过协调规划、科学设计、合理施工的土地工程设计方案可以增加有效耕地面积、提高土地生产力、改善农业生产条件、促进土地生态系统的良性循环、创设人地共荣的土地生态环境。可以说实现可持续的土地工程最终能促进土地的可持续利用和社会的可持续发展。

（二）实现可持续土地工程规划设计原则

土地工程的可持续发展涉及多方面的内容，具体来说，它涉及土地的地形地貌、土壤、土地利用、产权调整、路渠沟建设等一系列内容。因此，要达到可持续土地工程目的，就必须把土地工程作为一个系统，将这些因素综合考虑，使之协调一致。为此，必须遵循一系列的原则：①统一协调原则。首先，根据土地利用总体规划的要求，确定整理土地用途；其次，必须与相关部门的规划相协调。②因地制宜原则。根据规划区的实际情况，以因地制宜、最大限度满足土地利用要求和发展需要为原则，并通过可持续土地工程项目工程设计和施工，最大限度地消除那些影响土地合理、高效和方便利用的限制性因素，确定土地利用的方向、各项工程的规模及其配置、田块大小，提高规划设计的可操作性。③系统优化设计。土地利用是一个复杂的系统过程，土地工程就是对这个复杂的系统进行优化设计,通过工程施工实现整个土地系统及其环境的最优化,同时还要求经济合理和投入产出的最大化。④综合效益原则。通过土地工程,以经济效益为中心,确保实现最大的综合效益,即经济效益、社会效益和生态效益的统一,促进土地资源的可持续利用。

(三)土地工程的可持续性评价

从生态可持续性、经济可持续性和社会可持续性3个方面共选择14个指标对项目工程设计的可持续性进行评价。生态可持续性评价包括防洪能力、抗旱天数、生物多样性、排涝能力、土壤有机质、绿地面积、有效灌溉面积7个指标;经济可持续性评价包括单位面积产值、总产值和农民纯收入3个指标;社会可持续性包括公众态度、田间用水纠纷、农业生产方便度和机械化条件4个指标。

五、土地工程的生态景观功能延伸

随着城乡一体化发展,乡村作为城乡发展重要的绿色空间和旅游休闲场所,具有重要的生态服务和景观服务功能。在城乡一体化发展的要求下,土地整治不能仅限于提高土地综合产能、改善生态环境,还要挖掘乡村景观的美学和文化价值(宇振荣和苗利梅,2013)。无论是欧美还是亚洲的韩国、日本,绿色基调在土地整治过程中始终占据主导地位。尊重各种生态过程,维持自然生态过程的完整性和连续性,减少人工雕琢的痕迹,因地制宜建设生产基地和乡土景观,尽量不破坏原有的生态景观及其生态要素,这是土地整治的基本原则。土地整治基础设施建设遵循低成本高效益、易于管理维护的原则,运用生态工程技术和乡土景观设计手法,构建健康、可持续的景观生态系统。

土地工程在维系并改善乡村景观的美学和文化价值,加强土地多功能性研究、提升生态景观服务功能的同时,还应加强生态化景观化技术研究,完善土地工程标准,加强可视化技术研究,提升土地工程的参与性。此方面内容将在本书第十一章中展开论述。

中国土地整治标准和技术在发展过程中不断完善,建立了土地整治与生物多样性保护示范项目,生态和景观化技术应用受到高度重视。但与世界其他国家土地整治技术相比,还存在一定差距,特别是对生态化和景观技术的推广和示范应用相对滞后,需要根据我国城乡一体化目标要求,进一步完善土地整治标准。此外,中国部分典型调查研究表明,农田中约30%的田间道路破损或缺乏生态化,林网残缺受损率高约40%,缺乏生态景观化河道的比例占60%~80%,沟渠需要生态景观修复的比例约占56%。因此,土地整治要逐步从废弃土地、居民点、土地用途转变的大规模土地开发整治,向大面积、大范围的退化土地修复、改善沟路林渠生态和景观的方向发展,提高农田综合生产能力及其生态和景观服务能力。

第十一章 土地工程的美学设计

土地，是人类文明最珍贵的自然遗产，是人类生存和发展的基础。土地承载着栖居之上的人们对于幸福生活的美好希望。土地工程是人与自然的最直接的对话，人地关系代表了人与环境间最紧密的联系。美是人类物质生存的动力，又是精神生活的支柱(马克思和恩格斯，1979)。土地工程的美学设计可以在合理地组织土地利用结构的同时，改善土地景观，丰富土地文化内涵，提升人们的精神境界，实现人地关系的和谐(陆红生，2002；吴次芳和徐根宝，2003；Rhind and Hudson，1980)。土地工程的美学设计有利于土地美学价值的完整展现，并且可以减少人类对土地资源的破坏，对实现土地资源的可持续利用具有重要的意义。本章主要从设计美学概念引入，分析土地工程与美学的关系和土地存在的问题，从而提出土地工程美学设计的目标、方法、美学模型、创新思维和美学原则，最后筛选出土地工程所涉及的美学指标及确定评价分级，旨在以后的土地工程中，综合一切土地工程所涉及的美学元素，力求将土地工程的整体美感完整呈现。

第一节 土地工程美学文化

土地工程不是单一的工程，他是诸多工程的综合体，而对于综合工程的设计是复杂的。从恩格斯笔下的美索不达米亚的森林破坏到美国西部暗无天日的黑色风暴，从非洲北部一望无际的黄沙到中国黄土高原沟壑纵横的黄土，无不是土地工程美学恶化的惨痛印证。土地在被无节制地开发之中，在技术理性的僭越之中，在缺少科技支撑开发中，已经背离了人与土地和谐相处的美丽画面。人类栖居之上的大地，已是满目疮痍，缺乏美感。即随着社会的发展和人们生活的高要求，土地工程的设计必须尊重自然环境，且要不断满足人类生活及社会发展的要求。

一、土地工程与设计美学的关系

设计美学是一门新的学科，其主旨是将美学融入设计，以美学的视角指导一切设计。纵观美学史，20世纪以前的美学，研究重点是放在纯粹艺术方面，像绘画、音乐、文学、戏剧、雕刻等，正如一位美学家所说："在好多年里，美学隐匿在哲学与艺术之间的乌有乡里备受磨难"(Danto，2007)，美学忽略了人类生活本身，人类生活中的衣、食、住、行、用、玩等同样需要进行美学上的研究。尤其随着现代工业文明的出现，人类生活发生了巨大的变化，一方面这些变化有一定积极的影响,例如,日益丰富的产品极大地满足了人类的需要,也方便了人类的出行等;但另一方面,也造成了能源紧张、交通拥堵、人口膨胀、环境污染等问题,给人类的生存和发展带来了挑战,人类也日益关心生活质量以及环境污染等问题(王晓林和赵倩云,2013)。作为设计美学,这些设计不仅包括艺术设计,也包括工程设计。设计美学本身就在关注人类的生存环境和生活质量,从本质意义上说,它就是一门研究如何使人自身环境更加美化的新兴科学(章利国,1999;曹耀明,2004;姚君喜,2005)。同样的,土地工程作为一门新兴学科,在完成以土体有机重构为主体的工程设计和构造的同时,也需要以美学的视角完成工程项目。尤其是新的时期,人们物质文明的日益满足和对生态文明的强烈追求背景下,对土地工程的设计,更加需要融入美学元素。反而言之,土地工程也是构成美学的重要组成部分(祈嘉华,2009)。

土地工程是运用工程技术手段解决土地问题,把未利用土地变为可利用土地或把已利用土地进行高效利用,能动协调人地关系和谐发展的过程,其核心是土体有机重构(韩霁昌,2013)。进行这一过程的主要方法是工程技术手段,在完成这一工程手段的过程中,不仅包含了土体、地基、结构和空间,物理、化学、生物以及材料、设备之类的自然科学,还应该包括艺术、美学以及环境心理学等社会类科学(Cooke,2012)。因为作为一个工程项目,它不仅要适应人们物质生活的心理需要,还应当作为人类艺术的审美对象,很好地适应和满足人类精神生活的具体需要,给人以美的享受。

类似于建筑中的艺术,土地工程中的设计美学也是一种社会意识形态在工程方面的反映。通过田、水、路、林、村等群体的色彩、造型、质感、体型、空间、比例以及尺度等系统协调设计,共同构成了特定的相关艺术和美的形象。此外,在土地工程这一特殊行业,对安全的保障同样是一种美学原理的体现。主要表现在:对于农业用地,需要严格设计,保障土壤生产安全;对于建设用地,在使用前后,需要保障土地使用安全。所以对于土地工程来说,不仅要遵循一定的自然科学定律,还要遵循其他的美学规律进行塑造和创造。

二、美学文化对土地工程的介入

现阶段,对土地工程设计的美学的思考在某种程度上也是对土地利用未来发展方向的思考。在土地工程设计中力求在由哲学美学、审美社会学、审美心理学等领域阐释土地工程美学思想的同时,注重现实,将对土地工程美学未来取向的思考建立在现实基础之上。

土地工程美学提供了土地利用的美学新角度,使得在探讨人与土地的互动中,从伦理的角度外再加入了美学的角度。土地工程美学是一种基于保护土地生态系统、促进人地和谐的审美观,是人类在对生态文明追求的过程中产生的一种崭新的存在观，是人与自然、社会趋于动态平衡、和谐一致地处于审美状态的存在观。在实际的土地工程设计中，美学可成为影响决策的重要因素。总之，美学在土地工程设计中具有积极的意义，合理的土地工程设计也是人类对美的自主追求的结果。美学文化的介入有助于促进人类生存空间的可持续发展，协调土地文化的多元共生，维护人与自然、社会关系的持久和谐(韩霁昌，2016a)。

(一)自然美学

自然美学就是从审美角度观照自然，或以自然为研究对象的美学分支学科。自然美学拓展了美学的研究广度，为土地工程设计的建构奠定了哲学基础。当代的自然美学，逐渐出现了新的美学研究方法与研究模式，为人类提供了新的视角看待人与自然的关系，这为土地工程美学设计提供了理论支持(李剑，2009)。

(二)环境美学

环境美学是以环境为审美对象的美学分支学科。环境美学侧重于研究人与自然的现实生存关系及自然对人的存在意义，是以人为中心对自然进行价值定位和审美评判，带有很强价值论层面的意义。环境美学的研究为土地工程设计美学提供了价值论意义上的借鉴。

(三)景观美学

景观是具有美学功能的。景观美学对土地美学的研究有着重要的启示和借鉴意义。景观与土地概念本来就有重叠交叉。景观的本质含义就是土地，人与土地的和谐关系就是景观设计的核心(俞孔坚，2004；2007)。所以景观美学的研究成果可以直接为土地工程设计所借鉴。土地工程设计美学应该借鉴景观美学的研究成果，探索土地如何影响人们的感知，并找出人们内在潜藏的审美机制，对土地工程设计美学的价值进行评估，进而根据评估的结果，可预测各种土地资源类型所能释放的美感价值。

(四)生态美学

生态美学则涵盖人与自然、社会以及自身的生态审美关系，是一种生态"存在论美学观"(张爱凤，2007)。可以说，生态美学是将生态学的重要观点与思维渗透到美学思考之中，从而形成一种崭新的美学理论形态(叶知秋，2006)。土地是一个由多种要素构成的生态系统，土地美学和生态美学有着千丝万缕的联系，其共有的核心思想是深层的生态平衡观念。生态美学的研究对土地美学的理论建构有着重要的启示。在土地工程设计中，借助生态美学，我们可以更深刻地理解土地工程系统的整体之美、和谐之美，从而超越土地的功利主义思想，而用一种欣赏、理解的态度来规划、设计和保护土地。

(五)工程美学

工程美学具有美学的共同性质，审视工程美的本质与美的本质是共同的。但工程与科技美学毕竟与一般美学不同，具有其特性。工程美学是集实用价值和欣赏价值于一体，经济效益、环境效益、社会效益与审美效应相融的科学。它的特殊性在于它的实用性、科学技术可行性、环境效益和经济效益及社会效益最佳性，以及工程的精确性和相对性的统一。在土地工程设计中，借助工程美学的特点，可以更好地使土地发挥它的实用性、科学技术可行性及与环境协调性等，从而可提高土地工程设计的认可程度。

所以，现阶段无论是美学领域还是土地科学领域，对土地工程美学的研究基本上还属空白领域。可以说，目前基于人地关系恶化而延伸的应用美学研究还远没有深入到土地层面。已有的土地美学研究多是从哲学的角度进行探讨，和土地工程结合并不紧密。正如威斯康星关于土地美学白皮书上写道："一个区域的土地美学和生活质量影响每一个公民。作为土地的管理者，让土地表现出比我们所见的状态更好是我们的责任，但是我们常常没有很好地做到这点。土地工程的质量和外貌影响生活的质量。使土地保持生态上的可持续利用是我们的一般目标。"所以，引入美学文化是指导土地工程设计的重要依据，是当前迫在眉睫的任务。

三、土地工程美学设计研究

随着景观美学、环境美学、生态美学的介入，土地工程美学开始从美学的角度对土地进行考察，在理论和实践的层面揭示土地的美学意义与价值。从总体上看，就是从美学的视野去观照土地。土地美学就是以土地为审美对象的美学，并且利用这一研究指导土地工程的设计。

(一)土地存在的问题

随着中国的进步与发展，美学界不乏创新与发展，美学应用也遍及社会生活的各个角落，但由于追求短视效率和效益的影响，中国土地工程利用中存在诸多美学问题。具体而言，土地利用的美学问题表现有：生态和谐严重受损；自然、半自然景观退化，生态平衡失调；农田污染严重，生态系统遭到破坏；矿山开采中土地受到污染、占用及破坏；土地利用的美学景观价值降低等诸多问题(李剑，2009)。

(二)土地工程美学目标

1. 协调人地关系，实现人地和谐

协调人地关系，首先要解决人地矛盾，人多地少，土地资源十分短缺，化解这一矛盾，实现人地和谐，这是实施土地工程的重要目标。所以，在社会未来的发展道路上，将会以促进节约集约用地为目标，要更加注重规划的控制作用，更加注重市场的机制作用，更加注重存量用地的内涵挖潜(朱志荣，2007)，更加注重土地资源的配置，更加注重农村集体建设用地的充分利用，通过综合管理、统筹兼顾，实现及建立人地和谐的关系模式，从而在人类发展及社会的历史进程中避免超越土地承载力，以致使土地生态环境恶化。人地和谐，既可实现土地价值的最大化，又可提升人类幸福感，即保持土地总量平衡、土地质的平衡、土地区际平衡和土地代际平衡，最终达到安全、生存、健康、舒适及可欣赏的五者统一。

2. 创造"宜居""居乐"的环境

哲人郝贝尔说过："无论我们是否愿意承认，我们都是些植物，我们这些植物必须扎根于大地，以便向上生长，在天空中开花结果"。人们可以简单朴素地生活，可以繁华富裕地生活，但必须有一种"居乐"的情怀，才能实现人存在于大地的意义。土地工程涉及生命体存在的质量，不同作物对土地的要求不一样，人类也是一样的。土地工程则是利用工程手段创造一个美好的生存环境，其不单要安全、健康，更是人类生活要求及质量的不断提高，强烈的归属感及生活的便利(李剑，2009)。例如，在中国陕西卤泊滩盐碱地改造中，就强烈要求降低盐分含量，实现种植作物适宜范围，这是为作物实现安全生活环境的重要体现；针对陕西澄县空心村进行的土地工程，这是为人们提高生活质量的表现。

3. 维持土地的生态可持续性

存在即合理，发展即可持续。生态的可持续性主要表现为在生态系统中，在一定的时期内系统维持在特定状态下，没有发生衰退或者减少的情况，属于一种相对的动态平衡状态(刘卫东，2010)。土地工程最终的目标就是实现土地的生态可持续性，即改变原有的生态落后性及不完整性，维持生态系统的生态位完整、能量流动及生态级别合理，实现生态稳定良好的发展或者循环模式。

4. 土地工程空间结构最优化

土地利用空间结构制约着土地生态系统内各个功能间的协调发展。一个良好的土地生态系统，应该为人类提供丰富的农产品和高质量的生活与生产环境，能够发挥高的社会效益、经济效益和生态效益。土地利用空间结构的调整会导致土地利用类型在空间上不断变化，进一步地使生态系统功能产生一定的改变。合理地安排土地利用空间结构，能够形成可持续发展的土地利益模式，从而形成经济

生态双赢局面。

5. 构筑自然美、景观美和生态美的统一

自然美强调的是环境自然存在的美学价值或是生命体感受到的舒适性，是外部因素未造成影响或者改造的。景观美则是为了实现某种功能或者作用而规划设计的，如土地工程中增加道路或者水面(周来祥,2006)。这种景观建设可能是为了增加区域水天一体的美，或者为了增加区域廊道，增加区域稳定性等。生态美则更多地是为了满足人类要求进行的改造，一般是由外部因素造成的，生态美可包括景观美和自然美。土地工程实现了自然美、景观美及生态美的完美结合，既实现了自然美的合理性，又实现了景观美和生态美给人的美好体验及对生活境界的启迪，后期还可根据生命体在该状态环境中的生活状态及质量，指导未来土地工程不断地发展。

6. 创造土地工程的人文景观美

土地工程中的人文景观美不光说是根据人类要求设计的园林景观，依据人类发展的要求及趋势，人类对于过去区域内的文化背景，即历史传统，有很深的情感。目前，在土地工程中，对于浓郁的生活气息、健康充满活力的景色、多元化综合的文化氛围及乡土特色多者融为一体的土地工程，极大地促进了土地工程美的设计及体现。

土地工程要避免千篇一律，应将土地模型提升到景观模型，充分认知土地整治区域的地域景观特征和价值。人们从某个区域获得的特定感知和视觉美学效果取决于该区域的景观特征。这种特征是由岩石、土壤、气候、水文、地形地貌、土地覆被、野生动植物及其栖息地、土地利用时空格局、房屋与住宅特征、其他人工设施和历史遗迹等叠加、相互作用而形成的自然和文化形态，如农田格局、植被、街道、道路、建筑、庭院、栅栏等。这种地域形态特征是人与自然相互作用的结果，包含宜人的环境与事物、遗产与传统、文化、美学和其他多种社会价值，是一个地区人类历史和自然历史演变的记录。

土地整治要认识、维护、顺应、延续这种地域景观特征，分析主导它的自然与人文因素，而不是摧毁遗留的自然和文化景观特征，然后根据土地整治标准设计和再造一个现代的景观特征。土地整治调查和评价应分析区域的自然生态价值、景观特征、历史遗产等，明确现有景观具有哪些特征和特殊的保护价值并对其进行评价。在规划过程中，应确定满足城乡一体化发展的生态景观目标，使景观发展定位与社会经济、旅游休闲的发展相协调。土地整治基础设施建设要维系地域景观的独特性、文化符号和地方建筑风格，促进以生态景观为导向的多样化建设，充分挖掘乡村景观的美学和文化价值。

土地工程设计是一项系统工程。要促进土地工程的美学观，就需要动员社会

的各方面力量,要有自然科学、技术科学和人文、社会科学的介入和人们的参与,将世界中认知的各种美发挥到极致。

(三)土地工程美学设计方法

土地工程美学设计是体现美学终极目标的有效手段,不同的美学设计方法对怎样实现美学价值及美学效果具有指导性,通过对不同美学设计方法的综合分析,联系理论与实践、结合抽象与具体、分析国内外经典案例,对于如何实现土地工程美学的终极目标,主要从下面几个设计方法进行(李剑,2009)。

1. 逻辑推理设计方法

这是一种传统的设计方法,是从某种既定的哲学体系出发,在认识论、本体论及价值论层次对土地美学现象进行哲学分析和逻辑推理,抽象出土地美学的基本内涵,并论证其正确性与合理性,进而进行土地工程的合理有序实施。

2. 经验归纳设计法

这种设计方法是从土地工程设计案例及相关的美学现象中,运用科学的方法进行总结与归类,发现土地美学的规律,揭示土地美学的本质,探寻土地美学思想的内涵。该方法主要从两方面进行,一方面是针对审美客体(如土地空间、景观因素等)的描述与归纳,依靠直观经验和理性分析,从土地审美对象的外在属性来探索土地美的规律;另一方面是从审美主体的审美行为与内在体验的分析,探索审美主体的行为与环境的关系,揭示土地美学的本质。

3. 历史学与社会学的设计方法

该方法从历史学的角度,对土地审美思想渊源和变化加以总结、归纳和分析,发现土地审美的演进规律。社会学即联系土地美产生的社会背景,探索土地美学功能和意义的美学研究方法,以便于将该结果在土地工程设计中体现,进而体现土地工程美。

4. 心理设计方法

该方法借助心理学的理论知识,研究土地美感心理产生和发展的过程,从而了解人类对土地的审美情感属性,发现人类的审美规律,从而指导土地工程设计,达到美学的体现。

5. 文献综合设计法

土地美学的哲学阐释、审美社会学分析以及审美心理学机制等理论都是土地工程设计的重点。一般可通过搜集、查阅大量的文献和有关资料,以此为基础做细致的分析和研究。

6. 嫁接设计法

嫁接法就是将一个或几个学科领域中的新理论、新方法或新技术嫁接到其他学科领域中去，从而促进科学研究的进展。土地工程美学一般是通过运用嫁接法将自然美学、环境美学、景观美学、生态美学、工程美学的理论类比到土地美学理论的研究中，构建土地美学的理论框架，在土地工程设计中综合运用，实现美学效应。

7. 对比设计法

对比设计把客观事物加以比较，以认识事物的本质和规律。在土地工程中，该方法主要用于比较传统的美学与土地美学的异同，可将土地工程美学特性在设计中体现得淋漓尽致。

8. 案例综合设计法

这种方法是指将更多的具有实践经验的案例进行综合对比分析，在不同的土地工程实例中，美学体现的侧重点不同。在土地工程设计中运用这种方法可更好地指导土地工程美学的体现，同时很大程度上可避免失败或者土地工程实施受阻情况的发生。

(四)美学模型

高尔基说："照天性来说，人都是艺术家。他无论在什么地方，总是把'美'带到他的生活中去。"人类从脱离动物界那一天起，就开始了美的创造。土地工程美学是人类在追求美好的物质生活和精神生活的活动中长期形成的。根据土地发展的一般规律以及美学研究的特殊性，土地工程设计和实施的美学模型包括以下几方面。

1. 生态化的自然模型

生态化的自然因素是由水文、气候、土壤等诸多单一生态因素构成的，单一的生态因子是内部独立的，可与其他因素统一构成生态中的自然因素，在土地工程中，不强调引入外来单一因素，只是完善区域自然中，生态因素的完整性，保持其自然系统的相对稳定，只注重对现有自然环境的补充与完善，从而使各单一因素发挥更好的作用，例如，在毛乌素沙地进行砒砂岩与沙复配成土的利用，只是利用该区域下自然存在的两种物质，使其发挥极大的固沙效应、土壤保育效应、气候效应等诸多效应，而后综合单一效应，使区域在进行土地工程实施后的自然美发挥到极致(韩霁昌等，2012)。

2. 稳定化的景观模型

景观的组成是根据生命体的需要而建立的，景观稳定性主要是由评价景观的指标元素组成的，稳定化的景观模型是指根据生命体要求而建立或者构建的结构体，其处在稳定或者逐渐前进的趋势中，未呈现衰退的现象，即可称为稳定。一般可用景观指数表达其景观模型的稳定与否。

景观指数能够高度浓缩景观格局信息，定量反映其结构组成和空间配置某些方面的特征(刘黎明等，2004)。景观格局特征可以在三个层次上分析：①单个斑块(individual patch)；②由若干单个斑块组成的斑块类型(patch type & class)；③包括若干斑块类型的整个景观镶嵌体(landscape mosaic)。因此，景观格局指数也可相应分为斑块水平指数(landscape index)、斑块类型水平指数(class-level index)及景观水平指数(landscape-level index)。从土地工程建设类型来看，同种土地工程建设类型常包括许多斑块，故可相应地计算斑块类型水平上的景观格局指数，如斑块数(NP)、斑块密度(PD)、最大斑块指数(LPI)、斑块形状指数(LSI)、平均斑块面积(MPS)、斑块分维数(AWMPFD)、边界密度(ED)、平均最邻近距离、斑块破碎度等一些统计学指标。除同种土地利用类型的景观指数外，在景观水平上，还可以计算不同土地工程建设类型间的景观格局指数，并可用以反映一种土地利用类型的变化对其他土地利用类型的影响，如居民点复垦导致的土地利用变化对耕地、园地、林地等的影响，相关的景观指数，如景观多样性指数(Shannon多样性指数、simpson多样性指数)、景观均匀度指数(landscape evenness index)、景观形状指数(landscape shape index)、景观聚集度指数(contagion index)等，具体常用的计算景观模型稳定化指数如表11-1所示(陈文波等，2002)。

表11-1 常用的计算景观模型稳定化指数

尺度	格局指数	计算公式	意义描述
斑块类型水平	斑块数(NP)	$NP = N$ N 表示某种土地利用类型的总个数	N 反映某种土地利用类型的斑块数
	斑块密度(PD)	$PD = N/A$ PD 表示每平方千米的斑块数；N 为土地利用类型斑块总个数；A 为斑块面积	PD 反映景观破碎程度，其值越大，表明景观的破碎度越高
	最大斑块指数(LPI)	$LPI = \dfrac{\max(a_1, a_2, \cdots, a_j)}{A_j}$ A_j 表示某种土地利用类型 j 个面积；A 同上	LPI 为某种土地利用类型的最大面积占该种土地利用类型面积的百分比，值越大，表明该斑块优势度越大
	斑块形状指数(LSI)	$LSI = \dfrac{E_i}{\min(E_i)}$ E_i 表示某种土地利用类型斑块边界的总长度	LSI 为某种土地利用类型的斑块规则程度，值越大，斑块形状越不规则

续表

尺度	格局指数	计算公式	意义描述
斑块类型水平	平均斑块面积($AREA_{MN}$)	$AREA_{MN} = \dfrac{A}{N} \times 10^{-6}$	反映土地利用类型的平均面积大小
	面积加权平均斑块分维数($FRAC_{AM}$)	$FRAC_{AM} = \sum\limits_{i=1}^{m}\sum\limits_{j=1}^{n}\left[\dfrac{2\ln(0.25 p_{ij})}{\ln a_{ij}}\left(\dfrac{a_{ij}}{A}\right)\right]$	反映斑块形状复杂度, 其取值范围为 $1 \leqslant FRAC_{AM} \leqslant 2$
	边界密度(ED)	$ED = \dfrac{E}{A} \times 10^{6}$	反映某种土地利用类型斑块的边界密度, 取值≥0, 无上限
景观类型水平	香农(shannon)多样性指数(SHDI)	$SHDI = -\sum\limits_{i=1}^{m}[P_i \cdot \ln(P_i)]$	反映景观中各类斑块的复杂性和变异性
	均匀度指数(SHEI)	$SHEI = -\sum\limits_{i=1}^{m}[P_i \cdot \ln(P_i)] / \ln(m)$	反映土地利用类型间组合的均衡化程度
	斑块形状指数(LSI)	$LSI = \dfrac{0.25 E}{\sqrt{A}}$ E 为所有斑块边界总长度, m	土地利用类型斑块形状的规则性。LSI 取值范围≥1, 无上限。LSI 值越大, 斑块形状越不规则
	蔓延度指数(CONT)	$CONT = 1 + \dfrac{\sum\limits_{i=1}^{m}\sum\limits_{k=1}^{m}\left[(P_i)\dfrac{g_{ik}}{\sum\limits_{k=1}^{m} g_{ik}}\right]\cdot[\ln(P_i)]\dfrac{g_{ik}}{\sum\limits_{k=1}^{m} g_{ik}}}{2\ln(m)}$	反映景观斑块间的空间连接程度, 是景观破碎化程度的度量指标

注: p_{ij} 为斑块 ij 的周长; a_{ij} 为斑块 ij 的面积; P_i 为景观斑块 i 所占据的比率。

3. 循环化的生态-经济模型

通过土地工程的实施, 以循环农业模式为指导的土地种植与经营是实现资源与环境相互协调发展的农业经济增长的一种新方式, 它的价值主要表现在: ①保护农业环境, 具有可持续发展(赵志刚, 2012)。区域农业生产活动可以有效避免农业污染、提高农业资源综合利用, 因为它是以可循环资源为来源, 以环境友好的方式利用资源, 把农业生产活动纳入自然循环过程中, 所有原料和能源都能在不断进行的经济循环中得到合理的利用, 从而把经济活动对自然环境的影响控制在尽可能小的程度, 消除环境不安全因素和环境危机。②提高农业产值, 增加农民收入，如目前最常用的就是稻田养鱼、稻田养鸭等循环作业，但是在开展这些之前，必须保持自然环境的安全，才可能达到经济的收益，这也是土地工程实施中需要解决的重点。循环化的生态-经济模型是社会发展的要求，也是土地工程持续发展的重要理念之一。

4. 多元化的文化模型

土地工程中多元化的发展模型是人们对生活所需条件下应运而生的，在土地工程建设中，人们的要求不再是单一的，而是多种文化及要求的融合。例如，中国陕西袁家村的建设，其不再是单一居住的要求，在土地工程建设中，人们可以要求有水元素、建筑元素及地方特色文化等诸多元素的加入，让土地价值得到最大程度的发挥；还有中国陕西周至水街的建设等，这些在土地工程建设不仅有历史文化和现代元素，更融入了景观的构造，从而使土地工程有历史色彩，更具有现代美，这种模型是时代发展的需求，是人类返璞归真的体现。

5. 民主化的社会模型

借鉴其他工程的经验，其存在是为了提高人类生活水平及外在美学功能，所有工程的实施和设计都离不开人类的支持，要极大地满足人类的需求（丛日云，1999）。例如，道路工程的建设是为了满足人类的出行，水利工程的建设是为了地球生命体的生存或者人类的欣赏。土地工程应最大化地联系人类，为地球生命体做好服务。民主化的社会模型主要是利用人民的支持率和满意度来确定的，一般可通过问卷调查等方式获得，也可称为参与式模型。世界上任何工程的建设如果脱离了人类，终将是要走向衰退的。

不同利益相关者对周围生态环境质量、生态服务功能、景观质量、美感度偏好和需求不同，这决定了以提高生态景观服务能力为目标的土地整治需要不同利益相关者的参与。当前参与式方法已广泛应用于土地整治问题诊断、评价、规划和建设、政策选择等各个环节，其主要手段是规划和设计不同的土地整治方案，包括土地用途、景观空间布局和建设技术，以供不同利益相关者进行评价和选择。尤其值得注意的是，近年来可视化技术开始应用于土地整治方案的参与式评价，基于高分辨率遥感、航片的小尺度土地整治方案可视化技术日趋成熟，基于地理三维可视化技术的较大尺度土地整治和空间规划方案可视化受到广泛重视，并将成为未来研究和应用的热点。

6. 政府主导性模型

政府主导性是指利用国家建设规划或者国家政策规定涉及的土地工程建设类别。主要包括一些居住点的重建和拆除，必要道路的建设等，最终的目的是方便地球生命体的生存和生活，例如，在中国陕西延安进行治沟造地项目，极大地增加了耕地面积，恢复景观生态及建立灌排一体渠方便作物的生长及田间动物的游走等。该模型是社会不断发展的进程需要，是建设结构良好及功能完善的重要工程模型之一。

7. 市场主导性模型

市场主导性模型是指根据市场所需进行土地利用结构调整的主要工程模型，其最大特点是与市场需求联系紧密，且能实现土地价值及功能的最大化。例如，在中国陕西周至进行猕猴桃种植，在中国陕西澄县将废弃的空心村进行土地整治后进行药材黄芩的种植等，都是将土地工程与市场需求紧密联系，实现土地功能的最大限度发挥，也是其美学之一的体现。

四、土地工程设计美学的创新思维

长期以来，中国一般的土地工程设计必须坚持系统性，动态平衡和公众参与等思维模式。此外，在进行土地工程美学设计时，还可从以下几个方面开拓思维，从而可在初期设计的时候进行突破与创新，呈现完整的土地工程美学。

(一) 持续最佳思维

以往土地工程多以追求经济效益为主要目标，更多地关注土地经济价值。但土地工程美学设计更注重自然、经济、社会和文化等各种构成要素的有机统一和协调，它包含生态保护协调发展的追求，经济发展、社会公平等多方面持续发展只有多种价值都得以有机协调，才能够达到美学目标(Nohl，2001)。例如，中国陕西法门寺是世界级旅游景区，依托该文化开展主题为"佛汤沐浴、酒店餐饮、主题商业"的土地工程建设，以文化为依托，以产业为龙头，在佛教文化的基础上，立足园区自然美景，以及地下热源的天然优势打造最佳拜佛休闲的城市名片，这就是在土地工程设计中融入持续发展并且要达到更好的一种思维。

(二) 多样性思维

土地工程的美感和土地类型的多样性有密切关系。土地审美思维要求保护生态多样性，并且综合、多途径地利用生态空间。只有多样性的土地景观，才能稳定、健康、和谐、持续地发展(Dramstada et al.，2006)。这里的多样性包括生物多样性和景观多样性。因为土地系统的物种、群落、生境、人类文明等的多样性影响着土地的结构和功能及其可持续发展，所以在进行土地工程的美学设计时，应避免一切可以避免的对自然系统和景观的破坏。景观是反映过去土地利用实践的人类历史和遗迹的证据，蕴藏着人类活动的重要信息和文化传统。它可以作为土地持续利用管理的活样板，并为人们提供美与愉悦及享受自然与文化多样性的机会。例如，中国长江三角洲的水网景观、别具特色的欧洲乡村景观等都有这方面的功效；在中国陕西宝鸡开发建设的石鼓园，以完善周秦文化为契机，实施土地工程建设，完善林网、道路等景观建设，且对景观中的各种典型都应加以保护，保存历史文脉的延续性，这些都是属于工程景观及文物景观的保护及多样性；在中国陕西定边县通过利用沙子与盐碱地混合等相关土地工程手段，达到降低土壤盐分的目的，种植沙棘、割头柳、芦苇等植物及玉米、高粱等农作物，保持了生物多样性，且有利于在广阔的盐碱地形成绿色风景带，对防风固沙、涵养水源及增加土壤生产性能起到积极作用。土地工程中融入生态学及景观生态学思维，加强对生物多样性及景观多样性的保护，实现土地工程多样化美学的设计与体现。

(三)人文文化主导思维

文化泛指任何社会的总体生活方式，包括知识、信仰、艺术、道德、法律、习惯以及作为社会成员的人所获得的任何其他才能和习性。文化与土地利用的实质可属于广义的人地关系范畴。农耕时代与工业化时代，亚洲与美洲，黑种人居住地和白种人居住地，长江三角洲与黄土高原，红壤地区与黑土地区，高山与平原等，土地工程所包含的文化内涵是大不相同的。不同的土地工程设计充分反映不同的文化准则；不同的土地利用方式折射不同的文化传统，例如，中国陕西延安居住的房子根据乡土风情为窑洞，在土地工程建设中，考虑土体稳定性及配套工程的完善，为遵从当地风俗，为窑洞的建设做好土体的监测；在中国陕西南泥湾根据当地文化习俗进行水稻种植，进行土地整治时，必须做好水稻适宜生长土体的构建，力争不破坏当地区域人民的习俗及满足人民要求，最大化地体现以人为本及人文文化为主导的土地工程建设思维(韩霁昌等，2014)。

(四)地方特色主导思维

土地作为一个系统，体现了动态的历史发展过程。由于地理位置、自然条件、生活方式等的差异，不同区域的土地利用具有各自的地域性与民族性。它们均是土地设计中必须继承并予以充分表达的客观事实。地域性与民族性是人们对土地产生认同感、归宿感的基础，也是乡土特色得以形成的根本原因。对地方特色文化的继承是土地可持续利用的重要基础，土地工程设计要深入研究和挖掘土地景观的乡土特色，运用土地景观传达更多的文化信息，适应当地居民的文化和情感需要。例如，中国东南部人们居住的土楼，对土楼的保护及修复，对其周边展开土地工程建设，完善景观设施建设，满足人们的归宿感等，这是对非农用地的建设。针对农用地，如中国在榆林地区，运用科学技术手段进行复配土开发及研究连片种植土豆，土豆花节的应运而生，便是人们对土地景观的认可，当身处该地时，人的精神会格外清爽，仿佛脱离了一切喧嚣和烦恼，融入大地，融入自然，情感得到超升。因此，人们本身对土地有一种依恋感，恋地情结是这种依恋感的表达，也是土地之于人家园感及归宿感的体现。

(五)整体优化思维

土地生态系统是一系列子系统组成的具有一定结构与功能的整体,在设计中应把土地系统作为一个整体单位来思考和管理,达到整体最佳状态,实现优化利用。土地工程美学设计坚持整体优化思维,从土地生态系统的原理和方法出发,强调设计的整体性和综合性,设计的目标不只是土地结构组分的局部最优,而是要追求整个生态环境、社会、经济的整体最佳效益。各种单项设计都要考虑它的全面影响和综合效益,各类土地景观的布局也不能仅考虑自身的美观,而应顾及对整个生态环境可能造成的干扰与破坏。例如,对中国陕西富平的石川河综合治理的土地工程项目,包括完善河道景观,修建居住场所、医院及相关的生活服务设施,运用整体优化思维,达到土地工程整体美感的体现。

第二节 土地工程的美学原则

土地工程作为调整土地利用结构、统筹土地资源配置的手段,对补充耕地数量,提高耕地生产能力和集约利用度成效显著。不容忽视的是,土地工程对生态景观具有双重效应:一方面,它能提升生态景观的整洁度;另一方面,当缺乏生态景观理论和技术指导时,土地工程极易对景观造成负面影响。因此,在土地工程中注重生态景观建设尤为必要,保护和改善生态环境、提供视觉美感也是土地整治的目标之一。土地工程的美学主要是利用结构美、形式美、功能美和意境美等诸多美学有机结合,实现系统整体美。

一、结构美要素

土地工程设计中主要包括田、水、路、林以及居住点的设计,各个构成要素存在的合理性、设计的适宜性和人类的舒适性构成土地工程的美学,三者的满意解则是土地工程设计美学的最大化呈现。

(一)田块设计的美学

农田作为土地工程景观的主要物理和生物形态单元,农田景观是体现乡村土地工程景观的重要元素。农田景观的形成受地形、气候和人为因素的影响,主要表现在地形的起伏、植物四季色彩变化和田块的几何形状。地形是景观的基底和骨架,是一个非常重要的美学要素。地形影响着景观视觉效果和人的心理感受,平坦地形给人一种开阔和空旷的感觉,起伏地形给人以动感和变化。

1. 田块景观

田块的几何形状主要受地形影响。在平原区规整田块上种植不同的作物,通过作物颜色的合理搭配,或构成某种图形,形成色彩斑斓、富有韵律感的农田景观;在丘陵区顺应地势形成错落有致的多维景观,具有强烈的立体感和视觉美感的田块中,农田色彩受到气候、季节的影响较大,不同季节会种植不同的作物,从而形成不同的农田景观。当今,农业技术不断发展,高科技技术的应用,多彩多姿的农作物通过设计与搭配,在较大的空间上形成美丽的景观,使得农业的生产性与审美性相结合,成为生产、生活、生态三者的有机结合体,例如,在中国内蒙古和榆林,利用先进的喷灌技术,实现了农业的现代化、机械化,提高了农田利用率(图11-1)。在法国的普罗旺斯地区,连片种植的薰衣草打造出令人震撼的田园美景;而英国的麦田怪圈、日本的稻田艺术、美国的玉米迷宫则使田块设计充满活力和动感。

图 11-1　田块景观设计

资料来源:http://www.ntv.cn/a/20141024/57657.shtml

2. 田块设计

在实际条件下,根据区域特点及种植作物的特性,对整治田块进行设计,一般是以达到种植方便、适宜作物生长及要与其他地貌匹配为主要目标。田块一般的设计包括方田、条田、梯田等,其中还会涉及田坎设计(图11-2~图11-4)。方田和条田普遍适用于广阔性较好的土地,实现土地工程的平整性和开阔性,梯田则相反,而且梯田的较优设计是农田景观的重要组成部分,如中国广西龙胜龙脊梯田等,梯田设计最重要的是田块的安全性及稳定性。在中国重庆丘陵地区对农村土地实施整治时,对于不同土地存在的形式及未来设计要求,一般可设计为条田、方田及梯田等,实现土地管理、种植及景观三者的统一(陈荣蓉,2012)。

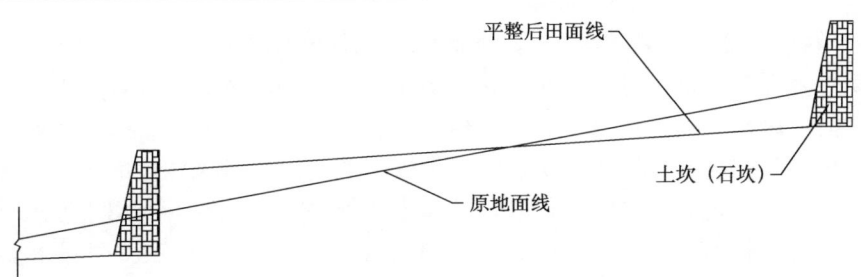

图 11-2　田块间土坎(石坎)设计图

(二)水(体)设计的美学

一般水体主要包括河流、沟渠、水库和坑塘等，具有重要的生产、生态、景观、美学及社会功能。水是一个十分重要的景观元素，水景观之美具有自然美、社会美和科技美的多重属性。无论是溪流的动态美，池水的静态美，还是沟渠塘的形态美，在通过不同的方式展现着它们不同的美学韵味。在土地工程中，通过平静的水池、流动的沟渠、跌落的水坡，将自然水体与人工环境形成完美结合。农田水利设施建设应充分利用自然山水的自身优势，通过建筑艺术化创作设计等手段，形成与建筑美学相结合的个性化设计，感受形式美；通过渠道水系蜿蜒的形态、地形的高低起伏、地域植被配置等自然景观的烘托，产生意境美。为了保持土地工程设计中美学的完整体现，依据经验，土地工程中如何对水进行处理及运用，需遵循以下几方面。

(1)管灌设计必须与农田景观相宜，而渠灌设计若不经绿化处理，突兀出现容易破坏整体景观的自然性，在土地工程设计中应避免出现(图 11-3)。

图 11-3　水体设计效果对比图

资料来源:http://sznews.zjol.com.cn/sznews/system/2011/05/06/013704969.shtml;

http://www.nipic.com/show/1/75/8036202k662c8957.html

(2)畦灌、漫灌和渠灌等传统农业灌溉方式普遍存在耗水量大、水资源利用率低的缺点。而沟渠是否经过硬化,感官体验有所不同。例如,经过水泥混合土完全硬化的沟渠,裸露的边坡没有任何植被覆盖,具有明显的人工痕迹,明沟、明渠的质地、纹理与周围农田不协调;未经硬化的沟渠,沟渠两岸的少量自然植被作为沟渠和农田之间的过渡带,既能防止土壤侵蚀,又能提升农田生态系统的服务功能,为生物栖息、转移提供场所。如果水分条件充足,茂盛的水生植被几乎完全掩盖住了沟渠,增强了沟渠外在形态的自由性,使得整体环境显得更加自然和谐,但是必须保证安全的前提下才能体现完整的美。

(3)喷灌、滴灌被广泛应用于现代农业中,在田园间形成了一道道亮丽的风景线。喷灌节水性能好,灌溉时间短,效率更高,但是灌溉效果受大风等恶劣天气影响会有所减弱。一般情况下,喷灌间距以保持50%~60%的润湿直径为宜。滴灌能耗低,节水效果比喷灌更佳,但是一次灌溉需要的时间较长。滴灌设置的间距应与作物间距相适宜(图11-4)。

图11-4 水体利用设计效果对比图

资料来源:http://blog.163.com/cpjzzyg@126/blog/static/14505614320127125955 00/;
http://www.yy.cn/art/2014/2/28/art_21242_1380819.html

(4)土地工程实施中,在农田建设过程中,对于水的处理及运用一般包括排水沟、U形渠、涵管等的综合设计,最终的目标是实用且经济效益最佳,并且要求与区域景观匹配程度较高(图11-5~图11-9)。

(三)道路设计的美学

土地工程设计中对路的要求不单满足于简单的道路交通条件,而是将道路的基本功能与环境相结合,让美融入道路景观设计中,使道路不再是土地肌理的伤痕,而真正成为其最美的构成。乡村道路建设要综合考虑实际用途与周围环境的

第十一章　土地工程的美学设计

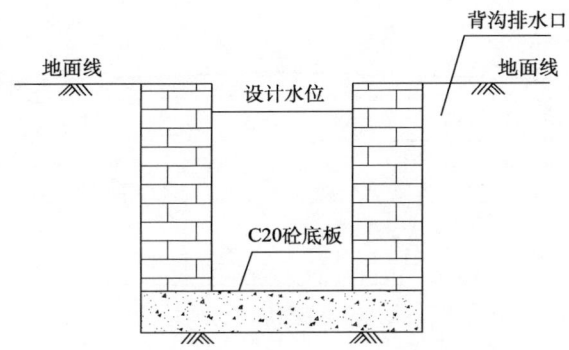

图 11-5　矩形断面条石排水沟设计图

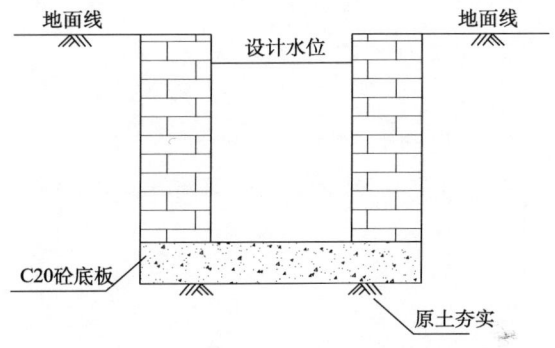

图 11-6　矩形断面砖砌体排水沟设计图

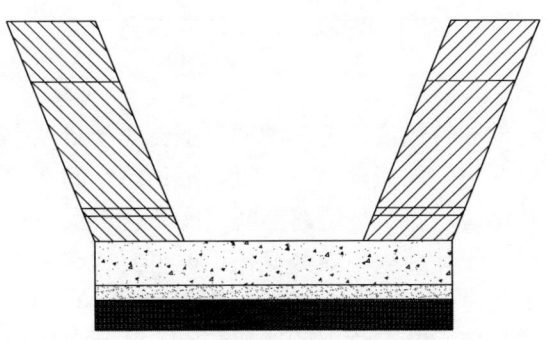

图 11-7　倒梯形断面排水沟设计图

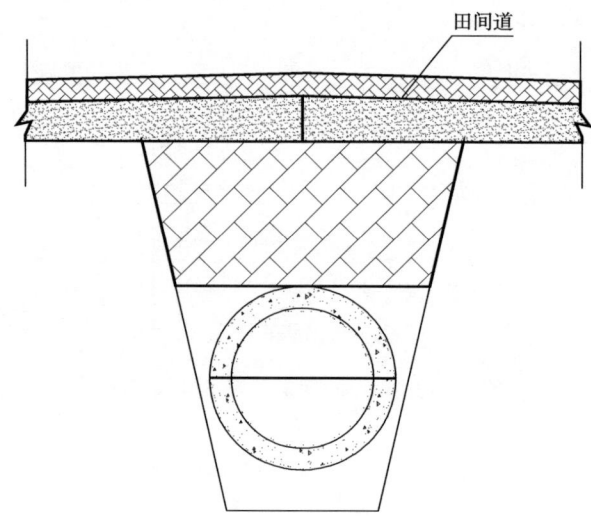

图 11-8 下埋混凝土涵管设计图

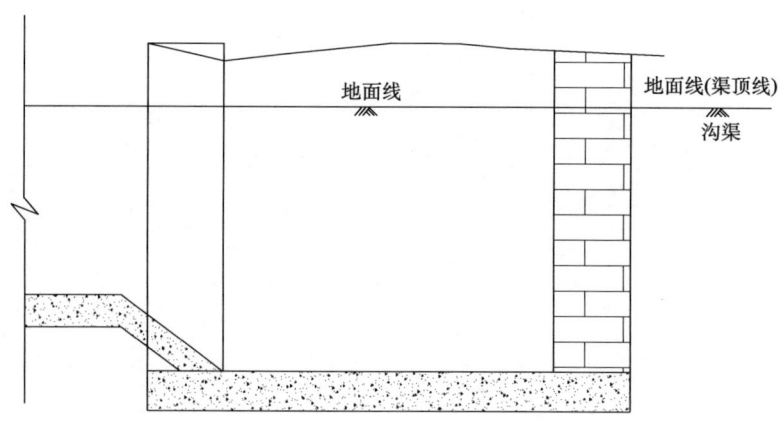

图 11-9 沉沙涵设计图

协调，充分体现乡村的独特风情。道路的曲直变化对于景观空间形态影响很大，也影响人们对道路景观空间的视觉感受。直线形道路空间宽阔、连续性强；曲线道路流畅生动、具有动感；折线形道路空间形态变化较大、空间感受对比强烈。农村土地整治中，道路设计应顺应地势变化，曲直折相间，通过不断转换视觉空间，给人带来美的感受。在道路绿化方面，遵循树种多样、乡土为主、色彩丰富、突出特色、景观优美的原则，因路因地造林配绿，花木高低错落，色块图案线条流畅，富有动感。美国联邦公路管理局出台的相关文件中提出，道路的平面设计应顺应地形、保持道路的先进性能、并与公众的价值观保持一致，优秀的线形设计需要遵从自然轮廓特征并不损害道路沿线的美感风景、历史遗迹和人文资源

(US Department of Transportation，1997)。

将道路作为美学环境与景观的研究对象，道路线形则是道路美学的灵魂，它反映的是道路的功能美与形式美的结合。道路线形从以下三方面考虑它的美学设计要素。

1. 平面线形要素

平面线形由直线和曲线组成。直线是两点间最短距离的路线，其特点是里程短、视距良好、行车平稳舒适、营运经济。从汽车行驶动力学考虑要求直线不宜过短，短直线会形成"断背曲线"，对行车不利。

2. 纵面线形要素

纵面线形应与地形相适应，设计成连续、平顺，避免在短距离内出现频繁起伏，避免能看见近处和远处而看不见中间凹处的线形，应尽量采用大的竖曲线半径，采用较小的坡度，避免大坡度下的长坡组合。纵面线形的凸、凹竖曲线半径、纵坡坡度和坡长设计应满足行车安全、舒适和路容美观的要求(王军峰,2005)。

3. 最佳要素组合

平、纵线形组合应在视觉上能自然地诱导驾驶员的视线，并保持视觉的连续性；平、纵面线形技术指标应大小均衡，使线形在视觉上、心理上保持平衡；平曲线与竖曲线应相互重合，且平曲线应稍长于竖曲线，而且对于农田道路的设计务必要求有会车区域。然后道路表面的材质等都需要与道路交通功能相匹配。道路的铺装应该首先根据其承担的交通功能要求而定，对路面的材料、结构与形式统一加以选择，建成耐磨、防滑且具有一定强度的路面。在实际生活中，采用水泥、沥青和混凝土材料铺筑的路面能够满足强度、稳定性和耐久性的要求，然而过度硬化的道路表面颜色单调与周围环境不协调，因此在满足基层承载力的前提下，田间道路和生产道可采用砂石泥结碎石石灰岩碎屑和素土，压实路面不仅同样能发挥交通运输功能，还能弱化道路对农田斑块造成的分割作用，与土地工程建设设计目标相适宜。

一般关于道路设计的类型包括泥结石路面、混凝土道路、平直式道路、梯形道路等，设计图如图11-10~图11-12所示。

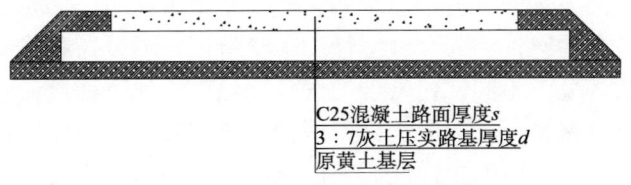

图11-10　黄土基层混凝土路断面图

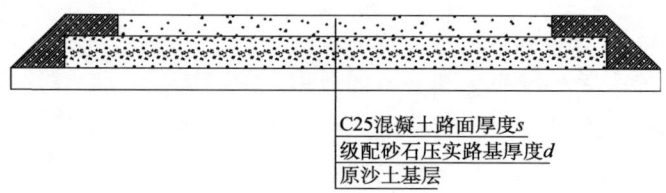

图 11-11　沙土基层混凝土路断面图

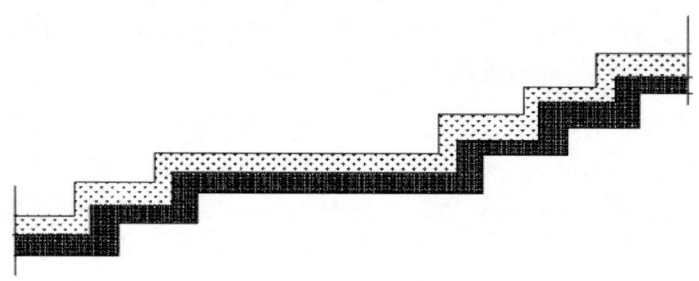

图 11-12　台阶式生产路断面设计

（四）林带设计的美学

在土地工程设计中，小尺度而言，林地可以分为农田防护林、河岸防护林、沟渠防护林、小片林地、围栏绿化等；在大尺度上，林地可以分为生态涵养林、农田林网、生态廊道、景观生态林带。无论是成片林地，还是单株树木、树篱和小树丛，都具有不同的美学效果。在土地工程设计中，通过配置乔木、灌木或藤本，使之随着季节的变换呈现不同的美感。在空旷的土地工程实施区保留单棵树以明示位置，给人归属感；在道路旁增加树篱，为生物提供庇护场所；在沟渠边搭配藤本植物，起到装饰作用（许庆福等，2014）。在农田防护林带设计中，林带常见的设计如图 11-13 所示。

（五）居住点设计的美学

土地工程设计中对于人类居住点的设计也是非常重要的，常作为土地工程设计美学评价的重要指标（表 11-2）。对于农村，传统村庄作为人居的物质实体，深受传统文化中"天人合一"美学思想的影响，是中国几千年文明的浓缩，表现出自然适应性、社会适应性和人文适应性的美学特征，通过街巷格局、尺度、形态等体现不同自然环境下不同文化人群的居住文化。土地工程设计中，对于人类居住点的设计要坚持保持历史的原真性、保护传统的整体性和保护传统的延续发展性原则，以满足人们情感的多样性和人性完美发展的需求为目标，突出地方和民族文化为特色设计，注重村庄人文环境、建筑环境和艺术环境的统一规划，实现

第十一章 土地工程的美学设计

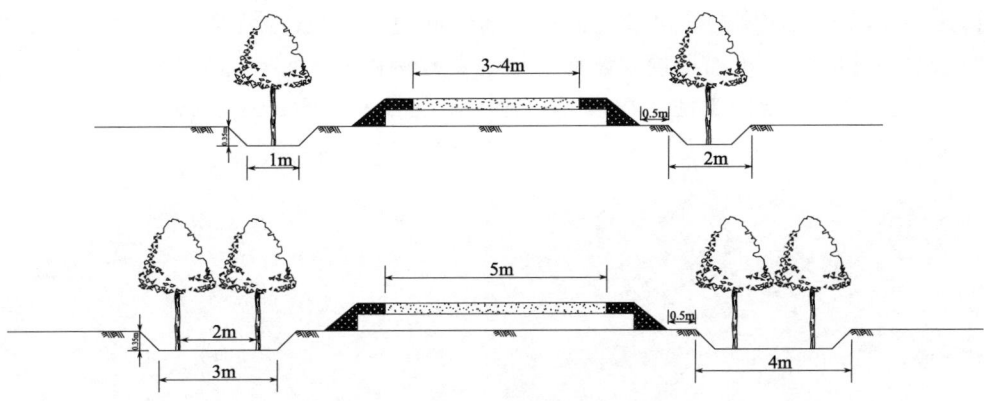

图 11-13 农田防护林带设计

表 11-2 土地工程居住点设计美学评价的重要指标

指数		计算公式	意义描述	参数说明
水平指标	人均居民点用地	$RA_a = \dfrac{A_j}{P}$	人均居民点用地越大,意味着用地越粗放	式中,RA_a 为人均居民点用地;P 为研究区总人口;A_j 为研究区居民点用地总面积;HA_a 为户均居民点用地;H 为研究区总户数;JA_a 为居民点平均用地规模;n 为研究区居民点个数;JP 为居民点聚落参数;$F(JL)$ 为对居民点 1 户、2~3 户、4~9 户及 10 户以上聚落的个数统计;HD 为不同海拔的居民点个数;$F(HB)$ 为对不同海拔高度上居民点个数的统计;d_i 为居民点分布的距离指数;S_i 为居民点分布的面积指数;A 为研究区域的总面积;F_i 为居民点分离度
	户均居民点用地	$HA_a = \dfrac{A_i}{H}$	户均居民点用地越大,意味着用地越粗放	
	居民点平均规模	$JA_a = \dfrac{A_i}{n}$	居民点平均规模越大,意味着居民点分布趋于集中	
	居民点聚落参数	$JP = F(JL_x)$ ($x = 1, 2\sim 3, 4\sim 9, \geqslant 10$)	居民点聚落参数越大,说明居民分布点越分散	
分布指标	不同海拔居民点密度	$HD = F(HB_x)$ x 为海拔高度分级	反映居民点在不同海拔、地形、地貌类型中的格局分布	
	居民点分布指数	$d_i = \dfrac{1}{2}\sqrt{\dfrac{n_i}{A_j}}$	从居民点间的距离反映居民点的分布特征	
	面积指数	$S_i = \dfrac{A_i}{A}$	反映居民点占地用总面积的比重	
	分散度	$F_i = \dfrac{\sqrt{d_i}}{2S_i}$	反映居民点分散的程度	

自然环境和人文环境的和谐统一；对不同区域的村庄改造或新型农村社区建设，要采取不同的空间布局和景观设计，体现乡村特色和区域化差异（图 11-14）。此外，一些附属设施在土地工程设计中应该出现频率越低越好（Devine-Wright and Batel，2013）。

图 11-14　中国陕西澄县空心村整治前后对比图

（六）实例分析

目前对于土地相关美学的研究并不多见，不论对美学的研究，还是对土地工程的研究，终将形成的研究理论是为实践服务的，土地美学理论最终也必须落实到应用中才有意义，下面分别从杭州市土地工程（李剑，2009）和定边盐碱地土地工程的实施，分析土地工程的美学体现。

1. 中国浙江杭州土地工程

1）设计主导思想

综合分析土地美学资源各要素（如自然要素、人文要素）的特色，确定美学特色培育策略。整合土地美学资源，建立具有鲜明杭州特色的土地美学资源空间结构与形态，延续历史文脉，强化其系统性、持续性和整体性，建构土地美学资源体系。在杭州市区总体规划的前提下，结合杭州的土地利用美学资源的分布、交通及区位特点，未来杭州将形成"一心、二轴、五片、多廊"的土地工程美学设计格局。

2）土地工程设计

a. 水域美学格局

杭州的水域用地美学资源以"一江、三湖、一河、一溪"为重点，带动泉、溪、池、港、湾、瀑等各类资源的设计开发，构建杭州自然与人文相融的水域文化，呈现城市亲水景观，有效保护、优化配置水土资源，构建符合杭州实际的水生态环境保护体系，展现鱼米之乡的美丽风貌。

b. 绿地美学格局

绿地包括城市绿地以及城市郊区的森林绿地。城市绿地主要指城市中以绿化为主的各级公园、庭园、小游园、街头绿地、道路绿化、居住区绿地、专用绿地、交通绿地、风景区绿地、生产防护绿地。郊区的森林绿地包括景观生态保护地、经济林地和防护林地。绿地的审美价值和生态保育功能对改善地区生态环境、提高人民生产生存空间质量，促进人、自然和社会的可持续发展具有重要意义。

c. 道路美学格局

加快道路交通建设，完善城市道路网，优先发展公共交通，推行智能化交通。形成路网完善、功能明确、结构合理、管理先进的综合交通网络体系。以快速路为主骨架，结合主次干路，组成以方格网为基础，环路加放射线，功能明确、级配合理的城市道路网系统。

d. 农田美学格局

杭州的郊区农田主要分布在萧山北部平原，余杭滩涂平原、水网平原和河谷平原以及部分丘陵地区。农田美学资源的组织，注重生产性和审美性的统一，建立具有较高生态稳定性和景观多样性的农田景观。通过条形网络结构、带形网络结构、内部岛屿状结构和外部岛屿状结构等方式，使田块平整、林木成网、沟路渠配套，既可以改善农田小气候，增加有效耕地面积和旱涝保收面积，又可以使田地里的各种生物生存繁衍得到好的保障，生态环境得到优化，农田景观考虑当地乡土特色，呈现江南小秧苗与水交织着天光的景观、绿油油如草原的景观、黄澄澄的丰收景观，以及收割后黄土大地的景观。

2. 中国陕西定边盐碱地土地工程

1) 设计主导思想

土地开发整理的主要目的是以"土地整理与社会主义新农村建设"为主题，通过开展以田、水、路、林、村为主要内容的综合治理，增加有效耕地面积，增强耕地排灌能力，改善农业生产和生态环境(韩霁昌等，2013b)。

2) 土地工程设计

a. 土体有机重构设计

土体有机重构包括土地平整和构建耕作层(覆沙)。土地平整程度要求相对高度差小于 20 m，结合该项目区的地形现状及规划后的田、水、路、林总体布局，为减少土方量，采用区域内整体取平，按照 1/1000 坡度，沙荒地内整体取平，坡比按照 5‰。根据土地开发整理项目规划设计规范田块规划要求，该项目平整后共划分为 42 个田块，单个田块基本为规则的长方形(图 11-15 和图 11-16)，共移动土方 31.37 万 m^3，该区田块布置均为南北偏东向。

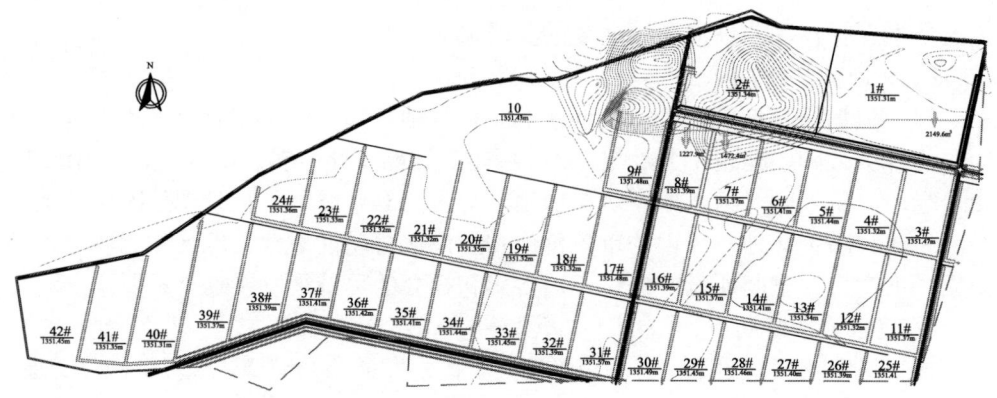

图 11-15 田块及平场高程图

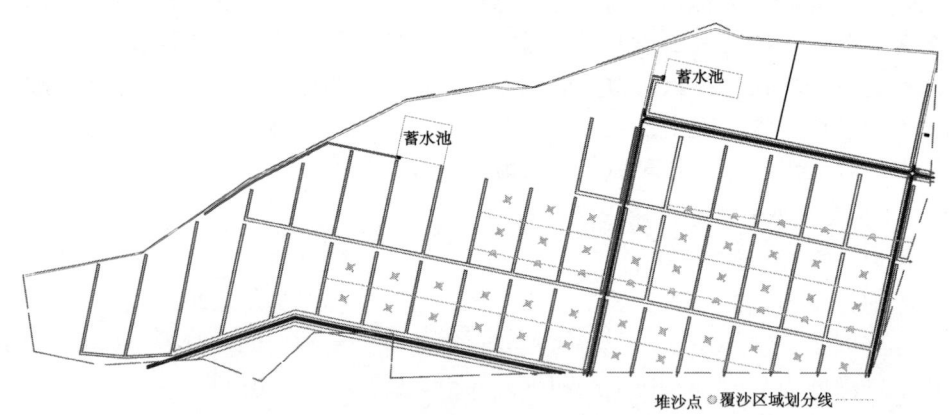

图 11-16 田块覆沙点及区域划分设计图

b. 配套工程设计

(1)灌排工程设计。根据混合土壤的理化特性、立地水文地质构造、水质条件、地块的位置、形状、面积等，结合实际灌溉条件及灌溉技术相关标准等，确定以地下水为灌溉水源。合理规划所需机井的位置、单井灌溉面积、井距、井数、出水量、井深、井型、井孔直径、过滤器、蓄水池位置、输水管流量、阀门等指标，确定平均 10 hm^2 地开凿一口机井，井深为 60m 的浅层地下水即可满足需要，灌溉方式选择低压输水灌溉与 U 形渠道灌溉相结合，节水的同时，可根据作物生长状况人为控制灌溉时间和灌溉量(图 11-17)。综上，最终形成一个既满足复配土壤灌溉要求，又实现对地下水资源保护和可持续利用的供水系统。

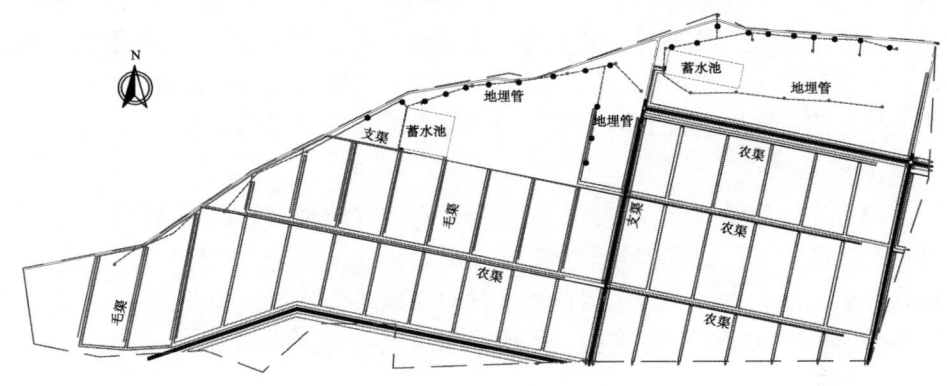

图 11-17　田间水利设计图

(2)道路与防护林设计。新建主干道、田间道和生产路，形成项目区内与区外道路相连、区内居民点和田间劳作相通的交通网，便于田间作业和农资的运输(图 11-18)。防护林工程中树种主要选用旱柳、沙柳或杨树，林带与道路走向一致，于道路两侧栽植，行距 1m，株距 2m，梅花桩式布置，更有效地控制水土流失，起到防风固沙的作用。

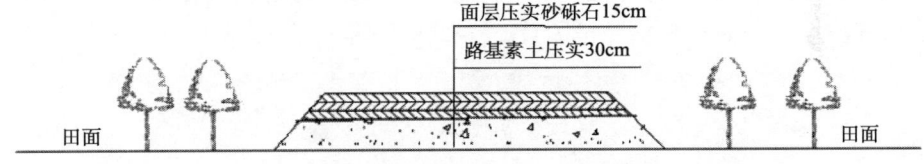

图 11-18　道路与防护林设计图

二、形式美要素

形式美是人们在长期的艺术与设计活动中发现和创造的，美学上最显著、最有特色的问题是形式美的问题。形式美就是美的事物外在形式所具有的相对独立的审美特性，具体来说就是构成事物外形的物质材料的自然属性以及它们的组合规律与法则。在土地工程设计中形式美的体现主要表现为形状和表现途径，偶尔也会涉及色彩的一些因素。

(一)形式美条件

形状在土地工程中主要是表现点(村)、线(水、路)、面(田、林)这些景观因素的设置,这些在结构美中已做了解释,此处不再赘述。如果在土地工程设计中,一味追求"田成方、路成网、渠相通、树成行"的标准化建设,多样化的树林被砍掉,坑塘被填埋,河溪被拉直,自然美感受损,这样的设计及建设在一定程度上是不可行的。所以,在土地工程中形式美必须具备下列几个条件。

1. 自然性

人类行为过程模式研究认为,人类偏爱有良好植被覆盖和水域特征,并具有视野穿透性的景观。大规模的土方改造极易对自然景观造成破坏。尽可能弱化人工设施对景观的干扰,巧妙运用自然素材和土地条件,通过融合、嵌入、浓缩和象征等手段保持景观的原有风貌,能使景观焕发自然美的魅力。

2. 色彩性

春耕夏种,秋收冬藏,人们从田园景观丰富的季相变化中感悟自然的规律,感受生活的松弛度和节奏感。植物搭配的层次美和多彩设计,更具生态性和艺术性,如前面在田块设计中提到的关于田块种植作物的选择等。

3. 开阔性

视野广阔开朗的景观,如大面积的水域、草原和田野,能使人获得悠闲自在感,无限延伸的田园具有大地特有的稳重感。通过科学技术手段,在耕地边缘密度较低或者土地利用率不高的区域可形成开阔、集中连片的农田景观,如在广阔的毛乌素沙地上大面积种植马铃薯(图11-19)(韩霁昌等,2012)。

图11-19 毛乌素沙地上马铃薯种植景观

4. 运动性

无人欣赏的风景缺乏应和,无法引起情感共鸣,也就无美感,景观的可达性使审美成为现实。绿色廊道为生物提供栖息场所和迁移渠道,景观元素自由的流动性象征着生命力,都具有流畅的美感。例如,在中国延安南泥湾土地工程建设中灌排一体渠(图 11-20)的实施,有效地建立了生物通道和生命走廊,有利保持田块间的生态平衡;并且实现了行人游客深入田块间,近距离感受稻田的方便,从而增加了景观画面的动感。

图 11-20　延安南泥湾生物廊道景观

5. 奇特性

人们对特异的风景总是偏爱有加。例如,高大壮观、线条柔美的梯田使人感受到恢宏的气势,地方特色浓郁的建筑群落和乡土植物给人带来无穷无尽的新奇感,如中国贵州的梯田建设、中国东南部的土楼(图 11-21)、中国陕西延安南泥湾的水稻种植(图 11-22)等。

图 11-21　中国东南部的土楼特色文化　　图 11-22　中国陕西延安南泥湾水稻景观

(二)形式美法则

形式美主要表现的是土地工程的设计中融入了现代社会发展对美学的要求，如增加了对现代技术的要求，呈现土地工程美学的实现是具有科学技术化的，也增加了美学的呈现方式，不仅较之前环境的改善或是居住的适宜性，更多的是与当今社会的发展相契合。在实践中，同一类土地工程设计实施后，可能会存在多种形式，达到不同美学的呈现。在土地工程美学设计中，为了使美学体现得淋漓尽致，必须遵守以下几个法则。

1. 比例与尺度

比例构成了事物之间以及事物整体与局部、局部与局部之间的匀称关系。比例的选择取决于尺度和结构等多种因素。尺度是一种衡量标准，在土地工程中，主要利用的是地球生命体生理和心理的适应性，是否适合动植物生产发育，人们是否觉得有舒适感等，如土地工程中空间环境及水土资源优化配置，都是要根据生命体生存的需要及舒适度来界定的。

2. 变化与统一

变化是由运动或者改造活动造成的新形式的呈现，可以通过简便的微差形式或者序列化形式构成不同的层次。层次是变化的连续性所构成的过渡，可以将土地工程中涉及的要素变化组合在一起，给外界呈现完整的美感，是构成统一的基础。例如，在陕西渭洛河夹槽地带分布着大量的沙苑地区(图 11-23)，几乎全部为未利用区域，根据区域特点，经过科学系统的土地工程研究与设计，该区域根据整治情况及发展要求被划分为 6 个层次即整治亚区，且以不同形式进行设计、整治，收获了不同形式的美学效果，最终是实现了土地工程设计整体美的呈现。

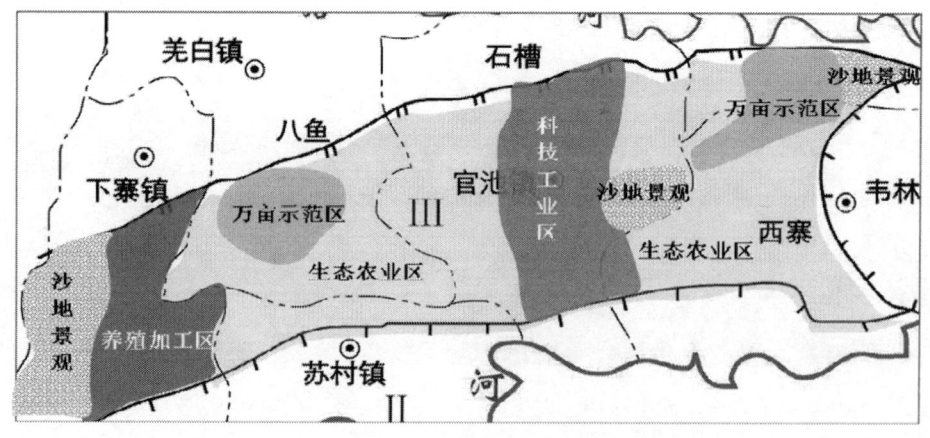

图 11-23　沙苑生态农业区土地整治层次分区图

3. 对比、协调与提高

对比是对事物之间的差异性的表现和不同性质之间的对照，通过不同的表现形式产生的鲜明和生动效果，在整体的设计中打造核心点，主要还是依据人类的感官反应及对事物的注意和兴趣，形成强烈的效果感。协调则是将对立形式要素协调一致，构成完整的整体，虚实结合，刚柔并济，动静互补，最终实现景观丰富、稳健但又不失活力的美学体现。

三、功能美要素

功能美是设计之美区别于一般的艺术之美的重要标志。功能美伴随着人类造物活动的始终，在设计不断发展的今天，"功能美"依然对设计产生深刻的影响。功能美，以物质材料经工艺技术加工而获得的功能结构的价值为前提，以与之相适应的形式的统合而确立。所有设计的终极目标都是达到功能美。土地工程的美学设计中，功能美则主要体现在：对社会发展有促进作用、对经济有提高作用、对自然具有改善作用，最终要实现的是三赢。在一些土地工程设计中，还能提高人类的认知功能，增加知识。

（一）技术功能

技术是与人类得到物质生产活动同时产生的。它是调节和变革人与自然关系的力量，也是人与社会沟通的中介。科学技术是第一生产力。技术在土地工程中是一种改造和变新的技能，是一种知识体系，是人对自然规律的把握，技术的提高是人类生存和发展对自然的改造和利用，如在盐碱地治理中利用改排为蓄的技术，对盐碱地成功地进行治理；在毛乌素沙地，利用砒砂岩与沙复配成土技术，成功地进行现代农业发展；在延安南泥湾，利用灌排一体渠技术，实现"旱时蓄，涝时排"的功能。

（二）经济功能

土地工程科学的实施，对推动区域经济、增加当地群众收入起到积极作用，并且对周边相似土地类型工程的实施具有指导作用，同时呈现以整治区域为点，进行辐射带动，逐渐增加经济的功能。例如，中国榆林市大纪汗土地开发项目实施完成后（图 11-24），砒砂岩与沙复配技术在周边进行推广应用，建设累计总规模 6.97 万亩，实现新增耕地面积约 6.60 万亩，新增产值约 9.31 亿元，新增利润 2.28 亿元，应用新技术工程节支约 3.64 亿元，经济效益十分显著。

图 11-24　榆林市风沙土整治土地工程项目种植作物收获图

(三)社会功能

土地工程的设计和建设立足于当地区域发展,科学可行的工程实施,可对区域土地进行优化利用,提高土地利用率,还可给当地人民带来工作机会,对维护社会稳定、实现人地和谐具有重要的意义。例如,中国陕西华阴白龙涧土地工程项目,极大地增加了当地土地利用率,并且对缓和当地人地矛盾起到积极作用(图 11-25)(韩霁昌,2011)。

图 11-25　华阴白龙涧整治前后对比图

(四)生态功能

土地工程的实施,可有效降低风速,抵御干热风对农作物的侵袭,对自然灾害具有巨大的抗逆性,达到涵养水源,改善区域的小气候,生态效益得以充分发挥的作用。例如,在中国延安南泥湾土地工程项目(图 11-26)建设中,通过技术革新等现代化手段,打造很多土地整治工程的新亮点,实现立足生态保护、休闲旅游、观光农业等要求,实现生态功能的最大化。

图 11-26　陕西延安南泥湾整治前后生态环境对比图

四、意境美要素

关于最早的意境说法,来源于佛经。一直到了唐代,边塞诗人王昌龄在他的《诗格》中正式提出了"物境""情境""意境"等关于美学探讨的概念。有关"意境"上升到美的层次,早已有相关理论依据。清末著名学者王国维在他的《人间词话》中提出过"词以境界为上""有我之境,有无我之意"。随后现代美学家朱光潜和宗白华两位学术泰斗也关于意境做了相关阐述。大体而言,意境美就是各种意象因时、因地、因情、因景的不同及有机的结合,给人创造一种震撼心灵且陶冶性情的独特审美感受。不同的事物在不同的时期、地点而具有不同的意境美。对事物表现出的意境美,也会因欣赏者的文化修养、审美意识的不同而千差万别。真正有价值的艺术作品,不仅带给人形式上的美感,还往往以其深邃的内在结构给人以深刻、美妙的情感呼唤。让人的心灵产生难以名状的感动与震撼,从而生发无限的意蕴,给人带来真正的意境美。

土地工程中的意境美一般可通过植物的种植、区域景观的建设及区域文化元素的有效结合来构建。中国传统园林的造园艺术手法可谓源远流长。古代的造园艺术家匠心独运,将平凡的景物经过艺术的处理,营造出"虽由人作,宛自天开"的园林意境。其中的造园手法契合了中国人的宇宙哲学观,已成为中华文化的精髓,同时也可作为现代土地工程景观设计的借鉴手段。植物以其不同的个体和种群,并以多种多样的组合方式带给人不一样的感受。千姿百态的造型、绚丽缤纷的色彩、芳香扑鼻的气味,再经过艺术的搭配与组合,为区域营造美妙的意境,陶冶人们的性情(图 11-27)。

图 11-27 土地工程园林景观图

营造区域四时之景时，应将花果期不同的植物交错种植，延长开花时节。使得区域中春季百花烂漫，夏季绿荫覆盖，秋季硕果累累，冬季铁杆枯枝、银装素裹。自然界中的风、雨、雪、雾也能为植物营造美妙情境。例如，在区域外围植以抗风的杨树、松树等乔木，既挡风沙，微风掠过时，又可形成沙沙瑟瑟之声，仿若悠扬的古琴，清冷般妙入古境。梧桐、芭蕉、荷花等叶片宽阔的植物，可承载雨水，产生空灵的滴答之音，营造声境之美。芳香的植物可植于较密闭的空间，使香气聚集弥漫，当掩映其中的香气缥缈于远方，似有似无之间，激发人们追寻源头，别有意趣。

第三节　土地工程美学评价体系

通过对土地工程美学设计中涉及的指标进行分析，对美学设计所达到的目标进行预测，构建下列土地工程美学评价体系(表 11-3)，其中涉及 18 个指标，定性指标难以用准确的数据量化，采用一定的准则进行分级评价，标志值统为 100 分。

定量指标中，植被覆盖率、水域面积比、污染概率、道路网密度可利用 ArcGIS 对矢量图层属性表的数据进行统计分析。将矢量图层栅格化后导入 Fragstats3.3 景观格局软件便可得到景观类型多样性、耕地斑块边缘密度、耕地斑块聚集度、景观破碎度的计算结果。逆向指标与评价结果存在负相关关系，值越大表示越不利于评价结果。为消除指标性质造成的差异，首先需对逆向指标作正向化处理。由于各指标的量纲差异对美学评价结果也存在影响，可采用 Z-Score 法对所有数据作标准化处理(蒋丹群和徐艳，2015)。

各指标对土地工程景观的美景度均存在不同程度的影响，研究采用主成分分析法筛选对土地工程美学表现形式影响程度较大的指标。这种方法的优点在于能用少数几个相互独立的主成分概括大多数线性相关的指标所涵盖的信息，通过降维处理获得客观、合理的评价结果，避免指标信息重叠以及人为主观因素对评价结果的干扰，以下是依据主成分分析法对土地工程美学评价定性指标进行的分级标准(表11-4)。

表11-3　土地工程美学评价指标体系及各指标含义

目标层	准则层	指标层	指标含义
土地工程美感效果	自然性	植被覆盖率	指农作物、防护林、自然植被占区域总面积的百分比
		水域面积比	指水域占区域总面积的百分比
		道路铺装与功能的适应性	指道路表面材质、色彩等是否与道路的交通特性、功能相适应
		道路线形与地形的协调度	指道路线形与周围地形的协调程度
		灌排设施与景观的相宜性	指灌排系统布置对农业景观的影响，是否与周围景观相协调
	多样性	道路边坡绿化结构	指绿化结构的层次性和多样性，是种类单一或者组合搭配的
		景观类型多样性	用景观多样性指数反映
	开阔性	耕地斑块边缘密度	利用单位耕地面积上斑块边缘长度反映耕地斑块的破碎程度
		耕地斑块聚集度	指农田集中连片程度，用斑块聚集度指数计算
	整洁性	景观破碎度	用景观破碎度指数反映
		水体质量	指水质清澈、透明程度
		污染概率	指污染和废弃物发生和消纳的可能性
		附属设施与景观的相宜性	指标志牌、电线杆等附属设施的设置对农业景观的影响，是否与周围景观相协调
	宁静性	安静状况	反映区域内噪声干扰的程度
	运动性	道路网面积密度	反映田间道路疏密程度，用道路总里程与区域总面积的比值表示
		水体动态	指水体是否具有动态，是静止还是流动的
	奇特性	地形起伏度	用坡度衡量
		树种特色性	指栽植树种是否具有地方特色，是乡土树种还是普通树种

表 11-4 土地工程美学评价定性指标分级标准

指标	一级	二级	三级	四级
道路铺装与功能的适宜性	道路铺装与功能相符,碎石、砂石铺装	道路铺装与功能相符,素土压实	道路铺装与功能相符,水泥混凝土、沥青混凝土铺装	道路铺装与功能不符
道路线形与地形的协调度	道路线形与地形起伏变化相适宜	道路线形与地形起伏变化比较适宜	道路线形与地形起伏变化不适宜	
灌排设施与景观的相宜性	喷灌、滴灌、暗管排水	渠灌、未硬化,边坡被良好植被覆盖	渠灌、未硬化,边坡有零星植被覆盖或硬化,边坡有良好植被覆盖	渠灌、硬化,有零星植被覆盖
道路边坡绿化结构	有稀疏乔木,灌土、草本植物混栽	乔灌草有其中两种	只有一种植被	裸露,无任何绿化植被
水体质量	水质清澈	水质清澈度一般	水质浑浊不清	水体被污染
其他附属设施与景观的相宜性	布置合理,对景观的负面影响很小	布置较合理,对景观造成一定的负面影响	布置不合理,对景观造成较大的负面影响	—
安静状况	声音悦耳,令人愉悦	可忽略	声音刺耳,令人烦躁	—
水体动态	动态	静态	—	—
地形起伏度	地形起伏大,有新奇感	地形起伏平缓,有韵律感	地形平坦,无起伏	地形高低不平,有洼地
树种特色性	具有鲜明的地方特色	地方特色不明显	无地方特色	—

　　土地工程的美学设计作为一种具有前瞻性面向未来的思潮,其美学思想体现了当代人追求和谐观和整体观的价值取向,是对土地工程可持续发展观的有力支持。土地美学关于哲学阐释、审美社会学分析、审美心理学机制的研究,一方面深入地挖掘了土地美学的内涵;另一方面也是对土地美学基础理论架构的尝试性探索。在以后的土地工程中,应该综合一切美学元素,充分展示土地工程的美学设计,进而将这种综合美展现在空间建设。

参 考 文 献

敖礼林. 2015. 水稻常见缺素症及其高效防控方法[J]. 科学种养, (10): 30-32.

把余玲, 韩霁昌, 郝起礼, 等. 2016. 陕北风沙滩区土壤盐碱化调查与治理[J]. 现代农业科技, (7): 222-223+226.

白中科. 2000. 工矿区土地复垦与生态重建[M]. 北京: 中国农业科技出版社.

白中科, 胡振华, 王治国. 1998. 露天矿排土场人为加速侵蚀及分类研究[J]. 土壤侵蚀与水土保持学报, 4(1): 34-40.

白中科, 王治国, 赵景逵. 1997. 安太堡露天煤矿水土流失特征与控制[J]. 煤炭学报, 22(5): 542-546.

白中科, 吴梅秀. 1999. 矿区废弃地复垦中的土壤学与植物营养学问题[J]. 煤炭环境保护, 10(5): 39-42.

白中科, 赵景逵, 朱荫湄. 1999. 试论矿区生态重建[J]. 自然资源学报, 14(1): 35-41.

白中科, 赵景逵. 1999. 大型露天煤矿生态系统受损研究[J]. 生态学报, 19(6): 870-875.

般若梨. 2011. 草原英雄屎壳郎[J]. 科技展望: 探索发现, (2): 22-25.

包志毅, 陈波. 2004. 工业废弃地生态恢复中的植被重建技术[J]. 水土保持学报, 18(3): 160-163.

鲍士旦. 2011. 土壤农化分析[M]. 北京: 中国农业出版社.

北京农业大学《肥料手册》编写组. 1979. 肥料手册[M]. 北京: 中国农业出版社.

蔡应桃. 2001. 钢筋混凝土的腐蚀与防护[J]. 全面腐蚀控制, 15(6): 38-42.

曹凤祥. 2008. 土壤改良的研究进展[J]. 民营科技, (11): 114-115.

曹耀明. 2004. 设计美学概论[M]. 杭州: 浙江大学出版社.

曹莹. 2014. 法国蜣螂清洁澳大利亚牧场[J]. 新发现, (11): 18-19.

柴苗苗, 韩霁昌, 罗林涛, 等. 2013. 砒砂岩与沙混合比例及作物种植季数对复配土壤性质和作物产量的影响[J]. 西北农林科技大学学报(自然科学版), (10): 179-184.

常馨方. 2008. 垃圾填埋场边坡植被建植和土壤改良技术研究——以北京六里屯垃圾填埋场为例[D]. 北京: 北京林业大学硕士学位论文.

陈芳清, 卢斌, 王祥荣. 2001. 樟村坪磷矿废弃地植物群落的形成与演替[J]. 生态学报, 21(8): 1347-1353.

陈华癸. 1981. 土壤微生物学[M]. 上海: 上海科学技术出版社.

陈佳, 史志华, 李璐, 等. 2009. 小流域土层厚度对土壤水分时空格局的影响[J]. 应用生态学报, 20(7): 1565-1570.

陈利顶, 吕一河, 田惠颖, 等. 2007. 重大工程建设中生态安全格局构建基本原则和方法[J]. 应用生态学报, 18(3): 674-680.

陈荣蓉. 2012. 重庆丘陵山区农村土地整治工程及其景观效应[D]. 重庆: 西南大学博士学位论文.

陈胜. 2015. 采用扶壁式挡土墙处理特殊土质边坡的实例[J]. 建筑工程技术与设计, 2015(7): 7.

陈思, 安莲英. 2013. 土壤放射性污染主要来源及修复方法研究进展[J]. 广东农业科学, 40(1): 174-177.

陈文波, 肖笃宁, 李秀珍. 2002. 景观指数分类、应用及构建研究[J]. 应用生态学报, 13(1): 121-125.

陈仲颐. 2011. 土力学[M]. 北京: 清华大学出版社.

丛日云. 1999. 当代世界的民主化浪潮[M]. 天津: 天津人民出版社.

董雪. 2012. 吉林省黑土区村庄表土剥离技术集成方案[D]. 长春: 吉林农业大学硕士学位论文.

都市计画组. 2012. 都市计画法台湾省施行细则.

范正文, 吴锋仁, 李年高, 等. 2008. 番茄缺素的诊断及防治措施[J]. 农家之友(理论版), (9): 38.

斐亮. 2012. 再生水灌溉水处理工艺及灌溉技术要求研究[J]. 水利水电技术, 43(1): 93-97.

付梅臣, 王金满, 王广军. 2007. 土地整理与复垦[M]. 北京: 地质出版社.

付佩, 王欢元, 罗林涛, 等. 2013. 砒砂岩与沙复配成土造田技术研究[J]. 水土保持通报, 33(6): 242-246.

高大钊. 2011. 土质学与土力学[M]. 北京: 人民交通出版社.

高菊生, 曹卫东, 李冬初, 等. 2011. 长期双季稻绿肥轮作对水稻产量及稻田土壤有机质的影响[J]. 生态学报, 31(16): 4542-4548.

高婷婷. 2013. 土地整治景观生态评价方法与应用——以湖北省孝昌县土地整治项目为例[D]. 武汉: 华中师范大学硕士学位论文.

高迎春. 2014. 玉米缺素症的特征及防治措施[J]. 吉林农业, (4): 88.

郭旭东, 陈利顶, 傅伯杰. 1999. 土地利用/土地覆被变化对区域生态环境的影响[J]. 环境科学进展, 7(6): 66-75.

郭元裕. 1997. 农田水利学[M]. 3版. 北京: 水利电力出版社.

韩霁昌. 2011. 库区移民和谐安置模式研究——以三门峡库区(华阴段)土地整治为例[J]. 中国地产市场, (9): 82-84.

韩霁昌. 2012. 生态文明是土地整治的终极目标[J]. 中国土地, (4): 46-47.

韩霁昌. 2013. 土地工程概论[M]. 北京: 科学出版社.

韩霁昌. 2014. 砒砂岩与沙复配成土技术与造田工程示范[M]. 西安: 陕西科学技术出版社.

韩霁昌. 2016a. 以土地工程夯实生态文明建设基础. [N]. 人民日报.

韩霁昌. 2016b. 创新土地工程建设生态国土[N]. 中国国土资源报.

韩霁昌. 2016c. 土地工程夯实生态文明建设基础[N]. 陕西日报.

韩霁昌, 付佩, 王欢元, 等. 2013a. 砒砂岩与沙复配成土技术在毛乌素沙地土地整治工程中的推广应用[J]. 科学技术与工程, 13(25): 7287-7293.

韩霁昌, 王曙光, 李娟, 等. 2013b. 浅析定边县盐碱地开发模式[J]. 中国土地, (5): 40.

韩霁昌, 刘彦随, 罗林涛. 2012. 毛乌素沙地砒砂岩与沙快速复配成土核心技术研究[J]. 中国土地科学, 26(8): 87-94.

韩霁昌, 王晶, 马增辉. 2014. 景观格局-生态过程理论在黄土丘陵沟壑区土地整治中的应用——以延安市宝塔区羊圈沟为例[J]. 中国水土保持, (2): 26-29+69.

韩霁昌, 解建仓, 成生权, 等. 2009a. 以蓄为主盐碱地综合治理工程设计的合理性研究[J]. 水利学报, 40(12): 1512-1516.

韩霁昌, 解建仓, 王涛. 2009b. 陕西卤泊滩盐碱地"改排为蓄"后盐碱指标试验[J]. 农业工程学报, 06: 59-65.

韩兴国, 王智平. 2003. 土壤生物多样性与微量气体(CO_2, CH_4, N_2O)代谢[J]. 生物多样性, 11(4): 322-332.

洪坚平, 谢英荷. 1996. 不同施肥条件下土壤微生物生物量的研究[J]. 山西农业大学学报, 16(1): 19-21.

洪林. 1994. 污水灌溉方法和技术研究[J]. 水利电力科技, 21(4): 15-18.

胡克林, 余艳, 张凤荣, 等. 2006. 北京郊区土壤有机质含量的时空变异及其影响因素[J]. 中国农业科学, 39(4):

764-771.

胡振琪. 1995. 露天煤矿土地复垦研究[M]. 北京: 煤炭工业出版社.

胡振琪. 1996. 采煤沉陷土地资源的管理与复垦[M]. 北京: 煤炭工业出版社.

胡振琪, 魏忠义, 秦萍. 2005. 矿山复垦土壤重构的概念与方法[J]. 土壤, 37(1): 8-12.

胡振琪, 李玲, 赵艳玲, 等. 2013. 高潜水位平原区采煤塌陷地复垦土壤形态发育评价[J]. 农业工程学报, 29(5): 95-101.

环境保护部. 2014. 建设用地土壤污染风险筛选指导值(征求意见稿)[S].

环境保护部. 2014. 污染场地风险评估技术导则[S].

环境保护部. 2014. 污染场地修复技术应用指南(征求意见稿)[S].

环境保护部. 2015. 农用地土壤环境质量标准(征求意见稿)[S].

环境保护部. 2015. 土壤环境质量评价技术规范(二次征求意见稿)[S].

环境保护部, 国家质量监督检验检疫总局. 2008. 生活垃圾填埋场污染控制标准[S].

环境保护部, 国家质量监督检验检疫总局. 2008. 土壤环境质量标准(修订)[S].

黄昌勇. 2000. 土壤学[M]. 北京: 中国农业出版社.

黄昌勇, 徐建明. 2013. 土壤学[M]. 北京: 中国农业出版社.

黄建国. 2003. 植物营养学[M]. 北京: 中国林业出版社.

黄伦先, 沈世华. 1996. 免耕生态系统中土壤动物对土壤养分影响的研究[J]. 农村生态环境, 12(4): 8-10, 14.

黄铭洪. 2003. 环境污染与生态恢复[M]. 北京: 科学出版社.

黄铭洪, 骆永明. 2003. 矿区土地修复与生态恢复[J]. 土壤学报, 40(2): 161-169.

冀伟珍. 2010. 渭北煤矿区开采沉陷对土地资源的破坏及防治对策[D]. 西安: 西安科技大学硕士学位论文.

贾俊平. 2010. 统计学基础[M]. 2版. 北京: 中国人民大学出版社.

蒋丹群, 徐艳. 2015. 土地整治景观美学评价指标体系研究[J]. 中国农业大学学报, 20(4): 224-230.

蒋卫东, 韩晓日, 王洪田, 等. 2003. 盘锦、营口地区水稻综合缺素症发生原因分析[J]. 沈阳农业大学学报, 34(1): 23-27.

蓝俊康, 郭纯青. 2008. 水文地质勘探[M]. 北京: 中国水利水电出版社.

黎承湘. 1986. 种草植树是改良土壤的有效措施[J]. 新农业, (21): 21.

李边疆. 2007. 土地利用与生态环境关系研究[D]. 南京: 南京农业大学博士学位论文.

李彩华, 靳学慧, 台莲梅. 2005. 不同农业措施对土壤微生物的影响[J]. 黑龙江八一农垦大学学报, 17(4): 31-34.

李成, 杨晓新, 李施杨. 2003. 水稻缺素症状的研究[J]. 农业与技术, 23(5): 85-90.

李纯玉. 2014. 重力式挡土墙稳定性影响因素分析研究[J]. 工程勘察, 42(5): 21-25.

李富, 刘树才, 曹军, 等. 2006. 高密度电阻率法在工程勘察中的应用[J]. 工程地球物理学报, 3(2): 119-124.

李海明. 2012. 基于土壤物理性质的垃圾填埋场覆土厚度研究[D]. 北京: 中国地质大学硕士学位论文.

李海燕. 2015. 地下水利用[M]. 北京: 中国水利水电出版社.

李恒鹏, 金洋, 李燕, 等. 2016. 青海湖流域高寒草甸壤中流水分来源研究[J]. 水土保持学报, 30(2): 6-9+46.

李洪良, 邵孝侯, 黄鑫. 2007. 农田污水灌溉的危害研究进展与解决对策[J]. 节水灌溉, (2): 14-17.

李剑. 2009. 土地美学的基础理论问题及其应用研究[D]. 杭州: 浙江大学博士学位论文.

李晋川, 白中科. 2000. 露天煤矿土地复垦与生态重建[M]. 北京: 科学出版社.

李娟, 韩霁昌. 2015a. 砒砂岩与沙复配土壤的物理性状和相关光谱特性[J]. 农业科学与技术(英文版), 35(8): 1796-1802.

李娟, 韩霁昌, 张扬, 等. 2013a. 不同覆土厚度对裸岩石砾地土壤理化性状和冬小麦产量的影响[J]. 安徽农业科学, (12): 5312-5314.

李娟, 韩霁昌, 张扬, 等. 2015b. 蓄排水条件下盐碱地土壤盐分运移特征研究[J]. 水土保持研究, 22(3): 116-120.

李娟, 张扬, 韩霁昌, 等. 2013b. 不同覆土厚度对裸岩石砾地土壤化学性状和春玉米产量的影响[J]. 安徽农业科学, 41(5): 2037-2039.

李俊杰. 2005. 矿山工程扰动土人工再造的理论、方法与实证研究[D]. 太原: 山西农业大学硕士学位论文.

李龙生. 2008. 设计美学[M]. 合肥: 合肥工业大学出版社.

李梅. 2011. 河南省砂质潮土区中低产土壤空间分异与评价研究[D]. 郑州: 郑州大学硕士学位论文.

李梅, 张学雷. 2011. 不同土体构型的土壤肥力评价及与容重关系分析[J]. 土壤通报, 42(6): 1420-1427.

李文学, 陈同斌. 2003. 超富集植物吸收富集重金属的生理和分子生物学机制[J]. 应用生态学报, 14(4): 627-631.

李学敏, 翟玉柱, 李雅静, 等. 2005. 王振明土体构型与土壤肥力关系的研究[J]. 土壤通报, 36(6): 975-977.

李学垣. 2001. 土壤化学[M]. 北京: 高等教育出版社.

李越中, 郑是琳. 1992. 毛白杨落叶的分解及叶上小型真菌种群的演替[J]. 微生物学报, (4): 299-304.

林英华, 黄庆海, 刘骅, 等. 2010. 长期耕作与长期定位施肥对农田土壤动物群落多样性的影响[J]. 中国农业科学, 43(11): 2261-2269.

刘凡, 董灵巧. 2008. 水稻常见缺素症及预防[J]. 河北农业科技, (5): 22.

刘福汉. 1989. 农田灌溉水质的评价[J]. 灌溉排水学报, (4): 41-44.

刘黎明, 李振鹏, 张虹波. 2004. 景观生态分类的研究现状及其发展趋势[J]. 生态学杂志, 4(7): 150-156.

刘起霞, 张明. 2014. 特殊土地基处理[M]. 北京: 北京大学出版社.

刘卫东. 2010. 土地资源学[M]. 上海: 复旦大学出版社.

刘贤赵, 谭春英. 2005. 黄土高原沟壑区典型小流域土地利用变化对产水量的影响——以陕西省长武王东沟流域为例[J]. 中国生态农业学报, 13(4): 99-102.

刘新卫. 2008. 日本表土剥离的利用和完善措施[J]. 国土资源, (9): 52-55.

刘洋, 蒙吉军, 朱利凯. 2010. 区域生态安全格局研究进展[J]. 生态学报, 30(24): 6980-6989.

刘玉, 刘彦随, 郭丽英. 2011. 环渤海地区农村居民点用地整理分区及其整治策略[J]. 农业工程学报, 27(6): 306-312.

娄隆后. 1962. 微生物在土壤养分转化中的作用[M]. 北京: 科学出版社.

鲁如坤. 1998. 土壤植物营养学原理和施肥[M]. 北京: 化学工业出版社.

陆红生. 2002. 土地管理学总论[M]. 北京: 中国农业出版社.

陆景陵. 2003. 植物营养学[M]. 北京: 中国农业大学出版社.

吕贻忠, 李保国. 2006. 土壤学[M]. 北京: 中国农业出版社.

罗春泳. 2004. 黏土的环境土工特征及垃圾填埋场衬垫性状研究[D]. 杭州: 浙江大学博士学位论文.

罗金耀, 李少龙. 2003. 灌溉水质属性综合评价方法[J]. 灌溉排水学报, 22(1): 70-80.

罗林涛, 程杰, 王欢元, 等. 2013. 玉米种植模式下砒砂岩与沙复配土氮素淋失特征[J]. 水土保持学报, 27(4): 58-61.

罗泽娇, 梁杏. 2005. 土壤修复与改良的微生物技术[J]. 安全与环境工程, 12(4): 8-10.

马春花. 1996. 灌溉用水质量的化学评论[J]. 宁夏工学院学报, 8(1): 29-38.

马克思, 恩格斯. 1979. 马克思恩格斯全集: 第42卷[M]. 北京: 人民出版社.

马增辉, 韩霁昌, 解建仓, 等. 2011. 基于Hydrus3D的陕西卤泊滩水盐运移建模方法研究[J]. 陕西农业科学, 57(1): 62-65.

蒙吉军, 赵春红, 刘明达. 2011. 基于土地利用变化的区域生态安全评价: 以鄂尔多斯市为例[J]. 自然资源学报, 26(4): 578-586.

潘珍妮. 2012. 国家商品粮种植田地规划设计管理[D]. 天津: 天津大学博士学位论文.

彭建, 蒋一军, 吴健生, 等. 2005. 我国矿山开采的生态环境效应及土地复垦典型技术[J]. 地理科学进展, 24(2): 38-47.

彭世彰, 程胜, 徐俊增, 等. 2014. 劣质水安全利用研究综述[J]. 水资源保护, 30(4): 1-6.

齐学斌, 钱炬炬, 樊向阳. 2006. 污水灌溉国内外研究现状[J]. 中国农村水利水电, (1): 13-15.

祈嘉华. 2009. 设计美学[M]. 武汉: 华中科技大学出版社.

钱春香, 王安辉, 王欣. 2015. 微生物灌浆加固土体研究进展[J]. 岩土力学, 36(6): 1537-1548.

任海, 彭少麟. 2001. 恢复生态学导论[M]. 北京: 科学出版社.

尚洪海, 姜波, 刘长阁. 2007. 水稻营养元素缺乏症状及解决对策[J]. 现代化农业, (9): 16.

申林方, 王志良, 李邵军. 2015. 基于土体细观结构重构技术的渗流场数值模拟[J]. 岩土力学, 36(11): 3307-3314.

施斌, 刘志彬, 姜洪涛. 2007. 论土体结构各层级的功能及其相互关系[J]. 工程地质学报, 15(5): 577-584.

石岩, 位东斌, 于振文, 等. 2001. 土层厚度对旱地小麦氮素分配利用及产量的影响[J]. 土壤学报, 38(1): 128-130.

束文圣. 2001. 湖北铜绿山古铜矿冶炼渣植被与优势植物重金属含量研究[J]. 应用与环境生物学报, 7(1): 7-12.

水利部科教司. 1991. 低压管道输水灌溉技术[M]. 北京: 水利电力出版社.

孙曦. 1990. 植物营养与施肥[M]. 北京: 中国农业出版社.

谭金芳. 2002. 作物施肥原理与技术[M]. 北京: 中国农业大学出版社.

谭术魁. 2011. 土地资源学[M]. 上海: 复旦大学出版社.

谭永忠, 韩春丽, 吴次芳, 等. 2013. 国外剥离表土种植利用模式及对中国的启示[J]. 农业工程学报, 29(23): 194-201.

谭永忠, 贾文涛, 吴次芳. 2015. 耕作层土壤剥离利用的理论与实践[M]. 杭州: 浙江大学出版社.

唐薇薇. 2006. 利用土壤微生物改善土壤质量的研究[D]. 成都: 四川大学硕士学位论文.

田积莹, 李勇, 黄义端, 等. 1990. 丰产土壤土体构型的研究[J]. 陕西农业科学, (4): 12-16.

童伟, 韩霁昌, 王欢元, 等. 2015. 毛乌素沙地砒砂岩与沙复配成土技术固沙效应[J]. 中国沙漠, 35(6): 1467-1472.

汪志农. 2013. 灌溉排水工程学[M]. 北京: 中国农业出版社.

王春铭, 高云华, 张登伟. 2013. 广州增城市垃圾填埋场封场土壤及植物重金属调查与评价[J]. 农业环境科学学报, 32(4): 714-720.

王迪轩. 2014. 增施有机肥、微肥防连茬莲藕缺素症[J]. 中国农资, (16): 22.

王光华, 金剑, 徐美娜. 2006. 植物、土壤及土壤管理对土壤微生物群落结构的影响[J]. 生态学杂志, 25(5): 550-556.

王欢元, 韩霁昌, 罗林涛, 等. 2014. 砒砂岩与沙复配成土过程中沙的调控作用[J]. 土壤通报, (2): 286-290.

王珏磊. 2012. 上海谋划横沙岛建港造城[J]. 大经贸, (12): 56-58.

王军, 李正, 白中科, 等. 2011. 土地整理对生态环境影响的研究进展与展望[J]. 农业工程学报, 增刊 1(27): 340-345.

王军, 张亚男, 郭义强, 等. 2014. 矿区土地复垦与生态重建[J]. 地域研究与开发, 33(6): 113-116.

王军峰. 2005. 道路景观评价指标体系研究[D]. 西安: 长安大学硕士学位论文.

王克华, 刘胜祥. 2003. 金属尾矿废弃地的生态恢复[J]. 四川环境, 22(1): 13-17.

王奎华. 2005. 岩土工程勘察[M]. 北京: 中国建筑工业出版社.

王庆芳. 2010. 丘陵区土地整理对土壤质量的影响研究[D]. 泰安: 山东农业大学硕士学位论文.

王森, 徐庆河. 2008. 水利工程师实用计算手册[M]. 郑州: 黄河水利出版社.

王淑香. 2009. 玉米缺素症的发生与防治[J]. 现代农村科技, (10): 15-16.

王湘勇. 2012. 基于原土利用的曹妃甸吹沙填海造地绿化技术研究[J]. 城市建设理论研究: 电子版, (4).

王晓林, 赵倩云. 2013. 设计美学研究综述[J]. 设计理论, (6): 178-179.

王雄师. 1998. 疏勒河项目区土体构型分类及对盐碱地改良的影响[J]. 甘肃水利水电技术, (3): 66-69.

王亚平. 1998. 农田灌溉水质评价标准探讨[J]. 黑龙江水利科技, (2): 44-45.

王振学, 王子勤, 王夫同. 2006. 黄瓜缺素症及其防治措施[J]. 西北园艺(蔬菜), (5): 40-41.

王志强, 刘宝元, 海春兴. 2007. 土壤厚度对天然草地植被盖度和生物量的影响[J]. 水土保持学报, 21(4): 164-167.

魏样, 韩霁昌, 张扬, 等. 2015. 我国土壤污染现状与防治对策[J]. 农业技术与装备, (2): 11-15.

魏忠义, 胡振琪, 白中科. 2001. 露天煤矿排土场平台"堆状地面"土壤重构方法[J]. 煤炭学报, 26(1): 18-21.

吴次芳, 徐根宝. 2003. 土地生态学[M]. 北京: 中国大地出版社.

吴次芳, 费罗成, 叶艳妹. 2011. 土地整治发展的理论视野、理性范式和战略路径[J]. 经济地理, 31(10): 1718-1722.

肖杰, 屈文俊. 2011. 酸性环境下混凝土的腐蚀研究进展[C].//混凝土桩基础腐蚀与防护研讨会论文集.

肖克飚, 吴普特, 雷金银, 等. 2013. 不同类型耐盐植物对盐碱土生物改良研究[J]. 农业环境科学学报, 31(12): 2433-2440.

谢俊奇. 2014. 土地生态学[M]. 北京: 科学出版社.

谢龙莲, 陈秋波, 王真辉. 2004. 环境变化对土壤微生物的影响[J]. 热带农业学, 24(3): 39-47.

辛亮亮. 2015. 土壤剖面构型改良与耕地质量提升研究[D]. 北京: 中国地质大学硕士学位论文.

熊顺贵. 2001. 基础土壤学[M]. 北京: 中国农业大学出版社.

熊章强, 方根显. 2002. 浅层地震勘探[M]. 北京: 地震出版社.

徐嘉兴, 李钢, 陈国良, 等. 2013. 土地复垦矿区的景观生态质量变化[J]. 农业工程学报, 29(1): 232-239.

徐阳春, 沈其荣, 冉炜. 2002. 长期免耕与施用有机肥对土壤微生物生物量碳、氮、磷的影响[J]. 土壤学报, 39(1): 89-96.

许光辉, 郑洪元, 张德生, 等. 1984. 长白山北坡自然保护区森林土壤微生物生态分布及其生化特性的研究[J]. 生态学报, (3): 207-223.

参 考 文 献

许庆福, 杨振宁, 许梦. 2014. 景观美学视角下的农村土地整治探讨[J]. 山东国土资源, 30(7): 80-86.

许映祥, 周志宏. 2008. 番茄的缺素症及防治方法[J]. 现代农业科技, (19): 129-130.

薛峰, 杨劲松. 1997. 劣质水的灌溉利用[J]. 土壤, (5): 240-245.

薛桂玉, 刘道明, 余志雄, 等. 2008. 地质雷达检测技术及应用[J]. 人民长江, 39(5): 84-88.

杨立杰, 邵致书, 胡海雁. 2014. 沿海滩涂盐碱地的改良措施[J]. 资源与环境, (28): 157.

杨修, 高林. 2001. 德兴铜矿矿山废弃地植被恢复与重建研究[J]. 生态学报, 21(11): 1932-1940.

杨玉晶, 潘起荣. 2010. 黄瓜缺素症及其防治技术[J]. 现代化农业, (11): 12-13.

姚君喜. 2005. 设计美学的学科定位、研究对象和特点[J]. 装饰, (1): 57-58.

叶知秋. 2006. "生态美学"的性质及可能性考察[J]. 甘肃联合大学学报(社会科学版), 22(5): 5-10.

易晨, 李德成, 张甘霖, 等. 2015. 土壤厚度的划分标准与案例研究[J]. 土壤学报, 52(1): 220-227.

俞孔坚. 2004. 土地的设计: 景观的科学与艺术[J]. 规划师, 20(2): 13-17.

俞孔坚. 2007. 还土地和景观以完整的意义再论"景观设计学"之于"风景园林"[J]. 中国园林, 20(7): 37-41.

虞莳君. 2004. 废弃地再生的研究[D]. 南京: 南京农业大学硕士学位论文.

宇振荣, 苗利梅. 2013. 土地整治应注意生态景观服务功能[J]. 南方国土资源, (4): 19-21.

于振文. 2003. 作物栽培学各论(北方本)[M]. 北京: 中国农业出版社.

曾令芳, 吴小亮. 2002. 国外污水灌溉新技术[J]. 节水灌溉, (3): 34.

曾昭发, 刘四新, 冯晅. 2010. 探地雷达原理与应用[M]. 北京: 电子工业出版社.

张爱凤. 2007. 中国生态美学研究近三年的新趋向[J]. 重庆科技学院学报(社会科学版), (4): 87-88.

张保祥, 刘春华. 2004. 瞬变电磁法在地下水勘察中的应用研究综述[J]. 地球物理学展, 19(3): 537-542.

张达斌, 姚鹏伟, 李婧, 等. 2013. 豆科绿肥及施氮量对旱地麦田土壤主要肥力性状的影响[J]. 生态学报, 33(7): 2272-2281.

张凤荣. 2006. 土地保护学[J]. 北京: 科学出版社.

张国东. 2001. 蔬菜缺素症的发生与防止[J]. 吉林蔬菜, 4: 32.

张海欧, 解建仓, 南海鹏, 等. 2016. 冻融交替对复配土壤团粒结构和有机质的交互作用[J]. 水土保持学报, 30(3): 273-278.

张露, 韩霁昌, 罗林涛, 等. 2014a. 砒砂岩与风沙土复配土壤的持水特性研究[J]. 西北农林科技大学学报(自然科学版), 42(2): 207-214.

张露, 韩霁昌, 马增辉, 等. 2014b. 砒砂岩与沙复配"土壤"的质地性状[J]. 西北农业学报, 23(4): 166-172.

张露, 韩霁昌, 王欢元, 等. 2015. 砒砂岩与风沙土复配后的粒度组成变化[J]. 中国水土保持科学, 13(2): 44-49.

张露, 韩霁昌, 马增辉, 等. 2016. 芦苇不同生育期盐碱土离子含量动态变化研究[J]. 水土保持研究, 23(4).

张胜全. 2004. 常见蔬菜缺素症的诊断及补救措施[J]. 河南农业科学, (7): 92.

张伟华, 孙智, 李跃进. 2001. 不同灌溉水质对土壤碱化影响及其改良效果的研究[J]. 干旱区资源与环境, 15(2): 32-37.

张雪萍. 1995. 土壤动物与环境质量关系探讨[J]. 哈尔滨师范大学自然科学学报, 11(4): 95-99.

张永亮, 孙执中. 2008a. 番茄缺素症的原因与防治[J]. 吉林蔬菜, (2): 49-50.

张永亮, 孙执中. 2008b. 黄瓜缺素症原因矫治[J]. 吉林蔬菜, (3): 56.

张优龙, 杨坪. 2014. 微生物改善土体性能研究进展[J]. 微生物学通报, 41(10): 2122-2127.

张展羽, 俞双恩. 2009. 水土资源规划与管理[M]. 北京: 中国水利水电出版社.

张志权, 束文圣, 蓝崇钰, 等. 2001. 土壤种子库与矿业废弃地植被恢复研究[J]. 植物生态学报, 25(3): 306-311.

章利国. 1999. 现代设计美学[M]. 郑州: 河南美术出版社.

赵成刚. 2009. 土力学原理[M]. 北京: 北京交通大学出版社.

赵士诚, 曹彩云, 李科江, 等. 2014. 长期秸秆还田对华北潮土肥力、氮库组分及作物产量的影响[J]. 植物营养与肥料学报, 20(6): 1441-1449.

赵宣, 韩霁昌, 王欢元, 等. 2016. 盐渍土改良技术研究进展[J]. 中国农学通报, (8): 113-116.

赵玉萍. 1991. 土壤化学[M]. 北京: 北京农业大学出版社.

赵志刚. 2012. 区域农业资源评价与农业景观单元设计——以江南丘陵与华北平原为例[D]. 长沙: 湖南农业大学博士学位论文.

郑宏刚, 尚颜, 廖晓虹, 等. 2000. 流域生态环境中土地、水、植物资源利用三角形稳定关系研究[J]. 云南农业大学学报, 25(6): 844-849.

郑平. 2012. 环境微生物学[M]. 杭州: 浙江大学出版社.

周惠芳, 李文新. 2006. 统计学基础[M]. 上海: 立信会计出版社.

周来祥. 2006. 生态主义和生态美学[J]. 山东大学学报, 30(1): 158-160.

周瑞华, 刘传正, 吴梅, 等. 2009. 野外地质工作实用手册[M]. 北京: 中国地质调查局.

周湘江, 王立天, 孙慧杰. 2000. 水稻缺素症及防治[J]. 农民致富之友, (3): 15.

周玉秋. 2006. 蔬菜缺素症的发生原因与防治[J]. 安徽农学通报, 12(11): 174.

朱俭凯, 刘艳芳, 刘谐静. 2012. 广西农用地整理条件分区及其模式分析[J]. 农业工程学报, 28(3): 257-262.

朱强根, 朱安宁, 张佳宝, 等. 2010. 长期施肥对黄淮海平原农田中小型土壤节肢动物的影响[J]. 生态学杂志, 29(1): 69-74.

朱志荣. 2007. 中国美学简史[M]. 北京: 北京大学出版社.

Abubakari Z, van der Molen P, Bennett R M, et al. 2016. Land consolidation, customary lands, and Ghana's Northern Savannah Ecological Zone: An evaluation of the possibilities and pit falls[J]. Land Use Policy, 54: 386-398.

Allen O N, Allen E K. 1981. The Leguminosae: A Source Book of Characteristics, Uses and Nodulation[M]. Wisconsin: The University of Wisconsin Press.

Baath E, Arnebrant K. 1994. Growth rate and response of bacterial communities to pH in limed ash treated forest soils [J]. Soil Biology & Biochemistry, 26: 995-1001.

Banerjee S, Helgason B, Wang L F, et al. 2016. Legacy effects of soil moisture on microbial community structure and N_2O emissions[J]. Soil Biology and Biochemistry, 95: 40-50.

Bayabil H K, Stoof C R, Lehmann J C, et al. 2015. Assessing the potential of biochar and charcoal to improve soil hydraulic properties in the humid Ethiopian Highlands: The Anjeni watershed [J]. Geoderma, s 243-244(243-244): 115-123.

Benbi D K, Brar K, Toor A S, et al. 2015. Sensitivity of labile soil organic carbon pools to long-term fertilizer, straw and manure management in rice-wheat system[J]. Pedosphere, 25(4): 534-545.

Bhattacharyya P, Roy K S, Neogi S, et al. 2012. Effects of rice straw and nitrogen fertilization on greenhouse gas emissions and carbon storage in tropical flooded soil planted with rice[J]. Soil and Tillage Research, 124: 119-130.

Boopathy R. 2000. Factors limiting bioremediation technologies [J]. Bioresource Technology, 74: 63-67.

Bradshaw A. 1997. Restoration of mined lands—using natural processes[J]. Ecological Engineering, 8: 255-269.

Brooks R R. 1998. Plants that hyperaccumulate heavy metals[C].

Chen F, Chen S, Guo W, et al. 2002. Salt tolerance identification of three species of chrysanthemums[C]// XXVI International Horticultural Congress: Environmental Stress and Horticulture Crops, 618: 299-305.

Cooke P. 2012. Green design aesthetics: Ten principles[J]. City, Culture and Society, 3(4): 293-302.

Cortez J, Bouché M. 2001. Decomposition of Mediterranean leaf litters by *Nicodrilus meridionalis* (Lumbricidae) in laboratory and field experiments[J]. Soil Biology and Biochemistry, 33: 2023-2035.

Danto C A. 2007. 美的滥用[M]. 南京: 江苏人民出版社.

DeJong J T, Fritzges M B, Nusslein K. 2006. Microbially induced cementation to control sand response to undrained shear[J]. Journal of Geotechnical and Geoenvironmental Engineering, 132(11): 1381-1392.

DeJong J T, Soga K, Banwart S A. 2011. Soil engineering in vivo: Harnessing natural biogeochemical systems for sustainable, multi-functional engineering solutions[J]. Journal of The Royal Society Interface, 8(54): 1-15.

DelRegno K J, Atkinson S F. 1988. Nonpoint pollution and watershed management: A remote sensing and geographic information system (GIS) approach[J]. Lake & Reservoir management, 4(2): 17-25.

Devine-Wright P, Batel S. 2013. Explaining public preferences for high voltage pylon designs: An empirical study of perceived fit in a rural landscape[J]. Land Use Policy, 31: 640-649.

Doneen L D. 1979. 农用灌溉水的水质问题[J]. 土壤学进展, (4): 17-28.

DramstadaW E, Sundli Tveitb M, Fjellstada W J, et al. 2006. Relationshipsbetween visual landscape preferences andmap-based indicators of landscape structure[J]. Landscape and Urban Planning, (7): 465-474.

Du E H, Jackson CR, Klaus J, et al. 2016. Interflow dynamics on a low relief forested hillslope: Lots of fill, little spill[J]. Journal of Hydrology, 534: 648-658.

Dungait A J J, Kemmitt J S, Michallon L, et al. 2013. The variable response of soil microorganisms to trace concentrations of low molecular weight organic substrates of increasing complexity[J]. Soil Biology and Biochemistry, 64: 57-64.

Fabio C, Angelo P, Federico S, et al. 2016. Evaluation of the potential of the current and forthcoming multispectral and hyperspectral imagers to estimate soil texture and organic carbon[J]. Remote Sensing of Environment, 179(15): 54-65.

Fernández J M, Aurora Nieto M, López-de-Sá E G, et al. 2014. Carbon dioxide emissions from semi-arid soils amended with biochar alone or combined with mineral and organic fertilizers[J]. Science of the Total Environment, 482-483(1): 1-7.

Franzluebbers A J, Arshad M A. 1997. Soil microbial biomass and mineralizable carbon of water-stable aggregates[J]. Soil Science Society of America Journal, 61(4): 1090-1097.

Gao X, Ling X Z, Tang L, et al. 2011. Soil–pile-bridge structure interaction in liquefying ground using shake table testing[J]. Soil Dynamics and Earthquake Engineering, 31(7): 1009-1017.

Guoleifsson B E. 2002. Impact of long term use of fertilizer on surface invertebrates in experimental plots in a permanent hayfield in Northern-Iceland[J]. Agricultural Society of Iceland, 15: 37-49.

Han J C, Xie J C, Zhang Y. 2012. Potential role of feldspathic sandstone as a natural water retaining agent in Mu Us sandy land, Northwest China[J]. Chinese Geographical Science, 22(5): 550-555.

Han J C, Zhang Y. 2014. Land policy and land engineering[J]. Land Use Policy, 40: 64-68.

Han J C, Liu Y S, Zhang Y. 2015. Sand stabilization effect of feldspathic sandstone during the fallow period in Mu Us Sandy Land[J]. Journal of Geographical Sciences, 04: 428-436.

Heckman D S, Geiser D M, Eidell B R, et al. 2001. Molecular evidence for the early colonization of land by fungi and plants [J]. Science, 293, 1129-1133.

Hironen J, Mattila P, Laati M, et al. 2010. Renewing the evaluation of land consolidation effects[C]//FIG Congress 2010 Facing the Challenges-Building the Capacity Sydney, Australia.

Hudak. 2010. 水文地质学原理[M]. 郭清海, 王知悦, 译. 北京: 高等教育出版社.

Ibrahim E A, Ramadan A W. 2015. Effect of zinc foliar spray alone and combined with humic acid or/and chitosan on growth, nutrient elements content and yield of dry bean(Phaseolus vulgaris L.)plants sown at different dates[J]. Scientia Horticulturae, 184: 101-105.

Kang Y J, Hao Y Y, Shen M, et al. 2016. Impacts of supplementing chemical fertilizers with organic fertilizers manufactured using pig manure as a substrate on the spread of tetracycline resistance genes in soil[J]. Ecotoxicology and Environmental Safety, 130: 279-288.

Khalilur R, Zhang Y, Shahla A, et al. 2016. Short term influence of organic and inorganic fertilizer on soil microbial biomass and DNA in summer and spring[J]. Journal of Northeast Agricultural University(English Edition), 23(1): 20-27.

Kihara J, Nziguheba G, Zingore S, et al. 2016. Understanding variability in crop response to fertilizer and amendments in sub-Saharan Africa[J]. Agriculture, Ecosystems & Environment, 229: 1-12.

Kipp J A. 1992. Thirty years fertilization and irrigation in Dutch apple orchards: A review[J]. Fertilizer Research, 32(2): 149-156.

Lehmann A, Rillig C M. 2015. Arbuscular mycorrhizal contribution to copper, manganese and iron nutrient concentrations in crops-A meta-analysis[J]. Soil Biology and Biochemistry, 81: 147-158.

Li B. 2014. Geotechnical properties of biocement treated soils[D]. Singapore: Nanyang Technological University.

Li S W, Jiang X J, Wang X L, et al. 2015. Tillage effects on soil nitrification and the dynamic changes in nitrifying microorganisms in a subtropical rice-based ecosystem: A long-term field study[J]. Soil and Tillage Research, 150: 132-138.

Lopez-hernandez D, Araujo Y, Lopez A, et al. 2004. Changes in soil properties and earthworm populations induced by long-term organic fertilization of a sandy soil in the Venezuelan Amazonia [J]. Soil Science, 169(3): 188-194.

Luo W H, Hai F I, Price W E, et al. 2014. High retention membrane bioreactors: Challenges and opportunities[J]. Bioresource Technology, 167: 539-546.

Lutzoni F, Pagel M, Reeb V. 2001. Major fungal lineages are derived from lichen symbiotic ancestors [J]. Nature, 411,

937-940.

Mancinelli R, Marinari S, Di Felice V, et al. 2013. Soil property, CO_2 emission and aridity index as agroecological indicators to assess the mineralization of cover crop green manure in a Mediterranean environment[J]. Ecological Indicators, 34: 31-40.

Manickavasagan A, Sathya G, Jayas D S. 2008. Comparison of illuminations to identify wheat classes using monochrome images[J]. Computers and Electronics in Agriculture, 63(2): 237-244.

Mohammad M J, Zuraiqi S. 2002. Enhancement of yield and nitrogen and water use efficiencies by nitrogen drip-fertigation of Garlic[J]. Journal of Plant Nutrition, 26(9): 1749-1766.

Mohammed Z Q, Abdul M M. 2013. Calibration of an on-line sensor for measurement of topsoil bulk density in all soil textures[J]. Soil and Tillage Research, 126: 219-228.

Nannoni F, Protano G. 2016. Chemical and biological methods to evaluate the availability of heavy metals in soils of the Siena urban area (Italy)[J]. Science of The Total Environment, 568: 1-10.

Ngo P T, Rumpel C, Doan T T, et al. 2012. The effect of earthworms on carbon storage and soil organic matter composition in tropical soil amended with compost and vermicompost[J]. Soil Biology and Biochemistry, 50: 214-220.

Nohl W. 2001. Sustainable landscape use and aesthetic perception-preliminary reflections on future landscape aesthetics [J]. Landscape and Urban Planning, 15(4): 223-227.

Pan F X, Li Y Y, Chapman S J, et al. 2016. Microbial utilization of rice straw and its derived biochar in a paddy soil[J]. Science of the Total Environment, 559: 15-23.

Qi S, Zhao X R, Zheng H X, et al. 2011. Changes of soil biodiversity in Inner Mongolia steppe after 5 years of N and P fertilizer applications[J]. Acta Ecologica Sinica, 31(13): 3745-3757.

Raina M M, Ian L P, Charles P G. 2004. 环境微生物学[M]. 张甲耀, 宋碧玉, 郑连爽, 等, 译. 北京: 科学出版社.

Rasa I, Nikodemus O. 2011. The influence of land use structural changes on the landscape ecological, aesthetic and cultural-historical values of the Gauja National Park, Latvia[EB/OL].

Reeleder R D, Miller J J, Ball Coelho B R, et al. 2006. Impacts of tillage, cover crop, and nitrogen on populations of earthworms, microarthropods, and soil fungi in a cultivated fragile soil[J]. Applied Soil Ecology, 33(3): 243-257.

Rhind D, Hudson R. 1980. Land Use[M]. London: Methuen Publishing.

Roy S, Singh J S. 1994. Consequences of habitat heterogeneity for availability of nutrients in a dry tropical forest[J]. Journal of Ecology, 82: 503-509.

Rusu T. 2014. Energy efficiency and soil conservation in conventional, minimum tillage and no-tillage[J]. International Soil and Water Conservation Research, 2(4): 42-49.

Scholle G, Wolters V, Joergensen R G. 1992. Effects of mesofauna exclusion on the microbial biomass in two modern profiles[J]. Biology and Fertility of Soils, 12: 253-260.

Shackley S, Hammond J, Gaunt J, et al. 2014. The feasibility and costs of biochar deployment in the UK[J]. Carbon Management, 2(3): 335-356.

Singh J S, Raghubanshi A S, Singh R S, et al. 1989. Microbial biomass acts as a source of plant nutrients in dry tropical forest and savanna[J]. Nature, 338: 499-500.

Smith K A, Ball T, Conen F, et al. 2003. Exchange of greenhouse gases between soil and atmosphere: Interactions of soil physical factors and biological processes[J]. European Journal of Soil Science, 54: 779-791.

Solari P, John G, Stoffolano J, et al. 2013. Regulatory mechanisms and the role of calcium and potassium channels controlling super contractile crop muscles in adult Phormia regina[J]. Journal of Insect Physiology, 59(9): 942-952.

Sosa-Rodriguez T, de Boulois H D, Granet F, et al. 2014. Effect of activated charcoal and pruning of the taproot on the in vitro mycorrhization of Hevea brasiliensis Müll. Arg. [J]. In Vitro Cellular & Developmental Biology - Plant, 50(3): 317-325.

Sun B, Jia S, Zhang S, et al. 2016. Tillage, seasonal and depths effects on soil microbial properties in black soil of Northeast China[J]. Soil and Tillage Research, 155: 421-428.

Tosti G, Benincasa P, Farneselli M, et al. 2012. Green manuring effect of pure and mixed barley—hairy vetch winter cover crops on maize and processing tomato N nutrition[J]. European Journal of Agronomy, 43: 136-146.

US Department of Transportation. 1997. Flexibility in highway design[R]. Washington, DC: Federal Highway Administration (FHWA).

Van Paassen L A, Harkes M P, Van Zwieten G A, et al. 2009. Scale up of Bio Grout: A biological ground reinforcement method[C]//Proceedings of the 17th International Conference on Soil Mechanics and Geotechnical Engineering. Lansdale: IOS Press: 2328-2333.

Vincent J M. 1982. Nitrogen Fixation in Legumes[M]. National Library of Australia Cataloguing in Publication Data, Australia.

Vossbrinck C R, Coleman D C, Woolley T A. 1979. Abiotic and biotic factors in litter decomposition in a semiarid grassland[J]. Ecology, 60: 265-271.

Wang X H, Yang H S, Liu J, et al. 2015. Effects of ditch-buried straw return on soil organic carbon and rice yields in a rice-wheat rotation system[J]. Catena, 127: 56-63.

Whiffin V S, Van Paassen L A, Harkes M P. 2007. Microbial carbonate precipitation as a soil improvement technique[J]. Geomicrobiology Journal, 24(5): 417-423.

Wolters V, Joegense R G. 1991. Mcrobial carbon turnover in beech forest soils at different stages of acidification [J]. Soil Biology & Biochemistry, 23: 897-902.

Yan N, Marschner P, Cao W H, et al. 2015. Influence of salinity and water content on soil microorganisms[J]. International Soil and Water Conservation Research, 3(4): 316-323.

Yang H S, Feng J X, Zhai S L, et al. 2016. Long-term ditch-buried straw return alters soil water potential, temperature, and microbial communities in a rice-wheat rotation system[J]. Soil and Tillage Research, 163: 21-31.

Yang Z P, Xu M G, Zheng S X, et al. 2012. Effects of long-term winter planted green manure on physical properties of reddish paddy soil under a double-rice cropping system[J]. Journal of Integrative Agriculture, 11(4): 655-664.

Zayed M S, Hassanein M K K, Esa N H, et al. 2013. Productivity of pepper crop (Capsicum annuum L.) as affected by organic fertilizer, soil solarization, and endomycorrhizae[J]. Annals of Agricultural Sciences, 58(2): 131-137.

Zhang C, Mora P, Dai J. 2016. Earthworm and organic amendment effects on microbial activities and metal availability in a contaminated soil from China[J]. Applied Soil Ecology, 104: 54-66.